마스터링 팔로알토 네트웍스 2/e

마스터링 팔로알토 네트웍스 2/e

차세대 방화벽 완벽 가이드

(주)뉴엔네트웍스 옮김 '리퍼' 톰 피엔스 지음

i!i
에이콘

에이콘출판의 기틀을 마련하신 故 정완재 선생님 (1935-2004)

| 추천의 글 |

저자가 추천의 글을 부탁했을 때 정말 영광스러웠다. 저자가 쓴 첫 번째 버전을 주기적으로 참고하고 찾아보면서 도움을 받곤 했기 때문에, 이전에 발간된 책의 새 버전을 쓰는 중이라는 소식에 들뜨기도 했다. 이 개정판은 초판 이후 출시된 새로운 기능을 모두 담고 있어 여전히 큰 도움이 된다.

저자는 팔로알토 네트웍스에 일하던 시절부터 이미 평판이 상당히 좋았다. TAC 엔지니어이자 나중에는 팔로알토 네트웍스 LIVEcommunity의 고정 멤버로서 지도 편달과 지원을 하며 도울 수 있는 곳이라면 어디서든 도움을 줬다. 이후 '리퍼Reaper'라는 예명으로 독립적으로 활동하며 더 큰 명성을 쌓았고, 팔로알토 네트웍스 유저들이 필요한 곳에서 지속적으로 도움을 줬다. 커뮤니티에서 많은 사람에게 전설로 회자되는 리퍼는 여전히 사람들을 돕는 최고의 기여자이기에, PAN을 배우고 싶어 하는 모든 사람이 이 책을 충분히 활용하기만을 권할 따름이다.

전문적이고 똑똑한 사람들은 많지만 저자처럼 자신의 지식을 재미있게 포괄적으로 공유하거나 설명할 수 있는 재능 있는 사람은 많지 않다. 저자는 자신의 지혜를 전달하는 데 탁월한 재주를 지녔으며 이해하기 쉽게 글을 쓴다. 초심자든 베테랑이든, 팔로알토 네트웍스 유저라면 이 책에서 유용한 팁과 요령, 조언 및 활용할 수 있는 모범 사례를 찾을 수 있을 것이다.

이 책에서 GlobalProtect, 고가용성, SSL 복호화 등 팔로알토 네트웍스 기능 대부분을 다룬 특정 구성 관련 도움은 물론이고, 동시에 독자가 부딪칠 수 있는 어떤 도전적인 문제이든 최상의 보안을 유지하면서 자신 있게 처리하는 방법을 배울 수 있다.

팔로알토 네트웍스에는 수많은 기능이 있으므로 PAN을 어디서부터 시작해야 할지 몰라 난감할 수도 있다. 하지만 저자의 지도를 받으면 즉시 시작할 수 있고, 현재 보안 상태를 개선하는 방법의 조언도 들을 수 있다.

보안을 유지하라!

– 킴 웬즈^{Kim Wens}(일명 kiwi)

팔로알토 네트웍스^{Palo Alto Networks}의 시니어 솔루션 엔지니어

| 옮긴이 소개 |

(주)뉴엔네트웍스

뉴엔네트웍스는 네트워크 및 보안 시스템 전문 기업이다. 팔로알토 네트웍스와의 플래티넘 파트너십을 통해 기업에 인프라 제품 및 보안 솔루션을 제공하며, 고객 만족을 우선하는 서비스를 제공한다. 2007년 설립 이후 지속적인 성장과 혁신을 통해 사회적 책임을 다하고 있다.

김응노(enkim@newen.co.kr)

2018년 팔로알토 네트웍스 APAC 베스트 파트너 엔지니어로 선정됐고, 국내 첫 사이버 포스 히어로다. 'DDoS 공격의 탐지 및 방어 시스템'에 대한 특허를 출원했으며 현재는 뉴엔네트웍스 COO로 일한다.

이준영(jylee@newen.co.kr)

2005년부터 게임 및 포털 서비스의 네트워크 및 보안 분야에서 경력을 쌓았다. 현재는 뉴엔네트웍스에서 기술 본부장과 보안 운영 자동화 솔루션 개발을 맡고 있다.

김동욱(dukim@newen.co.kr)

지모컴, 안랩을 거쳐 현재는 뉴엔네트웍스에서 보안 팀장으로 일한다. 2020년, 2023년 팔로알토 네트웍스 사이버 포스 히어로로 등급을 받았으며, 2023년 APAC에서 'Strata Partner SE of The Year' 상을 수상했다.

이병권(bklee@newen.co.kr)

세종대학교에서 정보통신공학을 전공했다. 안랩을 시작해 10여년간 보안 시스템 기술 경험을 쌓았다. 이를 바탕으로 기업 보안 엔지니어로서 뉴엔네트웍스에서 일한다.

임현지(hjlim@newen.co.kr)

CSP 및 기업을 대상으로 클라우드 및 SOAR 기술 지원 업무를 담당하고 있다. 언어학 전공자로서 보안 전문 지식을 많은 사람이 쉽게 이해하기를 바라는 마음으로 참여했다.

| 옮긴이의 말 |

2020년 이 책의 초판을 처음 접했을 때 저자 본인의 실전 경험과 풍부한 예제로 복잡한 팔로알토 차세대 방화벽 개념을 명확하게 전달하는 것에 매우 감명을 받았던 기억이 난다. 이후 2년여가 지난 작년 봄, 동종 업계에 있는 지인의 소개로 에이콘출판사와 인연을 맺어 개정판이 출간된다는 반가운 소식을 들었고 최신 PAN-OS 버전의 원서를 번역해 소개할 수 있는 좋은 기회를 얻었다.

팔로알토 네트웍스는 선구적인 사이버 보안 플랫폼 제공업체다. 이 책은 핵심 기술인 차세대 방화벽에 대한 포괄적 안내서로, 기본 구성부터 고급 기능인 애플리케이션 제어, 위협 방어, 사용자 인증, SSL 복호화까지 폭넓은 내용이 담겨 있다. 또한 차세대 방화벽의 효과적인 활용과 보안 최적화 및 문제 해결에 관심이 있는 초보자부터 숙련된 보안 전문가까지 각자의 수준에 맞춰 쓸 수 있게 배려한 유용한 참고서이기도 하다.

한국어판은 원서의 내용을 좀 더 전문적이고 정확하게 전달하고자 뉴엔네트웍스 보안 전문가들이 협업한 공동 작업의 결과물이다. 역자들이 긴 시간 각고의 노력을 기울였음에도 전문 번역가다운 문장의 유려함에는 미치지 못해 여전히 아쉬움이 남는다. 독자 여러분의 너그러운 이해를 바라며 전문적인 정보 전달과 습득에는 부족함이 없으리라 자부한다.

이 책이 나오기까지 번역 작업을 함께 했던 동료들, 작업 내내 아낌없는 지원을 해주신 조주영 대표님께 진심으로 감사의 마음을 전한다.

또한 이 책의 번역 출간을 허락해 주신 존경하는 권성준 대표님과 황영주 부사장님, 애써주신 출판사의 모든 직원들께 특별히 감사드린다. 마지막으로 번역 기간 동안 격려와 응원을 아끼지 않았던 사랑하는 나의 아내와 딸에게도 마음 깊이 고마움을 전한다.

| 지은이 소개 |

톰 피엔스^{Tom Piens}(일명 reaper)

20년 이상 네트워크 보안업계에서 활동했으며, 지난 12년 동안 팔로알토 네트웍스에서 기술 전문가로 활약해왔다. 2010년에는 최초의 국제 지원 엔지니어로서 팔로알토 네트웍스에서 일하며, 그 후에는 '리퍼'Reaper'라는 예명으로 LIVEcommunity의 지식 전문가, 콘텐츠 제작자, 포럼 중재자로 활동했다. 2020년부터 컨설팅을 시작했으며, 2021년에는 팔로알토 네트웍스를 중심으로 한 민간 컨설팅 회사인 PANgurus를 설립했다.

전보다 더 좋은 책을 쓸 수 있게 도움을 준 나의 멋진 친구 크리스에게 감사한다.

공간이 제한돼 해주신 일들을 다 적지는 못하지만 다음 분들 또한 특별히 주목받아 마땅하다.

Aref Alsouqi, Rutger Truyers, Scott Rhodes, Graham Brown, Michel Nys, Hrishi Kamat, Ulli Volk에게 감사드린다. 그리고 나의 전부인 아내와 아들에게도 감사하다.

Georgia Daisy van der Post에게 특별한 감사드린다. 정말 최고다.

| 기술 감수자 소개 |

크리스 즈나미에로프스키 <small>Kris Znamierowski</small>

PAN-OS, 마이크로소프트, 리눅스, BSD 유닉스 등 다양한 운영체제를 보호하고 지원하는 IT 전문가로, 18년 이상의 경력이 있다. 또한 OpenBSD 사용자로 업계에서 많은 자격을 보유하고 있다.

기여한 다른 책으로는 『Securing Remote Access in Palo Alto Networks』<small>(Packt, 2021)</small>가 있다.

| 차례 |

05장   서비스와 운영 모드   231

이 책은 팔로알토 네트웍스 방화벽 및 파노라마 관리 시스템 구성 및 유지 관리의 모든 측면을 다룬다. 새로운 시스템을 공장 기본 설정에서 설정하고 기술 작동 방식을 배우는 것부터 시작해 고급 구성을 구축하고 차세대 기능을 활용해서 네트워크와 사용자를 보호하는 방법까지 모두 다룬다. 이 책에서는 관리자가 배포를 확고하게 유지하는 데 도움이 되는 다양한 팁, 문제, 고급 명령을 소개한다.

이 책의 대상 독자

초보자부터 전문가 수준의 방화벽 및 네트워크 엔지니어를 대상으로 한다. 팔로알토 네트웍스를 처음 다루는 독자도 이 책을 완독하면 기본적인 구성을 파악하고 복잡한 구성을 설정할 수 있을 것이다. 전문 관리자들은 더 나은 구성과 방법론을 위한 실용적인 팁과 요령을 찾을 수 있다.

이 책의 구성

1장, 핵심 기술 이해에서는 PAN-OS 기능을 소개하고 차세대 방화벽의 핵심 기능을 알아본다.

2장, 새 디바이스 설정에서는 새 디바이스나 VM을 설치하고 실행하는 데 필요한 모든 것을 살펴본다.

3장, 강력한 보안 정책 구축에서는 규칙을 최대한 만들고 최적화하는 방법을 알아본다.

4장, 세션 제어 방법에서는 대체 링크를 통한 세션 형성과 리다이렉션이 어떻게 대역폭 사용을 최적화할 수 있는지 살펴본다. 또한 암호 해독을 적용해서 암호화된 세션을 검사하는 방법도 다룬다.

5장, 서비스와 운영 모드에서는 DHCP, DNS 프록시 설정, 고가용 클러스터 구성, 인증서 유지 관리 방법 등을 살펴본다. 또한 가상 시스템을 활용해 하드웨어에서 여러 인스턴스를 생성하는 방법도 알아본다.

6장, 유저 식별과 접근 제어에서는 IP 주소나 물리적 위치와 관계없이 사용자 액세스를 제어하기 위해 유저 ID를 활용하는 방법을 살펴본다.

7장, 파노라마를 이용한 방화벽 관리에서는 파노라마 중앙 관리 시스템 설정, 공유 정책 생성, 시스템 구성을 살펴본다.

8장, 방화벽과 파노라마 업그레이드에서는 모든 시스템을 업그레이드하는 간단하고 완전한 프로세스를 제공한다.

9장, 로그와 리포트에서는 로그 수집기와 로그 전송을 구성하는 방법을 살펴보고 보고서를 커스텀화하고 예약하는 방법을 살펴본다.

10장, 가상 사설 네트워크에서는 사이트 간 IPsec 터널과 SSL 또는 IPsec 사용자 VPN을 설정하는 방법을 알아보고, 클라이언트리스 VPN을 활성화하는 방법을 살펴본다.

11장, 고급 보호 기법에서는 App-ID 및 커스텀 위협에 대한 커스텀 시그니처 생성과 DDoS, 존 보호 구성 방법을 살펴본다.

12장, 일반 세션 이슈 트러블 슈팅에서는 기본적인 문제 해결 단계와 세션 세부 정보를 살펴본다.

13장, 트러블 슈팅 심층 분석에서는 플로 분석과 글로벌 카운터를 활용한 고급 트러블 슈팅 기술을 살펴본다.

14장, 클라우드 기반 방화벽 배포에서는 애저^{Azure} 클라우드 환경에서 방화벽을 배포하는 방법과 리소스를 보호하고자 설정할 때의 고려 사항을 살펴본다.

15장, 지원 도구에서는 고급 가시성 및 제어를 얻고자 타사 도구와의 통합하는 방법을 살펴본다.

⠿ 이 책의 활용 방법

랩 환경에서 최신 방화벽과 파노라마에 액세스할 수 있다면 모든 주제를 따라가는 데 도움이 된다. 도메인 컨트롤러, 인증 서버, 클라이언트, 도커^{Docker} 호스트, 일반 웹 서버 역할을 할 수 있는 테스트 디바이스를 구성할 수 있다면 관련된 장에서 도움이 되고 프로덕션 환경에서 구현하기 전에 새로운 기술을 테스트할 수 있다. 기본 네트워킹과 시스템 관리 기술이 필요하며 패킷 캡처를 분석하기 위한 와이어샤크^{Wireshark}에 익숙하다면 도움이 될 것이다.

이 책에서 다루는 소프트웨어/하드웨어	운영체제 요구 사양
PAN-OS, 모든 섀시와 VM 버전	웹 브라우저와 SSH 클라이언트를 지원할 수 있는 모든 운영체제

CLI 및 콘솔 인터페이스에 액세스하려면 PuTTY 또는 터미널과 같은 SSH 및 TTY 지원 클라이언트가 필요하다.

이 책의 디지털 버전을 사용하는 경우 코드를 직접 입력하거나 깃허브^{GitHub} 저장소를 통해 코드에 액세스하는 것이 좋다. 이렇게 하면 코드 복사/붙여넣기와 관련된 잠재적인 오류를 방지하는 데 도움이 된다.

⁂ 예제 코드 파일 다운로드

이 책의 코드 번들은 깃허브(https://github.com/PacktPublishing/Mastering-Palo-Alto-Networks-2e)에서 제공한다.

에이콘출판사의 도서 정보 페이지인 https://github.com/AcornPublishing/palo-alto에서도 동일한 예제 코드를 다운로드할 수 있다.

⁂ 컬러 이미지 다운로드

이 책에 사용된 그림과 다이어그램의 컬러 이미지가 포함된 PDF 파일은 https://static.packt-cdn.com/downloads/9781803241418_ColorImages.pdf에서 다운로드할 수 있다.

⁂ 편집 규약

이 책에서는 몇 가지 유형의 텍스트를 사용한다.

텍스트 안의 코드: 텍스트 내에 코드가 포함된 유형으로, 데이터베이스 테이블 이름, 사용자 입력의 코드 단어 등이 이에 포함된다. 예를 들어 다음과 같다.

"다운로드한 `WebStorm-10*.dmg` 디스크 이미지 파일을 시스템의 다른 디스크로 마운트한다."

코드 블록은 다음과 같이 표시한다.

```
[default]
exten => s,1,Dial(Zap/1|30)
```

```
exten => s,2,Voicemail(u100)
exten => s,102,Voicemail(b100)
exten => i,1,Voicemail(s0)
```

커맨드라인 입력이나 출력은 다음과 같이 표시한다.

```
# cp /usr/src/asterisk-addons/configs/cdr_mysql.conf.sample
    /etc/asterisk/cdr_mysql.conf
```

새로운 용어나 중요한 단어 또는 메뉴나 대화상자와 같이 화면에서 볼 수 있는 단어는 고딕체로 표시한다. 예를 들면 다음과 같다.

"Administration 패널에서 System info를 선택한다."

NOTE

경고와 중요한 노트는 이와 같이 나타낸다.

TIP

팁과 요령은 이와 같이 나타낸다.

⠿ 고객 지원

독자의 의견은 언제나 환영한다.

오탈자: 내용의 정확성을 위해 모든 노력을 기울였음에도 오류가 있을 수 있다. 이 책에서 잘못된 것을 발견하고 전달해준다면 매우 감사할 것이다. http:// www.packtpub.com/submit-errata에서 해당 책을 선택하고 Errata Submission Form 링크를 클릭한 다음 발견한 오류 내용을 입력하면 된다. 한국어판의 정오표

는 에이콘출판사의 도서정보 페이지 http://www.acornpub.co.kr/book/palo-alto에서 볼 수 있다.

저작권 침해: 어떤 형태로든 불법 복제물을 인터넷에서 발견한다면 적절한 조치를 취할 수 있도록 해당 주소나 사이트명을 알려주길 바란다. 의심되는 불법 복제물의 링크는 copyright@packtpub.com으로 보내주길 바란다.

⁝⁝ 문의

이 책과 관련해 질문이 있다면 questions@packtpub.com으로 문의하길 바란다. 한국어판에 관한 질문은 에이콘출판사 편집 팀(editor@acornpub.co.kr)이나 옮긴이의 이메일로 문의하길 바란다.

01

핵심 기술 이해

1장에서는 팔로알토 네트웍스 방화벽^{Palo Alto Networks firewall}을 구성하는 핵심 기술을 살펴본다.

보안 존^{security zone}이 보안, 네트워크 주소 변환^{NAT, Network Address Translation}, 라우팅 경로를 어떻게 제어하는지 자세히 살펴본다. App-ID 및 Content-ID 기술의 구조와 동작 방식을 살펴보면서 패킷이 처리되는 방식과 방화벽이 보안 결정을 내리는 방법을 자세히 살펴본다. 또한 유저 ID^{User-ID} 및 그룹 기반 접근 제어를 적용해 강력한 보안 환경을 구축하는 방법도 검토한다.

1장에서 다루는 내용은 다음과 같다.

- 존 기반^{zone-based} 방화벽 동작 이해
- App-ID와 Content-ID 이해
- 관리 플레인^{Management plane} 및 데이터 플레인^{Data plane}의 이해
- 유저 인증 기반의 유저 ID 이해

1장을 마치면 핵심 기술이 어떻게 구축되는지 좀 더 잘 이해할 수 있을 뿐만 아니라 구축을 시작할 때 이 기술을 적극적으로 활용할 수 있을 것이다.

PCNSE 시험을 준비한다면 일부 시나리오 기반 문제를 해결하기 위한 기본 사항을 이해하는 데 도움이 될 것이다.

기술적 요구 사항

1장에서는 물리적인 설치가 필요한 것이 아니므로 기술적 측면만 설명한다. 설명을 충분히 이해하려면 기본 네트워크 프로토콜인 TCP 및 UDP 관련 지식이 도움이 된다. 팔로알토 네트웍스 방화벽을 사용해본 적이 있다면 도움이 될 수는 있겠지만 꼭 필요한 것은 아니다. 방화벽이나 웹 프록시와 관련된 일반적인 경험은 내용을 더 구체적으로 이해하는 데 도움이 되므로 추천한다.

존 기반 방화벽 이해

일반적으로 네트워크의 구성 요소로 방화벽을 고려할 때 그림 1.1과 같은 네트워크 설계를 상상할 것이다. 대개 2개에서 4개의 영역이 상자를 둘러싸고 있다. 북쪽에 위험하다고 간주되는 것이 있고, 동쪽과 서쪽은 다소 회색 지대이며, 남쪽은 유저가 일상적인 작업을 수행하는 행복한 장소다. 중앙의 상자가 방화벽이다.

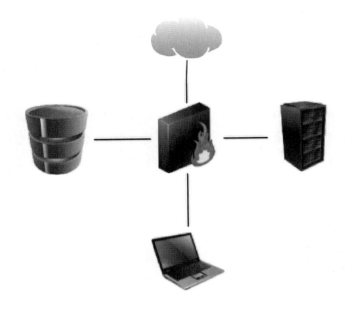

그림 1.1: 기본 네트워크 토폴로지

실제로 네트워크 설계는 네트워크가 세분화되고 원격 사무실이 온갖 종류의 기술로 본사와 연결돼 있고 클라우드 공급업체를 채택하는 등의 이유 때문에 훨씬 더 복잡하게 보일 수 있다.

경로 기반^{route-based} 방화벽에서 존은 일반적으로 서브넷 오브젝트에 연결할 수 있는 태그로 표시되며, 회사에서 사용하는 글로벌 네트워크가 어떤 영역으로 구성돼 있는지를 식별하는 데 도움이 되는 아키텍처나 위상 개념일 뿐이다. 따라서 보안 정책을 처리할 때 시스템이 내리는 보안 결정에는 아무런 영향을 미치지 않는다.

반면 존 기반 방화벽에서 존은 상태 테이블의 소스와 목적지를 내부적으로 분류하는 데 사용된다. 패킷이 처음 수신되면 소스 존 조회가 진행된다. 소스 존에 보호 프로파일이 적용된 패킷은 프로파일 설정에 따라 평가된다. TCP 패킷이라면 첫 번째 패킷은 SYN 패킷이어야 하며 보호 프로파일이 임곗값에 도달하면 SYN 쿠키가 트리거된다. 그런 다음 정책 기반 포워딩^{PBF, Policy-Based Forwarding} 룰^{rule}을 확인해 대상 존을 결정하고, 결과가 없으면 라우팅 테이블을 확인한다. 마지막으로 NAT 룰 작업으로 대상 IP가 변경될 수 있으므로 NAT 정책이 평가된다. 이 작업으로 라우팅 테이블의 대상 인터페이스와 존도 함께 변경되기 때문이다. NAT 이후 송신 인터페이스 및 존을 결정하려면 추가적인 포워딩 테이블 조회가 필요하다. 다음 그림은 새로운 세션^{session}의 첫 번째 패킷이 방화벽에 들어오는 첫 단계부터 방화벽을 통과하는 마지막 단계까지 패킷 처리의 단계를 보여준다.

그림 1.2: 패킷 처리 단계

초기 패킷 처리^{Initial Packet Processing}에서 이러한 존 조회가 수행된 후에도 방화벽은 사전 정책^{pre-policy} 평가를 계속 진행할 것이다.

32

사전 정책 평가에서 6 튜플$^{6\text{-Tuple}}$은 세션을 설정하거나 드롭/차단하기 전에 들어오는 세션을 룰 기반과 일치시키는 데 사용한다. 이 단계에서 방화벽이 애플리케이션을 고려하지 않는 이유는 보통 세션의 첫 번째 패킷으로는 애플리케이션을 결정할 수 없기 때문이다.

다음은 6 튜플을 구성하는 요소다.

1. 소스 IP
2. 소스 존
3. 대상 IP
4. 대상 존
5. 대상 포트
6. 프로토콜

존은 물리적, 가상 또는 서브인터페이스$^{Sub\text{-interface}}$에 연결된다. 각 인터페이스는 하나의 존에만 속할 수 있다. 존을 네이밍 규칙$^{naming\ convention}$에 맞춰 만들 수도 있고, 각 영역을 쉽게 식별하고자 하는 관리적 목적(untrust, dmz, lan 등)에 맞춰 매우 설명적인 이름을 만들 수도 있다.

모든 보안 룰에서 존을 사용하는 것이 모범 사례이므로 명확한 네이밍 규칙을 적용하면 잘못된 구성을 방지하고 보안 룰의 가독성을 높일 수 있다. 어떤 이유로 물리적으로는 분리돼 있지만 토폴로지적으로 연결해야 하는 네트워크(예, 두 건물에 걸쳐 분산된 유저가 2개의 별도 인터페이스로 방화벽에 접속할 때)를 동일한 존으로 결합하면 정책이 단순화된다.

동일 존이나 다른 존 사이의 세션에 영향을 미치는 암묵적인^{implied} 룰이 있다는 점에 주의해야 한다. 이러한 룰은 보안 정책의 맨 아래에서 찾을 수 있다.

- **기본 인트라존^{intrazone} 연결:** 동일한 존 안에서 흐르는 패킷은 암묵적으로 허용된다.
- **기본 인터존^{interzone} 연결:** 다른 존으로 흐르는 패킷은 암묵적으로 차단된다.

보안 룰은 동일한 존 내에서의 트래픽만을 허용하거나, 다른 존 간에만 허용하거나, 둘 다 허용할 수 있다. 이 설정은 룰 TYPE에서 변경할 수 있으며 기본적으로 universal로 설정된다.

그림 1.3과 같이 universal 룰은 소스Source 필드의 모든 존에서 대상Destination 필드의 모든 존으로 세션이 흐를 수 있도록 허용한다. 즉, lan에서 lan과 dmz로, dmz에서 lan과 dmz로 허용한다.

| | NAME | TYPE | Source | | Destination | | APPLICATION | SERVICE | ACTION | PROFILE | OPTIONS |
			ZONE	ADDRESS	ZONE	ADDRESS					
1	intrazone	intrazone	DMZ LAN	any	(intrazone)	any	allowed web apps	application-default	Allow		
2	interzone	interzone	DMZ LAN	any	DMZ LAN	any	allowed web apps	application-default	Allow		
3	universal	universal	DMZ LAN	any	DMZ LAN	any	allowed web apps	application-default	Allow		
4	intrazone-default	intrazone	any	any	(intrazone)	any	any	any	Allow	none	none
5	interzone-default	interzone	any	any	any	any	any	any	Deny	none	none

그림 1.3: 다양한 보안 룰 유형과 기본 룰

intrazone 유형으로 설정된 룰은 다른 보안 룰에 여러 개의 존이 추가되더라도 동일한 존 내의 세션 흐름만 허용한다. 즉, dmz에서 dmz로, lan에서 lan으로는 허용되지만, lan에서 dmz로 또는 dmz에서 lan으로는 허용하지 않는다.

interzone 유형으로 설정된 룰은 서로 다른 존 간 세션 흐름만 허용한다. 즉, dmz와 lan 두 가지 모두 소스와 대상 존에 표기돼 있더라도 dmz에서 lan으로, lan에서 dmz로 흐를 수 있지만 dmz에서 dmz로 또는 lan에서 lan으로는 허용하지 않는다.

이는 세션이 어디로든 흐를 수 있게 허용한 전통적인 방화벽처럼 서브넷을 소스 또는 대상으로 정의할 수 없을 때에도 어떤 인터페이스 사이에 세션 흐름을 허용할지 완벽하게 제어할 수 있다는 것을 의미한다.

지금까지 보안 결정을 내릴 때 존의 중요한 역할을 알아봤다. 이제 존을 결정할 때 예상되는 동작을 살펴보자.

존을 결정할 때 예상되는 동작

패킷이 인터페이스에 도착하면 PBF 정책이나 라우팅 테이블을 참조해 패킷 헤더의 원래 IP 주소를 기반으로 대상 존을 결정한다.

다음 라우팅 테이블을 살펴보자.

```
> show routing route
flags: A:active, ?:loose, C:connect, H:host, S:static, ~:internal, R:rip,
O:ospf, B:bgp,
    Oi:ospf intra-area, Oo:ospf inter-area, O1:ospf ext-type-1, O2:ospf
ext-type-2, E:ecmp, M:multicast
VIRTUAL ROUTER: default (id 1)
  ==========
destination        nexthop       metric flags   interface
0.0.0.0/0          198.51.100.1  10 A S      ethernet1/1
198.51.100.0/24  198.51.100.2   0       A C      ethernet1/1
198.51.100.2/32  0.0.0.0        0       A H
192.168.0.0/24   192.168.0.1    0       A C      ethernet1/2
192.168.0.1/32   0.0.0.0        0       A H
172.16.0.0/24    172.16.0.1     0       A
C    ethernet1/3
172.16.0.1/32    0.0.0.0        0       A
H
total routes shown: 7
```

ethernet1/1은 IP 주소 198.51.100.2를 가진 외부 인터페이스이고, ethernet1/2는 IP 주소 192.168.0.1을 가진 DMZ 인터페이스이고, ethernet1/3은 IP 172.16.0.1을 가진 LAN 인터페이스이고 존이 lan으로 설정돼 있다고 가정해보겠다. 디폴트 경로^{route}는 ethernet1/1 인터페이스에서 넥스트 홉^{nexthop}인 198.51.100.1로 이동한다. 존이 결정되는 방식에 영향을 미치는 몇 가지 시나리오가 있다.

- **시나리오1:** 클라이언트 PC 172.16.0.5에서 대상 IP가 1.1.1.1인 패킷이 수신됐다.
  방화벽은 라우팅 테이블을 참조해 소스 존이 lan이고 대상 IP는 연결된 네트워크가 아니라고 판별한다. 따라서 인터넷으로 가려면 디폴트 라우팅를 따른다. 송신^{egress} 인터페이스가 ethernet1/1이므로 대상 존은 external이어야 한다.

- **시나리오 2:** 클라이언트 PC 172.16.0.5에서 대상이 1.1.1.1인 패킷을 수신되지만 1.1.1.1에 대한 모든 트래픽은 넥스트 홉 IP 192.168.0.25로 강제하는 PBF 룰이 존재한다. PBF가 라우팅 테이블을 덮어쓰기 때문에 송신 인터페이스가 ethernet1/2로 변경되면서 대상 존이 dmz가 된다.

- **시나리오 3:** 패킷이 인터넷 IP 203.0.113.1에서 대상 IP 198.51.100.2로 수신된다. 이는 방화벽에서 NAT가 어떻게 보이는지의 전형적인 예다. 외부 IP 주소를 목적지로 패킷이 도착하는 것으로, NAT 정책에서는 IP가 연결된 네트워크가 아니며 정적^{static} 경로도 없기 때문에 소스 존은 external이 된다. 또한 IP가 해당 인터페이스에 연결돼 있기 때문에 대상 존도 external이 된다.

하지만 보안적인 측면에서 NAT가 적용되면 대상 존은 일반적으로 NAT 이후 대상 IP가 속한 존(보통 dmz)으로 변경된다.

NOTE

> NAT 정책 평가는 초기 존이 결정된 후에 이뤄지지만 보안 정책이 평가되기 전에 발생한다는 점을 기억해야 한다. 아웃바운드 NAT 룰이 lan에서 external로 나가는 것으로 나타나지만 인바운드 NAT 룰은 external에서 external로 들어오는 것과 일치하는 반면 인바운드 보안 룰은 적절한 대상 존을 사용한다. 그림 1.2를 참고하자.

이번 절에서는 보안 결정의 첫 번째 단계에서 존이 얼마나 중요한 역할을 하는지 살펴봤다. 이러한 역할을 반영하려면 룰 기반^{base}을 작성할 때는 가능한 한 소스와 대상에 존을 사용해 트래픽의 흐름을 완전히 제어하고 예기치 않은 동작을 방지해야 한다. 다음 절에서는 팔로알토 방화벽^{NGFW}을 '차세대'로 불릴 수 있게 기여한 기능들을 살펴본다.

⠿ App-ID와 Content-ID 이해

App-ID와 Content-ID는 함께 작동하는 핵심적인 검사 메커니즘이다. 애플리케이션을 식별하고 예상대로 동작하게 보장하며 위협^{threat}을 차단하고 설정 가능한 정책에 따라 동작을 적용하고 데이터 유출을 방지한다.

App-ID 제어 방법

특정 데이터 흐름 내에 어떤 애플리케이션이 포함돼 있는지 결정하는 것은 차세대 방화벽의 핵심 검사 메커니즘이다. TCP 포트 80과 443을 사용하는 모든 세션이 간단한 텍스트나 암호화한 웹 브라우징 세션이라고 추정할 수 없다. 현재 대부분의 애플리케이션은 이러한 포트를 기본 전송으로 사용하며, 많은 악성 소프트웨어 개발자들은 잘 알려진^{well-known} **포트**를 이용해 악성 소프트웨어를 합법적인 웹 트래픽으로 위장하면서 민감한 정보를 유출하거나 감염된 호스트를 조정해 악성 페이로드의 다운로드를 시도한다.

그림 1.4는 App-ID가 데이터 흐름 내에서 애플리케이션을 식별하는 단계를 보여준다.

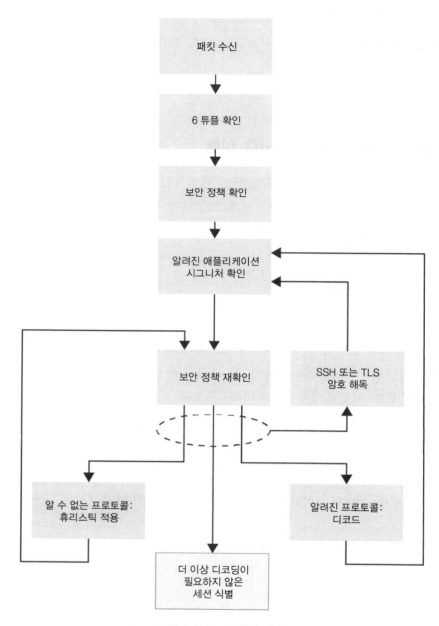

그림 1.4: App-ID 분류 방법

패킷이 방화벽으로 수신되면 App-ID가 다음과 같은 단계를 거쳐 식별을 시도한다. 먼저 6 튜플을 대조해 특정 소스, 대상, 프로토콜, 포트 조합이 허용되는지 확인한다. 이때 불필요한 포트가 모두 닫혀 있고 비정상적인 대상 포트가 이미 거부되면 이 단계는 수월하게 진행된다. 다음은 알려진 애플리케이션 시그니처signature 및 앱 캐시와 일치하는지 확인해 세션을 빠르게 식별한다. 이후 보안 정책에서 애플리케이션을 대상으로 두 번째 보안 정책 검사가 수행된다. 이때 보안 정책은 App-ID를 필수 식별자 집합에 추가해 세션을 허용한다.

현재 또는 향후 정책 검사에서 애플리케이션이 SSH, TLS, SSL인 것으로 판명되면 정책 확인 단계에서 복호화를 적용할 필요가 있는지 확인하고자 보조 정책 검사가 수행된다. 복호화 정책이 존재한다면 세션은 복호화를 거치고 알려진 애플리케이션 시그니처를 다시 확인하는데, 이는 TLS나 SSH로 캡슐화된 세션이 전혀 다른 것일 수 있기 때문이다.

이 단계에서 애플리케이션이 식별되지 않는다면(핸드셰이크 이후 최대 4개 패킷 또는 2,000바이트) App-ID는 패킷을 더 깊게 분석하기 위한 기본 프로토콜을 사용해 어떤 디코더를 사용할지 결정한다. 프로토콜이 알려지면 디코더는 계속 진행되는데, 디코딩 후 알려진 애플리케이션 시그니처로 페이로드를 다시 실행한다. 결과는 알려진 애플리케이션이나 unknown-tcp와 같이 알려지지 않은 일반적인 애플리케이션이 될 수 있다. 이제 세션은 보안 정책과 일치하는지 다시 확인해 허용allow, 거부reject나 드롭drop을 결정한다.

프로토콜이 알려지지 않으면 App-ID는 세션에 어떤 프로토콜이 사용되는지 휴리스틱heuristics을 적용해 결정할 것이다. 프로토콜이 결정되면 다시 한 번 보안 정책 검사가 수행된다. 일단, 애플리케이션이 식별되거나 모든 옵션이 처리돼 버리고 나면 App-ID는 식별을 위한 패킷 처리를 중지한다. 식별된 애플리케이션은 세션의 생애주기 동안 패킷을 여러 차례 검사하면서 더 많은 정보를 얻게 되고 그에 따라 여러 번 변경될 수 있다. 예를 들어 TCP 세션은 SSL로 식별될 수도 있는데, 방화벽이 SSL 핸드셰이크를 탐지할 때는 HTTPS 애플리케이션으로 식별된다. 그런 다음 복호화 엔진과 프로토콜 디코더가 세션을 복호화해 세션에 포함된 내용을 식별한다. 그 후 프로토콜 디코더가 HTTP GET과 같은 일반적인 브라우징 동작을 식별해서 web-browsing 애플리케이션을 탐지하기도 한다. 그렇게 되면 App-ID는 flickr를 식별하고자 알려진 애플리케이션 시그니처를 적용할 수 있다. 각각의 애플리케이션 콘텍스트가 변경될 때마다 방화벽은 해당 애플리케이션이 보안 룰 기반에서 허용되는지 재빠르게 확인할 것이다.

여기서 flickr가 허용된다면 유저가 사진을 업로드하려고 시도할 때 다른 보안 정책 검사를 트리거해 다시 콘텍스트를 변경할 수 있다. flickr-uploading 서브애플리케이션이 허용되지 않을 수 있기 때문에 이제는 이전에 허용된 세션이 방화벽에 의해 차단될 수 있다.

App-ID 프로세스가 애플리케이션을 일단 확정한 후에는 애플리케이션 디코더는 지속적으로 세션을 검사하는데, 이는 예측을 벗어나는 작동, 즉 애플리케이션이 서브애플리케이션으로 변경되거나 악성 행위자가 기존 세션에서 다른 애플리케이션이나 프로토콜을 터널링하는 경우들 때문이다.

App-ID 시그니처와 디코더는 기존 애플리케이션이나 프로토콜의 변경 사항을 대비하고자 정기적으로(보통 매월 15일) 업데이트되며, 이때 이전의 알려지지 않은 애플리케이션에 새로운 시그니처를 추가하거나 더 세밀한 제어를 제공하고자 기존 앱에 서브애플리케이션을 추가한다(예, 페이스북 채팅, 파일 공유 또는 게임).

따라서 App-ID를 사용하면 방화벽을 통과할 수 있는 세션을 제어할 수 있을 뿐만 아니라 애플리케이션 작동 방식을 제어할 수 있다. 다음 절에서는 위협을 방어하고 악성코드를 차단할 수 있는 방법을 살펴본다.

Content-ID를 이용한 보안 강화

한편 보안 룰에 적합한 보안 프로파일을 활성화했다면 Content-ID 엔진은 URL 필터링 정책을 적용하고 동시에 세션에서 취약점 공격, 바이러스 또는 웜 감염,

수상한 DNS 쿼리, 명령 및 제어[C&C 또는 C2] 시그니처, DoS 공격, 포트 스캔, 잘못
된 프로토콜 또는 민감한 데이터 유출과 일치하는 데이터 패턴 같은 위협을
탐지한다. 패킷 수준 회피 기술을 방지하고자 TCP 재조합 및 IP 조각 조립
[defragmentation]이 수행된다. 그림1.5를 보면 여러 유형의 위협을 동시에 스캔하는
싱글 패스[single-pass] 패턴 매칭 방법과 여기에 URL 필터링이 어떻게 추가되는지
알 수 있다.

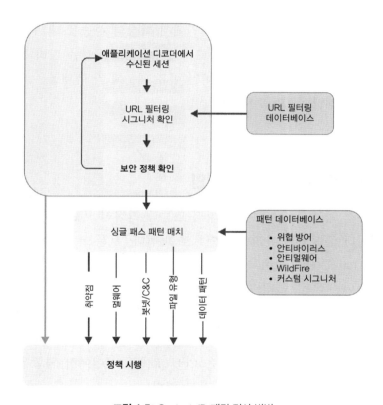

그림 1.5: Content-ID 패킷 검사 방법

이 모든 과정은 하드웨어와 소프트웨어가 설계돼 각 패킷이 App-ID 디코더와
Content-ID 스트림 기반 엔진, 각각 전용 칩 또는 가상머신[VM, Virtual Machine]의 전용
프로세스에 의해 동시에 처리되도록 설계됐기 때문에 병렬로 발생한다. 이러한

설계는 직렬 처리와 비교해 지연 시간을 줄이므로 다른 방화벽 및 IPS 솔루션과 달리 더 많은 보안 프로파일을 활성화해도 성능 대비 기하급수적인 비용이 들지 않는다.

이번 절에서는 어떻게 모든 7 계층^{Layer 7} 콘텐츠 검사 구성 요소가 한꺼번에 작동해 모든 악성 페이로드를 차단하면서 방화벽을 통과하는 애플리케이션에 더 많은 가시성을 부여하는지 살펴봤다.

하드웨어 및 가상머신 설계는 병렬 처리에서 최상의 성능을 낼 수 있게 할 뿐 아니라 흐름이 시스템을 통과하는 속도에 영향을 줄 수 있는 처리 능력을 소모하는 작업 수행에도 초점을 맞춘다. 이런 이유 때문에 각 플랫폼은 다음 절에서 다루는 소위 플레인^{planes}으로 나뉜다.

⁝⁝ 관리 플레인과 데이터 플레인

방화벽은 특정 기능을 수행하는 물리적 또는 논리적인 보드로 구성되며 큰 영역에서 데이터 플레인과 관리 플레인으로 나뉜다. 모든 플랫폼에는 관리 플레인이 있다. PA-5200과 같이 처리 용량이 좀 더 큰 플랫폼은 2~3개의 데이터 플레인과 추가적으로 컨트롤 플레인을 갖고 있다. 가장 큰 플랫폼은 각 라인 카드^{line card}당 최대 3개의 데이터 플레인을 가질 수 있는 교체 가능한 하드웨어 블레이드(라인 카드)를 갖고 있으며, 최대 10개의 라인 카드를 보유할 수 있다. PA-220과 같이 좀 더 작은 플랫폼은 CPU 코어들 사이에서 역할을 가상으로 분할하는 하나의 하드웨어 보드만 갖고 있다.

관리 플레인은 모든 관리 작업이 이뤄지는 영역이다. 시스템 설정을 허용하고 URL 필터링 차단 페이지를 제공하고 클라이언트 VPN 포털로 사용되는 웹 인터페이스를 제공한다. URL 필터링과 DNS 보안을 위한 클라우드 조회를 실행하고 데이터 플레인에 콘텐츠 업데이트를 다운로드하고 설치한다. 또한 라우팅의 논리 부분을 수행하고 동적 라우팅 피어^{dynamic routing peer} 및 이웃^{neighbor}과 통신한다. 인증, 유저 ID, 로깅, 기타 많은 지원 기능은 패킷 처리와 직접적인 관련이 없다.

컨트롤 플레인은 여러 데이터 플레인과 관리 플레인 간의 통신을 지원하고 데이터 플레인 프로세스를 모니터링한다.

데이터 플레인은 흐름 처리를 담당하며 차세대 방화벽과 관련된 모든 보안 기능을 수행한다. 그리고 패턴과 휴리스틱을 식별하고자 세션을 스캔한다. 또한 IPsec VPN 연결을 유지하며 하드웨어 오프로딩^{offloading}을 이용해서 와이어 속도의 처리량을 제공한다. 데이터 플레인의 아키텍처와 상호 연결된 특수 칩의 사용으로 모든 유형의 스캔이 병렬로 진행될 수 있으며 각 칩은 패킷을 동시에 처리하고 결과를 보고한다.

데이터 플레인은 스위치 패브릭을 사용해 관리 플레인에 조회 요청을 보내고 관리 플레인은 설정 업데이트와 콘텐츠 업데이트를 보낼 수 있다.

지금까지 가장 기본적인 기능과 하드웨어 구성 방식을 살펴봤으며 다음으로 ID 기반 인증을 살펴본다. 유저를 식별하고 ID나 그룹 멤버십에 기반을 두고 다른 보안 정책을 적용할 수 있는 능력은 NGFW의 중요한 기능이다. 이는 정적인 액세스 리스트에 의존하지 않는 좀 더 동적인 보안 정책을 허용하기 때문이다. 대신 유저들이 캠퍼스 안팎을 자유롭게 이동하면서도 내부 정보를 노출시키지 않고 필요한 리소스에 모두 접근할 수 있다.

⠿ 유저 ID 인증과 권한 부여

유저 ID는 종종 간과되지만 올바르게 사용하면(추가 라이선스가 필요하지 않음) 매우 강력한 대표 기능이다. 여러 메커니즘의 도움으로 방화벽은 디바이스, 운영체제, 소스 IP와 관계없이 누가 어떤 세션을 시작하는지 알 수 있다. 또한 보안 정책을 설정해 개인 ID나 그룹 멤버십에 따라 유저의 접근을 허가하거나 제한할 수 있다.

유저 ID는 특정 리소스에 접근하는 유저를 세밀하게 제어하는 기능을 확장시켜 포렌식^{forensic}이나 관리 보고를 위한 맞춤형 리포트 기능을 제공한다.

유저는 다음과 같은 여러 가지 방법으로 식별할 수 있다.

- 서버 모니터링
  - 마이크로소프트 액티브 디렉터리$^{Active\ Directory}$의 보안 이벤트 로그$^{Security\ Event\ Log}$
  - 마이크로소프트 익스체인지 서버 이벤트 로그 수집
  - 노벨 e-directory 이벤트 로그 수집
- 프록시 서버를 이용할 때 X-Forward-For^{XFF} 필드 값을 추출하는 방법
- Netbios와 WMI 쿼리를 이용한 클라이언트 정보 수집
- 직접 유저 인증
  - 웹 요청을 가로채고 유저 인증 양식을 제공하거나 커버로스^{Kerberos}를 사용해 투명^{transparent} 인증을 사용하는 캡티브 포털$^{Captive\ Portal}$
  - GlobalProtect VPN 클라이언트 통합
- 여러 유저가 동일한 소스 IP에서 시작되는 Citrix 또는 마이크로소프트 터미널 서버와 같은 멀티유저 플랫폼에서 포트 매핑
- XML API
- 외부 인증 시스템에서 전달된 인증 정보를 syslog로 수신하는 방법

이처럼 유저 ID를 활용하는 방법이 많다는 것을 알 수 있다. 따라서 6장에서 이 주제를 다시 자세히 다룬다.

⁝⁝ 요약

1장에서는 존 기반 방화벽과 경로 기반 방화벽의 특징을 살펴봤다. 모두 동일한 프로토콜과 포트를 사용하는 경우에도 애플리케이션을 식별하는 방법과 싱글 패스 병렬 처리로 패킷 처리 및 검사가 얼마나 깊이 수행되는지 알게 됐다. 가장 중요한 것은 패킷이 유입될 때 방화벽 세션이 형성되려면 어떤 단계를 거치는지 확실히 이해했다는 것이다. 내용이 다소 어렵게 느껴지더라도 2장과 3장에서 좀 더 많은 실제 적용 사례와 시사점을 살펴볼 예정이므로 걱정할 필요는 없다. 존을 사용할 때 보안 및 NAT 룰이 어떻게 동작하는지, 룰을 단순히 훑는 것만으로도 예상 동작을 어떻게 예측할 수 있는지 좀 더 자세히 살펴본다.

PCNSE 시험을 준비한다면 1장에서 계획 및 핵심 개념, 배포 및 구성 도메인 부분을 커버했다. 패킷 처리와 관련된 그림 1.2를 이해하고, 라우팅 조회 및 PBF가 존 구성의 기초를 형성한다는 점을 기억하고, App-ID 및 Content-ID가 상호 운용되는 방식에 주목하자.

2장에서는 방화벽을 처음부터 설정하고 짧은 시간 내에 작동시키는 방법을 알아본다. 물리 및 가상 구성 요소를 간단히 살펴보고 트래픽이 흐를 수 있게 구성하는 방법과 NAT를 적용하는 방법을 살펴본다.

02

새 디바이스 설정

2장에서는 새 방화벽 디바이스나 새로 준비된 가상머신 콘솔과 웹 인터페이스 접근 방법을 살펴본다. 방화벽 라이선스 업데이트와 소프트웨어를 업그레이드하는 방법을 배우면 보안 정책을 작성할 때 최신 기능을 사용할 수 있으며 최신 시그니처를 디바이스에 로드해 악성코드와 취약점 공격에서 유저와 인프라를 보호할 수 있다.

관리 구성을 강화해 강력한 보안 자세를 유지하고 AE^Aggregate Ethernet 인터페이스 및 라우팅과 같은 다양한 유형의 네트워크 인터페이스 모드를 살펴본다.

2장에서 다루는 내용은 다음과 같다.

- 유저 인터페이스 접근 권한 획득
- 라이선스 추가와 동적 업데이트 설정
- 방화벽 업그레이드
- 관리 인터페이스 강화
- 인터페이스 유형 이해

2장을 마칠 때 새로운 방화벽을 빠르게 설정 및 등록하고 짧은 시간에 원하는 수준으로 업그레이드할 수 있다. 관리자 접속 시 최고 수준의 사례가 적용된 강력한 인증을 사용할 수 있으며 방화벽을 배치해야 하는 특정 네트워크 토폴로지에 맞는 인터페이스 구성을 신속하게 식별할 수 있다.

⁑ 기술적 요구 사항

2장에서는 물리적 디바이스 연결, 관리 환경 구성, 데이터 플레인 인터페이스 배포 모드 선택 등을 다루기 때문에 네트워크 어플라이언스를 기본적으로 이해하고 있어야 한다. 또한 가상 환경에서 가상 어플라이언스를 가상 스위치나 가상 인터페이스에 연결하고 하이퍼바이저에서 네트워크 접근을 제공하는 등 가상 어플라이언스 구축에 관한 기본 지식도 필요하다.

⁑ 유저 인터페이스 접근

클라우드 서비스인 아마존 AWS나 마이크로소프트 애저[MS Azure]에 방화벽을 도입한다면 14장을 참고한다.

새 디바이스를 개봉 즉시 사용하거나 VMware ESXi Fusion, NSX, Hyper-V, KVM 등과 같은 로컬 하이퍼바이저에 VM을 설정하려면 먼저 콘솔 케이블을 연결해 커맨드라인 인터페이스[CLI, Command-Line Interface]에 접속해야 한다.

오래된 모델에는 RJ45 콘솔 포트만 있어 표준 DB9-RJ45 콘솔 케이블이 필요하다. 선택적으로 USB 시리얼[Serial] 연결 케이블을 패치하면 최신 노트북을 포트와 인터페이스할 수 있다. DB9의 핀 배열은 다음과 같다.

```
1 - Empty - Data Carrier Detect (DCD)
2 - 3 - Receive Data (RXD)
3 - 6 - Transmit Data - (TXD)
4 - 7 - Data Terminal Ready (DTR)
5 - 4 - Ground (GND)
6 - 2 - Data Set Ready (DSR)
7 - 8 - Request To Send (RTS)
8 - 1 - Clear to Send - (CTS)
9 - Empty - Ringing Indicator (RI)
```

다행히도 USB-to-RJ45 케이블이 있어 올바른 핀 배열을 찾는 번거로움을 덜어준다.

그림 2.1: RJ45–USB 콘솔 케이블

아주 오래된 모델을 제외한 모든 제품이 마이크로 USB 포트가 있으므로 다음 그림과 같이 표준 USB-A와 마이크로 USB 케이블을 사용해 콘솔을 연결할 수 있다.

그림 2.2: PA-460 RJ45와 마이크로 USB 콘솔 포트

항상 해당 컴퓨터의 운영체제에서 사용 중인 COM이나 TTY 포트를 찾아야 한다.

윈도우 시스템에서 케이블을 처음 연결할 때 드라이버를 설치해야 할 수도 있다. 설치가 완료되면 콘솔 케이블에 할당된 가상 COM 포트 번호를 찾아야 한다. 대부분은 다음 단계에 따라 가상 COM 포트 번호를 확인할 수 있다.

1. 장치 관리자를 연다.

2. 시작 ▶ 제어판 ▶ 하드웨어 및 사운드 ▶ 장치 관리자('장치 및 프린터' 아래)를 클릭한다.

3. 장치 관리자 목록에서 **포트**를 찾아 USB 포트에 할당된 가상 COM 포트를 찾는다. 'USB에서 직렬 포트(COM#)'와 유사하게 표시되며 COM#은 다음 단계에서 사용할 번호다.

적절한 COM#을 찾았으면 터미널 에뮬레이션 클라이언트로 콘솔에 연결한다. 웹 페이지(https://www.chiark.greenend.org.uk/~sgtatham/putty/latest.html)에서 PuTTY와 같은 무료 클라이언트를 다운로드해 사용할 수 있다.

COM 포트 외에도 연결할 수 있게 추가 설정을 제공해야 할 수도 있다. 메시지가 표시되면 다음 설정을 사용한다.

```
Bits per second: 9600
```

```
Data Bits: 8
Parity: none
Stop bits: 1
Flow control: none
```

일반적으로 맥OS와 리눅스에서 USB 직렬 연결은 /dev/ 디렉터리에 새로운
tty(TeleTYPEwriter) 항목을 생성하며 USB-DB9 동글은 /dev/ 디렉터리에 **CU**(Call-Up)
항목을 생성할 수 있다.

다음 명령 중 하나로 검색해 적절한 디바이스를 찾을 수 있다.

```
ls /dev/tty.*
ls /dev/cu.*
```

/dev/cu.usbserialxxxxx 또는 **/dev/tty.usbmodemxxxxxxx**를 찾을 수 있다. 여
기서 **xxxxx**는 직렬 디바이스명이다.

적절한 디바이스를 결정한 후에는 초당 9600비트로 설정한 **screen** 명령으로
콘솔 포트에 연결할 수 있다.

```
screen /dev/tty.usbmodemxxxxx 9600
```

이제 콘솔 케이블이나 마이크로 USB를 노트북 및 어플라이언스에 연결한다.
관리 네트워크에 사용 가능한 포트가 있다면 방화벽의 MGT 포트를 스위치에
연결한다. 아직 관리 연결을 사용할 수 없다면 관리 인터페이스에 IP를 설정하
고 더 쉽게 접속할 수 있도록 노트북을 MGT 포트에 직접 연결해야 한다. 마지
막으로 전원 케이블을 연결한다.

방화벽이 VM이나 클라우드에 로드되면 Start 버튼을 눌러 가상 어플라이언스를
부팅한다.

일단 콘솔에 로그온하면 운영체제가 부팅되는데, DHCP가 지원되는 관리 네트워크에 방화벽이 이미 연결됐다면 다음과 같은 메시지를 볼 수 있다. 아래에 편의상 DHCP 주소를 미리 나열했다.

그림 2.3: PA–VM 부팅 후 DHCP 정보

DHCP 정보를 놓쳤다면 로그온하고 다음을 실행해 DHCP 정보를 볼 수 있다.

```
admin@PA-220> show system info
hostname: PA-220
ip-address: 192.168.27.116
public-ip-address: unknown
netmask: 255.255.255.0
default-gateway: 192.168.27.1
ip-assignment: dhcp
```

어떤 이유로든 DHCP 서버에서 아직 DHCP를 받지 못했다면 > request dhcp client management-interface renew 명령을 사용해 CLI에서 업데이트 작업을 시작할 수 있다.

NOTE

공장 출고 시 어플라이언스나 VM 방화벽의 기본 유저 이름(username)과 비밀번호(password)는 다음과 같다.

Username: admin

Password: admin

처음 로그온할 때 기본 비밀번호를 변경하라는 메시지가 나타난다.

네트워크에 DHCP 서버가 없거나 방화벽을 노트북에 직접 연결한다면 IP 주소를 수동으로 설정해야 한다. 다음 명령을 복사해 텍스트 파일에 붙여 넣고 관리 인터페이스에 적합한 IP, 인터넷 연결에 사용할 기본 게이트웨이, 도메인을 확인하는 데 사용할 DNS 서버로 <IP> 항목을 변경한다. CIDR이 아닌 4개의 10진수로 넷마스크를 입력한다(/16 및 /24와 같은 슬래시 표기 서브넷).

```
configure
set deviceconfig system type static
set deviceconfig system ip-address <IP>
set deviceconfig system netmask <x.x.x.x>
set deviceconfig system default-gateway <IP>
set deviceconfig system dns-setting servers primary <IP>
set deviceconfig system dns-setting servers secondary <IP>
commit
```

동일한 경로 및 클래스^{Class}에 속하는 **set** 명령을 한 줄에 입력하면 명령을 여러 줄 입력할 필요가 없이 원하는 설정을 한 번에 모두 추가할 수 있다. 다음 예제에서 설정^{configuration} 모드로 진입해 관리 인터페이스를 DHCP에서 정적 설정으로 전환하고 관리 인터페이스의 모든 설정 파라미터를 하나의 **set** 명령으로 결합했다. 먼저 기본 비밀번호를 새로 변경하고 인터페이스 설정을 추가한다.

```
admin@PA-220> set password
Enter old password :
Enter new password :
Confirm password :
Password changed
admin@PA-220> configure
Entering configuration mode
[edit]
admin@PA-220# set deviceconfig system type static
[edit]
```

```
admin@PA-220# set deviceconfig system ip-address 192.168.27.5 netmask
255.255.255.0 default-gateway 192.168.27.1 dns-setting servers primary
1.1.1.1 secondary 1.0.0.1
[edit]
admin@PA-220# commit
Commit job 2 is in progress. Use Ctrl+C to return to command prompt
.............................................55%....75%.....98%.............
..........100%
Configuration committed successfully
[edit]
admin@PA-220#
```

커밋^{Commit} 명령을 실행한 후 관리자 비밀번호가 변경됐으므로 다시 로그인해야
할 수도 있다.

NOTE

> username@hostname>의 > 프롬프트는 유저가 운영(operational) 모드에 있고 명령을 실행할 수 있
> 다는 뜻이다. username@hostname#의 # 프롬프트는 현재 설정 모드에 있으며 설정 파라미터를 추
> 가할 수 있다는 의미다.
>
> 설정 모드에서 명령 앞에 run을 붙여 운영 모드 명령을 실행할 수 있다(예, user@host# run show
> clock).

커밋 작업이 끝나면 SSH 클라이언트, 예를 들어 리눅스나 맥 시스템 내 ssh
명령이나 PuTTY를 이용하거나 또는 http://<IP>를 통해 웹 인터페이스에 연
결할 수 있다.

이제 새로 시작한 방화벽으로 접속해 설정할 수 있으므로 다음 단계로 넘어가
웹 인터페이스에 접근할 수 있다.

웹 인터페이스와 CLI 접속

이제 디바이스에 IP 주소가 있으므로 https://<IP>와 같이 웹 브라우저로 웹 인터페이스에 접속할 수 있다.

다음 그림과 같이 친절하지 않은 오류 메시지가 나타난다. 이는 어떤 기관에서도 검증되지 않은 자체 서명 인증서를 사용한 웹 인터페이스 때문이다. 현재로서는 무시해도 된다.

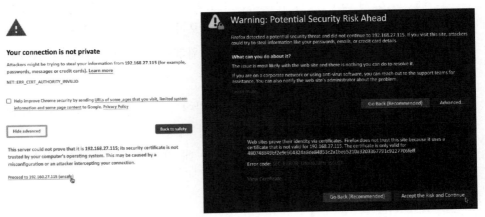

그림 2.4: 인증서 경고 메시지(크롬, 파이어폭스)

SSH 클라이언트는 좀 더 친절하게 질문한다.

```
tom$ ssh -l admin 192.168.27.115
The authenticity of host '192.168.27.115 (192.168.27.115)' can't be
established.
RSA key fingerprint is SHA256:Qmre8VyePwwGlaDmm6JTYtjou42d1i/Ru6xZmmEk8Yc.
Are you sure you want to continue connecting (yes/no)?
```

SSH 연결은 콘솔 연결과 거의 동일한 유저 환경을 제공하지만 반응이 더 빠르고 안전하며 이제 관리 네트워크의 어느 곳에서나 디바이스에 접근할 수 있다.

웹 인터페이스는 완전히 새로운 유저 환경을 제공한다. 유저 이름과 비밀번호를 입력하라는 메시지가 나타나면 기본 admin/admin 조합이나 클라우드 공급자에서 만든 유저 이름과 비밀번호를 입력한다.

로그인하면 첫 번째 화면이 대시보드며 여기에는 시스템 상태, 설정 변경 사항, 로그인한 관리자에 대한 몇 가지 일반적인 정보가 포함된다. 대시보드를 커스터마이징하고 준비된 위젯 리스트에서 추가 위젯을 더하거나 관련이 없다면 위젯을 제거할 수 있다.

현재 General Information 위젯은 다음 그림과 같이 물리적 디바이스의 시리얼 번호나 가상 디바이스의 CPU ID 및 UUID와 같이 가장 중요한 정보를 포함한다. CPU ID와 UUID는 VM을 등록하고 활성화하는 데 필요하지만 물리적 디바이스는 시리얼 번호로 활성화할 수 있다.

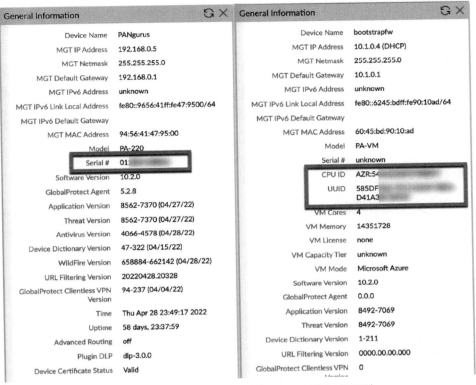

그림 2.5: PA-220 디바이스(왼쪽)와 PA-VM 디바이스(오른쪽)

이제 웹 인터페이스에 접근할 수 있고 시스템의 기본 정보를 수집할 수 있으므로 방화벽을 등록하고 구입한 기능의 라이선스를 활성화할 수 있다. 제품 등록 및 라이선스 절차를 실행하는 방법을 살펴보자.

⁑ 라이선스 추가와 동적 업데이트 설정

라이선스 추가를 시작하기 전에 디바이스를 등록해야 한다. 새 계정을 만들려면 디바이스의 시리얼 번호를 기록해 둬야 하는데, 서포트 포털 계정이 없으면 주문 번호를 적어둬야 한다.

새 탭이나 브라우저를 열고 웹 사이트(https://support.paloaltonetworks.com)로 이동한다.

아직 계정이 없다면 먼저 새 계정을 만들어야 포털에 접근할 수 있다. 이 포털에서 모든 디바이스를 관리하고 라이선스를 활성화하며 소프트웨어 패키지 및 업데이트를 다운로드하고 지원 사례에 접근할 수 있다. CSP[Customer Support Portal] 계정이 있다면 새 디바이스 등록으로 건너뛸 수 있다.

새 계정 생성

새 계정을 만들 때 다음 그림과 같이 시리얼 번호나 인증 코드[Auth Code]를 사용해 등록할지 여부와 이메일 주소를 묻는 메시지가 나타난다. 시리얼 번호는 하드웨어 디바이스를 등록할 때 필요하고 인증 코드는 VM 디바이스를 등록할 때 사용된다.

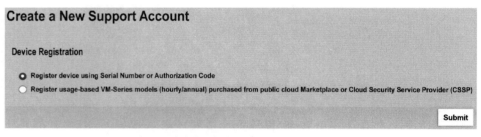

그림 2.6: 디바이스의 시리얼 번호 또는 인증 코드 등록

또는 클라우드 제공자에 가상 어플라이언스를 설정한다면 디바이스가 실행 중인 제공자(예, 아마존 웹 서비스(AWS, Amazon Web Service), 애저, 구글 클라우드 플랫폼(GCP, Google Cloud Platform) 등)를 선택할 수 있다.

회사에 계정이 이미 있다면 주소, 비밀번호, 디바이스의 시리얼 번호, 인증 코드, 판매 주문 번호, 고객 ID와 같은 몇 가지 기본적인 세부 정보를 제공해야 한다.

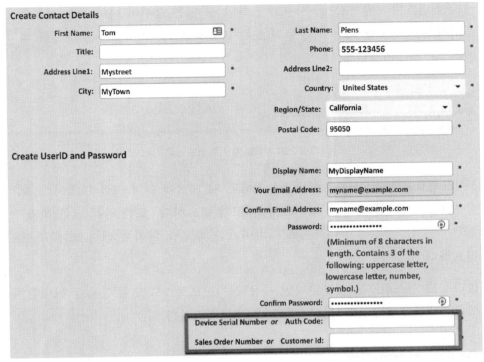

그림 2.7: 일반 정보, 디바이스, 주문 상세 정보

계정 생성 단계에서 이미 첫 번째 디바이스를 등록했다. 다음 절에서는 추가적인 디바이스를 등록하는 방법을 살펴본다.

새 디바이스 등록

서포트 포털에 로그인 여부를 확인하고 홈페이지에서 Register a Device를 클릭한다.

그림 2.8: 서포트 포털에 디바이스 등록

시리얼 번호나 인증 코드를 사용해 등록할 수 있는 옵션이 나타난다. 하드웨어 디바이스를 등록할 때는 시리얼 번호가 필요하고 VM 디바이스를 등록할 때는 인증 코드가 필요하다.

Select Device Type

◉ Register device using Serial Number or Authorization Code

◯ Register usage-based VM-Series models (hourly/annual) purchased from public cloud Marketplace or Cloud Security Service Provider (CSSP)

그림 2.9: 시리얼 및 인증 코드 등록

시리얼 번호나 인증 코드를 사용해 장치 등록할 때 계정에 이미 여러 디바이스 풀[pool]이 있다면 시리얼 번호, 디바이스명, 태그가 필요하다. 또한 반품 교환 허가[RMA, Return Merchandise Authorization] 목적으로 디바이스를 배포할 위치에 대한 세부 주소도 필요하다.

클라우드 인스턴스를 배포한다면 사용량 기반으로 VM 모델 등록을 선택할 수 있다. 시리얼 번호, CPUID, UUID 정보가 필요하다.

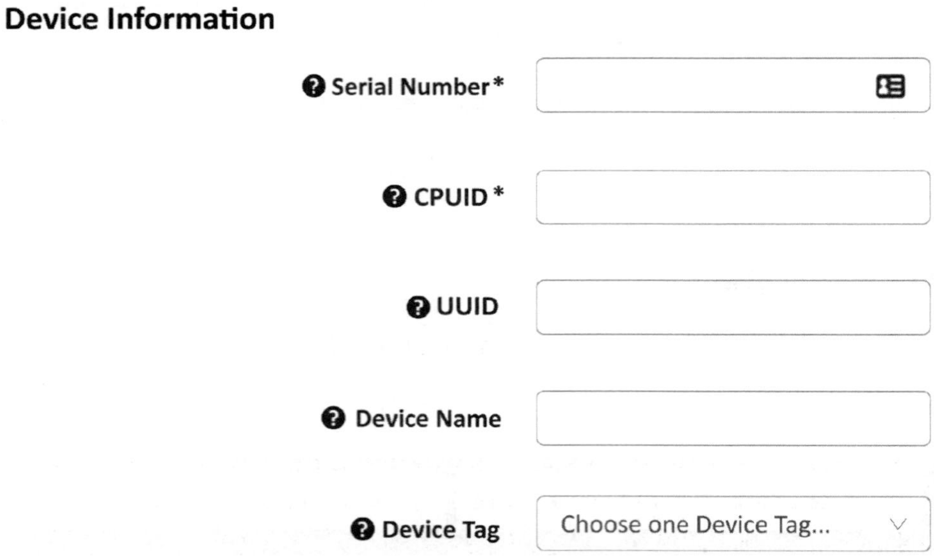

Device Information

❷ Serial Number *

❷ CPUID *

❷ UUID

❷ Device Name

❷ Device Tag   Choose one Device Tag... ⌄

그림 2.10: 클라우드 인스턴스 자산 등록

디바이스를 등록했으므로 이제 기능 및 서포트 라이선스를 활성화해야 한다.

라이선스 활성화

디바이스가 등록되면 라이선스를 추가할 수 있다. 하나 또는 번들로 된 인증 코드를 받을 텐데 이 코드를 포털이나 Device ➤ Licenses 탭에서 입력하면 라이선스를 활성화하고 디바이스에서 해당 기능을 사용할 수 있다. 라이선스를 활성화하는 방법은 다양하지만 다음 절에서 다루기로 하고 먼저 다양한 라이선스 유형을 알아보자.

다음은 가장 일반적인 라이선스 유형이다.

- **서포트**^{Support}: Platinum 4h(PLAT), Premium 24/7(PREM), Standard 9/5(STD), Partner-enabled 4h support(B4HR) 또는 Regular Partner-enabled support (BND)가 있다. 서포트 라이선스로 서포트 조직에 접근할 수 있고 소프트웨어 및 App-ID 업데이트를 다운로드할 수 있으며, 방화벽이 손상되면 하드웨어를 교체할 수 있다.

- **위협 방어**^{TP, Threat Prevention}: 바이러스 백신, 스파이웨어 방어, 위협 방어, 매일 업데이트 라이선스다.

- **PAN-DB URL filtering(URL4)**: 클라우드 기반 URL 카테고리 조회를 제공하는 라이선스다. ADVURL 출시로 단계적으로 폐지되고 있다.

- **Advanced URL filtering(ADVURL)**: 알려지지 않은 URL을 실시간으로 분석하는 자동화된 메커니즘을 추가한 머신러닝^{Machine Learning} 지원 URL 필터링 라이선스다.

- **Global Protect(GP)**: 안드로이드^{Android}, iOS, 윈도우 10 UWP, 크롬 OS, 리눅스에서 모바일 애플리케이션을 활성화한다. **호스트 정보 프로파일**^{HIP, Host Information Profile} 검사 및 에이전트리스 VPN의 사용을 지원한다. 또한 호스

트 애플리케이션이나 도메인명을 기반으로 스플릿 터널링을 허용한다.

- **DNS security(DNS):** 동적 DNS 시그니처 조회 및 악의적인 DNS 요청을 차단하고 싱크홀^{Sinkhole}을 처리한다.

- **WildFire(WF):** 실시간 위협 시그니처 피드^{feed}, 실시간 머신러닝 지원 분석, 클라우드 기반 샌드박스^{sandbox} 분석이다.

- **Decryption port mirroring:** 전용 '포트 미러' 인터페이스를 거쳐 복호화 세션을 다른 디바이스에 복사해 추가 IDS 스캐닝이 가능하다.

- **IoT$^{Internet\ of\ Things}$:** IoT 디바이스를 탐지하고 룰을 조정해 취약한 IoT 디바이스를 보호한다.

- **DLP$^{Data\ Loss\ Prevention}$:** 머신러닝 기반 데이터 손실 방지 스캐닝이다.

팔로알토 네트웍스가 신제품을 발표할 때마다 더 많은 기능이 추가된다.

고객 서포트 포털에서 라이선스 활성화

CSP의 Asset 탭에서 등록된 디바이스를 찾을 수 있다. 연필 아이콘을 누르면 인증 코드를 활성화할 수 있다.

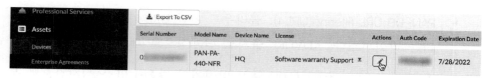

그림 2.11: CSP 디바이스 페이지

소프트웨어 보증 지원 라이선스가 제한된 기간 동안 이미 활성화된 것을 확인할 수 있다. 이는 디바이스가 파손된 상태로 도착할 때 RMA$^{Return\ Merchandise\ Authorization}$를 시작할 수 있는 임시 서포트 라이선스다. 실제 서포트 라이선스와 기능 라이선스를 추가하려면 그림 2.11에서 보듯이 Actions 열에서 연필 아이콘을 클릭한다. 그러면 기능 활성화 창이 팝업된다.

Device Licenses

Device Licenses

Serial Number: 02
Model: PAN-PA-440-NFR
Device Name: HQ

Feature Name	Authorization Code	Expiration Date	Actions
Software warranty Support		07/28/2022	⊼

To activate the license feature for DNS Security, the OS version for the firewall must be 9.0 or above and have a valid Threat Prevention license.

Activate Licenses

- ⦿ Activate Auth-Code
- ○ Activate Trial License
- ○ Activate Feature License

Auth-Code Activation

Authorization Code: 175   *

EULA

By clicking "Agree and Submit" below, you agree to the terms and conditions of our END USER LICENSE AGREEMENT and SUPPORT AGREEMENT .

[Agree and Submit]   [Refuse]

그림 2.12: 서비스 활성화 시 필요한 인증 코드 추가하기

모든 라이선스를 추가하면 디바이스는 다음과 같이 표시된다.

02	PAN-PA-440-NFR	HQ	NFR Bundle		4/28/2023
			Threat Prevention ⊼		4/28/2023
			Advanced URL Filtering ⊼		4/28/2023
			DNS Security ⊼	✎	4/28/2023
			GlobalProtect Gateway ⊼		4/28/2023
			SD WAN ⊼		4/28/2023
			Standard Support ⊼		4/28/2023
			WildFire License ⊼		4/28/2023

그림 2.13: 정식 라이선스 디바이스

각 라이선스 옆에 있는 작은 다운로드 아이콘을 클릭하면 라이선스 키 파일을 다운로드해서 방화벽에 키를 업로드할 수 있다. 이는 인터넷 연결 없이 방화벽을 실행하거나 시그니처 파일을 업로드하고 보안 프로파일을 적용할 때 필요하다.

CSP에 접속해 라이선스를 활성화하는 것 외에도 방화벽 인터페이스에서 직접 라이선스를 활성화할 수도 있다.

웹 인터페이스로 라이선스 활성화

Device ➤ Licenses로 이동해 라이선스를 활성화할 수도 있다. 활성화 과정을 수행하려면 관리 인터페이스가 인터넷에 연결되고 DNS를 이용해 인터넷 도메인명을 확인할 수 있어야 한다. 인터넷에 연결할 수 없다면 앞 절에서 다룬 라이선스 키를 다운로드하는 방법을 찾아보자.

CSP에서 라이선스를 활성화한 뒤 라이선스 키 파일 다운로드를 진행하면 Manually upload license key를 클릭할 수 있다.

CSP에서 라이선스를 활성화하고 라이선스를 가져오려면 Retrieve license keys from license를 클릭한다. 방화벽이 제대로 작동하는 디폴트 게이트웨이 및 DNS 서버로 설정됐는지 확인한다.

인증 코드를 사용해 새 라이선스를 여러 개 활성화하려면 Activate feature using authorization code를 클릭한다. 그러면 팝업이 뜨는데, 여기에 각각의 인증 코드를 입력할 수 있다.

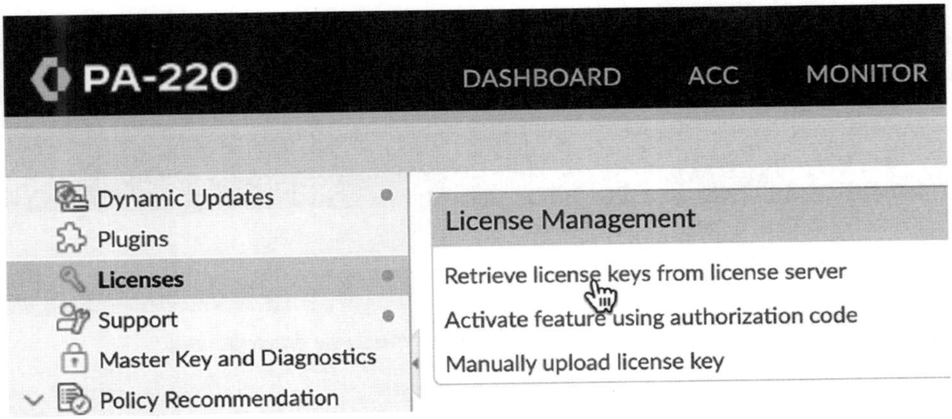

그림 2.14: 인증 코드를 사용한 라이선스 활성화

라이선스가 추가될 때마다 라이선스 정보가 포함된 섹션이 추가된다.

그림 2.15: 디바이스에 활성화된 라이선스

서포트 라이선스를 활성화하려면 Support 메뉴에서 인증키를 활성화해야 할 수
도 있다.

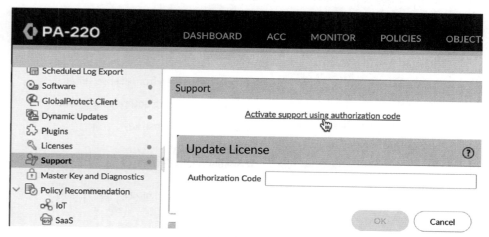

그림 2.16: 인증 코드를 사용한 서포트 활성화

NOTE

> 서포트 라이선스는 기능 작동에 필요한 라이선스라기보다는 계약과 같다. 문제가 발생하면 서포트
> 담당자가 전화를 받고 디바이스가 고장 나면 교체하는 서비스를 하기 때문이다. 서포트 라이선스는
> 기본 기능 동작 전에 디바이스에 없어도 되는 유일한 라이선스다. 즉, 서포트 라이선스가 없어도
> 모든 기본 기능이 작동한다.

디바이스에 모든 라이선스가 활성화되면 다음 단계는 서로 다른 데이터베이스
에 대한 업데이트 다운로드와 예약을 시작하는 것이다.

동적 업데이트 다운로드와 예약

이제 모든 라이선스가 활성화됐다. 동적 업데이트를 설정하고 모든 콘텐츠 패
키지 다운로드를 시작할 수 있다.

Device 탭의 Dynamic Updates 메뉴로 이동해 콘텐츠 패키지를 수동으로 다운로

드하고 스케줄 예약 및 설치 환경 설정을 할 수 있다. 이 메뉴에 처음 들어가보면 시스템에 사용할 수 있는 콘텐츠가 아직 로드되지 않았기 때문에 조금 다르게 보일 수도 있다. Check Now 버튼을 클릭해 다음과 같이 업데이트 서버에 연결하고 시스템에 사용할 수 있는 패키지를 가져온다.

그림 2.17: 초기 동적 업데이트 보기

업데이트 후에도 일부 백신 패키지가 누락된 것을 발견할 수 있다. 시스템에 추가 패키지를 로드하기 전에 먼저 모든 App-ID, Contents-ID 애플리케이션, 디코더 업데이트를 진행해서 디바이스를 최신 상태로 업데이트해야 하기 때문이다. 최신 Applications and Threats 패키지를 다운로드한다.

VERSION ^	FILE NAME	FEATURES	TYPE	SIZE	RELEASE DATE	DOW...	CURRE... INSTA...	ACTION
∨ Applications and Threats	Last checked: 2022/04/28 03:15:14 CEST		Schedule:		Every day at 03:15 (Download and Install)			
8548-7321	panupv2-all-contents-8548-7321	Apps, Threats	Full	53 MB	2022/03/31 06:20:36 CEST			Download
8549-7323	panupv2-all-contents-8549-7323	Apps, Threats	Full	53 MB	2022/04/01 03:46:34 CEST			Download
8550-7325	panupv2-all-contents-8550-7325	Apps, Threats	Full	53 MB	2022/04/05 01:37:16 CEST			Download
8551-7330	panupv2-all-contents-8551-7330	Apps, Threats	Full	53 MB	2022/04/05 23:43:41 CEST			Download

그림 2.18: 첫 번째 애플리케이션과 위협 패키지 다운로드

NOTE

위협 방어 라이선스를 활성화하지 않으면 애플리케이션 패키지만 다운로드할 수 있다.

패키지를 다운로드했으면 Install을 클릭한다. 설치를 완료하고 Check Now를 다시 클릭하면 안티바이러스 기능을 사용할 수 있다. 이제 최신 안티바이러스 패키지 업데이트를 다운로드하고 설치한다.

NOTE

> URL 필터링과 DNS 보안은 클라우드 서비스에서 URL을 검색하고 로컬 캐시에 저장되기 때문에 업데이트 패키지가 없다.

Schedule 오른쪽에 파란색 None(Manual) 옵션을 클릭하면 수동으로 업데이트 스케줄을 작성할 수 있다.

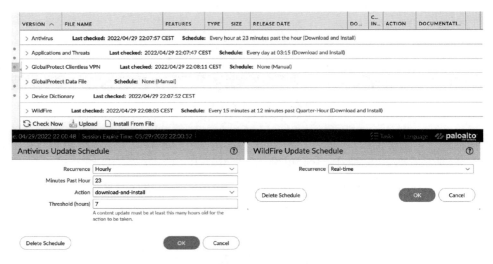

그림 2.19: 안티바이러스와 WildFire 스케줄

안티바이러스와 WildFire 스케줄은 매우 비슷하다.

방화벽의 정기적인 업데이트 주기는 Recurrence(반복)에서 설정한다. 안티바이러스의 업데이트 주기 옵션은 Weekly, Daily, Hourly, Manual이 있다. WildFire의 업데이트 주기 옵션은 Real-time, Every minute, 15 minutes, 30 minutes, 1 hour, Never가 있다. Recurrence 설정 값을 1분 이상으로 설정하면 실제 체크를 몇

분에 할지 추가적으로 설정할 수 있다. 이렇게 하면 송신 인터넷 대역폭이 제한적일 때 업데이트 연결이 충돌하는 것을 방지할 수 있다. action은 단순히 download 또는 download-and-install 중 하나로 설정할 수 있다. action을 download로 설정하려면 수동 설치를 해야 한다.

임곗값은 바이러스 백신 업데이트가 Applications and Threats와 공유하는 기능이다.

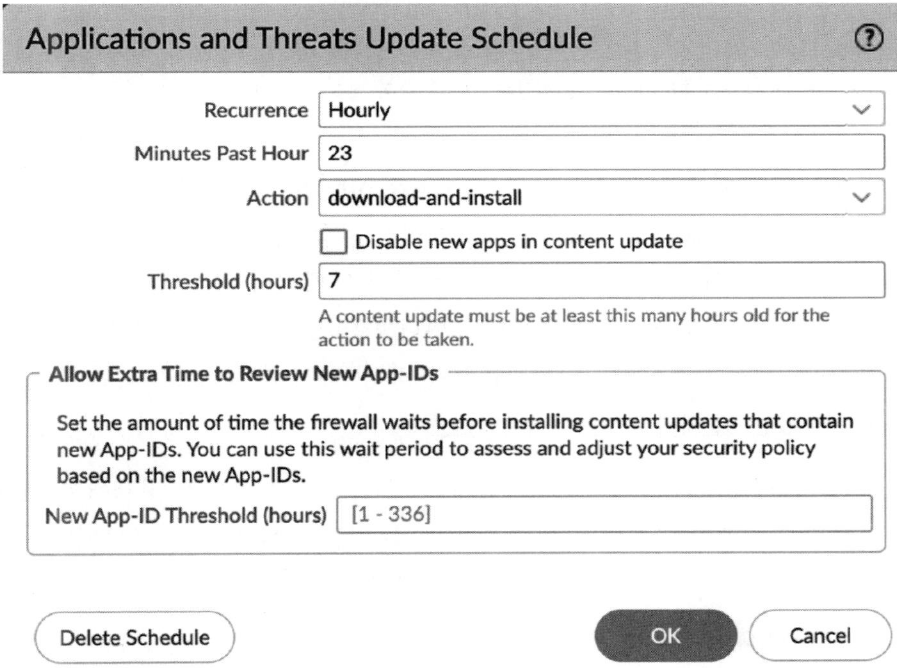

그림 2.20: 안티바이러스 및 WildFire 스케줄

임곗값은 설정된 시간 동안 콘텐츠 패키지 설치를 지연하는 설정이다. 임곗값이 만료되면 방화벽은 새 업데이트 패키지를 확인한다. 새 패키지를 발견하면 다운로드하고 임곗값을 다시 한 번 재설정한다. 첫 번째 재설정 후 또 다른 업데이트 패키지를 발견하면 일정을 다음 전체 발생까지로 재설정한다. 새 패키지를 감지하지 못하면 임곗값이 정한대로 패키지를 설치한다.

임곗값 지연 시간은 불량한 패키지 설치를 방지하는 메커니즘이다. 공급업체에서 만든 콘텐츠에 결함이 있으면 지연 시간은 시간 단위로 설정되므로 다른 사용자들이 결함을 경험하고 문제점을 서포트 팀에 보고할 수 있다. 그러면 해당 콘텐츠는 관리자나 공급업체를 통해 롤백된다. 이 임곗값 옵션은 공급업체 오류 위험에 대한 회사의 허용 범위와 조직에 대한 새로운 위협들 간의 균형과 상관관계가 있다.

애플리케이션 콘텐츠 패키지에는 모든 새로운 App-ID를 완전히 비활성화하거나 해당 App-ID만 별도의 임곗값을 활성화하는 옵션도 있다. 오늘 웹 브라우징으로 식별되던 것이 다음 날 애플리케이션 콘텐츠 패키지 설치 후 다른 애플리케이션으로 변경될 수 있기 때문이다. 그렇다고 이전에 알려진 애플리케이션만 허용하도록 보안 정책을 설정하면 유저가 해당 특정 애플리케이션에 갑자기 접근할 수 없는 문제가 발생할 수 있다.

임곗값 설정을 사용하면 애플리케이션이 활성화되기 전에 보안 정책에서 애플리케이션을 적용해야 하는지 여부를 확인할 수 있는 검토 기간을 가질 수 있다. 조치가 필요하지 않다면 애플리케이션이 자동으로 활성화된다. Disable new apps in content update 옵션은 모든 새 애플리케이션이 수동으로 검토되고 활성화될 때까지 새 애플리케이션을 활성화하지 않는다.

다음 절에서는 동적 업데이트 예약을 위한 간단한 권장 사항을 제공한다.

동적 업데이트 치트 시트

1. Check Now를 클릭한다.

2. 최신 panupv2-all-contents 또는 panupv2-all-apps 패키지를 다운로드하고 설치한다.

   - panupv2-all-content는 모든 App-ID, 스파이웨어, 취약점 업데이트를 포함한다. 콘텐츠 패키지를 성공적으로 설치하려면 TP 라이선스가 필요하다.
   - panupv2-all-apps는 App-ID 업데이트만 포함하며 TP 라이선스를 디바이스에서 활성화하지 않을 때 사용한다.

3. Check Now를 클릭하면 안티바이러스 패키지가 나타난다.

4. 최신 panup-all-Antivirus 패키지를 다운로드하고 설치한다.

5. 바이러스 백신 업데이트 스케줄을 설정한다.
   - 매시간 반복
   - 정각 기준 15분 후
   - 다운로드와 설치
   - 6시간 임곗값

6. WildFire 구독 라이선스를 보유하고 있다면 업데이트 스케줄을 설정한다.
   - Realtime(지연 시간이 긴 인터넷 링크의 방화벽은 1분 또는 15분 간격으로 설정할 수 있음)

7. Applications and Threats 업데이트 스케줄을 설정한다.
   - 30분마다
   - 30분 기준으로 7분 후
   - 다운로드와 설치
   - 6시간 임곗값
   - **새 App-ID를 검토할 수 있는 추가 시간 허용**: 새 App-ID를 즉시 추가할 수

있을 때는 비워둔다. 새 애플리케이션이 활성화되기 전에 보안 팀이 검토해야 하면 48시간이나 그 이상으로 임곗값을 설정한다.

앞 절의 설정은 보고서 생성과 같은 예약된 작업을 방해하지 않도록 동적 업데이트가 확실하게 스케줄링이 보장된 모범 사례다. 임곗값은 실제 설치를 연기한 다음 임계 시간에 가능한 콘텐츠 패키지를 다시 확인해 일정 시간이 지날 때까지 업데이트가 적용되지 않게 한다. 오류 또는 긴급 업데이트로 새 패키지를 사용할 수 있다면 새 패키지가 다운로드되고 임곗값 타이머가 새로 고쳐진다. 임곗값에 다시 도달해 최신 패키지가 설치되거나 업데이트가 다음 예약된 항목으로 연기되면 과정이 반복된다. 콘텐츠 패키지는 자주 업데이트해야 할 뿐만 아니라 버그를 해결하거나 새로운 기능을 소개해야 하므로 정기적으로 새 소프트웨어 버전이 제공된다. 이제 방화벽을 업그레이드하는 데 필요한 단계를 살펴본다.

⚙ 방화벽 업그레이드

이 절에서는 방화벽 업그레이드 방법과 원활한 과정에 필요한 단계를 살펴본다. 유지 관리 기간을 준비하고 비상 계획을 수립할 때 염두에 둬야 할 중요한 정보를 검토한다. 자세한 업그레이드 과정은 8장에서 다룬다.

파티션 이해

업그레이드 절차를 시작하기 전에 알아야 할 중요한 정보다. 대부분의 리눅스 시스템과 마찬가지로 하드디스크가 특정 세그먼트로 분할돼 있다. 이러한 세그먼트는 특정 목적으로 사용된다.

몇 가지 중요한 것은 다음과 같다.

- /는 운영체제가 설치된 루트 파티션이다.
- /opt/pancfg는 설정 파일 및 동적 업데이트 파일이 보관되는 곳이다.
- /opt/panrepo는 다운로드한 운영체제(PAN-OS) 이미지가 저장되는 저장소다.
- /opt/panlogs는 로그 데이터베이스가 저장되는 파티션이다.

디스크 공간 사용량은 다음 명령으로 볼 수 있다.

```
admin@PA-220> show system disk-space
Filesystem        Size    Used    Avail   Use% Mounted on
/dev/root         3.8G    1.7G    1.9G    48%  /
none              2.0G    60K     2.0G    1%   /dev
/dev/mmcblk0p5    12G     3.3G    7.5G    31%  /opt/pancfg
/dev/mmcblk0p6    3.8G    2.2G    1.5G    59%  /opt/panrepo
tmpfs             2.0G    247M    1.8G    13%  /dev/shm
cgroup_root       2.0G    0       2.0G    0%   /cgroup
/dev/mmcblk0p8    4.6G    3.5G    942M    79%  /opt/panlogs
/dev/loop0        111M    5.6M    100M    6%   /opt/panlogs/wildfire/tmpfile
tmpfs             12M     0       12M     0%   /opt/pancfg/mgmt/lcaas/ssl/private
None
```

/root 파티션의 훌륭한 점은 실제로 2개의 sysroot 파티션 중 하나라는 점이다. 시스템은 실제로 2개의 운영체제별 특정 파티션으로 분할되며 한 번에 하나만 마운트된다. 실제로 업그레이드 과정에서 PAN-OS를 비활성 파티션에 설치한다.

이렇게 하면 활성 파티션을 중단하지 않고 인라인 업그레이드가 가능하다. 새 운영체제가 설치되면 GRUB 부트로더가 다음 부팅 시 다른 sysroot 파티션을 로드해 새 PAN-OS가 활성화된다.

```
admin@PA-220> debug swm status
Partition          State              Version
----------------------------------------------------------------
```

```
sysroot0          REVERTABLE        10.0.3
sysroot1          RUNNING-ACTIVE    10.0.9
maint             EMPTY             None
```

또한 업그레이드를 실패하고 이전 PAN-OS로 돌아가야 할 때 원활한 롤백이 가능하다. `> debug swm revert` 명령을 실행해 부트로더를 이전 `sysroot` 파티션으로 다시 전환하고 `> request restart system` 명령으로 시스템 재부팅을 지시할 수 있다. 디바이스가 재부팅된 후 이전 업그레이드 구성이 로드되면 이전 PAN-OS로 돌아갈 수 있다.

업그레이드 고려 사항

업그레이드할 때 현재 상태, 위치, 목적지, 그곳에 도달하는 방법을 파악해야 한다. 현재 위치는 대시보드의 일반 정보 섹션에서 소프트웨어 버전을 찾아 확인할 수 있다. 목적지를 결정하려면 몇 가지 조사와 고려 사항이 필요하다.

- 필요한 기능은 무엇인가? 필요한 릴리스^{release}에 새로운 기능이 있는가? 아니면 갖고 있는 기능을 원활하게 사용하고 있는가?

- 새로운 PAN-OS 코드가 '성숙한^{mature}' 버전인가? 새로운 메이저 릴리스가 완전히 새로운 것이며 해당 기능이 얼리어댑터의 위험성보다 중요한가?

- 필수 기능보다 더 중요한 보안 권고 사항이 있는가? 이동하려는 버전에서 해결되지 않은 치명적인 취약점이 발견됐는가?

- 업그레이드가 언제 필요하며 선택의 시점은 언제인가? 취약점이나 버그 때문에 직접 업그레이드해야 하는가? 아니면 최신 릴리스에 도움이 되는 기능이 있는가?

이러한 질문으로 즉시 수행해야 하는 업그레이드와 미리 계획해 프로덕션 환경에 배포하기 전에 좀 더 완화된 테스트 단계를 적용하거나 좀 더 성숙한 유지 관리 릴리스 버전이 나올 때까지 업그레이드를 연기할 수 있다.

어떤 기능이 필요한가?

각 PAN-OS 버전에 포함된 기능을 결정하는 것은 많은 조사가 필요하다. 웹 사이트(https:// docs.paloaltonetworks.com)에서 Feature Guide를 찾아보면 주요 PAN-OS 버전의 모든 새로운 기능에 대한 가이드를 검색할 수 있다.

코드 트레인이 '성숙'한가?

유지 관리 릴리스 버전을 보면 성숙도를 추정할 수 있다. 모든 PAN-OS 버전은 3개의 숫자로 구성된다(PAN-OS X.Y.Z(예, 9.0.5)).

- X는 메이저^{major} 소프트웨어 릴리스의 번호
- Y는 기능^{feature} 버전 릴리스의 번호
- Z는 유지 관리^{maintenance} 릴리스의 번호

X는 새로운 기능이 포함된 새로운 메이저 소프트웨어 버전이 출시되면 변경된다. 대개는 예상되는 동작의 일부 변경이 포함되지만 새로운 모양과 느낌이 포함되기도 한다.

새로운 소프트웨어 릴리스마다 출시 후 대개 6개월에서 9개월 사이에 새로운 기능 버전이 뒤따르며 대부분 몇 가지 새로운 기능을 포함한다. 유지 관리 릴리스 버전은 5주에서 9주 사이에 출시되며 대개 버그 수정을 포함한다.

간혹 핫픽스를 나타내는 -hx로 끝나는 PAN-OS 버전명이 있다. 핫픽스 릴리스는 일정보다 일찍 게시된 유지 관리 릴리스며 일반적으로 하나 또는 몇 개의 중요한 핫픽스만 포함한다(예, 9.0.2-h1).

코드 트레인은 x.x.4 또는 x.x.5 유지 관리 릴리스 버전에서 신뢰할 만한 성숙

도에 도달하는데, 이때 대부분의 중요한 버그가 발견되고 처리됐다고 가정할 수 있는 안정적인 수준이 된다.

릴리스 노트에 알려진 문제가 있는지 확인해 주의 사항이 있을 때 적절히 준비한다(https://docs.paloaltonetworks.com/pan-os/9-1/pan-os-release-notes.html).

필요한 기능보다 우선해야 할 눈에 띄는 보안 경고가 있는가?

선택하거나 피해야 할 유지 관리 릴리스 버전에 대한 안내는 웹 페이지(https://securityadvisories.paloaltonetworks.com/과 https://live.paloaltonetworks.com/t5/customer/ct-p/support/)에서 찾을 수 있다.

업그레이드는 언제 필수이고 언제 선택적인가?

각 메이저 버전에는 x.x.0 버전과 같이 PAN-OS 이미지의 중요한 모든 부분을 포함하는 기본 이미지가 있다.

이렇게 하면 다음 유지 관리 버전은 중요한 업데이트만 포함하므로 용량이 더 작아질 수 있다. 유지 관리 버전을 설치하려면 우선 기본 이미지를 시스템에 다운로드해야 하지만 낮은 메이저 버전에서 업그레이드할 때는 기본 이미지를 설치하지 않아도 된다. 중간 단계가 필요하다고 릴리스 노트에서 명시적으로 언급하지 않는 이상 중간 유지 관리 버전 역시 설치하지 않아도 된다.

예를 들어 방화벽이 현재 PAN-OS 9.1.4이고 PAN-OS 10.0.5로 업그레이드한다고 가정해보자. PAN-OS 10.0.0 기본 이미지를 다운로드한 후 PAN-OS 10.0.5를 다운로드해 직접 설치하고 재부팅할 수 있다. 시스템이 9.1.4에서 10.0.5로 바로 업그레이드된다.

방화벽이 현재 PAN-OS 9.0.10이고 PAN-OS 10.0.5로 업그레이드하려면 PAN-OS 9.1.0 기본 이미지를 다운로드, 설치, 재부팅한 후 PAN-OS 10.0.5를 설치한다.

후자의 경우 업그레이드 과정을 중단하는 버그를 방지하려면 PAN-OS 9.1 코드 트레인에서 선호하는 유지 관리 릴리스를 다운로드하고 설치하는 것을 권장하지만 필수는 아니다(이전 Customer Resources 참조, URL: https://live.paloaltonetworks.com/t5/customer/ct-p/support/).

이제 업그레이드해야 하는 시기, 이유, 업그레이드할 버전을 결정하는 방법이 잘 이해될 것이다. 다음 절에서는 다양한 방법을 이용해 업그레이드하는 과정을 간략하게 살펴본다. 자세한 업그레이드 과정은 8장을 참고한다.

CLI 업그레이드

CLI 명령을 실행해 신속하게 업그레이드 작업을 수행할 수 있다. CLI로 업그레이드할 때는 먼저 시스템에 설치할 수 있는 사용 가능한 소프트웨어 이미지를 검색한다. 목록을 검색해야 이미지를 다운로드할 수 있다.

```
admin@PA-220> request system software check
Version        Size        Released on         Downloaded
--------------------------------------------------------------
10.1.4         353MB       2021/12/22 11:51:17      no
10.1.3         298MB       2021/10/26 18:51:50      yes
10.1.2         297MB       2021/08/16 14:51:59      no
10.1.1         280MB       2021/07/21 09:33:49      no
10.1.0         540MB       2021/06/02 08:15:33      yes
10.0.8         363MB       2021/10/21 22:42:18      no
10.0.8-h8      359MB       2021/12/20 12:23:36      no
```

다음으로 원하는 PAN-OS 버전을 다운로드할 수 있다.

```
admin@PA-220> request system software download version 10.1.4
Download job enqueued with jobid 31
```

다음 명령을 이용해 다운로드 상태를 추적할 수 있다.

```
admin@PA-220> show jobs id 31
Enqueued            Dequeued     ID Type  Status Result Completed
--------------------------------------------------------------------
2021/12/3117  23:24:15  23:24:15  31 Downld FIN    OK   23:25:31
Warnings:
Details: Successfully downloaded
Preloading into software manager
Successfully loaded into software manager
```

소프트웨어가 성공적으로 다운로드되면 시스템에 설치를 시작할 수 있다. 설치가 완료되고 계속할지 여부를 확인하려면 재부팅이 필요하다는 메시지가 나타난다. Y를 입력해 설치를 진행한다.

```
admin@PA-220> request system software install version 10.1.4
Executing this command will install a new version of software. It will not
take effect until system is restarted. Do you want to continue? (y or n)
Software install job enqueued with jobid 32. Run 'show jobs id 32' to
monitor its status. Please reboot the device after the installation is
done.
```

Show jobs 명령을 이용해 설치 진행률을 확인할 수 있다.

```
admin@PA-220> show jobs id 32
Enqueued            Dequeued     ID  Type    Status   Result   Completed
--------------------------------------------------------------------
2021/12/3117  23:35:28  23:35:28  32 SWInstall  FIN  OK    23:38:59
Warnings:
Details:Software installation successfully completed. Please reboot to
switch to the new version.
```

설치를 완료하려면 방화벽을 재부팅한다. 재부팅을 계속 진행하려면 대화상자에 Y를 입력한다. 재부팅하면 방화벽이 자동 커밋autocommit 작업을 완료할 때까지 모든 세션 처리가 중단되고 새로운 세션이 허용되지 않는다.

```
admin@PA-200> request restart system
Executing this command will disconnect the current session. Do you want to
continue? (y or n)
```

자동 커밋 작업은 재부팅한 후 바로 실행되며 데이터 플레인에 설정을 로드하는 역할을 한다. 소프트웨어를 업그레이드한 후 커밋 과정은 시간이 걸릴 수 있다.

```
admin@PA-200> show jobs all
Enqueued              Dequeued       ID   Type    Status Result Completed
---------------------------------------------------------------------
2021/12/31  23:44:27  1523:44:27   1  AutoCom   FIN     OK     23:44:36
```

다음 절에서는 웹 인터페이스로 방화벽을 업그레이드하는 과정을 살펴본다.

웹 인터페이스 업그레이드

Device ▶ Software 탭에서 소프트웨어 이미지를 다운로드해 설치할 수 있다. 이 페이지에 처음 접근할 때 리포지터리가 아직 로드되지 않았기 때문에 에러 메시지가 나타난다.

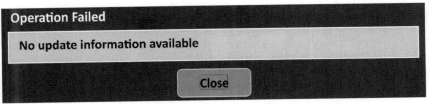

그림 2.21: 소프트웨어 페이지에 첫 방문할 때의 에러 메시지

이 경고는 무시해도 된다. Close를 클릭한 다음 Check Now를 클릭하면 리포지
터리가 로드되고 사용할 수 있는 모든 소프트웨어 이미지가 나타난다.

VERSION	SIZE	RELEASE DATE	AVAILABLE	CURRENTLY INSTALLED	ACTION		
10.1.4	353 MB	2021/12/22 11:51:17			Download	Release Notes	
10.1.3	298 MB	2021/10/26 18:51:50	Downloaded	✓	Reinstall	Release Notes	
10.1.2	297 MB	2021/08/16 14:51:59			Download	Release Notes	
10.1.1	280 MB	2021/07/21 09:33:49			Download	Release Notes	
10.1.0	540 MB	2021/06/02 08:15:33	Downloaded		Install	Release Notes	⊠
10.0.8	363 MB	2021/10/21 22:42:18			Download	Release Notes	
10.0.8-h8	359 MB	2021/12/20 12:23:36			Download	Release Notes	

그림 2.22: 소프트웨어 관리 페이지

업그레이드할 PAN-OS 버전 옆에 있는 Download 링크를 클릭하고 다운로드 대
화상자가 완료될 때까지 기다린다.

새로운 PAN-OS 패키지가 다운로드되면 Software 페이지에 다음과 같이 버전이
나열된다. 이미지 옆에 있는 Install 링크를 클릭해 설치를 시작한다.

VERSION	SIZE	RELEASE DATE	AVAILABLE	CURRENTLY INSTALLED	ACTION		
10.1.4	353 MB	2021/12/22 11:51:17	Downloaded		Install	Release Notes	⊠
10.1.3	298 MB	2021/10/26 18:51:50	Downloaded	✓	Reinstall	Release Notes	
10.1.2	297 MB	2021/08/16 14:51:59			Download	Release Notes	
10.1.1	280 MB	2021/07/21 09:33:49			Download	Release Notes	
10.1.0	540 MB	2021/06/02 08:15:33	Downloaded		Install	Release Notes	⊠
10.0.8	363 MB	2021/10/21 22:42:18			Download	Release Notes	
10.0.8-h8	359 MB	2021/12/20 12:23:36			Download	Release Notes	

그림 2.23: 이미지 다운로드와 설치 준비

설치 말미에 재부팅하라는 메시지가 나타난다. 실제 업그레이드를 연기하려면
재부팅을 건너뛸 수 있으며 재부팅을 원하면 Yes를 클릭한다.

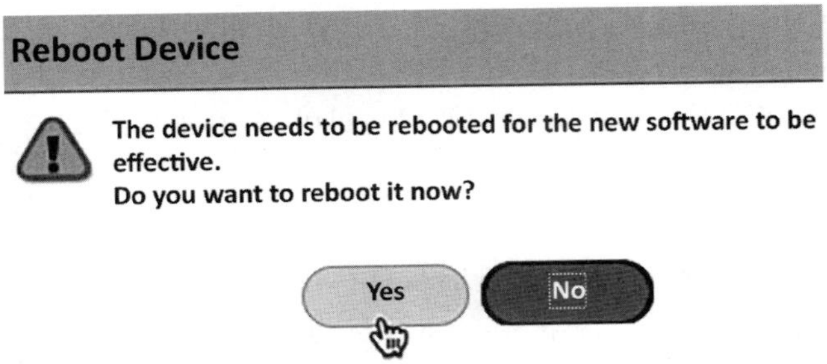

Reboot Device

  The device needs to be rebooted for the new software to be effective.
Do you want to reboot it now?

Yes   No

그림 2.24: 설치 후 재부팅 대화상자

다음은 업그레이드 준비와 계획에 도움이 되는 업그레이드 치트 시트[cheat sheet]다.

업그레이드 치트 시트

다음의 단계는 방화벽을 프로덕션 환경에 설치하기 전에 안정적인 PAN-OS 버전 결정을 위한 확실한 방법을 대략적으로 보여준다.

1. 팔로알토 홈페이지에서 회원 가입을 하고 릴리스 권장 사항을 웹 페이지(https://live.paloaltonetworks.com/t5/customer-resources/support-pan-os-software-release-guidance/ta-p/258304)에서 확인한다.

2. Device ▶ Software에서 Check Now를 클릭해 사용 가능한 최신 PAN-OS 이미지 목록을 로드한다.

3. 현재 릴리스의 권장 이미지를 다운로드하고 설치한다.

4. 설치가 완료되면 대화상자에 디바이스를 재부팅할지 묻는 메시지가 나타난다. Yes를 클릭한다.

5. 디바이스가 다시 부팅될 때까지 기다렸다가 메이저 버전용 기본 이미지를 다운로드한다.

6. 메이저 버전에 권장하는 유지 관리 릴리스를 다운로드하고 설치한다.

7. 대화상자에서 디바이스를 재부팅하라는 메시지가 뜨면 Yes를 클릭한다.

8. 원하는 버전으로 이동할 때까지 **5~7**단계를 반복한다.

고가용성^{HA, High Availability} 클러스터^{cluster}나 파노라마 환경에서는 다음 과정을 수행해야 한다는 것을 기억하자.

- 업그레이드를 시작하기 전에 HA 구성에서 preemption을 비활성화하고 업그레이드가 양쪽 멤버에서 완료된 후에 다시 활성화한다.

- 시작하기 전에 두 멤버가 모두 작동하는지 확인해야 한다. 업그레이드된 디바이스는 최하위 멤버가 업그레이드될 때까지 작동하지 않는다(클러스터는 최하위 소프트웨어 멤버를 우선시함).

- 중앙 집중식 관리 시스템인 파노라마를 먼저 업그레이드한다.

이제 콘텐츠 패키지를 자동으로 다운로드하고 설치하면 방화벽이 성공적으로 설정되고 적합한 PAN-OS 펌웨어가 설치된다는 것을 확인했다. 다음으로 관리 인터페이스 구성이 안전하게 설정됐는지 확인하는 방법을 살펴본다.

⁝⁙ 관리 인터페이스 강화

관리 인터페이스를 안전하게 유지하고 접근이 필요한 관리자 외에는 접근을 제한하는 것이 가장 중요하다. 물리적 관리 인터페이스를 OoB^{Out-of-Band} 네트워크에 설치해 광범위한 네트워크에 노출을 제한하는 것이 안전하다. 다른 네트워크에서 관리 서버에 접근해야 한다면 관리자만 그 곳에서 로그인해 서비스를 사용할 수 있도록 허용하거나 또는 모든 세션 로그가 기록되는^{transparent} 프록시를 설정하고 소스 유저와 IP 서브넷을 최대한 제한하는 연결을 중재하는 배스천^{Bastion} 호스트를 설정하는 것이 가장 좋은 방법이다. 관리자 계정도 외부 인증에 접근하고 사용하는 데 필요한 구성 섹션에만 접근할 수 있도록 설정해야 한다.

액세스 리스트를 이용한 접근 제한

관리 인터페이스의 로컬 액세스 리스트(접근 목록)는 Device ➤ Setup ➤ Interfaces 탭으로 이동해 Management Interface를 클릭하면 편집할 수 있다.

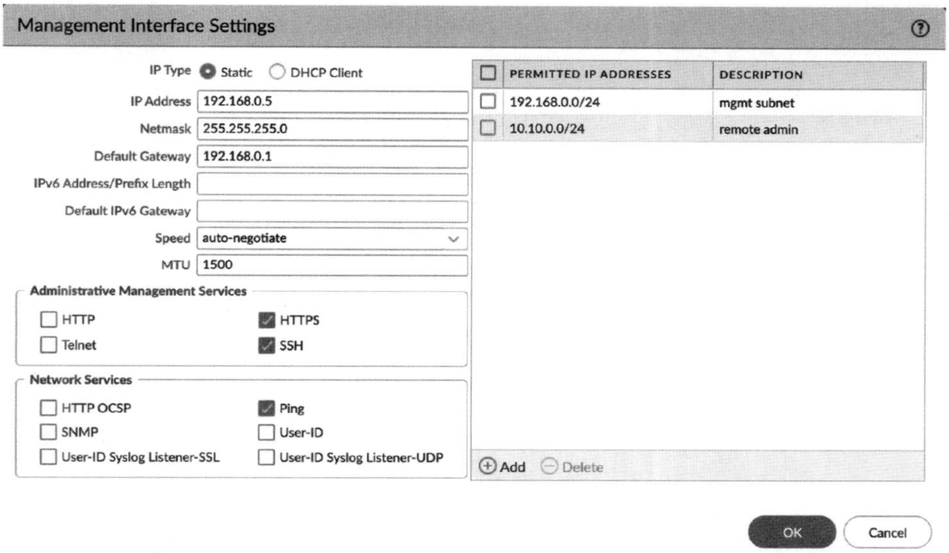

그림 2.25: 관리 인터페이스 액세스 리스트

관련된 CLI 설정 모드 명령은 다음과 같다.

```
admin@PA-220>configure
admin@PA-220#set deviceconfig system permitted-ip 192.168.27.0/24
description "management net"
```

인터페이스 관리 프로파일(다음 그림 참고)을 인터페이스에 연결해 할당된 데이터 플레인 인터페이스의 IP 주소에서 선택한 서비스(일반적으로 SSH 및 HTTPS)가 가능하게 설정할 수도 있다. 그러나 이 방법은 제대로 구현되지 않으면 상당한 위험을 초래할 수 있어 권장하지 않는다.

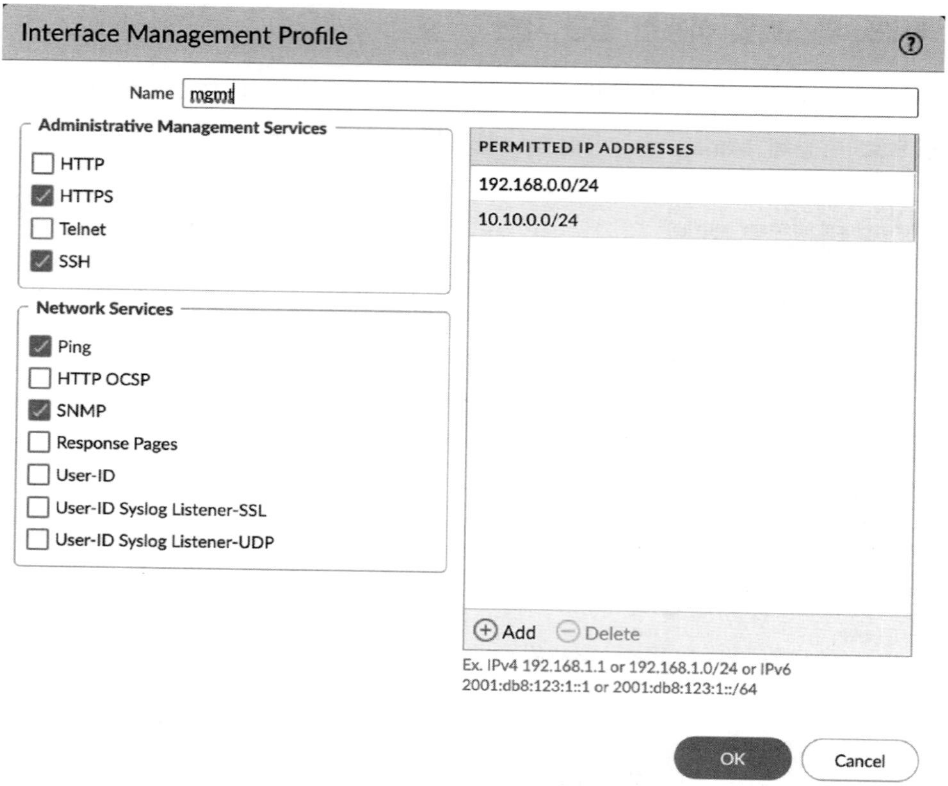

그림 2.26: 인터페이스 관리 프로파일

이 프로파일을 활성화해야 한다면 관리 서비스 접근에 보안 정책이 연결돼 충분히 보호된 인터페이스, 가급적이면 루프백 인터페이스에 있어야 한다. 또한 프로파일에 액세스 리스트도 활성화해 보조적인 조치를 취한다.

이러한 프로파일은 Network ➤ Network Profiles ➤ Interface Management Profile에서 구성한 다음 선택한 인터페이스의 Advanced 탭 아래 있는 Network ➤ Interfaces에서 인터페이스에 연결할 수 있다.

그림 2.27: 인터페이스에 연결된 인터페이스 관리 프로파일

인터페이스 관리 프로파일을 생성하고 해당 프로파일의 서비스를 HTTPS와 SSH로 설정하고 ACL을 추가하는 CLI 명령은 다음과 같다.

```
# set network profiles interface-management-profile mgmt https yes ssh yes
permitted-ip 10.15.15.37
```

이후에 추가되는 ACL 항목은 다음 명령을 이용해 설정할 수 있다.

```
# set network profiles interface-management-profile mgmt permitted-ip
192.168.0.5
```

이제 관리 인터페이스로 접근이 설정됐으므로 관리 인터페이스에서 접근하는 방법을 살펴보자.

오프라인 관리 환경에서 인터넷 리소스 접근

관리 인터페이스가 인터넷에 접근할 수 없다면 업데이트나 클라우드 검색을 수행할 수 없으므로 문제가 발생한다. 해결책으로는 백플레인의 도움으로 특정 애플리케이션, 서비스, 프로토콜을 지정된 데이터 플레인 인터페이스로 라우팅하는 서비스 경로를 활성화하는 것이다. 이렇게 하면 관리 플레인의 물리적 인터페이스가 관리 LAN 외부에 액세스할 수 없는 상황에서 인터넷에 접근할 수 있다.

서비스 경로는 Device ➤ Setup ➤ Services 메뉴에서 구성할 수 있으며 여기에서 서비스 경로 설정을 클릭하면 다음 대화상자를 볼 수 있다.

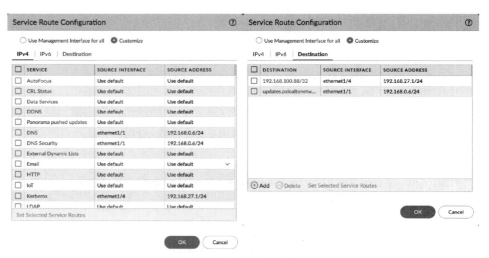

그림 2.28: 서비스 경로 설정

서비스 경로 설정에서 라디오 버튼을 Use Management Interface for all에서 Customize로 설정하면 각 서비스에 사용될 소스 인터페이스를 선택할 수 있다. Destination 탭에서는 특정 인터페이스에서 라우팅해야 하는 특정 IP 주소나 전체 서브넷을 추가할 수도 있다. 대상 인터페이스에서 사용하는 라우팅 테이블을 사용해 세션을 목적지로 라우팅하는 방법을 결정한다.

서비스 경로를 설정하는 관련 CLI 구성 명령은 다음과 같다.

```
#set deviceconfig system route service dns source interface ethernet1/8
```

사용 가능한 모든 서비스의 전체 목록을 보려면 다음 명령과 같이 **service**를 입력한 후 Tab 키를 누른다.

```
#set deviceconfig system route service <Tab>
    autofocus                  AutoFocus Cloud
    crl-status                 CRL servers
    ddns                       DDNS server(s)
    ...
```

이렇게 하면 일반적으로 관리 네트워크로 접근할 수 없는 리소스에 접근할 수 있다. 다음 절에서는 관리자 계정을 준비하고 필요한 접근 권한 설정을 알아본다.

관리자 계정

'admin' 계정은 인터넷 역사상 가장 남용된 계정일 것이다. 따라서 다음 작업은 해당 계정을 제거하고 다른 이름의 계정으로 교체하는 것이다. 유저가 변경 사항을 추적하고 개인화된 접근을 쉽게 허용할 수 있도록 기본 'admin' 계정 대신 새로 만든 계정을 사용하는 것이 가장 좋다.

새 관리자 계정을 만들 때 두 가지 유형의 계정을 사용할 수 있다. 동적 계정과 역할 기반 계정이 있으며 Administrator Type에서 골라 설정할 수 있다.

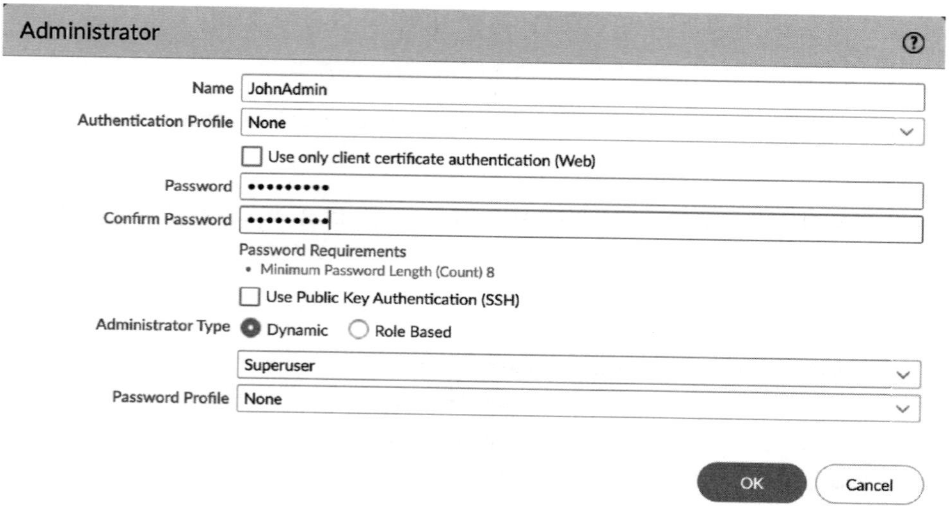

그림 2.29: 새로운 관리자 계정 생성

먼저 동적 계정 프로파일과 그 장점을 살펴보자.

동적 계정

동적 계정은 모든 작업을 수행할 수 있는 슈퍼유저[superusers]와 새로운 관리자 또는 가상 시스템[VSYS, Virtual System]을 생성할 수 없는 디바이스 관리자[device administrators]로 구성된다. 가상 시스템을 지원하는 디바이스에는 가상 시스템 관리자도 있으며, 이들은 디바이스 관리자이기도 하며 특정 가상 시스템 하나 또는 몇 개로 제한된다. 또한 모든 항목을 볼 수는 있지만 변경은 할 수 없는 읽기 전용 유형도 있다.

첫 번째 계정은 기본 관리자 계정을 대체할 새로운 슈퍼유저 계정이어야 한다.

역할 기반 관리자

필요한 모든 슈퍼유저 및 디바이스 관리자를 생성하면 추가적인 역할 기반 관리자를 제한된 기능만 필요한 팀에 추가할 수 있다. 역할 기반 관리자는 각 메뉴 항목을 개별적으로 사용 가능하거나 읽기 전용 또는 접근 권한이 없게 커스텀 설정을 할 수 있다.

역할은 Device ➤ Admin Roles 메뉴에서 설정할 수 있다.

그림 2.30: 관리자 역할 프로파일

아이콘을 클릭해 필요한 옵션으로 변경해 각 항목을 다음 선택 사항 중 하나로 설정한다.

- 빨간색 X 표시는 관리자가 볼 수 없는 항목이다.
- 잠금 표시는 관리자가 오브젝트나 메뉴 항목을 볼 수 있지만 변경할 수 없다.
- 관리자가 녹색 체크 표시된 메뉴 항목에 전체 접근 권한을 갖고 있으며 오브젝트나 설정을 변경할 수 있다.

XML API/REST API 탭에서 각 역할에 특정 API 호출에 대한 접근 권한을 부여하거나 거부할 수 있다.

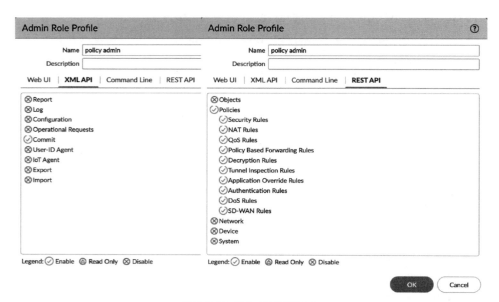

그림 2.31: XML API/REST API

Command line 탭에서 각 역할에 특정 수준의 접근 권한을 부여하거나 접근을 모두 거부할 수 있다.

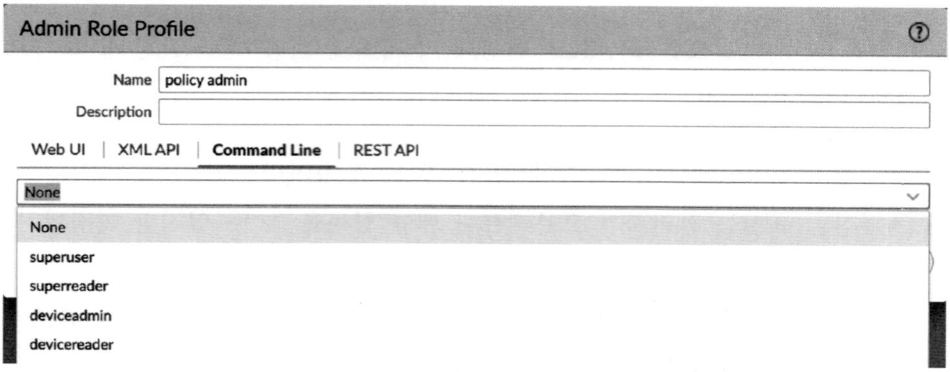

그림 2.32: Command Line 권한

이제 관리자 계정을 설정할 수 있어서 취약한 암호 규칙을 방지하려면 암호 보안 프로파일도 만들어야 한다.

비밀번호 보안

비밀번호를 정기적으로 변경하려면 Device ➤ Password Profiles에서 비밀번호 프로파일을 추가해야 한다.

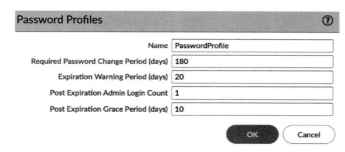

그림 2.33: 비밀번호 프로파일

비밀번호 프로파일에서 구성 가능한 설정은 다음과 같다.

- 변경 기간은 비밀번호가 유효한 기간이다.
- 관리자가 비밀번호가 만료 예정일 때 로그온하면 만료 경고가 뜬다.
- 만료 후 로그인 기능으로 관리자는 비밀번호가 만료된 후에도 특정 횟수만큼 로그온할 수 있다.
- 만료 후 유예 기간은 만료된 후 영구적으로 계정이 잠기고 다른 관리자의 개입이 필요할 때까지 관리자가 로그온할 수 있는 기간이다.

추가로 Device ➤ Setup ➤ Management ➤ Minimum Password Complexity에서 로컬 계정의 암호 복잡도를 최소로 강제하면 관리자가 약한 비밀번호를 사용하는 것을 방지할 수 있다.

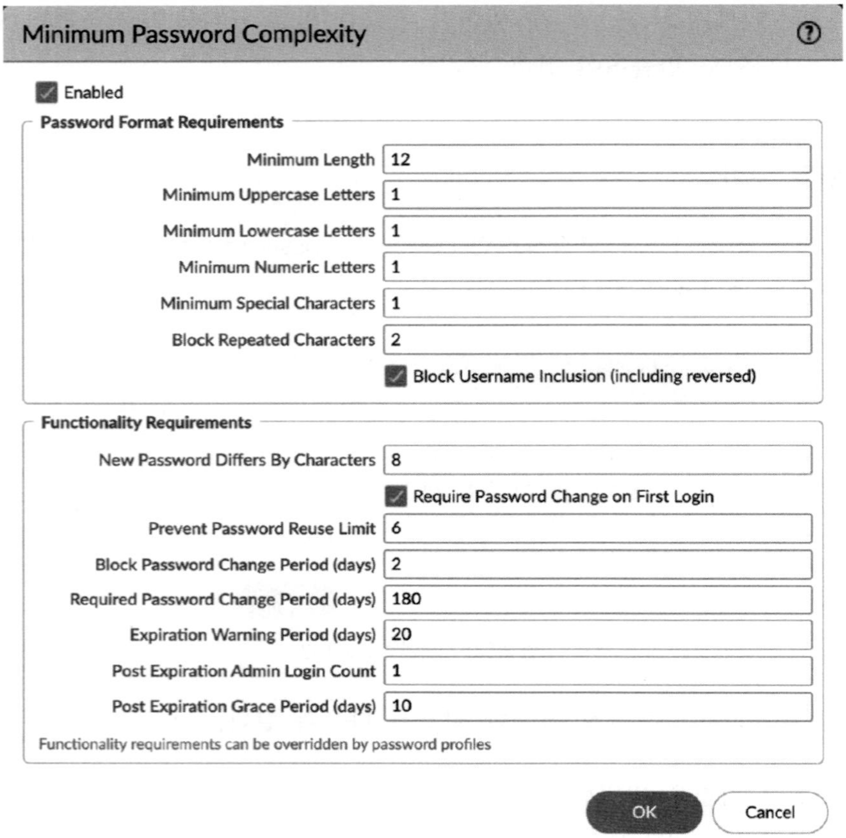

Minimum Password Complexity

Enabled

Password Format Requirements

Minimum Length	12
Minimum Uppercase Letters	1
Minimum Lowercase Letters	1
Minimum Numeric Letters	1
Minimum Special Characters	1
Block Repeated Characters	2

Block Username Inclusion (including reversed)

Functionality Requirements

New Password Differs By Characters	8

Require Password Change on First Login

Prevent Password Reuse Limit	6
Block Password Change Period (days)	2
Required Password Change Period (days)	180
Expiration Warning Period (days)	20
Post Expiration Admin Login Count	1
Post Expiration Grace Period (days)	10

Functionality requirements can be overridden by password profiles

OK   Cancel

그림 2.34: 최소 비밀번호 복잡도

NIST는 인증 및 수명 주기 관리에 대한 광범위한 지침을 보유하고 있으며 상세 내용은 웹 페이지(https://pages.nist.gov/800-63-3/sp800-63b.html)에서 확인할 수 있다.

이제 외부 인증 요소를 살펴보자.

외부 인증

중앙 집중식 시스템에서 자격증명을 계속 제어하려면 커버로스, LDAP, RADIUS, SAML과 같은 외부 인증 방식을 사용하는 것이 가장 좋다. 외부 인증을 사용해 관리자는 여러 디바이스 비밀번호를 한 번만 변경하거나 구성원이 조직을 떠날 때 모든 중요한 인프라에서 일괄적으로 잠글 수 있다.

관리 인터페이스가 외부 인증 서버에 대한 모든 접근 권한을 잃을 때를 대비해 한 개의 비상용(break-glass) 로컬 계정을 유지하는 것이 좋다. 해당 계정은 긴급할 때만 사용해야 하며 이 계정을 사용해 로그온할 때 경고를 보내야 한다. 계정이 사용될 때 경고를 보낼 수 있는 프로파일 설정 방법은 9장에서 살펴본다.

먼저 Device ➤ Server Profiles 메뉴에서 서버 프로파일을 작성해야 한다. 각 서버 유형에는 고유한 설정 파라미터가 있다. 다음의 프로파일들을 사용할 수 있다.

- TACACS+Terminal Access Control Access Control System Plus는 시스코가 개발한 인증 프로토콜로 여전히 많은 환경에서 터미널 접속 인증용으로 사용된다.
- LDAPLightweight Directory Access Protocol은 디렉터리 서비스를 인증하는 데 가장 일반적으로 사용할 수 있는 프로토콜이며 액티브 디렉터리, eDirectory, 커스텀 LDAP 서버와 함께 작동한다.
- RADIUSRemote Authentication Dial-In User Service는 리포트 접근 인증에 널리 사용되는 표준 인증 프로토콜이다.
- 커버로스는 주로 싱글 사인온Single Sign-on에 사용되는 인증 프로토콜로 암호 교환이 필요 없는 협상에 사용한다.
- SAMLSecurity Assertion Markup Language은 XML 프레임워크를 사용해 보안 정보를 교환하며 대부분 클라우드 기반 IdPIdentity Providers와 함께 사용된다. MFAMulti-Factor Authentication와 매우 쉽게 통합된다.
- 멀티팩터Multi-factor 프로파일을 사용하면 내장된 여러 MFA 공급자를 구성하고 인증 프로파일에 별도로 추가할 수 있다.

각 프로파일과 기본 설정 방법을 살펴보자.

TACACS+ 서버 프로파일

TACACS+를 사용하려면 PAP^Password Authentication Protocol 또는 CHAP^Challenge-Handshake Authentication Protocol 방식을 선택해야 하고 TACACS+ 인증 서버와 연결되는 비밀키 ^secret를 설정해야 한다.

선택적으로 관리자 인증에만 사용할 수 있게 설정하고 모든 인증 이벤트에 대해 새로운 세션 대신 단일 세션을 사용하도록 프로파일을 설정할 수 있다.

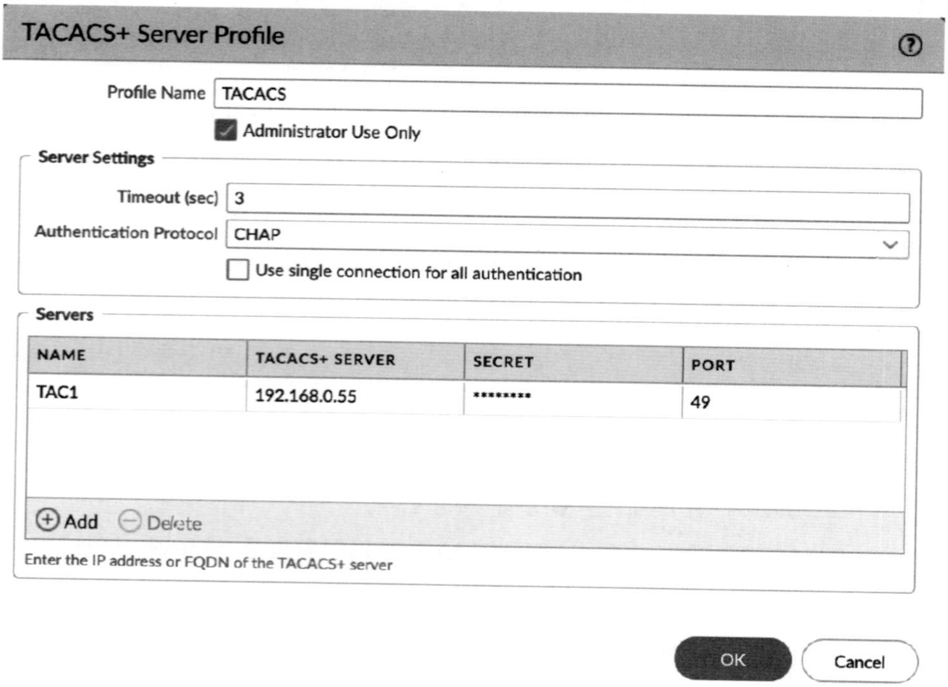

그림 2.35: TACACS+ 서버 프로파일

TACACS+는 사용이 드물지만 LDAP 인증은 매우 흔하다.

LDAP 서버 프로파일

LDAP 프로파일로 액티브 디렉터리, eDirectory, sun 또는 기타 LDAP 서버 유형을
제공해야 한다.

서버 IP를 설정하고 SSL/TLS 보안 연결을 사용한다면 LDAP의 기본 포트는 TCP
389가 아니라 636이라는 것을 기억하자.

LDAP 트리의 도메인명(또는 고유 이름)인 Base DN 값을 설정해야 한다. Bind DN 필드
는 LDAP 서버에 연결하고 요청과 비밀번호를 수행하는 데 사용하는 유저 계정
에 대한 필드다. Bind DN은 다음 그림에 표시된 대로 정규화되거나 user@
domain으로 포맷된 UPN^{User Principal Name}이 될 수 있다.

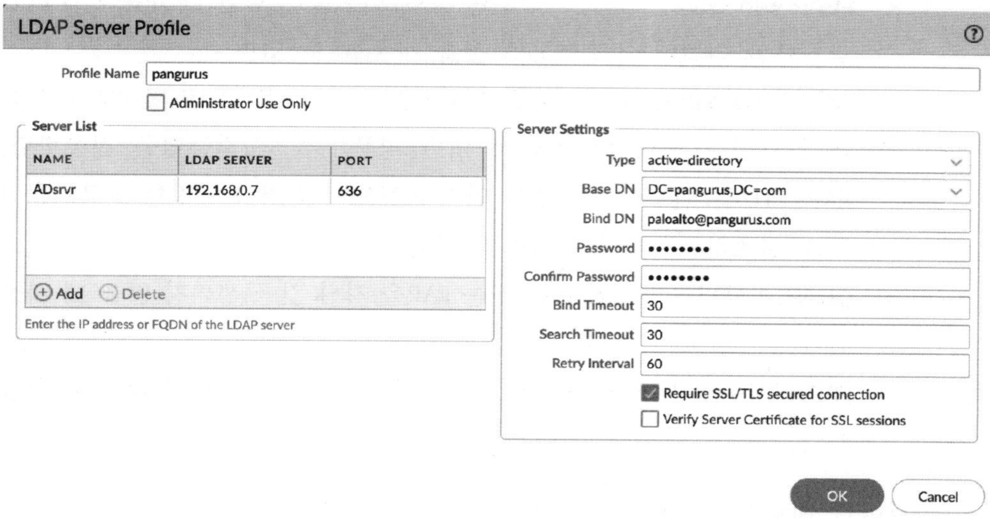

그림 2.36: LDAP 서버 프로파일

LDAP 서버에 외부 서명된 인증서가 있다면 Verify Server Certificate for SSL
sessions를 사용해 서버의 진위를 확인해야 한다. 인증서 확인이 작동하려면
LDAP 서버 루트 및 중간 인증서가 Device ➤ Certificate Management ➤ Certificates
➤ Device Certificates의 인증서 저장소에 있어야 한다. 프로파일의 서버명이

FQDN^{Fully Qualified Domain Name} 인증서 및 Subject AltName 속성과 일치해야 인증서 확인이 통과된다.

RADIUS 서버 프로파일

RADIUS는 가장 많이 사용하는 인증 방식이며 다음과 같은 인증 프로토콜을 지원한다.

- **PEAP-MSCHAPv2:** 마이크로소프트 CHAPv2를 사용하는 PEAP^{Protected Extensible Authentication Protocol}는 암호화된 터널에서 유저 이름과 비밀번호를 모두 전송하며 PAP과 CHAP보다 향상된 보안을 제공한다.
- **PEAP with GTC**^{Generic Token Card}: 일반 토큰 카드를 포함한 PEAP를 사용하면 암호화된 터널에서 일회성 토큰을 사용할 수 있다.
- **EAP-TTLS with PAP:** 터널 전송 계층 보안^{TTLS}을 포함한 EAP 및 PAP을 사용해 암호화된 터널에서 PAP에 대한 평문^{plaintext} 자격증명을 전송한다. EAP-TTLS는 인증서를 사용해 연결을 보호하며 가장 안전한 프로토콜이므로 선호하는 프로토콜이어야 한다.
- **CHAP:** RADIUS 서버가 EAP 또는 PAP을 지원 및 구성되지 않을 때 사용한다.
- **PAP:** RADIUS 서버가 EAP 또는 CHAP을 지원 및 구성되지 않을 때 사용한다.

팔로알토 네트웍스는 벤더 코드 25461을 사용한다.

다른 프로파일과 마찬가지로 RADIUS는 관리자 인증 용도로만 사용할 수 있게 설정될 수 있다. 프로파일이 GlobalProtect의 인바운드 연결 인증에도 사용되면 Allow users to change passwords after expiry 옵션은 GlobalProtect 유저로 제한된다.

Make Outer Identity Anonymous 옵션은 PEAP-MSCHAPv2, PEAP with GTC, EAP-TTLS가 사용되고 서버가 이 옵션을 지원한다면 인증 세션을 스니핑^{sniffing}

하는 사람에게 관리자의 계정이 보이지 않게 한다.

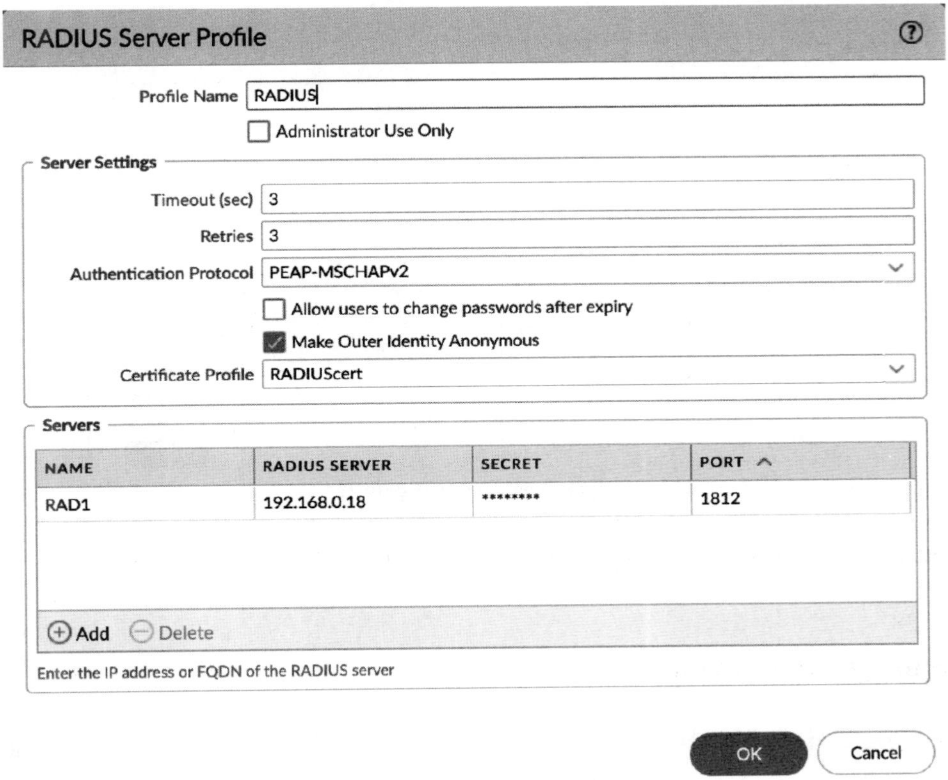

그림 2.37: RADIUS 서버 프로파일

RADIUS 서버 프로파일에 대한 인증서 확인에는 TACACS+에 비해 신뢰할 수 있는 인증서 저장소에 단순히 루트 인증서를 보유하기보다 더 많은 검사를 수행할 수 있는 인증서 프로파일이 필요하다. 서버의 유효성 확인에는 여러 메커니즘이 사용될 수 있는데, 인증서 검사와 관련해 어떤 특정 조건이 충족되면 조치가 취해질 수 있다. 예를 들어 인증서가 유효하지만 만료됐을 때 세션을 허용하거나 차단할 수 있다.

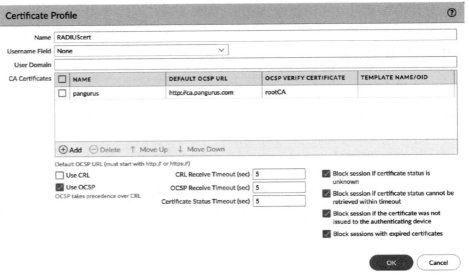

그림 2.38: 인증서 프로파일

다음으로 커버로스 서버 프로파일을 살펴보자.

커버로스 서버 프로파일

커버로스 서버 프로파일은 IP, FQDN, 포트 번호만 필요하기 때문에 설정이 매우 간단하지만 다음과 같은 몇 가지 특정 설정이 필요하다.

- 방화벽은 Device ➤ Setup ➤ Management ➤ General 메뉴에서 도메인을 설정해야 한다.
- 방화벽은 Device ➤ Setup ➤ Services 메뉴에서 NTP 서버와 동기화돼 있으므로 시계는 로컬 액티브 디렉터리 서버와 동기화된다.
- 해당 DNS 서버는 외부 DNS 서버가 아닌 도메인에 가입된 내부 DNS 서버로 설정해야 한다.

싱글 사인온 채택이 증가하고 많은 인증 서비스가 클라우드로 이동하면서 SAML 인증의 인기도 높아지고 있다.

SAML 서버 프로파일

SAML 프로파일을 사용하면 외부 싱글 사인온[SSO] 공급자(예, PingID와 Okta) 인증을 할 수 있다.

IdP는 다음 사항들을 제공해야 한다.

- 인증 세션이 유저로부터 시작됐는지 인증할 수 있는 식별자
- 루트 및 중간 인증서를 Device ➤ Certificate Management ➤ Device Certificates에 로드해 SSO 및 싱글 로그아웃[SLO, Single Log-Out] 사이트의 ID를 확인할 수 있다.
- SSO URL
- SLO URL

SAML HTTP 바인딩은 post와 redirect 두 가지 옵션을 제공한다. post는 HTML 폼을 Base64로 인코딩해 IdP에 보내며 redirect는 방화벽이 Base64 및 URL로 인코딩된 SSO 메시지를 URL 파라미터로 보낸다.

인증 프로파일에서 서명 요청 인증서[Certificate for Signing Requests]를 구성해 IdP에 SAML 메시지를 서명할 수도 있다. 다음과 같이 인증 프로파일에서 설정할 수 있다.

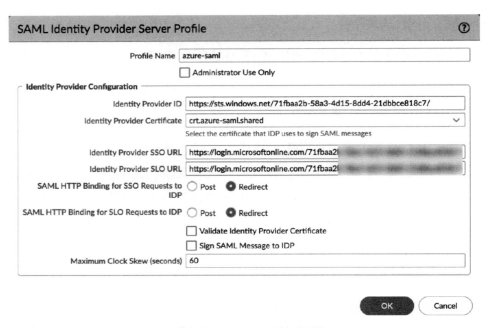

그림 2.39: SAML IDP 서버 프로파일

일반적인 비밀번호는 각 관리자가 잘 관리해야 하지만 관리자들의 실수로 비밀번호가 공유되거나 도난 또는 추측될 수 있기 때문에 MFA 사용을 강력히 권장한다. 일반적인 인증 방식이 SMS, 푸시 메시지, 토큰 등과 같은 추가 요소 통합을 지원하지 않는다면 MFA 프로파일을 추가하고 인증 프로파일에 추가 프로파일을 더할 수 있다.

멀티팩터 인증 프로파일

현재 4개의 독립 MFA 공급업체(Duo, Okta, RSA, PingID)를 이용할 수 있다. 이 프로파일을 구성하려면 공급업체에서 몇 가지 파라미터가 필요하다.

API 호스트와 같은 설정은 지역적으로 달라질 수 있으며 키와 비밀키는 계정의 고유 식별자가 된다.

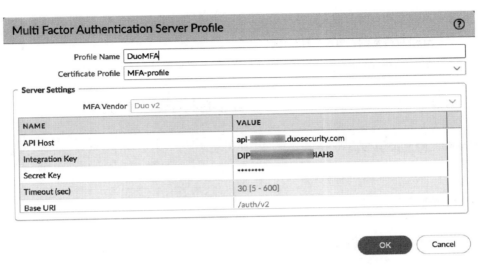

그림 2.40: 멀티팩터 인증 서버 프로파일

적절한 서버 프로파일이 설정되면 인증 프로파일에 추가해야 한다.

인증 프로파일

이제 환경에 따른 적절한 서버 프로파일이 설정됐으므로 관리자가 로그인할 수 있는 단계를 설정하는 인증 프로파일을 설정할 수 있다. Device ➤ Authentication Profile에서 새 인증 프로파일을 만든다.

Authentication 탭에서는 이 프로파일에 사용할 인증 유형을 선택할 수 있으며, 이것은 이전 단계에서 구성한 서버 프로파일과 일치해야 한다. 그런 다음 LDAP 에 대한 sAMAccountName 또는 userPrincipalName 설정과 같은 파라미터를 추가할 수 있다. Username Modifier를 사용하면 최종 유저가 입력한 유저 이름이 변환돼 인증 서버에 전송되는 방식을 제어할 수 있다. 이렇게 하면 유저가 입력한 내용을 단순히 전달하거나 UPN 형식(user@domain)이나 기존 백슬래시 형식 (domain\user)으로 유저 도메인을 추가할 수 있다.

- %USERINPUT%

- %USERDOMAIN%\%USERINPUT% .

- %USERINPUT%@%USERDOMAIN%

이 작업이 다중 포레스트^forest 도메인 환경에서 필요할 수 있다.

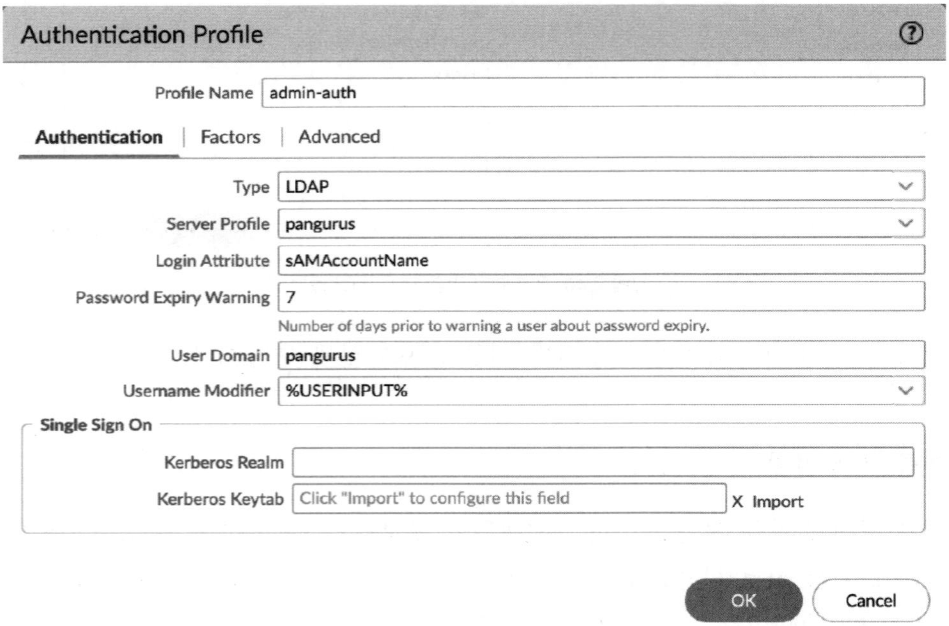

그림 2.41: LDAP 인증 프로파일의 예

Factors 탭에서 유저가 로그인하면 보조 인증을 트리거할 MFA 정책 프로파일을 추가할 수 있다.

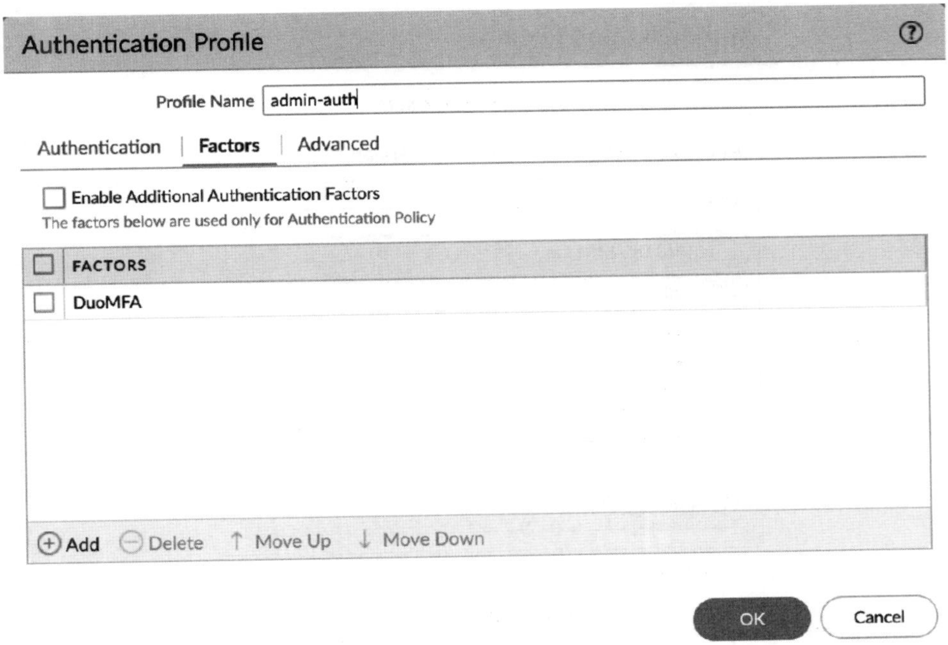

그림 2.42: MFA 인증 프로파일

Advanced 탭에서는 닭이 먼저냐 달걀이 먼저냐 하는 상황이 펼쳐질 수 있는데, 이는 방화벽에 인증을 시도할 수 있는 유저 이름이나 유저 그룹을 알려줘야 하지만 유저 목록은 유저 ID를 올바르게 설정한 후에만 생성되기 때문이다. 아직 유저 ID 그룹 매핑을 설정하지 않았다면 모든 유저(all)로 설정한 후 나중에 실제 관리자 유저 그룹이나 유저 이름으로 목록을 좁혀 변경할 수 있다.

보안을 위해서는 로그인 시도가 일정 횟수 이상 실패한 후 로그인을 일정 시간 동안 차단하는 계정 잠금 정책을 설정해야 한다.

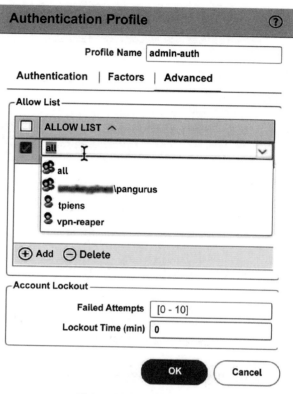

그림 2.43: 허용 유저 인증 프로파일

이 프로파일을 만들면 관리자 계정을 생성할 때 정적 비밀번호 대신 사용할
수 있다.

이렇게 하면 관리자의 정적 암호가 원격 인증으로 바뀐다.

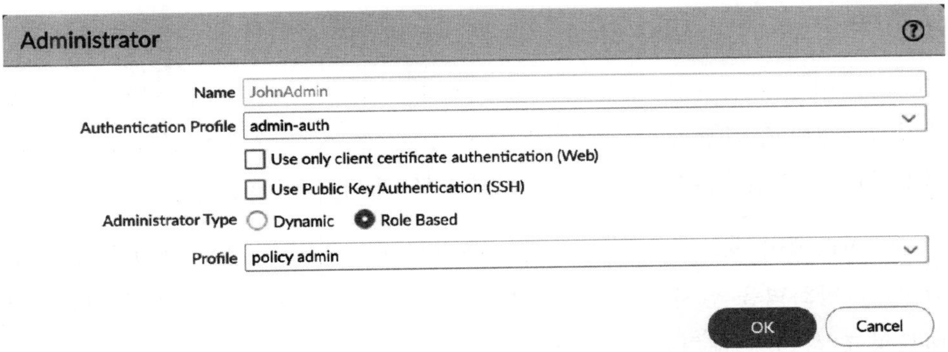

그림 2.44: 인증 프로파일을 포함한 관리자 계정

이번 절에서 다룬 내용으로 이제 필요한 접근 권한으로만 제한되는 관리자 계정을 설정할 수 있을 뿐만 아니라(RBAC 요구 사항 준수) 외부 인증 메커니즘을 활용하고 MFA를 추가해 관리자 접근을 강화하고 무단 접근을 방지할 수 있다. 다음 절에서는 다양한 유형의 인터페이스를 알아본다.

⠿ 인터페이스 종류 이해

Network ➤ Interfaces 메뉴를 열면 다양한 물리적 인터페이스를 볼 수 있다.

인터페이스가 특정 방식으로 동작하는 여러 인터페이스 유형이 있다. 먼저 네 가지 기본 인터페이스 유형을 다루고 그다음으로 좀 더 전문적인 인터페이스 유형을 계속 다룬다.

- VWire^{Virtual Wire}
- Layer3
- Layer2
- TAP

좀 더 자세히 살펴보자.

VWire

VWire는 이름에서 알 수 있듯이 'bump in the wire'를 의미한다. VWire는 항상 정확히 2개의 물리적 인터페이스로 구성된다. VLAN 태그에 대한 낮은 수준의 간섭이나 라우팅 옵션이 없다. 패킷은 흐름 내에서 검사된다.

VWire 인터페이스를 사용하면 기존 라우팅이나 스위칭 환경을 방해할 필요 없이 쉽게 '방화벽을 설치'할 수 있다. ISP 라우터 앞에 쉽게 연결하거나 허니팟과 네트워크 사이에 배치해 탐지 레이어를 추가할 수 있다.

VWire 인터페이스를 생성하기 전에 먼저 2개의 인터페이스를 VWire 유형으로 설정하고 각각 다른 존을 할당해야 한다.

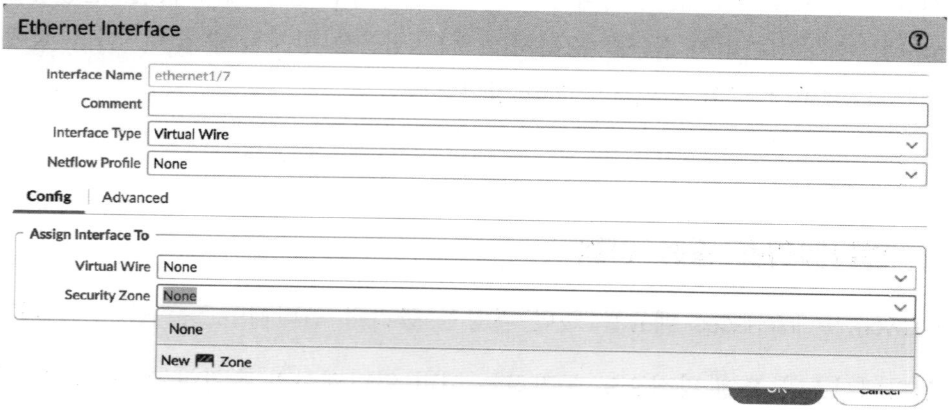

그림 2.45: VWire 인터페이스

이제 Network ▶ Virtual Wires에서 새 VWire 프로파일을 만들고 두 인터페이스를 모두 연결한다.

다음 그림에서 보여주듯이 VWire 연결을 구성할 2개의 인터페이스를 선택해야 한다. VWire 인터페이스가 트렁크 링크(VLAN/802.1Q 태그를 포함하는 링크)에 배치될 때 허용되는 태그 번호를 지정해야 한다. 모든 태그를 허용하려면 0-4094를 설정하자. 개별 태그나 범위를 추가하려면 쉼표로 구분된 정수나 범위를 설정할 수 있다(예, 5, 15, 30-70, 100-110, 4000). 멀티캐스트 트래픽을 차단하거나 보안 정책을 적용하려면 Multicast Firewalling을 선택한다. 선택하지 않으면 멀티캐스트가 VWire로 전달된다.

Link State Pass Through 기능은 VWire로 설정된 물리적 인터페이스 중 한쪽의 연결이 끊어지면 반대쪽 인터페이스가 다운^{down}된다. 이렇게 하면 클라이언트 와 서버 측 모두 링크가 끊어졌음을 알고 적절히 대응할 수 있다.

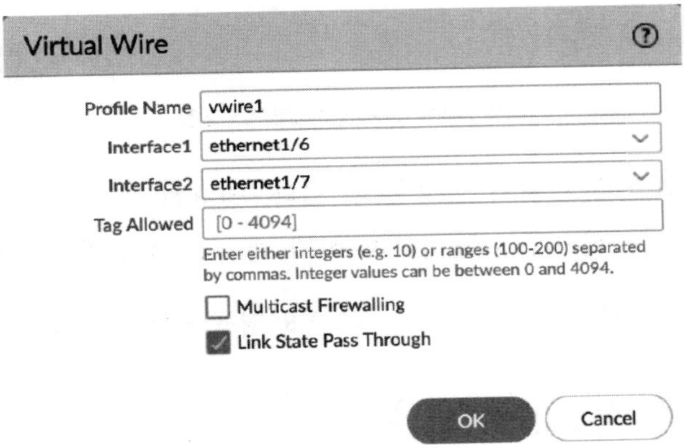

그림 2.46: VWire 설정

다음은 Layer3 인터페이스를 살펴보자.

Layer3 인터페이스

Layer3 인터페이스는 라우팅 인터페이스다. 즉, IP 주소가 있고 내부에 연결된 클라이언트의 디폴트 게이트웨이로 사용되거나 라우팅 디바이스의 넥스트 홉으로 사용될 수 있다. 외부에서는 ISP 라우터와 통신하며 인터넷으로 트래픽을 전달할 수 있다.

인터페이스의 Config 탭에서는 VR^{Virtual Router}과 보안 존을 할당해야 한다. 이 존은 트래픽이 한 인터페이스에서 다른 인터페이스로 흐를 때 연결된 서브넷이다.

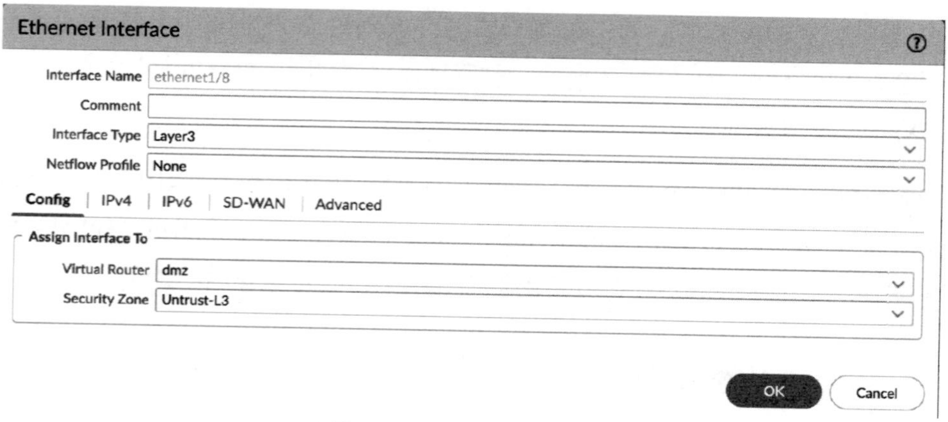

그림 2.47: Layer3 인터페이스 설정

IP 설정은 고정 IP/서브넷으로 설정할 수 있다. 필요하면 해당 인터페이스에 직접 연결된 추가 네트워크를 나타내고자 여러 개의 IP/서브넷을 추가할 수 있다. 원격으로 연결된 네트워크(라우터 뒤에 위치)는 VR 항목에서 설정할 수 있다.

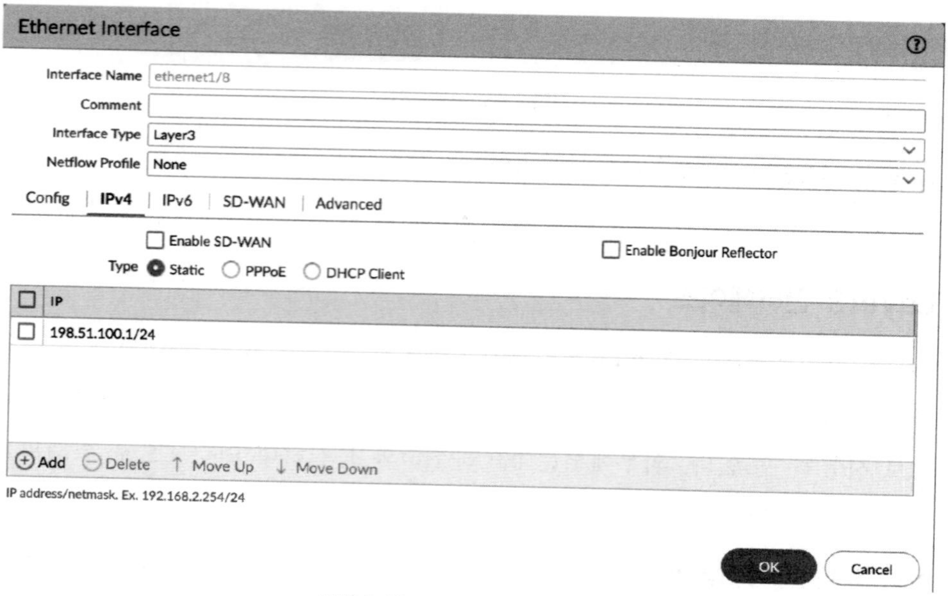

그림 2.48: Layer3 인터페이스 IP

Layer3 인터페이스도 PPPoE[Point-to-Point Protocol over Ethernet] 클라이언트로 설정해 케이블이나 DSL을 통해 광대역 ISP에서 업링크 연결을 할 수 있다.

General 탭에서 ISP 인증을 위한 유저 이름과 비밀번호를 설정할 수 있다.

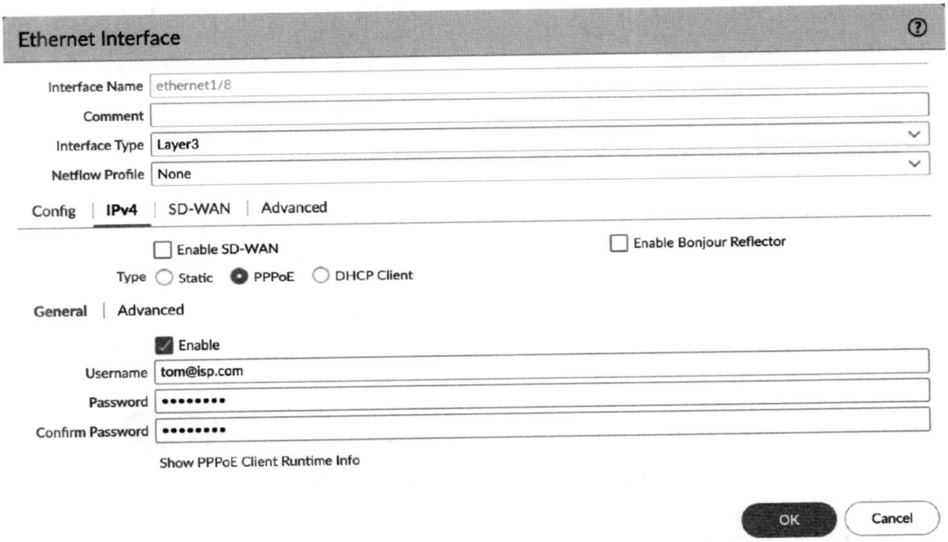

그림 2.49: Layer3 PPPoE

Advanced 탭에서 인증 프로토콜을 PAP, CHAP, auto, none 중에서 설정한다. ISP에서 고정 IP를 제공하면 여기서 설정할 수 있으며 ISP가 연결을 요구한다면 액세스 집중기[concentrator]와 서비스 문자열을 추가할 수 있다. 필요시 ISP가 수신한 디폴트 경로를 라우팅 테이블에 추가하지 않도록 설정할 수 있다. 일부 ISP는 PPPoE 클라이언트가 연결을 시작할 때 패시브 상태여야 한다. 이 기능을 다음에서 활성화할 수 있다.

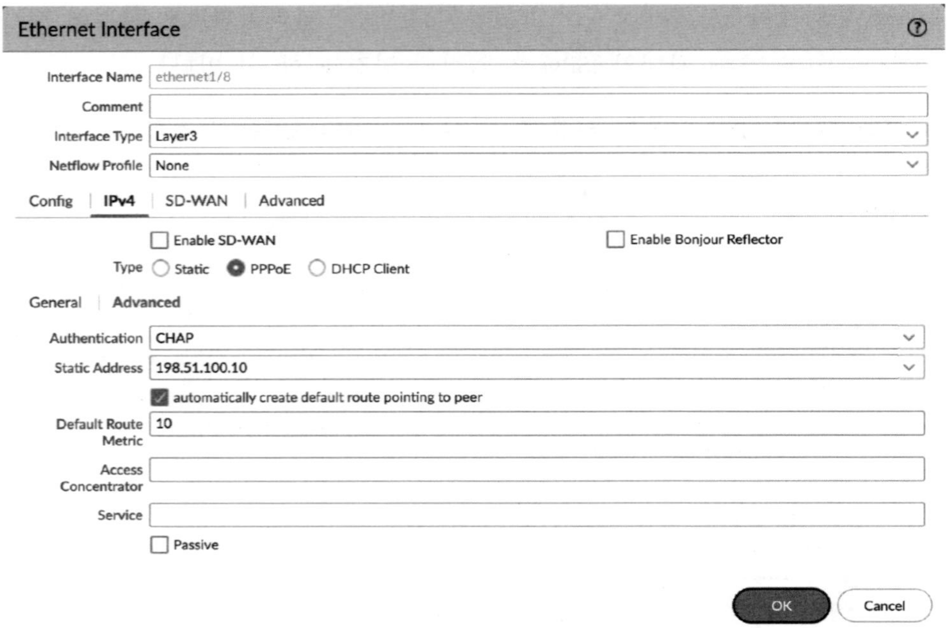

그림 2.50: Layer3 PPPoE 고급 설정 옵션

인터페이스를 설정하고 변경 내용을 적용한 후 Show PPPoE Client Runtime Info 를 클릭해 연결에 대한 정보를 반환할 수 있다. CLI에서는 다음 명령을 실행해 동일한 출력을 확인할 수 있다.

```
admin@PA-220> show pppoe interface <interface>
```

인터페이스에 Layer3 서브넷과 IP 주소에 연결하려면 라우팅 테이블을 추가해 야 한다. 작업은 가상 라우터에서 수행한다.

가상 라우터

VR은 방화벽의 라우팅 요소다. 그러나 이름에서 알 수 있듯이 단일 엔진으로 구성되지 않고 인터페이스가 소속된 라우팅 집합으로 구성된다. 각각의 Layer3,

루프백, VLAN 인터페이스는 VR과 연결되지만 시스템에서 여러 개의 VR을 사용할 수 있다. 모든 인터페이스가 동일한 VR과 연결되지 않아도 된다. 기본 VR을 설정하거나 Network ➤ Virtual Routers 메뉴에서 새 VR을 추가할 수 있다.

VR의 Router Settings 탭에서 VR과 연관된 인터페이스를 볼 수 있으며 필요하면 AD^Administrative Distances 값을 조정할 수 있다. AD는 라우팅 프로토콜의 우선순위를 결정하는 값이다. 기본적으로 정적 경로는 OSPF^Open Shortest Path First 보다 더 높은 우선순위(낮은 AD)를 갖지만 OSPF 경로에 우선순위를 부여하고 OSPF가 사용할 수 없을 때에만 정적 경로를 사용하게 하려면 우선순위를 변경할 수 있다. 동일한 라우팅 프로토콜 내의 경로는 높은(낮은 메트릭) 또는 낮은(높은 메트릭) 우선순위를 부여하고자 메트릭을 할당할 수 있다. 동일한 메트릭을 갖는 경로는 서브넷의 크기에 따라 우선순위가 결정된다. 더 작은 서브넷(예, /32)은 더 큰 서브넷(예, /16)보다 우선한다.

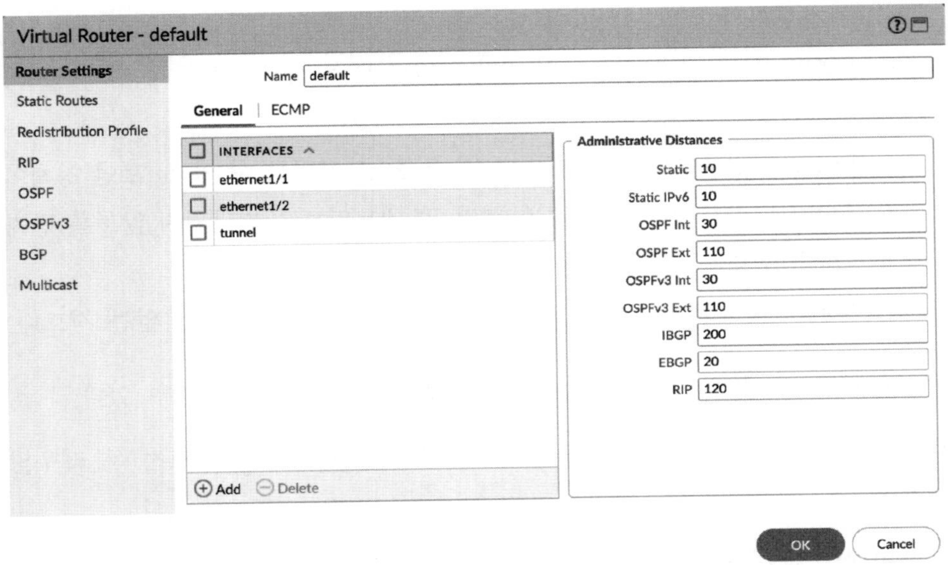

그림 2.51: VR 설정

Static Routes 탭에서 필요에 따라 목적지 경로를 추가할 수 있다. 기본적으로 방화벽은 연결된 모든 (Layer3, 루프백, VLAN 인터페이스에 설정된) 네트워크를 라우팅 테이블에 로드한다. 정적 경로를 추가하면 원격 네트워크를 라우팅 측면에서 사용할 수 있다.

설정해야 할 첫 번째 경로 중 하나는 클라이언트가 인터넷에 연결할 수 있는 '디폴트 라우팅'이다.

디폴트 라우팅의 목적지는 0.0.0.0/0이며 일반 라우팅은 172.16.0.0/24처럼 더 작은 서브넷일 수 있다.

인터페이스Interface 옵션은 송신 인터페이스가 무엇인지 알려준다. 경로가 인터넷을 가리키고 있다면 인터페이스는 ISP 라우터가 연결된 인터페이스다.

넥스트 홉Next Hop에는 다음과 같은 몇 가지 옵션이 있다.

- IP Address: 패킷을 전달할 상위 연결 라우터의 IP다.
- Next VR: 패킷을 동일한 디바이스의 다른 VR로 전달해야 하는지 여부를 지정한다.
- FQDN: 상위 라우터에 동적 IP가 있다면 DNS 레코드로 동적 업데이트되는 FQDN을 사용하는 것이 유용할 수 있다.
- Discard: 경로를 특정 서브넷에 '블랙 홀'로 지정할 수 있다. 보안 정책이 허용하더라도 패킷이 연결된 대역 외 네트워크로 전달되지 않도록 방지할 수 있다.
- None: VPN 터널로 라우팅되는 패킷과 같이 넥스트 홉이 없는 경로다.

필요하다면 각 경로에 Admin Distance와 Metric 설정을 변경할 수 있다.

라우팅 테이블은 일반 유니캐스트 라우팅, 멀티캐스트 라우팅 또는 두 라우팅 모두를 추가하는 데 사용한다.

라우팅 이중화가 가능하면 Path Monitoring을 사용해 하트비트 핑Heartbeat ping을 전송할 수 있다. 핑이 설정된 횟수만큼 실패하면 라우팅이 비활성화된다. 라우팅 테이블은 일치하는 패킷을 재평가하고 다음으로 가장 일치하는 경로가 패킷을 라우팅하는 데 사용된다(즉, 더 높은 메트릭 또는 더 큰 서브넷이 있는 경로).

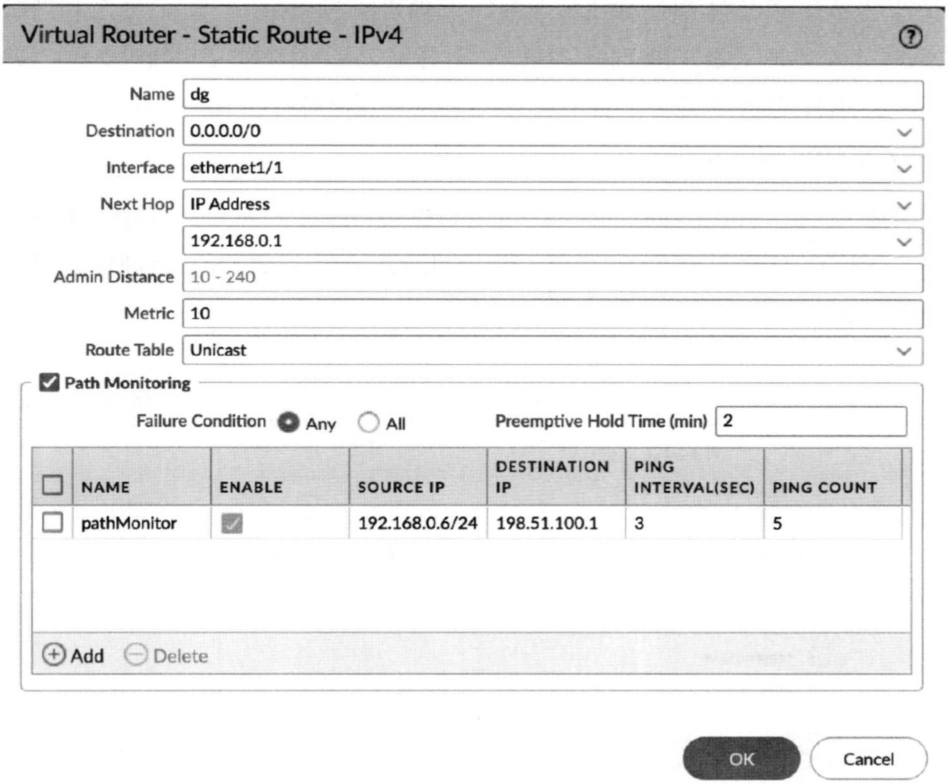

그림 2.52: VR 디폴트 라우팅

Layer3 인터페이스에 설정된 서브넷은 연결된 네트워크로 라우팅 테이블에 추가되며 정적 경로 추가는 필요 없다.

Layer2 인터페이스와 VLAN

인터페이스를 Layer2 타입으로 설정하면 방화벽이 네트워크에 스위치를 배치하는 것과 유사한 방식으로 작동한다. 각 인터페이스는 스위치의 접속 포트(트렁크 기능이 필요할 때는 서브인터페이스 토픽 참조)와 같은 역할을 하며 필요한 만큼 많은 인터페이스를 추가할 수 있다.

보안 정책을 활용해 인터페이스 사이의 트래픽을 제어할 수 있게 각 인터페이스는 서로 다른 존을 사용해야 한다. 동일한 존으로 설정된 인터페이스는 기본적으로 검사 없이 트래픽을 교환하며 검사를 활성화하려면 모든 것을 포괄하는 보안 정책이 필요하다.

인터페이스를 논리적 스위치로 그룹화하려면 Networks ➤ VLANs 메뉴에서 이전에 Layer2에 설정해 연결시키려던 인터페이스를 추가해 VLAN 오브젝트를 만들어야 한다.

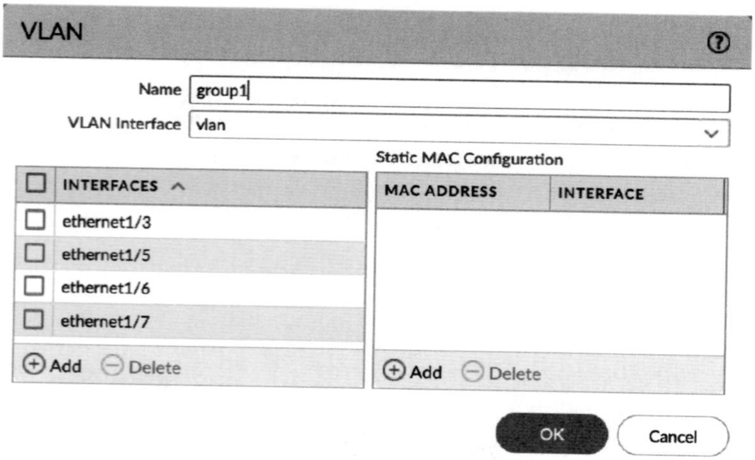

그림 2.53: VLAN 그룹

VLAN Interface 옵션은 논리적 Layer3 인터페이스로 그룹에 라우팅 기능을 추가한다. 상호작용해야 하는 Layer3 인터페이스에 연결된 상위 ISP 라우터나 다른 서브넷이 있을 때 유용하다.

Network ➤ Interfaces ➤ VLAN에서 VLAN 인터페이스를 설정할 수 있다. 이것을 생성한 VLAN 그룹으로 지정하고 Virtual Router 필드를 입력한 다음 존을 지정한다. 이 존은 보안 정책상 Layer3 인터페이스와 상호작용할 때는 Layer2 인터페이스를 나타낸다.

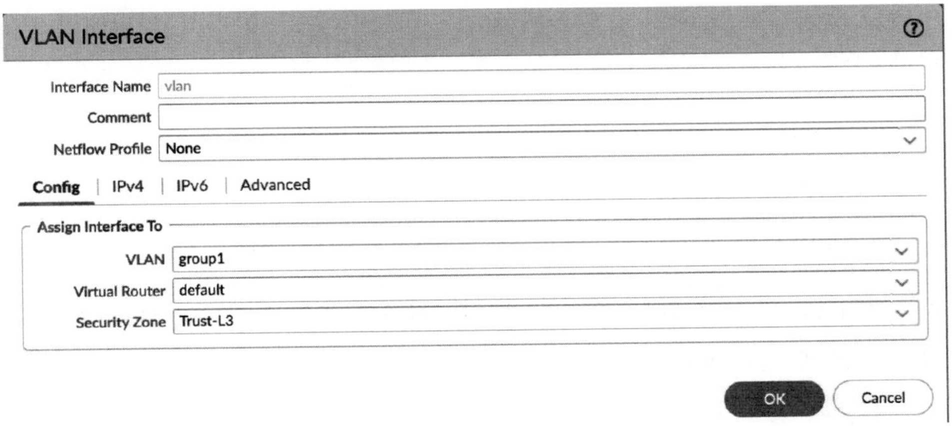

그림 2.54: VLAN 인터페이스 설정

또한 Layer2 인터페이스의 클라이언트가 디폴트 게이트웨이나 라우팅 넥스트
홉으로 사용할 수 있는 IP 주소를 VLAN 인터페이스에 할당한다. Layer2 인터페
이스의 클라이언트와 동일한 서브넷에 있는지 확인하자.

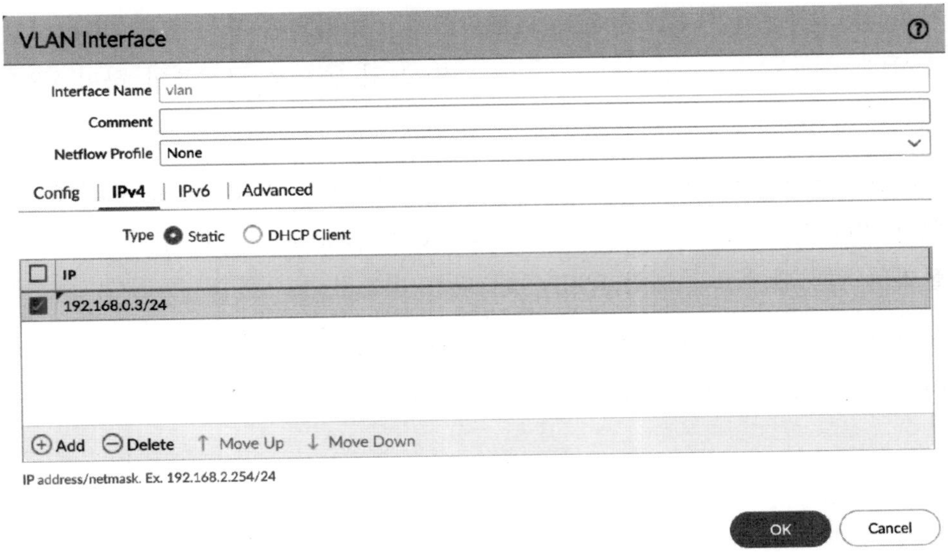

그림 2.55: VLAN 인터페이스 IP 주소

이더넷 인터페이스 외에도 다음과 같은 세 가지 다른 논리적 인터페이스가
있다.

- 루프백
- 터널
- VLAN

지금까지 VLAN 인터페이스와 터널 인터페이스를 다뤘다. 이제 다양하게 사용
되는 루프백 인터페이스를 살펴보자.

루프백 인터페이스

루프백 인터페이스는 다양한 용도로 사용할 수 있는 논리적 Layer3 인터페이스
다. 일반적인 사용 사례는 VPN 구성을 추가할 수 있도록 인터페이스에 퍼블릭
IP를 추가하는 것이다. 또 다른 사례는 루프백에 관리 프로파일을 추가한 다음
보안 룰을 적용해 관리자가 외부 네트워크에서 방화벽을 관리할 수 있게 하는
것이다. IP 주소(루프백 인터페이스당 단일 IP만 지원됨)와 보안 존으로 구성해야 하며 VR과
연결해야 한다.

Layer3 인터페이스 중 하나와 동일한 서브넷 및 존을 새 IP 주소로 설정할 수
있다. 따라서 Management Profile, Captive Portal, GlobalProtect와 같은 서비스를
물리적 인터페이스의 메인 IP가 아닌 다른 IP에서 호스팅할 수 있다.

추가적인 보안을 위해 다른 존으로 설정할 수 있으므로 클라이언트가 루프백
인터페이스에 연결할 수 있게 일치하는 보안 룰이 필요하다.

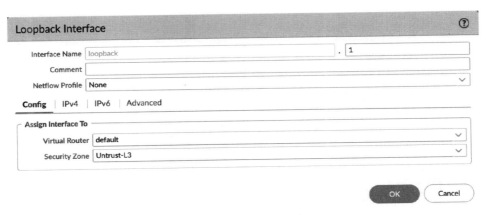

그림 2.56: 루프백 인터페이스

인터페이스 이름^{Interface Name} 옆에 있는 숫자는 논리적 인터페이스의 식별 번호다.

터널 인터페이스

터널 인터페이스는 site-to-site VPN, GlobalProtect SSL, IPSec에서 터널링된 트래픽의 수신 및 송신 지점 역할을 하는 논리적 인터페이스다. 물리적 터널은 Layer3 또는 루프백 인터페이스에서 종료되지만 암호화해야 하는 패킷은 터널 인터페이스로 라우팅해야 한다.

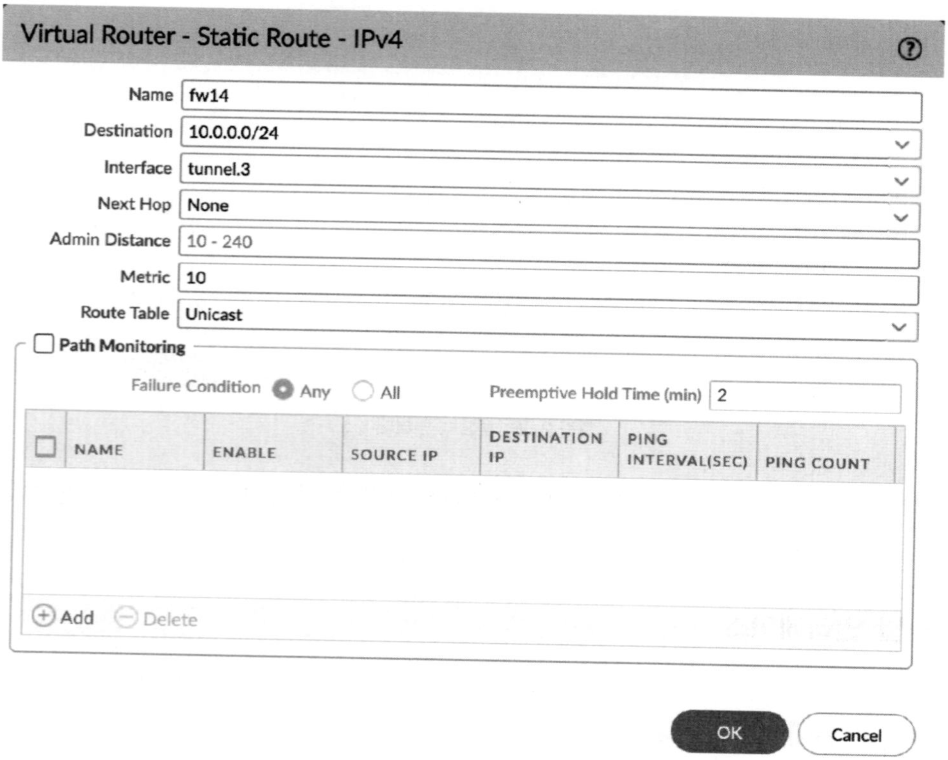

Virtual Router - Static Route - IPv4

Name	fw14
Destination	10.0.0.0/24
Interface	tunnel.3
Next Hop	None
Admin Distance	10 - 240
Metric	10
Route Table	Unicast

☐ **Path Monitoring**

Failure Condition ● Any ○ All   Preemptive Hold Time (min) 2

☐	NAME	ENABLE	SOURCE IP	DESTINATION IP	PING INTERVAL(SEC)	PING COUNT

⊕ Add   ⊖ Delete

OK   Cancel

그림 2.57: VPN 터널용 정적 경로

다음 그림에서 볼 수 있듯이 이 터널 인터페이스를 VR 및 보안 존과 연결해야
한다.

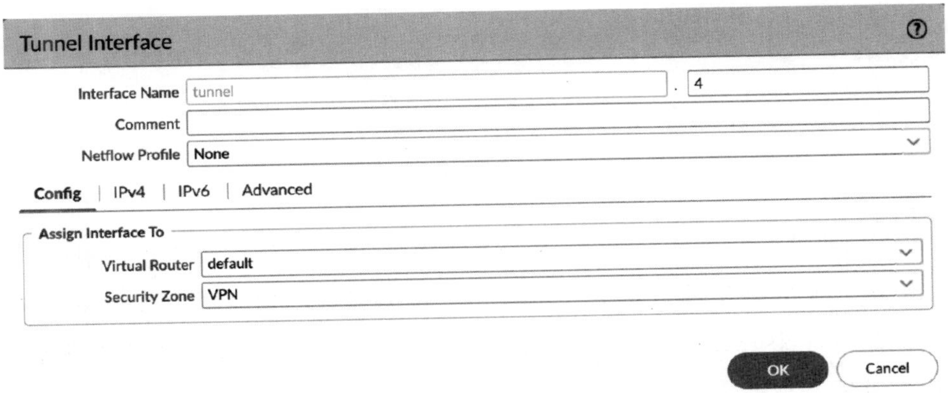

그림 2.58: 터널 인터페이스

Interface Name 옆에 있는 숫자는 논리적 인터페이스의 식별 번호다.

NOTE

> 강력한 보안을 구축하려면 알려진 위치에서도 개별 VPN 연결에 별도의 존을 설정하자. 각 연결과 원격 네트워크를 개별 존으로 처리하면 충분한 가시성과 제어가 보장된다. 모든 원격 사무실이 VPN 터널을 동일한 존으로 설정하면 원격 사무실이 악성코드(예, WannaCry 등)에 노출돼 다른 사무실도 감염시킬 수 있다. 기본 인트라존 보안 룰은 모든 세션의 실행을 허용하고 스캐닝은 적용하지 않는다.

특정 기능을 제공하는 몇 가지 '특수' 인터페이스 유형도 있다. 다음 절에서는 인터페이스의 특별한 사용 사례를 다룬다.

스위치 업링크에 여러 802.1q VLAN 태그가 포함된다면 트렁크로 설정할 수 있으며 방화벽에서 각 VLAN 태그에 해당하는 서브인터페이스를 만들 수 있다.

서브인터페이스

모든 물리적(즉, Layer2, Layer3, VWire, Aggregate) 인터페이스에는 서브인터페이스가 존재할 수 있다. 원하는 물리적 인터페이스를 선택하고 Network ➤ Interfaces 왼쪽 아래에 있는 Add Subinterface를 클릭해 인터페이스를 생성할 수 있다.

INTERFACE	INTERFACE TYPE	MANAGEMENT PROFILE	LINK STATE	IP ADDRESS	VIRTUAL ROUTER	TAG	VLAN / VIRTUAL-WIRE	SECURITY ZONE
ethernet1/8	Layer3			none	none	Untagged	none	none
ethernet1/8.10	Layer3			172.16.0.1/24	default	10	none	LAN
ethernet1/8.20	Layer3			192.168.0.1/24	default	20	none	DMZ

그림 2.59: 서브인터페이스 만들기

서브인터페이스는 물리적 인터페이스가 VLAN(802.1Q) 태그된 패킷을 포함한 트 렁크 링크에 연결할 때 사용한다. 물리적 인터페이스는 태그를 해석할 수 없지 만 서브인터페이스는 할 수 있다. 트렁크가 전달하는 각 VLAN에 스위치에서 오는 가상 네트워크를 나타내는 서브인터페이스를 만들 수 있다. 서브인터페이 스를 사용할 때 장점은 각 VLAN이 자체 보안 존과 연결될 수 있다는 것이다.

서브인터페이스는 상위 물리적 인터페이스의 모든 세부 설정을 따라가지만 인 터페이스 유형은 물리적 인터페이스 유형과 다르지 않다(예, Layer3 물리적 인터페이스는 Layer2 서브인터페이스를 호스팅할 수 없음).

HA 인터페이스

두 방화벽으로 구성된 클러스터를 설정할 때는 HA 인터페이스가 필요하다. 일 부 섀시에는 전용 HA 인터페이스가 내장돼 있어 HA 인터페이스를 직접 생성할 필요가 없다. 전용 HA 인터페이스가 없거나 백업 HA 링크로 사용해야 하는 추가 인터페이스가 필요하면 데이터 플레인 인터페이스를 대신 사용해 HA 피 어와 방화벽 사이를 연결할 수 있다.

AE 인터페이스

인터페이스의 물리적 한계 이상으로 사용 가능한 대역폭을 늘리려면 802.1AX 프로토콜을 사용해 인터페이스를 AE 그룹으로 묶는다. 최대 8개의 인터페이스 를 논리적 번들로 결합할 수 있다.

120

Network ➤ Interfaces ➤ Ethernet 메뉴에서 Add Aggregate Group을 클릭해 새 그룹을 생성할 수 있다.

먼저 Layer2, Layer3, VWire, HA 유형을 설정해야 한다. 이때 물리적 인터페이스(즉, 보안 존, VR, VLAN, VWire)와 동일한 설정이 필요하다.

또한 LACP^Link Aggregation Control Protocol를 설정하면 인터페이스 장애 감지를 개선할 수 있다. LACP로 물리와 데이터 링크 레이어에서 링크 장애 감지가 가능하지만 기본 프로토콜에서는 물리적 링크 장애만 감지한다.

방화벽을 Passive 모드나 Active 모드로 설정할 수 있다. 하나의 피어만 Active로 설정할 수 있지만 둘 다 Passive로 설정하면 LACP가 작동하지 않으므로 LACP 피어(일반적으로 스위치)로 이 모드 설정을 검토해야 한다.

Transmission Rate 설정은 링크 장애 감지의 응답성에 영향을 미치며 오버헤드도 발생한다. Slow 전송은 30초마다, Fast 전송은 매초마다의 속도를 뜻한다.

Fast Failover 옵션은 인터페이스가 다운되면 1초 이내에 인터페이스 장애를 감지한다. 기존 페일오버는 3초 후에 발생한다.

System Priority는 포트 우선순위를 결정하는 피어를 정한다.

Maximum Interfaces는 집계 그룹 내에서 동시에 활성화할 수 있는 인터페이스의 수를 결정한다. 인터페이스 수는 그룹에 할당하는 물리적 인터페이스 수를 초과하지 않아야 하지만 장애 발생 시 핫 인터페이스를 예약한 상태로 유지하면서 사용 가능한 총 대역폭을 제한하는 데 활용할 수 있다(예, 집계 그룹에 총 4기가비트의 대역폭이 필요하지만 시스템 리소스를 보존하고 이 대역폭을 초과하지 않으려면 그룹에 5개 이상의 인터페이스를 할당하고 Maximum Interfaces를 4로 설정할 수도 있다. 하나의 인터페이스가 실패할 경우에만 또 다른 인터페이스가 활성화돼 작업을 이어간다). 2개의 방화벽이 클러스터를 형성하는 고가용성 설정은 패시브 피어에서 LACP를 사용하도록 설정할 수 있으므로 패시브 피어가 액티브 역할을 수행하기 전에 링크 집계 그룹이 사전 협상된다. 이렇게 하면 페일오버에 필요한 시간을 줄일 수 있다.

이를 실행하려면 Enable in HA Passive State를 선택한다. 두 클러스터 멤버 모두에서 동일한 시스템 MAC을 사용할 수 있지만 연결된 스위치에서는 이를 지원하지 않을 수 있다.

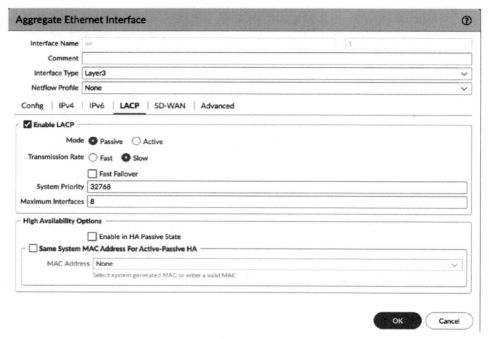

그림 2.60: LACP

집계 그룹을 생성할 때 Interface Type을 Aggregate Ethernet으로 설정하고 원하는 Aggregate Group을 선택해 인터페이스를 추가할 수 있다.

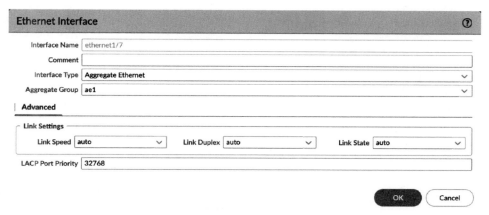

그림 2.61: 집계 그룹 내 물리적 인터페이스

경우에 따라 스위치의 포트 미러에 연결해 참여하지 않고 듣기만 해야 할 수도 있다. 이러한 경우에는 탭^{tap} 인터페이스를 구성할 수 있다.

TAP 인터페이스

탭 인터페이스를 패시브 스니핑 포트로 사용할 수 있다. 다른 네트워크 디바이스에 포트 미러링이 설정되면 해당 송신 포트를 탭 인터페이스에 연결해 모든 패킷을 가로채 App-ID와 Content-ID를 적용할 수 있다. 세션의 모든 패킷이 탭 인터페이스에 전송되는 한 마치 방화벽을 통과해 흐르는 것처럼 트래픽을 검사할 수 있다. 그러나 몇 가지 제약 사항이 있다.

- 방화벽은 패킷 처리에 적극적으로 참여하지 않기 때문에 위협을 감지해도 동작을 취할 수 없으며 보고만 할 수 있다.
- 서버 인증서가 개인키와 함께 방화벽에 로드되는 경우에만 SSL 복호화가 인바운드 연결에 적용될 수 있다.

탭 인터페이스는 보안 존만 설정하면 된다.

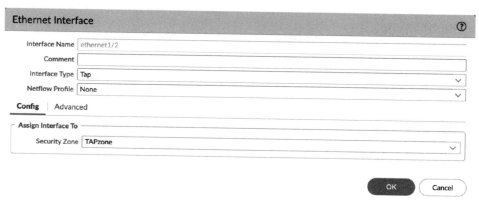

탭 기능의 이점을 최적으로 활용하려면 모든 작업을 허용하거나 또는 범위를 제한하려면 특정 서브넷을 허용하는 보안 룰을 만들어야 한다. 방화벽은 백그 라운드에서 모든 패킷을 삭제하지만 보안 룰을 드롭으로 설정하면 검사 전에 패킷을 폐기한다.

	NAME	TYPE	Source		Destination		APPLICATION	SERVICE	ACTION	PROFILE	OPTIONS
			ZONE	ADDRESS	ZONE	ADDRESS					
1	TAP-inspect	universal	TAP...	any	TAPz...	any	any	application-default	Allow		

그림 2.63: 탭 보안 룰

포트 미러에서 듣는 것과 유사하게 방화벽은 암호화되지 않은 모든 세션 데이 터를 타사 DLP 또는 위협 인텔리전스 디바이스로 보낼 수 있다. 복호화 포트 미러 인터페이스의 도움으로 가능하다.

복호화 포트 미러 인터페이스

복호화 포트 미러 인터페이스를 사용하면 암호가 해독된 패킷을 외부 디바이스 로 전달해 추가 검사를 수행할 수 있다. 이는 예를 들면 데이터 손실을 예방하 는 데 유용할 수 있다. 라이선스는 서포트 포털(https://support.paloaltonnetworks.com)로 이동 후 Assets ➤ Devices로 가서 무료로 활성화할 수 있다.

여기서 방화벽을 찾은 다음 Action 버튼을 클릭한다. Active Feature License를
선택하면 Decryption Port Mirror를 활성화할 수 있다.

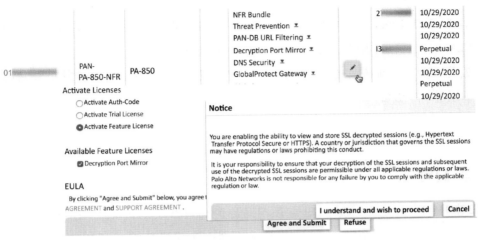

그림 2.64: 복호화 포트 미러 라이선스 활성화

방화벽에서 라이선스를 활성화하려면 다음 단계를 따른다.

1. Device ➤ Licenses에서 Retrieve license keys from license server를 고른다.

2. Device ➤ Setup ➤ Content ID ➤ Content-ID settings에서 Allow forwarding
   of decrypted content를 활성화한다.

3. Network ➤ Interfaces ➤ Ethernet에서 인터페이스를 Decrypt Mirror 유형으
   로 설정한다.

4. Objects ➤ Decryption ➤ Decryption Profiles에서 복호화 프로파일을 열고
   Decryption Mirroring에 인터페이스를 추가한다.

5. Policies ➤ Decryption에서 복호화 프로파일을 사용하는 복호화 룰을 만
   든다.

6. 변경 사항을 저장하고 복호화 포트 미러 인터페이스를 연결한다.

앞 절에서 다룬 정보를 활용해 각각의 네트워크 설계에 적합한 인터페이스를 선택할 수 있게 됐다. VWire를 사용하면 기존 라우팅에 간섭할 수 없는 환경에서 방화벽을 추가할 수 있다. Layer3 인터페이스는 방화벽을 라우팅 결정의 중심에 두고 Layer2 인터페이스는 방화벽을 스위치와 유사하게 작동하게 하며 VLAN 태그를 처리하고자 이 모든 인터페이스에 서브인터페이스를 추가할 수 있다. 링크 집계를 구성할 수 있으며 터널 인터페이스를 활용해 IPSec 터널을 설정할 수 있다.

⁝⁝ 요약

2장에서는 서포트 계정을 만들고 새로운 디바이스를 등록하고 라이선스를 추가하는 방법을 다뤘다. 모든 서포트 라이선스를 구별할 수 있으며 필요시 구독 라이선스를 선택할 수 있다. 디바이스를 업그레이드하고 업데이트해 펌웨어를 최신 상태로 유지하고 최신 애플리케이션 및 위협 시그니처를 로드해 네트워크를 보호하는 방법을 살펴봤다. 관리 인터페이스를 보호해 합법적인 유저만 연결할 수 있게 설정할 수 있으며 관리자에게 다른 접근 및 권한을 할당할 수 있다. Layer3 및 VWire와 같은 모든 물리적 인터페이스를 구성할 수 있으며 각각이 언제 가장 적합한지 파악할 수 있다. 필요시 터널 인터페이스 및 루프백 인터페이스와 같은 논리적 인터페이스를 활용할 수 있다.

PCNSE 시험을 준비한다면 업그레이드할 때 원하는 관리 릴리스로 이동하기 전에 기본 이미지를 다운로드해야 한다는 점을 기억하자. 동적 업데이트에 권장되는 임곗값은 6~12시간(디바이스가 임곗값이 24시간이어야 하는 중요한 환경에 있지 않은 경우)이며 모든 인터페이스 유형 간 차이를 구별할 수 있어야 한다.

3장에서는 견고한 보안 정책을 구축하고 네트워크 트래픽에 강력한 보안 방침을 설정하는 방법을 살펴본다.

03

강력한 보안 정책 구축

3장에서는 보안 프로파일 구성, 보안을 위한 룰 기반 구축, NAT[Network Address Translation]를 살펴본다. 각 설정이 무엇을 수행하는지, 예상되는 동작 방식은 무엇이며 어떻게 활용하면 원하는 결과를 얻을 수 있는지 살펴본다. 다양한 룰 기반에서 사용 가능한 모든 기능을 완전히 제어함으로써 강력한 보안 태세를 갖출 수 있다.

3장에서 다루는 내용은 다음과 같다.

- 보안 프로파일 이해와 준비
- 보안 룰 이해와 구축
- 다양한 네트워크 주소 변환 설정

3장을 마치면 유저가 필요한 애플리케이션과 자원에 접근할 수 있는 완벽한 룰을 설정할 수 있고 인터넷에서 내부 호스트 서버에 접근 가능하며 침입을 시도하는 모든 위협을 차단할 수 있을 것이다.

⠿ 기술적 요구 사항

시작하기 전에 3장에서 제공하는 정보를 최대한 활용하려면 방화벽이 최소한 2개의 네트워크 간에 연결돼 있어야 하며 둘 중 하나는 인터넷 서비스 제공자[ISP, Internet Service Provider]와 연결돼 있어야 한다.

⠿ 보안 프로파일 이해와 준비

방화벽의 보안 프로파일에는 안티바이러스, 취약점 보호, URL 필터링, 안티스 파이웨어와 같은 몇 가지 유형이 있다. 다음 절에서는 이러한 다양한 프로파일 을 모두 다룬다.

견고한 보안 룰 기반을 구축하기 전에 모든 보안 룰에서 사용할 수 있도록 각 유형의 커스텀 보안 프로파일을 하나 이상 만들어야 한다. 기본 프로파일은 제공되지만 읽기 전용으로 설정돼 있으며 보안 룰에서 사용하려면 커스텀 프로 파일을 생성해 일일이 대체해야 한다.

보안 프로파일은 세션에 일치하는 첫 번째 보안 룰로 평가된다. 보안 프로파일 이 없거나 제한적인 보안 프로파일이 있는 보안 룰에 6 튜플이 일치하면 애플리 케이션에 변경이 있을 때까지 검사가 수행되지 않고 보안 정책이 재평가된다. 보안 룰은 모두 보안 프로파일이 있어야 한다.

안티바이러스 프로파일

안티바이러스 프로파일은 라이선스 및 동적 업데이트 설정에 따라 세 가지 섹 션으로 구성된다. ACTION 아래의 동작은 위협 방어 라이선스 및 백신 업데이트 에 의존하고 WILDFIRE ACTION은 WildFire 라이선스와 주기적으로 설정된 WildFire 업데이트(1분 이상 간격)에 의존하며 WILDFIRE INLINE ML ACTION은 실시간으로 설정된 WildFire에 따라 설정한다. 이 라이선스 중 하나라도 시스템에 없으면 해당 열에 나열된 동작이 적용되지 않는다. Application Exception을 사용하면 필요시 개별 애플리케이션 디코더 관련 작업을 변경할 수 있다. 위협 방어 및 WildFire 백신 작업을 설정할 수 있는 동작은 다음과 같다.

- **allow:** 로깅 없이 일치하는 시그니처를 허용한다.
- **drop:** 일치하는 시그니처를 드롭하고 위협 로그 항목에 기록한다.
- **alert:** 일치하는 시그니처를 통과시키되 위협 로그 항목에 기록한다.
- **reset-client:** 일치하는 패킷을 드롭하고 TCP RST를 클라이언트에 보내고 위협 로그에 항목을 기록한다.
- **reset-server:** 일치하는 패킷을 드롭하고 TCP RST를 서버에 보내고 위협 로그에 항목을 기록한다.
- **reset-both:** 일치하는 패킷을 드롭하고 TCP RST를 클라이언트와 서버에 보내고 위협 로그에 항목을 기록한다.

패킷 캡처는 보안 팀이 추가 분석하거나 포렌식 증거로 사용할 수 있다. 이는 위협 로그에 첨부되며 일치하는 시그니처를 포함한 패킷으로 제한된다.

Objects ➤ Security Profiles ➤ Antivirus로 이동해 새로운 안티바이러스 프로파일을 만든다.

다음 그림과 같이 팔로알토 네트웍스가 권고한 모범 사례 설정을 사용한다.

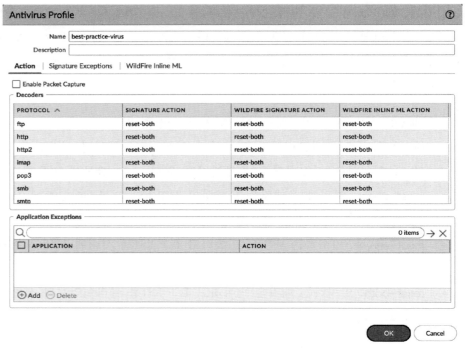

그림 3.1: 안티바이러스 프로파일

안티바이러스 기본 프로파일 설정에서 imap과 pop3은 경고만 설정된다. 이러한 프로토콜은 리셋에 잘 응답하지 않아 조직에서 활발히 사용하고 있다면 어느 정도 적절한 설정일 수 있다. 대부분의 경우 이메일은 웹 기반(TLS/SSL)으로 대체됐으므로 실제로는 레거시 프로토콜을 리셋하는 것이 더 안전할 수 있다.

Signature Exceptions 탭에 오탐false positive 및 확인된 정탐true positive에 예외를 추가할 수 있으며 윈도우 실행 파일, 파워셸PowerShell 스크립트 1 및 2, 실행 파일 연결형식에 추가적인 ML(머신러닝) 동작을 설정할 수 있다. 각 모델은 다음 세 가지 동작 중 하나로 설정할 수 있다.

- **Enable(inherit per-protocol actions):** 추가적인 머신러닝 검사를 활성화하고 바이러스가 탐지되면 메인 Action 탭에서 설정된 일치 프로토콜 (smtp, http 등) 동작이 적용된다.

- **Alert-only(override more strict actions to alert)**: 추가 머신러닝 스캔을 활성화하지만 양성[positive] 일치는 로깅에서만 보고된다.
- **Disable(for all protocols)**: 기본 설정으로 선택된 모델에 머신러닝을 적용하지 않는다.

다음 그림은 모델별로 사용 가능한 동작을 보여준다.

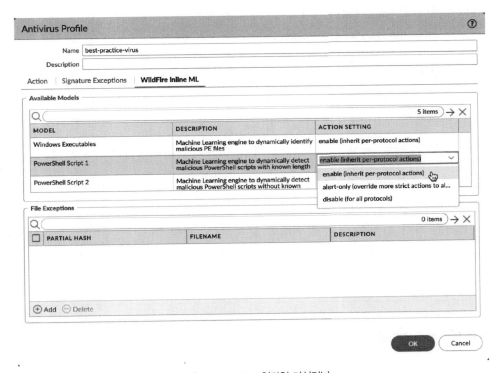

그림 3.2: WildFire 인라인 머신러닝

WildFire 인라인 머신러닝으로 다양한 파일의 세부 정보에서 특정 파일 유형과 악의적인 특성을 갖는 파워셸 스크립트의 악성 특성을 동적으로 분석할 수 있다.

이제 안티스파이웨어 프로파일을 살펴보자.

안티스파이웨어 프로파일

안티스파이웨어 프로파일은 커스텀화가 자유롭게 가능하며 프로파일 내 일련의 룰로 구축된다. 이러한 룰은 각각의 위협과 관련된 기본 동작을 변경하는 역할을 한다. 따라서 룰이 전혀 생성되지 않았다면 프로파일은 특정 시그니처가 탐지될 때 기본 동작만 단순히 적용한다.

안티스파이웨어는 안티바이러스와 동일한 동작(allow, drop, alert, reset-client, reset-server, reset-both)과 block-ip를 지원한다.

- block-ip는 소스 또는 소스-대상 쌍으로 추적할 수 있으며 1~3600초 동안 위협적인 IP를 차단한다. 소스별 추적은 차단 기간 동안 해당 클라이언트의 모든 연결을 차단하며 소스-대상 쌍별 추적은 해당 클라이언트에서 대상 연결만 차단하며 다른 대상 연결은 차단하지 않는다.

패킷 캡처 옵션에는 none, single-packet, extended-capture가 있다. single-packet은 시그니처와 일치하는 페이로드를 포함하는 패킷만 캡처한다. extended-capture는 여러 패킷을 캡처해 위협을 분석한다. 확장 캡처extended-capture로 캡처하는 패킷 수는 Device ▶ Setup ▶ Content-ID에서 설정할 수 있다. 기본값은 5다.

NOTE

> 모든 위협에서 패킷 캡처를 사용하려면 CPU 사용이 일부 필요하다. 영향은 크지 않겠지만 시스템이 이미 많은 부하를 받고 있다면 조심해야 한다.

심각도Severity는 룰에 적용되는 위협의 수준을 나타낸다.

새 안티스파이웨어 프로파일을 생성하고 다음 룰을 추가한다.

- **Rule Name:** Block-Critical-High-Medium
    - **SEVERITY:** critical, high, medium
    - **ACTION:** reset-both

- **PACKET CAPTURE:** single-packet
- **Rule Name:** Default-Low-Info
  - **SEVERITY:** low, informational
  - **ACTION:** default
  - **PACKET CAPTURE:** disable

안티스파이웨어 프로파일은 다음과 같다.

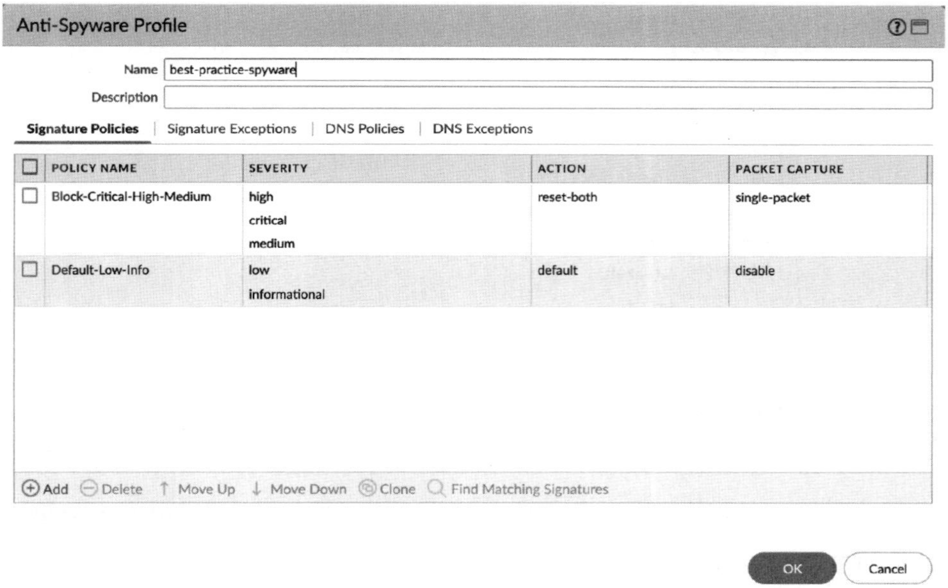

POLICY NAME	SEVERITY	ACTION	PACKET CAPTURE
Block-Critical-High-Medium	high critical medium	reset-both	single-packet
Default-Low-Info	low informational	default	disable

그림 3.3: 안티스파이웨어 프로파일

위협의 심각도가 Critical, High, Medium이면 악의적인 비율이 전반적으로 높으므로 연결을 리셋하는 것이 모범 사례로 간주된다. 이러한 위협에 대한 패킷 캡처를 수집하면 차단된 항목이 거짓인지 조사하는 데 도움이 될 수 있다. 심각도가 낮고 정보성^{informational} 위협은 오로지 정보만 제공할 가능성이 높으며 기본 동작으로 남겨둘 수 있다.

다음 그림에서 볼 수 있듯이 나중에 세분화되고 개별화된 동작이 필요하다면 각 특정 유형의 위협에 세밀한 접근 방식인 Category를 검토해야 한다.

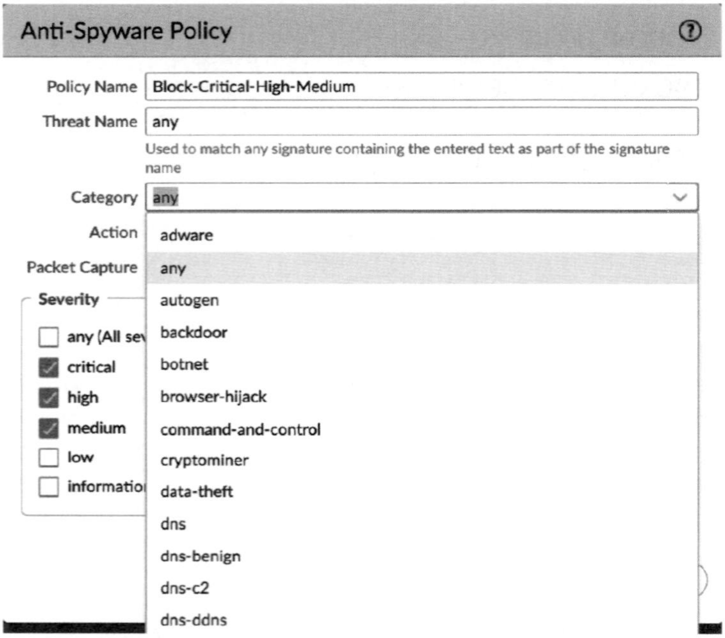

그림 3.4: 안티스파이웨어 카테고리

안티스파이웨어 프로파일은 구독 서비스를 위해 2개의 데이터베이스로 분할된 DNS 시그니처도 포함한다.

콘텐츠 DNS 시그니처는 위협 방어를 위한 동적 업데이트와 함께 다운로드된 다. DNS 보안 데이터베이스는 동적 클라우드 조회를 사용한다.

각 데이터베이스의 설정은 Alert, Allow, Block, Sinkhole로 설정할 수 있다. 싱크홀은 DNS 응답 패킷의 IP를 대체하는 DNS 포이즈닝poisoning 기술을 사용하므로 클라이언트는 유효한 DNS 응답을 받지만 대상 IP가 변경된다. 이렇게 하면 싱크홀 IP로 가는 세션의 트래픽 로그를 필터링해 감염된 엔드포인트를 쉽게 찾을 수 있다. 팔로알토 네트웍스의 기본 싱크홀 주소(sinkhole.paloaltonetworks.com)를 계속 쓰거나 선호하는 IP를 사용할 수 있다.

DNS 싱크홀이 동작하는 방식은 다음 단계와 다이어그램으로 설명한다.

1. 클라이언트가 내부 DNS 서버에 악성 도메인을 리졸브하려고 DNS 쿼리를 보낸다.

2. 내부 DNS가 인터넷 DNS 서버에 DNS 조회를 전달한다.

3. 방화벽은 DNS 쿼리에 위조한 답변을 작성하고 싱크홀 IP를 가리키는 레코드로 내부 DNS 서버에 응답한다.

4. DNS 응답이 클라이언트에게 전달된다.

5. 클라이언트는 악성 서버가 아닌 싱크홀 IP로 아웃바운드 연결한다. 관리자는 즉시 어떤 호스트가 잠재적으로 감염됐는지 파악해 C&CCommand and Control 연결 설정을 시도한다.

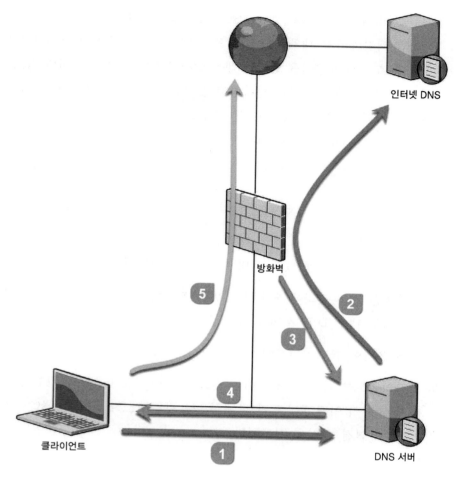

그림 3.5: DNS 싱크홀 작동 방법

이러한 DNS 쿼리를 싱크홀링 대신 차단하면 요청이 내부 DNS 서버를 통해 전달되기 때문에 내부 DNS 서버가 연관될 수 있다.

C&C 및 멀웨어 도메인의 기본 동작은 DNS 응답 차단이다. 싱크홀링은 더 은폐적인 동작을 유발할 수 있기 때문에 이러한 카테고리는 기본 설정으로 남겨두는 것을 권장한다. 다른 모든 카테고리에 적절한 동작을 선택하자. 연구 목적으로 패킷 캡처를 활성화할 수 있다.

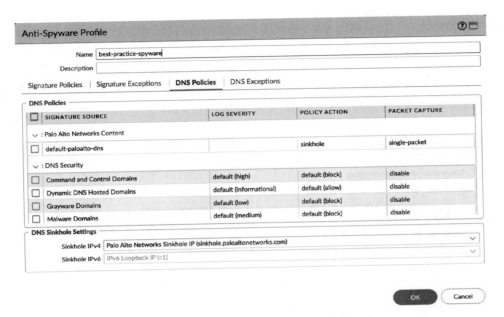

그림 3.6: 안티스파이웨어 DNS 시그니처

어떠한 방식으로든 악의적인 오탐 내역과 신뢰할 수 있는 사이트를 DNS Exceptions에 추가해 더 이상 차단되거나 싱크홀되지 않게 할 수 있다.

이제 취약점 보호 프로파일을 살펴보자.

취약점 보호 프로파일

취약점 보호 프로파일도 룰을 사용해 특정 네트워크 기반 공격이 처리되는 방식을 제어한다. ACTION에는 안티스파이웨어와 동일한 옵션(allow, drop, alert, reset-client, reset-server, reset-both, block-ip)이 포함된다.

리셋 동작은 TCP RST 패킷을 보내는 것이다. block-ip는 소스에서 오는 모든 패킷을 차단하며, 소스를 모니터링해 모든 것을 차단하거나 일정 시간 동안 특정 소스-대상 조합 패킷만 차단하게 설정할 수 있다.

Host Type은 룰이 클라이언트(다운로드 예, 브라우저 취약점), 서버(업로드 예, SQL 인젝션), '모두'를 대상으로 하는 위협에 적용되는지 여부를 결정하는 데 도움이 된다.

안티스파이웨어의 그림 3.4에서 본 것처럼 필요에 따라 훨씬 더 세분화할 수 있으므로 사용 가능한 카테고리를 검토해야 한다.

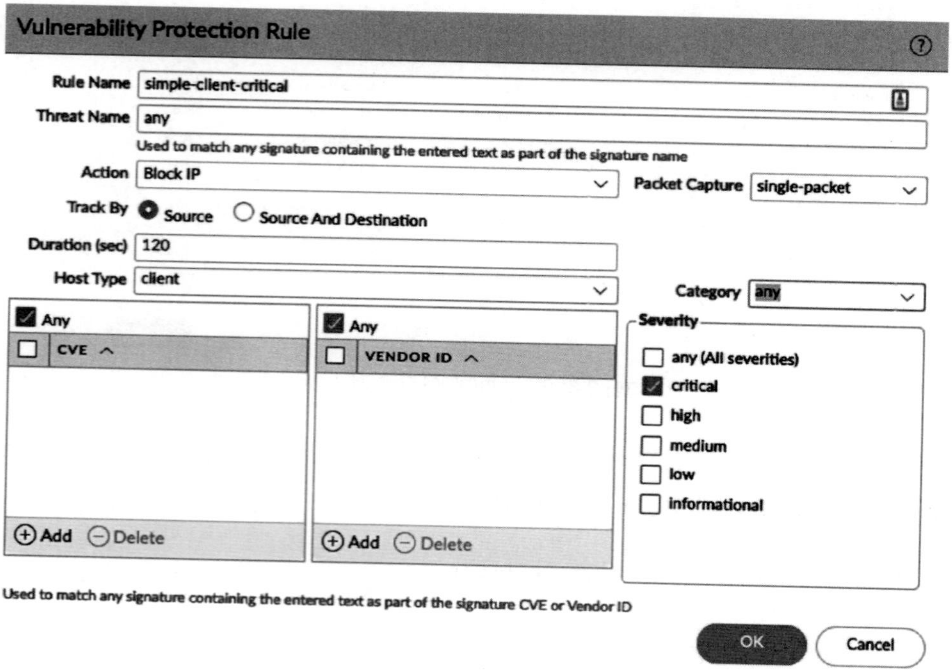

그림 3.7: 취약점 보호 프로파일 카테고리

다음 룰을 만든다.

- **Rule Name:** Block–Critical–High–Medium
  - **Host Type:** any
  - **Severity:** critical, high, medium
  - **Action:** reset–both
  - **Packet Capture:** single–packet

- **Rule Name:** Default-low-info
  - **Host Type:** any
  - **Severity:** low, informational
  - **Action:** default
  - **Packet Capture:** disable

프로파일은 다음과 같아야 한다.

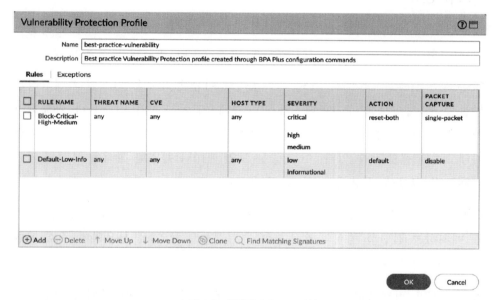

그림 3.8: 취약점 보호 프로파일

이 프로파일은 critical, high, medium 심각도에 해당하는 위협과 일치하는 모든 연결을 리셋하고 해당 위협에 대한 패킷 샘플을 수집해 연구 및 포렌식용으로 사용한다. 그러나 심각도가 낮은 위협과 정보성 위협은 기본 설정을 유지할 수 있다.

다음 절에서는 URL 필터링과 카테고리를 알아본다.

URL 필터링 프로파일

URL 필터링은 URL 카테고리를 활용해 각 카테고리에 취해야 할 동작을 결정한다.

두 그룹의 카테고리가 있는데, 커스텀 URL 카테고리와 URL 필터링 라이선스에서 제공하는 동적 카테고리다.

커스텀 URL 카테고리

커스텀 URL 카테고리는 라이선스가 필요하지 않으므로 URL 필터링 라이선스에 접근하지 않고도 이러한 오브젝트를 만들고 URL 필터링을 적용할 수 있다.

Objects ➤ Custom Objects ➤ URL Category로 이동해 새로운 커스텀 카테고리를 만들고 웹 사이트를 추가한다. 커스텀 카테고리에는 URL 리스트나 카테고리 매치 두 가지 유형이 있다. 카테고리 매치로 커스텀 카테고리에서 사전 정의된 카테고리를 결합할 수 있다. 이 기능은 보안 룰이나 복호화 정책을 사전 정의된 카테고리 그룹에 적용해야 할 때 유용하다.

URL 리스트를 사용하면 한 줄에 하나씩 URL을 수동으로 입력할 수 있다. 주소를 매치하는 간단한 형식의 **정규 표현식**^{RegEx, Regular Expression}을 사용하며 주소 표현에 http:// 또는 https://는 필요하지 않다.

커스텀 URL 카테고리에 사용된 문자열은 구분 기호에 따라 하위 문자열이나 토큰으로 구분된다. /.?&=;+ 문자는 구분자로 간주되므로 www.example.com 에는 3개의 토큰과 2개의 구분자가 있는 것이다. 각 토큰은 하위 도메인이나 전체 **최상위 도메인**^{TLD, Top-Level Domains}과 일치하도록 와일드카드(*)로 대체될 수 있다. 와일드카드는 토큰의 일부로 사용할 수 없다. 예를 들어 www.ex*.com은 잘못된 와일드카드다. 각 문자열은 슬래시(/)로 닫거나 끝 슬래시를 추가하지 않고 오픈 상태로 둘 수 있다. 문자열을 끝내지 않으면 의도하지 않은 더 긴 주소와 일치할 수 있다. 예를 들어 *.com 문자열은 www.communicationexample.org 와 일치할 수 있어 끝에 슬래시를 추가하면 이를 방지할 수 있다. 여러 와일드카드가 있는 때 하위 도메인을 사용해야 하므로 *.*.com은 모든 것에 일치한다. anything.anything.com은 포함하지만 anything.com은 포함하지 않는다.

URL 필터링 프로파일 구성

URL 필터링 프로파일을 구성할 때 다음 그림에서 볼 수 있듯이 적용할 동작을 선택해야 한다.

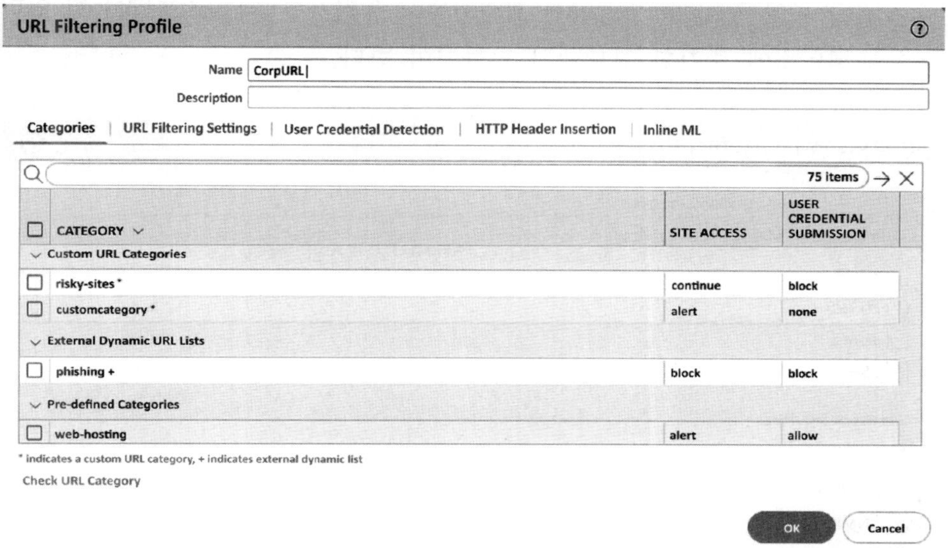

URL Filtering Profile			⑦
Name	CorpURL|		
Description			

Categories | URL Filtering Settings | User Credential Detection | HTTP Header Insertion | Inline ML

	CATEGORY ∨	SITE ACCESS	USER CREDENTIAL SUBMISSION
	∨ Custom URL Categories		
☐	risky-sites *	continue	block
☐	customcategory *	alert	none
	∨ External Dynamic URL Lists		
☐	phishing +	block	block
	∨ Pre-defined Categories		
☐	web-hosting	alert	allow

* indicates a custom URL category, + indicates external dynamic list

Check URL Category

OK   Cancel

그림 3.9: URL 필터링 프로파일

사용 가능한 동작은 다음과 같다.

- **Allow:** 로그를 남기지 않고 카테고리를 허용한다.
- **Alert:** 카테고리를 허용하고 URL 필터링에 접속 로그를 남긴다.
- **Block:** 요청을 차단하고 HTTP 503 오류를 보내고 방화벽에서 호스팅되는 페이지로 리다이렉션해서 유저에게 접속 거부를 알려주고 로그를 남긴다.

- **Continue**: 유저에게 제한된 웹 사이트에 접속하는 것을 알리는 대화형 웹 페이지를 보여주고 사이트 접속과 관련된 위험을 인지하고 접근할 수 있도록 Continue 버튼을 제공한다.

- **Override**: 대화형 웹 페이지를 보여주고 암호를 입력하면 접속이 가능하다. 암호는 Device ➤ Setup ➤ Content-ID ➤ URL Admin Override에서 설정한다.

- 인터페이스 관리 프로파일(Network ➤ Network Profiles ➤ Interface Mgmt)은 다음 그림과 같이 Response Pages를 활성화하고 유저가 이 페이지를 작동할 인터페이스에 추가한 상태에서 만들어야 한다.

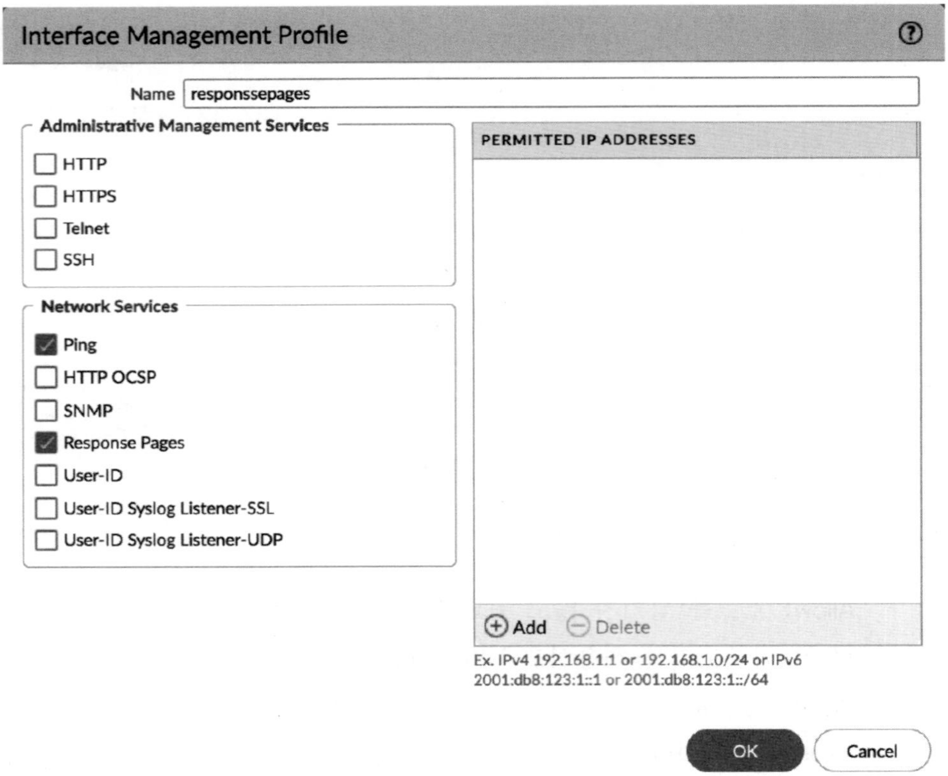

그림 3.10: 인터페이스 관리 프로파일

그림 3.9와 같이 URL 필터링 프로파일을 사용하려면 사이트 접근을 위해 각 CATEGORY 필드를 개별적으로 동작 설정해야 하며 USER CREDENTIAL SUBMISSION이 활성화되면 유저가 특정 카테고리에 기업 자격증명을 제출할 수 있는지 여부를 결정하고자 추가 필터링이 적용될 수 있다. 이렇게 하면 피싱 공격을 방지할 수 있다.

다음 그림에서 볼 수 있듯이 한 번에 많은 동작을 변경하려면 도움이 되는 단축 기능이 있다. SITE ACCESS 또는 USER CREDENTIAL SUBMISSION 위로 마우스를 가져가면 All Action이나 Selected Action을 선택할 수 있는 작은 화살표를 볼 수 있다.

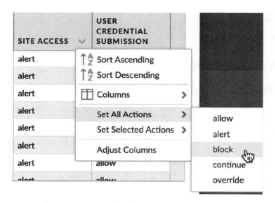

그림 3.11: URL 필터링 프로파일의 동작 일괄 설정

올바른 기준의 URL 필터링 정책은 다음과 같이 설정할 수 있다.

1. 모든 카테고리를 Alert로 설정한다. 이렇게 하면 모든 URL 카테고리에 로그가 기록된다.

2. Adult, Command and Control, Copyright Infringement, Extremism, Malware, Peer-to-Peer, Phishing과 Proxy Avoidance, Anonymizers를 Block으로 설정한다.

3. Dating, Gambling, Games, Hacking, Insufficient Content, Not-Resolved, Parked,

Questionable, Unknown, Web Advertisements는 Continue로 설정한다.

4. 회사 정책이나 현지 법률과 규정에 따라 설정을 변경한다(예, 일부 URL 카테고리는 법적으로 기록할 수 없다).

Continue로 설정된 카테고리는 일반적으로 허용되지 않지만 합법적인 목적으로 접속해야 할 수도 있다. Continue 동작은 유저가 실제로 웹 페이지를 열기 전에 해당 URL로 이동할 것인지 확인할 기회를 준다.

URL 필터링 설정에는 필요에 따라 유용하게 사용할 수 있는 몇 가지 로깅 옵션이 포함돼 있다.

- **Log container page only**: 유저가 요청한 실제 접속만 기록하며 유저가 방문 중인 페이지의 내장 광고 및 콘텐츠 링크와 같은 관련 웹 링크를 제거해 로그 볼륨을 줄인다.
- **Safe Search Enforcement**: 클라이언트 측에서 엄격한 세이프 서치strict safe search가 활성화되지 않을 때 검색 공급자 접속을 차단한다. 이 기능은 현재 구글, 빙Bing, 야후Yahoo, 얀덱스Yandex, 유튜브YouTube 등에서 지원된다.

다음과 같은 추가 로깅 항목도 활성화할 수 있다.

- **User-Agent**: 유저가 웹 페이지에 접속하는 데 사용하는 웹 브라우저다.
- **Referer**: 접속되는 리소스에 연결하는 웹 페이지다(예를 들어 리소스 페이지에 연결되는 구글 또는 CNN).
- **x-forward-for**: 유저가 다운스트림 프록시를 사용하는 경우 원래 출처가 가려진다. 다운스트림 프록시가 x-forward-for 사용을 지원하면 클라이언트의 원래 IP를 c 헤더에 추가해 원래 유저를 식별할 수 있다.

다음 단계와 그림에서 URL 필터링 프로파일 내 설정을 활성화하는 방법을 알아보자.

1. Log container page only를 활성화하면 유저에게 일부 개인 정보를 제공하고 내장된 광고 페이지의 로깅을 방지할 수 있다.

2. Safe Search Enforcement를 활성화한다.

3. User-Agent 및 Referer에 대한 추가 로깅을 활성화한다.

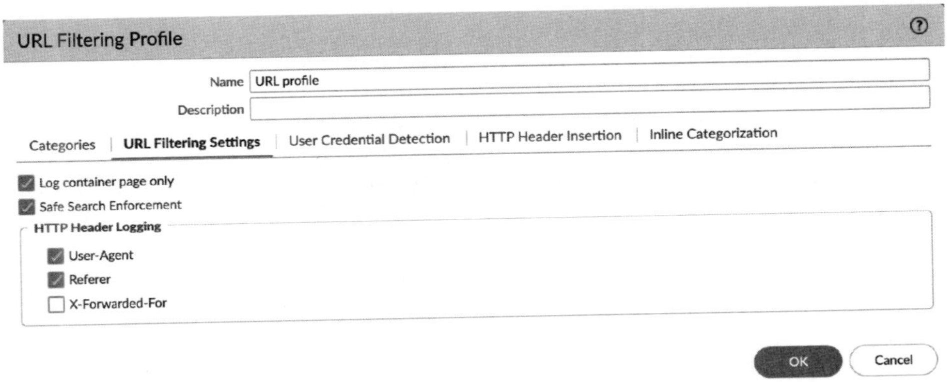

그림 3.12: URL 필터링 설정

User Credential Detection 탭에서는 자격증명 탐지를 활성화할 수 있다(자세한 내용은 6장을 참고한다).

HTTP Header Insertion을 사용하면 애플리케이션 공급자에게 HTTP/1.x 요청에 HTTP 헤더를 삽입해서 웹 애플리케이션 접속을 제어할 수 있다. 다음 예제에서 볼 수 있듯이 이 기능으로 드롭박스Dropbox에서 접속할 수 있는 팀 ID, Office 365, 구글 앱 허용 도메인에서 접속할 수 있는 테넌트 및 콘텐츠를 제어할 수 있다. 특정 헤더를 삽입해야 하는 URL을 생성하면 유저가 적절한 상황에 접속할 수 있다.

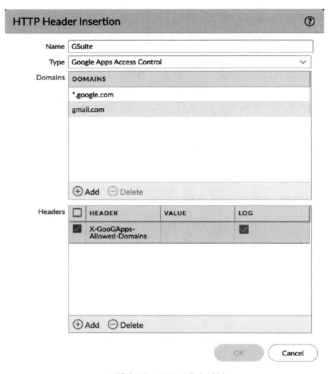

그림 3.13: HTTP 헤더 삽입

Inline ML 탭은 고급 URL 구독 라이선스가 필요하며 피싱 사이트나 악성 자바스 크립트를 식별하는 데 도움이 되는 추가 스캐닝을 활성화할 수 있다.

URL 필터링 우선순위

일부 사이트는 여러 카테고리에 속할 수 있으며 여기에 더해 커스텀 카테고리 는 외부 동적 URL 리스트에 포함될 수도 있다. URL 필터링이 적용할 동작을 결정하는 방식은 적용되는 동작의 심각도와 해당 동작이 커스텀 카테고리, 외부 동적 URL 목록 또는 사전 정의된 카테고리에 속하는지 여부에 따라 결정 된다.

심각도 순서는 다음과 같다.

1. Block
2. Override
3. Continue
4. Alert
5. Allow

카테고리의 적용 순서는 다음과 같다.

1. 커스텀 URL 카테고리
2. 외부 동적 URL 리스트
3. 사전 정의된 카테고리

예를 들어 어떤 URL이 모든 카테고리에 있다면 커스텀 URL 카테고리의 동작이 우선 적용된다. URL이 여러 커스텀 URL 프로파일에 존재한다면 가장 높은 심각도의 가장 심각한 동작이 적용된다.

이제 File Blocking 프로파일을 살펴보자.

File Blocking 프로파일

기본 Strict file blocking 프로파일에는 일반적으로 차단되는 모든 파일 형식이 포함돼 있으며 출발점으로 사용하기에 훌륭한 템플릿 역할을 한다. 다음 그림과 같이 Strict 프로파일을 선택하고 clone 작업을 클릭해 이를 기반으로 새 프로파일을 만든다.

조직에서 허용해야 하는 파일 형식이 있다면 차단 동작에서 제거한다.

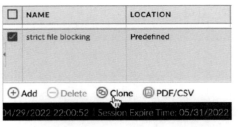

그림 3.14: File blocking 프로파일 복제

특정 파일 유형과 파일 유형 그룹의 업로드와 다운로드를 차단할지 또는 양방향으로만 차단할지 통신 방향을 결정할 수 있다. 파일 차단 프로파일은 파일 유형을 해당 방향 및 동작에 따라 그룹으로 묶을 수 있는 룰도 사용한다. 기본 동작은 Allow이므로 포함되지 않은 모든 파일 형식은 통과할 수 있다(하지만 적절한 보안 프로파일이 보안 정책에 연결되면 스캔된다). 사용 가능한 동작은 Alert, Block, Continue다. Continue는 URL 필터링의 Continue 옵션과 비슷한 방식으로, 파일이 웹 페이지에서 다운로드될 때 HTTP 리다이렉션을 지원해 유저에게 경고 페이지를 제공한 후 다운로드나 업로드를 계속할 수 있게 동작한다.

모든 파일 형식을 검토하고 차단하려는 파일 형식을 설정한다. 확실하지 않은 파일 형식이나 검토를 먼저하고 싶은 형식들은 Alert 동작으로 설정해 monitor ➤ logs ➤ data filtering에서 로그를 확인할 수 있다.

다음 그림에서 볼 수 있듯이 Add를 클릭해 파일 목록을 생성한 뒤 파일 형식을 선택해 동작을 설정한다.

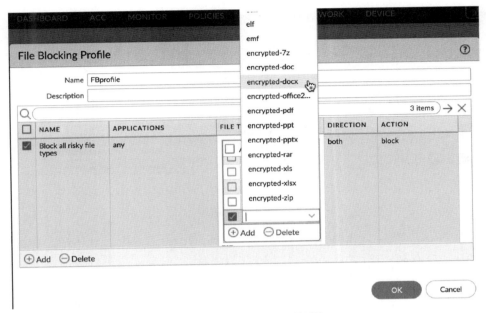

그림 3.15: File Blocking 프로파일

이제 WildFire 분석 프로파일을 살펴보자.

Wildfire 분석 프로파일

WildFire 분석 프로파일은 샌드박스에서 분석하고자 WildFire에 업로드하는 파일과 프라이빗 WildFire 인스턴스(예, WF-500 어플라이언스)에 전송하는 파일을 제어한다. 모든 파일을 WildFire로 업로드하려면 기본 프로파일을 복제하면 되는데, 제한된 파일만 전달하거나 파일을 프라이빗 클라우드로 리다이렉션해야 하면 새 프로파일을 생성한다. 사용 가능한 WildFire 라이선스가 없다면 PE 파일만 WildFire로 전달된다.

검사용으로 모든 파일 형식을 업로드할 수 있다면 모든 애플리케이션 및 파일 형식에 대한 룰을 설정하기만 하면 된다. 예외가 있다면 데이터 센터에 WildFire 어플라이언스가 있을 때는 특정 파일을 프라이빗 클라우드로 전송하는 룰을 만들거나 다음 그림과 같이 업로드할 수 있는 파일을 지정한다.

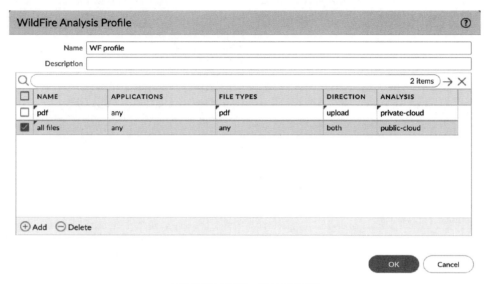

그림 3.16: WildFire 분석 프로파일

이제 모든 보안 프로파일을 다뤘으며 이는 나중에 보안 룰에서 사용할 수 있다. 그러나 특정 위협이나 데이터 패턴을 좀 더 정교하게 조정해 식별하고 대응 조치를 취할 수 있는 커스텀 오브젝트도 만들 수 있다. 다음 절에서는 이러한 오브젝트를 만드는 방법과 커스텀 오브젝트가 예상대로 작동하게 추가해야 하는 데이터를 정의하는 데 필요한 사항을 살펴본다.

커스텀 오브젝트

이미 커스텀 URL 카테고리를 살펴봤지만 데이터 문자열과 정규 표현식을 결합해 특정 시그니처와 일치된 커스텀 스파이웨어 및 취약점 시그니처를 만들어 보안 프로파일로 조치를 취할 수 있다. 특정 코드 문자열에 취약할 수 있는 리소스를 알고 있거나, 직접 추가할 수 있는 시그니처를 제공하는 위협 피드를 구독하거나, 패턴이 탐지될 때 발생하는 상황을 제어할 때 유용하다.

커스텀 스파이웨어/취약점 오브젝트

정규 표현식을 사용해 스파이웨어 폰홈/C2 또는 네트워크 취약점을 탐지하는 자체 시그니처를 만들 수 있다. 다음 그림과 같이 Configuration 페이지에서 기본 정보가 필요한데, 예를 들어 스파이웨어는 **15000-18000**과 **6900001-7000000** 사이의 ID 번호, 취약점은 **41000-45000**과 **6800001-6900000** 사이의 ID 번호, 이름, 심각도 값, 방향, 나중에 유용할 수 있는 추가 정보가 필요하다. 방향과 영향을 받는 클라이언트는 Content-ID 엔진이 시그니처와 일치하는 패킷의 예상 방향을 식별하는 데 도움이 된다.

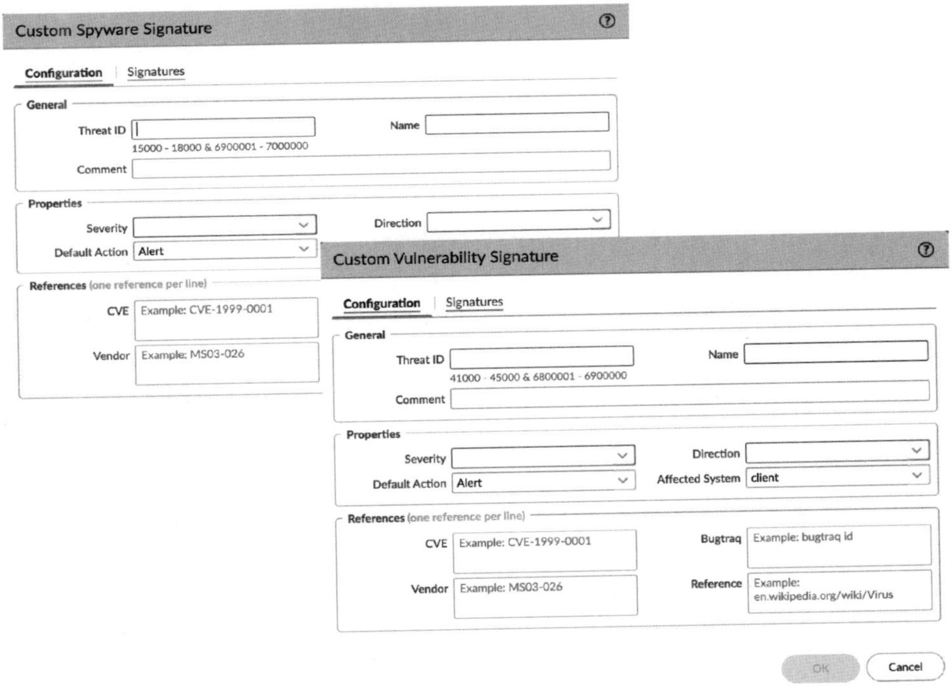

그림 3.17: 커스텀 스파이웨어 및 취약점 오브젝트

다음 그림에서 볼 수 있듯이 Signatures 메뉴 아래에 시그니처를 추가하는 두 가지 주요 모드가 있다.

- **Standard**: 논리적 AND 또는 OR 문장으로 결합된 하나 이상의 시그니처를 추가한다.
- **Combination**: 미리 정의된 동적 업데이트 시그니처를 소스, 대상, 소스-대상 조합으로 특정 시간 동안에 히트수가 얼마인지 집계된 x시간 동안 n번의 적중 횟수가 필요한 타이밍 구성 요소 등으로 결합한다.

그림 3.18: Standard 및 Combination 시그니처

여기서는 자체 시그니처를 만들 수 있는 표준 시그니처에 중점을 둔다. Combined 시그니처를 사용하면 사전 정의된 시그니처를 선택하고 타이밍 속성을 추가해 특정 시간 내에 시그니처가 일정 횟수 이상 감지된 후에만 동작이 수행된다.

논리적 OR 문장으로 구분된 모든 시그니처 집합은 메인 화면에서 추가할 수 있다.

시그니처 집합을 설정하려면 scope를 정해야 한다. Transaction은 단일 패킷의 시그니처와 일치하고 Session은 세션 내 모든 패킷에 걸쳐있다. 위협 식별을 위해 추가하려는 시그니처가 항상 단일 패킷의 페이로드에서 발생한다면 Transaction으로 설정해야 한다. 이렇게 하면 Content-ID 엔진이 즉시 스캔을 중지할 수 있다. 여러 문자열을 추가한다면 Ordered Condition Match를 활성화할 수 있다. 이때 시그니처는 위에서 아래로 순서대로 일치해야 한다. 이 옵션이 꺼져 있으면 마지막 시그니처가 첫 번째 시그니처보다 먼저 감지될 수 있다. 여러 문자열을 추가한다면 AND 조건을 추가해서 이들을 연결할 수 있다.

시그니처는 다음과 같이 구성된다.

- Operator는 패턴이거나, 더 크거나 같은 또는 더 작은 것이다. 더 크거나 같은 혹은 더 작은 Operator를 사용하면 헤더, 페이로드, 페이로드 길이 등을 대상으로 지정할 수 있다. 패턴으로는 패킷이나 일련의 패킷에서 발견되는 정확한 문자열을 일치시킬 수 있다.
- Context는 사용할 수 있는 프로토콜에서 시그니처를 찾을 수 있는 곳이다(예를 들어 http-req-host-header에서 문자열을 찾을 때 해당 문자열이 페이로드에서 발견되면 일치하는 문자열이 아니다).

  전체 목록을 보려면 모든 콘텍스트를 설명한 좋은 온라인 리소스가 웹 페이지(https://knowledgebase.paloaltonetworks.com/KCSArticleDetail?id=kA10g000000ClOFCA0) 에 있다. 하지만 다음 그림과 같이 대부분의 콘텍스트는 설명 없이도 이해하기 쉽다.

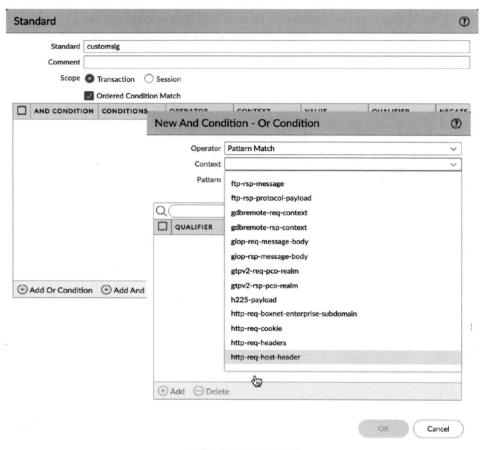

그림 3.19: 시그니처 생성

- **pattern 또는 value**: 예를 들어 http 요청 헤더에서 호스트명을 일치시키려면 domain\.tld의 정규 표현식을 사용한다. 여기서 백슬래시는 뒤의 점^{dot}이 정규 표현식 와일드카드가 아니며 점과 정확히 일치함을 나타낸다.

  사용 가능한 정규 표현식 와일드카드 문자는 다음과 같다.

.	1.3	단일 문자를 일치시킨다(예, 123, 133).
?	dots?	마지막 문자는 있든 없든 일치시킨다(예, dot, dots).
*	dots*	마지막 문자가 있든 없든 마지막 문자가 여러 번 반복되는 문자열과 일치한다(예, dot, dots, dotssss).
+	dots+	앞 문자의 단일 또는 다중 반복을 일치시킨다(예, dot, dots, dotssss).
|	((exe)|(msi))	OR 함수는 가능한 여러 문자열을 일치시킨다(예, dot.exe, dot.msi).
[ ]	x[abc]	앞의 문자열과 대괄호 사이의 모든 문자를 일치시킨다(예, xa, xb, xc).
-	x[a-z]	범위 내의 모든 문자와 일치시킨다(예, xa, xm).
^	x[^AB]	나열된 문자를 제외한 모든 문자와 일치시킨다(예, xC, x5).
{ }	x{1,3}	길이가 1~3바이트인 경우 x 뒤에 오는 모든 문자를 일치시킨다(예, x1, x123).
\	x\.y	특수 문자와 정확히 일치하는 이스케이프 문자다(예, www\.pangurus\.com)
&amp		문자열에서 &를 일치시키는 데 사용한다.

그림 3.20: 지원되는 정규 표현식 와일드카드 문자

- **qualifier:** 패턴이 트랜잭션의 어느 단계에 일치하는지를 메서드^{method}나 타입으로 더욱 제한할 수 있다. qualifier를 사용하는 것은 선택 사항이다.

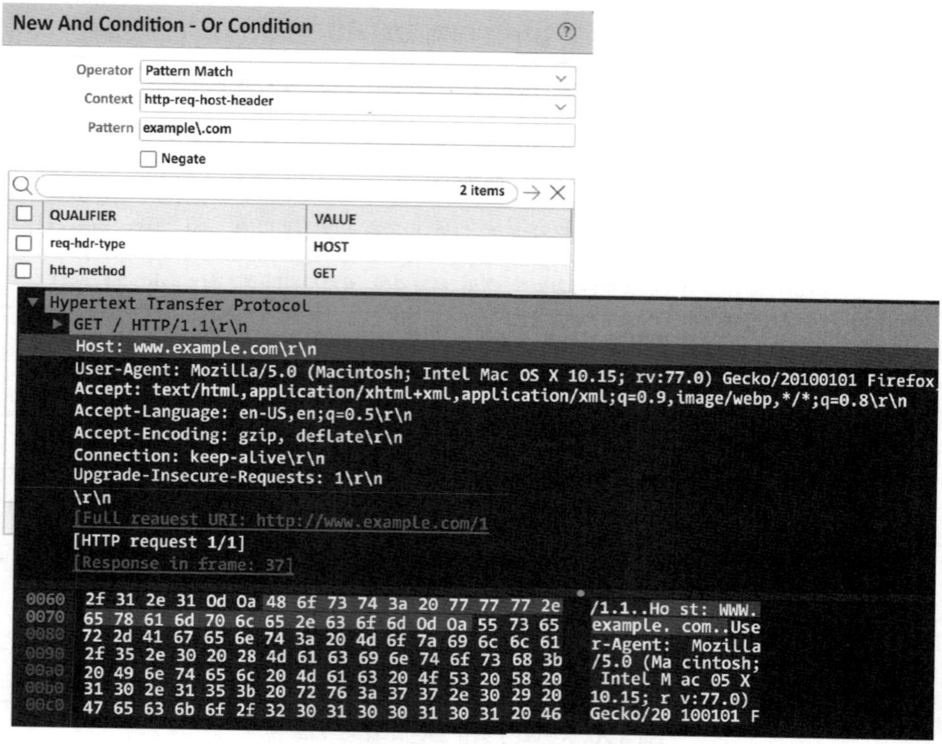

그림 3.21: 호스트 헤더 패턴

그림 3.21의 커스텀 오브젝트를 사용해 특정 방식으로 동작하는 세션을 식별할 수 있다. 하지만 이 과정은 세션 내의 정보와 키워드를 식별하는 데도 적용될 수 있다.

커스텀 데이터 패턴

커스텀 데이터 패턴에서는 민감한 정보의 문자열이나 전송되는 민감한 정보의 표시자[indicator]를 추가할 수 있다. 사회보장번호[SSN, Social Security Numbers], 신용카드 번호, 기타 여러 식별 번호를 포함한 사전 정의된 패턴 집합이 있다. 문서에서 정확한 문자열을 일치시키려면 정규 표현식을 사용하거나 파일 속성을 활용할 수 있다. 적절한 파라미터가 선택되면 커스텀 데이터 패턴을 데이터 필터링 프로파일에 추가하고 다음 그림과 같이 가중치를 할당할 수 있다. 가중치는 로그 항목 형태로 경고가 생성되기 전 세션에서 특정 마커가 몇 번 탐지되는지, 세션이 수상한 동작을 할 때 차단해야 하는 시점을 결정한다(예를 들어 SSN 하나가 포함된 이메일은 허용하지만 여러 개를 포함하면 차단한다).

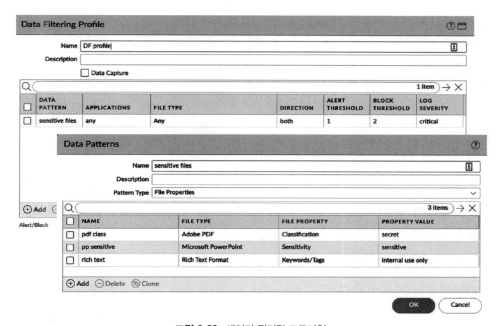

그림 3.22: 데이터 필터링 프로파일

이제 사용 가능한 모든 보안 프로파일을 검토하고 구성할 수 있다. 보안 룰에 적용하는 가장 쉬운 방법은 보안 프로파일 그룹을 사용하는 것이다.

보안 프로파일 그룹

이제 보안 프로파일을 모두 준비했다. 다음 그림과 같이 보안 프로파일 그룹을 만들어 default라고 이름을 지정하자. default로 만들면 이후 생성하는 모든 보안 룰에 자동으로 보안 그룹이 추가된다.

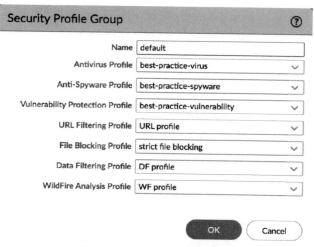

그림 3.23: default 보안 프로파일 그룹

Content-ID는 세션에서 감지된 애플리케이션에 적합한 시그니처 및 휴리스틱 만 적용하기 때문에 모든 보안 정책을 보안 룰에 추가하는 것은 해로울 게 없다 (예를 들어 http 시그니처는 ftp 세션에서 일치하지 않는다).

또한 Objects ▶ Log Forwarding에서 default로 로그 포워딩 프로파일을 만들되 실제 프로파일은 비워둘 수 있다. 이는 새 보안 룰에 로그 포워딩 작업을 자동 으로 채운다는 점에서 default 보안 프로파일 그룹과 동일한 용도로 사용된다. 나중에 각 룰에 프로파일을 추가하는 것보다 프로파일 설정을 업데이트하는 것이 편리하다.

이제 고유한 보안 프로파일을 구축할 수 있으며 필요하면 커스텀 시그니처를 추가할 수 있다. 학습한 정보를 사용해 다음 절에서 위협을 차단하고 콘텐츠를 스캔하도록 보안 룰을 설정해보자.

⁂ 보안 룰 구성과 이해

이제 네트워크에 오가는 트래픽을 허용하거나 차단할 수 있는 몇 가지 보안 룰을 만들어야 한다. 방화벽의 기본 룰은 다음 그림과 같이 인트라존 트래픽만 허용하고 다른 모든 트래픽은 차단한다.

	NAME		TYPE	Source		Destination		APPLICATIO...	SERVICE	ACTION	PROFILE	OPTIONS
				ZONE	ADDRESS	ZONE	ADDRESS					
1	intrazone-default	⊕	intrazone	any	any	(intrazone)	any	any	any	⊘ Allow	none	none
2	interzone-default	⊕	interzone	any	any	any	any	any	any	⊘ Deny	none	none

그림 3.24: 기본 보안 룰

다음 절에서는 먼저 원하지 않는 소스 및 대상을 드롭하는 몇 가지 룰을 도입해 룰 기반 구축을 시작한다. 그런 다음 유저가 안전하게 필요한 애플리케이션만 허용하는 관대한 정책을 추가할 것이다. App-ID를 활용해 의도하지 않은 애플리케이션이 통과되지 않게 한다. 마지막으로 룰 기반을 구성하는 오브젝트와 룰을 사용한 후에도 깔끔하게 유지하는 방법을 자세히 살펴본다.

먼저 'bad' 트래픽이 드롭되도록 인바운드 트래픽과 아웃바운드 트래픽을 위한 각각 2개의 새 룰을 만든다.

'bad' 트래픽 드롭

인바운드 룰에는 소스로 지정한 외부 존과 알려진 악성 주소를 포함한 3개의 외부 동적 목록^{EDL, External Dynamic Lists}이 있다. 이 목록은 위협 방어 동적 업데이트를 사용해 업데이트된다. Source 탭은 다음과 유사하게 보일 것이다.

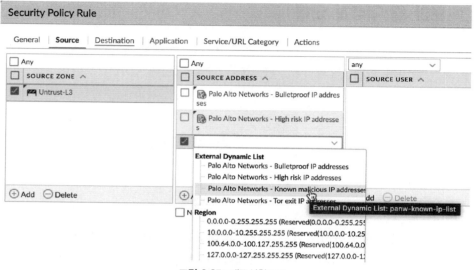

그림 3.25: 재구성한 EDL

Destination 탭에서 대상 존을 외부 존과 인바운드 NAT를 허용할 내부 서버를 호스팅하려는 모든 존(예를 들어 회사 메일 또는 웹 서버)으로 설정하고 대상 주소를 Any로 설정한다. 이는 다음 그림에서 보이는 것과 같다.

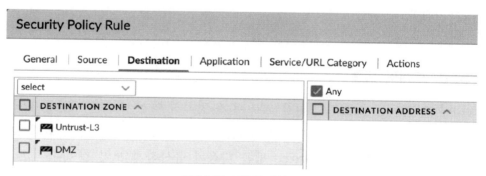

그림 3.26: 보안 룰 대상 존

Action 탭에서 Drop으로 설정한다. 이렇게 하면 인바운드 패킷이 자동으로 삭제된다.

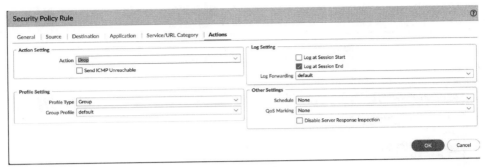

그림 3.27: 보안 룰 동작

위의 인바운드 드롭 룰을 생성하려면 다음 단계를 따른다.

1. 새 보안 룰을 만들고 'Malicious EDL Inbound Drop'과 같이 설명이 포함된 이름을 지정한다.

2. Description 필드에 추가 정보를 더할 수 있다.

3. 소스 존을 인터넷에 연결된 모든 존으로 설정한다(예, Untrust).

4. 소스 주소를 사전 정의된 3개의 EDL로 설정한다.

5. 대상 존을 인터넷에서 들어오는 연결을 허용하는 내부 존(예, DMZ) 및 외부 존으로 설정하거나 간단하게 'any'로 설정한다.

6. 동작은 Drop으로 설정한다.

NOTE

이전 단계에서 만든 default 프로파일로 Profile Setting 필드와 Log Forwarding이 채워진 것을 알 수 있다. 세션이 차단된 모든 룰에서 콘텐츠 스캔이 수행되지 않으므로 이러한 프로파일이 있어도 오버헤드가 발생하지 않는다.

Ok를 클릭한 뒤 다음 그림과 같이 소스 존을 내부 존으로, 대상을 외부 존으로, 사전 정의된 EDL을 대상 주소로 설정한 역방향 규칙을 만든다.

DNS 싱크홀 IP 주소를 직접 설정했다면 해당 IP도 여기에 추가한다.

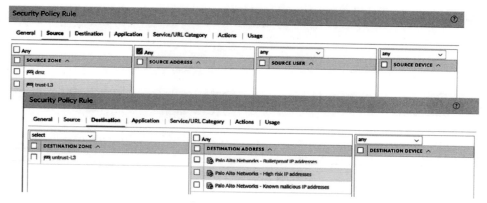

그림 3.28: 아웃바운드 드롭 룰

1. 새 보안 룰을 만들고 'Malicious EDL Outbound Drop'과 같이 설명이 포함된 이름을 지정한다.

2. 소스 존을 내부 존으로 설정한다(예, Trust, DMZ).

3. 대상 존을 인터넷으로 연결되는 모든 존으로 설정한다(예, Untrust).

4. 3개의 대상 주소를 설정하고 각각에 사전 정의된 EDL 중 하나를 선택한다.

5. Action을 Drop으로 설정한다.

일단 허용되지 않는 임의의 연결을 포착하고자 모든 필수 룰을 추가하고 다음 그림과 같이 룰 기반 끝에 몇 가지 catch-all 룰을 추가하는 것이 좋다. 의심스러운 존에서 catch-all 룰 하나는 application-default로 설정해야 하고 하나는 any로 설정해야 한다. 이것으로 보안 정책과 충돌하지 않는 표준 애플리케이션과 일반 포트를 사용하지 않는 더 의심스러운 비표준 애플리케이션을 식별할 수 있다(application-default 서비스를 알아보려면 '애플리케이션 허용 방법' 절 참고).

	NAME	TYPE	Source		Destination		APPLICATIO...	SERVICE	ACTION	PROFILE	OPTIONS
			ZONE	ADDRESS	ZONE	ADDRESS					
1	catchall	universal	untrust	any	any	any	any	application-default	Allow		
2	catchall-any	universal	untrust	any	any	any	any	any	Allow		
3	catchall-DMZ	universal	DMZ	any	any	any	any	any	Allow		
4	intrazone-defa...	intrazone	any	any	(intrazone)	any	any	any	Allow	none	none
5	interzone-defa...	interzone	any	any	any	any	any	any	Deny	none	none

그림 3.29: 룰 기반 끝에 위치하는 Catch-all 룰

마지막 catch-all로 'any-any' 드롭 룰을 추가하면 intrazone-default 허용 룰이 무시되고 일부 서비스가 차단될 수 있다. 따라서 의도되지 않는 모든 연결을 삭제하려면 이 점을 고려해야 한다. 일반적으로 무시되는 인트라존 연결은 DHCP relay, IPSec, GlobalProtect가 있다.

방화벽 통과를 원하지 않는 연결을 적극적으로 드롭하는 몇 가지 방법이 있다. 그러나 패킷을 그냥 자동으로 삭제하는 것보다 더 많은 옵션을 사용할 수 있다. 다음으로 그런 다른 옵션을 살펴본다.

동작 옵션

인바운드 연결을 처리하는 여러 동작이 있다. 그중 일부는 은밀하지만 시끄러우면서 정보가 많다. 이는 필요에 따라 다르다.

- Deny는 세션을 드롭하고 애플리케이션과 연관 있는 기본 Deny 동작을 실행한다. 일부 애플리케이션은 자동으로 삭제되지만 다른 일부는 RST 패킷을 보낸다.
- Allow는 세션이 진행되게 허용한다.
- Drop은 패킷을 조용히 삭제한다.
- Reset Client는 TCP RST를 클라이언트에게 보낸다
- Reset Server는 TCP RST를 서버로 보낸다.
- Reset Both는 클라이언트와 서버 양쪽에게 TCP RST를 보낸다.

Send ICMP Unreachable 확인란을 선택하고 수신 인터페이스가 Layer3라면 드롭된 모든 TCP, UDP 세션에 대해 클라이언트에게 ICMP Unreachable 패킷을 전송한다.

애플리케이션 허용 방법

일반적으로 허용할 애플리케이션을 결정하는 데는 두 가지 접근 방식이 있다.

- 알려진 애플리케이션 그룹 만들기
- 행위별로 애플리케이션을 걸러내는 애플리케이션 필터링 만들기

다음 그림과 같이 Objects ➤ Application Groups 탭에서는 보안 정책에서 활용할 수 있는 알려진 애플리케이션 그룹을 만들 수 있다.

그림 3.30: 애플리케이션 그룹

NOTE

보안 룰 기반은 위에서 아래로 평가되며 일치하는 룰이 발견되면 평가가 중지되고 해당 보안 룰이 실행된다. 따라서 겹칠 가능성이 있다면 차단 룰을 허용 룰 위에 배치해야 한다.

클라우드 기반 호스팅과 저렴한 SaaS 솔루션이 보급으로 점점 많은 전통적인 프로그램들이 웹 브라우저로 접근 가능한 웹 기반 애플리케이션으로 변화하고 있다. 때문에 비즈니스 요구 사항도 빠르게 변화하면서 관리자가 어떤 애플리케이션을 허용해야 하는지 쉽게 결정하기가 더 어려워졌다. Objects ➤ Application Filters 탭에서 생성한 애플리케이션 필터를 사용해 애플리케이션을 하나씩 추가하는 대신 속성별로 애플리케이션을 추가하는 동적 애플리케이션 그룹을 생성할 수 있다. 이 속성으로는 허용 룰에 추가되는 '좋은' 속성(다음 그림에서 볼 수 있듯이)이나 드롭 룰에 추가되는 '나쁜' 속성 모두가 가능하다.

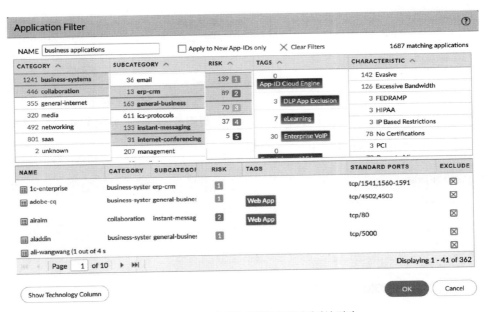

그림 3.31: 기본 속성을 포함한 애플리케이션 필터

대안으로 필터는 다음과 같이 애플리케이션에 할당된 사전 정의된 태그와 커스텀 태그를 기준으로 필터를 설정할 수 있다.

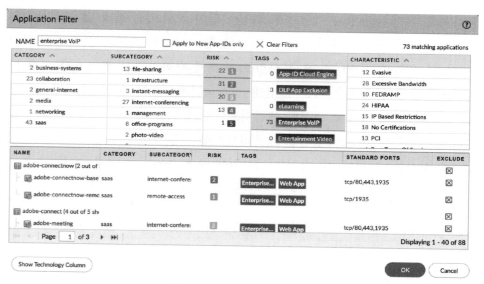

그림 3.32: 태그 기반 애플리케이션 필터

다음에서 볼 수 있듯이 애플리케이션 그룹과 필터를 혼합해 APPLICATIONS 탭에 더해 추가 보안 룰을 구축할 수 있다.

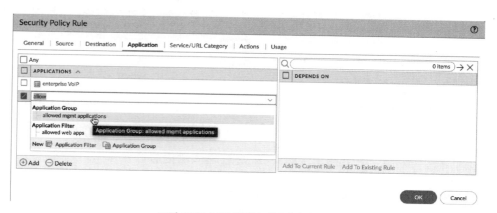

그림 3.33: 보안 룰에서 애플리케이션 탭

애플리케이션 필터를 사용해 새로운 허용 정책을 만들려면 다음을 수행한다.

1. 새 보안 룰을 만들고 설명적인 이름을 추가한다.

166

2. 소스 존을 인터넷에 연결할 내부 존으로 설정한다.

3. 대상 존을 외부 존으로 설정한다.

4. APPLICATIONS 탭에서 새 줄을 추가하고 Application Filter를 선택한다.

5. 원하는 속성을 모두 클릭하고 하단의 일부 애플리케이션을 검토한다. 설명적인 애플리케이션 필터명을 추가하고 필터에서 OK를 클릭한 다음 보안 룰에서 OK를 다시 클릭한다.

이제 애플리케이션 필터를 기반으로 한 허용 룰이 생성됐다.

애플리케이션 의존성

이전 그림에서 알 수 있듯이 보안 룰에 애플리케이션을 추가하기 시작할 때 의존적인 애플리케이션이 있을 수 있다. 이러한 애플리케이션은 기본 프로토콜에 의존하거나 기존의 좀 더 기본적인 애플리케이션에 구축하는데, 이 서브애플리케이션이 작동하려면 보안 룰 기반에 해당 기본 애플리케이션을 추가해 허용해야 한다. 이러한 경우 애플리케이션은 반드시 동일한 보안 정책에 추가할 필요는 없다.

PAN-OS 9.1부터 이 의존성은 보안 룰에 표시된다. 다음 그림에서 볼 수 있듯이 새 애플리케이션을 추가할 때 나타나며 동일한 보안 룰이나 보안 룰 기반에 다른 룰을 즉시 추가할 수 있다. 이전 PAN-OS 버전에서는 설정이 커밋된 이후에만 유저에게 이러한 의존성 경고가 표시됐다. Objects ➤ Application에서도 개별 애플리케이션의 의존성을 검토할 수 있다.

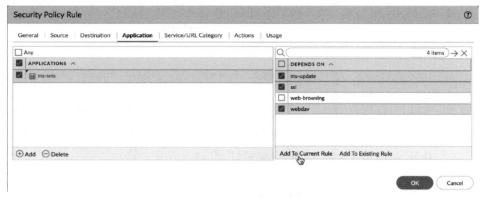

그림 3.34: 애플리케이션 의존성

이제 애플리케이션이 설정됐으므로 서비스 포트를 제어하는 방법을 살펴보자.

Application-default 대 매뉴얼 서비스 포트

각 애플리케이션은 상호 연결을 위해 특정 서비스 포트를 사용한다. 기본적으로 각 서비스는 application-default로 설정하는데, 이 때문에 애플리케이션은 기본 포트를 사용해야 한다(예를 들어 웹 브라우징은 포트 80, 443(SSL)을 사용하지만 FTP는 포트 21(보안되지 않은 평문 문자) 포트 990(보안됨)을 사용한다).

NOTE

> FTP와 같은 핀홀(pinhole)을 사용하는 프로토콜은 이 프로토콜에 특화된 콘텐츠 디코더의 일부인 ALG(Application Layer Gateway)로 자동 처리된다. ALG는 포트가 기본 포트와 다르더라도 'child' 세션이 동일한 보안 룰의 일부로 수용되게 한다.

애플리케이션에 커스텀 포트가 필요하면 수동으로 만든 서비스 오브젝트를 추가할 수 있지만 이렇게 하면 application-default를 사용할 수 없다. 그러므로 비정상적인 포트로 애플리케이션이 '탈출escaping'하는 것을 막으려면 개별 룰에서 예외를 설정하는 것이 좋다.

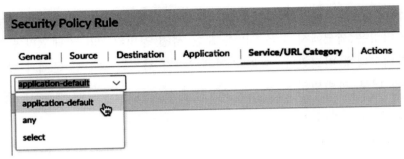

그림 3.35: 서비스 포트

URL 카테고리를 추가해 TCP 레이어에서 URL 카테고리를 허용하거나 차단할 수 있다.

그림 3.36: 보안 룰에서 URL 카테고리

직접 보안 룰에 URL 카테고리를 추가하면 OSI 7 레이어에서 URL 필터링을 적용하는 것보다 특정 카테고리에 접속을 허용하거나 차단하는 것이 간단해진다.

아웃바운드 연결이 웹 브라우징이나 SSL로 식별되면 콘텐츠 디코더가 접속 중인 URL을 식별하고 카테고리 조회를 수행한다. URL 카테고리를 보안 룰에서 설정하면 그림 3.35와 같이 Layer3 동작이 즉시 적용돼 세션이 진행되는 것을 허용하거나 차단할 수 있다.

이 방법은 보안 프로파일을 사용한 URL 필터링과 다르다. 보안 프로파일에서 URL 필터링은 세션에서 찾은 URL을 모든 사전 정의된 URL 카테고리와 커스텀 URL 카테고리에 비교한다. 때문에 카테고리가 겹치는 복잡한 문제가 발생하거나 룰을 너무 광범위하게 오픈할 수 있다.

예를 들어 특정 카테고리만 허용하거나 차단해야 한다면 전통적인 URL 필터링 보안 프로파일은 원하는 카테고리를 허용하도록 설정하고 다른 모든 카테고리는 차단해야 하므로 다른 좀 더 일반적인 웹 브라우징 보안 룰이 중단될 수 있다.

로깅과 스케줄 제어

기본적으로 각 보안 룰은 Log at Session End로 설정돼 있다. 즉, 세션이 끝날 때만 트래픽 로그에 로그를 기록한다. 일부 세션은 더 많은 상호작용을 기록하는 것이 유익할 수 있으므로 Log at Session Start를 활성화할 수 있다. 그러나 이렇게 하면 SYN 패킷을 수신할 때 세션의 각 새 단계와 모든 애플리케이션 전환마다 로그가 생성되므로 상당히 많은 오버헤드가 발생할 수 있다. 따라서 단일 세션에 2~5개의 추가 로그 항목이 발생한다.

DNS와 같이 상호 통신이 너무 많거나 관련성이 낮은 다른 애플리케이션은 전혀 기록할 필요 없다.

NOTE

> 보안 룰의 Action 탭에서 시작이나 종료 로그를 모두 비활성화하더라도 세션에서 탐지된 위협은 여전히 위협 로그에 기록된다.

로그 포워딩은 로그를 파노라마 또는 Syslog 서버로 전달하거나 이메일을 보내는 데 사용할 수 있다. 로그 포워딩 프로파일 중 하나의 이름을 default로 설정하면 새로 생성되는 모든 보안 룰에 자동으로 추가된다.

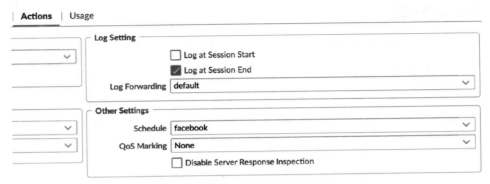

그림 3.37: 로그 옵션과 스케줄

특정 애플리케이션을 하루 중 특정 시간에만 허용해야 한다면 Schedule 기능으로 보안 룰이 활성화되는 시간대를 설정할 수 있다(예를 들어 페이스북은 점심 시간과 업무 시간 이후에만 허용한다).

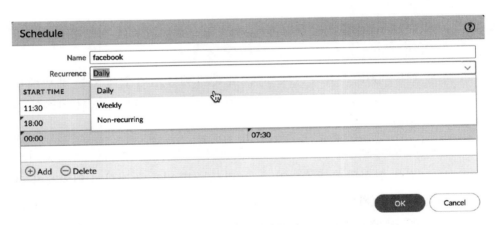

그림 3.38: 스케줄

이 새로운 지식을 계속 사용해 더 많은 룰을 만들기 전에 더 읽기 쉬운 룰 기반을 만들고 비슷한 오브젝트를 여러 룰에서 재사용할 수 있도록 주소 오브젝트를 준비하는 방법을 검토해보자.

주소 오브젝트

보안 및 NAT 정책에서 대상을 좀 더 쉽게 관리하려면 Objects ➤ Addresses에서 주소 오브젝트를 만들 수 있다. 새 오브젝트를 만들 때 동일한 오브젝트를 다른 룰에서 재사용할 수 있으며 어떤 변경 사항이 있을 때 주소 오브젝트만 변경하면 모든 보안과 NAT 룰이 자동으로 업데이트된다.

1. Add를 클릭하고 주소에 설명적인 이름을 입력한다. 이 순서를 다른 주소 오브젝트에 반복할 수 있도록 네이밍 규칙을 설정하는 것이 좋다. 좋은 예로 쉽게 식별할 수 있게 모든 서버명에 S_ 접두사를, 모든 네트워크에 N_ 접두사를 쓰는 방법이 있다.

2. 필요하면 설명을 추가한다.

3. 다음과 같은 오브젝트 유형을 선택한다.

   - IP Netmask를 사용하면 단일 IPv4 또는 IPv6 주소에 서브넷 마스크가 있는 IP를 /32 또는 /64로 설정할 수 있다(/32를 추가할 필요 없음).

   - IP Range를 사용하면 대시(-)로 구분해 해당 범위 안에 있는 첫 번째 IP와 마지막 IP 집합 사이의 모든 IP 주소를 포함하는 범위를 정의할 수 있다.

   - IP Wildcard Mask를 사용하면 바이너리 매치를 포함하는 서브넷 마스킹을 설정할 수 있다. 여기서 0비트는 IP 비트에 정확히 일치해야 하고 1은 와일드카드다. 예를 들어 와일드카드 서브넷 0.0.0.254는 000000000.0000000.0000000.11111110으로 변환된다. 3바이트가 설정되고 마지막 바이트에서 첫 번째 비트를 제외한 모든 비트가 와일드카드다. 즉, 연결된 IP 주소가 10.0.0.2(0000 1010.0000000.000000.00000010)로 설정되면 서브넷에서 0으로 끝나는 모든 IP가 일치한다(즉, 모든 짝수 IP 주소). IP가 10.0.0.1로 설정되면 모든 홀수 IP가 일치한다. 이 유형의 오브젝트는 보안 룰에서만 사용할 수 있다.

- FQDN을 사용하면 TTL^{Time To Live}과 캐시에 따라 방화벽이 주기적으로 확인할 도메인명을 설정할 수 있다. 각 FQDN 오브젝트에 최대 10개의 **A** 또는 **AAAA** 레코드를 지원한다. Resolve 링크를 사용하면 도메인을 변환할 수 있는지 확인할 수 있다.

4. 오브젝트에 대한 정책을 쉽게 식별하고 필터링할 수 있는 태그를 추가한다.

5. OK를 클릭한다.

유사한 오브젝트 집합이 있으면 Objects ➤ Address Groups에서 그룹을 만들 수도 있다. 이러한 그룹을 보안 또는 기타 정책에 사용할 오브젝트로 묶어 사용할 수 있다.

태그

태그^{tag}를 활용하면 다른 많은 오브젝트를 그룹화, 필터링하거나 쉽게 식별할 수 있다. 보안 존, 정책, 주소 오브젝트에 모두 최대 64개의 태그를 지정할 수 있다. Objects ➤ Tags에서 새 태그를 만들 수 있다.

1. Add를 클릭하고 설명적이고 가능하면 짧은 이름을 태그에 지정한다(최대 127자). 드롭다운을 사용해 이미 생성된 보안 존 중 하나를 선택할 수도 있다. 그러면 태그가 이 존에 자동으로 할당된다.

2. 색상을 선택하거나 그대로 None으로 둔다.

3. 주석을 추가한다.

4. OK를 클릭한다.

다음의 그림과 같이 태그를 사용해 특정 유형의 룰을 필터링하거나 룰 기반을 시각적으로 개선할 수 있다.

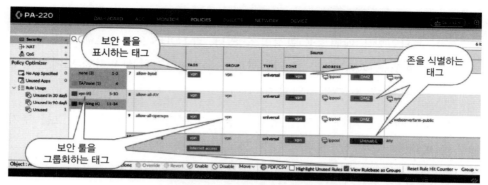

그림 3.39: 보안 정책에서 사용된 태그

보안 룰을 구축하는 동안 오브젝트(예, 주소, 애플리케이션, 서비스)를 클릭해 왼쪽에 있는 오브젝트 브라우저에서 어떤 룰이든 드래그해 추가할 수 있다. 오브젝트를 추가하려고 룰을 열어 적합한 탭으로 이동할 필요가 없다.

Security policy 탭에서 왼쪽 하단에 **정책 최적화**Policy Optimizer 도구가 있다. 이 도구를 사용하면 룰 사용을 추적해 보안 룰을 개선할 수 있다.

정책 최적화 도구

어느 정도 시간이 지난 후에는 구축한 보안 룰 기반을 검토해 놓친 애플리케이션은 없는지, 룰을 너무 개방해 두지는 않았는지, 또는 룰에 사용하지 않은 중복 항목이 있는지 확인해야 한다. 정책 최적화 도구를 사용하면 보안 룰과 관련된 통계를 기록하며 다음을 보고할 수 있다.

- 30일, 90일, 또는 전체 기간 동안 사용하지 않은 룰을 확인해 삭제할 수 있다.
- 애플리케이션이 정의되지 않은 상태로 설정된 룰 및 해당 룰에서 허용된 애플리케이션이다.
- 사용되지 않는 애플리케이션이 있는 보안 룰을 확인해 이런 불필요한 애플리케이션을 제거할 수 있다.

정책이 한동안 운영되면 최적화 도구의 출력은 다음 그림과 비슷해지기 시작한다.

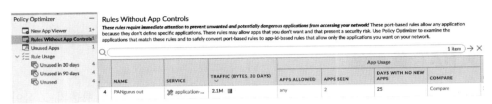

그림 3.40: 정책 최적화 도구

정책 최적화 도구와 함께 각 룰에는 Apps Seen이라는 열도 있다.

Apps Seen 열

각 보안 룰은 해당 룰을 통과한 애플리케이션 정보도 수집한다. 보안 정책의 Apps Seen 칼럼에서 이 정보에 접근할 수 있다.

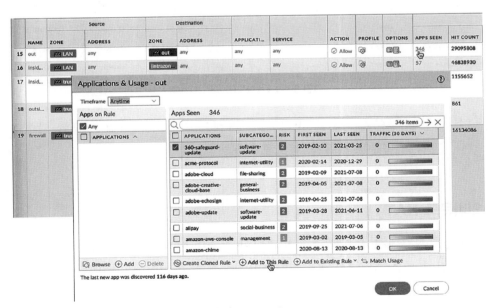

그림 3.41: Apps Seen

탐지된 모든 애플리케이션을 현재 룰, 기존 룰, 현재 룰에서 복제된 룰에 추가할
수 있다.

⫶ NAT 룰 생성

자체 소유의 A(/8) 또는 B(/16) 클래스 서브넷을 확보한 몇 안 되는 행운의 조직이
아니라면 내부 네트워크 세그먼트는 잘 알려진 RFC 1918 프라이빗 IP 주소 할당
(예, 10.0.0/8, 172.16.0.0/12, 192.168.0.0/16) 중 하나 또는 여러 개로 구성될 가능성이 높다.
호스트가 인터넷에 연결하고 고객과 파트너가 데이터 센터에서 호스팅되는 공
개적으로 사용 가능한 리소스에 연결하려면 NAT가 필요하다. NAT 룰은 Policies
➤ NAT 탭에서 설정할 수 있다.

이 절에서는 다음 인터페이스 설정을 기억해두자.

INTERFACE	INTERFACE TYPE	MANAGEMENT PROFILE	LINK STATE	IP ADDRESS	VIRTUAL ROUTER	SECURITY ZONE
ethernet1/1	Layer3			198.51.100.2/24	default	Untrust-L3
ethernet1/2	Layer3			192.168.27.1/24	default	Trust-L3
ethernet1/3	Layer3			10.0.0.1/24	default	DMZ-L3

그림 3.42: 인터페이스 존과 IP 설정

주소 변환은 방향과 목적에 따라 다른 특징을 가지며 각각의 미묘한 차이가
있다. 먼저 인바운드 NAT를 검토해보자.

인바운드 NAT

인바운드 NAT에서 중요한 것은 방화벽이 존 기반이라는 점과 NAT 정책이 평가
되기 전에 소스 및 대상 존이 결정된다는 점을 기억하는 것이다.

그림 3.43: 패킷 흐름 단계

즉, 인바운드 NAT는 소스 및 대상 존이 동일하다. 라우팅 테이블은 디폴트 라우팅을 기준으로 소스 존을 결정하고 외부 인터페이스에 구성된 연결 네트워크 기준으로 대상 존을 결정한다.

예를 들어 인터넷 IP인 203.0.113.1이 198.51.100.2 방화벽 IP를 통해 10.0.0.5 서버에 연결하려면 방화벽은 라우팅 테이블에서 203.0.113.5를 찾아보고 디폴트 라우팅인 0.0.0.0/0만 일치함을 확인한다. 이 디폴트 라우팅은 Untrust-L3 존에 있는 ethernet1/1 인터페이스로 나가도록 설정돼 있다. 그런 다음 방화벽은 패킷 헤더의 원래 대상 IP인 198.51.100.2를 찾아보고 이것이 Untrust-L3 존에 있는 ethernet1/1 인터페이스에 연결된 198.51.100.0/24 네트워크에 있음을 확인한다.

Original Packet 탭에는 다음과 같은 내용이 있어야 한다.

- 동일한 소스 및 대상 존
- Source Address는 일반적인 인터넷 소스라면 Any로 설정할 수 있으며 소스를 안다면 특정 IP 주소나 서브넷으로 설정할 수 있다.
- Destination Interface는 패킷이 향하는 인터페이스를 나타낸다. 이 동작은 경로가 겹치는 여러 인터페이스가 있을 때 중요할 수 있다.
- Service를 이용해 수신 패킷에서 허용되는 대상 포트를 제한할 수 있다. 이렇게 하면 IP 공간이 제한되고 동일한 외부 IP에서 서로 다른 서비스를 호스팅할 때 PAT^Port Address Translation가 필요한 상황에 도움이 되며 내부 호스트가 과다 노출되는 것을 방지할 수 있다.
- DESTINATION ADDRESS는 1:1 NAT에서 단일 IP여야 한다(서브넷을 추가하지 말

젠. 서브넷 기반 대상 NAT를 사용할 수 있지만 Session Distribution에만 해당한다.

인바운드 NAT 룰의 Original Packet 탭은 다음 그림과 유사하다.

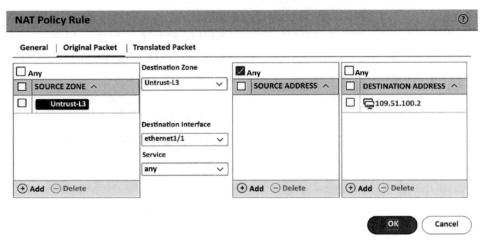

그림 3.44: Original Packet NAT 변환

Translated Packet 탭에서 외부 클라이언트가 내부 서버에 연결할 수 있게 변경해야 할 항목을 설정할 수 있다.

- Source Address Translation은 일반적으로 None으로 설정되지만 필요하다면 내부 인터페이스 서브넷이나 루프백 인터페이스로 설정할 수 있다. 이렇게 하면 서버가 원래 인터넷 IP가 아닌 내부 IP로 출발된 패킷을 수신할 수 있다.
- 1:1 NAT라고도 불려지는 Static IP로 변환하면 대상 IP가 단일 내부 서버로 변경된다.
- Translated Port는 내부 서비스가 외부에 알려진 포트와 다른 포트에서 실행될 때 사용할 수 있다. 예를 들어 외부에서 웹 서버는 기본 SSL 포트 443에서 연결할 수 있지만 서버 자체에서는 8443에서 서비스를 사용할 수 있다.

인바운드 NAT 룰의 Translated Packet 탭에서 다음과 같이 대상 서버의 프라이빗 IP를 추가한다.

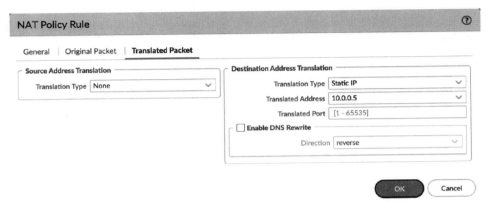

그림 3.45: Translated Packet NAT 변환

다음은 반대 방향 주소 변환을 살펴보자.

아웃바운드 NAT

아웃바운드 NAT는 내부 클라이언트의 소스 IP 주소를 다른 존과 연결된 인터페이스로 재설정한다. 이는 다음 그림과 같이 인터넷을 향한 존이거나 파트너, VPN, 또는 WAN에 연결된 존일 수 있다.

- 소스 존은 클라이언트가 연결된 인터페이스를 반영한다.
- 대상 존과 대상 인터페이스는 라우팅 조회에서 원래 패킷을 기반으로 정해진 송신 인터페이스를 반영한다.

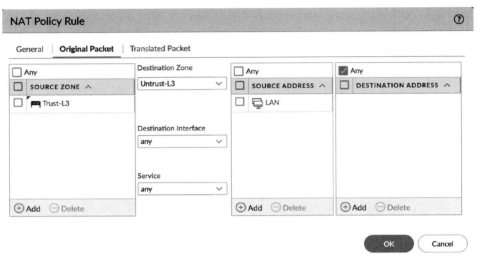

그림 3.46: 아웃바운드 NAT Original Packet

소스 변환에 IP 풀을 사용할 때 방화벽은 프록시 ARP를 사용해 IP 주소의 소유권을 얻는다. 즉, 인터페이스에 모든 IP 주소를 물리적으로 구성할 필요는 없지만 방화벽이 프록시 ARP 패킷을 브로드캐스트하는 데 사용되는 인터페이스를 알 수 있도록 적어도 인터페이스에 서브넷을 구성하는 것을 권장한다. 서브넷이 인터페이스에 없으면 프록시 ARP가 모든 인터페이스에서 브로드캐스트된다.

몇 가지 일반적인 사용 사례와 몇 가지 특별한 사용 사례인 NAT 룰 설정을 살펴보자.

Hide NAT 또는 1:N NAT

가장 일반적인 아웃바운드 NAT 구현 방식은 모든 내부 클라이언트의 소스 IP 주소를 방화벽의 외부 IP 주소로 변경하는 악명 높은 'Hide NAT' 또는 'N:1 NAT' 다. 이 룰은 불특정 세션을 모두 감지하고 소스 IP 주소를 방화벽의 IP 주소로 다시 쓰기 때문에 보통 룰 기반의 맨 아래쪽에 가까운 곳에 두는 것이 가장 좋다.

이러한 유형의 NAT에 최상의 옵션은 DIPP^{Dynamic IP and Port}다. 다음 그림에서 볼 수 있듯이 DIPP는 선택한 인터페이스의 IP 또는 수동으로 입력한 IP, IP 범위 또는 서브넷으로 소스 IP를 다시 쓰고, 나갈 때 세션에 임의의 소스 포트를 할당한다.

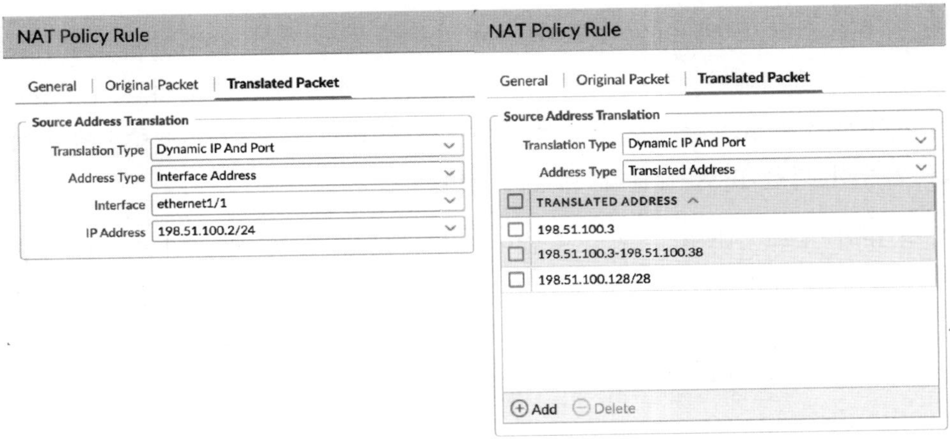

그림 3.47: 인터페이스 IP 또는 수동 선택 DIPP

DIPP는 사용 가능한 소스 IP당 약 64,000개의 동시 세션을 지원하며 여기에 이러한 룰을 배포하는 플랫폼에서 지원하는 초과 구독^{Oversubscription}이 곱해진다. 경험상 규모가 좀 더 작은 플랫폼은 2배 초과 지원하고 규모가 더 큰 플랫폼은 4배를 지원하며 초대형 플랫폼은 최대 8배를 지원한다. 여러 IP를 사용할 때 DIPP는 소스 IP의 해시를 기반으로 재작성한 IP를 할당하므로 동일한 소스는 항상 동일한 변환 주소를 받는다. 특정 변환 주소에 대한 동시 허용량이 고갈되면 기존 세션이 끝날 때까지 새 세션이 차단된다.

다음 명령을 이용해 현재 초과 구독 비율을 확인할 수 있다.

```
admin@PA-220> show running nat-rule-ippool rule <rule name>
VSYS 1 Rule <rule name>:
Rule: <rule name>, Pool index: 1, memory usage: 20344
```

```
----------------------------------------------------------
Oversubscription Ratio:                         2
Number of Allocates:                            0
Last Allocated Index:                           0
```

소스 주소당 64,000배 이상의 초과 구독 비율의 동시 세션 수가 필요하거나 소스 포트를 유지해야 하면 DIPP 대신 동적 IP를 사용하도록 선택할 수 있다. 동적 IP는 소스 포트를 유지하면서 주어진 소스 IP에 할당된 변환 주소에서 사용 가능한 다음 IP로 간단히 '이동hop'한다.

동적 IP가 초과 구독을 지원하지 않아 사용 가능한 IP 풀이 고갈되면 DIPP를 활성화할 수 있다. 대비용으로 사용되는 IP는 기본 IP 풀과 겹치지 않아야 한다.

그림 3.48: 2개의 서브넷이 있는 동적 IP와 DDIP 폴백

상황에 따라 네트워크의 서버나 호스트는 자체 IP 주소를 '소유'해야 하며 1:1 NAT 룰로 구현할 수 있다.

1:1 NAT

고정 IP는 소스 IP를 항상 동일한 IP로 변환하고 소스 포트를 유지한다. IP 범위를 설정할 수 있으며 이때 소스 IP는 변환된 IP와 순차적으로 일치하지만 소스 범위와 변환 범위는 크기가 동일해야 한다. 예를 들어 `10.0.0.5-10.0.0.15`는 `203.0.113.5- 203.0.113.15`로 변환된다.

bi-directional 옵션은 동일한 소스/변환 소스 쌍에 인바운드 변환을 허용하는 암묵적 인바운드 NAT 룰을 만든다. 암묵적 룰은 룰에서 설정된 대상 존과 any 존을 새로운 소스 존으로 재사용한다. 변환된 주소는 새로 변환된 대상으로 향하는 원본 소스의 새로운 대상으로 설정된다.

다음 그림에서 볼 수 있듯이 아웃바운드 룰은 다음과 같다.

- **Source:** Trust-L3
- **Destination:** Untrust-L3
- **Original source:** serverfarm
- **Translated source:** serverfarm-public

bi-directional로 설정된 룰이 있다면 다음과 같은 암묵적 NAT 룰이 생성된다. 이 룰은 룰 기반에서 보이지 않으므로 양방향으로 설정된 룰과 그것이 의미하는 것에 매우 주의해야 한다. 소스가 any로 설정돼 암묵적 룰은 설정한 존보다는 다른 존에서 의도하지 않은 세션들을 포착할 수 있다.

- **Source:** any
- **Destination:** Untrust-L3
- **Original destination:** serverfarm-public

- Translated destination: serverfarm

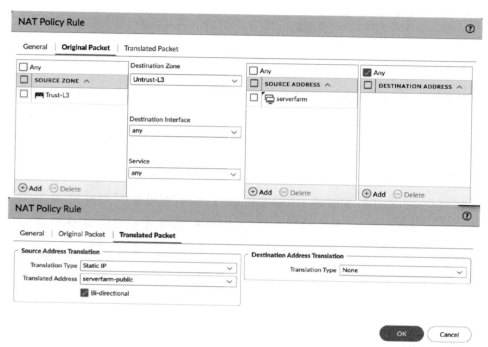

그림 3.49: bi-directional 옵션을 포함한 Static IP NAT

NAT 때문에 비정상적인 경로를 사용해야 하는 세션에 'double NAT'를 적용해야 하는 상황도 있다. 이러한 유형의 NAT 룰을 U-turn 또는 hairpin NAT 룰이라고 부른다.

U-turn과 hairpin NAT

내부 호스트가 퍼블릭 IP 주소를 사용해 다른 내부 호스트에 연결해야 한다면 룰을 벗어나는 독특한 문제가 발생한다.

각 세션마다 NAT 룰은 하나씩만 매치될 수 있다. 클라이언트가 퍼블릭 IP에 연결하면 라우팅 테이블이 패킷을 인터넷으로 보내려고 할 것이고, 이렇게 하면 소스 IP를 변환하는 hide NAT 룰이 트리거된다.

방화벽이 대상 IP도 소유하고 있기 때문에 패킷이 다시 내부로 돌아가야만 하지만 두 번째 NAT 동작은 트리거할 수 없으므로 패킷은 폐기된다.

hide NAT IP가 대상 IP와 동일할 때 이는 퍼블릭 IP 주소가 적은 환경에서 흔히 발생하는데, 이러한 패킷은 Land attack으로 등록된다.

```
admin@PA-220> show counter global | match land
Global counters:
Elapsed time since last sampling: 26.05 seconds
name    value  rate severity  category  aspect  description
-----------------------------------------------------------------------
Flow_parse_land 1 1    drop    flow       parse  Packets dropped: land attack
```

내부 DNS 레코드를 변경하거나 클라이언트의 호스트 파일에 항목을 추가할 수 없는 상황에서 이 문제에 대한 해결 방법은 U-turn이나 hairpin NAT를 구성하는 것이다.

NOTE

PAN-OS 9.0.2 이상 버전을 사용한다면 다음의 'Enable DNS Rewrite' 절을 참고한다.

U-turn이나 hairpin NAT는 소스 NAT와 대상 NAT를 결합하며 Hide NAT 룰이 이러한 아웃바운드 세션을 감지하지 못하도록 룰 기반의 맨 위에 배치해야 한다. 소스 NAT가 필요한 이유는 세션을 방화벽에 고정해서 비대칭 경로가 생성되지 않게 하기 때문이다.

소스를 변환하지 않고 내부 IP에 퍼블릭 IP를 다시 쓰도록 대상 NAT를 구성하면 서버는 원래 소스 IP가 그대로 있는 패킷을 수신하고 방화벽을 우회해서 클라이언트에 직접 응답한다. 클라이언트의 다음 패킷은 방화벽으로 전송되며 방화벽은 온전한 TCP 세션인지 체크하고 TCP 세션이 중단됐는지 여부를 확인해 클라이언트 패킷을 버린다.

소스 변환을 추가하면 서버가 방화벽에 응답하도록 강제하고, 그러면 방화벽은
변환된 패킷을 클라이언트로 다시 전달한다.

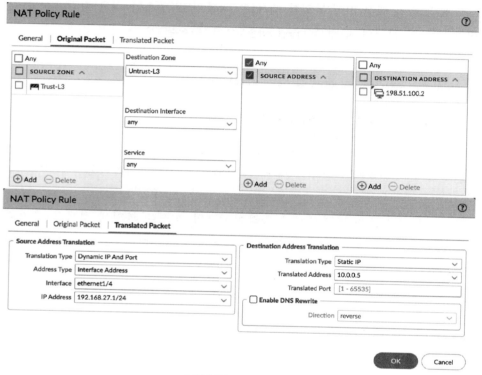

그림 3.50: U-turn NAT

이러한 유형의 복잡성은 DNS 쿼리를 최종 대상의 내부 IP로 변경해 해결할 수
도 있다.

Enable DNS Rewrite

Enable DNS Rewrite 기능은 PAN-OS 9.0.2 이상에서 도입됐으며 DNS 응답 패킷
내에 주소 변경으로 NAT 정책을 적용할 수 있다.

- 룰에서 변환된 대상 주소와 일치하는 DNS 응답을 반대로 변환한다. NAT 룰이 `198.51.100.2`를 `10.0.0.5`로 재작성할 때 역방향 재작성은 `10.0.0.5`의 DNS 응답을 `198.51.100.2`로 변경한다.
- 룰에서 원래 대상 주소와 일치하는 DNS 응답을 정방향 변환한다. 정방향 DNS 재작성은 `198.51.100.2`의 DNS 응답을 `10.0.0.5`로 변경한다.

이 방법은 내부 호스트가 DMZ에 있는 DNS에 서버의 FQDN을 쿼리하고 DMZ에 있는 서버의 외부 IP를 DNS 응답으로 받아야 하는 시나리오에서 유용할 수 있다. 목적지 IP가 외부 존과 일치하지만 클라이언트와 서버 모두 내부 존에 있기 때문에 이상한 라우팅 문제가 발생할 수 있다('U-turn과 hairpin NAT' 절 참고).

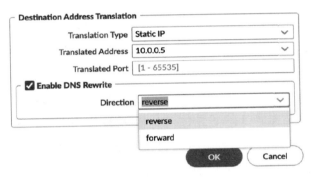

그림 3.51: DNS Rewrite 활성화

서비스가 여러 물리적 서버에서 호스팅되면(원래 대상은 여러 IP 주소를 반환하는 FQDN임) 대상 변환 설정을 동적 IP(세션 배포 포함)로 설정할 수 있다. 방화벽은 선택한 방법에 따라 대상 IP를 다시 쓴다.

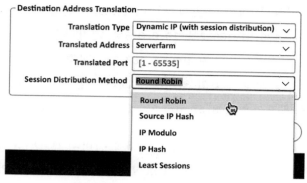

그림 3.52: Dynamic IP(세션 분배 포함)

이제 이 정보를 이용해 직면할 수 있는 모든 NAT 문제를 해결할 수 있을 것이다.

⫶ 요약

3장에서는 보안 프로파일을 만드는 방법과 방화벽이 위협을 처리하는 방식에 영향을 미치는 프로파일 집합을 구축하는 방법을 살펴봤다. 모범 사례를 활용하는 보안 프로파일을 만드는 방법과 이를 기본 보안 프로파일 그룹에 추가하는 방법을 살펴봤으므로 보안 룰이 강력한 보호 상태로 시작할 수 있다. 재사용 가능한 오브젝트를 활용하고 태그를 쉽게 식별할 수 있으며, 포트보다 애플리케이션 식별을 기반으로 원하는 모든 접근을 허용하도록 설정된 완전한 보안 룰을 생성할 수 있다. 이제 인바운드 및 아웃바운드 연결 요구에 충족하는 복잡한 NAT 정책을 만들 수 있다.

PCNSE 시험을 준비한다면 모범 사례 보안 프로파일이 Critical, high, medium 등의 심각도에 따라 Reset-both 및 single-packet 캡처로 설정되고 low 및 informational은 패킷 캡처 없이 기본값으로 설정되는 방식에 특히 유의하자. 또한 NAT 룰의 Original packet 탭에서 존이 어떤 역할을 하는지 알아야 한다.

Application-default를 사용하는 App-ID의 중요성과 의미 그리고 모든 애플리케이션을 수동으로 설정하는 대신 애플리케이션 필터를 사용해 동작을 정의하는 방법을 기억해야 한다.

4장에서는 정책 기반 라우팅을 활용해 중요 비즈니스 세션을 일반 인터넷과 분리해 세션을 좀 더 세부적으로 제어하고, 대역폭 점유 애플리케이션을 QoS로 제한하고, SSL 복호화를 이용해 암호화된 세션 내부를 살펴봄으로써 세션을 더욱 효과적으로 제어하는 방법을 살펴본다.

04

세션 제어 방법

4장에서는 업무상 중요하거나 지연 시간에 민감한 애플리케이션이 대역폭을 소진하지 않고, 덜 중요한 애플리케이션이 과도하게 사용되지 않게 하는 방법을 살펴본다. 또한 특정 세션에 대한 라우팅 테이블 우회와 예외 설정 방법을 살펴보고, 암호화된 세션을 복호화하고 세션 내에서 실제 애플리케이션을 확인하고 위협을 차단하는 방법을 살펴본다.

4장에서 다루는 내용은 다음과 같다.

- QoS^{Quality-of-Service} 정책을 사용한 대역폭 제어
- SSL 복호화를 이용해 암호화된 세션 내부 검사
- 정책 기반 포워딩을 사용해 세션을 다른 경로로 리다이렉션

4장을 마치면 위협을 차단하려고 암호화된 TLS 세션 내부를 들여다보고 라우팅 테이블에 관계없이 세션이 전달되는 방식을 조작하고 사용 가능한 대역폭을 최대한 활용하는 방법 등을 알 수 있다.

▶ 기술적 요구 사항

4장에서는 네트워크 대역폭 및 사용 가능한 리소스를 측정하는 데 필요한 실무 지식이 필요하다. 경로가 가리키는 곳보다 서로 다른 인터페이스를 통해 패킷을 전송하는 것의 의미를 이해해야 한다. 좀 더 구체적으로 말하면 비대칭 라우팅을 도입할 수 있는 응답 패킷의 경로에 대해 알아야 한다.

또한 인증서 체인을 잘 이해해야 한다.

▶ QoS 정책을 활용한 대역폭 제어

QoS는 적합한 처리량과 허용 가능한 지연 속도를 보장하도록 애플리케이션들의 우선순위를 정하고 대역폭을 저장하는 방법으로, 애플리케이션의 품질 및 데이터의 흐름을 개선하는 데 도움이 되는 여러 기술을 총칭하는 말이다. 이 절에서는 QoS의 마킹을 방화벽에 적용해 네트워크 디바이스 다운스트림과 상호작용하는 방법을 살펴본다.

방화벽이 네트워크 트래픽에 QoS를 적용하는 데 참여하는 방법은 두 가지가 있다.

- DSCP^{Differentiated Services Code Point}와 ToS^{Type of Service} 헤더는 네트워크 디바이스나 호스트에 생성된 '외부' 마킹으로, 최종 목적지까지 또는 헤더가 제거될 때까지 전달되도록 설계됐다. 이렇게 하면 경로에 있는 모든 디바이스는 패킷의 가중치나 우선순위를 반드시 인식할 수 있다.
- 내장된 기능으로 실행하는 QoS 적용^{enforcement}은 패킷 헤더를 변경하지 않고 내부적으로 우선순위를 조정하거나 방화벽을 통과하는 패킷의 속도를 늦춘다.

먼저 외부 헤더를 검토해보자.

DSCP와 ToS 헤더

DSCP 헤더를 사용하면 방화벽은 업스트림 및 다운스트림 디바이스의 특정 세션에 특정 우선순위가 있음을 알릴 수 있다. 이러한 헤더는 다음 그림과 같이 Actions 탭 아래의 보안 정책에서 설정할 수 있다.

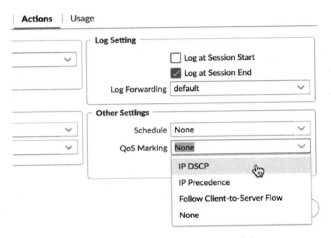

그림 4.1: 보안 정책에서 IP DSCP 헤더

DSCP에서 AF[Assured Forwarding], EF[Expedited Forwarding] 또는 CS[Class Selector] 코드 포인트를 설정할 수 있다. IP Precedence ToS는 레거시 네트워크 디바이스와 통신할 때 사용할 수 있다. 그리고 Follow Client-to-Server Flow를 사용해 돌아오는 아웃바운드 흐름에 인바운드 DSCP 마킹을 적용할 수 있다.

다음 절에서는 방화벽에서 직접 흐름을 제어하는 방법을 살펴본다.

방화벽 QoS 적용

방화벽은 대역폭 제한이나 보장을 강제 적용할 수 있으며 이것이 여기에서 중점적으로 다룰 내용이다. 팔로알토 네트웍스 방화벽은 정책과 조합된 8개의 클래스를 사용한다.

각 인터페이스는 각 클래스를 처리하는 방법을 규정하는 QoS 프로파일로 설정된다. 그런 다음 특정 클래스에 속하는 세션을 식별하는 정책을 만든다. 기본 클래스는 클래스 4이므로 QoS 룰에 탐지되지 않으면 모두 자동으로 클래스 4가 되며 해당 클래스의 제한을 받는다.

다음 토폴로지를 사용해 QoS 정책의 예를 설명한다. 다음에 표시된 예를 직접 유저 환경에 적용할 수 있도록 자체 네트워크 처리량을 매핑해보자.

- 다운로드 대역폭이 200Mbps이고 업로드 대역폭이 50Mbps인 **eth1/1**의 인터넷 링크
- 1Gbps 인터페이스에 연결된 **eth1/2**의 일부 서버를 포함하는 DMZ 네트워크
- 유저가 1Gbps 인터페이스에 연결된 **eth1/3**에 있는 로컬 네트워크
- 유저는 기업용 VoIP^{Voice over Internet Protocol}에 업로드 및 다운로드 대역폭으로 20Mbps를 보장받아야 하지만 일부 인터넷 다운로드는 50Mbps로 제한해야 한다.
- 유저와 서버 간의 파일 공유 트래픽은 300Mbps로 제한해야 한다.
- 사이트 간 VPN 연결에는 중요한 비즈니스 애플리케이션에 20Mbps 보장^{guarantee}이 필요하다.
- 이러한 토폴로지는 다음과 같다.

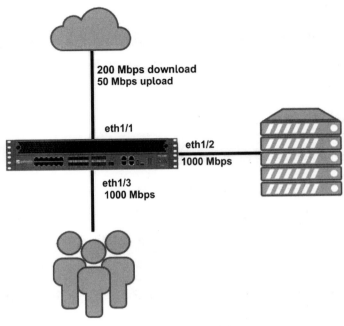

200 Mbps download
50 Mbps upload

eth1/1

eth1/2
1000 Mbps

eth1/3
1000 Mbps

그림 4.2: 토폴로지 예시

다음으로는 궁극적으로 QoS 적용에 될 토대를 마련하는 작업을 시작한다.

QoS 프로파일 생성

Network ➤ Network Profiles ➤ QoS Profile로 이동한다. 시작하려면 하나 이상의 새 프로파일을 만들어야 한다. 클래스 자체에는 가중치가 없으므로 파라미터를 설정하는 방법에 따라 클래스 1은 가장 중요한 클래스가 될 수도 가장 낮은 클래스가 될 수도 있다.

우선순위 설정은 특별한 고려가 필요하다. 실시간$^{real-time}$ 우선순위는 자체 큐 $_{queue}$를 갖고 있기 때문에 대역폭 정체로 큐에 들어가는 모든 패킷이 먼저 나가도록 보장한다. 모든 높은 순에서 낮은 순은 기본 큐를 공유하며 우선순위가 더 높은 세션을 위해 패킷을 버려야 한다면 가장 낮은 우선순위 패킷이 가장 먼저 폐기된다.

프로파일의 맨 위에 있는 Egress Max는 전체 프로파일의 최대 및 예약 대역폭의 합계이며, 한편 클래스 옆에 있는 Egress Max는 해당 클래스의 모든 세션이 공유하는 대역폭의 양을 나타낸다.

먼저 몇 가지 프로파일을 만들어보자.

1. internet-upload라는 프로파일을 만든다.

2. 프로파일의 Egress Max를 50Mbps로 설정해 프로파일에서 사용할 수 있는 총 대역폭을 50Mbps로 제한한다. 이는 QoS 엔진에 큐잉^{Queuing} 메커니즘을 사용해야 하며 최대 제한 값에 도달하면 패킷을 우선순위에 따라 처리해야 함을 알려준다.

3. class1을 생성하고 Priority를 real-time으로 설정한 후 20Mbps 대역폭을 보장하도록 설정한다.
   이 프로파일은 CLI에서 다음 명령으로 만들 수도 있다.

   ```
   reaper@pa-220# set network qos profile internet-upload aggregate-
   bandwidth egress-max 50
   reaper@pa-220# set network qos profile internet-upload class-
   bandwidth-type mbps class class1 priority real-time class-bandwidth
   egress-guaranteed 20
   ```

4. internet-download라는 프로파일을 만든다.

5. 프로파일의 Egress Max를 200Mbps로 설정한다.

6. Class1을 만들고 Priority를 real-time으로 설정하고 20Mbps 대역폭을 보장하도록 설정한다.

7. class5를 만들고 Egress Max를 50으로 설정한다.

이 프로파일은 다음 명령으로도 만들 수 있다.

```
reaper@pa-220# set network qos profile internet-download aggregate
bandwidth egress-max 200
reaper@pa-220# set network qos profile internet-download class-
bandwidth-type mbps class class5 priority medium class-bandwidth
egress-max 50
reaper@pa-220# set network qos profile internet-download class-
bandwidth-type mbps class class1 priority real-time class-bandwidth
egress-guaranteed 20
```

8. internal이라는 이름으로 프로파일을 만든다.

9. 프로파일의 Egress Max를 설정하지 않는다. 이 프로파일과 인터넷 프로파일을 혼합할 것이므로 인터페이스의 최대 송신 값으로 이 프로파일의 최댓값을 결정할 것이다.

10. class8을 생성하고 low 우선순위로 설정한 다음 Egress Max를 300으로 설정한다.

    internal 프로파일은 다음과 같은 CLI 명령으로 생성할 수도 있다.

```
reaper@pa-220# set network qos profile internal class-bandwidth-type
mbps class class8 priority low class-bandwidth egress-max 300
```

11. vpn이라는 이름의 프로파일을 만든다.

12. class4를 만들고 20Mbps를 보장하고 real-time 우선순위를 설정한다. 이 프로파일에서 IPSec 연결을 class4로 기본 설정한다.

    다음과 같이 CLI에서 vpn 프로파일을 만들 수 있다.

```
reaper@pa-220# set network qos profile vpn class-bandwidth-type mbps
```

```
class class4 priority medium class-bandwidth egress-guaranteed 20
```

QoS 프로파일은 다음과 같이 보여야 한다.

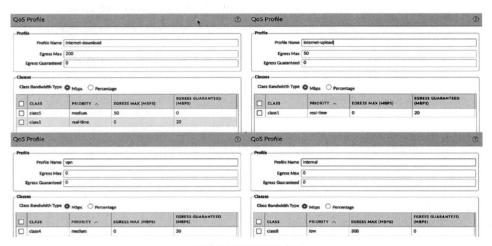

그림 4.3: QoS 프로파일

다음으로 QoS를 적용하게 하려면 인터페이스를 설정한다. Network ▶ QoS에서 모든 인터페이스를 추가한다. 그런 다음 인터넷 연결 인터페이스인 ethernet1/1 은 다음 과정을 진행한다.

1. 다음 그림에 표시된 것처럼 Turn on QoS feature on this interface를 선택하 거나 다음 CLI 명령을 실행한다.

```
reaper@pa-220# set network qos interface ethernet1/1 enabled yes
```

2. 인터페이스 Egress Max를 50Mbps로 설정해 인터넷에 대한 업로드를 제 한한다.

```
reaper@pa-220# set network qos interface ethernet1/1 interface-
bandwidth egress-max 50
```

3. 인터넷 업로드 프로파일을 Clear Text 프로파일로 설정해 클래스를 적용
할 수 있게 한다.

```
reaper@pa-220# set network qos interface ethernet1/1 regular-traffic
default-group qos-profile internet-upload
```

4. vpn 프로파일을 Tunnel Interface 프로파일로 설정한다(다음 그림 참고).

```
reaper@pa-220# set network qos interface ethernet1/1 tunnel-traffic
default-group per-tunnel-qos-profile vpn
```

이는 방화벽에서 (로컬 터널 인터페이스상에) 원격 피어로 소싱된 모든 사이트 간 VPN 연
결에 QoS를 적용한다.

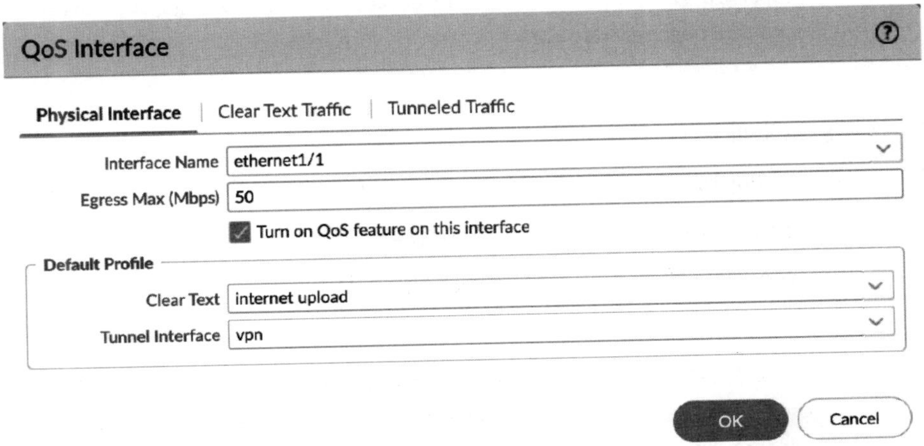

그림 4.4: eth1/1 QoS 설정

DMZ 쪽 인터페이스인 ethernet1/2는 다음을 수행한다.

1. 다음 그림과 같이 Turn on QoS feature on this interface를 선택하거나 다음 CLI 명령을 사용한다.

```
reaper@pa-220# set network qos interface ethernet1/2 enabled yes
```

인터페이스 Egress Max는 1000Mbps로 설정하지만 Clear Text는 default 으로, Tunnel Interface는 none으로 남겨둔다.

```
reaper@pa-220# set network qos interface ethernet1/2 interface-
bandwidth egress-max 1000
reaper@pa-220# set network qos interface ethernet1/2 regular-traffic
default-group qos-profile default
```

2. Clear Text 탭에서 Egress Max를 1000Mbps로 설정한다.

```
reaper@pa-220# set network qos interface ethernet1/2 regular-traffic
bandwidth egress-max 1000
```

3. 새 프로파일을 추가한다.
   - userupload라고 이름 짓는다.
   - internal QoS 프로파일을 할당한다.
   - 소스 인터페이스를 ethernet1/3으로 설정한다.

```
reaper@pa-220# set network qos interface ethernet1/2 regular-traffic
groups regular-traffic-group members userupload match local-address
address any
reaper@pa-220# set network qos interface ethernet1/2 regular-traffic
```

```
groups regular-traffic-group members userupload match local-address
interface ethernet1/3
reaper@pa-220# set network qos interface ethernet1/2 regular-traffic
groups regular-traffic-group members userupload qos-profile internal
```

4. 두 번째 프로파일을 추가한다.

- internet이라 이름 짓는다
- internet-download 프로파일을 할당한다.
- 소스 인터페이스를 ethernet1/1로 설정한다.

```
reaper@pa-220# set network qos interface ethernet1/2 regular-traffic
groups regular-traffic-group members internet match local-address
address any
reaper@pa-220# set network qos interface ethernet1/2 regular-traffic
groups regular-traffic-group members internet match local-address
interface ethernet1/1
reaper@pa-220# set network qos interface ethernet1/2 regular-traffic
groups regular-traffic-group members internet qos-profile internet-
download
```

다음 그림에서 볼 수 있듯이 이러한 설정을 이용해 패킷의 원본에 패킷의 출처에 따라 서로 다른 프로파일을 적용할 수 있다. 인터넷에서 다운로드는 총 200Mbps로 제한하며, 필요에 따라 class5를 적용해 50Mbps로 제한할 수 있다. 유저 LAN에서 세션은 최대 1000Mbps를 사용하고 class8 세션의 업로드 대역폭은 300Mbps로 제한한다.

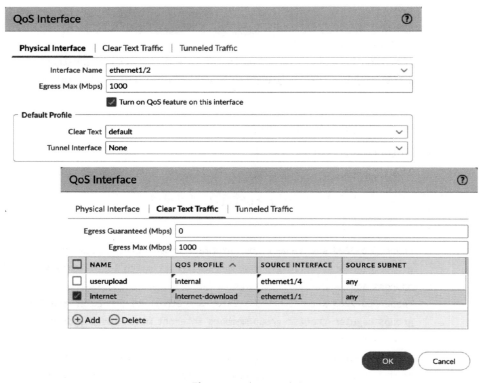

그림 4.5: eth1/2 QoS 설정

유저 방향 인터페이스인 ethernet1/3에서 다음을 수행한다.

1. 다음 그림과 같이 Turn on QoS feature on this interface를 선택하거나 다음 CLI 명령을 실행한다.

```
reaper@pa-220# set network qos interface ethernet1/3 enabled yes
```

2. 해당 인터페이스의 Egress Max를 1000Mbps로 설정하지만 Clear Text를 default로 두고 터널 인터페이스를 none으로 설정한다.

```
reaper@pa-220# set network qos interface ethernet1/3 interface-
bandwidth egress-max 1000
reaper@pa-220# set network qos interface ethernet1/3 regular-traffic
default-group qos-profile default
```

3. Clear Text 탭에서 송신 최댓값을 1000Mpbs로 설정한다.

```
reaper@pa-220# set network qos interface ethernet1/3 regular-traffic
bandwidth egress-max 1000
```

4. 새 프로파일을 추가한다.
- userdownload라고 이름 짓는다.
- internal QoS 프로파일을 할당한다.
- 소스 인터페이스를 ethernet1/2로 설정한다.

```
reaper@pa-220# set network qos interface ethernet1/3 regular-traffic
groups regular-traffic-group members userdownload match local-
address address any
reaper@pa-220# set network qos interface ethernet1/3 regular-traffic
groups regular-traffic-group members userdownload match local-
address interface ethernet1/2
reaper@pa-220# set network qos interface ethernet1/3 regular-traffic
groups regular-traffic-group members userdownload qos-profile
internal
```

5. 두 번째 프로파일 라인을 추가한다.

- internetdownload라고 이름 짓는다.
- internet-download 프로파일을 할당한다.
- 소스 인터페이스를 ethernet1/1로 설정한다.

```
reaper@pa-220# set network qos interface ethernet1/3 regular-traffic
groups regular-traffic-group members internetdownload match local-
address address any
reaper@pa-220# set network qos interface ethernet1/3 regular-traffic
groups regular-traffic-group members internetdownload match local-
address interface ethernet1/1
reaper@pa-220# set network qos interface ethernet1/3 regular-traffic
groups regular-traffic-group members internetdownload qos-profile
internet-download
```

이러한 설정은 인터넷에서 다운로드를 받을 때 최대 Mbps를 제한하면서 class1 세션이 대역폭이 감소되지 않고 DMZ 서버의 대역폭도 모든 세션에 1Gbps로 최대화되도록 보장한다. 단, class8은 300Mbps 다운로드로 제한한다. 이는 다음처럼 보일 것이다.

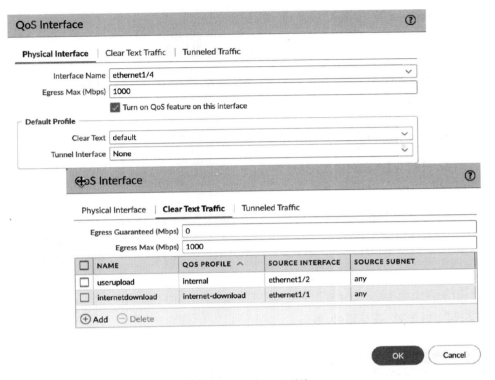

그림 4.6: eth1/3 QoS 설정

세션에 트래픽 셰이핑^{shaping}을 적용할 수 있는 프레임워크를 만들었다. 이 프로파일은 이제 트래픽 흐름에서 애플리케이션의 적용 및 분류를 실제로 적용하는 QoS 정책에서 사용될 수 있다. 이러한 프로파일은 필요에 따라 혼합할 수 있으며, 이는 다음 절에서 알아본다.

QoS 정책 생성

QoS 룰이 없으면 이전 예와 같이 class4만 적용되며 인터넷 속도의 최댓값을 송신 최댓값으로 설정하지만 보장하지는 않는다. 우선 설정해야 할 첫 번째 정책은 기업용 VoIP를 class1로 정의해 인터넷 링크로 20Mbps 다운로드를 보장할 수 있도록 설정한다.

1. Policies ➤ QoS로 이동해 새 룰을 만든다.

2. 룰을 enterprise voip라는 이름으로 짓는다.

3. 아웃바운드 호출이 **class1**로 분류되게 존을 Trust-L3 및 DMZ-L3 존으로 설정한다.

4. 세션이 방화벽을 나갈 대상 존을 설정한다.

5. 클래스를 **class1**로 설정한다.

```
reaper@pa-220# set rulebase qos rules "enterprise voip" from [
DMZ-L3 Trust-L3 ] to Untrust-L3 source any destination any category
any application "enterprise voip" service application-default action
class 1
```

정책은 다음과 유사해야 한다.

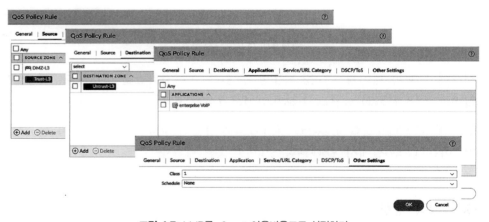

그림 4.7: VoIP를 class1 아웃바운드로 설정하기

두 번째 룰은 인터넷에서 시작되는 세션(예, 인바운드 SIP 통화)에 동일한 보장을 설정한다. 다음 단계를 따라 인바운드 룰을 만든다. 보안 정책이 인바운드 세션을 허용하지 않으면 이 룰은 건너뛰어도 된다.

1. 룰을 만들어 enterprise voip라고 이름 짓는다.

2. 소스 존을 Untrust-L3 존으로 설정한다.

3. 대상 존은 호출을 수락할 수 있는 내부 클라이언트나 DMZ 게이트웨이로 설정한다.

4. 클래스를 class1로 설정한다.

```
reaper@pa-220# set rulebase qos rules "enterprise voip" to [ DMZ-L3
Trust-L3 ] from Untrust-L3 source any destination any category any
"enterprise voip" action class 1
```

인바운드 룰은 다음과 같다.

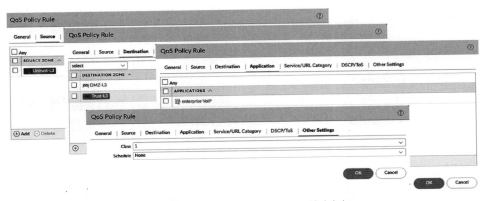

그림 4.8: VoIP를 class1 인바운드로 설정하기

또한 유저의 LAN과 DMZ 네트워크 사이 특정 세션을 제한한다. 유저에게만 DMZ 연결을 허용하고 DMZ에서 유저 네트워크로 세션은 허용하지 않는다고 가정하면 QoS 클래스는 방향에 관계없이 세션의 모든 패킷에 할당되므로 QoS 룰이 하나만 필요하다(따라서 QoS 룰이 한 방향으로만 설정되더라도 class8은 양방향으로 적용된다). 다음 단계를 따라 내부 QoS 룰을 만든다.

1. 새 QoS 룰을 만들어 **fileshares**라고 이름 짓는다.

2. 소스 존을 Trust-L3 네트워크로 설정한다.

3. 대상 존을 DMZ 네트워크로 설정한다.

4. 적절한 파일 공유 애플리케이션을 추가한다.

5. 클래스를 class8로 설정한다.

```
reaper@pa-220# set rulebase qos rules fileshares from Trust-L3 to
DMZ-L3 source any destination any application [ ftp ms-ds-smb scps ]
service application-default action class 8
```

6. 변경 내용을 저장한다.

내부 룰은 다음과 같다.

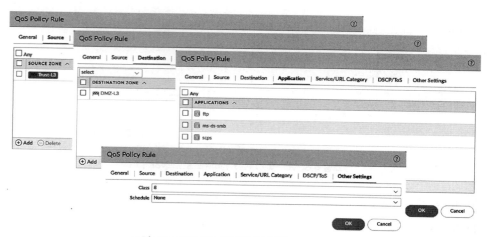

그림 4.9: 파일 전송 애플리케이션을 class8로 설정

제한 및 보장이 제대로 적용되고 있는지 신속하게 확인하려면 Network ➤ QoS ➤ Statistics에서 활성화된 각 인터페이스 옆에 있는 실시간 그래프에 접속하면 된다.

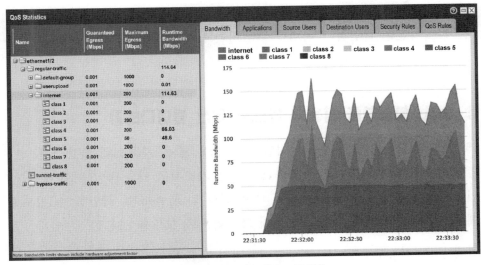

그림 4.10: class5는 50Mbps로 제한

배운 내용을 요약하면 다음과 같다.

- QoS가 송신 인터페이스에 적용된다.
- 대역폭 제한 및 보장은 세션 단위가 아닌 클래스 내에서 공유된다.
- 실시간 우선순위에는 자체 큐가 있으며 다른 클래스는 큐를 공유한다.
- Egress Guaranteed 또는 Egress Max는 인터페이스 최댓값을 초과할 수 없다.
- class4가 기본 클래스다.
- 클래스는 패킷의 방향에 따라 보증 또는 제한이 다를 수 있다.
- 클래스 보증이 채워지지 않으면 보증이 필요할 때까지 다른 클래스가 최댓값을 초과하지 않고 더 많은 대역폭을 사용할 수 있다.

이제 QoS 프로파일을 만들고 우선순위, 보증, 송신 최댓값의 의미를 이해할 수 있다. 이러한 프로파일을 인터페이스에 적용하고 소스 인터페이스에 따라 다른 프로파일을 정의할 수 있다. 또한 프로파일에 따라 구성될 수 있도록 애플리케이션을 분류하는 룰 집합을 만들 수도 있다.

다음 절에서는 암호화된 세션을 복호화하고 검사하는 방법과 SSL 세션 내의 애플리케이션을 확인하고 위협을 차단하는 방법을 알아본다.

⁝⁝ SSL 복호화를 활용해 암호화 세션 들여다보기

SSL/TLS 및 SSH 복호화는 악의적인 것이 아닌 좋은 목적으로 중간자^{man-in-the-middle} 공격을 시행한다. 즉, 암호화된 세션을 가로채고 난 다음 신뢰할 수 있는 인증서를 사용해 세션을 해독하고 내용 검사 및 App-ID를 확인할 수 있도록 페이로드를 표시한다. 현재 세 가지 SSL 복호화 모드를 사용할 수 있다.

현재 사용 가능한 SSL 복호화에는 세 가지 모드가 있다.

- SSH 프록시^{proxy}
- SSL 포워드 프록시^{forward proxy}
- SSL 인바운드 검사^{inbound inspection}

각각을 자세히 살펴보자.

SSH 프록시

SSH 프록시를 사용하면 SSH 세션을 가로챌 수 있다. SSH 연결이 프록시된다. 즉, 클라이언트는 방화벽에 연결하고 방화벽은 서버에 새 세션을 설정한다는 뜻이다. 이를 활용해 ssh-tunnel 애플리케이션에 대한 보안 정책을 설정해 SSH 세션을 통해 터널링을 제어_(허용 또는 차단)할 수 있다.

SSL 포워드 프록시

SSL 포워드 프록시는 모든 아웃바운드 세션에 사용된다. 두 가지 뚜렷이 다른 방향이 있으며 인증서가 웹 사이트의 SSL/TLS 인증서에 서명하는 방식 때문에 아웃바운드 옵션이 프록시된다. 인증서의 세계에서 소수의 신뢰할 수 있는 기관이 '신뢰할 수 있는 루트 서명 인증서'를 보유하고 있다. 이 기관은 문서에 서명하는 것에 관해 공증인과 동일한 권위를 갖고 있다. 이들이 일부 하위 또는 중간 인증서의 서브집단에 서명하면 이것이 www.google.com, pangurus.com, packtpub.com과 같은 도메인 이름을 나타내는 서버 인증서에 서명하는 데 사용된다. 신뢰 체인은 악성 행위자가 가짜 웹 사이트를 만들어 방문자를 속여 신뢰하게 만드는 것을 방지해야 하므로 항상 공격에 대한 내성이 있어야 한다. 자세한 내용은 웹 페이지(https://en.wikipedia.org/wiki/Public_key_certificate)를 참고한다.

웹 사이트에 접속할 때 루트 및 중간 인증서는 사용 가능한 수십 가지 옵션 중 하나일 수 있다. 내부 클라이언트가 가로챈 연결을 신뢰하는 유일한 방법은 전체 체인을 교체하고 클라이언트가 루트 서명 인증서를 신뢰하는 것이다. 이 작업은 여러 가지 방법으로 수행할 수 있으며 가장 간단한 방법은 수동 불러오기import지만 대규모 환경에서 수행하기는 더 어려울 수 있다. 또한 마이크로소프트 GPO Group Policy Objects와 기타 여러 배포 방법, 도구, 스크립트, 소프트웨어 패키지를 활용할 수 있다. 그러나 무엇을 하든 유저가 브라우저 인증서 경고를 무시하고 진행하는 데 익숙해지지 않게 해야 한다. 위험한 습관이다. 조직의 루트 인증서와 중간 인증서 또는 자체 서명 루트 인증서와 중간 인증서를 모든 클라이언트 컴퓨터의 신뢰할 수 있는 루트 서명 인증서 저장소(파이어폭스는 자체 인증 저장소)에 설치할 시간을 투자해야 한다. 장기적으로 보면 이러한 노력이 결실을 맺는다고 확신한다.

조직에 이미 인증기관CA, Certificate Authority이 도입돼 있다면 복호화에 사용할 수 있는 쉽게 식별 가능한 새로운 중간 인증서를 간단히 만들 수 있다. 개인키와 개인키 없는 루트 인증서를 내보낸다. Device ▶ Certificate Management ▶ Certificates로 이동한 후 루트 인증서부터 불러오기를 시작해 둘 다 가져온다.

사용할 수 있는 CA가 없거나 사전 테스트를 하고 싶다면 자체 서명 인증서를 사용해 SSL 복호화를 설정할 수 있다.

Device ➤ Certificate Management ➤ Certificates로 이동해 CA를 선택하고 root signing certificate로 이름을 지정해 루트 서명 인증서를 만든다. 그런 다음 Signed By를 루트 서명 인증서로 설정해 CA를 선택하고 decryption subordinate라는 이름으로 하위 인증서를 만든다. 마지막으로 루트 서명 인증서로 서명되지 않은 세 번째 인증서를 만들고 CA로 설정하며, untrusted cert로 이름을 지정한다.

웹 사이트를 복호화하려면 유저가 신뢰할 수 있는 인증서 하나가 필요하다. 또한 복호화 중에 전체 인증서 구조가 자체 인증서로 대체되므로 신뢰할 수 없는 인증서도 필요하다. 실제 인증서에 문제가 발생한다면 방화벽은 계속해서 암호를 해독하지만 대신 신뢰할 수 없는 인증서를 사용하므로 유저는 브라우저에서 인증서 경고를 받게 된다. 유저는 중단하고 계속할지를 생각하게 된다.

필요한 인증서를 만드는 단계는 다음과 같다.

1. root signing cert라는 이름으로 새로운 인증서를 만든다.
2. CA 플래그를 설정한다.
   - 속성을 입력하고 Generate를 클릭한다.
   - decryption이라는 이름의 새로운 인증서를 만든다.
3. CA 플래그를 설정한다.
   - Signed By 필드를 루트 인증서로 설정한다.
   - 속성을 입력하고 Generate를 클릭한다.
   - untrusted cert 이름으로 세 번째 인증서 만든다.
4. CA 플래그를 설정한다.
5. Signed by root로 설정하지 않았음을 확인한다.

최소한 Email 속성은 설정한다. 이렇게 하면 관련 지식이 있는 유저가 왜 인증서 경고를 받았는지 알아보려고 관련 연락처를 찾아볼 때 도움이 된다.

인증서의 형태는 다음과 같아야 한다.

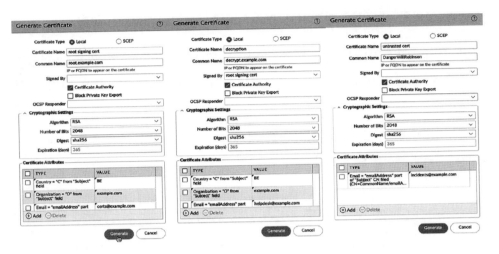

그림 4.11: 루트, 복호화, 신뢰할 수 없는 인증서

인증서를 클릭하면 다음 세 가지 옵션 중에서 선택할 수 있다.

- Forward Trust Certificate
- Forward Untrust Certificate
- Trusted Root CA

Forward Trust Certificate는 복호화에 사용하며 Forward Untrust Certificate는 업스트림 인증서에 문제가 있고 유저에게 경고를 전송해야 할 때 사용한다(업스트림 인증서에 문제가 있거나 의심스러울 때 신뢰할 수 있는 인증서를 사용하면 방화벽이 엔드포인트와 상호작용할 책임이 있으므로 유저에게 문제가 있다는 메시지를 표시하지 않는다). Trusted Root CA는 방화벽 자체가 루트 CA를 신뢰하게 설정할 수 있으며, 동적 업데이트 세션이 방화벽을 통과해 복호화되는 데 유용하다.

3개의 인증서를 각각 적절한 역할로 설정한다.

1. 루트 서명 인증서를 Trusted Root CA로 설정

2. 복호화 하위 인증서를 Forward Trust Certificate로 설정

3. 신뢰할 수 없는 인증서를 Forward Untrust Certificate로 설정

이제 루트 서명 인증서를 선택하고 컴퓨터로 내보내야 한다. 키를 포함할지 여부를 묻는 메시지가 표시되면 엔드포인트에는 필요하지 않으므로 No를 선택한다.

다음 그림에서 볼 수 있듯이 인증서 앞에 있는 상자를 선택하고 하단에 있는 Export Certificate를 클릭한다.

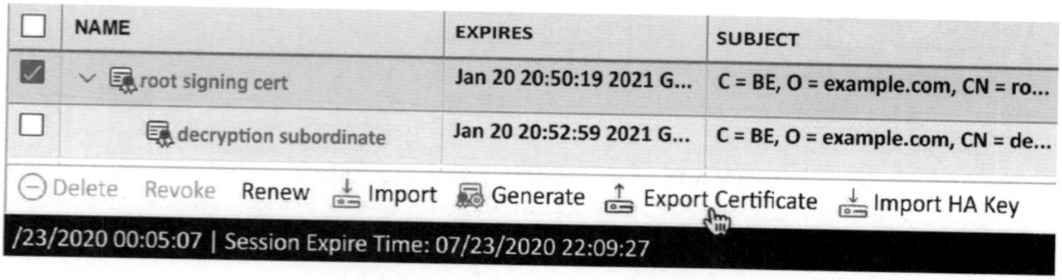

	NAME	EXPIRES	SUBJECT
☑	∨ 🗐 root signing cert	Jan 20 20:50:19 2021 G…	C = BE, O = example.com, CN = ro…
☐	🗐 decryption subordinate	Jan 20 20:52:59 2021 G…	C = BE, O = example.com, CN = de…

⊖ Delete　Revoke　Renew　⬆ Import　🗐 Generate　⬆ Export Certificate　⬆ Import HA Key

/23/2020 00:05:07 | Session Expire Time: 07/23/2020 22:09:27

그림 4.12: 루트 서명 인증서 내보내기

내보낸 후에는 테스트 컴퓨터의 신뢰할 수 있는 루트 인증서 저장소로 가져와야 한다. 파이어폭스^{Firefox} 브라우저를 사용하려면 파이어폭스가 컴퓨터 인증서 저장소를 사용하지 않으므로 파이어폭스에 별도로 이것을 추가해야 한다(인터넷 익스플로러, 엣지, 크롬, 사파리는 컴퓨터 저장소를 사용한다).

그런 다음 Objects ➤ Decryption ➤ Decryption profiles로 이동해 복호화 프로파일을 만들어야 한다. 기본값이 약간 취약하므로 인증서가 좀 더 강력하게 적용되도록 설정해보자.

1. 새 SSL 복호화 프로파일을 만들고 적절한 이름을 지정한다.

2. SSL forward proxy와 SSL Inbound inspection 탭에서 예외를 허용하지 않

으려면 모든 옵션을 활성화한다(파트너가 아직 인프라를 업데이트하지 않았기 때문에 지원되지 않는 TLS 버전을 허용해야 할 수도 있다).

3. SSL Protocol sessions 탭에서 3DES, RC4, SHA를 비활성화하고 최소 버전을 TLS 1.2로 설정한다.

4. No Decryption 탭에서 만료된 인증서와 신뢰할 수 없는 인증서를 차단하도록 플래그를 설정한다.

5. 마지막으로 SSH Proxy 탭에서 모든 플래그를 설정한다.

6. OK를 클릭한다.

이제 인증서가 로딩되고 복호화 프로파일이 만들어졌다. Policy ➤ Decryption으로 이동해 복호화 룰을 만들 수 있다.

복호화 룰을 구축하는 것은 보안 룰을 구축하는 것과 거의 동일하다. 소스 존과 네트워크, 대상 존과 네트워크, 서비스 또는 URL 카테고리(여기에는 애플리케이션이 없음)가 있다. 그러나 여기서는 옵션이 조금 다르다.

No Decrypt를 선택하면 온라인 뱅킹이나 종교와 같이 개인 정보에 민감한 토픽을 고려해야 할 때 유용하다.

NOTE

> 보통 현지 법률과 회사 정책이 뒤섞인 일과 사생활을 신중하게 균형 잡아야 할 때 정책을 수립할 필요가 있다. 조직에서 회사 장비나 회사 네트워크에서 특정 URL 카테고리에 접속하도록 허용할지 여부를 고려해야 한다. 또한 특정 세션을 검사하는 것이 법적으로 금지될 수 있으므로 일부 개인 카테고리에 복호화를 적용할지 여부도 고려해야 한다.

일반적으로 일부 카테고리는 접속이 허용되지만 개인 정보 보호 때문에 복호화하지 않는다. 이러한 카테고리는 No Decrypt 룰에 추가하고 복호화 룰의 맨 위에 배치해야 한다. 다른 모든 카테고리는 SSL 포워드 프록시 룰을 만든다.

다음은 기본 복호화 정책을 설정하는 단계다.

1. 새 룰을 만들고 no-decrypt로 이름을 설정한다.

2. 소스 존을 Trust-L3로 설정한다.

3. 대상 존을 Untrust-L3로 설정한다.

4. URL 카테고리를 financial-services 또는 접속할 수 있지만 비공개로 처리해야 하는 카테고리로 설정한다.

5. 옵션에서 action을 no-decrypt로 설정하고 SSL Forward Proxy를 입력한 다음 복호화 프로파일을 설정한다.

```
reaper@pa-220# set rulebase decryption rules no-decrypt from
Trust-L3 to Untrust-L3 category financial-services profile
"decryption profile" action no-decrypt type ssl-forward-proxy
```

6. 두 번째 룰을 만들고 decryption으로 명명한다.

7. 소스 존을 Trust-L3 존으로 설정한다.

8. 대상을 Untrust-L3 존으로 설정한다.

9. URL 카테고리는 any로 둔다.

10. action을 decrypt로 설정하고 SSL Forward Proxy를 입력한 다음 복호화 프로파일을 설정한다.

```
reaper@pa-220# set rulebase decryption rules no-decrypt from Trust-L3
to Untrust-L3 category financial-services profile "decryption profile"
action no-decrypt type ssl-forward-proxy
```

11. 변경 내용을 저장한다.

이제 웹 페이지를 열면 원본 CA가 root signing certificate로 바뀐 것이 보여야 한다.

그림 4.13: 복호화 인증서 체인 대 원본 인증서 체인

아웃바운드 연결을 복호화할 때 한 가지 주의할 사항이 있다. 암호화된 세션은 반드시 암호화 프로토콜로 규정된 SSL/TLS를 사용해야 한다는 점이다.

구글은 자체 암호화를 사용하고 UDP 443 포트를 사용해 세션을 전송함으로써 복호화 작업을 방해할 수 있는 Quic라는 트랜스포트 계층의 네트워크 프로토콜을 개발했다. 더 많은 사이트와 브라우저가 Quic 프로토콜을 지원하기 시작하면 유저 행위에 대한 가시성이 방해돼 위협을 차단할 수 없다.

따라서 다음 그림과 같이 Quic 사용을 방지하도록 룰 기반 상단에 차단 룰을 설정할 것을 권장한다.

	NAME	TAGS	TYPE	Source ZONE	Source ADDRESS	Source USER	Destination ZONE	Destination ADDRESS	APPLICA...	SERVICE	ACTION
4	Block Quic	none	universal	PANgur.us	any	any	perimeter	any	quic	application-default	Drop

그림 4.14: Quic 애플리케이션 차단

이제 SSL 복호화에 필요한 인증서를 설정하고 복호화 정책을 구축할 수 있다. 다음 절에서는 유저 환경에서 호스팅되는 사이트에 대한 SSL 인바운드 복호화를 설정해 본다.

SSL Inbound Inspection

SSL Inbound Inspection은 웹 애플리케이션이 로컬로 호스팅하고 유저가 서버 인증서와 개인키에 접근할 때 사용할 수 있다.

개인키, CA의 중개자, 루트 인증서를 포함한 서버 인증서를 가져와야 한다(마지막 2 의 개인키는 필요하지 않으며 단순히 체인을 완료하는 데 사용한다). 다음 그림에서 볼 수 있듯이 인증서 및 개인키 파일을 가져와야 한다.

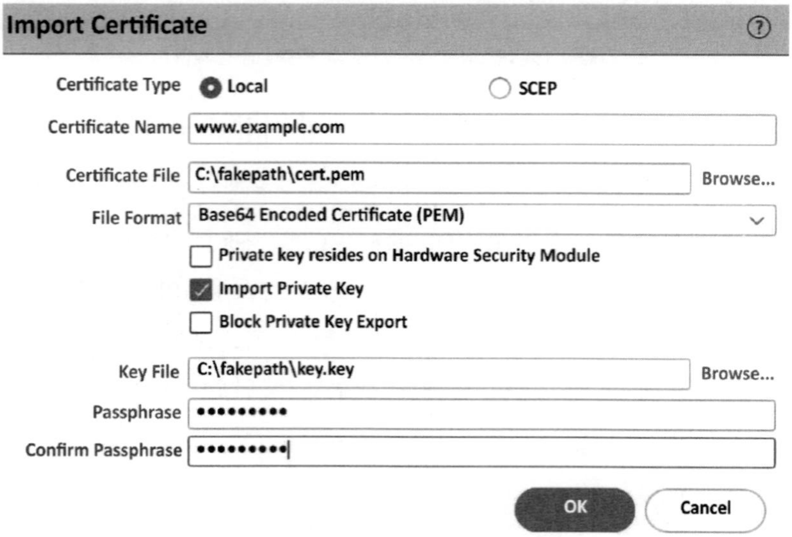

그림 4.15: 개인키와 함께 서버 인증서 가져오기

인증서 체인을 가져왔을 때 인증서 페이지는 다음과 유사해야 한다.

그림 4.16: 서버 인증서의 전체 인증서 체인

인증서 체인을 가져온 후에는 다음 정책을 만들 수 있다.

1. 새 복호화 룰을 만들고 도메인명이나 서버명을 따서 이름을 만든다.

2. 소스 존을 Trust-L3으로 설정한다.

3. 대상 존을 DMZ-L3으로 설정하고 대상 IP를 서버 퍼블릭(Pre-NAT) IP로 설정한다.

4. 지금은 카테고리를 any로 둔다.

5. decrypt로 action을 설정하고 **SSL Inbound Inspection**을 입력한 다음 인증서를 서버 인증서로 설정하고 복호화 프로파일을 활성화한다.

```
reaper@pa-220# set rulebase decryption rules examplecom from
Untrust-L3 to DMZ-L3 destination 198.51.100.5 category any profile
"decryption profile" action decrypt type ssl-inbound-inspection
exampledotcom
```

방화벽에는 서버 인증서와 개인키가 있어서 프록시가 필요하지 않고 실시간으로 복호화할 수 있다.

외부 디바이스로 세션 포워딩

추가 보안, 포렌식 수집, 규정 준수 요구 사항 때문에 복호화 세션 정보를 다른 스캐닝 디바이스로 포워딩하는 흥미로운 기능이 있다. 복호화 세션을 다른 보안 디바이스로 포워딩할 수 있는 두 가지 라이선스가 있다. 두 라이선스는 모두 무료지만 다음과 같은 서로 다른 요구 사항이 있다.

- 복호화 포트 미러^{Decryption Port Mirror}를 모든 방화벽에 적용할 수 있으며 복호화 프로파일과 일치하는 세션을 포워딩하게 설정됐다면 복호화된 세션을 인터페이스 밖으로 전송하기만 하면 된다(2장에서 복호화 포트 미러를 살펴봤다). 단점은 수신 디바이스가 위협을 탐지할 수 있을 뿐 방어할 수 없다는 것이다.
- 복호화 브로커^{Decryption Broker}도 복호화 포트 미러와 동일한 방식으로 활성화될 수 있는 무료 라이선스이지만 PA-7000, PA-5400, PA-5200, PA-3200 시리즈 방화벽에서만 사용할 수 있다.

이 라이선스가 활성화되면 보안 체인과 통신하는 데 2개의 인터페이스를 사용한다. 방화벽은 트래픽을 해독하고 콘텐츠를 검사한 다음 일반 텍스트 패킷을 보안 체인의 다음 디바이스로 전달한다. 보안 체인의 마지막 디바이스는 평문 패킷을 다시 방화벽으로 전송해 다시 암호화하고 최종 대상으로 전달한다. 복호화 브로커는 다음 두 가지 모드로 배포할 수 있다.

- **Layer3 보안 체인:** 각 디바이스에 할당된 IP가 있으며 정적 경로를 사용해 패킷을 다음 멤버로 리다이렉션한다.
- **투명 브리지**^{transparent bridge} **보안 체인:** 디바이스가 직렬로 연결돼 한 디바이스에서 다음 디바이스로 패킷을 전달한다.

이제 유저와 호스트 환경 모두에 SSL 복호화를 설정하고 제외하거나 포함할 카테고리를 선택할 수 있다. SSH 세션을 이용한 터널링을 방지하거나 허용할 수도 있다. 다음 절에서는 방화벽에서 세션을 보내는 방법을 어떻게 변경하는지 알아본다.

⫸ PBF를 이용해 세션을 다른 경로로 리다이렉션

PBF를 사용하면 특정 세션이 라우팅을 완전히 우회하는 룰을 설정할 수 있다. 패킷 처리의 첫 번째 단계에서 세션은 라우팅 테이블이 일반적으로 지시하는 것보다는 다른 인터페이스를 사용해 전송할 수 있다. 이 기능은 보조 ISP 링크(또는 전용선)를 이용해 특정 세션을 전송하거나 특정 VLAN, 터널, SD-WAN 인터페이스에서 패킷이 나가는지 확인해야 할 때 유용할 수 있다. PBF를 여러 가지 다른 방식으로 적용할 수 있으므로 다음 절에서 몇 가지 일반적 사용 사례를 다룬다.

중요 트래픽 리다이렉션

흔한 시나리오는 인터넷 트래픽에 고대역폭인 저렴하고 불안정한 DSL이나 케이블 업링크, 비즈니스에 중요한 애플리케이션에 안정적이지만 비싼 링크를 사용하는 소규모 사무실이다. 가상 라우터의 디폴트 라우팅은 모든 트래픽을 DSL이나 케이블 네트워크 외부로 보낸다면 PBF 룰은 전용선으로 SAP와 SQL과 같은 중요한 프로토콜을 리다이렉션할 수 있다. 이렇게 하면 중요한 애플리케이션이 안정적인 연결을 사용하고 덜 중요한 애플리케이션은 덜 안정적인 업링크를 사용하도록 보장할 수 있다.

다음 단계를 따라 이 룰을 만든다.

1. Policies ➤ Policy Based Forwarding으로 이동해 새 룰을 만든 다음 **redirect critical apps to ISP2**라고 명명한다.

2. 소스로 Trust-L3 네트워크 및 서브넷을 설정한다.

3. 대상으로 대상 주소/서브넷 또는 중요 애플리케이션을 호스팅하는 FQDN을 설정한다. 불필요하면 애플리케이션을 설정하지 말고 적절하다면 서비스 포트를 사용한다.

4. Forwarding 탭에서 새로운 송신 인터페이스와 넥스트 홉을 선택한다. 넥

스트 홉은 라우터 IP일 수도 있고 단순히 트래픽을 VLAN이나 터널 인터페이스에 넣는다면 none일 수도 있다. 넥스트 홉을 추가한다면 모니터링 프로파일을 추가하고 이것을 Failover에 설정한다. 그런 다음 Disable this rule if nexthop/monitor ip is unreachable을 선택해 전용 회선이 다운될 때 중요한 애플리케이션이 일반 링크로 라우팅되게 한다.

5. 설정 결과는 다음 그림과 같다.

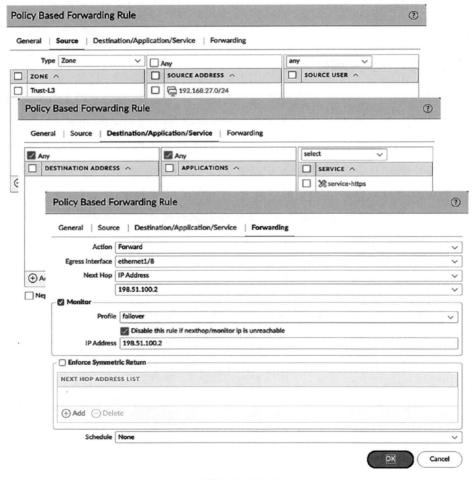

그림 4.17: PBF 룰

다음과 같이 CLI 명령을 사용해 룰을 만들 수도 있다.

```
reaper@pa-220# set network profiles monitor-profile failover action fail-
over interval 2 threshold 3
reaper@pa-220# set rulebase pbf rules "redirect critical apps to ISP2"
from zone Trust-L3
reaper@pa-220# set rulebase pbf rules "redirect critical apps to ISP2"
source 192.168.27.0/24 destination any service service-https action
forward monitor profile failover disable-if-unreachable yes ip-address
198.51.100.2
reaper@pa-220# set rulebase pbf rules "redirect critical apps to
ISP2" action forward egress-interface ethernet1/8 nexthop ip-address
198.51.100.2
```

일반적이지 않은 세션은 Destination/Application/Service 탭에서 애플리케이션을 설정하지 않는 것이 바람직하다(예를 들어 다른 대상으로의 웹브라우징). 애플리케이션을 식별하는 데 몇 개의 패킷이 필요하므로 대신 서비스 포트와 대상 IP를 사용한다. 처음 몇 개의 패킷은 애플리케이션이 인식된 상태가 아니므로 앱 기반 PBF 룰을 통과할 수 없어 라우팅 테이블 경로로 포워딩된다. 반복적으로 연결하면 기록이 앱 캐시에 저장되므로 첫 번째 패킷의 PBF를 활용할 수 있다. 여기서 주의할 점은 App-ID와 관련 튜플이 앱 캐시가 되기 전에 첫 번째 세션이 반드시 일반 라우팅을 통과할 수 있어야 한다는 것이다.

이제 중요한 아웃바운드 세션을 디폴트 라우팅이 아닌 다른 인터페이스에로 리다이렉션할 수 있다. 다음 절에서는 인바운드 연결에 다중 업링크를 활용하는 방법을 살펴본다.

로드밸런싱

또 다른 일반적인 시나리오는 2개 이상의 업링크가 있고 두 회선 모두 인터넷 유저에게 서비스(예, 내부적으로 호스팅된 웹 사이트 또는 이메일 서버)를 제공할 때다. 디폴트 라우팅을 사용하면 반환 패킷이 들어온 인터페이스와 다른 인터페이스를 통해 나가면서 비대칭 라우팅 및 클라이언트 세션 실패를 유발할 수 있다. PBF를 사용해 라우팅 테이블이 응답 패킷을 다른 위치로 보내더라도 대칭적 반환을 적용해 응답 패킷을 원래 들어온 인터페이스로 리다이렉션한다. 다음은 이를 설정하는 단계다.

1. 소스 존을 들어온 ISP 세션으로 설정한다.

2. 대상 IP를 서버와 적절한 애플리케이션 및 서비스 포트로 설정한다.

3. Forward Action은 패킷을 DMZ 인터페이스에서 메일 서버로 직접 보낸다. 이는 일반 라우팅에서 이뤄진다. 그러나 Enforce Symmetric Return은 디폴트 라우팅(ISP1)을 사용하는 대신 보조 ISP의 라우터로 응답 패킷을 보낸다.

이제 PBF 룰이 다음 그림과 유사하게 보일 것이다.

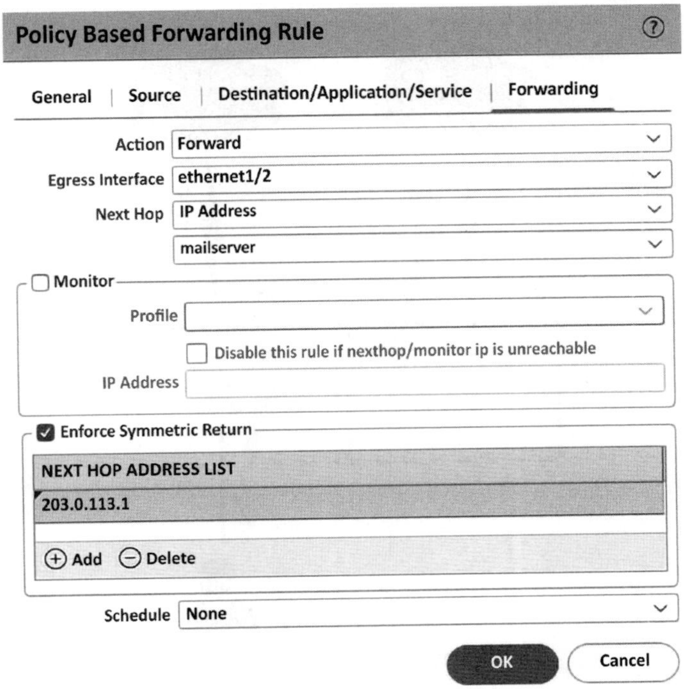

그림 4.18: Enforce Symmetric Return을 위한 PBF 룰 설정

NOTE

애플리케이션 캐시는 대상 IP 주소, 대상 포트, 프로토콜 ID를 기반으로 항목을 생성하기 때문에 동일한 서버를 향하는 인바운드 PBF 세션은 앱 캐시 내 해당 애플리케이션으로 쉽게 식별된다.

2개의 가상 라우터를 설정하고 각각에 다른 ISP를 하나씩 연결하는 것이 또 다른 일반적인 사용 사례다. 그런 다음 원격지에 2개의 업링크가 동시에 있도록 각 가상 라우터에서 VPN 터널을 구성한다. 이후 PBF를 사용해 메인 링크를 통해 원격지 끝으로 유저 세션을 라우팅할 수 있으며 ISP가 실패하면 디폴트 라우팅을 복원해 백업 링크를 사용할 수 있다. 다음 다이어그램에서 보여주는 것과 같다.

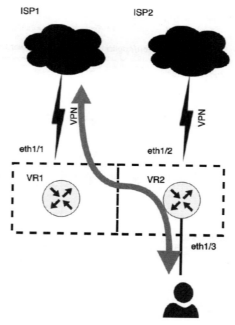

그림 4.19: PBF를 사용한 VPN 이중화

이제 디폴트 라우팅이 없는 인터페이스에서 인바운드 연결을 수신하고 반환 패킷이 원래 인터페이스로 다시 흐르게 할 수 있다. 때로는 화려한 방법이 항상 최선의 방법은 아니다. 다음 절에서 단순화된 링크 밸런싱을 살펴본다.

대안으로서 ECMP

이전 사례에 대한 대안으로서 ISP가 연결된 가상 라우터에서 ECMP^{Equal Cost Multi-Path} 라우팅을 활성화할 수 있다. ECMP는 여러 경로를 사용해 링크 밸런싱을 가능하게 하며 작은 대역폭의 여러 ISP 연결을 결합해 성능을 향상시킬 수 있다. PBF는 각 링크를 통해 보낼 대상이나 포트에 더 많은 제어력을 갖고 있는 대체 링크를 통해 세션을 전달하는 룰이 필요한 반면 ECMP는 단순히 세션을 여러 링크에 분산하므로 진정한 로드밸런싱 솔루션이라고 할 수 있다.

경로를 설정하려면 먼저 ISP 업링크를 보유한 Network ▶ Virtual Routers ▶ VR로 이동해 ECMP를 활성화한다. ECMP는 최대 4개의 경로를 지원하는데, 특히 다음 세 가지 사항을 고려한다.

1. 패킷이 들어온 인터페이스와 동일한 인터페이스로 패킷을 다시 내보내려면 Symmetric return을 설정한다. 이는 하나 또는 2개의 ISP 서브넷에서 서비스를 호스팅하는 데 유용하다.

2. Strict Source Path를 활성화하면 방화벽 소스 트래픽(IKE/IPSec)이 ECMP에 종속되지 않고 IPSec 터널이 구성된 인터페이스에 바인딩되고 일반 라우팅을 사용해 경로를 결정한다. 이 설정은 고정 VPN 연결이 필요할 때만 활성화해야 한다.

3. Max Path는 ECMP에 참여할 수 있는 인터페이스 수를 알려준다. 이 값은 균형을 유지하려는 업링크 수와 일치해야 한다.

다음 그림에서 볼 수 있는 것처럼 선택할 수 있는 몇 가지 로드밸런싱 방법이 있다. 각 방식은 고유한 동작으로 귀결되므로 각자에게 필요한 가장 적합한 방법을 선택하자.

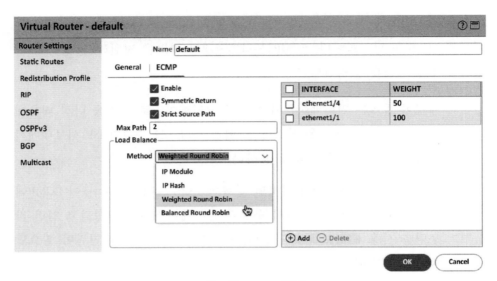

그림 4.20: ECMP 라우팅

- IP Modulo는 소스 및 대상 IP의 해시를 사용해 어떤 ECMP 경로를 사용할 지 결정한다.
- IP Hash는 소스 IP 또는 대상 IP-대상 포트 조합을 사용해 어떤 ECMP 경로를 사용할지 계산한다.
- Weighted Round Robin을 사용하면 가중치를 기반으로 더 많거나 적은 세션이 할당되는 인터페이스를 결정할 수 있다. 그림과 같이 가중치가 높을수록 선호도가 높아진다.
- Balanced Round Robin은 모든 업링크에서 ECMP 세션의 균형을 동일하 게 유지한다.

이 절에서는 PBF 및 대칭 반환을 사용해 세션이 방화벽 밖으로 나가는 방식을 조작하는 방법과 ECMP가 ISP 업링크를 묶는 데 도움이 되는 방법을 살펴봤다.

⠿ 요약

4장에서는 비즈니스에 중요한 애플리케이션에 항상 사용 가능한 대역폭을 보장하면서 인터넷 업링크가 플러드flood되지 않게 세션을 조정하는 방법을 살펴봤다. 이제 TLS 세션에서 App-ID 및 위협을 검사할 수 있도록 복호화를 구현하고 라우팅에 관계없이 PBF 및 ECMP를 활용해 세션 흐름을 제어할 수 있다. QoS 룰 및 프로파일을 구현해 트랜잭션 수가 사용량이 많은 애플리케이션의 대역폭을 효율적으로 제한하고 중요한 애플리케이션에 보장된 대역폭을 할당해 가장 바쁜 시간에도 대역폭 문제가 발생하지 않게 할 수 있다.

PCNSE 시험을 준비한다면 QoS는 룰과 일치하는 세션에 클래스를 할당하고 각 클래스 보장 대역폭과 최대 처리량을 정의하는 프로파일을 인터페이스에 추가한다는 것을 알아야 한다. class4는 기본 클래스다. SSL 복호화는 복호화 프로파일을 할당했을 때 잘 동작하는데, 심지어 no-decrypt 룰에도 해당된다는 점을 기억하자. 그리고 복호화 트래픽을 디바이스 외부로 전달하는 두 종류의 인터페이스가 있다는 점을 기억하자.

5장에서는 전통적으로 네트워크에서 서버가 호스팅되는 서비스를 방화벽에서 활성화하고, HA 모드로 방화벽을 설정하고 가상 시스템을 추가하는 방법을 알아본다.

05

서비스와 운영 모드

대부분의 네트워크에는 유저가 회사 자원이나 인터넷에 접속하고자 노트북, 모바일, 워크스테이션을 구성할 필요 없는 몇 가지 지원 서비스가 있다. DHCP Dynamic Host Configuration Protocol는 유저에게 IP 주소와 기타 여러 설정을 할당함으로써 유저가 네트워크에 연결할 수 있게 도와준다. DNS Domain Name System를 사용하면 친숙한 이름으로 웹 사이트에 방문할 수 있다. 각 위치에 해당 서버를 구축할 필요 없이 방화벽을 구성해 이러한 서비스를 제공할 수 있다.

HA 클러스터링 및 가상화는 장애 복원력을 높이고 장애가 발생하더라도 비즈니스를 계속할 수 있게 보장한다. HA를 설정하고 액티브 Active/패시브 Passive 모드와 액티브/액티브 모드를 모두 사용할 때의 영향을 검토한다. 또한 섀시에서 가상 시스템을 사용해 네트워크 세그먼트를 논리적으로 분할하는 방법도 자세히 살펴본다.

5장에서 다루는 내용은 다음과 같다.

- DHCP 클라이언트와 서버 적용

- DNS 프록시 구성
- HA 설정
- 가상 시스템 활성화
- 인증서 관리

이를 통해 다른 서비스를 사용할 수 없는 위치에 방화벽을 배포하고 이러한 역할을 일부 맡을 수 있다.

HA는 방화벽 구성 환경에서 발생할 수 있는 장애를 빠르게 극복할 수 있게 해주며, 버추얼 시스템은 추가 하드웨어를 구입하지 않고도 여러 환경을 분리할 수 있게 해준다.

⠿ 기술적 요구 사항

5장에서는 DHCP와 DNS 같은 기본 네트워킹 프로토콜을 다루며 기업 환경에서 이러한 프로토콜을 구성하는 데 익숙해져야 한다. 클러스터링과 멀티테넌시 시스템에 관한 사전 경험이 있는 것이 좋다.

⠿ DHCP 클라이언트와 서버 적용

대부분의 사무실에서는 네트워크에서 클라이언트를 설정할 때 DHCP를 사용하는 것이 일반적이지만 소규모 사무실은 IP 주소를 제공하기 위한 전용 서버를 설정하는 것이 어렵거나 비용이 많이 들 수 있으며, 로컬 ISP가 IP 주소를 할당하고 인터넷을 연결하기 전에 DHCP 클라이언트를 네트워크에 연결하도록 요구할 수도 있다. 다행히 방화벽도 이러한 작업을 수행할 수 있다. 방화벽을 동적 ISP의 DHCP 클라이언트로 설정하는 것부터 시작한다.

DHCP 클라이언트

데이터 플레인 인터페이스를 DHCP 클라이언트로 설정하려면 Layer3 인터페이스를 구성할 때와 동일한 단계를 따르되 IPv4를 DHCP Client로 설정한다.

1. 인터페이스를 편집한다.

2. 모드를 Layer3로 설정한다.

3. 적절한 존과 가상 라우터를 선택한다.

4. IPv4를 DHCP Client로 설정한다.

ISP의 디폴트 라우팅을 사용하거나 가상 라우터에서 직접 경로를 설정할 수 있으며, 원한다면 호스트명을 업스트림으로 전송할 수 있다(일부 ISP에서는 특정 호스트명을 설정해야 할 수도 있으며, 실제 시스템 호스트명을 변경하지 않고 여기에서 설정할 수 있다).

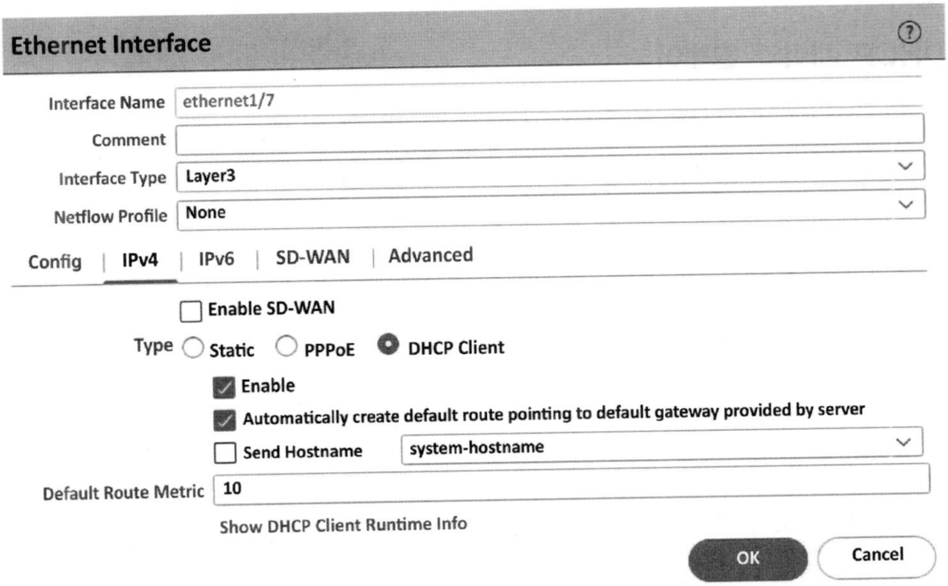

그림 5.1: DHCP 클라이언트 모드의 인터페이스

변경 사항이 커밋되면 Network ➤ Interfaces ➤ Ethernet에서 인터페이스 구성이나 인터페이스 요약에서 런타임 정보, 업데이트, 릴리스를 볼 수 있다.

몇 가지 유용한 CLI 명령은 다음과 같다.

```
> show dhcp client state all
> request dhcp client renew all
> request dhcp client release all
```

이제 방화벽을 DHCP 클라이언트로 구성하고 인터페이스에 IP 주소를 수신할 수 있다.

다음으로 DHCP 서비스를 로컬 존으로 확장해 내부 클라이언트에 IP 주소를 제공할 수 있다.

DHCP 서버와 릴레이

네트워크 내부에서 방화벽은 DHCP 서버로 작동해 IP 주소, DNS, NTP[Network Time Protocol] 설정, 기타 많은 옵션을 전달할 수 있다. DHCP 서버 구성 요소는 배포할 IP 서브넷이나 범위와 동일한 브로드캐스트 도메인에 있는 인터페이스에 연결해야 한다. Network ➤ DHCP ➤ DHCP Server에서 다음을 수행한다.

1. 새 DHCP 서버 프로파일을 만든다.

2. 클라이언트가 연결된 인터페이스를 선택한다.

3. 적절한 모드를 선택한다.
   - Auto 옵션은 네트워크에서 다른 DHCP 서버를 자동 검색하고 서버가 발견되면 스스로 비활성화한다.
   - Enabled는 DHCP 서버가 항상 켜짐으로 설정돼 네트워크에 있는 기존 DHCP 서버와 충돌할 수 있다.

- Disabled는 DHCP 서버를 비활성으로 설정한다.

4. Ping IP when allocating new IP 옵션을 사용하면 IP를 할당하기 전에 해당 호스트에게 핑을 전송해서 IP 충돌을 방지할 수 있다.

5. Unlimited 또는 Timeout 임대 시간을 선택한다.
- Timeout 임대는 설정된 시간이 지나면 시간이 초과돼 임대가 제거되므로 임대가 만료될 때 클라이언트가 더 이상 온라인 상태가 아닌 경우 클라이언트가 임대를 갱신하거나 임대를 잃게 된다.
- Unlimited로 설정하면 임대를 영구적으로 유지한다. IP 풀이 고갈되면 새 클라이언트는 IP를 받을 수 없다.

6. IP 풀 서브넷이나 범위를 추가하고 필요에 따라 예약을 추가한다.
- MAC 주소가 없는 예약은 해당 IP 주소를 사용하는 호스트에서 수동으로 IP를 설정해야 한다.
- MAC 주소가 있는 예약은 인터페이스에 일치하는 MAC 주소가 있는 호스트만 IP를 할당한다.

7. Options 탭에서 필요하면 업스트림(ISP) DHCP 서버의 옵션을 상속할 수 있다. 이 옵션은 다운스트림 클라이언트와 ISP DNS를 공유하는 데 유용할 수 있다.

8. 게이트웨이와 서브넷 마스크는 방화벽 인터페이스 IP와 서브넷 마스크로 설정해야 한다.

9. DNS, NTP, 기타 옵션을 수동으로 설정하거나 업스트림 DHCP 서버에서 다운로드하게 설정할 수 있다.

10. 커스텀 DHCP 옵션은 1에서 254까지 추가할 수 있다.

11. 일반적인 드롭 룰이 기본 인트라존 허용 룰을 대체하도록 구성했다면 DHCP 애플리케이션을 허용하는 보안 룰을 추가하는 것을 잊지 않아야 한다.

다음 그림은 DHCP 서버 구성을 보여준다.

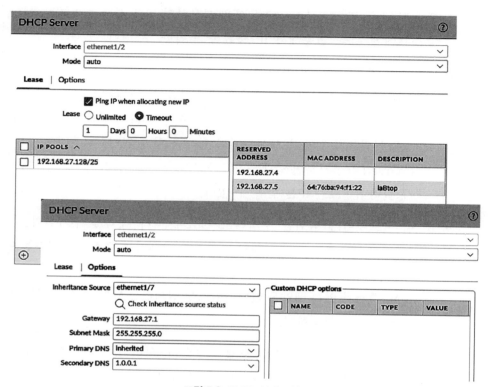

그림 5.2: DHCP 서버 구성

다음 그림과 같이 DHCP 릴레이는 클라이언트가 활성화될 인터페이스와 DHCP
요청이 전달될 IP만 할당하면 된다.

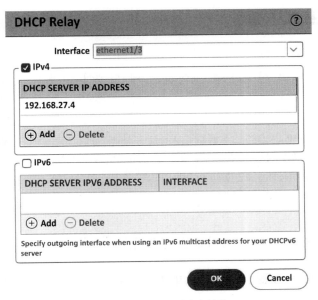

그림 5.3: DHCP 릴레이 설정

방화벽은 인터페이스에서 DHCP 요청을 수신 대기하고 모든 DHCP 패킷을 다른 인터페이스에 연결된 네트워크에 있는 DHCP 서버로 전달한다.

NOTE

> DHCP 릴레이를 사용하려면 클라이언트에서 방화벽 인터페이스로, 그리고 방화벽 인터페이스에서 DHCP 서버로 DHCP 애플리케이션이 허용돼야 한다.

일부 지역에서는 고정 IP 주소를 제공할 수 있는 ISP가 없을 수 있으므로 방화벽을 DHCP 클라이언트로 설정할 수 있는 기능은 매우 유용한 도구다.

방화벽에서 DHCP 서비스를 제공하거나 내부 클라이언트의 DHCP 요청을 릴레이하면 로컬 인프라를 보유할 필요가 없다. 이러한 지식은 소규모 사무실을 빠르게 구축하는 데 도움이 될 수 있으며, 다음에 다룰 DNS 서비스가 필요할 수도 있다.

❖ DNS 프록시 설정

DNS 프록시는 내부 클라이언트가 DNS 서버에 연결하는 방법과 도메인 정보를 가져오는 위치나 수신 정보를 제어하는 데 도움이 된다.

NOTE

> 클라이언트는 방화벽 인터페이스 IP를 DNS 서버로 구성해야 한다. 이는 DHCP 서버의 DNS 속성에 강제로 설정하거나 수동으로 설정해야 할 수 있다. 방화벽은 클라이언트에서 방화벽 인터페이스로의 DNS 연결을 허용하는 보안 룰과 방화벽 인터페이스에서 인터넷으로 나가는 DNS를 허용하는 두 번째 보안 룰이 필요할 수 있다.

다음 단계에 따라 DNS 프록시를 구성한다.

1. Network ➤ DNS Proxy에서 새 DNS 프록시 오브젝트를 만든다.

2. 이름을 추가하고 업스트림 DHCP 서버(ISP)에서 DNS 구성을 상속하려면 Inheritance를 설정한다.

3. 선택한 서버로 나가는 DNS 요청에 대한 기본Primary 및 보조secondary DNS 서버를 설정하거나 일반 조회에 ISP의 DNS 서버를 사용하려면 Inherit를 선택한다.

4. 방화벽이 DNS 쿼리를 수락할 인터페이스를 추가한다.

5. DNS Proxy Rules 탭에서 리다이렉션 룰을 추가한다. 이러한 FQDN 요청은 다른 DNS 서버로 리다이렉션되며, 프라이빗 IP를 사용해 내부 레코드를 제공한다. 이는 내부 클라이언트가 내부 호스팅 서버의 프라이빗 IP를 수신하는 데 유용할 수 있다.

6. 정적 항목에서 방화벽이 설정한 IP로 응답할 FQDN을 추가한다. 이러한 쿼리는 어떤 DNS 서버로도 전달되지 않는다.

7. Advanced 탭에서 다음을 구성할 수 있다.

- 대기 중인 최대 TCP DNS 요청 수(64~256개)
- 응답이 없는 UDP 쿼리 간격과 최대 시도 횟수
- **캐싱:** TTL을 활성화해 방화벽이 항목을 강제로 새로 고치기 전에 레코드가 캐시될 수 있는 최대 시간(60초에서 86,400초 사이)을 설정할 수 있다. 기본적으로 방화벽 캐시 메모리가 부족하거나 레코드 자체 TTL이 만료될 때까지 레코드가 삭제되지 않는다.

EDNS 옵션을 선택하면 DNS의 확장 메커니즘을 캐시할 수 있다. 이렇게 하면 512바이트보다 큰 DNS 응답을 캐싱할 수 있다.

다음 그림은 완전히 구성된 DNS 프록시 오브젝트를 보여준다.

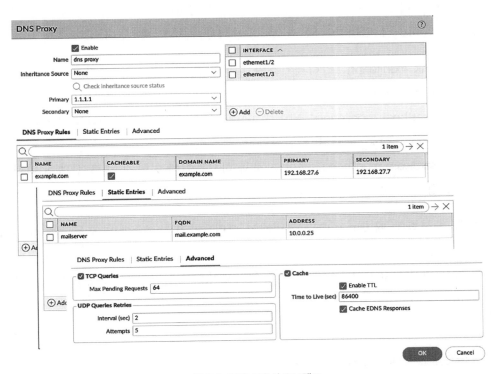

그림 5.4: DNS 프록시 오브젝트

이제 클라이언트가 연결할 수 있는 서버를 제어하고 필요하면 다시 쓰기를 수행할 수 있는 DNS 프록시 오브젝트를 구성할 수 있다. 다음 절에서는 클러스터링 및 이중화를 설정하는 방법을 알아본다.

⠿ HA 설정

HA는 2개의 동일한(동일한 섀시 또는 VM 버전) 방화벽을 연결해 클러스터를 형성하는 구성이다. 클러스터링이 활성화되면 두 시스템이 외부에 단일 엔티티entity를 형성하고 특정 문제에 대한 페일오버를 처리하므로 유저는 서비스를 계속 사용할 수 있다. 이러한 유형의 모니터링은 클러스터 멤버에서 수행되거나 수행될 수 있으며 클러스터 멤버는 자신과 피어 상태를 확인할 수 있다.

- Link monitoring: 인터페이스가 다운되면 멤버가 실패한다.
- Path monitoring: IP와 통신할 수 없게 되면 멤버가 실패한다.
- Heartbeat monitoring: 피어는 주기적으로 하트비트와 `hello` 메시지를 전송해 작동 중인지 확인한다.
- Hardware monitoring: 멤버는 자체 하드웨어에서 패킷 경로 상태 모니터링을 지속적으로 수행하며 오동작이 감지되면 실패한다.

HA를 활성화할 때 Group ID를 선택해야 한다. 이 ID는 두 멤버 모두 동일해야 한다. Group ID는 한 멤버가 실패할 경우 두 방화벽이 공짜gratuitous ARP로 요청할 수 있는 가상 MAC으로 전환할 때 각 인터페이스와 연결된 MAC 주소에도 영향을 미친다.

NOTE

> 네트워크에서 이미 활성화된 모든 Layer3 인터페이스는 HA가 활성화 및 커밋되면 새로운 MAC 주소를 받게 되며, 스위치 및 클라이언트가 방화벽 IP와 연결된 새로운 MAC을 학습하는 동안 연결성 문제가 발생할 수 있다. 일부 ARP 테이블은 지우고 정적 항목을 업데이트해야 할 수도 있다.

다음 그림에서 볼 수 있듯이 멤버 간 설정 동기화를 비활성화할 수 있는 Enable Config Sync 체크박스가 있다. 이 옵션을 비활성화하면 두 방화벽 피어를 비롯한 인접 장비에 광범위한 영향이 발생하므로 비활성화하는 것은 매우 주의해야 한다(예를 들어 각 인터페이스, 존, 오브젝트는 세션 일관성을 위해 일반적으로 피어 간에 동기화되는 고유 식별자를 갖고 있는데, 이 옵션을 비활성화하면 세션이 페일오버되지 않을 수 있다). 따라서 구성이 달라야 하는 드문 상황에서만 사용해야 한다.

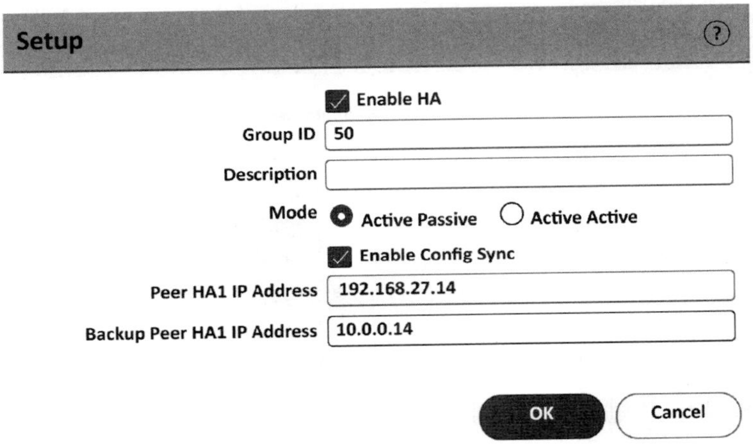

그림 5.5: HA 활성화하기

클러스터를 구성할 수 있는 몇 가지 모드가 있으며 다음 절에서 다룬다. 먼저 basic 모드를 살펴본 다음 고가용성을 구성하는 모든 개념을 정리한 후 액티브/패시브 및 액티브/액티브의 두 가지 주요 모드를 자세히 살펴본다.

액티브/패시브 모드

액티브/패시브 모드에서는 보조Secondary 피어가 참여하지 않는 동안 기본Primary 멤버가 모든 트래픽을 처리한다.

기본적으로 패시브 디바이스는 인터페이스가 셧다운Shutdown 상태이므로 연결된 모든 디바이스에서도 링크가 다운된 것으로 인식한다. 환경에 따라 다른 클러스터가 제대로 동작하지 않을 수 있으며, 이 경우 Auto(Up 상태이지만 패킷을 수락하지 않음)로 설정해야 한다.

Monitor Fail Hold Down Time은 멤버를 패시브 상태로 설정하기 전에 오류가 감지된 후에 지정된 시간 동안 방화벽을 페일 상태non-functional(방화벽 상태 절 참고)로 유지한다.

그림 5.6: 패시브 링크 상태

Passive Link State를 Auto로 설정하고 더 빠른 링크 협상을 원한다면 해당 프로토콜이 활성화된 인터페이스의 Advanced 탭에 접근해 다음과 같이 패시브 모드에서 LLDP 및 LACP를 활성화하고 Enable in HA Passive State에 체크하면 된다.

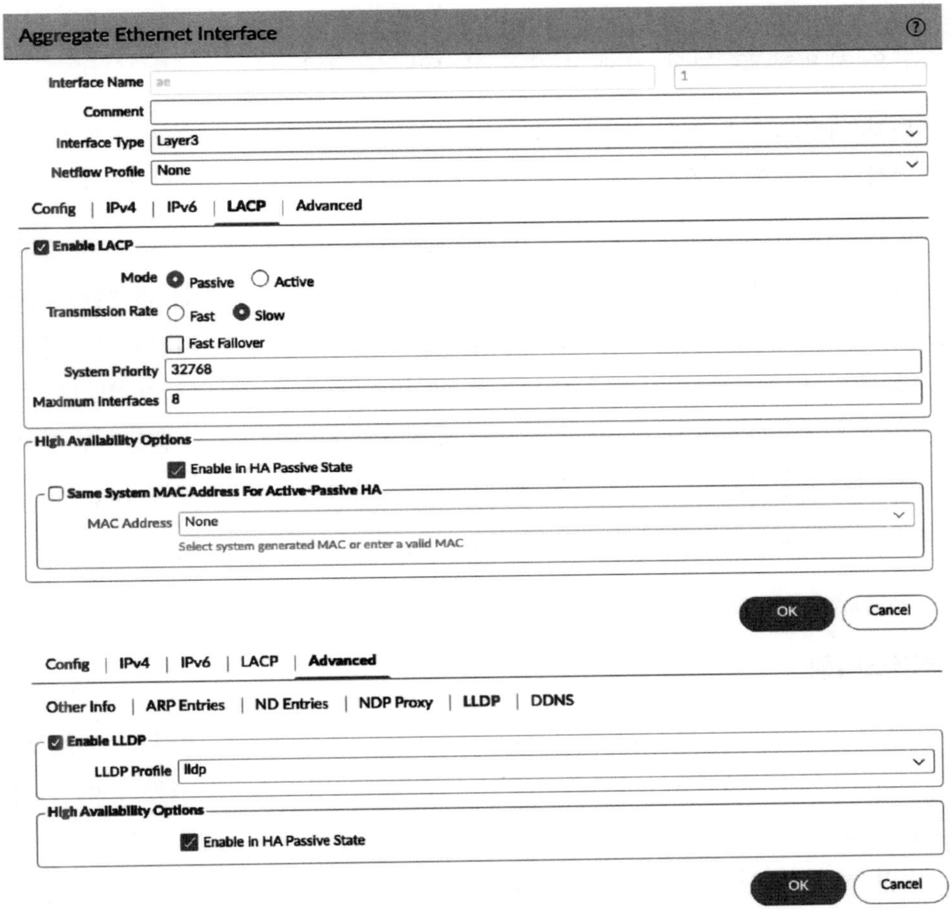

그림 5.7: HA Passive 상태의 LACP와 LLDP

다음 클러스터링 모드에서는 두 멤버 모두 액티브 상태로 참여한다.

액티브/액티브 모드

액티브/액티브 모드에서는 두 방화벽이 모두 세션을 적극적으로 가져와 자체 세션 테이블을 유지한다. 세션 테이블은 피어와 동기화된다. 액티브/액티브 모드에서는 두 피어가 개별적으로 자체 세션을 처리하거나, 하나의 피어를 마스터로 지정해 모든 세션을 처리하거나, 로드밸런싱/공유 메커니즘(IP Modulo 또는 IP Hash)을 사용해 두 피어 간에 스캔을 분산할 수 있다.

액티브/액티브 모드는 Layer3 및 Virtual Wire 인터페이스만 지원하며 DHCP 클라이언트로 동작할 수 없고 액티브-기본 멤버만 DHCP 릴레이로 작동할 수 있다.

액티브/액티브는 로드밸런싱 구성이 아니라는 점을 인식하는 것이 중요하다. 액티브/액티브가 해결하고자 하는 주요 문제는 비대칭 흐름 또는 더 빠른 페일오버 요구 사항이다. 액티브/액티브 클러스터는 추가 액티브 멤버의 가용성 때문에 액티브/패시브 클러스터보다 피크 때 버스트 트래픽을 더 잘 처리할 수 있지만 두 피어의 세션 동기화 때문에 더 많은 오버헤드가 발생하므로 일반 트래픽의 경우 평균 부하가 약간 더 높을 수 있다.

액티브/액티브는 액티브/패시브보다 훨씬 더 복잡하므로 장단점을 고려하자.

클러스터링

세 번째 유형의 고가용성은 클러스터링이다. 이 설정에서는 여러 HA 페어와 독립 실행형 디바이스를 지리적 클러스터로 결합할 수 있다. 예를 들어 각각 고유한 HA 페어를 가진 여러 개의 대규모 데이터 센터가 있다면 유용한 이중화 방법이 될 수 있다. 전체 사이트가 다운되는 상황에도 각 페어의 상태 테이블이 클러스터의 모든 멤버와 동기화되므로 다른 HA 페어가 형성한 세션을 재개할 수 있다. 최대 16개의 디바이스가 클러스터에 포함될 수 있다. 클러스터의 모든 멤버가 동일한 플랫폼 규격일 필요는 없다(즉, VM-300, PA-3200, PA-5200 등이 모두 동일한 클러스터에 포함될 수 있음).

각 폼 팩터는 다음과 같은 수의 클러스터링 피어를 지원한다.

- PA-3200: 6
- PA-5200: 16

- PA-7050: 4
- PA-7080: 6
- VM-300, VM-500: 6
- VM-700: 16

클러스터링은 Device ➤ High Availability ➤ General ➤ Clustering Settings에서 Enable Cluster Participation을 구성해 설정한다.

1. 클러스터 참여를 활성화한다.

2. Cluster ID를 설정한다. 이 ID는 모든 멤버 간에 동일해야 한다.

3. Cluster Synchronization Timeout(0~30분)은 클러스터 피어가 클러스터의 완전한 동기화를 못하게 할 때(예, 클러스터가 비활성 상태이거나 결함이 있는 경우) 클러스터 멤버가 액티브 상태로 전환되기 전까지 대기하는 시간이다.

4. Monitor Fail Holddown Time(1~60분)은 방화벽이 이전에 다운된 링크를 다시 테스트하기 전에 대기하는 시간이다.

5. 다음으로 Device ➤ High Availability ➤ HA Communications ➤ Clustering Links에서 HA4 및 HA4 백업 링크를 구성해야 한다.

모든 클러스터 구성원 간에 상태 테이블 동기화를 위한 전용 링크다.

NOTE

> 클러스터 상태 테이블은 로컬 방화벽의 액티브 상태 테이블에 추가되지 않으며 다운된 피어로부터 트래픽을 인계받을 때까지 별도로 저장 및 유지된다.

HA4 링크가 구성되면 Device ➤ High Availability ➤ Cluster Config에서 클러스터 멤버를 추가해야 한다.

각 멤버는 Device Serial Number, HA4 IP Address, HA4 Backup IP Address를 포함해 개별적으로 추가된다. 로컬 세션 테이블을 피어와 동기화하려면 Session

Synchronization을 활성화해야 한다.

일반적인 구성은 다음 그림과 유사하다.

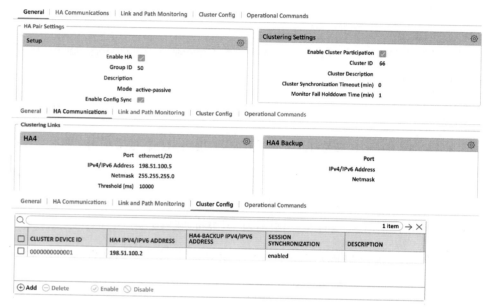

그림 5.8: 클러스터 구성

클러스터 상태는 Dashboard HA 위젯에서 확인할 수 있다.

방화벽 상태

방화벽은 클러스터 멤버인 동안 여덟 가지 상태 중 하나의 상태일 수 있다.

- **Initial:** 방화벽은 이 상태를 부팅 후 갖게 되며 이때부터 피어를 찾기 시작한다. 타임아웃이 만료된 후에도 피어를 찾지 못하면 방화벽이 활성화된다.
- **Active:** 방화벽이 패킷을 수락하고 처리 중인 단계다.
- **Passive:** 방화벽이 대기 상태에 있으며 기본 멤버로부터 상태 테이블

및 런타임 오브젝트 업데이트를 수신하는 동시에 hello 및 하트비트 메시지로 액티브 멤버를 모니터링해서 인계할 필요가 없는지 확인한다.

- **Non-functional:** 방화벽에 장애 조건이 발생한 상태다. 이는 인터페이스의 다운이나 데이터 플레인 오류일 수 있지만 구성 불일치 또는 PAN-OS 불일치로 인해 발생할 수도 있다(가장 높은 버전의 PAN-OS를 가진 멤버가 Non-functional 상태로 됨).
- **Suspended:** 방화벽이 액티브 멤버로부터 업데이트 정보를 계속 수신하지만 관리자가 일시적으로 이 디바이스를 액티브 역할을 수행할 수 없게 설정한 상태다. 이 상태는 트러블 슈팅이나 업그레이드 중에 필요할 수 있다.
- **Active-primary:** 액티브/액티브 모드에서 DHCP 서버, 유저 ID 에이전트, NAT, PBF 룰을 한 멤버나 두 멤버 모두에 할당할 수 있다.
- **Active-secondary:** 액티브-보조는 DHCP 릴레이를 할 수 없다는 점을 제외하고 위의 모든 기능을 사용할 수 있다.
- **Tentative:** 액티브/액티브에서 방화벽이 suspend되거나 non-funcional 상태를 벗어나면 먼저 세션을 동기화하는 동안 Tentative 상태가 된다. 수신된 모든 패킷 처리를 위해 HA3 링크로 피어에게 전달한 다음 Tentative 상태를 벗어나 자체적으로 패킷 처리를 시작할 때까지 송신 인터페이스로 패킷을 내보낸다.

두 클러스터 멤버가 구성을 동기화하고 세션 테이블을 공유할 수 있게 하려면 특별한 인터페이스가 필요하다.

HA 인터페이스

HA는 특정 작업을 수행하는 HA1, HA1 백업, HA2, HA3, HA4와 같은 여러 인터페이스가 필요하다.

HA1은 구성을 동기화하고 원격 피어 모니터링(Hello 메시지)을 수행하는 데 사용되는 메인 관리 링크다. HA1은 관리 인터페이스, 전용 인터페이스(섀시에 HA1 인터페이스로 보여짐) 또는 인터페이스 유형 HA1로 설정된 데이터 플레인 인터페이스에서 활성화할 수 있다. HA1 링크가 다운되면 패시브 멤버는 액티브 멤버가 다운된 것으로 판단하고 액티브 상태가 된다.

HA1은 Layer3 인터페이스이므로 로컬과 원격 HA1 인터페이스에 IP 주소를 설정해야 하며(다음 그림 참고), 평문은 TCP 28260 및 28769 포트, 암호화된 통신은 TCP 28 포트를 사용한다.

HA1을 통과하는 정보의 민감성으로 인해 세션을 암호화할 수 있다. HA1은 관리 파라미터를 제외한 모든 구성을 동기화한다(기본적으로 Device 탭 아래의 모든 구성은 로컬로 간주됨). 암호화를 허용하려면 두 피어 HA 키를 모두 내보내고 다른 피어에서 가져와야 한다. 내보내기/가져오기 옵션은 Device ➤ Certificate Management ➤ Certificates에서 찾을 수 있다.

그림 5.9: HA 키 가져오기 및 내보내기

HA1은 다음 런타임 정보를 동기화한다.

- 유저 IP 및 그룹 매핑 정보
- DHCP 임대 정보
- IKE 키(phase 2)
- FIB^{Forwarding Information Base}
- URL 캐시 정보
- PPPoE
- SSL VPN 로그인 유저

HA1 백업: HA1 링크는 매우 중요하기 때문에 HA1 연결이 끊어질 경우 스플릿-

브레인split-brain을 방지하도록 HA1 백업 인터페이스를 구성하는 것을 권장한다. 스플릿-브레인은 HA 멤버 모두 다른 피어가 다운됐다고 생각하고 동시에 플로 팅 IP 주소의 소유권을 가져가 네트워크에 온갖 종류의 혼란과 혼돈을 야기할 수 있다.

전용 인터페이스로 HA1을 설정하면 관리 인터페이스, 전용 HA1 백업 인터페이 스 또는 인터페이스 유형 HA로 설정된 데이터 플레인 인터페이스에서 HA1 백 업을 활성화할 수 있다. HA1 백업은 포트 28260 및 28770을 사용한다.

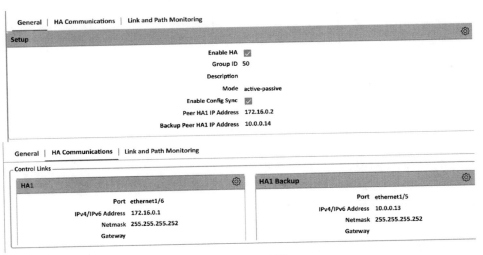

그림 5.10: HA1 설정

HA2는 피어에 동기화되는 세션 테이블을 처리한다. 기본적으로 HA2의 전송 모드는 이더넷(Ethertype 0x7261)으로, IP 헤더를 사용하지 않기 때문에 오버헤드가 매우 낮으며 두 디바이스가 직접 연결될 때 적합하다. 다른 종류의 전송이 필요 한 경우 다음을 사용할 수 있다.

- **IP(IP 프로토콜 99) 모드:** 매우 기본적인 IP 헤더를 사용한다.
- **UDP(포트 29281) 모드:** 라우팅된 네트워크로 세션 상태 정보를 전송하고 자 UDP를 사용한다.

HA2 연결을 모니터링하고 유지하도록 HA2 keep-alive를 구성할 수 있다. 장애 발생 시 로그가 기록되거나 액티브/액티브 모드에서 동작을 Split Datapath로 설정해 두 피어가 트래픽을 계속 처리하면서 HA2가 복구될 때까지 로컬 상태 테이블만 유지하도록 지시한다.

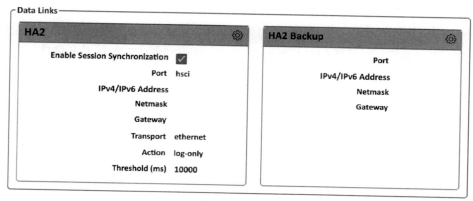

그림 5.11: HA2 구성

HA2는 다음 런타임 정보를 동기화한다.

- 세션 테이블
- ARP^{Address Resolution Protocol} 테이블
- ND^{Neighbor Discovery} 테이블
- MAC^{Media Access Control} 테이블
- IPSec 시퀀스 번호
- 가상 MAC
- 스트림 제어 전송 프로토콜^{SCTP, Stream Control Transmission Protocol} 연결 정보

전용 인터페이스에 HA2 백업을 구성하거나 HA2에 장애가 발생할 경우 백업 역할을 하도록 인터페이스 유형 HA로 설정된 데이터 플레인 인터페이스를 구성할 수 있다.

HA3는 액티브/액티브 배포에서만 사용되며 패킷 검사를 위해 (전체) 패킷을 피어

로 전달하는 데 사용된다. 이 링크는 MAC-in-MAC 캡슐화를 사용해 전체 패킷을 페이로드에 넣어 피어 간에 패킷을 전송한다. 따라서 HA3 링크 프레임이 데이터 패킷보다 크기 때문에 점보 프레임을 지원해야 한다. 이는 기본 디바이스가 세션 소유자^{owner}로 설정된 경우 세션 셋업 설정이 IP Modulo 또는 IP hash고 원격 피어가 세션 셋업으로 선택된 경우 세션을 소유하지 않은 멤버에서 비대칭 패킷이 수신되는 경우에 필요할 수 있다. 패킷은 세션 완성을 위해 세션 소유자 디바이스로 전송된 다음 수신자에게 돌아와서 수신자가 데이터 플레인 인터페이스에서 패킷을 송신할 수 있다(비대칭이 유지되지만 세션은 한 세션 소유자에 의해 완전히 스캔됨).

HA4는 여러 독립 실행형^{standalone} 또는 HA 페어가 지리적 이중화를 위해 상태 테이블을 공유하는 클러스터 구성에서만 사용된다.

이제 어떤 HA 모드를 사용할 수 있는지 이해했으니 설정을 살펴본다.

액티브/패시브 모드 설정

기본 멤버부터 시작해 액티브/패시브 모드를 구성하려면 다음 단계를 수행한다.

1. Device ➤ High Availability ➤ Setup에서 High Availability를 활성화한다.

2. Group Id를 선택한다. 명확히 선호하는 값이 없다면 50으로 한다.

3. 모드를 active-passive로 남겨둔다.

4. Enable Config Sync가 선택됐는지 확인한다.

5. **피어 HA1 IP:** 내부 네트워크(예, 172.16.0.2)와 겹치지 않는 프라이빗 IP(/30 서브넷)를 사용한다. 전용 HA 인터페이스가 없는 소형 디바이스에서 관리 인터페이스를 HA1 인터페이스로 사용해야 하는 경우 피어 관리 IP를 설정한다.

6. **백업 피어 HA1:** 데이터 플레인 인터페이스를 백업 HA1 인터페이스로 활

용할 수 있다면 겹치지 않는 다른 프라이빗 IP(예, 172.16.1.2)를 추가하거나, 관리 인터페이스를 백업 HA1 링크로 사용하려는 경우 피어 관리 IP를 추가한다.

7. OK를 클릭한다.

패시브 링크 인터페이스 동작을 변경해야 한다면 Active/Passive Settings를 열고 Passive Link State를 Auto로 변경한다(이렇게 하면 디바이스가 패시브 상태일 때 인터페이스가 전기적으로 작동한다). Monitor Fail Hold Down Time은 모니터 장애가 발생한 후 패시브 상태로 전환되기 전까지 지정된 시간 동안 디바이스를 non-functional 상태로 두는 데 사용된다.

다음으로 Election Settings를 연다.

1. Device Priority를 50으로 설정한다.

2. Heartbeat Backup을 활성화한다. 이렇게 하면 관리 인터페이스를 사용해 원격 피어에게 간단한 하트비트를 전송한다.

3. Preemptive는 우선순위가 가장 낮은 디바이스가 항상 액티브 멤버가 되게 하며, 기본 멤버에 장애가 발생한 후 설정된 시간이 지나면 기본 멤버로 자동 페일백한다. 단점은 장애 조건이 여전히 존재하면 기본 멤버가 다시 페일오버해야 한다. 이 과정은 장애 조건이 수정되거나 기본 멤버가 최대 플랩flap 수에 도달할 때까지 반복될 수 있다(아래 HA 타이머 참고).

4. HA 타이머는 플랫폼별로 Recommended로 설정돼 있지만 더 빠른 페일오버를 위해 (오버헤드가 발생하지만) Aggressive를 선택하거나, 타이머 및 카운터를 수동으로 변경하려면 Advanced를 선택할 수 있다. 몇 가지 흥미로운 카운터는 다음과 같다.

   • **Promotion Hold Time:** 기본 연결이 끊긴 후 보조 연결이 활성화되기 전까지 대기하는 시간이다.

- **Hello interval:** Hello 메시지 사이의 시간(밀리초)이다.
- **Heartbeat interval:** ICMP 하트비트 패킷 사이의 시간이다.
- **Flap max & Preemption Hold Time:** Preemptive를 활성화하면 preemption hold timer가 만료된 후 방화벽이 자동으로 액티브 상태로 돌아간다. 페일 원인이 된 원래 오류가 여전히 존재하면 다시 페일오버한다. Flap max 카운터 값은 방화벽이 이 시나리오를 지정된 횟수 이상 반복하는 것을 방지하며, 이 경우 방화벽은 수동 개입으로만 복구할 수 있는 영구 실패 상태가 된다.
- **Monitor Fail Hold Up Time:** 방화벽에 극도로 짧은 중단이 발생할 경우 모니터(경로, 인터페이스 등)에 장애가 감지된 후 페일오버될 때까지 대기하는 시간이다.
- **Additional Master Hold Time:** Monitor Fail Hold Up Time 이후에 더 많은 홀드 시간을 추가하는 데 사용된다.

5. OK를 클릭한다.

설정은 다음 그림과 유사하게 보일 것이다.

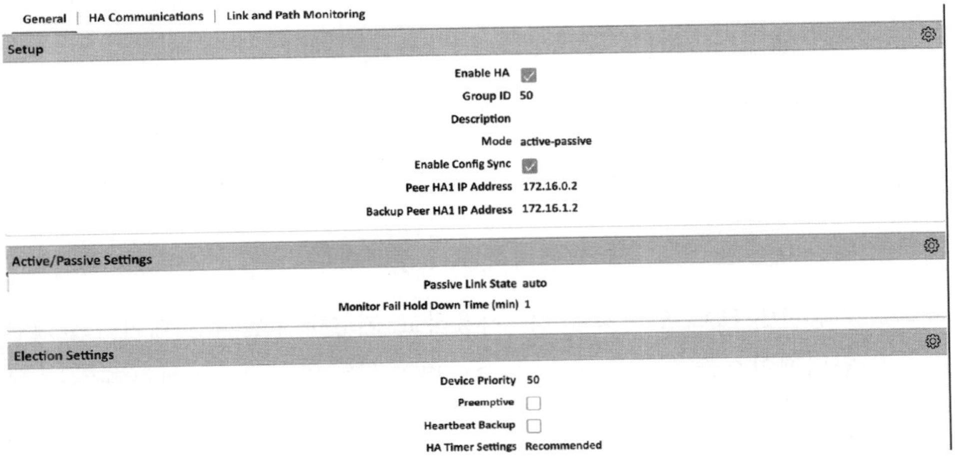

그림 5.12: 액티브-패시브 설정

다음은 두 피어가 통신할 수 있는 HA 링크를 구성해야 한다. 먼저 컨트롤 링크를 연다.

1. 가능하면 전용 **ha1-a** 링크 인터페이스를 설정하거나 또는 HA 유형으로 설정한 데이터 플레인 인터페이스를 컨트롤 링크로 사용하고, IP 주소는 **172.16.0.1**과 서브넷 마스크 **255.255.255.252**를 입력한다. 필요하면 게이트웨이를 추가하고 암호화를 활성화한다(두 피어에서 HA 키를 내보내거나 가져왔는지 확인해야 한다). 전용 또는 데이터 플레인 인터페이스 대신 관리 인터페이스를 설정할 수도 있다.

2. Monitor hold time은 HA1 연결이 끊어졌을 때 피어 장애를 선언하기 전에 기다리는 시간이다. 하트비트 백업 및 HA1 백업을 사용하면 이 수치를 크게 줄일 수 있다. 두 가지 백업 옵션을 모두 사용할 수 없는 경우 짧은 중단 때문에 두 피어가 모두 활성화되는 스플릿-브레인이 발생할 수 있으므로 이 수치를 낮추면 안 된다.

3. HA1 백업의 경우 두 번째 IP 범위인 **172.16.1.1**과 서브넷 마스크 **255.255.255.252** 또는 관리 인터페이스를 사용한다. 두 번째 전용 인터페이스인 **ha1-b**, 두 번째 데이터 플레인 인터페이스를 사용하고 1단계를 반복한다.

4. OK를 클릭한다.

다음은 세션 상태 테이블을 동기화하는 데 사용되는 데이터 링크다.

1. HA2 설정을 열고 세션 동기화를 활성화한다.

2. 가능하면 HSCI 인터페이스를 사용하고, 가능하지 않다면 데이터 플레인 인터페이스를 설정한다(여기서도 Aggregate를 사용할 수 있으며, Aggregate 인터페이스를 생성해 HA 유형으로 설정함).

3. 이더넷 전송 모드를 사용할 수 있을 때는 IP 주소가 필요하지 않다. IP

또는 UDP 전송 모드를 사용해야 하는 경우 겹치지 않는 세 번째 서브넷 (예, 172.16.3.1/255.255.255.252)을 사용한다.

4. HA2 Keep-alive를 활성화하고 Log Only로 유지한다(Split Datapath는 액티브/액티브 기능이다).

5. 다른 데이터 플레인 인터페이스를 사용할 수 있다면 이를 HA2 백업 인터페이스로 추가할 수 있다. HA2 백업 링크는 메인 HA2 링크가 다운되거나 keep-alive 메시지가 임곗값을 초과할 때만 사용된다.

HA Communications 탭은 이제 다음 그림과 비슷하게 보일 것이다.

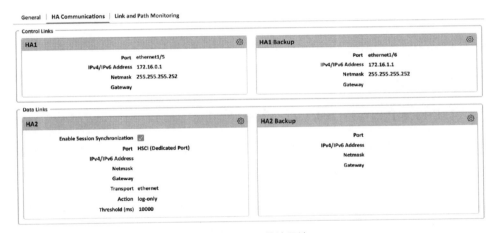

그림 5.13: HA 통신 구성

인터페이스가 다운될 때 멤버가 페일오버되게 링크 상태를 모니터링해야 한다. 원격 라우터가 트래픽을 전달할 수 있는지 확인하고자 경로^{Path} 모니터링을 추가할 수 있다. Link and Path Monitoring 탭에 접속한다.

1. Link monitoring을 활성화하고 Link Group을 만든다.

2. Link Group에서 모니터링해야 하는 모든 인터페이스를 추가하고 fail condition을 any로 설정한다. 섀시에 장애가 발생하려면 모든 인터페이

스가 다운돼야 하는 그룹을 만들 수 있는데, 이는 중복 링크가 있고 링크 중 하나 또는 일부만 다운돼도 HA 장애 복구가 필요하지 않은 경우에 유용할 수 있다.

3. Path Monitoring을 활성화해야 하는 경우 Path Group을 만든다. VWire, VLAN, 가상 라우터 경로 모니터링을 추가할 수 있다. VWire 및 VLAN의 경우 모니터가 소스를 스푸핑하는 데 사용할 소스 IP를 지정해야 한다. 모니터링되는 라우터는 VWire 또는 VLAN으로 돌아가는 경로를 알고 있어야 한다. 가상 라우터의 경로 모니터링의 경우 소스는 모니터링되는 다음 홉에 가장 가까운 송신 인터페이스가 된다.

보조 멤버는 다음과 같은 차이점을 제외하고 앞선 모든 단계를 반복한다.

1. 피어 HA1 IP는 172.16.0.1이 된다.

2. 피어 HA1 백업 IP는 172.16.1.1이 된다.

3. Device Priority를 100으로 설정한다.

4. 기본에서 preempt가 활성화된 상태면 보조에서도 활성화돼 있는지 확인한다.

5. 또한 타이머가 동일한지 확인한다. 기본 방화벽에서 타이머 값을 변경한 경우 보조 방화벽의 타이머도 일치하도록 설정한다.

6. 로컬 컨트롤 링크(HA1)에서 기본 인터페이스와 동일한 인터페이스를 사용하지만 IP를 172.16.0.2로 설정한다.

7. HA1 백업은 기본 설정과 동일하지만 IP는 172.16.1.2로 설정한다.

8. HA2는 기본과 동일한 인터페이스를 사용하며, 대체 전송 모드를 사용해야 한다면 172.16.3.2를 사용한다.

9. 경로 및 링크 모니터링을 포함한 다른 모든 설정이 기본 멤버와 동일한 지 확인한다.

이제 HA의 가장 일반적인 형태인 액티브/패시브 HA 페어를 구성할 수 있다. 다음 HA 모드는 더 복잡하지만 좀 더 다양한 용도로 사용할 수 있다.

액티브/액티브 모드 설정

액티브/액티브의 멋진 여정을 시작하기 전에 사용해야 하는 적절한 이유가 있는지 확인한다.

- 비대칭 트래픽 흐름 '해결'을 원함
- 장애 복구 상황(예, 더블 액티브/패시브 설정)이 아닌 특정 디바이스에서 유동Floating IP를 활성화해야 함
- 액티브/액티브는 장애 발생 시 동적 라우팅 재협상 지연의 오차가 매우 낮기 때문이다(두 방화벽이 모두 up이 돼 있으면 패시브 디바이스가 처음 온라인 상태가 돼야 할 때보다 동적 라우팅이 더 빠르게 재협상될 수 있다).

액티브/액티브는 2개의 방화벽을 사용할 수 있기 때문에 피크 때 버스트 트래픽을 처리하는 데는 더 좋지만 비대칭 구성에 따라 로컬 디바이스에서 작업을 수행하는 대신 원격 피어로 패킷을 전달해야 하는 원격 검사로 인한 오버헤드 때문에 액티브/패시브 클러스터보다 평균 처리량이 낮은 것으로 간주해야 한다.

액티브/액티브를 설정하려면 다음 단계를 따른다.

1. Device ➤ High Availability에서 Setup을 편집하고 HA를 활성화한다.
2. Group ID를 설정한다. 실제 ID는 동일한 브로드캐스트 도메인의 다른 방화벽 클러스터와의 MAC 주소 충돌을 피해야 할 때 중요하다.
3. 모드를 Active/Active로 설정한다.

4. **Device ID 0 또는 1**을 선택한다(일반적으로 active-primary는 0이고 active-secondary는 1이다).

5. **Config sync**를 활성화한다. 설정 동기화를 비활성화하면 두 피어에서 서로 다른 구성(즉, 다른 인터페이스 IP 등)을 사용할 수 있지만 공유 구성 항목도 동기화되지 않으므로 지속적으로 유지 관리해야 한다.

6. **Peer HA1 IP address** 및 **Backup peer HA1 IP address**를 설정한다(내부에서 사용되는 것과 겹치지 않는 2개의 작은 서브넷이 필요하다. 예, 172.16.0.2와 172.16.1.2, 서브넷 255.255. 255.252).

Election 설정은 액티브/패시브 클러스터와 유사하지만 어떤 멤버가 액티브가 아닌 액티브-기본인지 결정하는 역할을 한다.

1. **Election settings** 탭에서 디바이스 우선순위를 설정한다. active-primary 우선순위는 가장 낮아야 하므로 **50**으로 설정한다.

2. 유동 IP를 클러스터 멤버 중 하나에 고정해야 한다면 Preemptive를 활성화한다. 클러스터 멤버에게 문제가 발생할 때 유동 IP가 앞뒤로 이동하는 것을 방지하려면 비활성화 상태로 유지한다.

3. HA1 백업을 설정할 수 없다면 Heartbeat Backup을 활성화하지 않는다. Heartbeat Backup은 관리 인터페이스로 간단한 핑을 사용해 작동 상태를 확인한다. HA1이 관리 인터페이스를 사용하게 구성된 경우 Heartbeat Backup도 활성화하지 않는다.

4. HA 타이머는 **플랫폼별로** 권장으로 설정돼 있지만 더 빠른 페일오버를 위해 aggressive(단, 오버헤드가 발생하지만)를 선택하거나 타이머와 카운터를 수동으로 변경하려면 advanced를 선택할 수 있다. 몇 가지 흥미로운 카운터는 다음과 같다.

   - **Promotion Hold Time**: 기본 연결이 끊긴 후 보조 연결이 활성화되기 전까지 대기하는 시간이다.
   - **Hello interval**: Hello 메시지 사이의 시간(밀리초)이다.

- **Heartbeat interval:** ICMP 하트비트 패킷 사이의 시간이다.
- **Flap max & Preemption Hold Time:** Preempt를 활성화하면 preemption hold timer가 만료된 후 방화벽이 자동으로 액티브 상태로 돌아간다. 페일 원인이 된 원래 오류가 여전히 존재하면 다시 페일오버한다. Flap max 카운터 값은 방화벽이 이 시나리오를 지정된 횟수 이상 반복하는 것을 방지하며, 이 경우 방화벽은 수동 개입으로만 복구할 수 있는 영구 실패 상태가 된다.
- **Monitor Fail Hold Up Time:** 방화벽이 극도로 짧은 중단이 발생할 경우 모니터(경로, 인터페이스 등)에 장애가 감지된 후 페일오버될 때까지 대기하는 시간이다.
- **Additional Master Hold Time:** Monitor Fail Hold Up Time 이후에 더 많은 홀드 시간을 추가하는 데 사용된다.

5. OK를 클릭한다.

클러스터가 설정 및 라우팅 FIB를 동기화할 수 있도록 컨트롤 링크를 구성해야 한다.

1. 가능하면 전용 **ha1-a** 링크로 인터페이스를 설정하거나 HA 유형으로 설정한 데이터 플레인 인터페이스를 컨트롤 링크로 사용하고, IP 주소는 **172.16.0.1**과 서브넷 마스크 **255.255.255.252**를 입력한다. 필요하면 게이트웨이를 추가하고 암호화를 활성화하거나(두 피어에서 HA 키를 내보내거나 가져왔는지 확인) 관리 인터페이스를 설정한다.

2. Monitor hold time은 HA1 연결이 끊어졌을 때 피어 장애를 선언하기 전에 기다리는 시간이다. 하트비트 백업 및 HA1 백업을 사용하면 이 수치를 크게 줄일 수 있다. 두 가지 백업 옵션을 모두 사용할 수 없는 경우 짧은 중단 때문에 두 피어가 모두 활성화되는 스플릿-브레인이 발생할 수 있으므로 이 수치를 낮추면 안 된다.

3. 인터페이스를 전용 인터페이스인 **ha1-b**로 설정하고 IP 주소 **172.16.1.1** 과 서브넷 마스크 **255.255.255.252**를 설정하거나 대체 인터페이스를 사용할 수 없다면 관리 인터페이스를 설정한다.

4. OK를 클릭한다.

데이터 링크는 세션, ARP, MAC 테이블을 동기화하도록 구성해야 한다.

1. HA2 설정을 열고 세션 동기화를 활성화한다.

2. 사용 가능하면 HSCI 인터페이스를 사용하고 가능하지 않다면 데이터 플레인 인터페이스를 설정한다(집계 인터페이스를 만들 수 있고, HA 유형으로 설정하고 여기서도 집계를 사용할 수 있음).

3. 이더넷 전송 모드를 사용할 수 있을 때는 IP 주소가 필요 없다. IP 또는 UDP 전송 모드를 사용해야 하는 경우 겹치지 않는 세 번째 서브넷(예, 172.16.3.1/255.255.255.252)을 사용한다.

4. HA keep-alive를 활성화하고 **split-datapath**로 설정한다. **split-datapath** 를 사용하면 HA2 링크가 중단될 때 두 피어가 로컬 세션과 상태 테이블을 제어할 수 있으므로 로컬 세션을 계속 처리할 수 있다.

5. 다른 데이터 플레인 인터페이스를 사용할 수 있다면 이를 HA2 백업 인터페이스로 추가하는 것을 권장한다. HA2 백업 링크는 메인 HA2 링크가 다운되거나 **keep-alive** 메시지가 임곗값을 초과할 때만 사용된다. 메인 HA2 링크가 중단되면 **split-datapath**를 방지하는 데 도움이 된다.

6. OK를 클릭한다.

인터페이스가 다운될 때 페일오버가 되도록 링크 상태를 모니터링해야 한다. 원격 라우터가 트래픽을 전달할 수 있는지 확인하고자 경로 모니터링을 추가할 수 있다.

Link and Path Monitoring 탭을 선택한다.

1. Link monitoring을 활성화하고 Link group을 만든다.

2. Link group에서 모니터링해야 하는 모든 인터페이스를 추가하고 장애 조건을 any로 설정한다. 섀시에 장애가 발생하려면 모든 인터페이스가 다운돼야 하는 그룹을 만들 수 있는데, 이는 중복 링크가 있고 링크 중 하나 또는 일부만 다운돼도 HA 장애 복구가 필요하지 않은 경우에 유용할 수 있다.

3. Path monitoring을 활성화해야 하면 Path group을 만든다. VWire, VLAN, 가상 라우터 경로 모니터링을 추가할 수 있다. VWire 및 VLAN의 경우 모니터가 소스를 스푸핑하는 데 사용할 소스 IP를 지정해야 한다. 모니터링되는 라우터는 VWire 또는 VLAN으로 돌아가는 경로를 알고 있어야 한다. 가상 라우터 경로 모니터링의 경우 소스는 모니터링되는 다음 홉에 가장 가까운 송신 인터페이스가 된다.

액티브/액티브 모드에서는 세션 셋업이나 세션 소유자 포워딩을 위해 패킷을 전달하고 라우팅 및 QoS 구성을 동기화하고자 HA3 인터페이스도 활성화해야 한다.

1. Active/Active Configuration 또는 HA Communications 탭에 접근한다.

2. Packet Forwarding에서 섀시에 사용 가능한 HSCI 인터페이스가 있다면 선택한다. 없다면 HA3 세션을 전달하고자 인터페이스에 AE를 설정하는 것이 좋다. 원격 피어에 세션 소유자 역할이 할당된 멤버로 유입되는 예상 트래픽 양에 맞게 인터페이스 수를 확장해야 한다.

3. VR 및 QoS Sync 옆의 확인란을 선택해 라우팅 테이블 및 QoS 프로파일 선택 정보가 동기화되게 한다.
   - 두 피어를 개별 동적 라우팅 노드로 실행하려는 경우(OSPF 또는 BGP와 같은

동적 라우팅을 통해) VR Sync를 비활성화한다.

- 두 피어의 사용 가능한 대역폭이 다른 경우 QoS Sync를 비활성화하고 멤버별로 개별 QoS 프로파일을 설정한다.

4. Tentative Hold Time은 피어 장애가 복구된 후 동적 라우팅 테이블을 재구축해 정상적인 액티브 역할을 맡을 때까지 부여되는 시간이다. 동적 라우팅을 사용하지 않는다면 이 타이머를 비활성화할 수 있다.

5. Session Owner Selection은 선택한 구축 유형에 따라 디바이스 로드에 큰 영향을 미친다.

- 기본 방화벽을 모든 세션의 마스터 디바이스로 사용하고 동적 라우팅을 위해 보조 디바이스는 온라인 상태로만 유지하거나 비대칭 라우팅 솔루션으로 사용하려는 경우, 세션 소유자를 기본으로 설정하면 기본 디바이스는 모든 Layer7 세션 스캔을 수행하고, 보조 디바이스는 단순히 패킷을 수신하고 처리를 위해 기본 디바이스에 전달하고 동적 라우팅에 참여할 수 있다.
- 두 멤버가 모두 액티브 역할을 수행하려면 패킷 처리 설정으로 First packet을 선택한다.

6. Session Setup에서는 Primary Device, First Packet 또는 IP Modulo, IP Hash 와 같은 로드밸런싱 알고리듬을 선택해 모든 Layer2에서 Layer4 작업(라우팅, NAT 변환 등)의 담당 멤버를 선택할 수 있다.

- **IP Modulo:** 소스 IP 주소의 패리티를 기준으로 세션을 분배한다.
- **IP Hash:** 소스 IP 주소 또는 소스와 대상 IP 주소의 해시를 기반으로 세션을 분배한다. 해시 시드hash seed를 추가해 무작위성을 증가시킬 수 있다.

7. OK를 클릭한다.

액티브/액티브 가상 주소를 추가할 수도 있다. 이러한 주소는 특정 멤버에 고정되거나 혹은 이동하거나 두 피어 간에 공유되게 설정할 수 있는 유동Floating 주소다.

- 어느 한 멤버에 우선순위가 설정된 유동 IP는 해당 멤버에 장애가 발생하지 않는 한 특정 멤버에 고정되며, 장애가 발생하면 액티브/패시브 설정과 유사하게 페일오버된다.
- 액티브 마스터에 바인딩된 유동 IP도 액티브 마스터가 오프라인 상태가 되거나 작동하지 않는 경우에만 보조 멤버로 전송되므로 액티브/패시브 구성과 유사하게 작동한다.
- ARP 로드 셰어링은 IP(IP Modulo 또는 IP Hash)에 따라 클라이언트가 게이트웨이 IP에 대해 멤버 0 또는 멤버 1로부터 ARP 응답을 수신하는 두 멤버에 걸쳐 세션의 부하를 효과적으로 분산하는 방식으로 ARP를 활용한다. 이 옵션이 작동하려면 방화벽이 클라이언트와 동일한 브로드캐스트 도메인에 있어야 한다(예, 다운스트림 라우터와 그 뒤에 있는 호스트는 항상 동일한 피어와 통신).
- 우선순위가 설정된 유동 IP는 두 피어 모두에서 활성화되지만 우선순위가 가장 높은 (사용 가능한) 피어만 ARP 요청에 응답하는 반면 액티브 기본에 바인딩된 유동 IP는 액티브 보조에 '존재'하지 않는다. 즉, 우선순위가 설정돼 있는 경우 외부 요인으로 인해 피어에 패킷을 강제로 보내도 우선순위가 가장 낮은 멤버가 유동 IP 패킷을 수락할 수 있다.

다음 그림에서 볼 수 있듯이 각 가상 주소 동작을 결정한다.

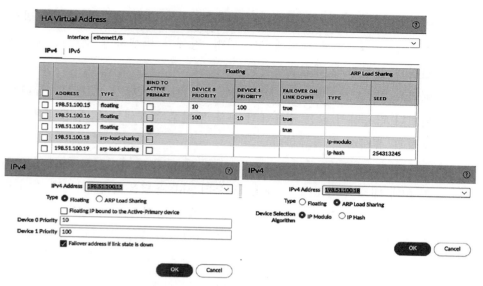

그림 5.14: 액티브/액티브 가상 주소

액티브/액티브 구성의 NAT 룰에는 다음 그림에서 볼 수 있듯이 NAT 정책을 적용할 멤버를 결정해야 하는 추가 탭이 있다. 이 탭은 HA 구성의 가상 IP 구성과 일치해야만 IP 주소를 소유한 적절한 멤버에 NAT가 적용될 수 있다. Primary 옵션은 세션 셋업을 위해 기본 멤버를 선택할 때 사용된다. 특정 IP에 대해 우선순위가 낮은 멤버가 있다면 해당 멤버의 ID를 선택하고 ARP 로드 셰어링을 사용하는 경우에는 both를 선택한다.

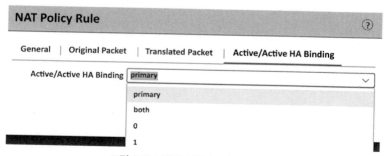

그림 5.15: 액티브/액티브의 NAT 설정

HA1 링크는 설정, 유저 ID, 라우팅 정보를 공유하기 때문에 민감한 데이터가 노출되는 것을 방지하고자 HA1 통신을 암호화하는 것이 가장 좋다.

HA1 암호화

HA1 인터페이스는 클러스터 피어와 매우 민감한 정보를 공유하므로 두 방화벽 사이에 흐르는 모든 트래픽을 암호화하는 것을 권장한다. 이 기능을 활성화하기 전에 먼저 피어 디바이스에서 두 피어의 HA 키를 내보내고 가져와야 한다. 내보내기 및 가져오기 옵션은 다음 그림과 같이 Device ➤ Certificate Management ➤ Certificates에서 사용할 수 있다.

그림 5.16: HA 키 내보내기 및 가져오기

마지막 단계는 HA1 구성에서 암호화를 활성화하는 것이다. Device ➤ High Availability ➤ HA Communications에서 HA1 구성으로 이동해 다음 화면과 같이 Encryption Enabled 체크박스를 선택한다.

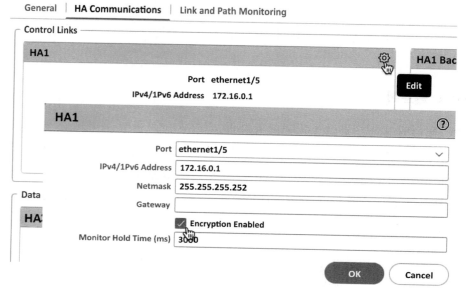

그림 5.17: HA1 암호화 활성화

이 구성이 커밋되면 한쪽은 암호화를 사용하고 다른 쪽에서는 사용하지 않기 때문에 HA1 링크 연결이 끊어진다. 이 변경 사항은 유지 관리 기간 또는 패시브 멤버가 suspend 상태일 때 커밋해야 한다.

이제 클러스터를 설정하고 일반 액티브/패시브 배포를 사용할 것인지 또는 더 복잡한 액티브/액티브 배포가 필요한지 결정할 수 있다. 또한 매우 민감한 HA1 링크를 암호화해 HA 구성을 마무리하는 데 있어 종종 잊혀지지만 중요한 측면을 구현할 수 있다. 다음 절에서는 네트워크 또는 고객을 논리적 방화벽 인스턴스로 분리할 수 있도록 가상 시스템을 설정하는 방법을 살펴본다.

⁝⁝⁝ 가상 시스템 활성화

방화벽에서 VSYS$^{virtual\ systems}$를 활성화하면 멀티테넌트 시스템으로 변경된다. 각 VSYS는 호스트 시스템에서 사용 가능한 리소스를 공유하면서 독립적으로 작동할 수 있는 가상 방화벽 인스턴스를 나타낸다. 호스트 시스템은 모든 네트워킹 기능(인터페이스와 해당 설정, 라우팅 테이블, IPSec과 GRE 터널, DHCP, DNS 프록시 등) 및 관리 설정을 계속 제어할 수 있다. 각 VSYS에는 자체(서브) 인터페이스를 할당할 수 있으며 라우팅 은 시스템 레벨에서 처리하거나 가상 라우터를 만들어 각 VSYS에 할당할 수 있다.

NOTE

기본적으로 각 방화벽은 vsys1에 해당 오브젝트를 생성한다. vsys1은 멀티VSYS를 지원하지 않는 디바이스에서도 네이티브 VSYS다. vsys1 또는 다른 VSYS에서 생성된 오브젝트는 해당 위치를 shared로 설정하지 않는 한 다른 VSYS에서 볼 수 없다.

더 큰 물리적 플랫폼(작성 당시 PA-3220 이상)만 멀티VSYS 모드를 지원한다. 지원되는 가상 시스템 수도 디바이스마다 다르며 가장 큰 플랫폼은 최대 225개의 가상 시스템을 지원한다.

멀티VSYS를 사용하려면 먼저 VSYS 라이선스를 활성화하고 디바이스로 가져와 야 한다. 그런 다음 Device ➤ Setup ➤ Management ➤ General settings에서 Multi Virtual System Capability를 활성화할 수 있다. 옵션을 활성화하고 OK를 클릭하면 다음과 같이 이 작업으로 인해 시스템이 커밋된다는 경고가 나타난다.

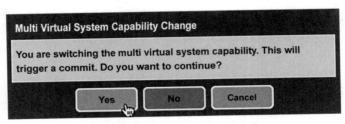

그림 5.18: 멀티VSYS 기능 변경 커밋 경고

이 기능을 활성화하면 Device 아래에 2개의 새 메뉴 항목이 나타난다.

- **Virtual Systems:** 새 VSYS를 추가하는 위치다.
- **Shared Gateway:** 여러 VSYS가 동일한 ISP 업링크를 사용하는 경우의

집합 존이다(일반적으로 공유 서비스 환경에서 사용됨).

기능을 활성화한 후 가장 먼저 해야 할 일은 새 가상 시스템을 생성하는 것이다.

새 VSYS 생성

새 VSYS를 만들 때 인터페이스, VLAN, VWire, 가상 라우터를 만들어야 할 가능성이 가장 높기 때문에 아직 설정할 수 있는 항목이 많지 않다. 하지만 'Visible Virtual System'을 활성화할 수 있다.

Visible Virtual System을 사용하면 다른 VSYS가 연결할 수 있는 가상 시스템을 선택할 수 있다. 일부 네트워크 세그먼트를 분리해야 하지만 일부 라우팅을 허용해야 할 때 유용하다. 가시성을 비활성화하면 분리가 강제 적용된다.

호스트의 사용 가능한 리소스를 과도하게 사용해 다른 VSYS에 부하가 걸리지 않게 각 VSYS에 여러 리소스를 제한할 수 있다는 점에 유의하자. 다음 그림에서 볼 수 있듯이 총 세션 수, VPN 터널 수, 각 VSYS가 보유할 수 있는 룰 수를 제한할 수 있다. 각 물리적 호스트는 유지할 수 있는 룰과 세션 수가 한정돼 있으므로 제한을 설정하면 여러 관리자가 각자의 룰 기반 설정을 담당할 때 질서 유지에 도움이 된다.

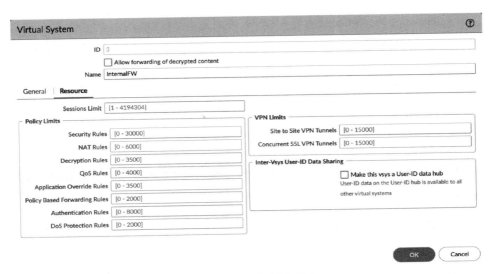

그림 5.19: VSYS 리소스 제한

다음으로 공장에서 출시한 새 디바이스를 설정하는 것처럼 모든 인터페이스, 영역, 가상 라우터를 구성해야 한다.

1. Network ▶ Zone에서 새(내부, 외부, DMZ 등) 존을 만들고 새 VSYS를 Location으로 설정한다.

2. Network ▶ Virtual Router에서 새 VR을 만들고 새 VSYS에서 사용할 적절한 라우팅 구성을 추가한다. OK를 클릭하고 다음과 같이 메인 페이지의 가상 시스템 옆에 하이퍼링크된 none을 클릭해 해당 VSYS에 추가한다.

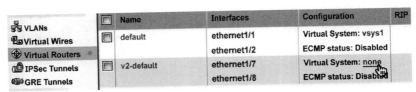

그림 5.20: 가상 시스템에 새 가상 라우터 추가

3. 새 VSYS에 VWire가 필요하면 Network ▶ Virtual Wires로 이동해 구성한다.

4. Network ➤ Interfaces에서 VSYS에 추가할 인터페이스를 구성하고 자체적으로 적절한 VSYS로 설정되고 VSYS 가상 라우터 및 존을 사용한다.

이제 다음 그림과 유사하게 인터페이스가 설정돼 있어야 하며 ethernet1/1과 1/2는 vsys1로 설정돼 있고, vsys1의 VR과 존을 사용하고, ethernet1/7과 1/8은 vsys2 'beta environment'에서 VR과 존을 사용해 구성된다.

Interface	Interface Type	Link State	IP Address	Virtual Router	Tag	VLAN / Virtual-Wire	Virtual System	Security Zone
ethernet1/1	Layer3		198.51.100.2/24	default	Untagged	none	vsys1	L3-untrust-V1
ethernet1/2	Layer3		10.0.0.0/24	default	Untagged	none	vsys1	L3-trust-V1
ethernet1/7	Layer3		198.51.100.6/24	v2-default	Untagged	none	Beta environment	L3-untrust-V2
ethernet1/8	Layer3		10.1.0.0/24	v2-default	Untagged	none	Beta environment	L3-trust-V2

그림 5.21: 2개의 서로 다른 VSYS에 구성된 인터페이스

각 인터페이스는 서브인터페이스인 경우에도 자체 VSYS로 설정할 수 있다. 하나의 물리적 인터페이스에 여러 개의 서브인터페이스를 모두 다른 VSYS에 할당할 수 있다.

NOTE

각 시스템이 다른 시스템과 분리돼 있으므로 모든 VSYS가 동일한 존 이름을 가질 수 있지만 관리자가 혼동할 수 있으므로 각 VSYS마다 다른 네이밍 규칙을 사용하는 것이 좋다. 각 고객이 자신의 VSYS에만 접근할 수 있는 공유 호스팅 환경이라면 모든 고객에게 trust, untrust, dmz 존을 설정해 사용하기 쉽게 하는 것이 도움이 된다.

여러 개의 논리적 방화벽을 호스팅할 때 전체 시스템이 아닌 특정 VSYS에만 접근해야 하는 관리자가 있을 수도 있다.

멀티VSYS 환경 관리자

멀티VSYS를 활성화하면 가상 시스템으로 범위가 제한되는 새로운 관리자 유형을 사용할 수 있다. Virtual System Administrator와 Virtual System Administrator read only)는 특정 VSYS에만 접근하게 제한되며 다음과 같은 기능을 공유한다.

- 다른 VSYS와 직접 관련된 것을 제외한 모든 디바이스 설정을 볼 수 있지만 편집할 수는 없다.
- 자신의 VSYS와 관련된 로그 및 ACC^{Application Command Center} 데이터만 볼 수 있다.
- 룰을 생성, 편집, 삭제할 수 있지만 자신의 VSYS에 대해서만 가능하다.
- VSYS에 연결된 존을 제외한 인터페이스 관련 구성(인터페이스, VWire, 가상 라우터, VLAN 등)을 볼 수 없으며 다음 그림처럼 특정 메뉴 항목이 제거된다.

그림 5.22: VSYS 관리자의 제한된 뷰

관리자의 가상 시스템 접근을 제한하는 VSYS 제한 관리자 역할을 설정해 접근을 더욱 제한할 수 있으며, 탭과 메뉴 항목을 제거하고 개별 메뉴 옵션에서 관리자에게 읽기 전용이나 편집 권한을 허용할 수도 있다. 다음 예에서 Dashboard, ACC, Device 탭이 제거된 것을 볼 수 있다. 로그 뷰가 vsys2로만 제한돼 관리자가 로그를 볼 수 없다.

그림 5.23: 가상 시스템 관리자 역할

완전히 분리된 논리적 방화벽 인스턴스를 2개 이상 설정한 후에는 특정 호스트나 서브넷이 서로 다른 가상 시스템에 속해 있더라도 서로 통신해야 할 때가 있다.

VSYS 간 라우팅

VSYS는 서로의 존재를 인식하지 못하기 때문에 VSYS 간에 세션을 설정하기 전에 몇 가지 단계가 필요하다. 각 VSYS는 VSYS 간 라우팅을 위한 특수 존인 External 존에 다른 VSYS가 존재하는 것으로 인식한다.

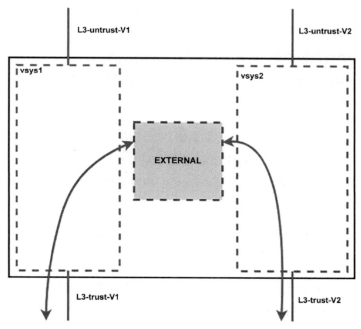

그림 5.24: VSYS 간 라우팅

VSYS 간 라우팅을 위해서는 다음 단계를 따라야 한다.

1. 각 VSYS 프로파일에서 다른 VSYS의 가시성^{visibility}을 활성화한다.

2. out-to-vsys2라는 새 존을 만든다.
   - location을 vsys1로 설정한다.
   - External 유형으로 설정한다.
   - 가상 시스템 선택에 vsys2를 추가한다.

3. out-to-vsys1이라는 새 존을 만든다.
   - location을 vsys2로 설정한다.
   - External 유형으로 설정한다.

- 가상 시스템 선택에 vsys1을 추가한다.

4. vsys1의 가상 라우터에서 새 정적 경로를 만든다.
   - 이름을 **vsys2-subnet**으로 설정한다.
   - vsys2의 대상 서브넷을 추가한다(10.1.0.0/24).
   - 인터페이스를 None으로 둔다.
   - Next Hop을 Next VR로 설정하고 vsys2에서 VR에 할당한다.
   - OK를 클릭한다.

5. vsys2의 VR에서 새 정적 경로를 만든다.
   - 이름을 **vsys1-subnet**으로 설정한다.
   - 대상 서브넷을 vsys1(10.0.0.0/24)로 추가한다.
   - 인터페이스를 None으로 둔다.
   - Next Hop을 Next VR로 설정하고 vsys1에서 VR에 할당한다.
   - OK를 클릭한다.

6. Policies ➤ Security에서 각 방향으로 보안 룰과 세션에 사용할 수 있는 애플리케이션과 보안 프로파일을 만든다.

   vsys1에서 vsys2로 이동하는 세션의 경우 다음을 수행한다.
   - vsys1에서는 L3-trust-V1에서 out-to-vsys2로 보안 룰을 만든다.
   - vsys2에서는 out-to-vsys1에서 L3-trust-V2로 보안 룰을 만든다.

   vsys2에서 vsys1로 이동하는 세션의 경우 다음을 수행한다.
   - vsys2에서는 L3-trust-V2에서 out-to-vsys1로 보안 룰을 만든다.
   - vsys1에서는 out-to-vsys2에서 L3-trust-V1로 보안 룰을 만든다.

VSYS 간 라우팅을 활성화하면 몇 가지 흥미로운 문제를 해결하는 데 도움이 될 수 있지만 해당 트래픽이 오프로드되지 않으므로 시스템에 추가적인 부하가 발생할 수 있다. 외부 라우팅과 VSYS 간 라우팅을 고려할 때는 이런 점을 고려해야 한다.

이제 동일한 하드웨어에 완전히 분리된 환경을 만들고 이러한 인스턴스 간에 트래픽이 흐르게 할 수 있지만 경우에 따라 ISP에서 사용할 수 있는 외부 인터페이스나 IP 주소 수에 제한이 있을 수 있다. 이 문제는 공유 게이트웨이를 활성화해 해결할 수 있다.

공유 게이트웨이 생성

VSYS 간 라우팅과 유사하게 공유 게이트웨이는 여러 VSYS에 인터넷 접근을 제공하기 위한 VSYS다. 이를 통해 동일한 인터넷 연결을 사용하면서도 각 VSYS를 별도로 유지할 수 있다. Device ➤ Shared gateways에서 새 공유 게이트웨이를 만든다.

1. ID를 1로 할당한다.
2. 식별하기 쉬운 이름을 입력한다.
3. DNS 프록시 구성이 필요하면 하나를 설정한다.

다음으로 Network ➤ Zones에서 송신 인터페이스에 사용할 존을 설정한다.

1. 새로운 존을 만들고 이름을 SG-untrust로 지정한다.
2. 유형을 layer3으로 설정한다.
3. Location을 Shared Gateway(sg1)로 설정한다.
4. 다른 존을 만들고 이름을 SG-to-vsys1로 지정한다.
5. 유형을 External로 설정한다.
6. Location을 Shared Gateway(sg1)로 설정한다.
7. Virtual Systems에 vsys1을 추가한다.
8. 추가 VSYS에 4~7단계를 반복한다.

9. 각 VSYS에서 가상 시스템으로 sg1(SharedGW)이 있는 External 유형으로 설정된 새 존도 만든다. 이름을 **to-SG-untrust**라 지정한다.

그런 다음 가상 라우터가 필요하다. Network ➤ Virtual Router로 이동한다.

1. 새 가상 라우터를 만들고 **SharedVR**이라고 지정한다.

2. 고정 IP의 ISP 링크를 사용할 때 디폴트 라우팅을 만든다(송신 인터페이스에서 ISP 라우터로 가는 0.0.0.0/0).

3. 대상 서브넷을 설정하고 Next Hop을 Next VR로 설정하고 적절한 VSYS 가상 라우터를 할당해 다른 VSYS에 경로를 추가한다(예, 10.0.0/24를 Next VR에 v1-default로 설정).

4. 가상 시스템 할당을 설정하지 않고 none으로 둔다.

5. 다른 VSYS의 가상 라우터에서 **SharedVR**을 가리키는 디폴트 라우팅을 만든다(예, 0.0.0.0/0를 Next VR로 설정해 SharedVR과 동일).

그런 다음 Network ➤ Interfaces에서 인터페이스를 구성한다.

1. 공유 게이트웨이에 사용할 인터페이스를 연다.

2. 인터페이스 유형을 Layer3으로 설정한다.

3. 가상 시스템을 SharedGW(sg1)에 할당한다.

4. SG-untrust 존을 할당한다.

5. VR을 SharedVR로 할당한다.

6. Ipv4 탭을 접속해 IP 구성(고정 또는 동적 IP)을 설정한다. 마지막으로 보안 정책을 생성해야 한다.

7. 보안 정책은 개별 VSYS에서 생성되며 다음과 같이 보인다.

원하는 애플리케이션, application-default로 설정된 서비스, 보안 프로파일 그룹을 사용해 L3-trust-V1에서 to-SG-untrust로 설정한다.

NAT는 공유 게이트웨이에 설정되며 각 VSYS에 고유한 NAT 주소를 할당하거나 모든 존을 단일 hide-NAT 룰의 소스에 넣으려면 개별 SG-to_vsysX를 사용해 개별 NAT 룰을 만들 수 있다.

인바운드 NAT는 다음과 같이 구성된다.

퍼블릭 IP를 Destination으로 사용해 SG-untrust에서 SG-untrust로 적절한 vsysX IP로 변환한다. 라우팅은 적절한 VSYS로 포워딩 처리한다. VSYS에서 보안 정책을 구성해야 한다.

'to-SG-untrust'에서 'L3-dmz-V1'을 pre-NAT 대상 IP에 이르기까지 적절한 애플리케이션을 허용하고 보안 프로파일 그룹을 사용한다.

NOTE

> 개별 VSYS에 자체 라우팅 테이블이 필요하지 않다면 VSYS 선택에서 none으로 설정한 단일 VR에서 전체 시스템을 운영할 수 있다.

이제 논리적 방화벽 인스턴스를 만들고 공유 게이트웨이를 활용해 단일 ISP 업링크로 인터넷 접속을 할 수 있다. 다음 절에서는 방화벽의 인증서 관리 방법을 알아본다.

인증서 관리

인증서는 TLS/SSL 트래픽 복호화, 유저 인증, SSL VPN의 보안 보장 등 모든 용도에 유용하게 사용된다. SSL 복호화를 수행할 때 방화벽은 클라이언트가 신뢰할 수 있는 인증서에 접근할 수 있어야 브라우저에 인증서 경고가 뜨지 않는다. 또한 방화벽은 신뢰할 수 있는 루트 CA와 적색 플래그가 표시돼야 하는 CA를 알아야 한다. VPN 클라이언트가 포털이나 게이트웨이에 연결할 때 유효한 인증서를 제공해야 하며 관리자에게는 경고 페이지가 아닌 주소 표시줄에 친숙한 자물쇠가 표시되는 것이 이상적이다. 이러한 모든 인증서는 Device ➤ Certificate management ➤ Certificates 메뉴에서 관리할 수 있다. 다음 그림에서 볼 수 있듯이 체인 인증서는 자동으로 정렬되므로 어떤 관계에 있는지 즉시 확인할 수 있다. 일부 인증서에는 사용 용도도 있다.

Trusted Root CA Certificate는 방화벽이 신뢰할 수 있는 것으로 취급해야 하는 가져왔거나 외부에서 사용 가능한 CA다. 예를 들어 방화벽이 포워드 복호화를 수행하는 동안 만날 수 있는 내부 서버 인증서에 서명한 인터넷 루트 CA가 아닌 내부 CA일 수 있다.

- Forward Trust Certificate는 SSL 복호화에 사용되는 인증서로, 클라이언트가 방문한 모든 웹 사이트의 중개자 역할을 한다.
- Forward Untrust Certificate는 세션을 복호화하는 동안 클라이언트 측에 인증서 경고를 표시하기 위한 의도적으로 잘못된 인증서(이 인증서는 신뢰할 수 있는 루트 CA로 클라이언트에 설치해서는 안 된다)다. 이 인증서는 방문한 사이트의 루트 또는 중개intermediary CA가 신뢰할 수 있는 루트 CA에 없거나 만료됐거나 기타 결함이 있어 신뢰할 수 없을 때 트리거된다.
- Certificate for secure Syslog는 암호화된 syslog 전달에 사용된다.

다른 인증서로는 방화벽이 인바운드 SSL 복호화를 수행할 수 있도록 GlobalProtect 포털 및 게이트웨이 인증서, 웹 서버 인증서(개인키 포함), 방화벽 웹 인터페이스 인증서가 있다.

	NAME	EXPIRES	SUBJECT	ISSUER	CA	K...	USAGE
☐	⌄ 🔲 root signing cert	Jan 20 20:50:19 2021 GMT	C = BE, O = example.com, CN = ro...	C = BE, O = example.co...	☑	☑	**Trusted Root CA Certificate**
☐	🔲 decryption subordinate	Jan 20 20:52:59 2021 GMT	C = BE, O = example.com, CN = de...	C = BE, O = example.co...	☑	☑	**Forward Trust Certificate**
☐	🔲 portal	Apr 16 21:10:19 2021 GMT	CN = portal.example.com	C = BE, O = example.co...	☐	☑	
☐	🔲 captiveportal	May 1 23:24:32 2021 GMT	CN = captiveportal.pangurus.com	C = BE, O = example.co...	☐	☑	
☐	🔲 gateway	Jun 24 22:35:47 2021 GMT	CN = gateway.example.com	C = BE, O = example.co...	☐	☑	
☐	🔲 webserver	Jun 24 22:37:12 2021 GMT	C = BE, CN = www.example.com, e...	C = BE, O = example.co...	☐	☑	
☐	🔲 firewall	Jun 24 22:37:35 2021 GMT	CN = firewall.example.com	C = BE, O = example.co...	☐	☑	
☐	🔲 untrusted cert	Jan 20 20:57:29 2021 GMT	CN = DangerWillRobinson, emailA...	CN = DangerWillRobins...	☑	☑	**Forward Untrust Certificate**

그림 5.25: 방화벽 일반 인증서

유저 ID와 GlobalProtect의 일부로 인증서 프로파일(Device ▶ Certificate management ▶ Certificates Profiles)을 활용해 유저를 식별할 수 있다. 다음 그림에서 볼 수 있듯이 인증서 프로파일에서는 수신한 클라이언트 인증서를 서명하는 데 사용할 CA 인증서, 유저를 식별하는 데 사용할 필드 및 유저를 매핑할 (NetBIOS) 도메인, OCSP Online Certificate Status Protocol 호스트의 사용 여부 및 폴링할 호스트, 특정 인증서 조건이 차단 동작으로 이어져야 하는지 여부를 지정할 수 있다.

Certificate Profile

Name | clientsigning
Username Field | Subject Alt ⌄ ● Email ○ Principal Name
User Domain | example
CA Certificates

☐	NAME	DEFAULT OCSP URL	OCSP VERIFY CERTIFICATE	TEMPLATE NAME/OID
☑	client signing cert	http://ocsp.example.com	rootCA	

⊕ Add ⊖ Delete ↑ Move Up ↓ Move Down

Default OCSP URL (must start with http:// or https://)

☐ Use CRL | CRL Receive Timeout (sec) | 5
☑ Use OCSP | OCSP Receive Timeout (sec) | 5
OCSP takes precedence over CRL | Certificate Status Timeout (sec) | 5

☑ Block session if certificate status is unknown
☑ Block session if certificate status cannot be retrieved within timeout
☑ Block session if the certificate was not issued to the authenticating device
☑ Block sessions with expired certificates

OK Cancel

그림 5.26: 인증서 프로파일

SSL/TLS 서비스 프로파일은 모든 웹 인터페이스(GlobalProtect 포털, 게이트웨이, 방화벽 관리 인터페이스)에서 최소 및 최대 TLS 버전을 설정하는 데 사용한다. 다음 예와 같이 항상 최소 버전으로 TLSv1.2를 설정한다.

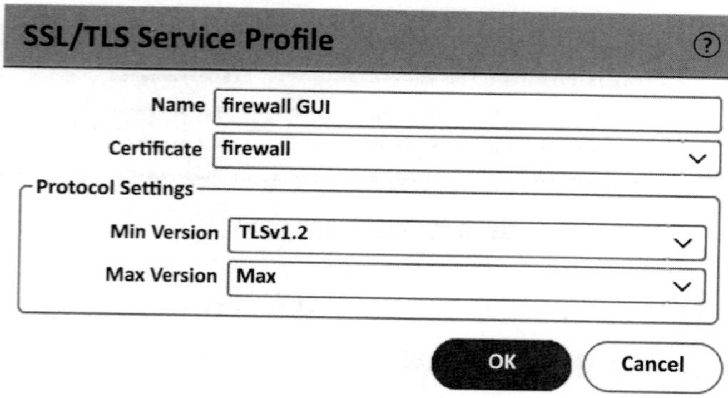

그림 5.27: SSL/TLS 서비스 프로파일

외부 CA가 SCEP^{Simple Certificate Enrollment Protocol}를 지원하면 SCEP 프로파일을 만들 수 있다. 이렇게 하면 새 클라이언트, 포털, 기타 인증서를 훨씬 쉽게 생성할 수 있다. CA 서버는 유저가 거의 입력하지 않아도 모든 기능이 포함된 인증서를 반환한다.

- SCEP 등록 서버에서 필요한 경우 간단한 비밀번호는 fixed를 선택하고 OTP 배포는 dynamic을 선택할 수 있다(OTP는 방화벽과 CA 사이에서 처리되며 유저의 상호작용이 필요하지 않음).
- Server URL, CA-IDENT Name, SCEP 프로파일에 사용할 인증서 유형을 설정해야 한다. 변수는 $USERNAME, $EMAILADDRESS, $HOSTID, $UDID다.
- HTTPS로 CA가 구성된 경우 암호화 기본 설정 및 SSL 인증서를 설정한다(CA가 HTTP를 사용하면 필요 없음).

SCEP 프로파일을 만들면 다음과 비슷하게 보인다.

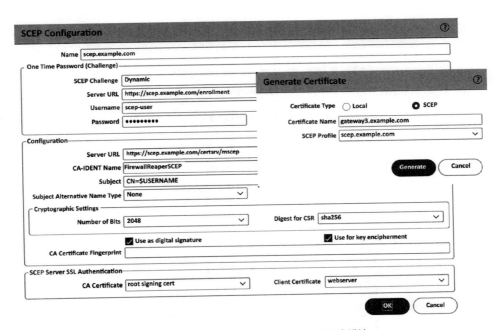

그림 5.28: SCEP를 사용한 프로파일과 인증서 생성

외부 기관에서 인증서를 서명하도록 CSR^{Certificate Signing Request}을 만들려면 Device
➤ Certificate Management ➤ Certificates에서 새 인증서를 생성하고 다음 그림과
같이 Signed By 필드에서 External Authority(CSR)를 선택한다.

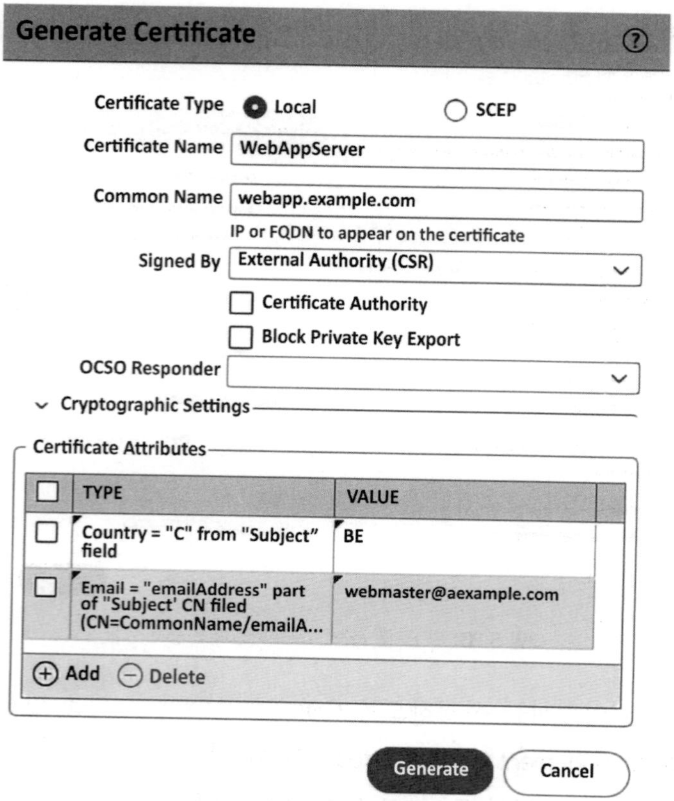

그림 5.29: 인증서 서명 요청

마지막으로 Certificate Management 메뉴에서 특정 웹 사이트 복호화를 수동으로 방지하려면 SSL Decryption Exclusions를 설정할 수도 있다.

- 웹 사이트가 지원되지 않는 인증서를 사용하는 경우(예, 레거시 인증서를 아직 교체해야 하는 파트너)

- 고정된[pinned] 인증서를 사용하는 경우: 인증서 피닝[pinning]은 특정 웹 사이트에서 유효한 것으로 취급되는 인증서를 제한해서 SSL 복호화에 사용되는 중간자[Man-in-the-Middle] 인증서 교환을 차단한다.

- 클라이언트 인증서 인증을 사용하는 경우

다음 그림에서 제외 목록이 이미 암호를 해독할 수 없는 인증서 또는 메서드를
사용하는 것으로 알려진 호스트명으로 미리 채워져 있는 것을 볼 수 있다.

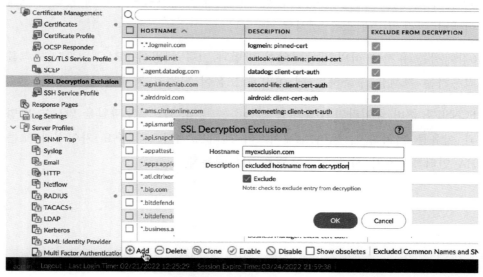

그림 5.30: 복호화 제외 항목

트러블 슈팅을 포함한 복호화 문제의 추가 정보는 Monitor ➤ Decryption에서 로
그를 확인할 수 있다.

방금 배운 정보로 목표를 달성하는 데 필요한 인증서 유형(자체 서명, 개인, 공개)과 인증
서를 올바르게 저장하고 관리하는 방법을 확인할 수 있다.

⁞⁞⁞ 요약

5장에서는 방화벽이 DHCP를 지원하는 ISP에서 작동할 수 있도록 방화벽을 구
성하는 방법과 로컬 네트워크의 클라이언트에 IP 주소를 제공하거나 내부 서버
에 DHCP를 릴레이하는 방법을 살펴봤다. 또한 방화벽을 DNS 프록시로 설정하
고 내부 호스트가 도메인명을 효율적이고 안전하게 확인하는 방법도 살펴봤다.

이제 액티브/패시브 및 액티브/액티브 모드의 HA 클러스터를 설정할 수 있으며, 두 모드의 차이점과 영향을 이해하고 인증서를 유지 관리하는 방법을 알아봤다. 멀티테넌트 또는 분리된 환경에서는 가상 시스템을 활용해 단일 하드웨어에서 여러 인스턴스를 생성할 수 있다.

6장에서는 유저를 식별하는 다양한 방법과 그룹 매핑이 RBAC(역할 기반 접근 제어)를 적용하는 정책을 구축하는 데 어떻게 도움이 되는지 자세히 살펴본다.

PCNSE를 준비 중이라면 인증서를 관리하는 방법, TLS 프로파일을 만드는 방법과 이유를 기억하자. 액티브/패시브와 액티브/액티브의 주요 차이점과 모든 HA 인터페이스가 사용되는 용도를 기록해두자.

06

유저 식별과 접근 제어

6장에서는 유저 ID$^{User\ Identification}$와 자격증명을 가로채거나 유저를 식별하는 다양한 방법을 알아본다. 유저가 식별되면 유저 IP 매핑을 사용해 접근할 수 있는 리소스를 제어할 수 있다. 유저 기반 리포트를 생성해 유저의 습관을 추적하거나 사건을 검토할 수 있다. 또한 그룹 멤버십에 유저 IP 매핑을 연결해 역할/그룹 기반 접근 제어를 적용할 수 있다. 이렇게 하면 로밍 중에 유저 그룹을 식별해 네트워크를 세분화하거나 고정 IP 주소 없이도 필요한 리소스에만 접근할 수 있다.

6장에서 다루는 내용은 다음과 같다.

- 유저 ID 기본 사항
- 그룹 매핑 구성
- 캡티브 포털과 인증
- 유저 ID용 API 사용
- 유저 자격증명 피싱 방지

6장을 마치면 ID 기반 접근 제어를 활용하고 적용해 보안 룰이 더 이상 쉽게 우회할 수 있는 IP 서브넷에 의존하지 않게 할 수 있다.

⫸ 기술적 요구 사항

6장에서는 액티브 디렉터리에서 정보를 수집하고 변경하며 유저 그룹 멤버십 정보를 수집하고자 LDAP 연결을 설정할 것이므로 액티브 디렉터리 및 LDAP에 관한 실무 지식이 필요하다.

⫸ 유저 ID 기본 사항

이 절에서는 액티브 디렉터리를 준비하고 유저 IP 매핑을 수집하도록 에이전트/에이전트리스를 구성해서 유저를 식별하는 데 필요한 기본 사항을 설정하는 방법을 살펴본다. 유저 ID가 작동하려면 다음 그림에서 볼 수 있듯이 식별해야 하는 유저로부터 연결을 받는 인터페이스는 해당 존에서 유저 ID가 활성화돼야 한다.

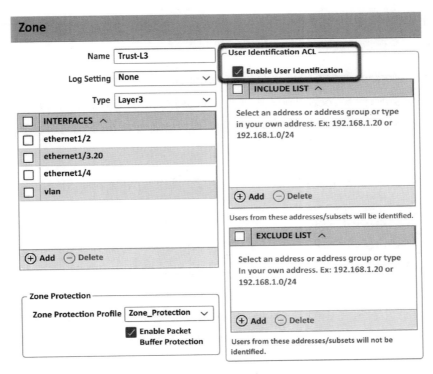

그림 6.1: 존의 유저 ID

이 설정은 로컬 존이나 유저 세션을 수신하는 원격 존(예, VPN)에서 활성화해야 하지만 인터넷 업링크와 같은 신뢰할 수 없는 존은 활성화하지 않아야 한다. 포함 목록에서 유저 ID가 적용되는 서브넷을 제한하거나 특정 서브넷을 제외 목록에 추가해 제외할 수 있다.

방화벽 구성을 시작하기 전에 먼저 액티브 디렉터리를 준비해야 한다.

액티브 디렉터리 준비와 에이전트 설정

첫 번째 단계 중 하나는 기본적으로 보고자 하는 로깅이 비활성화돼 있으므로 액티브 디렉터리(AD, Active Directory) 로컬 보안 정책에서 감사 로깅을 활성화하는 것이다. 유저 ID 에이전트(또는 에이전트리스 배포)는 AD에서 네 가지 이벤트 ID 중 하나 이상을 수집할 수 있어야 한다. 네 가지 이벤트는 **4768**(인증 티켓 부여), **4769**(서비스 티켓 부여), **4770**(티켓 갱신 부여), **4624**(로그온 성공)다.

Start ➤ Windows Administrative Tools ➤ Local Security Policy로 이동한다. 그리고 Security Settings ➤ Local Policy ➤ Audit Policy에서 Audit Logon Events를 Success 로 설정하면 유저 ID 에이전트가 유저를 워크스테이션 IP에 매핑하는 데 사용할 수 있는 로그온 성공 이벤트가 로깅되기 시작한다.

또한 다음을 수행하는 데 사용되는 서비스 계정을 만들어야 한다.

- 에이전트가 사용 중인 경우 서비스 실행
- 에이전트리스 배포를 사용 중이라면 원격으로 연결하기
- WMI^{Windows Management Instrumentation} 프로빙을 수행한다. WMI는 다소 오래됐기 때문에 프로빙 목적으로는 더 이상 배포와 관련이 없을 수 있다. 프로빙은 필수 사항이 아니므로 이 주제는 참고로만 다루겠다. 서비스 계정에는 여전히 AD와 통신할 수 있는 적절한 권한이 필요하다.

에이전트를 사용하면 다음을 수행한다.

1. Active Directory Users and Computers ➤ Managed Service Accounts에서 계정을 생성한다. Member Of 탭에서 Event Log Reader를 추가한다. Dial In 탭에서 Deny access를 설정한다.

2. 그런 다음 Local Security Policy ➤ Security Settings ➤ Local Policy ➤ User Rights Assignment에서 Log on as a service에 서비스 계정을 추가한다.

3. 보안을 위해 Deny log on as a batch job, Deny log on locally, Deny log on through Remote Desktop Services에 서비스를 추가하는 것도 좋다.

4. 여러 대의 에이전트를 설치할 때 GPO를 사용해 유저를 추가하려면 Group Policy Management ➤ ⟨domain⟩ ➤ Default Domain Policy에서 마우스 오른쪽 버튼을 클릭해 편집을 선택한다. 그런 다음 Computer Configuration

> ➤ Policies ➤ Windows Settings ➤ Security Settings ➤ Local Policies ➤ User
> Rights Assignment를 선택하고 Log on as a service 및 3단계에서 언급한
> 3개의 Deny log on 정책을 추가한다.

에이전트 없이 사용하려면 앞서 나열한 것과 동일한 단계를 따르되 서비스 계
정의 Member Of 탭에 Server Operator 역할을 추가한다.

이러한 설정을 사용하면 유저 로그온 이벤트를 로그온을 시작한 소스 IP에 반응
적으로 매핑할 수 있지만 다음에 살펴볼 시스템에 누가 로그인했는지 적극적으
로 폴링하는 방법도 있다.

WMI 프로브

유저 정보를 수집하거나 유저가 디바이스에 계속 로그온돼 있는지 확인하는
한 가지 방법은 에이전트가 NetBIOS 쿼리나 WMI 프로브로 주기적으로 요청을
보내게 하는 것이다. NetBIOS는 인증이 필요 없지만 오래되고 보안성이 떨어지
기 때문에 대부분의 최신 네트워크에서는 비활성화됐을 가능성이 높다. WMI는
인증을 사용하면 더 안전하다(윈도우 방화벽 제외 항목에 Windows Management Instrumentation을 추가해
클라이언트 방화벽에서 허용해야 할 수도 있음). 모든 디바이스가 윈도우 기반이 아닌 경우 WMI
프로빙으로 원하는 결과를 얻지 못할 수 있으므로 많은 유저가 맥OS 또는 리눅
스 컴퓨터를 사용한다면 프로빙을 완전히 비활성화하는 것을 고려해야 한다.

구성해야 할 항목을 살펴보면 다음과 같다.

1. WMI 프로빙을 활성화하려면 유저 ID 서비스 계정의 Member Of 탭에
   Distributed COM User 역할을 추가한다.

2. 다음으로 원격으로 프로빙할 수 있게 서비스 계정의 권한을 설정해야
   한다. wmimgmt.msc를 실행하고 WMI Control(local)을 마우스 오른쪽 버
   튼으로 클릭하고 Properties를 연다.

3. Security 탭에서 CIMV2를 선택하고 Security 버튼을 클릭한 후 유저 ID 서비스 계정을 추가하고 Enable Account와 Remote Enable 옆에 있는 Allow 확인란을 선택한다.

유저 ID가 제대로 설정되지 않은 경우 프로빙으로 인해 많은 양의 네트워크 트래픽이 발생할 수 있으므로 다른 모든 설정이 완료되고 작동할 때만 프로빙을 활성화해야 한다.

유저 ID 에이전트

다음으로는 팔로알토 웹 사이트의 Updates ➤ Software Updates에서 에이전트를 다운로드해 AD에 설치한다. UaCredInstall*.msi 파일을 받아야 한다(UaCredInstall.msi 는 유저 자격증명에 사용되며 마지막 절인 '유저 자격증명 감지' 절에서 다룬다).

AD가 에이전트를 실행하기에 이상적인 위치가 아니라면 동일한 도메인의 다른 서버에서 에이전트를 실행하고 원격으로 로그를 읽을 수 있다. 이렇게 하려면 서비스 계정에 Server Operator 역할을 추가해야 한다. 이벤트 로그를 원격으로 읽으면 네트워크에 약간의 부하가 발생하므로 서버가 AD에 가까이 있는지 확인한다.

관리자 권한으로 인스톨러를 실행해야 한다. 윈도우 설치 프로그램에서 마우스 오른쪽 버튼으로 파일을 클릭해 바로 Run as 옵션을 사용할 수 없는 경우 관리자 권한으로 command.exe를 실행하고 CLI에서 설치 프로그램을 실행하는 것이 편리하다.

에이전트가 설치되면 먼저 두 가지를 더 변경해야 한다.

1. C:\Program Files(x86)\Palo Alto Networks에서 마우스 오른쪽 버튼으로 properties를 클릭하고 Security ➤ Edit를 클릭한 다음 유저 ID 서비스 계정을 추가하고 디렉터리의 전체 접근 권한을 부여한다.

2. **regedit**를 열고 전체 제어 권한이 있는 서비스 계정을 Palo Alto Networks 키에 추가한다.

```
HKEY_LOCAL_MACHINE\SOFTWARE\WOW6432Node(64비트 시스템용)
HKEY_LOCAL_MACHINE\SOFTWARE\Palo Alto Networks(32비트 시스템용)
```

3. 시작 메뉴(또는 설치 폴더)에서 관리자 권한으로 UaController.exe를 실행한다.

User Identification ▶ Setup에서 에이전트를 설정할 수 있다. 하단의 접근 제어 목록으로 에이전트와 연결할 수 있는 시스템을 제어할 수 있다. 관리 네트워크 나 개별 방화벽 IP 주소 접근을 제한할 수 있다.

위의 설정 섹션을 사용하면 개별 탭에서 모든 파라미터를 설정할 수 있다.

1. Authentication 탭은 서비스에서 사용하는 서비스 계정과 해당 비밀번호 를 입력해야 하는 곳이다.

2. Server Monitor 탭에서 Enable Security Log는 기본적으로 활성화돼 있으 며 1초로 설정돼 있다. 이는 AD 이벤트 로그를 읽는 과정이다. 다음 그 림의 경우 매초 연결해 마지막 읽기 이후 생성된 로그를 읽는다. 로컬 시스템에서 드라이브나 디렉터리를 매핑한 유저를 추적하는 Server Session Read를 선택적으로 활성화할 수 있다.

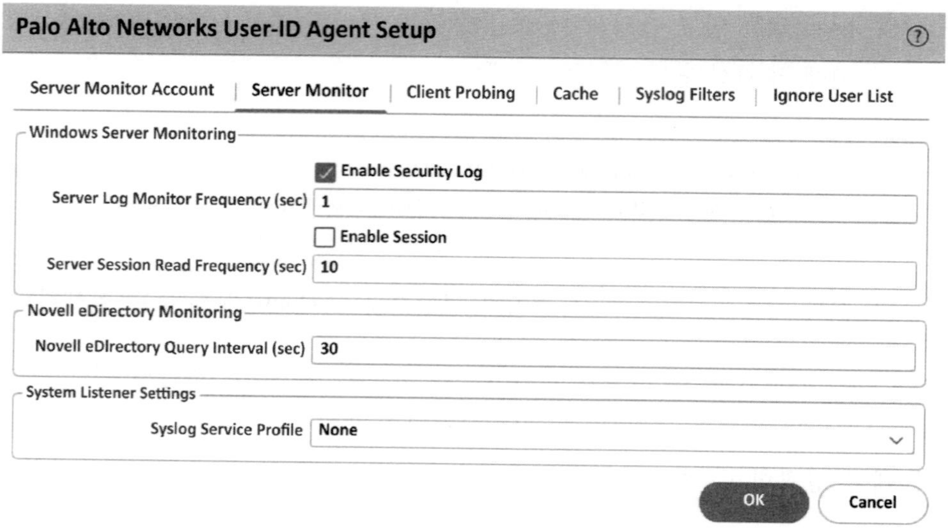

Palo Alto Networks User-ID Agent Setup   ⑦

Server Monitor Account | **Server Monitor** | Client Probing | Cache | Syslog Filters | Ignore User List

┌─ Windows Server Monitoring ───┐
│   ☑ Enable Security Log   │
│   Server Log Monitor Frequency (sec) 1   │
│   ☐ Enable Session   │
│   Server Session Read Frequency (sec) 10   │
└───┘

┌─ Novell eDirectory Monitoring ──────────────────────────────────────┐
│   Novell eDIrectory Query Interval (sec) 30   │
└───┘

┌─ System Listener Settings ──┐
│   Syslog Service Profile None   ⌄   │
└───┘

                                              OK   Cancel

그림 6.2: Server Monitor 탭

3. Client Probing 탭에서 WMI나 NetBIOS 검사를 사용할지 여부와 프로빙 빈도를 선택할 수 있다. 'WMI 프로브' 절에 언급된 주의 사항에 유의하자.

4. Cache 탭에서 유저 자격증명이 캐시되는 기간을 제어할 수 있다. 기본적으로 이 기능은 활성화돼 있으며 45분으로 설정돼 있다. 이 타이머는 하드 타이머이므로 지정된 시간이 지나면 유저 매핑이 제거되며 다시 로그온하거나 인증 이벤트에 의해 새로 고쳐야 한다.
상당히 정적인 사무실 환경에서 유저는 대부분 출근해서 로그인한 후 하루 종일 자리에 앉아 더 이상 로그온이나 인증 이벤트를 생성하지 않는 경향이 있기 때문에 이 타임아웃을 일반적인 근무 시간인 9시간 또는 10시간으로 설정하는 것이 좋다(커버로스Kerberos 티켓의 기본 길이 600분). 환경이 얼마나 동적일 것으로 예상되는지에 따라 타임아웃을 조정한다.

5. Agent Service 탭에서 방화벽이 연결할 포트(기본값은 5007)를 설정할 수 있다. 유저 ID XML API(기본 포트 5006)를 활성화하면 API를 사용해 유저 매핑을 직접 에이전트에 넣을 수 있다.

6. eDirectory 탭에서 Novell eDirectory 서버의 유저 정보를 폴링할 수 있다.

7. Syslog 탭에서 Cisco ISE와 같은 외부 시스템에서 syslog를 수신하도록 결정할 수 있다. 로그에서 관련 정보를 스크랩하려면 정규식을 사용해 필터를 정의해야 한다. 이러한 필터는 syslog 전달자에 따라 달라진다.

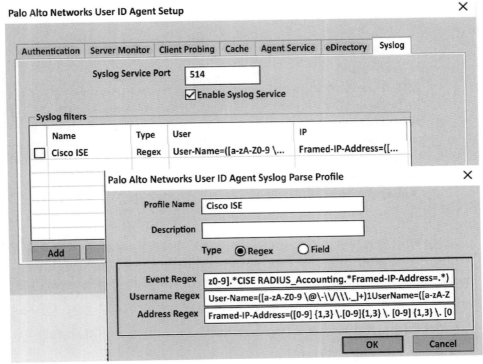

그림 6.3: 유저 ID 에이전트 syslog 서비스

다음은 Cisco ISE 2.2의 예이며 인스턴스가 다를 수 있으므로 약간 조정이 필요할 수 있다.

```
Event Regex
([A-Za-z0-9].*CISE_Guest.*NADAddress=.*)|([A-Za-z0-9].*CISE_
Guest.*GuestUserName=.*)
```

```
Username Regex
User-Name=([a-zA-Z0-9\@\-\\/\\\._]+)|UserName=([a-zA-Z0-9\@\-\\/\\\
._]+)
Address Regex
NADAddresss=([0-9]{1,3}\.[0-9]{1,3}\.[0-9]{1,3}\.[0-9]{1,3})
```

다음은 Cisco ISE 1.3의 예다.

```
Event Regex
([A-Za-z0-9].*CISE_Passed_Authentications.*Framed-IP-Address=.*)
|([A-Za-z0-9].*CISE_RADIUS_Accounting.*Framed-IP-Address=.*)
Username Regex
User-Name=([a-zA-Z0-9\@\-\\/\\\._]+)|UserName=([a-zA-Z0-9\@\-\\/\\\
._]+)
Address Regex
Framed-IP-Address=([0-9]{1,3}\.[0-9]{1,3}\.[0-9]{1,3}\.[0-9]{1,3})
```

8. 설정이 완료되면 OK를 클릭해 유저 ID 에이전트 설정을 저장한다.

User Identification ▶ Discovery 메뉴에서 폴링할 AD 서버를 추가할 수 있다. 서비스 계정이 올바르게 설정되면 AutoDiscover가 포레스트와 연결된 모든 AD 서버를 검색해 채운다(도메인 DNS의 _autodiscover._tcp SRV 레코드 사용). 서버를 제거하려면 확인란을 선택하고 Delete를 클릭한다.

포함 및 제외 목록을 사용하면 알려진 유저를 포함할 것으로 예상되는 IP 범위를 선택하고 예외를 수동으로 추가할 수 있다. 일반적인 예외는 여러 유저가 동시에 로그온한 터미널 서버가 포함된다(향후 '터미널 서버 에이전트' 절 참고).

NOTE

제외를 추가하면 포함하는 서브넷도 추가해야 한다.

294

유저 서브넷을 추가하고 제외된 서버를 추가한 다음 Save와 Commit을 클릭한다. 유저 ID 메인 페이지로 돌아가서 상단에 서비스가 중지됐다는 메시지가 나타나면 Start를 클릭한다.

이 뷰에서 유저 ID 에이전트에 성공적으로 연결한 방화벽과 연결 중인 AD 서버를 확인할 수 있다.

유저 이벤트가 수집되기 시작하면 새 매핑이 Monitoring에 나타나기 시작한다.

이제 유저 ID 에이전트를 구성하고 유저 정보를 수집하고 있으므로 다음 단계는 방화벽을 에이전트에 연결해 수집된 정보를 활용하고 유저를 보안 룰에 적용시키는 것이다.

방화벽에 유저 ID 에이전트 추가

Device ➤ Data Redistribution ➤ Agents에서 연결해야 하는 모든 유저 ID 에이전트에 대해 새 항목을 추가할 수 있다.

몇 가지 중요한 설정이 있다.

- Serial Number 라디오 버튼은 유저 ID 재배포Redistribution를 위해 설정된 파노라마 관리 서버가 있을 때 사용할 수 있다. 파노라마는 개별 유저 ID 에이전트로부터 정보를 수집한 다음 배포 지점으로 작동하게 설정할 수 있다. 방화벽은 유저 ID 에이전트 대신 유저 IP 매핑을 위해 파노라마에 연결한다.
- Host와 Port를 사용하면 방화벽이 유저 ID 에이전트에 직접 연결해 유저 IP 매핑을 수집할 수 있다. 유저 ID 에이전트 기본 포트는 5007이다. 방화벽이 (VPN 유저나 관리자를 위해) LDAP 인증을 수행해야 하지만 LDAP 서버에 직접 연결할 수 없을 때 에이전트를 LDAP 프록시로 작동하도록 설정할 수 있다.
- 에이전트가 재배포 모드로 구성된 다른 방화벽인 경우 유저 ID 수집기

^{collector} 정보가 사용된다. 유저 IP 매핑을 공유할 수 있을 뿐만 아니라 HIP 리포트, 동적 태그, 격리된 디바이스도 다른 방화벽에서 수신할 수 있다.

- Data Type에서 수집할 데이터를 선택할 수 있다. 일부 에이전트는 유용한 태그를 제공하거나 격리된 디바이스에 관심이 있을 수 있다.

일반적인 유저 ID 에이전트 구성은 다음 그림에서 보는 것과 같다.

필요하면 NTLM이나 LDAP 프록시 기능을 추가하고, 에이전트가 다른 방화벽이면 유저 ID 수집기 이름과 사전 공유^{Pre-shared} 키 세부 정보를 추가한다.

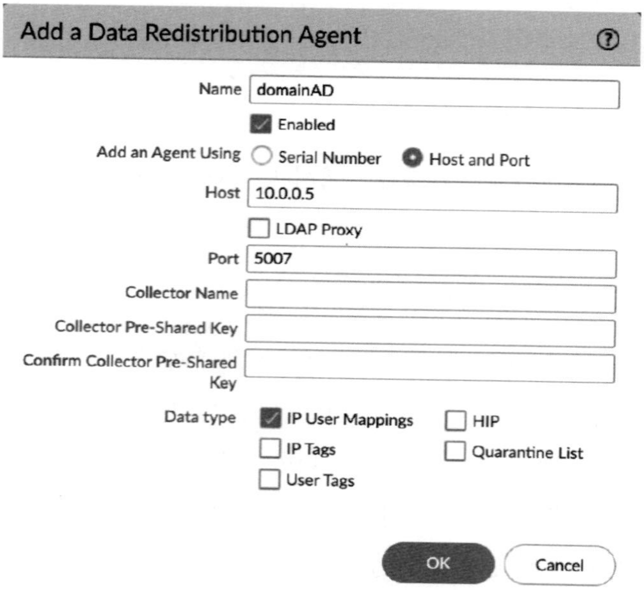

그림 6.4: 방화벽에 유저 ID 에이전트 추가

유저 ID 에이전트에 주목할 만한 가치가 있는 몇 가지 중요한 사항은 다음과 같다.

- 유저 ID 에이전트가 시작되면 로그 항목 중 마지막 50,000개의 로그를

읽어 유저 IP 매핑 데이터베이스를 구축한다.

- 유저 ID 에이전트가 중지되면 데이터베이스를 10분 동안 유지한 후 데이터베이스 정보가 삭제된다.
- 서비스 계정과 같은 특정 유저를 제외하려면 유저 ID 에이전트 설치 디렉터리에 ignore_user_list.txt 파일을 만들고 유저 이름을 한 줄씩 입력한다. 이 파일에는 와일드카드를 접두사(예, *-adm)로 사용할 수 있지만 접미사로는 사용할 수 없다.
- 인증서를 사용해 인증할 수 있다. 회사 CA에서 인증서를 만든 다음 유저 ID 에이전트의 서버 인증서로 가져와서 인증서 프로파일을 만들고 방화벽의 Device ➤ User Identification ➤ Connection Security에 추가한다.

방화벽이 유저 ID 정보를 재배포할 수 있게 하려면 유저 ID 매핑을 재배포해야 하는 방화벽의 Device ➤ Data Redistribution ➤ Collector settings에서 수집기명과 사전 공유 비밀키^{pre-shared secret key}를 설정한다. 이제 방화벽을 다른 방화벽 유저 ID 에이전트로 추가할 수 있다. IP 연결을 사용할 수 있어야 하며 모든 클라이언트에서 수집기명과 사전 공유 비밀키가 설정돼 있어야 한다.

이제 고유한 소스 IP를 유저 이름과 일치시킬 수 있는 유저 ID 에이전트를 설정할 수 있다. 다음은 동일한 소스 IP에서 여러 고유 유저를 호스팅하는 멀티유저 시스템을 위한 터미널 서버 에이전트를 설정하는 방법을 살펴본다.

터미널 서버 에이전트

터미널 서버^{TS, Terminal Server} 에이전트는 동일한 시스템에 모두 로그온한 유저를 식별하는 데 사용한다. 즉, 유저들은 모두 동일한 소스 IP를 가지므로 이들을 구분하고자 소스 포트가 할당된 포트 블록으로 조절되며, 방화벽은 세션의 소스 포트만 보고 어떤 유저가 세션을 시작하는지 식별할 수 있다.

NOTE

일부 엔드포인트 보호 소프트웨어는 세션을 로컬에서 프록시하고 소스 포트를 무작위로 지정해 TS 에이전트를 방해한다. 유저 ID가 작동하려면 소스 포트를 건드리지 않도록 소프트웨어를 구성하거나 프록시 기능을 완전히 비활성화해야 할 수 있다.

관리자 권한으로 TaInstall*.msi를 설치한다. 일부 환경에서는 실행 파일을 관리자 권한으로 직접 열 수 없다. 해결 방법으로 마우스 오른쪽 버튼을 클릭하고 Run as administrator를 선택한 다음 CLI에서 설치 관리자를 실행한다.

설치가 완료되면 관리자 권한으로 TaController.exe를 실행하고 콘솔에 접근한다.

TS 에이전트에서는 연결된 디바이스가 있는지 확인할 수 있으며 접근 제어 목록을 구성해 연결이 허용되는 디바이스를 제한할 수 있다.

다음 그림에서 볼 수 있듯이 Configure 메뉴에는 비유저 세션에 사용되는 포트 범위를 보여주는 System Source Port Allocation Range와 System Reserved Source Ports가 표시된다. 이러한 범위를 임시 포트라고 하며 호스트 운영체제(윈도우)에 의해 제어된다.

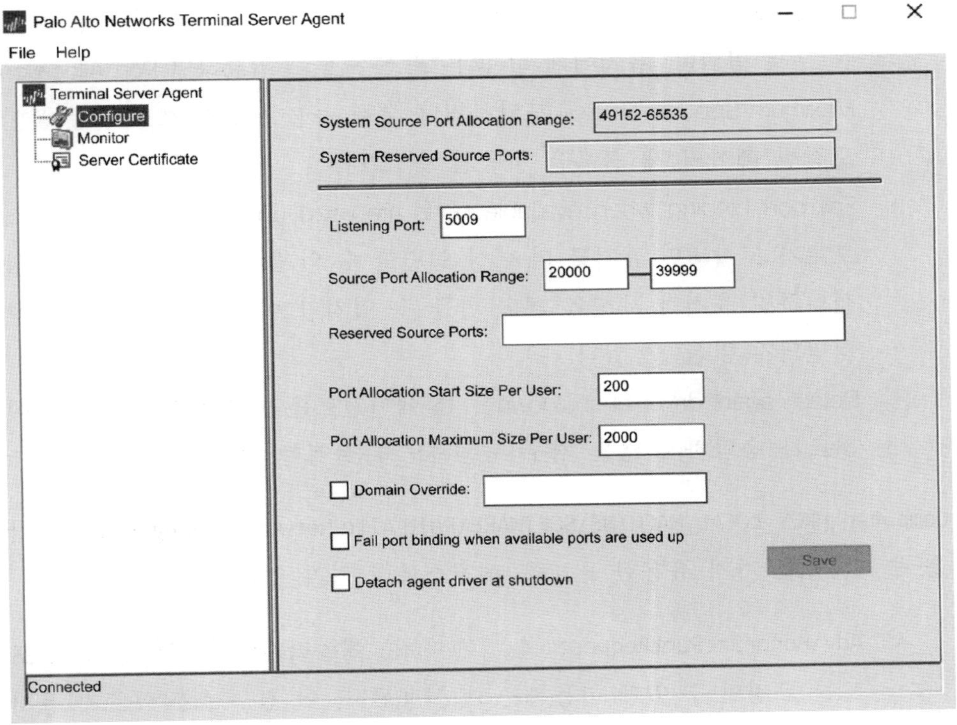

그림 6.5: TS 에이전트 구성

필요할 때 이 포트 범위를 변경하려면 웹 페이지(https://support.microsoft.com/en-us/help/929851/the-default-dynamic-port- range-for-tcp-ip-has-changed-in-windows-vista)를 참고한다.

앞의 그림에서 다음과 같은 설정을 구성할 수 있다.

- Listening Port는 방화벽이 소스 포트 정보 및 관련 유저 이름을 수신하는 데 사용하는 포트를 나타낸다.
- Source Port Allocation Range 값은 유저 세션에서 사용할 수 있는 소스 포트 범위를 결정한다. 이 범위는 임시 포트와 겹치지 않는 한 필요한 만큼 늘릴 수 있다.
- Reserved Source Ports를 사용하면 시스템에서 독점적으로 사용할 수 있는 예약된 소스 포트 범위를 추가할 수 있다.

- Port Allocation Start Size Per User는 유저가 나가는 세션에 사용할 수 있는 포트 범위다. 유저에게 더 많은 소스 포트가 필요하면 Port Allocation Maximum Size Per User에 도달하거나 사용 가능한 소스 포트의 총 풀이 고갈될 때까지 새 블록을 사용할 수 있다.

- Fail port binding when available ports are used up은 사용 가능한 소스 포트가 고갈되면 유저를 더 이상 연결할 수 없게 한다. 이 옵션을 비활성화하면 유저가 세션을 계속 만들 수 있지만 이러한 세션은 더 이상 식별되지 않을 수 있다.

- Detach agent driver at shutdown은 TS 에이전트를 종료하려고 할 때 에이전트가 응답하지 않을 경우 사용하도록 설정할 수 있다.

Computer\HKEY_LOCAL_MACHINE\SOFTWARE\Palo Alto Networks\TS Agent\에서 찾을 수 있는 몇 가지 유용한 윈도우 레지스트리 키가 있다.

- Adv\HonorSrcPortRequest(0 또는 1, 기본값 0)는 애플리케이션이 특정 소스 포트를 요청할 수 있게 허용하는 데 사용된다. 이 경우 소스 포트가 유저 ID에서 사용하는 소스 포트 범위를 벗어날 수 있으므로 유저 ID를 차단할 수 있다. 이 설정은 기본적으로 비활성화(0)돼 있다.

- Conf\EnableTws(0 또는 1, 기본값은 0)는 TimeWaitState 포트 폴링을 활성화한다. 유저가 많은 세션을 생성하는 애플리케이션을 사용하다가 연결을 열어두면 새 세션에 사용 가능한 소스 포트가 고갈될 때 유용할 수 있다.

다음 그림에서 볼 수 있듯이 Monitor 메뉴에서 연결된 유저를 추적한다.

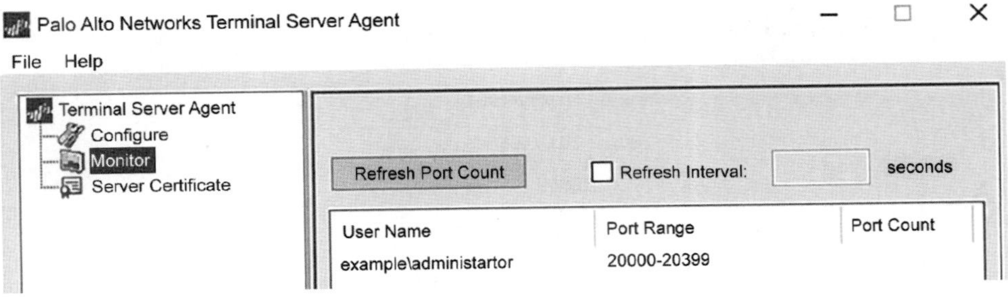

그림 6.6: 감지된 유저 및 할당된 소스 포트 범위

이제 TS 에이전트를 구성했으므로 방화벽과 연결해 유저가 보안 룰에 따라 매칭되기 시작할 수 있다.

방화벽에 TS 에이전트 추가

TS 에이전트를 추가하려면 Device ➤ User Identification ➤ Terminal Server Agents 에서 다음을 수행한다.

1. 친숙한 이름을 설정한다.

2. 호스트 필드에서 기본 IP 주소나 FQDN 호스트명을 설정한다.

3. 에이전트에서 기본 포트가 변경되면 포트를 변경한다.

4. 서버에 있을 수 있는 추가 IP 주소를 추가한다. 이는 선택 사항이다.

대화상자는 다음 그림과 비슷하게 표시된다.

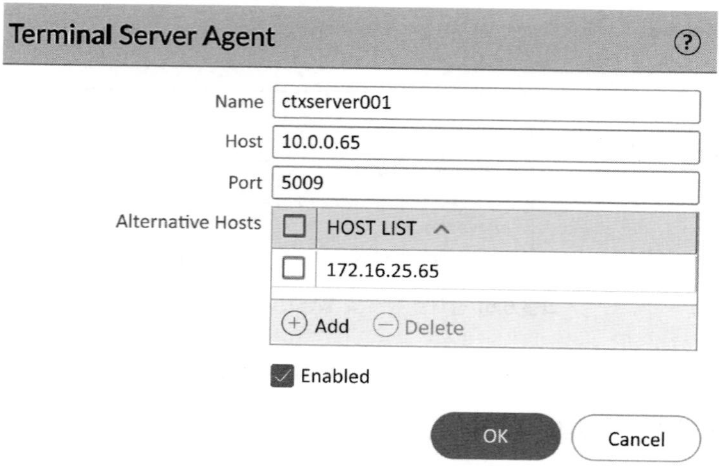

그림 6.7: 방화벽에 TS 에이전트 추가하기

이제 두 에이전트를 모두 구성하고 방화벽에 연결할 수 있지만 방화벽이 에이전트로도 작동할 수 있으므로 소프트웨어를 설치할 필요가 없다. 다음 절에서는 이를 설정하는 방법을 살펴본다.

에이전트리스 유저 ID

방화벽 자체가 에이전트 역할을 하는 클라이언트리스[Clientless] 버전도 지원한다. Device ➤ User Identification ➤ User Mapping에서 유저 정보를 검색하고자 연결할 수 있는 네 가지 유형의 서버를 정의할 수 있다.

- **AD:** WMI, WinRM-HTTP 또는 WinRM-HTTPS를 사용해 이벤트 로그를 읽는다. WMI가 다소 오래됐기 때문에 WinRM이 선호된다.
- **Exchange:** WMI, WinRM-HTTP 또는 WinRM-HTTPS를 사용한 익스체인지[exchange] 연결을 모니터링한다.
- **Novell eDirectory:** eDirectory 유저 로그인에 접근한다.
- **Syslog sender:** 방화벽을 syslog 수신기로 설정하고 필터를 설정한다(SSL 또는 UDP를 통한 Aerohive, BlueCoat, Juniper, Cisco, Citrix, Squid 등 사전 정의된 필터 포함).

302

다음 그림에 나와 있는 것과 같이 속성을 선택할 수 있다.

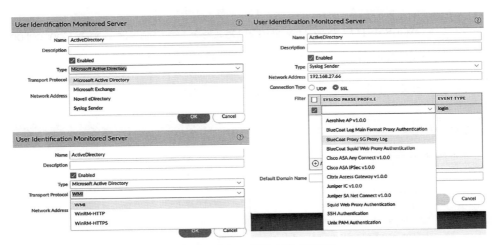

그림 6.8: 서버 모니터링 서버 추가하기

Server Monitoring 아래 Discover를 클릭해 서버를 '자동 검색'할 수도 있다. 방화벽이 내부 DNS 서버를 사용하게 구성돼 있고 (_autodiscover.tcp SRV 레코드를 선택하게) Device ➤ Setup에서 도메인이 설정돼 있는지 확인한다.

포함/제외 네트워크를 추가해 실제 유저 서브넷으로 범위를 제한하고 TS 에이전트가 필요할 수 있는 서버를 제외할 수 있다.

클라이언트리스 에이전트를 구성하고 다음 사항을 설정한다.

1. 다음을 수행한다.
   - ServerMonitorAccount에서 서비스 계정을 추가한다.
   - 액티브 디렉터리 서버에서 계정이 Distributed COM Users 및 Event Log Readers의 멤버로 설정돼 있는지 확인한다.
   - WMI 프로빙을 위한 계정을 활성화한다.
   - 전체 도메인 이름(예, example.com)을 설정한다.
   - WinRM^Windows Remote Management^을 사용해 서버에 연결하려면 커버로스 서

버 프로파일을 추가해야 한다(방화벽이 내부 DNS 서버로 설정돼 있고, Device ➤ Setup ➤ Management ➤ General Settings에 도메인이 있으며 NTP 서버가 설정돼 있는지 확인해야 한다).

- WinRM-HTTPS를 사용하려면 Device ➤ User Identification ➤ Connection Security에서 유저 ID 인증서 프로파일도 추가한다.

구성은 다음 그림과 유사하게 보일 것이다.

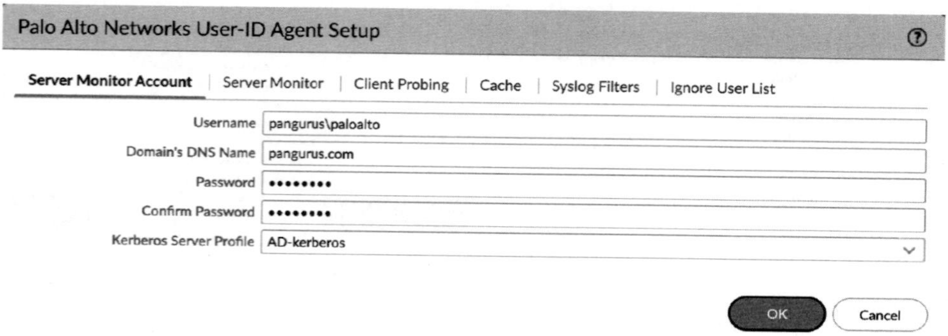

그림 6.9: Server Monitor Account 탭

2. 다음 그림에서 보이는 것처럼 Server Monitor 탭에서 로그 읽기는 기본적으로 활성화돼 있으며 서버 모니터를 활성화해 폴링 빈도를 초 단위로 조절할 수 있다. 에이전트가 syslog를 수신해야 한다면 UDP 대신 SSL 연결을 사용하도록 설정된 경우 여기에 SSL/TLS 프로파일을 추가할 수 있다.

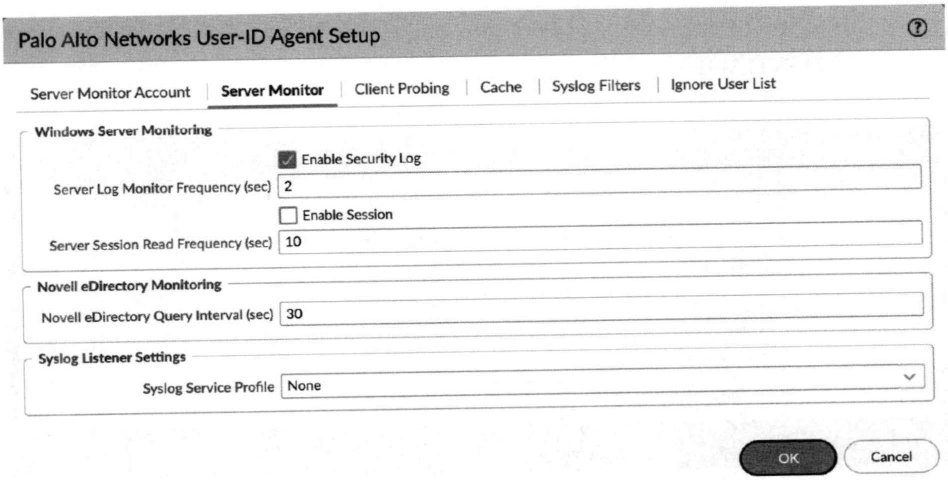

그림 6.10: 서버 모니터

3. Client Probing에서는 WMI 프로브를 활성화하고 빈도를 분 단위로 설정할 수 있다. 서버에 설치된 클라이언트와 달리 에이전트리스 배포는 NetBIOS 프로빙을 지원하지 않는다. 프로빙을 활성화하려면 프로브가 부적절하거나 보안 수준이 높은 네트워크로 전송되지 않게 네트워크 포함 및 제외가 설정돼 있는지 확인한다.

4. Cache에서 유저 IP 매핑을 유지할지 여부와 유지 기간을 선택할 수 있다. 시간제한이 만료되면 매핑이 제거되고 유저를 다시 식별하려면 새 로그온 이벤트를 만들어야 한다. 일반적인 사무실 환경은 9~10시간으로 제한하는 것이 적절하다. 매우 동적인 환경에서는 이보다 짧은 기간을 설정하는 것이 더 좋을 수 있다(극도로 정적인 환경에서는 시간제한이 필요하지 않을 수 있지만 권장하진 않는다). 도메인(NetBIOS 접두사 또는 UPN 접미사) 없이 유저 이름을 수집하려면 Allow matching usernames without domain을 활성화한다.

5. PAN-OS 9.1 이하 버전(옵션)*: 캡티브 포털에서 NTLM을 사용한다면 NTLM 프록시를 활성화할 수 있다. 멀티VSYS 환경에서도 시스템당 하나의 NTLM 프록시만 설정할 수 있다. 더 많은 수의 프록시가 필요하면

VSYS당 NTLM 프록시 역할을 하도록 에이전트를 배포해야 한다. 다음과 같이 NTLM을 구성한다.

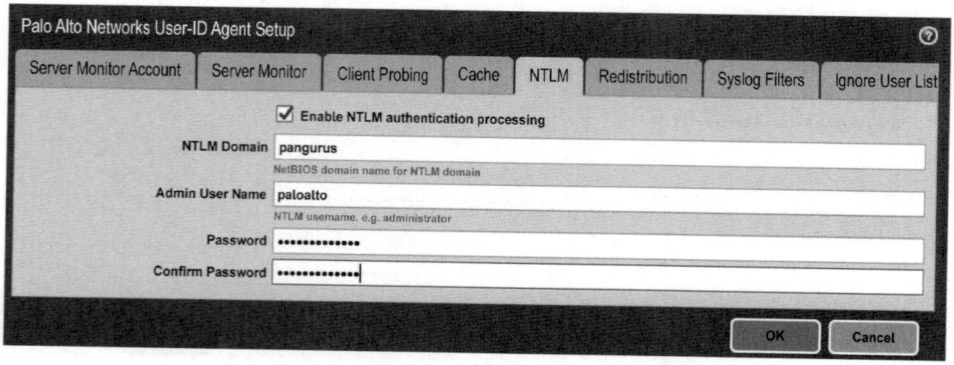

그림 6.11: NTLM 구성

* PAN-OS 10.0 버전부터 NTLM은 커버로스가 대체해서 폐기됐으며 이 탭은 더 이상 표시되지 않는다.

6. 재배포를 사용하면 방화벽을 다른 방화벽의 유저 ID 에이전트로 사용할 수 있다. 방화벽은 로컬로 학습한 매핑만 재배포할 수 있으므로 다른 방화벽이나 에이전트에서 학습한 매핑 정보는 재배포하지 못한다.

7. 추가 syslog 필터를 추가하거나 사전 정의된 필터를 확인해 아이디어를 얻을 수 있다. 다음 그림에서 볼 수 있듯이 많은 공급업체가 사전 로드 돼 있으므로 syslog를 해석하기 위한 정규식을 만들 필요가 없다.

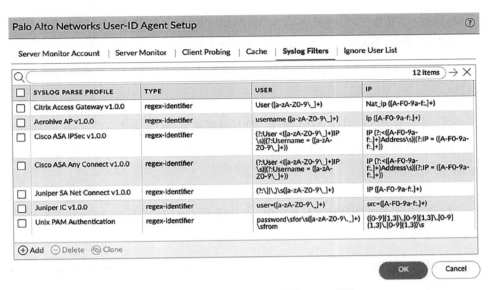

그림 6.12: 알려진 네트워크 공급업체 syslog 필터

8. 서비스 계정이나 특정 유저 계정을 무시해야 할 때는 Ignore User List에
   추가한다.

이제 에이전트 및 에이전트리스로 유저 ID를 모두 설정해 AD에서 정보를 수집
하거나 로그인한 유저에 대해 클라이언트 프로브를 할 수 있다. 다음 절에서는
LDAP/AD 그룹 멤버십으로 유저를 식별할 수 있게 그룹 매핑을 구성하는 방법
을 살펴본다.

⁂ 그룹 매핑 구성

네트워크에서 유저를 식별할 수 있다면 특정 리소스 접근을 허용하거나 제한하
는 보안 룰도 만들 수 있다. RBAC은 LDAP 그룹을 보안 정책에 바인딩해 회사
내에서 특정 조직 멤버에게 어디에서나 필요한 리소스에 독점적이고 안정적인
접근 권한을 부여하며 쉽게 적용할 수 있다.

그룹 매핑 구성을 시작하려면 그룹 정보를 가져올 수 있게 LDAP 프로파일을 만들어야 한다. Device ➤ Server Profiles ➤ LDAP에서 새 프로파일을 만든다. 멀티도메인이나 포레스트 구성에서는 도메인당 하나의 LDAP 프로파일이 필요하다.

서버가 적어도 하나 이상 있어야 하지만 여분으로 최대 4개까지 사용할 수 있다. TLS 암호화를 사용하려면 포트(기본값은 636, 암호화되지 않은 레거시 시스템은 389)를 변경하는 것을 잊지 말자

1. IP 또는 FQDN으로 하나 이상 추가하고 적절한 포트(비암호화는 389, TLS는 636)를 설정한다.

2. 다른 배포(sun, e-directory, 'other')가 없다면 유형을 **active-directory**로 설정한다.

3. IP와 포트를 올바르게 설정한 경우 드롭다운 화살표를 클릭하면 기본 DN$^{Distinguished\ Name}$이 자동으로 로드된다. 필요하면 OU$^{Organizational\ Units}$와 CN$^{Common\ Names}$을 추가할 수 있다.

4. Bind DN은 디렉터리 구조와 모든 구성원을 읽는 데 사용되는 계정이다. 일반 유저 수준의 계정이면 충분하며 LDAP 환경을 강화하지 않는 한 특별한 권한이 필요하지 않다.

5. OK를 클릭하고 도메인이 더 있다면 추가 프로파일을 작성한다.

모든 것이 제대로 진행됐다면 LDAP 프로파일은 다음과 같아야 한다.

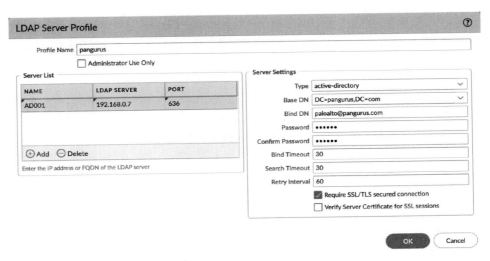

그림 6.13: LDAP 서버 프로파일 화면

유니버설 그룹^{Universal Groups}이 있다면 다음을 수행한다.

1. 포트 3268 또는 SSL용 포트 3269로 글로벌 카탈로그 서버의 루트 도메인에 연결하는 LDAP 서버 프로파일을 만든다.

2. 포트 389 또는 SSL의 경우 636으로 루트 도메인 컨트롤러에 연결할 LDAP 서버 프로파일을 만든다.

이렇게 하면 모든 도메인과 하위 도메인에서 정보를 얻을 수 있다.

다음 단계는 사용 가능한 도메인 트리를 읽고 유저 정보를 모니터링하고 보관할 그룹을 선택하는 것이다. Device ➤ User Information ➤ Group Mapping Settings 메뉴에서 새 그룹 매핑 오브젝트를 만든다.

1. 친숙한 이름을 만들고 방금 만든 LDAP 프로파일을 설정한다.

2. 방화벽이 유저 멤버십을 재확인하는 업데이트 간격은 60분이지만 60초에서 24시간 사이로 설정할 수 있다.
   이 간격은 AD 그룹에 새 유저를 추가할 때 방화벽이 변경 사항을 인식하기까지 최대 1시간이 걸릴 수 있음을 의미한다. 업데이트 간격을 매우 길게 설정하는 대신 다음 명령 중 하나를 사용해 그룹 멤버십을 수동으로 새로 고칠 수 있다.

```
> debug user-id refresh group-mapping group-mapping-name <profilename>
> debug user-id refresh group-mapping all
```

3. User Domain 필드에서 선택적으로 도메인(FQDN이 아닌 NetBIOS)을 추가해 LDAP에서 검색된 모든 유저 도메인을 덮어쓸 수 있다. 이 옵션은 유저 ID가 특정 도메인을 선택하지만 LDAP에서 해당 도메인이 다르게 나열 되는 경우 유용하다. 글로벌 카탈로그 LDAP 프로파일의 경우 모든 유저 도메인을 덮어쓰기 때문에 이 필드를 비워두자.

4. 그룹 및 유저 오브젝트에 사용할 수 있는 검색 필터도 있다(sAMAccountName 또는 UPN(userPrincipalName)은 유저 오브젝트에 유용한 필터다).

Server Profile 탭은 다음 그림과 유사해야 한다.

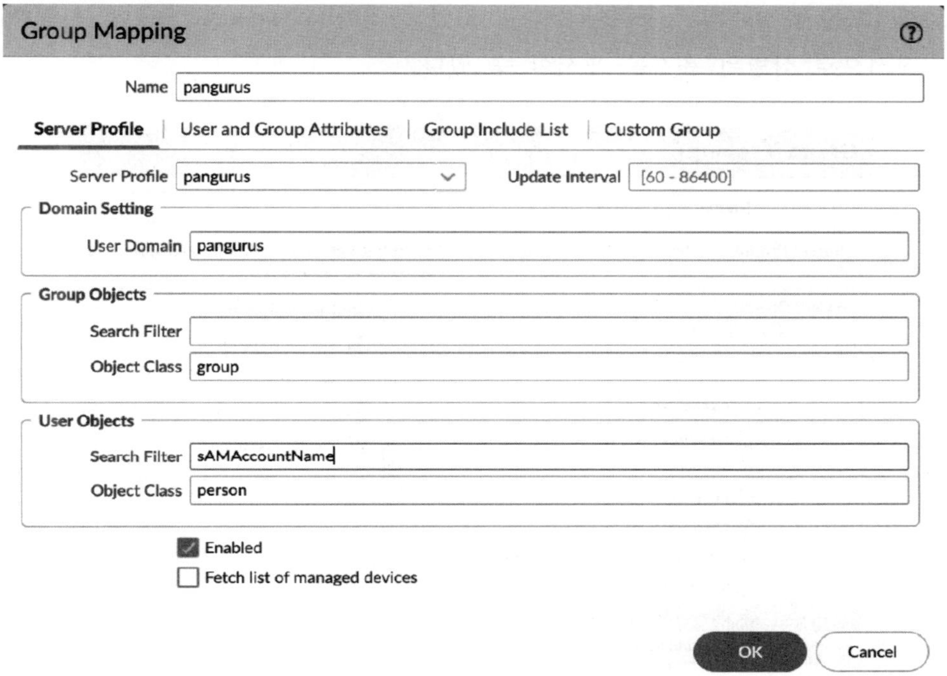

그림 6.14: 그룹 매핑 서버 프로파일

User and Group Attributes 탭에서 반환되는 결과에 포함될 속성을 세부적으로 조정할 수 있다. 기본적으로 sAMAccountName, 이메일, UPN은 모두 설정돼 있으며, sAMAccountName이 기본 유저 이름으로 설정돼 있다. 여기에서 사용 가능한 유저 ID 소스에서 반환되는 속성을 검토해 이를 기본 유저 이름으로 설정하는 것이 유용하다(유저 ID 에이전트가 UPN 유저 이름을 반환한다면 UPN을 기본 유저 이름으로 설정).

Sun 또는 e-directory 유형 서버의 속성은 uid일 가능성이 높다.

Group Include List 탭에서 보안 룰에 사용할 그룹을 추가할 수 있다. 다음 그림과 같이 왼쪽에 기본 DN을 확장하고 오른쪽에 관심 그룹을 추가해 특정 룰을 생성할 모든 그룹을 추가할 수 있다.

보안 정책에 사용되지 않는 그룹이나 cn=domain users 그룹을 추가할 필요가

없다. 모든 유저에게 적용해야 한다면 보안 룰에서 known-user 옵션을 사용해
정상적으로 식별된 유저를 표시할 수 있다.

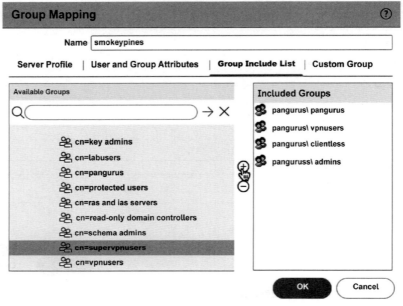

그림 6.15: 그룹 포함 목록

조직 내에서 커스텀 속성을 사용한다면 Custom Group 탭에서 필터를 설정해
이러한 속성에서 유저 이름을 식별하고 기록할 수 있다. 속성이 LDAP에서 색인
화돼 있는지 확인해 검색 속도를 높이자.

어떤 속성이 수집되는지 확인하는 데 유용한 명령은 show user user-attributes
user all이다.

```
admin@firewall> show user user-attributes user all
Primary: example\tomfromit
Alt User Names:
1) example\tomfromit
2) tomfromit@example.com
```

```
Primary: example\jimfromhr
Alt User Names:
1) example\jimfromhr
2) jimfromhr@example.com
```

또한 각 그룹에 어떤 유저가 있는지 나열해서 데이터가 올바르게 검색되고 있는지 확인할 수 있다. 유저 그룹 목록 표시를 사용해 사용 가능한 모든 그룹 목록을 검색한다. show user group list <groupname> 명령으로 그룹에 DN 및 NetBIOS 형식을 모두 사용할 수 있다.

```
admin@firewall> show user group name cn=hr,cn=users,dc=example,dc=lab
short name: example\hr
source type: proxy
source: example.lab
[1 ] example\jimfromhr
```

NOTE

다음 그림에서 볼 수 있듯이 이제 소스(또는 대상) 유저 그룹을 선택해 리소스에 대한 유저 그룹 접근을 허용하거나 차단할 수 있는 보안 룰을 만들 수 있다. 유저 오브젝트 옆의 작은 아이콘은 해당 오브젝트가 그룹인지 유저인지를 나타낸다. known-user는 방화벽이 식별된 모든 유저를 일치시킬 것임을 나타낸다.

| | NAME | TYPE | Source | | | Destination | |
			ZONE	ADDRESS	USER	ZONE	ADDRESS
1	server access	universal	🔒 Trust-L3	any	👤 pangurus-users	🔒 DMZ	🖥 servers
2	internet access users	universal	🔒 Trust-L3	any	👤 known-user	🔒 Untrust-L3	any

그림 6.16: 보안 룰의 소스 유저

더 많은 인프라 서비스가 클라우드로 이동함에 따라 액티브 디렉터리 환경도 클라우드 기반으로 전환될 수 있으며, 이로 인해 일반적인 LDAP 연결이 실용적이지 않거나 불가능해질 수 있다. 여러 클라우드 기반 플랫폼에서 그룹 매핑을 통합하고자 팔로알토는 그룹 매핑을 위한 통합 포인트 역할을 하는 클라우드 ID 엔진^{CIE, Cloud Identity Engine}이라는 무료 서비스를 제공한다.

클라우드 ID 엔진

클라우드 ID 엔진은 팔로알토 네트웍스가 서포트 서비스를 구독하는 고객에게 제공하는 무료 도구로, 여러 유저 정보 소스를 조직의 모든 방화벽이 연결할 수 있는 디렉터리 동기화라는 하나의 엔티티로 결합해 구성 복잡성을 줄일 수 있다. 또한 여러 SAML^{Security Assertion Markup Language} 2.0 기반 IdP에 대한 단일 인증 지점 역할을 하는 클라우드 인증 서비스도 제공해 여러 IdP를 사용할 때 구성을 간소화한다. CIE는 웹 사이트(https://apps.paloaltonetworks.com)에서 활성화할 수 있으며 서포트 서비스를 구독 중인 계정이 필요하고 무료(LIVE community) 계정은 이 도구를 사용할 수 없다.

다음 그림과 같이 메인 페이지의 Cloud Identity Engine 타일 아래에 있는 Activate 버튼을 선택하고 이 도구가 활성화돼야 하는 지역 및 이름과 같은 몇 가지 기본 정보를 입력하기만 하면 바로 시작할 수 있다.

그림 6.17: 클라우드 ID 엔진 활성화

다음 단계는 클라우드 디렉터리 또는 온프레미스^{on-premise} 디렉터리를 구성하는 것이다. 온프레미스 디렉터리 동기화는 다운로드한 에이전트 소프트웨어를 이용해 클라우드에 동기화된다. 마지막으로는 인증을 구성할 수 있다.

다음 그림에서 볼 수 있듯이 현재 애저, 옥타^{Okta}, 구글 인증을 설정할 수 있다. 앞으로 더 많은 공급업체가 추가될 예정이다.

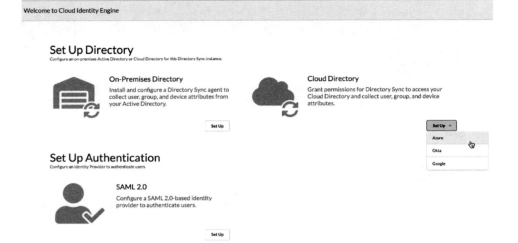

그림 6.18: 클라우드 ID 엔진 설정

클라우드 디렉터리를 사용하게 설정하려면 해당 클라우드 서비스에 계정이 있어야 하며, 다음 그림에서 볼 수 있듯이 CIE에서 적절한 자격증명을 제공하기만 하면 된다.

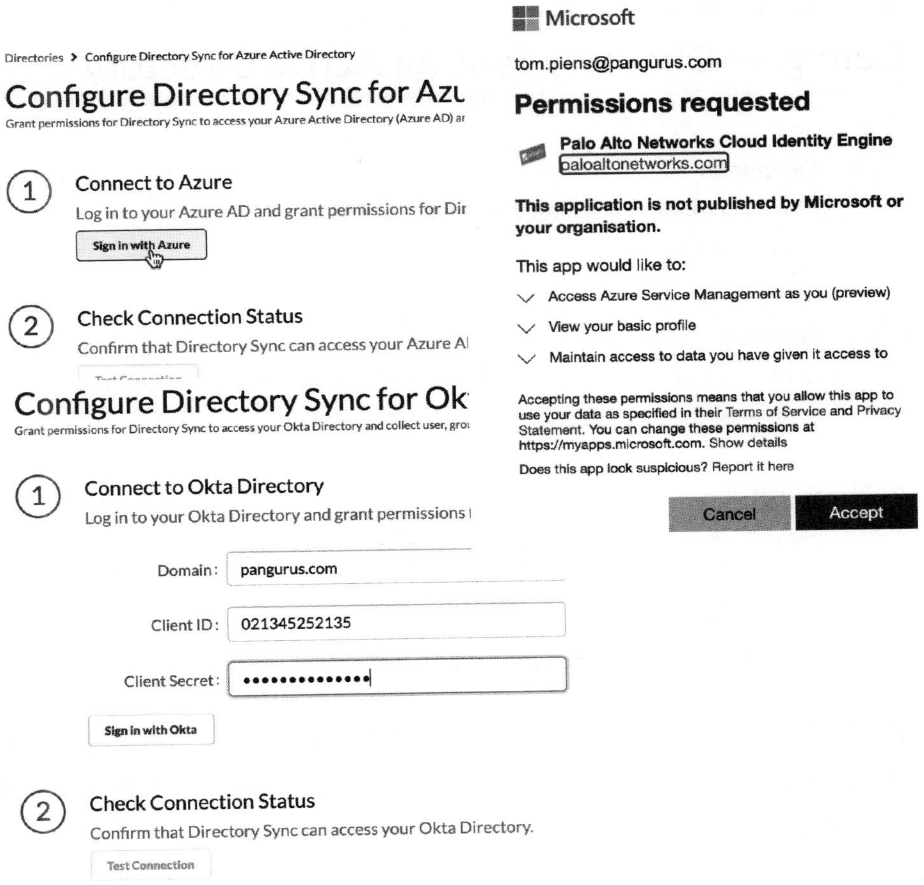

Directories ➤ Configure Directory Sync for Azure Active Directory

Configure Directory Sync for Azu

Grant permissions for Directory Sync to access your Azure Active Directory (Azure AD) an

(1) **Connect to Azure**

Log in to your Azure AD and grant permissions for Dir

[Sign in with Azure]

(2) **Check Connection Status**

Confirm that Directory Sync can access your Azure A

Configure Directory Sync for Ok

Grant permissions for Directory Sync to access your Okta Directory and collect user, grou

(1) **Connect to Okta Directory**

Log in to your Okta Directory and grant permissions

Domain: pangurus.com

Client ID: 021345252135

Client Secret: ••••••••••••••

[Sign in with Okta]

(2) **Check Connection Status**

Confirm that Directory Sync can access your Okta Directory.

[Test Connection]

Microsoft

tom.piens@pangurus.com

Permissions requested

Palo Alto Networks Cloud Identity Engine
paloaltonetworks.com

This application is not published by Microsoft or your organisation.

This app would like to:

∨ Access Azure Service Management as you (preview)

∨ View your basic profile

∨ Maintain access to data you have given it access to

Accepting these permissions means that you allow this app to use your data as specified in their Terms of Service and Privacy Statement. You can change these permissions at https://myapps.microsoft.com. Show details

Does this app lock suspicious? Report it here

[Cancel]   [Accept]

그림 6.19: 클라우드 디렉터리 추가하기

다음 그림에서 볼 수 있듯이 온프레미스 디렉터리 서비스를 추가하려면 에이전트를 다운로드하고 클라우드와 통신하는 데 사용할 인증서를 만들기만 하면된다. 설치 과정에서 이 인증서를 요청할 것이다.

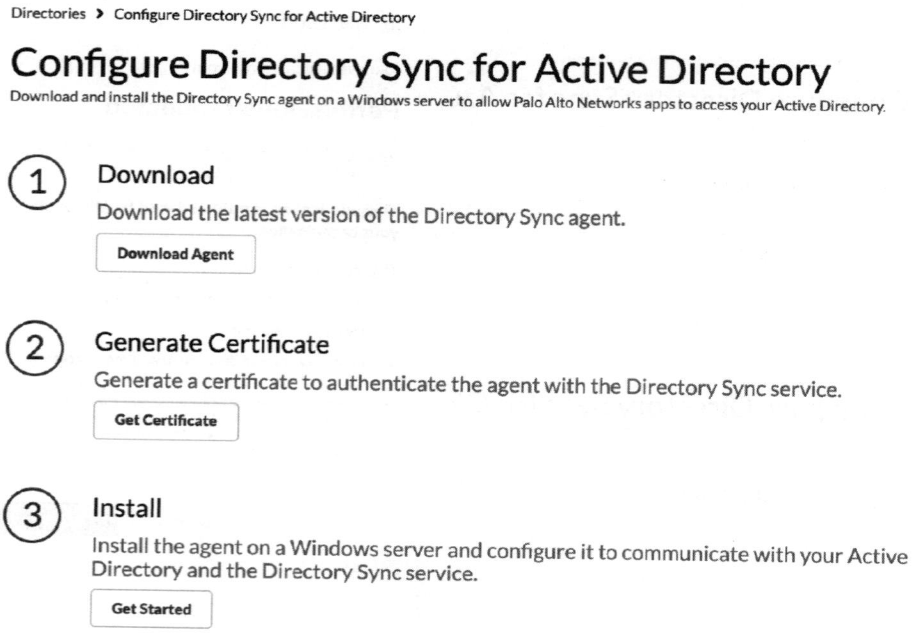
Directories > Configure Directory Sync for Active Directory
Configure Directory Sync for Active Directory
Download and install the Directory Sync agent on a Windows server to allow Palo Alto Networks apps to access your Active Directory.
1
Download
Download the latest version of the Directory Sync agent.
Download Agent
2
Generate Certificate
Generate a certificate to authenticate the agent with the Directory Sync service.
Get Certificate
3
Install
Install the agent on a Windows server and configure it to communicate with your Active Directory and the Directory Sync service.
Get Started

그림 6.20: 온프레미스 디렉터리

다음 단계는 그룹 매핑 정보가 필요한 방화벽에 클라우드 ID 엔진을 추가하는 것이다. 먼저 Device ➤ Setup ➤ Device Certificate에서 디바이스 인증서가 설정됐는지 확인한다.

디바이스 인증서가 아직 없다면 Get Certificate 링크를 클릭하고 다른 브라우저 탭에서 웹 사이트(https://support.paloaltonetworks.com)로 이동해 Assets ➤ Device Certificates 탭에서 일회용 암호[OTP, One Time Password]를 생성한다.

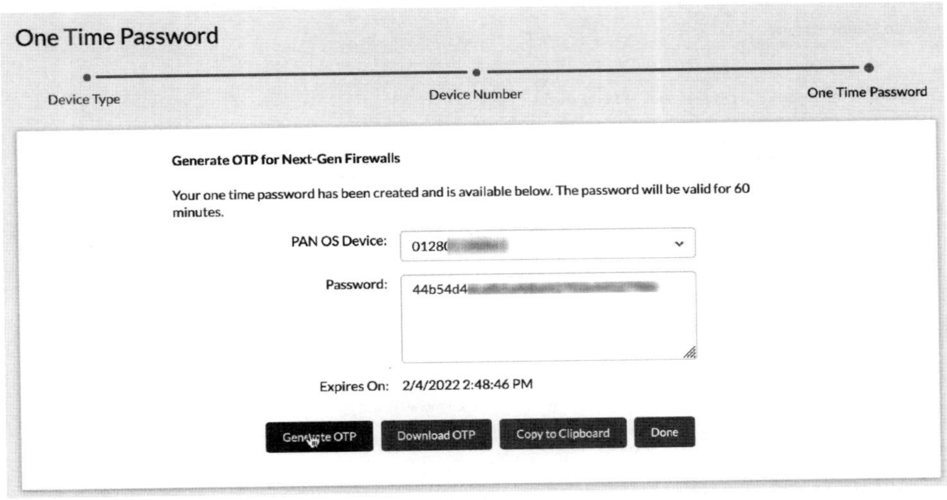

그림 6.21: 디바이스 인증서 OTP 생성

그런 다음 Device ➤ User Identification ➤ Cloud Identity Engine으로 이동해 다음 그림과 같이 새 프로파일을 추가한다. 적절한 지역을 선택하면 구성된 CIE가 표시된다.

User Attributes 탭에서 유저 이름에 사용할 속성을 선택할 수 있으며 Group Attributes에서는 디렉터리에서 그룹을 식별하는 방법을 선택할 수 있다. 디렉터리에서 디바이스 시리얼 번호도 사용할 수 있는 경우 디바이스 시리얼 번호를 수집하게 선택할 수 있다.

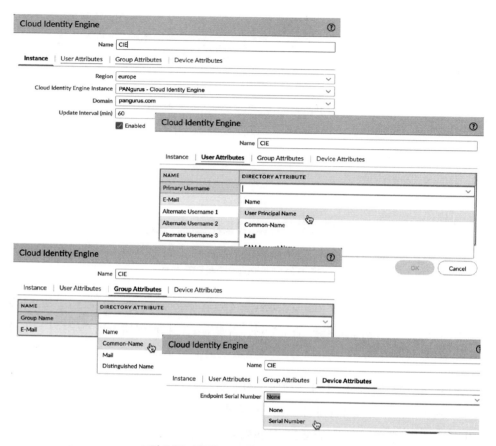

그림 6.22: 클라우드 ID 엔진 프로파일 구성하기

이 변경 사항을 커밋하면 방화벽이 그룹 매핑 정보를 수집하기 시작하며, 이 정보는 CLI 명령 show user group list로 검토할 수 있다.

1. 클라우드 인증 추가도 같은 방식으로 작동한다.

2. IdP에서 사용할 서비스 공급자(SP, Service Provider) 메타데이터 파일을 다운로 드한다.

3. 애저, 옥타, 핑원(PingOne), 핑페더레이트(PingFederate), 구글 중에서 원하는 인증 제 공업체를 선택한다.

애플리케이션을 구성한 후 IdP에서 메타데이터 파일을 제공하는 경우 업로드하거나 SSO URL, ID, 인증서와 같은 모든 필수 정보를 수동으로 입력한다. 메타데이터 파일을 가져오는 방법의 예는 다음 토픽인 애저 엔터프라이즈 애플리케이션 구성을 참고한다.

애저 XML 메타데이터를 가져오면 Cloud Identification 페이지가 다음 그림과 같이 표시된다.

Set Up SAML Authentication

Configure the service provider on your identity provider(IdP). Set up and validate an IdP profile.
Click here to learn more about configuring an authentication profile.

(1) **Configure Cloud Authentication Service (CAS) as your SAML Service Provider**
Download the Service Provider (SP) metadata or use the SP Metadata page to configure the SP on your Identity Provider(IdP).

[Download SP Metadata]

(2) **Configure your Identity Provider Profile**
Enter a Profile Name, select your IdP vendor, and select the method you want to use to provide the metadata.

• PROFILE NAME	Azure
• IDP VENDOR	Azure
• ADD METADATA	Upload Metadata
	[⬆ Click to Upload]
	📎 Palo Alto Networks Cloud Identity Engine - Cloud Authentication Service.xml
• IDENTITY PROVIDER ID	https://sts.windows.net/71fbaa2b-5▓▓▓▓▓▓▓▓▓
• IDENTITY PROVIDER CERTIFICATE	Microsoft Azure Federated SSO Certificate Expires in 3 years
• IDENTITY PROVIDER SSO URL	https://login.microsoftonline.com/71fbaa2▓▓▓▓▓▓▓▓
• HTTP BINDING FOR SSO REQUEST TO IDP	● HTTP Redirect ○ HTTP Post
• MAXIMUM CLOCK SKEW (SECONDS) ①	60
MFA IS ENABLED ON THE IDP ①	● YES ○ NO

그림 6.23: 클라우드 인증 구성하기

그런 다음 IdP 연결을 테스트하고 테스트가 성공하면 다음 그림에서 볼 수 있듯이 적절한 유저 속성을 선택한다.

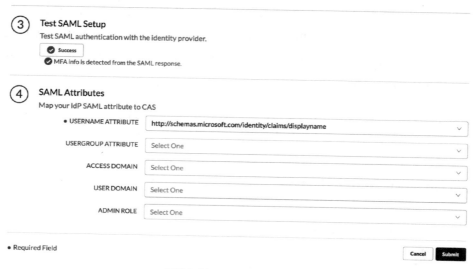

그림 6.24: SAML 속성 구성하기

아직 애저에서 Cloud Identity Engine – Cloud Authentication Service 엔터프라이즈 애플리케이션을 설정하지 않았다면 각 단계는 다음과 같다. 다른 IdP도 비슷한 단계일 것이다.

애저 엔터프라이즈 애플리케이션 구성

클라우드 인증이 작동하려면 Cloud Identity Engine – Cloud Authentication Service 애플리케이션이 필요하다.

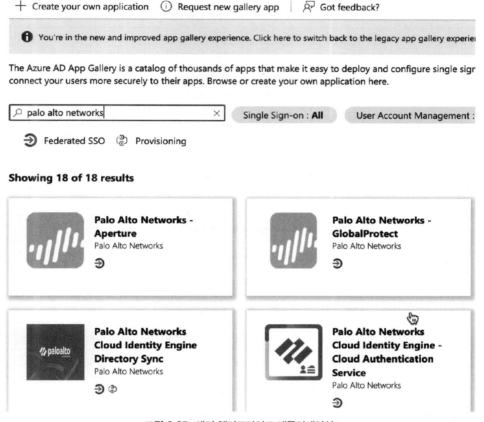

그림 6.25: 애저 엔터프라이즈 애플리케이션

애플리케이션이 생성되면 먼저 유저나 그룹을 할당한다. 이러한 유저는 활성화 과정 중에 인증할 수 있다.

그런 다음 Single Sign-on을 선택하고 상단의 Upload Metadata File을 클릭한 후 Cloud Authentication 설정 페이지에서 다운로드한 CAS-Metadata.xml을 업로드한다.

지역 사인온 URL을 입력해야 한다. 다음 목록에서 해당되는 것을 선택한다.

지역	CIE 지역 URL
미국	cloud-auth.us.apps.paloaltonetworks.com
	cloud-auth-service.us.apps.paloaltonetworks.com
유럽	cloud-auth.nl.apps.paloaltonetworks.com
	cloud-auth-service.nl.apps.paloaltonetworks.com
영국	cloud-auth.uk.apps.paloaltonetworks.com
	cloud-auth-service.uk.apps.paloaltonetworks.com
싱가포르	cloud-auth.sg.apps.paloaltonetworks.com
	cloud-auth-service.sg.apps.paloaltonetworks.com
캐나다	cloud-auth.ca.apps.paloaltonetworks.com
	cloud-auth-service.ca.apps.paloaltonetworks.com
일본	cloud-auth.jp.apps.paloaltonetworks.com
	cloud-auth-service.jp.apps.paloaltonetworks.com
호주	cloud-auth.au.apps.paloaltonetworks.com
	cloud-auth-service.au.apps.paloaltonetworks.com
독일	cloud-auth.de.apps.paloaltonetworks.com
	cloud-auth-service.de.apps.paloaltonetworks.com
미국 정보	cloud-auth-service.gov.apps.paloaltonetworks.com
	cloud-auth.gov.apps.paloaltonetworks.com
인도	cloud-auth-service.in.apps.paloaltonetworks.com
	cloud-auth.in.apps.paloaltonetworks.com

이제 다음 그림과 유사하게 애플리케이션 페이지가 표시되며, 지역별 Sign On URL 에 유의하자. 그림의 ❸단계에서 SAML Signing Certificate 하단에 있는 Federation Metadata XML 옆의 Download 링크에서 메타데이터 파일을 다운로드한다.

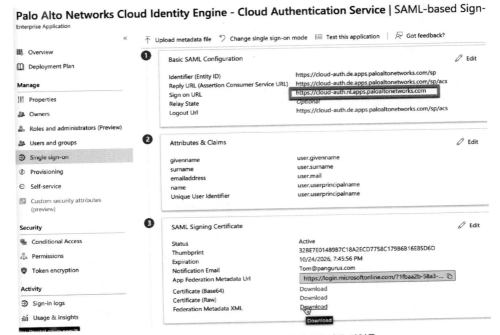

Palo Alto Networks Cloud Identity Engine - Cloud Authentication Service | SAML-based Sign-

Enterprise Application

↑ Upload metadata file   ↻ Change single sign-on mode   ≣ Test this application   ℛ Got feedback?

❶ Basic SAML Configuration   ✎ Edit

Identifier (Entity ID)   https://cloud-auth.de.apps.paloaltonetworks.com/sp
Reply URL (Assertion Consumer Service URL)   https://cloud-auth.de.apps.paloaltonetworks.com/sp/acs
Sign on URL   https://cloud-auth.nl.apps.paloaltonetworks.com
Relay State   *Optional*
Logout Url   https://cloud-auth.de.apps.paloaltonetworks.com/sp/acs

❷ Attributes & Claims   ✎ Edit

givenname   user.givenname
surname   user.surname
emailaddress   user.mail
name   user.userprincipalname
Unique User Identifier   user.userprincipalname

❸ SAML Signing Certificate   ✎ Edit

Status   Active
Thumbprint   32BE7E01489B7C18A2ECD7758C179B6B16E85D6D
Expiration   10/24/2026, 7:45:56 PM
Notification Email   Tom@pangurus.com
App Federation Metadata Url   https://login.microsoftonline.com/71fbaa2b-58a3-... 📋
Certificate (Base64)   Download
Certificate (Raw)   Download
Federation Metadata XML   Download

Overview
Deployment Plan

Manage
Properties
Owners
Roles and administrators (Preview)
Users and groups
Single sign-on
Provisioning
Self-service
Custom security attributes (preview)

Security
Conditional Access
Permissions
Token encryption

Activity
Sign-in logs
Usage & insights

그림 6.26: 애저 엔터프라이즈 애플리케이션 싱글 사인온

마지막 단계는 Device ➤ Authentication Profile에서 방화벽에 새 인증 프로파일을 추가하고 프로파일을 Cloud Authentication Service로 설정하는 것이다.

다음 그림과 같이 Region, Instance, Profile을 선택한다. 이제 필요한 곳에서 새 프로파일을 사용할 수 있다.

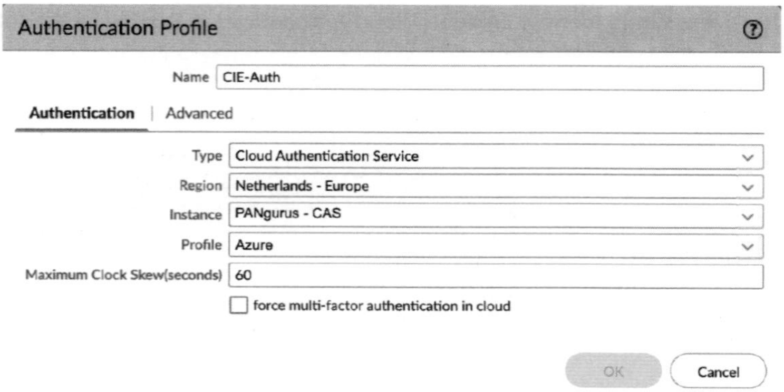

그림 6.27: 클라우드 인증 서비스 프로파일

이제 그룹 매핑을 사용해 유저 그룹에 보안 룰을 적용하고 클라우드 ID 엔진을 활용해 온프레미스와 클라우드 디렉터리를 모두 결합할 수 있으며, 클라우드 인증을 활용해 여러 방화벽 및 지역에서 인증을 간소화할 수 있다. 다음 절에서는 인증과 결합해 유저를 식별하는 또 다른 방법인 캡티브 포털을 살펴본다.

⁝⁆ 캡티브 포털 설정

캡티브 포털은 방화벽에서 실행되며 웹 세션을 가로채서 유저를 식별하는 서비스다. 이 기능은 네트워크에 로그온하지 않고 지원되지 않는 운영체제나 네트워크에 들어오는 게스트와 같은 유저를 식별할 수 있는 좋은 기능이다.

예를 들어 노트북을 사용해 캠퍼스를 돌아다니며 SSID와 액세스 포인트를 이동한다면 액티브 디렉터리에서 새 로그인 이벤트를 생성하지 않고 새 IP 주소를 할당할 수 있다. 이때는 유저를 알 수 없게 되고 캡티브 포털이 트리거돼 유저가 수동으로 로그인하게 할 수 있다.

캡티브 포털을 설정하려면 먼저 유저를 인증할 수 있어야 하는데, 이는 다음 절에서 다룬다.

유저 인증

유저를 인증하려면 어떤 프로토콜과 서버를 사용할지 관리하는 인증 프로파일을 만들어야 한다. Device ➤ Authentication Profile에서 새 프로파일을 만든다.

1. Authentication 탭에서 원하는 유형(LDAP, local, RADIUS, TACACS, SAML, Cloud Authentication 또는 Kerberos)을 설정한다.

2. Server Profile에서 일치하는 프로파일을 선택한다. 아직 프로파일을 만들지 않았다면 New 링크를 클릭해 프로파일을 만들 수 있다. 대부분 서버의 IP와 포트만 입력하면 된다.

3. 유형을 선택하면 선호하는 인증 방법에 대한 모든 공통 속성이 미리 채워진다. 필요하면 변경한다(예, LDAP의 경우 기본값인 sAMAccountName 대신 userPrincipalName이 필요할 수 있음).

4. Username Modifier를 사용하면 유저 이름이 인증 서버에 전달되는 방식을 변경할 수 있다. 기본값은 유저의 정확한 이름을 전달하는 %USERINPUT% 이다. %USERDOMAIN%\%USERINPUT%는 유저의 입력을 domain\username으로 변경하고 %USERINPUT%@%USERDOMAIN%는 유저 이름을 user@domain.ext로 변경한다. 유저가 다양한 유저 이름으로 로그인하고 인증 서버가 특정 유저 이름을 선호하는 경우 유용할 수 있다.

5. 도메인이 Kerberos Single Sign-on을 지원하면 유저가 투명하게[transparently] 인증할 수 있도록 커버로스 키탭[keytab]을 가져온다. 이 URL은 키탭을 생성하는 데 도움이 될 수 있다(https://docs.microsoft.com/en-us/windows-server/administration/windows-commands/ktpass).

LDAP 프로파일은 Authentication 탭에서 다음 그림과 유사하게 표시돼야 한다.

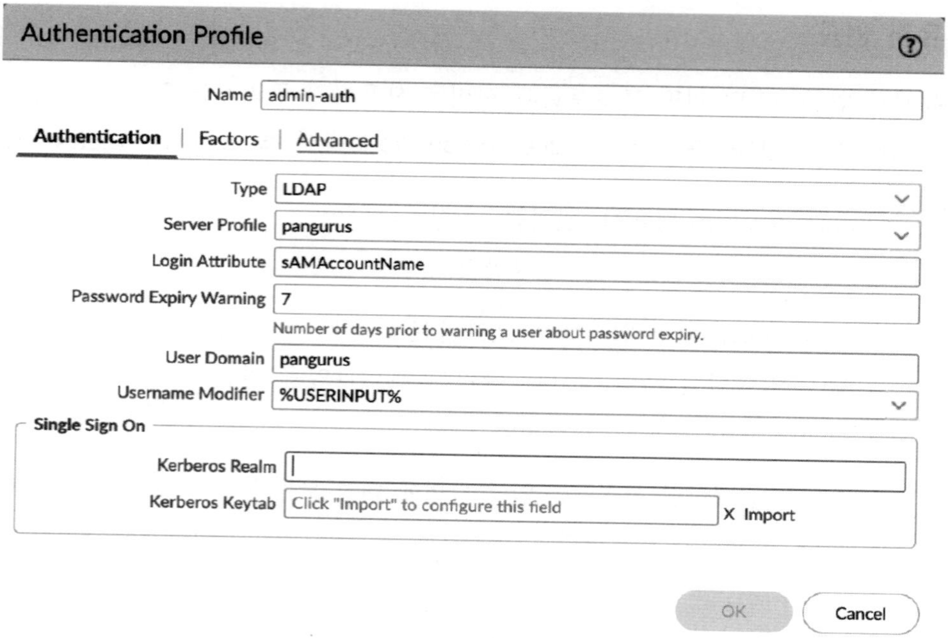

그림 6.28: 인증 프로파일

6. 선택적으로 Factors 탭에서 Enable Additional Authentication Factor를 선택하고 사용할 MFA 공급업체를 선택해 활성화할 수 있다.

7. Advanced 탭에서 인증을 허용할 유저를 선택해야 한다. 모든 유저 인증이 허용되는 경우 항목을 추가하고 [all]로 설정한다.

8. 다음 예처럼 Account Lockout에서 Failed Attempts를 4회로 설정하고 무차별 암호 대입 공격을 막고자 lockout time을 30으로 설정한다. lockout time이 0이면 관리자가 수동으로 잠금을 해제할 때까지 계정이 영구적으로 잠긴다. Failed Attempts가 0이면 잠금이 발생하지 않는다.

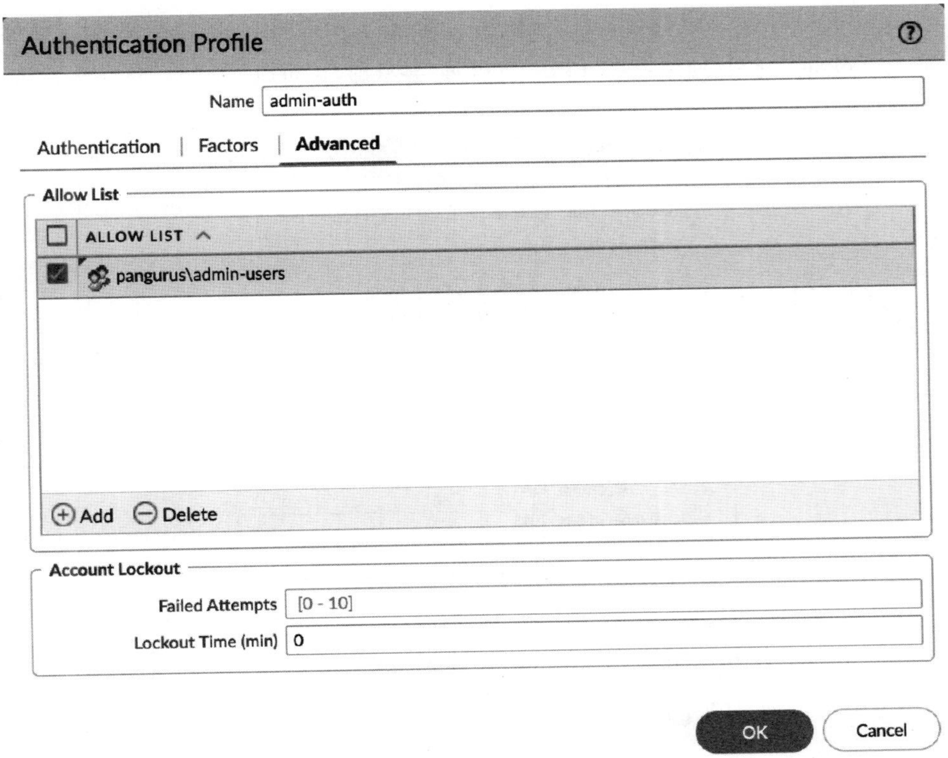

그림 6.29: 고급 인증 프로파일 설정

또한 캡티브 포털 랜딩 페이지에서 신뢰할 수 있는 인증서를 사용하도록 SSL/TLS 서버 프로파일을 생성해야 한다.

먼저 서버 프로파일에서 사용할 적절한 인증서를 설정한다.

1. Device ➤ Certificate Management ➤ Certificates에서는 도메인 CA에서 서명한 서버 인증서를 가져오거나 자체 서명된 루트 CA(SSL 복호화를 위해 만든 인증서)로 자체 서명한 서버 인증서를 새로 만든다. 이렇게 하면 루트 CA를 정상적으로 신뢰하는 경우 클라이언트에 인증서 오류 메시지가 표시되지 않는다.

   이 인증서 CN은 내부 DNS에서 확인할 수 있는 FQDN(cp.example.com)이거나 리다이렉션 대상으로 사용할 방화벽 인터페이스 IP 주소로 설정해야 한다. 생성 페이지는 다음 그림과 유사해야 한다.

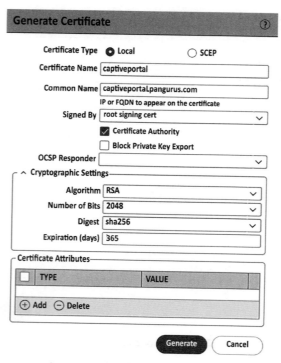

그림 6.30: 캡티브 포털용 서버 인증서 생성하기

2. Device ➤ Certificate Management ➤ SSL/TLS Service Profile에서 새 프로파일을 생성하고 captiveportal로 이름을 지정하고 캡티브 포털 인증서를 추가한 다음 Min Version을 TLSv1.2로 설정한다.

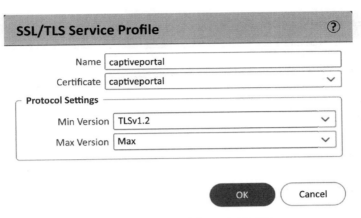

그림 6.31: SSL/TLS 서비스 프로파일 생성

다음으로 방화벽 인터페이스에 리다이렉션 페이지를 수용하려면 Response Pages가 활성화된 Interface Management Profile을 만들어야 한다. Network ➤ Network Profiles ➤ Interface Mgmt에서 만든다.

1. 식별 가능한 이름을 설정한다.

2. Response Pages를 활성화한다.

3. 트러블 슈팅을 위해 Ping을 활성화한다.

프로파일은 다음과 같이 표시돼야 한다.

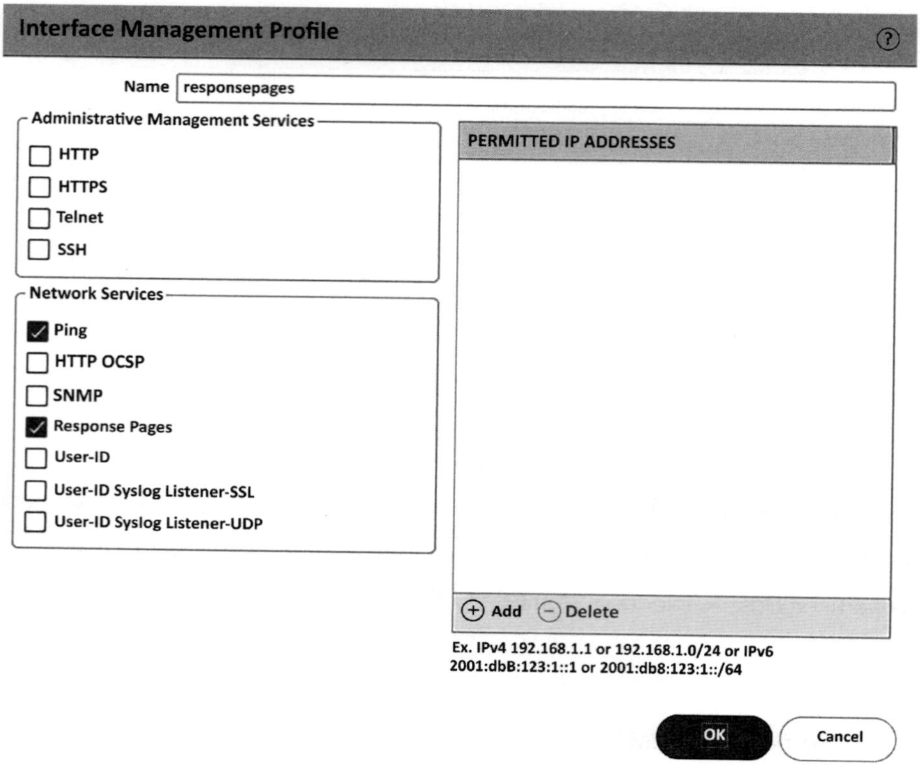

그림 6.32: 인터페이스 관리 프로파일

4. Network ➤ Interfaces ➤ Interface ➤ Advanced ➤ Other Info ➤ Management Profile로 이동해 프로파일을 추가해 캡티브 포털을 제공할 물리적 또는 루프백 인터페이스에 프로파일을 연결한다.

마지막으로 유저 서브넷을 호스팅하는 인터페이스와 관련된 존에 Enable User Identification을 설정해야 한다. Network ➤ Zones 탭으로 이동해 가로채려는 유저가 있는 모든 존에서 확인란을 선택한다. 외부 존에서는 이 기능을 활성화하지 않는다.

모든 준비가 완료됐으므로 이제 캡티브 포털을 설정할 수 있다.

캡티브 포털 구성

Device ➤ User Identification ➤ Captive Portal Settings에서 캡티브 포털 설정을 편집한다.

1. Captive portal 활성화 여부를 확인한다.

2. Idle Timer(기본값은 15분)는 세션이 만료되기 전에 유저가 유휴 상태로 있을 수 있는 시간을 나타내며, Timer(기본값은 60분)는 유저가 재인증하기 전에 유저 세션이 지속되는 시간을 나타낸다.

3. GlobalProtect(GP) 포트는 MFA가 구성돼 있고 유저가 GP를 설치한 경우 GP가 MFA 인증 대화상자를 팝업하는 데 사용되며 기본 포트는 변경하지 않아야 한다.

4. SSL/TLS Service 프로파일을 설정한다.

5. Authentication 프로파일을 설정한다.

두 가지 모드 중에서 선택할 수 있으며 Redirect 모드가 가장 선호된다.

- Transparent 모드는 아웃바운드 세션을 가로채서 원래 대상 URL을 가장하는 동시에 유저에게 인증을 요청하는 HTTP 401 코드를 보낸다. 방화벽이 원격 사이트를 가장하고 있기 때문에 유저는 인증서 오류가 발생할 수 있다.

- Redirect 모드는 HTTP 302 리다이렉션 메시지를 삽입해 브라우저에 추가 지침을 위해 리다이렉션 호스트에 연결하라는 메시지를 표시한다. 이때 유저에게 자격증명을 입력하라는 메시지가 표시되거나 NTLM 또는 커버로스로 투명 인증을 받게 된다. 리다이렉션 모드는 세션 쿠키를 지원하고 쿠키가 유저와 함께 이동하면서 더 긴 세션 타이머를 활성화해 로밍 중 유저 경험을 향상시킨다.

SSL 복호화를 활성화했다면 두 모드 모두 HTTPS 세션에서도 작동한다.

Redirect 모드를 설정하려면 다음 단계를 따른다.

1. Redirect 라디오 버튼을 선택해 Redirect 모드를 활성화한다.

2. Session Cookie 및 Roaming을 활성화한다.

3. 세션 쿠키의 기본 제한 시간은 1,440분으로, 유저가 재인증할 필요 없이 하루 동안 로밍할 수 있다. 이 값이 너무 길면 값을 줄인다.

4. Redirect Host를 설정한다. 이 값은 데이터 플레인의 인터페이스로 변환되는 FQDN 또는 인터페이스 IP로, SSL/TLS 서비스 단계에서 생성한 인증서 CN과 일치해야 한다.

인증서 인증을 사용하면 유저 인증을 위한 인증서 프로파일을 설정할 수 있다. 적절한 클라이언트 인증서를 제시할 수 없는 유저 브라우저는 인증할 수 없다. 이것은 알려진 하드웨어만 인증이 허용되는 높은 보안 수준의 네트워크에서 사용하는 것이 좋다.

유저 ID 에이전트 중 하나가 NTLM 프록시로 설정돼 있다면 NTLM 인증을 대체 투명 인증 메커니즘으로 사용할 수 있다. 커버로스는 더 안전한 인증 프로토콜이기 때문에 (커버로스 SSO 키탭을 통해) 커버로스를 투명 인증으로 대신 사용하는 것이 좋다.

커버로스 SSO와 NTLM은 둘 다 브라우저가 해당 인증 방법을 지원해야만 작동한다. 클라이언트 브라우저가 이러한 방법을 지원하지 않으면 유저에게 웹 양식을 제시해 인증할 수 있다.

캡티브 포털 설정은 다음과 같아야 한다.

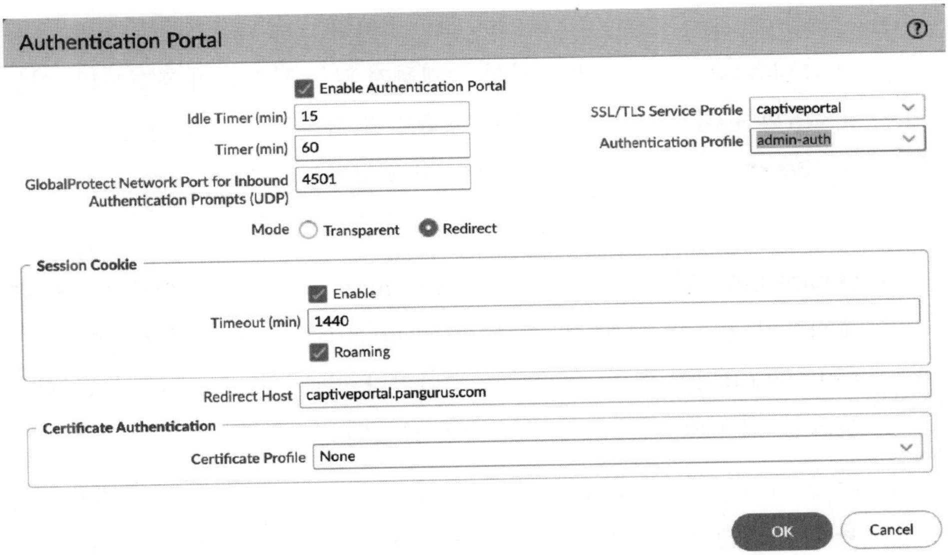

그림 6.33: 캡티브 포털 설정

마지막 단계는 Policies ❯ Authentication에서 인증 정책을 설정하는 것이다.

룰은 항상 위에서 아래로 평가되므로 가장 구체적인 룰이 맨 위에 있어야 한다. 유저에게 NTLM이나 커버로스로 투명 인증을 허용하려면 먼저 이에 대한 룰을 만든다.

1. 친숙한 이름과 설명을 설정한다.

2. 소스에서 캡티브 포털 인증이 필요한 유저가 위치한 존을 정의한다.

3. User 필드에는 몇 가지 옵션이 있다. Unknown so we can use this CP example to identify new users를 선택한다. 다른 옵션을 사용할 수 있다.

   - **Any:** 이미 알려진 유저를 포함해 가로챌 모든 트래픽을 포함한다.
   - **Pre-logon:** GlobalProtect Pre-logon을 사용해 연결됐지만 클라이언트 시스템에 로그인하지 않은 원격 유저가 포함된다.
   - **Known-users:** 방화벽에 이미 유저와 IP 매핑이 있는 트래픽이 포함된

다(특정 리소스에 접근하는 데 authorization 요소가 추가될 수 있음).

- **Unknown**: 유저와 IP 매핑이 존재하지 않는 트래픽이 포함된다. 이는 일반 유저 ID로 파악되지 못한 유저를 식별하는 주요 방법이다.
- **Select**: 특정 유저나 그룹 트래픽만 포함된다(직원은 남겨두고 게스트를 특정 대상으로 지정하는 데 사용할 수 있음).

4. Service/URL 카테고리에는 기본적으로 **http** 서비스만 포함된다. SSL 복호화를 사용하면 **service-https** 및 기타 유용한 포트를 추가한다. 특정 URL 카테고리에만 유저 ID가 필수이거나 카테고리에 명시적인 권한이 필요한 때 URL 카테고리를 추가할 수 있다.

5. Action에서 **default-browser-challenge**를 설정해 인증 프로파일에서 사용 가능하면 커버로스 키탭을 사용하거나 유저 ID 에이전트로 NTLM을 활성화한다.

필요하면 다른 인증 프로파일을 사용해 새로운 authentication enforcement 프로파일을 만들 수도 있다. 이렇게 하면 캡티브 포털에서 사용되는 인증 프로파일을 덮어쓸 것이다.

룰은 다음 그림과 유사해야 한다.

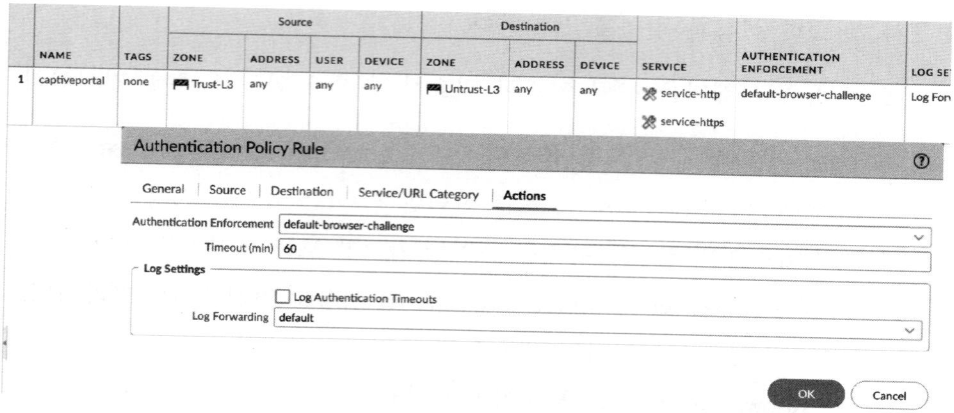

그림 6.34: 인증 정책의 룰

그런 다음 1~4단계를 반복하고 authentication enforcement를 `default-webform`으로 설정하면 유저에게 자격증명을 입력할 수 있는 랜딩 페이지가 표시된다.

어떤 주소나 서브넷이 캡티브 포털 가로채기를 트리거하지 않는 경우(문제 해결 서버 또는 게스트 프록시일 수 있음) 1~4단계를 반복하고 authentication enforcement를 `default-no-captive-portal`로 설정한 후 룰에서 맨 위로 이동시킨다.

캡티브 포털을 연결한 인터페이스와 유저가 연결하는 존에 따라 이러한 연결을 허용하도록 보안 룰을 구성해야 할 수 있다. 캡티브 포털은 다음 포트 중 하나를 사용한다.

- 클라이언트가 NTLM 인증을 위해 TCP 6080으로 접속한다.
- 캡티브 포털이 SSL/TLS 서비스 프로파일 없이 구성된 경우 TCP 6081로 접속한다.
- 캡티브 포털이 적절한 프로파일로 구성된 경우 TCP 6082로 접속한다.

약간의 창의력을 발휘한다면 캡티브 포털을 여러 인터페이스에서 활성화할 수 있다. 인증서는 FQDN으로 설정하고 각 개별 인터페이스에 응답 페이지에 대한 관리 프로파일을 사용하게 설정하고 각 서브넷의 클라이언트에 연결된 리다이렉트 호스트에 대해 다른 IP(DNS 기준)를 제공해야 한다.

⁝⁝ 유저 ID용 API 사용

앞서 유저 정보를 추출하고자 유저 ID 에이전트로 syslog를 전달할 수 있다는 것을 살펴봤지만 syslog에서 원하는 정보를 얻을 수 없다면 API를 사용해 유저 IP 매핑을 자동화하거나 수동으로 추가 및 삭제할 수도 있다.

먼저 인증키를 발급받아야 한다. 이러한 작업에 사용할 관리자 계정에 API 접근 권한이 있는지 확인해야 한다.

브라우저에서 다음 URL을 사용해 인증키를 가져올 수 있다.

https://<firewall>/api/?type=keygen&user=<Username>&password=<Password>

또는 CLI에서 cURL을 사용할 수도 있다.

```
curl -k -X GET 'https://<YourFirewall>/
api/?type=keygen&user=<username>&password=<password>
```

그러면 다음과 같은 출력이 표시된다.

```
<response status="success">
<result>
<key>
LUFRPT1TWFhUNWUk5N1Fjd3ZnMzh3MXlTOVJyb0kxSG5IWk5QTkdPNw==
</key>
</result>
</response>
```

이제 키를 API 명령과 함께 사용해 방화벽에서 항목을 변경하거나 정보를 요청할 수 있다. 예를 들어 브라우저에서 다음 URL을 사용해 유저 목록을 요청할 수 있다.

https://10.0.2//api/?type=op&pots=<show><user-ids><all></user-ids></user></show>&key=LUFRPT1THHWUNWUK5N1Fjd3Z3ZH3MXTTOVJYB0KS5S5G5.IWK5QTkdPNw==

또는 CLI에서 cURL을 사용할 수도 있다.

```
curl -k -X GET 'https://10.0.0.2//api/?type=op&cmd=<show>
```

```
<user><user-ids><all></all></user-ids></user></show>&key=
LUFRPT1TWFhUNWUk5N1Fjd3ZnMzh3MXlTOVJyb0kxSG5IWk5QTkdPNw=='
<response status="success"><result><![CDATA[
User Name Vsys Groups
-------------------------------------------------------------
example\tomfromit vsys1 cn=it,cn=users,dc=example,dc=com
example\jimfromhr vsys1 cn=hr,cn=users,dc=example,dc=com
Total: 3
* : Custom Group
```

NOTE

> 방화벽에 로그인한 다음 URL을 https://<Your Firewall>/api로 바꾸면 사용 가능한 모든 API 명령을 찾아볼 수 있다.

유저를 추가하려면 다음 명령을 사용할 수 있다.

```
curl -F key=<APIkey> --form file=@<file> "https://<YourFirewall>/
pi/?type=user-id"
```

소스로 사용할 파일에 다음 구문을 사용해 유저를 추가한다.

```
<uid-message>
<version>1.0</version>
<type>update</type>
<payload>
<login>
<entry user="domain\user" ip="x.x.x.x" timeout="60">
</login>
</payload>
</uid-message>
```

유저를 제거하는 데 사용되는 구문이다.

```
<uid-message>
<type>update</type>
<version>1.0</version>
<payload>
<logout>
<entry user="domain\user1" ip="x.x.x.x">
</logout>
</payload>
</uid-message>
```

페이로드 내에 로그인 및 로그아웃 구문을 추가하기만 하면 동일한 업데이트에서 유저를 추가 및 제거할 수 있다.

로그인이나 로그아웃 요소에 항목을 추가해 한 번에 여러 유저를 추가하거나 제거할 수 있다.

```
<uid-message>
<type>update</type>
<version>1.0</version>
<payload>
<login>
<entry user="domain\user1" ip="x.x.x.x" timeout="60">
</login>
<logout>
<entry user="domain\user3" ip="y.y.y.y">
<entry user="domain\user3" ip="z.z.z.z">
</logout>
</payload>
</uid-message>
```

그룹에 유저를 추가할 수도 있다.

```
<uid-message>
<version>1.0</version>
<type>update</type>
<payload>
<groups>
<entry name="groupA">
<members>
<entry name="user1"/>
</members>
</entry>
<entry name="groupB">
<members>
<entry name="user2"/>
</members>
</entry>
</groups>
</payload>
</uid-message>
```

이 절에서는 API를 사용해 유저와 IP 매핑 항목 생성과 삭제를 제어하고 그룹에서 유저를 추가하거나 제거하는 방법을 살펴봤다. 다음 절에서는 유저 ID와 URL 필터링을 활용해 피싱 공격에서 유저를 보호하는 방법을 살펴본다.

⁞⁞ 유저 자격증명 감지

피싱이 중요한 공격 벡터로 떠오르면서 많은 기업의 사이버 보안 인식 프로그램에서 유저 교육은 매우 중요한 주제다. 유저가 신뢰할 수 없는 웹 사이트에 자격증명을 공유하지 못하는 것은 유저가 속아서 악성 사이트에 자격증명을 제출하는 경우에 대비한 두 번째 방어선이다.

다음 그림에서 확인할 수 있듯이 URL 필터링 보안 프로파일에는 USER

CREDENTIAL SUBMISSION이라는 열이 있다. block으로 설정된 모든 카테고리는 유저가 자격증명을 제출할 수 없다.

사이트가 Malware 카테고리에 속하는 것으로 분류되고 멀웨어가 USER CREDENTIAL SUBMISSION을 block하게 설정된 경우 유저는 로그인할 수 없다.

Continue로 설정된 모든 카테고리는 먼저 유저에게 사이트에 자격증명을 제출하고 있다고 경고를 표시하고 유저 행동에 대한 확인을 요구한다. alert(로깅 포함) 또는 allow로 설정된 카테고리는 유저가 자격증명을 제출할 수 있게 허용한다.

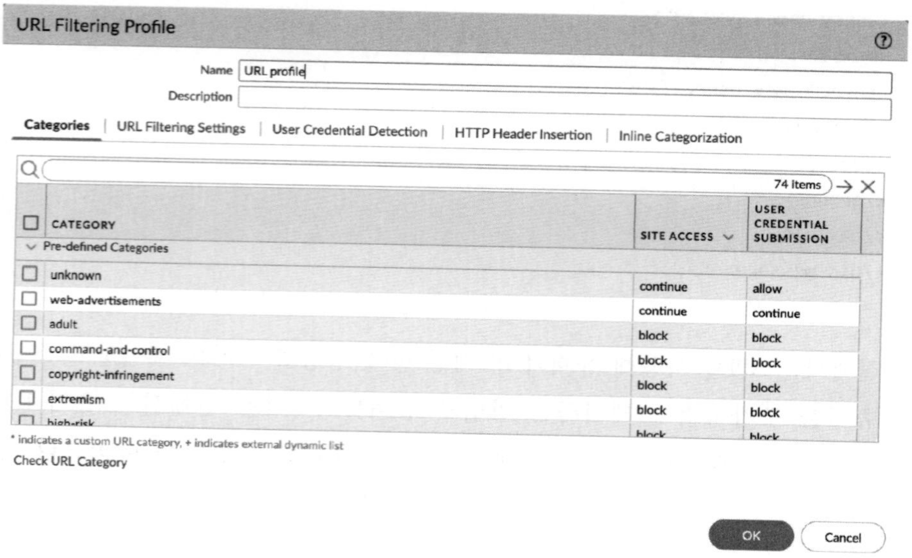

그림 6.35: URL 필터링 프로파일 페이지

NOTE

> 흐름 내부를 살펴보고 유저가 제출한 로그인 정보를 가로채 검사할 수 있으려면 SSL 복호화가 필요하다.

여기서 한 단계 더 나아가 User Credential Detection 탭에 접속해 실제 회사 유저 자격증명을 감지할 수 있게 설정한다. 이렇게 하면 개인 계정으로 페이스북에 로그인하는 유저와 회사 이메일로 로그인하는 유저를 구분하는 데 도움이 될 뿐만 아니라 회사 환경에서 사용하는 것과 동일한 비밀번호를 사용하는지 구분하는 데도 도움이 된다.

제출된 자격증명이 감지 결과와 일치하지 않으면 로그온이 허용되고 그렇지 않으면 USER CREDENTIAL SUBMISSION 동작이 적용된다.

세 가지 옵션을 사용할 수 있으며 모든 방법을 사용하려면 방화벽에 유저 ID가 이미 설정돼 있어야 한다. 유저 IP 매핑이 LDAP 기본 유저 이름과 동일한 형식을 사용하는지 확인한다(예, 기본 유저 이름이 UserPrincipalName이면 유저 IP 매핑에도 UPN 유저 이름이 표시돼야 한다). 사용 가능한 세 가지 옵션은 다음과 같다.

- **Use IP User Mapping:** 이 옵션을 사용하면 방화벽이 웹 사이트에 제출된 자격증명을 유저 ID에서 가져온 유저 IP 매핑의 유저 이름과 비교할 수 있다. 일치하는 항목이 감지되면 URL 필터링 프로파일은 USER CREDENTIAL SUBMISSION 열에 정의된 동작을 적용한다.

- **Use Group Mapping:** 방화벽은 유저 ID 그룹 매핑을 사용해 제출된 유저 이름을 그룹 매핑 프로파일에 알려진 유저 이름과 일치시킨다. 이 방법은 LDAP 그룹 멤버십에 대해서만 유저 이름을 일치시킨다.

- **Use Domain Credential Filter:** 이 방법을 사용하면 방화벽에서 제출된 자격증명의 유저 이름과 비밀번호를 확인하고 로그인한 유저의 것인지 확인할 수 있다. 이 방법은 비밀번호 일치도 감지할 수 있으므로 가장 철저하지만 유저 ID 에이전트와 유저 ID 자격증명 서비스 애드온(서포트 포털 소프트웨어 업데이트의 UaCredInstall64-x.x.x-x.msi)을 읽기 전용 도메인 컨트롤러(RODC, Read-Only Domain Controller)에 설치해야 한다. 이러한 에이전트는 별도의 도메인 컨트롤러에 설치해야 하므로 유저 ID 에이전트를 사용해 유저 IP 매핑을 수집하지 말자. 자격증명 서비스 애드온은 방화벽이 유저 ID 에이전트에서 주기적으로 가져올 수 있는 모든 유저 이름과 비밀번호에 대한 블룸 필터를 생성해 자격증명 제출과 일치시킨다. 유저 이름과 비밀번

호는 방화벽에 저장되지 않는다.

각 메서드를 사용하면 유효한 자격증명이 감지될 때 로그 심각도를 설정할 수 있다. 기본적으로 URL 필터링 로그의 심각도는 informational이며 심각도를 medium 이상으로 설정한다.

다음 그림에서 볼 수 있듯이 URL 필터링 로그에서 CREDENTIAL DETECTED 열을 활성화하면 브라우징 세션에서 기업 인증 정보가 일치하는지 여부를 확인할 수 있다.

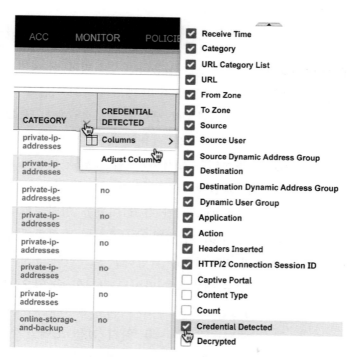

그림 6.36: CREDENTIAL DETECTED 열 활성화

이 기능을 구현하면 유저가 실수로 또는 의도적으로 기업 자격증명 정보를 네트워크 외부에서 공유하지 않게 하고 개인 사이트에 기업 자격증명을 사용하는 것을 방지할 수 있다.

⠿ 요약

6장에서는 서버에서 유저 ID 에이전트 및 TS 에이전트 소프트웨어를 설정하는 방법과 방화벽에서 에이전트리스 구성을 제대로 설정하는 방법을 살펴봤다. LDAP 그룹을 활용해 유저를 분류하고 보안을 적용하는 방법과 필요에 따라 구성을 조정하는 데 사용할 수 있는 유저 속성을 살펴봤다. 또한 유저가 신뢰할 수 없는 웹 사이트에 실수로 기업 자격증명을 제출하는 것을 방지하는 방법도 알아봤다.

7장에서는 파노라마를 사용해 여러 방화벽 구성을 관리하고 통합하는 방법을 알아본다.

07

파노라마를 이용한 방화벽 관리

7장에서는 관리자가 여러 위치 또는 클라우드에 있는 방화벽을 실시간으로 관리할 수 있는 중앙 관리 플랫폼인 파노라마Panorama를 알아본다. 공유 오브젝트 및 정책 생성 방법과 디바이스 그룹을 사용해 다수의 비슷한 방화벽에 배포할 수 있는 지역 기반 또는 목적 기반 정책을 추가하는 방법을 살펴본다. 또한 단일 위치에서 로그를 관리하고 콘텐츠 업데이트를 푸시하고 인벤토리를 추적하는 방법도 알아본다.

7장에서 다루는 내용은 다음과 같다.

- 파노라마 설정
- 디바이스 그룹
- 템플릿과 템플릿 스택Stack 설정
- 파노라마 관리

7장을 끝내면 모든 방화벽을 중앙에서 관리하고 디바이스 간에 공유 구성을 통합할 수 있다.

⠿ 기술적 요구 사항

7장에서는 주요 하이퍼바이저 기술(KVM, NSX, Hyper-V, ESX 등) 또는 클라우드 공급자(애저, AWS)에서 가상머신을 관리하고 유지하는 방법에 관한 기본적인 이해가 필요하다.

7장에서 다루는 파노라마 구성의 사본은 깃허브(https://github.com/PacktPublishing/Mastering-Palo-Alto-Networks)에서 확인할 수 있다.

⠿ 파노라마 설정

시작하기 전에 먼저 파노라마를 배포할 방법을 결정해야 하며 선택에 영향을 줄 수 있는 옵션에 대한 이해가 필요하다. 파노라마는 로컬과 클라우드 모두에서 물리적 어플라이언스나 가상머신 이미지로 배포할 수 있다. 각 옵션은 다른 옵션에 비해 장점을 갖고 있다. 물리적 어플라이언스는 파노라마 인스턴스나 로그 수집기^{Log Collector}로 배포할 수 있으며, 이를 번들로 묶어 분산해 로그를 물리적으로 제어하면서 복원력과 대역폭의 효율성을 높일 수 있다. 가상머신은 거의 모든 하이퍼바이저에서 쉽게 배포하고 실행할 수 있어 별도의 하드웨어가 필요하지 않다. 클라우드 기반 파노라마를 이용하면 관리자는 어느 위치에서나 최적의 접근으로 방화벽에 접속하고 관리할 수 있다.

파노라마를 가상머신으로 배포할 때 첫 번째 단계는 최소 시스템 요구 사항을 결정하는 것이다.

관리 전용 모드에서 파노라마 VM		파노라마 모드에서 파노라마 VM		로그 수집기 모드에서 파노라마 VM	
시스템 디스크 81GB		시스템 디스크 81GB		시스템 디스크 81GB	
최대 500의 관리되는 장치	16 CPU 32GB 메모리 로깅 디스크 없음	최대 500의 관리되는 장치 초당 10,000개 로그 처리	16 CPU 32GB 메모리 4 × 2TB 로깅 디스크	초당 15,000개 로그 처리	16 CPU 32GB 메모리 4 × 2TB 로깅 디스크
최대 1,000의 관리되는 장치	32 CPU 128GB 메모리 로깅 디스크 없음	최대 1,000의 관리되는 장치 초당 20,000개 로그 처리	32 CPU 128GB 메모리 8 × 2TB 로깅 디스크	초당 25,000개 로그 처리	32 CPU 128GB 메모리 8 × 2TB 로깅 디스크
확장 로깅 용량별 최소 요구 사항		2TB – 8TB, 16 CPU, 32GB 메모리 10TB – 24TB, 16CPU, 64GB 메모리			

웹 페이지(https://docs.paloaltonetworks.com/panorama/10-1/panorama-admin/set-up-panorama/set-up-the-panorama-virtual-appliance/setup-prerequisites-for-the-panorama-virtual-appliance)에 모든 요구 사항이 자세히 나와 있다.

다음 단계는 방화벽을 관리할 수 있게 파노라마를 구성하는 것이다.

파노라마 초기 구성

파노라마는 KVM, NSX, Hyper-V, ESX를 포함해 다양한 가상 환경과 AWS 및 마이크로소프트 애저와 같은 클라우드 환경에 배포할 수 있다. 예를 들어 다음 그림과 같이 웹 사이트(https://support.paloaltonetworks.com)의 Software 섹션에서 OVA Open Virtual Appliance 이미지를 다운로드해 VMware ESXi 환경에 배포할 수 있다.

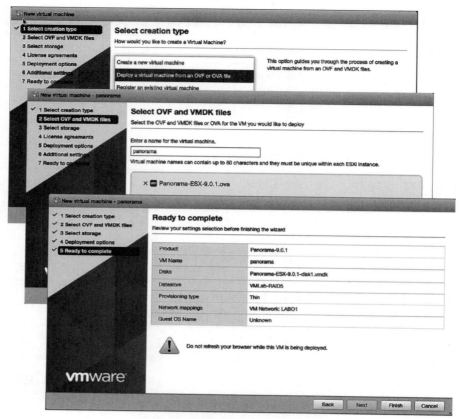

그림 7.1: ESXi에서 파노라마 OVA 배포

사전 패키지화된 VM 중 하나를 배포하면 올바른 게스트 OS를 선택하거나 CPU 개수 또는 RAM 용량을 선택할 필요가 없으며 이러한 파라미터는 자동으로 처리된다는 장점이 있다.

배포가 완료되면 가상 어플라이언스를 시작하고 UUID 및 CPUID를 사용해 서포트 포털에 파노라마를 등록한다.

다음은 파노라마가 정상 작동 상태를 유지하도록 설정해야 하는 일련의 단계다.

먼저 Panorama ➤ Setup ➤ Management에서 다음 작업을 수행해 기본 시스템 구성이 정상인지 확인한다.

- Hostname, Domain(example.com), Login Banner를 설정한다.
- 파노라마가 호스팅되거나 주로 관리되는 위치에 맞게 적절한 시간대, 날짜, 시간을 설정한다. 모든 로그는 해당 지역 편차와 함께 UTD로 수신된다. 파노라마를 적절한 시간대로 설정하면 모든 로그가 적절한 현지 시간으로 표시된다(예, 파노라마가 동부 표준시(EST)로 설정된 경우 PDT 오전 5시의 이벤트는 오전 3시로 표시됨).
- SSL/TLS Service Profile에서 최소 버전을 TLS1.2로 설정한다.
- 제품 등록 후 받은 시리얼 번호가 올바르게 설정됐는지 확인한다.

파노라마 설정 결과는 다음 그림과 유사하게 보일 것이다.

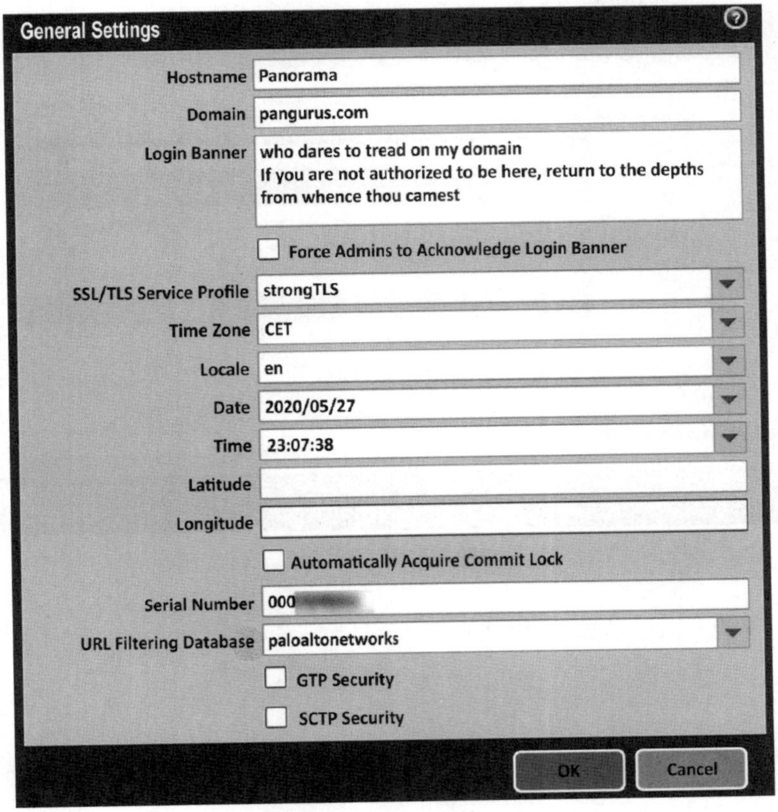

그림 7.2: 관리 페이지의 일반 설정

다음으로 Secure Communication Settings를 검토한다. Customize Secure Server Communication을 활성화하면 다음 그림에서 볼 수 있듯이 SSL/TLS 서비스 프로파일 및 인증서 프로파일을 수동으로 설정한 다음 방화벽과 파노라마 간의 통신에 사용할 수 있는 식별자 목록을 만들 수 있다. 이를 위해서는 방화벽과 파노라마가 서로 신뢰를 구축할 수 있게 동일한 루트 CA에서 서명된 인증서를 사용하는 SSL/TLS 서비스 프로파일로 프로비저닝해야 한다. 현재 최대 25개의 식별자를 추가할 수 있다.

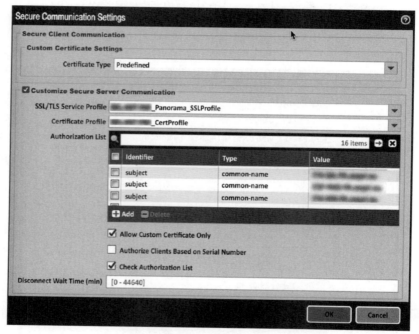

그림 7.3: 보안 통신 설정

방화벽 쪽은 다음 그림과 유사하게 보인다.

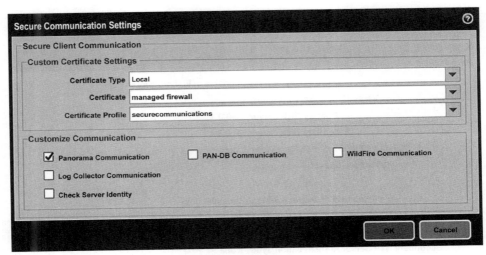

그림 7.4: 방화벽 보안 통신

그런 다음 Panorama ➤ Setup ➤ Services에서 다음 파라미터를 설정한다.

- DNS 및 NTP 서버를 설정한다.
- FQDN 오브젝트 새로 고침 간격을 변경하고 타이머를 설정해 오래된 FQDN 시도를 만료할 수 있다. 기본적으로 FQDN은 1800초마다 새로 고쳐지며, 오래된 항목(업데이트할 수 없는 항목)은 타임아웃되지 않는다.
- 파노라마의 아웃바운드 연결(동적 업데이트 등)을 프록시 서버로 전달해야 한다면 프록시 구성을 추가한다.

Services 구성은 다음 그림과 유사해야 한다.

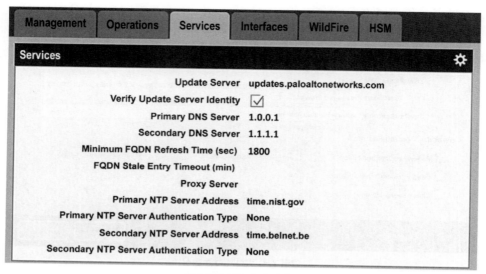

Management	**Operations**	**Services**	**Interfaces**	**WildFire**	**HSM**

Services   ⚙

Update Server	updates.paloaltonetworks.com
Verify Update Server Identity	☑
Primary DNS Server	1.0.0.1
Secondary DNS Server	1.1.1.1
Minimum FQDN Refresh Time (sec)	1800
FQDN Stale Entry Timeout (min)	
Proxy Server	
Primary NTP Server Address	time.nist.gov
Primary NTP Server Authentication Type	None
Secondary NTP Server Address	time.belnet.be
Secondary NTP Server Authentication Type	None

그림 7.5: 파노라마 서비스

> 예를 들어 보안 룰에 소스나 대상으로 FQDN 오브젝트가 오직 하나만 존재한다면 오래된 항목의 타임아웃에 주의하자. 오래된 항목이 있으면 타임아웃으로 인해 데이터 플레인 레벨의 보안 룰에서 오브젝트가 제거되므로 예기치 않은 동작이 발생할 수 있다. 이때는 오래된 항목이 타임아웃되지 않는 것이 좋다.

마지막으로 Panorama ➤ Setup ➤ Interfaces를 선택하고 다음 설정을 한다.

- Management 인터페이스에서 IP address, Netmask, Default Gateway를 설정한다.
- 인터넷을 통해서도 파노라마에 연결할 수 있다면 Public IP Address를 추가한다. 이렇게 하면 원격 방화벽이 파노라마에 할당된 퍼블릭 IP와 통신할 수 있다.
- 파노라마를 이용해 유저 IP 매핑을 다운스트림 방화벽에 재배포한다면 여기에서 유저 ID를 활성화해야 한다.
- Permitted IP Address는 관리 인터페이스에 연결할 수 있는 IP 주소를 제

어한다. 제한을 설정하게 선택(권장)한 경우에는 방화벽 IP 주소도 항목에
추가해야 한다.

- 인터넷을 이용해 파노라마와 통신하는 외부 방화벽은 퍼블릭 IP로 추가
해야 하지만 내부 방화벽은 실제 관리 또는 서비스 경로 IP로 추가해야
할 수 있다.
- 추가 인터페이스를 활성화해 관리 인터페이스 부하를 줄이거나 Device
Management, Collector Group Communication, Device Deployment(방화벽에 소프
트웨어 및 방화벽 업데이트를 배포)와 같은 일부 서비스에 Out-of-Band 연결을 제공할
수 있다.

관리 인터페이스 설정이 다음 그림과 유사하게 보일 것이다.

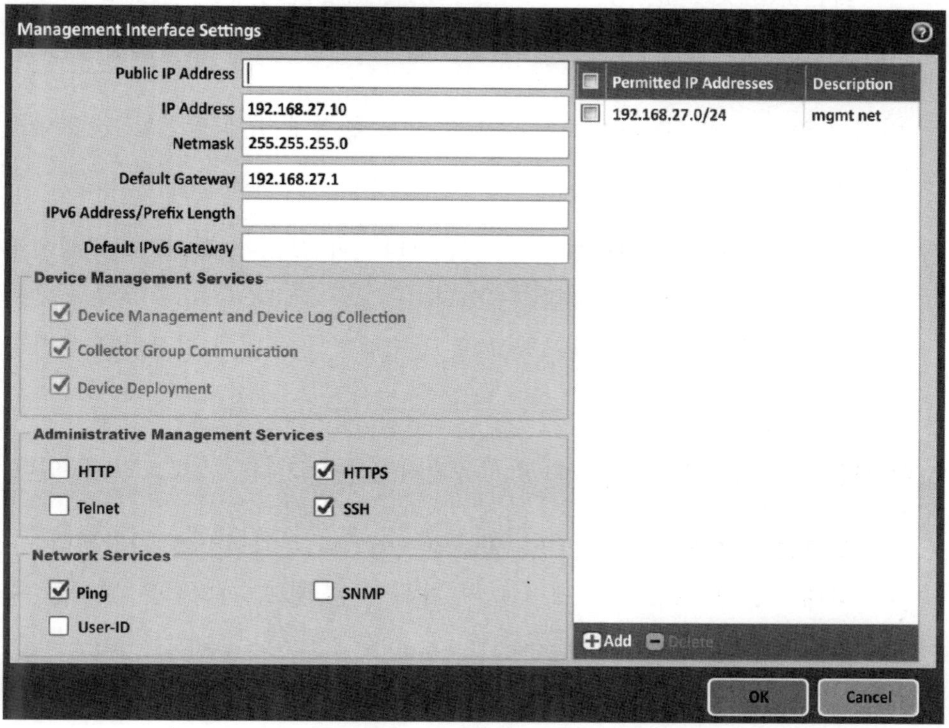

그림 7.6: 파노라마 인터페이스

이제 파노라마가 설정됐으므로 다음 단계는 방화벽에서 로그를 수신할 수 있는지 확인하는 것이다.

파노라마 로깅

파노라마가 배포되면 파노라마 모드와 관리 전용[management-only] 모드 중 하나로 작동하게 구성할 수 있다.

기본적으로 VM은 관리 전용 모드로 배포된다. 이 모드는 다음 조건이 적용된다.

- 관리 전용 모드 어플라이언스는 방화벽에서 직접 전달되는 로그 수신을 지원하지 않는다.
- 파노라마 어플라이언스(M-100에서 M-600)를 사용하는 로그 수집기 그룹을 구성하거나 클라우드 로깅(코텍스 데이터 레이크[Cortex Data Lake])을 활성화해야 한다.

두 번째 운영 모드인 **파노라마 모드**는 중간 규모 환경에 맞게 확장할 수 있다는 장점이 있다.

- 파노라마는 각각 2TB씩 1~12개의 파티션이 있으며, RAID(10) 구성에서 최대 총 24TB까지 사용할 수 있다.
- 로깅 어플라이언스를 배포하고 로그 수집기를 구성해 저장소를 추가할 수 있다.

오래 사용돼 온 파노라마는 더 이상 사용되지 않는 레거시[Legacy] 모드일 수 있다.

- 로그는 시스템 디스크(sda)의 일부인 단일 로그 파티션에 저장된다.
- 최대 8TB의 보조 디스크(sdb)를 추가해 기본 로그 파티션을 교체할 수 있다(ESXi 5.5 이전에는 이 용량이 2TB로 제한됨).

레거시 모드는 PAN-OS 9.0에서 구성 가능한 모드로 더 이상 제공되지 않으며, PAN-OS 8.1 이하에 설치된 파노라마 인스턴스에만 존재한다. 레거시 모드에서 PAN-OS 9.0으로 업그레이드하면 레거시 모드가 유지되지만 시스템이 파노라마 혹은 관리 전용 모드로 변경된 후에는 더 이상 레거시 모드로 되돌릴 수 없다.

레거시 모드의 한 가지 단점은 기존 로그 파티션을 확장할 수 없다는 것이다. 따라서 처음에 2TB 드라이브를 추가했다가 나중에 더 큰 드라이브가 필요할 때 2TB 디스크를 더 큰 디스크로 교체해야 한다. 레거시 모드는 물리적 어플라이언스를 로그 수집기로 사용하는 로그 수집기 구성도 지원한다.

파노라마 어플라이언스에서 직접 로그를 수신하려면 파노라마 모드로 전환해야 한다. 어떤 모드에서든 관리 전용 또는 파노라마 모드로 전환할 수 있지만 한 번 새 모드로 변경한 후에는 레거시 모드로 돌아갈 수 없다.

```
> request system system-mode management-only
> request system system-mode Panorama
```

이 명령을 실행해 시스템 모드를 변경하고 나면 Y를 눌러 확인하라는 메시지가 뜨고 확인 후 파노라마가 새 모드로 재부팅된다.

디스크를 추가하려면 파노라마를 종료해야 한다. 레거시 모드는 최대 8TB까지, 파노라마 모드는 2TB보다 큰 어떤 크기의 디스크도 추가할 수 있다. 파노라마 모드 VM은 모든 디스크를 2TB 파티션으로 자동 분할하므로 24TB(또는 그 이하) 디스크를 한 번에 추가할 수 있으며, 파노라마 모드는 이를 12개의 2TB 파티션으로 자동 분할한다. 관리 전용 모드는 가상 어플라이언스에 추가된 디스크에 어떠한 작업도 수행하지 않는다.

두 번째 드라이브(sda 및 sdb)를 이미 추가한 후에 디스크를 추가하는 경우 sdc가 즉시 활성화되지 않을 수 있으며 관리자가 활성화해야 할 수 있다. 다음 명령을 사용해 새 디스크 상태를 확인할 수 있다.

```
> show system disk details
    Name : sdc
    State : Present
    Size : 2048000 MB
    Status : Available
    Reason : Admin enabled
    Name : sdc
    State : Present
    Size : 2048000 MB
    Status : Available
    Reason : Admin disabled
```

로그를 수집하는 방법에는 크게 세 가지가 있다.

- 레거시 모드 사용
- 코텍스 데이터 레이크 사용
- 로그 수집기 사용

레거시 모드에서는 아무것도 설정할 필요가 없다. 파노라마는 단순히 로그를 로컬 데이터베이스에 등록하기만 하면 된다.

레거시 모드는 PAN-OS 9.0 이상에서 더 이상 사용되지 않으므로 이전 버전에서 배포됐고 이후 최신 모드로 변경되지 않은 파노라마 시스템에만 존재할 수 있다.

코텍스 데이터 레이크는 클라우드에 로그를 기록한다. 이 솔루션의 장점은 확장성이 뛰어나고 방화벽 근처에 가상으로 위치하므로 로그 수집기를 곳곳에 배치할 필요가 없으며 로그 양에 따라 어플라이언스를 구입하는 것보다 저렴하고 비싼 WAN 링크로 로그를 전송하는 것보다 효율적이다.

이 기능을 활성화하는 방법은 매우 간단하다.

1. 웹 사이트(https://support.paloaltonetworks.com)로 이동한 다음 Assets를 클릭해 파노라마가 이미 등록돼 있고 유효한 서포트 라이선스가 있는지 확인해야 한다.

2. 영업 담당자에게 클라우드 서비스용 인증 코드를 받는다.

3. Assets ➤ Cloud Services ➤ Activate Cloud Service Auth Code에서 Cortex Data Lake 서비스를 활성화한다.

4. 파노라마 시리얼 번호와 로깅 지역을 묻는 메시지가 나오면 인증 코드를 입력한다.

5. 동의하면 라이선스가 자동으로 파노라마에 추가된다.

6. 다음으로 Generate OTP를 클릭한다.

7. Panorama를 선택하고 OTP를 클립보드(또는 잠시 후에 필요하므로 텍스트 편집기에 복사)에 복사한다.

8. 파노라마 인스턴스에 접속하고 Panorama ➤ Licenses로 이동해 Retrieve license keys from license server를 선택한다.

9. Panorama ➤ Plugins에 접속하고 Check Now를 클릭한다. 최신 Cloud_ Service 플러그인을 다운로드한 다음 설치를 진행한다.

10. 왼쪽 탐색 메뉴에서 Plugins 바로 아래에 Cloud Services라는 새 항목이 나타난다. Status 서브메뉴에 접속해 OTP를 붙여 넣은 후 Verify를 클릭한다.

Panorama ➤ Cloud Services ➤ Status를 검토해 코텍스 데이터 레이크와 연결이 성공했는지 확인할 수 있다.

마지막으로 가장 일반적인 배포 방법은 로그 수집기로 사용하는 것이다. 로그 수집기를 파노라마에 추가하려면 먼저 로그 수집기가 배포돼야 한다. 파노라마 모드로 설정돼 있으면 로그 수집기로도 작동한다. 관리 방화벽에서 로그를 전달하기 전에 로컬 파노라마 인스턴스를 로그 수집기로 추가해야 한다.

또한 파노라마 HA 피어와 M 어플라이언스를 추가해 용량과 내결함성[fault tolerance]을 높일 수 있다.

NOTE

> M 어플라이언스는 파노라마 모드로 구성하지 않으면 웹 인터페이스가 활성화되지 않는다. 터미널
> 에뮬레이션 TTY(9600-8-N-1)를 통해 콘솔 연결이나 관리 포트에 SSH로 접속해야 한다.

M 어플라이언스를 로그 수집기로 추가하려면 먼저 다음 사항을 준비해야 한다.

1. 관리 인터페이스를 구성한다. DNS 및 NTP를 설정한다.

2. 디바이스 등록하고 라이선스를 추가한다.

3. 시스템을 로거[logger] 모드로 설정한다.

```
> request system system-mode logger
```

4. 시스템의 디스크 개수에 따라 **A1**, **A2**, **B1**, **B2** 등을 추가해 RAID 쌍을 빌드
한다.

```
> request system raid add A1
> request system raid add A2
> show system raid detail
Disk Pair A       Available
Status            clean
```

5. 파노라마 IP를 추가한다. 파노라마 클러스터를 보유하고 있다면 두 IP를
모두 추가하고 commit을 클릭한다.

```
# set deviceconfig system Panorama-server <IP1> Panorama-server-2
<IP2>
# commit
```

Panorama ➤ Managed Collectors에서 모든 파노라마 및 M 어플라이언스를 추가
할 수 있다.

1. 파노라마 또는 로그 수집기 시리얼 번호와 IP 주소를 입력한다. 파노라
마 인스턴스가 클러스터의 일부라면 HA 피어 IP를 파노라마 서버 2의
IP로 추가한다.
로컬 파노라마 시리얼 번호를 추가하면 다음 그림과 같이 이미 세부 정
보가 있기 때문에 파노라마에서 모든 추가 필드(IP 주소, 도메인, DNS 등)를 제거
한다.

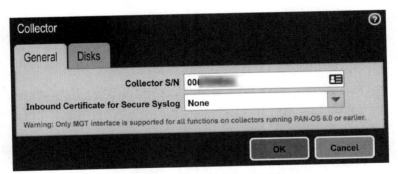

그림 7.7: 로컬 파노라마 로그 수집기

2. 외부 로그 수집기를 추가한다면 다음 그림과 유사하게 대화상자가 나
타난다. 로그 수집기 세부 정보 및 파노라마에 연결한 후 구성해야 하
는 관리 속성을 작성한다. Authentication 탭에서 관리자 비밀번호를 설
정한다.

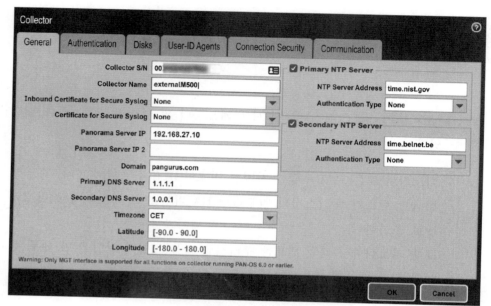

그림 7.8: 외부 로그 수집기

3. 아직 설정되지 않았다면 디바이스에서 사용하려는 DNS 및 NTP 설정을 추가할 수 있다.

4. OK를 클릭한 다음 Commit to Panorama 및 Push to Devices를 클릭한다. 그러면 파노라마가 디스크 페어를 검색할 수 있다.

5. 이전에 Secure Communication을 설정했다면 Communication 탭에서 로그 수집기의 client 측을 설정한다.

6. 수집기를 다시 열고 Disks 탭에서 다음 그림과 같이 사용 가능한 모든 디스크 페어를 추가한다. 일부 디바이스에는 단일 디스크만 있는 반면 더 큰 플랫폼에는 최대 12개가 있을 수 있다. OK를 클릭하고 Commit to Panorama를 클릭한 다음 Push to Devices를 클릭한다.

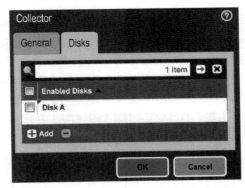

그림 7.9: 로그 수집기에 디스크 추가하기

7. 모든 추가 로그 수집기에 대해서도 같은 과정을 반복한다. 둘 이상의 로그 수집기를 추가하려면 Device ➤ Collector Groups에서 새 그룹을 생성해 번들로 묶는다.

8. 다음 그림과 같이 로그 수집기를 새 그룹에 추가한다.

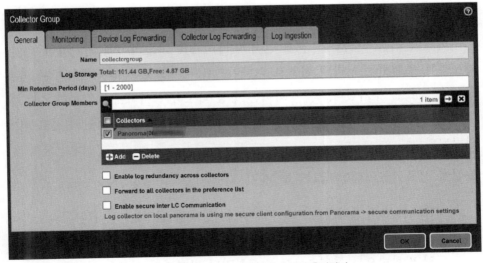

그림 7.10: 로그 수집기 그룹에 수집기 추가하기

9. OK를 클릭한 다음 Commit and Push를 클릭한다.

> 파노라마는 Commit to Panorama를 사용해 구성을 파노라마의 실행 중인 설정에 반영한다. Push to Devices 옵션은 템플릿 및 정책과 같은 설정을 관리되는 디바이스에 적용한다. Commit and Push는 두 작업을 하나의 작업으로 수행한다. 두 단계를 개별적으로 수행하는 것이 좋다. 커밋과 푸시를 따로 수행하면 어떤 요소를 푸시할지 더 잘 제어할 수 있는 장점이 있다. Commit and Push는 현재 관리자가 현재 세션에서 수행한 변경 사항만 처리한다.

이제 물리적인 파노라마 어플라이언스와 가상 파노라마의 차이점을 알았으며 파노라마를 처음부터 시작할 수 있다. 또한 요구 사항에 가장 적합한 로깅 솔루션을 선택할 수도 있다.

다음 절에서는 관리 방화벽을 추가하고 방화벽 그룹 및 개별 디바이스의 룰 기반을 만드는 방법을 알아본다.

⠿ 디바이스 그룹

디바이스 관리를 시작하기 전에 먼저 디바이스를 파노라마에 연결해야 한다. 파노라마 측에서는 시리얼 번호로 디바이스를 추가하고 방화벽 측에서는 파노라마 IP 주소를 추가한다. 즉, 방화벽은 항상 파노라마 서버에 연결한다. 파노라마에서 시작된 모든 연결은 방화벽이 관리 스테이션과의 지속적인 연결로 백채널링된다.

통신에 사용되는 TCP 포트는 두 개가 있다.

- TCP\3978은 방화벽에 의해 시작되는 양방향 연결로, 방화벽과 파노라마 또는 수집기 사이의 모든 통신에 사용된다. 파노라마는 이 연결을 사용해 방화벽으로 콘텍스트를 전환하거나 방화벽이 연결을 통해 로그를 전송하는 동안 구성을 푸시한다. 또한 수집기는 이 연결을 사용해 파노라마에 연결한다(로그 수집기는 TCP\28270을 사용해 수집기 그룹 멤버와 통신한다).

- TCP\28443은 관리되는 디바이스에서 콘텐츠 및 소프트웨어 업데이트를 검색하는 데 사용된다.

가장 먼저 해야 할 일은 관리되는 디바이스를 파노라마에 추가하고 이를 관리할 그룹을 설정하는 것이다.

관리 디바이스 추가

다음 그림과 같이 Panorama ➤ Managed Devices ➤ Summary에서 시리얼 번호로 파노라마에서 관리하는 방화벽을 추가할 수 있다. Association을 선택하면 다음 페이지로 이동해 새 방화벽을 디바이스 그룹, 템플릿 스택, 수집기 그룹 또는 수집기에 할당할 수 있으며, 처음으로 디바이스가 파노라마에 연결될 때 모든 구성을 자동으로 푸시하는 Push on First Connect를 활성화할 수 있다(이 마지막 옵션은 불완전한 구성을 푸시할 수 있으므로 매우 주의해야 한다).

지금은 Associate Devices 확인란을 건너뛰자. 나중에 기존 디바이스 그룹이나 템플릿 스택에 새 방화벽을 즉시 추가하는 데 사용할 수 있다.

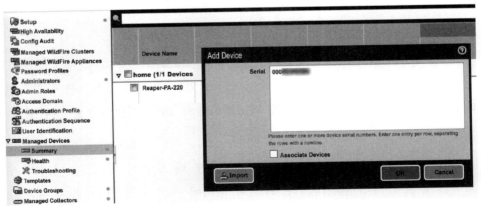

그림 7.11: 관리 디바이스 추가하기

그런 다음 개별 방화벽에서 Device ➤ Setup ➤ Management ➤ Panorama Settings 탭으로 이동해 다음 그림과 같이 기본 파노라마와 보조 파노라마 인스턴스 IP를 추가한다(파노라마 클러스터를 배포하려는 경우). 방화벽이 파노라마에 연결하는 방식에 따라 퍼블릭 IP를 사용할지, 아니면 프라이빗 IP를 사용할지 신중히 결정한다.

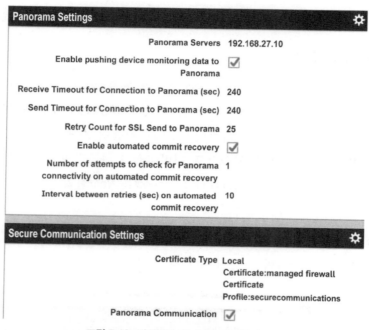

그림 7.12: 방화벽에 파노라마 구성 추가하기

다음 그림에서 볼 수 있듯이 HA 클러스터에 있는 관리 디바이스를 추가하면 Group HA Peers 확인란을 선택해 파노라마에서 해당 디바이스를 연결할 수 있다.

이렇게 하면 시각적으로 HA 페어를 식별하는 데 도움이 될 뿐만 아니라 두 피어를 동시에 다시 연결하거나 두 피어 멤버에 동시에 업데이트를 푸시할 수 있다.

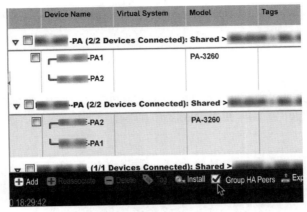

Device Name	Virtual System	Model	Tags
▽ ☐ ▩▩ ▩▩-PA (2/2 Devices Connected): Shared > ▩▩▩▩▩			
☐ ⌐▩▩▩-PA1		PA-3260	
└▩▩▩-PA2			
▽ ☐ ▩▩▩-PA (2/2 Devices Connected): Shared > ▩▩▩▩▩			
☐ ⌐▩▩▩E-PA2		PA-3260	
└▩▩▩E-PA1			
▽ ☐ ▩▩▩▩▩▩ (1/1 Devices Connected): Shared > ▩▩▩▩			

➕ Add ➕ Reassociate ➖ Delete 🏷 Tag 🔍 Install ☑ Group HA Peers ⬆ Exp

그림 7.13: 관리 디바이스의 그룹 HA 피어

이제 관리 디바이스를 추가할 수 있다. 다음에 해야 할 일은 디바이스 그룹을 만드는 것이다.

디바이스 그룹 준비

다음은 특성이나 위치에 따라 방화벽을 포함할 디바이스 그룹을 만든다.

NOTE

> 디바이스 그룹의 주요 목적은 룰 기반과 정책 오브젝트를 번들로 묶어 동일한 디바이스 그룹의 모든 멤버가 이를 사용하도록 구성하는 동시에 다른 그룹에 배포하지 않는 것이다. 고려해야 할 상속 관계가 있으므로 방화벽을 실제로 분리할 필요가 없는 경우 배포가 지나치게 복잡해질 수 있으므로 디바이스 그룹을 가능한 한 단순하게 유지하는 것이 중요하다.

Panorama ➤ Device Groups에서 새 디바이스 그룹을 추가할 때 이름을 입력하고 그룹에 속할 디바이스를 선택할 수 있을 뿐만 아니라 하위에서 상위 디바이스 그룹과 마스터 디바이스를 선택할 수도 있다.

- Master Device를 사용하면 그룹에서 모든 유저 ID 정보(유저 IP 매핑 및 그룹 멤버십)를 전달할 방화벽을 하나 선택해 보안 룰에 사용할 수 있다.

- Parent Device Group을 사용하면 상위 그룹이 하위 그룹과 모든 오브젝트 및 룰을 공유하는 디바이스 그룹은 중첩될 수 있다.

NOTE

> Shared는 grandparent 디바이스 그룹이며 Shared에서 만든 오브젝트는 개별적으로 속한 디바이스 그룹에 관계없이 관리되는 모든 디바이스에서 사용할 수 있다.

다음 그림에서 디바이스 그룹의 예를 확인할 수 있다.

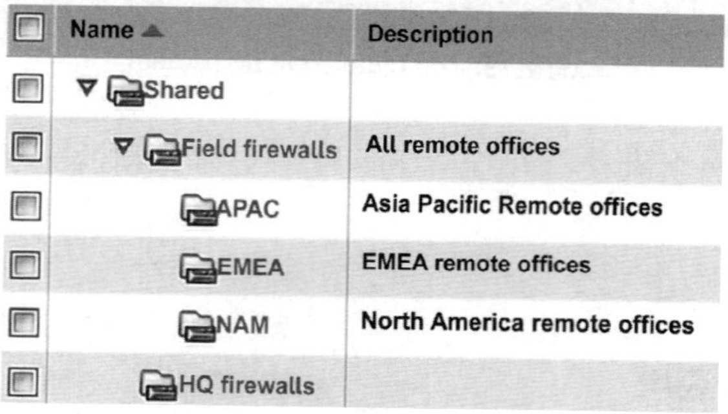

Name ▲	Description
▼ Shared	
▼ Field firewalls	All remote offices
APAC	Asia Pacific Remote offices
EMEA	EMEA remote offices
NAM	North America remote offices
HQ firewalls	

그림 7.14: 중첩된 디바이스 그룹

위의 시나리오에서 룰과 오브젝트 상속은 다음과 같이 작동한다.

- EMEA에서 생성된 오브젝트나 룰은 EMEA 디바이스 그룹 방화벽에서만 보인다.
- Field firewalls 그룹에서 생성된 오브젝트나 룰은 APAC, EMEA, NAM 디바이스 그룹의 모든 방화벽에 표시되지만 HQ firewalls에는 보이지 않는다.
- Shared 디바이스 그룹에서 생성된 오브젝트이나 룰은 어떤 디바이스 그룹에 속해 있는지에 관계없이 모든 방화벽에서 보인다.

이 상속 관계를 통해 관리자는 관리 접근을 위한 일반 룰, 동적 업데이트를 위한 보안 룰, Shared 레벨에서의 파노라마, 코텍스 데이터 레이크, 로그 수집기에 대한 룰을 설정할 수 있다. 룰은 한 번만 생성하면 모든 방화벽에 적용된다.

그런 다음 Field firewalls에 대한 아웃바운드 VPN 룰과 HQ firewalls에서 호스팅되는 서비스에 대한 인바운드 룰과 같이 하위 디바이스 그룹에 좀 더 로컬화된 구성을 추가할 수 있으며, 매번 하나의 룰 세트가 모든 멤버에게 푸시되지만 다른 지점 방화벽에는 푸시되지 않게 할 수 있다.

이제 새 디바이스를 추가하고 디바이스 그룹에 배치하는 방법을 살펴봤다. 다음 절에서는 디바이스 그룹 정책을 만드는 방법을 살펴본다.

정책과 오브젝트 만들기

디바이스 그룹 정책과 오브젝트의 목표는 중앙 집중식으로 모든 것을 관리하고, 가능하면 방화벽에서 로컬 구성을 하지 않는 것이다.

오브젝트와 룰을 만들 때 새 오브젝트를 만드는 동안 항상 자신이 속한 디바이스 그룹을 신경 써야 한다. 다음 그림에서 볼 수 있듯이 EMEA 디바이스 그룹에 속한 상태에서 새 주소 오브젝트를 만들려고 한다. Shared를 선택하지 않으면 이 오브젝트는 EMEA 디바이스 그룹에서 관리되는 디바이스에서만 사용할 수 있다.

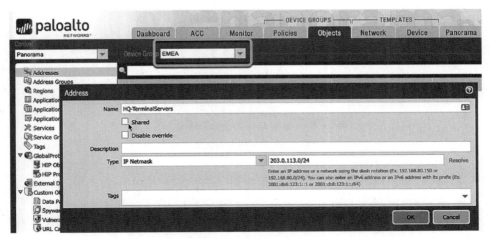

그림 7.15: 디바이스 그룹 콘텍스트

이는 특정 디바이스 그룹에서 생성된 오브젝트는 나중에 Shared로 설정할 수 없기 때문이다. 하지만 Shared 디바이스 그룹으로는 이동할 수는 있다.

파노라마에서 푸시된 대부분의 오브젝트는 로컬 방화벽 관리자가 덮어쓸 수 있다. Shared가 아닌 주소 오브젝트는 Disable Override를 선택해 로컬 관리자가 변경할 수 없게 할 수 있다.

특히 중첩된 디바이스 그룹을 사용할 때 룰 기반이 계층적으로 구축된다. 파노라마의 고유한 개념은 사전[pre] 및 사후[post] 룰을 사용하는 것이다. 이러한 룰은 디바이스의 로컬 룰 앞뒤에 배치된다. 이를 통해 관리자가 로컬에서 구성된 룰을 덮어쓰는 룰을 설정하거나 로컬 룰 이후에 정리[clean-up] 룰이 있는지 확인할 수 있다. 디바이스 그룹의 사전 및 사후 룰 순서는 다음 그림과 같다. 룰은 항상 위에서 아래로 평가되므로 Shared 사전 룰이 항상 먼저 적용되고 Shared 사후 룰이 디폴트 룰 바로 앞에 마지막에 적용된다.

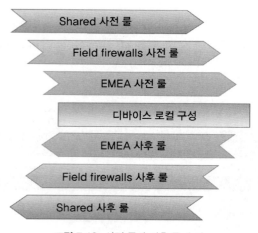

그림 7.16: 사전 룰과 사후 룰 순서

현재 사용 중인 디바이스 콘텍스트에 따라 일부 룰은 보이지 않거나, 표시되고 편집 가능하거나, 표시되고 편집할 수 없게 된다.

NOTE

다음 그림에서 EMEA 디바이스 그룹은 룰 3을 '네이티브' 룰로 보고 룰 2와 1은 중첩된 디바이스 그룹에서 만들어진다. Field Firewalls 디바이스 그룹은 룰 2를 네이티브 룰로 인식하고 룰 1은 중첩된 디바이스 그룹에 속한다. Field Firewalls 디바이스 그룹의 경우 룰 3은 하위 디바이스 그룹에 속하며 Field Firewalls에 적용되지 않으므로 표시되지 않는다. Shared 디바이스 그룹은 자체 네이티브 룰만 나열된다.

다음 그림에서 볼 수 있듯이 오렌지색 배경의 룰은 상위 디바이스 그룹에 속한다. 방화벽에서 모든 파노라마 정책은 오렌지색 배경을 가지며 로컬 관리자가 명시적으로 덮어쓰지 않는 한 편집될 수 없다.

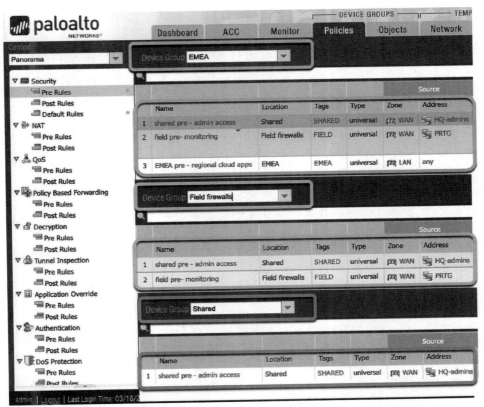

그림 7.17: 디바이스 그룹 콘텍스트 보안 룰

특정 방화벽 그룹에 어떤 룰을 배포할지 제어할 수 있을 뿐 아니라 룰에는 룰이 적용되는 방화벽을 더욱 구체적으로 제어하는 데 사용할 수 있는 추가 탭인 Targets가 있다. 이렇게 하면 일반적인 룰에서 예외가 거의 없는 경우(예, 레거시 서버에 접근을 허용하게 하나의 특정 방화벽을 구성해야 할 수 있음) 다른 중첩된 디바이스 그룹이 필요 없다.

이제 디바이스 그룹을 만들 수 있게 됐으니 작업을 더 쉽게 하고자 해야 할 일이나 최소한 알아둬야 할 몇 가지 사항이 있다.

디바이스 그룹에서 오브젝트 생성 시 중요 사항

룰을 처음 만들 때 파노라마는 아직 보안 존을 알 수 없다. 룰을 만들 때 방화벽에 알려진 대로 또는 템플릿에서 설정한 대로 존 이름을 입력한 다음 OK를 클릭한다. 처음 존을 입력하면 파노라마가 존 이름을 학습하고 드롭다운에 존 이름이 표시된다.

중첩된 디바이스 그룹에서 오브젝트가 중복되지 않게 오브젝트를 Shared 또는 가능하면 Shared에 가깝게 만드는 것이 좋다. 다른 디바이스 그룹에 오브젝트가 중복되면 커밋 오류가 발생할 수 있다.

룰은 다른 디바이스 그룹에 복제하거나 다른 디바이스 그룹으로 이동할 수 있다.

룰은 커밋 중에 충돌이 발생할 수 있으므로 중첩된 디바이스 그룹의 룰과 같은 이름을 가질 수 없지만 같은 계층(다른 지점)에 있는 디바이스 그룹의 룰과 같은 이름을 공유할 수 있다.

Objects ➤ Log Forwarding에서 로그 포워딩 프로파일을 default라는 이름으로 만든다. Shared 확인란을 선택하고 기본적으로 파노라마로 전달돼야 하는 모든 관련 로그 유형(예, 트래픽, 위협, URL, WildFire 로그)을 추가한다. 이렇게 하면 앞으로 만드는 모든 보안 정책에 로그 포워딩 프로파일이 설정돼 로그를 파노라마로 보내게 된다. 프로파일은 다음 그림과 같이 나타난다.

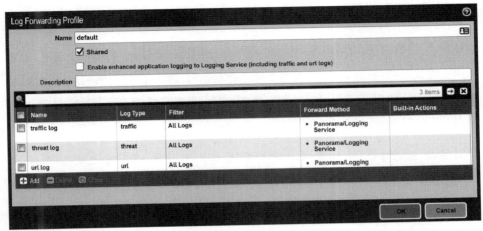

그림 7.18: default 로그 포워딩 프로파일

Objects ▶ Security Profiles에서 보안 프로파일을 만들고 Objects ▶ Security Profile Groups에서 default로 지정할 새 그룹을 만든다. Shared로 설정하고 방금 만든 모든 보안 프로파일을 추가한다. 이렇게 하면 새로 생성되는 모든 보안 룰에 보안 프로파일이 자동으로 적용된다.

NOTE

> 앞선 두 default 프로파일의 취지는 대부분의 상황에 적합한 기준 프로파일을 만드는 것이므로 Shared로 설정해야 한다. 필요하면 디바이스 그룹별로 조정된 프로파일을 만들 수 있으며 관리자는 적절한 경우 개별 룰에서 다른 프로파일을 설정할 수 있다.

이제 디바이스 그룹을 만들 수 있으며 디바이스 그룹을 중첩할 때 어떤 장단점이 있는지 이해하게 됐다. 관리 디바이스를 추가할 수 있으며 사전 룰 및 사후 룰을 만드는 방법을 살펴봤다. 다음 절에서는 템플릿 및 템플릿 스택과 공통 디바이스 구성을 집계하는 방법을 알아본다.

❯ 템플릿과 템플릿 스택 설정

템플릿은 관리되는 디바이스 전체에 공통 디바이스 구성을 배포하는 좋은 방법이다. 템플릿은 관리되는 디바이스에 Network와 Device 섹션에서 파라미터를 설정할 수 있는 프로파일이다. 예를 들어 모든 방화벽에 동일한 DNS 서버, NTP 서버, 도메인명을 설정할 수 있다.

유연성을 높이려면 각 방화벽이나 방화벽 클러스터에 템플릿 스택을 만들 수 있다. 스택은 여러 템플릿 프로파일을 보관하며 해당 구성을 특정 방화벽(세트)에 커스텀 구성 번들로 결합할 수 있는 컨테이너다.

이전 예에서 3개 지역과 HQ 위치를 고려해 볼 때 Panorama ❯ Templates에서 방화벽당 하나씩 4개의 템플릿 스택을 생성한 다음 해당 방화벽을 각 템플릿 스택에 추가할 수 있다.

첫 번째 단계는 더 광범위한 구성 파라미터를 포함한 템플릿을 만드는 것이다.

1. 예를 들어 특정 작업을 수행하는 데 사용할 템플릿을 만든다.
   - 모든 보안 팀 관리자 계정, 인증 프로파일, 표준화된 로그인 배너, 비밀번호 복잡성 설정 등이 포함된 admin template을 만들 수 있다.
   - 모든 보안 존, 기본 인터페이스 구성, 존 보호 프로파일이 포함된 network template을 만들 수 있다.
   - 관리 인터페이스용 DNS, NTP 설정, 업데이트 일정이 포함된 management template을 만들 수 있다.

   가능성은 무한하다(현재 제한인 1,024개 템플릿에 도달할 때까지 가능).

2. 필요에 따라 템플릿 스택을 추가한다. 일반적으로 방화벽이나 방화벽 클러스터당 하나씩 추가하지만 지역별 또는 목적별로 배포할 수도 있다. 각 스택에서 스택에 속하는 방화벽과 스택에 템플릿을 추가해야 한다. 다음 사항에 유의하자.

- 템플릿 스택에서 만든 구성이 추가된 템플릿보다 우선권을 갖지만 원칙적으로 모든 구성을 템플릿에서 설정하는 것이 좋다.
- 템플릿은 스택에 추가될 때 위에서 아래로 우선순위가 지정된다. 최상위 템플릿 설정은 연속 템플릿에서 동일한 설정을 덮어쓴다.

다음 그림은 템플릿 스택과 템플릿 사이의 관계를 단순화한 것이다.

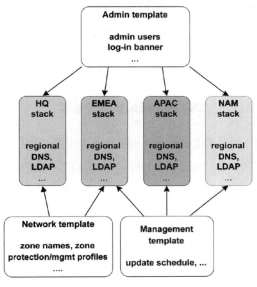

그림 7.19: 템플릿과 템플릿 스택

다음 그림에서 볼 수 있듯이 템플릿을 편집하려면 구성을 추가하려는 섹션에서 템플릿 드롭다운으로 템플릿을 선택하기만 하면 된다. 한 가지 주의할 점은 파노라마가 방화벽에서 활성화돼 있을 수 있는 일부 설정을 완전히 인식하지 못한다는 것이다. Mode 드롭다운에서 볼 수 있듯이 기본 가정은 방화벽이 멀티VSYS 시스템이고 Normal 모드에서 실행 중이며 VPN이 활성화돼 있다는 것이다.

이렇게 하면 방화벽에서 사용할 수 없는 옵션(예, 단일 VSYS 시스템을 대상으로 하는 구성에서의 VSYSx, FIPS 활성화된 시스템에서의 약한 암호화 옵션 등)이 파노라마에 표시될 수 있다. 드롭다운

메뉴에서 이러한 옵션을 설정해 사용할 수 없는 구성 옵션을 제거하거나 특정
디바이스 제한을 직접 추적할 수 있다.

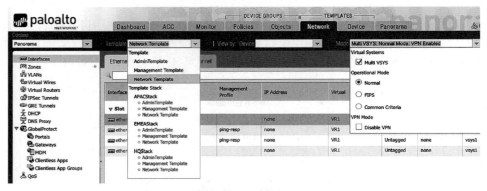

그림 7.20: 템플릿 선택과 구성 모드

이제 템플릿 스택을 계획하는 방법과 별도 템플릿을 활용해 모든 방화벽에 필
요한 구성을 제공하면서 구성 저장소를 간소화하는 방법을 살펴봤다. 다음 절
에서는 파노라마를 이용해 다양하고 지리적으로 분산된 설치 환경 관리를 간소
화하는 다른 작업을 수행하는 방법을 살펴본다.

⁝⁝▶ 파노라마 관리

이 절에서는 일반적으로 각 방화벽에서 개별적으로 수행해야 하는 간단한 관리
작업을 알아보고 이러한 작업을 파노라마에서 중앙 집중화해 훨씬 쉽게 관리하
는 방법을 알아본다. 관리자의 첫 번째 임무는 모든 방화벽에 최신 시그니처와
콘텐츠 패키지가 있는지 확인하는 것이다.

디바이스 배포

파노라마를 이용해 두 가지 방법으로 콘텐츠를 업데이트할 수 있다. 각 방화벽에 로컬 업데이트 일정을 설정하는 템플릿을 만들면 각 방화벽이 업데이트 서버에 개별적으로 연결해 업데이트를 수집하고 설치해야 한다. 두 번째 방법은 파노라마에서 업데이트 일정을 설정하고 모든 디바이스에 업데이트를 푸시하는 것이다. 마지막 방법을 사용하면 관리되는 방화벽에 푸시되는 항목과 시기를 좀 더 제어할 수 있지만 업데이트 시에 파노라마 사이트나 클라우드 공급자의 대역폭 사용량이 증가한다.

파노라마에서 전송되는 업데이트를 예약하는 방법은 다음과 같다.

1. Panorama ➤ Device Deployment ➤ Dynamic Updates로 이동해 하단의 Schedules를 클릭한다.

2. Apps & Threats 일정을 만들고 다음을 수행한다.
   - 다른 업데이트 일정과 충돌하지 않게 30분이 지난 후 24분에 Recurrence를 **Every-30-Minutes**로 설정한다.
   - 동작은 Download and Install로 설정한다.
   - 이 업데이트를 수신해야 하는 디바이스를 선택한다.
   - Threshold는 리콜이 발생할 때 지정된 시간 후에 패키지 설치 및 재확인을 보류하기 위한 것이다. 6시간 이상으로 설정한다.
   - Application threshold는 보안 팀이 보안 정책이 미칠 수 있는 영향을 검토할 수 있도록 지정된 시간 동안 새 애플리케이션 활성화를 보류한다. 이 옵션을 비워두면 새 App-ID 설치가 진행된다.

3. 위협 방어 라이선스가 없는 방화벽이 있다면 매일 22:05에 반복되는 앱 전용 일정을 만든다.

4. 안티바이러스 일정을 만든다.
   - Recurrence를 매시간으로 설정한다.

- Apps & Threats 업데이트와 충돌하지 않게 Minutes Past Hour를 임의의 숫자로 설정한다.
- 동작은 Download and Install로 설정한다.
- 업데이트를 수신해야 하는 디바이스를 선택한다.
- Threshold를 3시간으로 설정한다.

5. WildFire 일정을 만든다.

- Recurrence를 매분(또는 대역폭이 문제가 되는 경우 15분)으로 설정한다.
- 동작은 Download and Install로 설정한다.
- WildFire 업데이트를 받을 디바이스를 선택한다.

6. 서로 다른 시간대에 방화벽이 있다면 중복 일정을 만든다.

7. Panorama ▶ Dynamic Updates에서 충돌을 피하고자 이전 반복을 모방하되 1시간이 지난 다른 분으로 파노라마 자체 업데이트 일정을 설정할 수 있다.

URL 데이터베이스 업데이트(시드 파일)는 방화벽 로컬 URL 캐시도 제거 및 교체하므로 대상 방화벽이 클라우드 카테고리 조회를 수행할 수 없는 경우에만 URL 데이터베이스 업데이트가 필요하다.

방화벽 OS 업그레이드는 파노라마에서 Panorama ▶ Device Deployment ▶ Software로 진행할 수 있다. Check-Now를 클릭하면 사용 가능한 모든 PAN-OS 버전이 사용 가능한 모든 플랫폼 옆에 나열된다.

1. 업그레이드하려는 플랫폼의 PAN-OS 버전을 다운로드한다.

2. Install을 클릭한다. 그러면 파노라마에 업그레이드할 수 있는 일치하는 모든 관리 디바이스가 나타난다.

3. 업그레이드 대상 디바이스를 선택하고 다음을 수행한다.

- OK를 클릭해 대상 방화벽을 재부팅하지 않고 소프트웨어를 설치한다.
- 소프트웨어 이미지는 설치하지 않고 업로드하려면 Upload only to device를 선택한 다음 OK를 클릭한다.
- 설치가 완료된 방화벽을 재부팅하려면 Reboot device after install을 선택하고 OK를 클릭한다.

NOTE

> 방화벽 업그레이드는 매우 간단하지만 문제가 발생할 때를 대비해 적절한 계획을 세우고 업그레이드 현장에 대기하는 사람을 두는 것을 권장한다.

플러그인 및 GlobalProtect 클라이언트 패키지는 동일한 방식으로 배포할 수 있다.

Panorama ➤ Device Deployment ➤ Licenses에서 모든 디바이스에 배포된 모든 라이선스와 만료일을 검토할 수 있다.

이제 파노라마에서 콘텐츠 업데이트로 방화벽의 프로비저닝 및 업그레이드의 모든 측면을 관리할 수 있다. 다음 절에서는 기존 방화벽을 파노라마로 가져오는 방법을 살펴본다.

비관리 디바이스를 관리 디바이스로 마이그레이션

이미 완전히 구성된 관리되지 않은 디바이스를 파노라마에 통합해야 할 수도 있는데, 이 작업은 어려울 수 있다. 로컬 구성을 점진적으로 파노라마 템플릿 및 디바이스 그룹 구성으로 대체하는 대신 방화벽을 가져오고 해당 구성을 템플릿과 VSYS별 디바이스 그룹으로 변환할 수 있다.

1. 관리되는 디바이스에 방화벽을 추가하고 Commit to Panorama를 선택한다(지금은 방화벽을 디바이스 그룹 또는 템플릿 스택과 연결하지 않는다).

2. Panorama ➤ Setup ➤ Operations에서 Import device configuration to Panorama 를 클릭한다.

3. 대화상자에서 새로 추가된 관리 디바이스를 선택할 수 있다.
   - 템플릿을 쉽게 식별할 수 있게 이름을 지정한다.
   - 디바이스 그룹의 기본 이름은 방화벽 이름이다. VSYS가 여러 개 있다면 이름은 VSYS 이름이 되므로 디바이스 그룹에서 방화벽을 쉽게 식별할 수 있도록 접두사를 추가한다.
   - 기본적으로 방화벽의 모든 Shared 오브젝트를 파노라마용 Shared 오브젝트로 가져온다. 다른 방화벽에서 이러한 오브젝트를 받지 않으려면 해당 옵션을 선택 취소해 모든 오브젝트를 새 디바이스 그룹의 일부로 가져온다.
   - 룰을 사전 룰이나 사후 룰 기반으로 가져올지 여부를 선택한다.

4. 새 스택을 만든 다음 디바이스와 해당 템플릿을 추가한다. 새로 만든 스택에 파노라마 공유 템플릿을 아직 추가하지 않으려면 디바이스가 성공적으로 통합됐는지 확인한 후 나중에 추가할 수 있다.
   이제 디바이스 그룹이나 템플릿 콘텍스트 스위치를 사용해 구성을 올바르게 가져왔는지 검토할 수 있다.

5. Commit to Panorama를 클릭한다.

6. 대화상자에서 Push to Devices와 Edit Selections를 선택한다.

7. Force Template Values를 선택해 디바이스 로컬 구성을 파노라마 템플릿 구성으로 덮어쓴다.

NOTE

디바이스 로컬 구성을 파노라마 템플릿 구성으로 교체하면 전체 구성이 교체되므로 일부 서비스가 새로 받은 구성을 로드하는 동안 잠시 다시 시작될 수 있어 연결 문제가 발생할 수 있다. 대상 환경이 연결 문제에 민감하다면 이 가능성을 적절히 고려해 계획해야 한다.

앞의 절차에 따라 2개의 클러스터 멤버를 가져오면 2개의 개별 템플릿 스택과 디바이스 그룹 항목이 생긴다. 한 멤버를 다른 멤버 스택 및 디바이스 그룹으로 이동해 클러스터 구성을 통합할 수 있다.

NOTE

> 클러스터의 두 멤버를 동일한 템플릿 스택에 추가할 때 모든 클러스터 구성, 호스트명, 관리 인터페이스 구성을 템플릿에서 제거하고 로컬로 구성하거나 변수를 사용해 각 피어의 고유한 구성이 유지되게 해야 한다.

이제 파노라마 인스턴스에서 디바이스를 유지 관리하는 방법을 살펴봤다. 다음 절에서는 파노라마를 High Availability 모드로 설정해 장애 복원력을 높이는 방법을 알아본다.

파노라마 HA

방화벽 HA와 비교해 파노라마 HA는 훨씬 덜 복잡하다. 유이한 조건은 다음과 같다.

- 두 HA 멤버의 디바이스 유형, 버전, 모드(예, 둘 다 M-6000이고 admin-only 모드인 경우)가 모두 동일해야 한다.
- 원활한 작동을 위해 동일한 PAN-OS를 사용해야 하며 동일한 라이선스 세트가 있어야 한다.

HA를 사용하려면 다음 단계를 수행한다.

1. Panorama ➤ High Availability로 이동해 다음을 수행한다.
   - HA 활성화
   - Peer IP 설정
   - Encryption 활성화

2. Election settings에서 다음을 수행한다.

- 파노라마 인스턴스의 우선순위를 Primary로 설정한다. 기본 파노라마 인스턴스는 방화벽에 구성을 푸시하는 역할을 책임진다. 하지만 두 멤버 모두 구성, 로그 조회, 리포트를 사용할 수 있다.
- 대부분의 경우 기본 멤버가 액티브 상태로 돌아가게 Preemptive를 활성화한다.

3. 피어에 대해 앞 단계를 반복해 Peer IP를 첫 번째 파노라마 인스턴스로 바꾸고 우선순위를 Secondary로 설정한다.

그러나 방화벽과 달리 파노라마는 장애가 발생하더라도 기본 및 보조 역할을 유지한다. 기본 파노라마 인스턴스에 장애가 발생하면 passive-secondary가 active-secondary로 된다. 명심해야 할 두 가지 중요한 고려 사항이 있다.

- Secondary로 할당된 디바이스는 소프트웨어를 배포하거나 라이선스를 관리하는 데 사용할 수 없다.
- Passive 상태의 디바이스는 공유 정책을 관리하거나 소프트웨어 및 수동 라이선스를 배포할 수 없다.

즉, 기본 파노라마를 사용할 수 없는 경우가 아니면 대부분의 구성 작업에는 보조 파노라마를 사용해서는 안 된다.

파노라마는 MGT 인터페이스 간 암호화된 연결에 TCP/28을 사용한다. Encryption을 활성화하지 않으면 TCP/28769와 TCP/28260으로 연결된다.

마지막 절에서는 파노라마로 작업할 때 유용하게 활용할 수 있는 몇 가지 정보를 살펴본다.

TIP과 요령

결함에 따른 RMA(반품 교환 허가) 또는 업그레이드로 인해 디바이스를 교체해야 할 때는 모든 디바이스 그룹과 스택에 수동으로 추가하는 대신 간단히 **replace** 명령을 사용해 기존 디바이스 시리얼 번호를 새 디바이스로 바꾸면 구성이 즉시 그에 맞게 설정된다.

```
> replace device old xxxxxxxx new yyyyyyyyy
```

그럼 다음 Commit and Push를 누른다.

파노라마 구성을 커밋하려면 방화벽에 실행 중인 구성이 되기 전에 추가 단계를 거쳐야 한다. 웹 인터페이스의 오른쪽 상단에는 몇 가지 옵션이 있다. Configuration ▸ Save는 후보(Candidate) 설정을 저장하고 Configuration ▸ Revert는 마지막으로 저장됐거나 커밋된 이후 모든 구성 변경 사항을 취소한다.

Commit to Panorama를 하면 변경 사항이 파노라마에서 실행 중인 구성으로 활성화되지만 이 구성은 여전히 방화벽으로 전송돼야 한다.

Push to devices는 파노라마에서 실행 중인 구성을 방화벽으로 전송한다. Edit Selection을 클릭하면 다음 그림과 같은 대화상자가 나타난다. 여기에서 Preview Changes를 클릭해 파노라마 실행 구성과 방화벽 실행 구성을 비교해 어떤 구성 요소가 변경, 추가, 삭제되는지 확인할 수 있다.

다음 그림과 같이 Merge with Device Candidate Config는 기본적으로 활성화돼 있다. 로컬 관리자가 방화벽 구성을 변경했다면 변경 사항을 커밋할 준비가 되지 않았을 수 있으므로 이 옵션을 비활성화해 사고를 방지할 수 있다. 템플릿 설정을 포함하지 않으려면 하단 옵션을 비활성화하거나 Templates 탭에서 모든 디바이스 선택을 취소하면 된다. Force Template Values를 사용하면 로컬 구성을 템플릿 값으로 덮어쓸 수 있다.

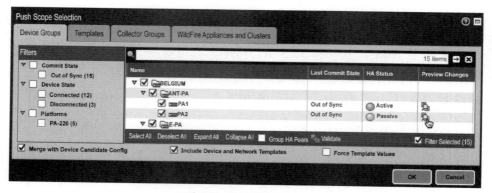

그림 7.21: 푸시 범위 선택 편집

Commit and Push는 앞의 두 작업을 한 번에 수행한다. 작은 변경 사항만 적용하고 즉시 푸시하려면 이 옵션이 유용하다.

로컬 방화벽 상태(후보 구성과 로컬에서 실행 중인 구성)를 확인하려면 디바이스 콘텍스트 스위치를 사용해 대상 디바이스의 로컬 웹 인터페이스에 연결한다.

이 연결은 방화벽이 파노라마에 연결하는 백채널로 이뤄진다. 이는 파노라마와 여전히 활성화된 연결이 있는 원격 방화벽에 직접 접속할 수 없을 때에도 유용할 수 있다. 다음 그림과 같이 Context 드롭다운을 클릭하고 연결하려는 디바이스를 선택하기만 하면 된다.

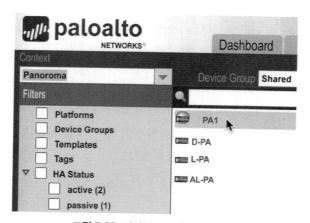

그림 7.22: 디바이스 콘텍스트 스위치

어느 시점에서 파노라마가 푸시한 구성 파라미터를 일시적으로 오버라이드하는 경우 다음 그림과 같이 방화벽에 연결하고 템플릿 값이 있는 오브젝트를 선택한 다음 페이지 하단의 Override를 클릭할 수 있다. 그런 다음 파라미터를 변경하고 커밋해 새 구성을 활성화할 수 있다. 나중에 파노라마 템플릿 설정으로 되돌리려면 해당 오브젝트를 선택하고 Revert를 클릭하면 된다.

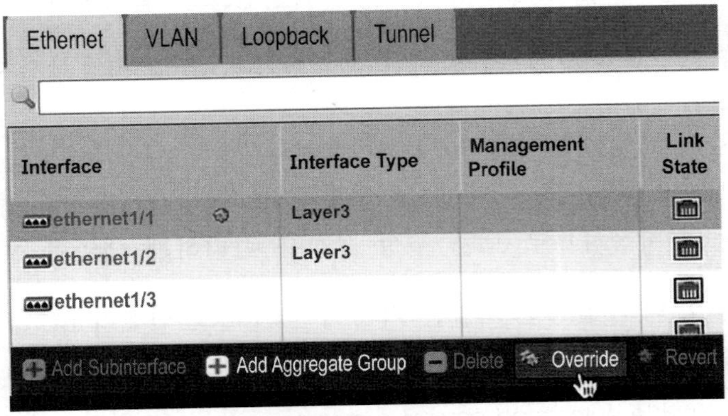

그림 7.23: 파노라마 템플릿 구성에 Override 적용하기

파노라마는 유저 ID 수집기 및 재배포 센터^{redistribution center}로도 동작할 수 있다.

배포된 모든 유저 ID 에이전트(서버에 설치된 유저 ID 에이전트 또는 방화벽에서 제공하는 클라이언트리스 유저 ID 수집기)를 Panorama ➤ User Identification ➤ User-ID Agents에 추가하면 파노라마가 이러한 에이전트에서 모든 유저 IP 매핑을 수집하기 시작해 로컬에 저장한다. 그런 다음 Panorama ➤ Setup ➤ Interfaces ➤ Management Interface로 이동해 User-ID Services를 활성화한다. 이후 방화벽은 파노라마를 유저 ID 에이전트로 지정할 수 있다. 템플릿(스택)에서 Device ➤ User Identification ➤ User-ID agents로 이동해 새 유저 ID 에이전트를 추가한다. Host와 Port 대신 시리얼 번호를 사용하고 파노라마 인스턴스 시리얼 번호를 입력한다. 파노라마가 HA 모드라면 유저 ID 에이전트를 추가하고 두 번째 파노라마 인스턴스 시리얼 번호를 추가한다.

설정 파일을 백업하려면 Panorama ➤ Scheduled Config Export로 이동해 백업 프로파일을 만든다.

1. 프로파일에 친숙한 이름을 지정하고 Enable 확인란을 선택한다.

2. 22:30과 같이 편리한 시간을 설정한다.

3. 전송에 사용할 프로토콜을 선택한다. 암호화를 제공하는 SCP가 선호된다.

4. 호스트명, 포트, 경로, 유저 이름, 비밀번호를 설정한다.

5. 전송 프로토콜로 FTP를 선택한 경우 PASV 모드를 사용할지 여부를 선택한다.

이 예약 백업은 모든 파노라마 구성 설정과 관리되는 디바이스 로컬 구성을 포함한 번들을 저장하므로 모든 구성 설정을 편리하게 백업할 수 있다.

기억해야 할 또 다른 훌륭한 기능은 커밋 후 파노라마 연결이 끊어진 경우 이전 구성으로 복구하는 기능이다. Device ➤ Setup ➤ Management ➤ Panorama Settings에서 Enable automated commit recovery를 찾을 수 있다. 이 옵션을 선택하면 각 커밋 후에 연결 확인이 진행된다. 커밋으로 인해 테스트가 실패하면(예, 파노라마 연결을 차단하는 보안 룰을 추가하는 등) 구성이 롤백된다. 새 파노라마 IP로 변경하는 등 잠시 동안 연결을 중단하는 변경을 해야 할 때는 변경을 푸시하기 전에 먼저 이 옵션을 비활성화한다.

이러한 정보를 알고 있는 상태에서 모든 기능을 갖춘 파노라마를 배포하고 방화벽을 가져오거나 배포할 수 있다. 템플릿과 디바이스 그룹은 모든 공유 구성 파라미터를 통합하고 새 디바이스를 기업 표준에 맞게 빠르게 도입하는 데 도움이 된다.

🏃 요약

7장에서는 파노라마 중앙 관리 플랫폼과 이를 활용해 그룹, 클러스터, 지역적으로 분산된 방화벽, 유저 및 위치를 훨씬 덜 복잡하게 관리하는 방법을 알아봤다. 디바이스 그룹 구성과 템플릿을 사용해 관리되는 모든 디바이스에서 구성을 단순화하고 일관되게 만드는 방법을 살펴봤다.

PCNSE를 준비한다면 템플릿과 디바이스 그룹의 용도를 메모해두자. 방화벽이 파노라마에서 어떻게 배포되고 관리되는지 설명할 수 있어야 한다. 또한 자동 커밋 복구는 PCNSE 블루프린트의 일부이기 때문에 특별히 주목하자.

8장에서는 방화벽과 파노라마 업그레이드를 위한 모범 사례를 검토한다.

08

방화벽과 파노라마 업그레이드

다른 운영체제와 마찬가지로 PAN-OS에서도 버그가 발견될 수 있으며, 이는 다양한 문제를 일으킬 수 있다. 이러한 버그는 수정돼야 하므로 유지 관리 릴리스 maintenance releases라고 하는 업데이트 패키지를 사용해 시스템의 복원력과 안정성을 개선할 수 있다. 또한 운영체제의 새로운 메이저 릴리스에는 신규 기능이 포함된다.

8장에서는 방화벽, 파노라마, 고가용성 페어를 업그레이드 방법을 살펴본다. 업그레이드 준비에 필요한 단계와 업그레이드 과정 전반에 걸쳐 연속성을 보장하는 방법, 적용될 수 있는 제약 사항, 발생할 수 있는 문제, 업그레이드 수행에 필요한 단계를 검토한다.

8장에서 다루는 내용은 다음과 같다.

- 핵심 사항 문서화
- 업그레이드 준비
- 단독 및 HA 방화벽, 파노라마, 로그 수집기의 업그레이드 과정

- 롤백과 다운그레이드 절차
- 구형 하드웨어 특수 사용 사례

⠿ 기술적 요구 사항

8장에서는 시스템 기능 테스트 실무 지식이 있다고 가정하고 있으므로 업그레이드 후 모든 것이 정상적으로 작동하는지 확인할 수 있어야 한다.

클러스터를 업그레이드하려면 먼저 클러스터 구성 방법을 숙지한 후 진행해야 한다.

⠿ 핵심 사항 문서화

업그레이드 절차를 시작하기 전에 먼저 방화벽이나 파노라마를 둘러싼 네트워크의 핵심 사항을 문서화해야 한다. 디바이스가 작동 중이고 예상대로 트래픽을 전달하는지 재빨리 확인해야 하기 때문에 이 정보를 업그레이드 수행 후 즉시 실행할 수 있는 테스트 계획에 포함해야 한다. 주요 운영 애플리케이션을 파악하고 가능하면 업그레이드 후 애플리케이션 기능을 테스트할 수 있는 인력을 선별하는 것이 중요하다.

중요한 주의 사항을 잊지 않게 업그레이드 체크리스트를 작성하고 폴백이 필요한 시점을 포함해 문제 발생에 대비한 비상 계획을 세우는 것이 현명하다. 이 시점을 설정하면 사소한 실수로 문제가 발생하더라도 업무에 영향을 미치지 않는 범위 내에서 해결할 수 있는 시간을 충분히 확보할 수 있다. 적당한 크기의 유지 관리 작업을 미리 준비한다. 다음은 작업을 체계적으로 정리하는 데 도움되는 체크리스트다.

- 주요 애플리케이션 데이터 흐름을 매핑

- 애플리케이션 기능 검증을 지원할 수 있는 인력 파악
- 업그레이드 계획을 사전에 문서화
- 비상 계획이나 롤백 계획을 문서화
- 디바이스에서 OOB 연결을 사용할 수 있는지 확인

시작하는 PAN-OS 버전에 따라 업그레이드 중 일부 단계에서는 최소 버전 콘텐츠를 설치해야 하거나 다른 고려 사항이 있을 수도 있다. 다음 링크에서 업그레이드를 하려는 모든 버전의 릴리스 정보를 항상 확인하자(https://docs.paloaltonetworks.com/search.html#q=pan-os-release-notes).

다음 절에서는 업그레이드 과정을 시작하기 전에 알아야 할 몇 가지 중요한 고려 사항을 살펴본다.

업그레이드 고려 사항

PAN-OS는 메이저 릴리스(X.y.z), 기능 릴리스(x.Y.z), 유지 관리 릴리스(x.y.Z)로 제공된다. 평균적으로 매년 새로운 메이저 버전이 출시되고 약 반년 후에 일부 새로운 기능과 업데이트된 기능이 포함된 기능 릴리스가 출시된다. 두 버전 모두 자체 유지 관리 릴리스를 갖추고 있으며 대부분 버그 수정이 포함된다.

유지 관리 패키지는 일반적으로 6주에서 8주 간격으로 출시되며 긴급한 이슈를 더 빨리 해결하고자 가끔 핫픽스 버전(x.y.z-h*)이 제공된다.

예를 들어 10.0.0은 메이저 릴리스 10의 기본 버전이다. 공개 후 몇 달이 지나면 몇 가지 버그가 발견되고 이를 해결하고자 유지 관리 릴리스가 여러 차례 연속적으로 제공된다. 새로운 기능 릴리스 10.1.0이 출시됐을 때 이전 메이저 버전은 이미 유지 관리 릴리스 10.0.6에 도달했다. 앞으로 두 코드 트레인 모두 자체 유지 관리 릴리스 번호를 받는다. 10.2.0 또는 11.0이 출시되더라도 이전 메이저 버전은 각각의 지원 종료일End-of-Life까지 계속 업데이트를 받을 수 있다.

8장에서는 이 장의 목표상 한 코드 트레인에서 다음 코드 트레인으로 업그레이드나 다운그레이드하려면 메이저 릴리스와 기능 릴리스 모두 '메이저'로 언급한다.

각 메이저 및 기능 릴리스는 전체 릴리스의 설치 미디어인 기본base 이미지가 있다. 이 버전은 나중에 유지 관리 버전을 추가하기 전에 반드시 다운로드해야 한다. 이 버전은 보통 설치하지 않아도 된다(이에 대한 예외 사항은 '구형 하드웨어 업그레이드를 위한 특별한 사례' 절 참고).

대부분 x.y.5 이상인 최소 유지 관리 릴리스인 x.y.5 이상에 도달하면 성숙한 버전으로 간주한다. x.y.5 이상의 버전을 사용할 수 없다면 업그레이드 필요성을 신중하게 고려해야 한다.

파노라마를 사용하는 환경이라면 방화벽에서 실행 중인 PAN-OS의 거의 모든 버전과 하위 호환성backward-compatible을 가지므로 먼저 파노라마를 업그레이드하는 것을 추천한다. 파노라마는 방화벽에서 실행 중인 거의 모든 버전의 PAN-OS와 하위 호환되므로 파노라마를 사용하는 환경이라면 파노라마 업그레이드 계획을 먼저 세워야 한다. 그러나 자신보다 유지 관리 릴리스 버전이 두 단계 이상 높은 방화벽은 지원하지 않는다. 즉, 파노라마는 항상 먼저 업그레이드해야 하며 전체 설치 기반에서 가장 높은 PAN-OS 버전으로 업그레이드한 후에 다른 업그레이드를 고려해야 한다.

HA 페어를 업그레이드할 때 하나의 멤버를 피어보다 두 단계 이상 상위 메이저 버전으로 업그레이드하면 페일오버할 때 세션 동기화 문제가 발생할 수 있다. 업그레이드 과정 중에 네트워크 중단을 최대한 줄이려면 피어에서 시작하기 전에 한 디바이스만 여러 버전으로 업그레이드한 후 피어에서 시작하기보다 단계적으로 방화벽을 업그레이드하는 것을 고려하자.

예를 들어 클러스터를 PAN-OS 9.1에서 10.1로 업그레이드하는 동안 한 멤버를 PAN-OS 10.0으로 업그레이드하면 세션 동기화가 계속 작동하고 업그레이드된 피어는 비기능적non-functional 상태가 된다. 따라서 뒤처진 피어를 재부팅하면 비기능적 상태의 피어는 네트워크에 최소한의 영향을 주면서 액티브 역할을 수행한다.

피어가 업그레이드돼 PAN-OS 10.1로 재부팅되기 전에 한 멤버가 PAN-OS 10.0 으로 업그레이드되면(여전히 PAN-OS 9.1에서 실행 중) 새로 업그레이드된 피어는 일시 중지되고 재부팅했을 때 액티브 역할을 수행하지 않아 네트워크에 심각한 영향을 미친다.

클러스터에서 단 하나의 멤버만 업그레이드된다면 업그레이드된 멤버의 우선 순위가 더 낮더라도 가장 낮은 PAN-OS 버전의 피어가 클러스터의 액티브 멤버가 된다. 이 때문에 업그레이드된 멤버는 비기능적 상태로 남게 된다(결함이 있음에도 강제로 패시브 역할 수행).

이전 유지 관리 버전에서 최신 유지 관리 릴리스로 업그레이드(예, 10.0.2에서 10.0.10) 할 때 릴리스 노트에 명확한 지시 사항이 없다면 중간 유지 관리 버전을 설치할 필요가 없다.

여러 메이저 버전으로 업그레이드한다면 반드시 다음 메이저 버전으로 업그레이드한 후 그다음 버전으로 넘어가야 한다. 메이저 버전은 건너뛸 수 없다(예, 9.1에서 10.0, 10.1로 업그레이드 해야 함). 기본 버전 대신 선호하는 유지 관리 릴리스를 설치하는 것이 현명하며, 이는 '중간' 메이저 버전도 마찬가지다. 이렇게 하면 업그레이드 과정 중간에 버그가 나타나는 것을 막을 수 있다.

다음 절에서는 업그레이드를 시작하기 전에 수행해야 할 단계를 자세히 살펴본다.

⋮⋮⋮ 업그레이드 준비

업그레이드 과정을 시작하기 전에 업그레이드 과정 자체가 원활하게 진행될 수 있도록 적절히 준비해 모든 것을 설정했는지 확실히 하려면 사전 작업 사항이 몇 가지가 있다.

1. 방화벽의 Device ➤ Setup ➤ Operations 또는 파노라마의 Panorama ➤ Setup ➤ Operations 메뉴로 이동한 다음 Save name configuration snapshot 을 클릭하고 디바이스명, 날짜, 시간을 포함한 설정 파일명을 지정한다 (예, HQMember1-04052020-1005.xml).

2. 그런 다음 Export named configuration snapshot을 클릭하고 필요하면 찾을 수 있는 위치에 파일을 저장한다.

3. 또한 최신 커밋 설정을 가지려면 running-config.xml을 내보낼 수도 있지만 다운로드 후에는 파일명을 변경해야 한다.
   파노라마를 사용한다면 Panorama ➤ Scheduled Backup 메뉴 아래 예약된 백업이 이미 설정돼 있을 것이다. 그러나 만약을 대비해 백업을 새로 하는 것이 좋다.

4. Device ➤ Dynamic Updates에서 Check Now를 클릭해 디바이스가 시스템에서 사용 가능한 최신 콘텐츠 패키지를 설치했는지 확인한다.
   일부 PAN-OS 버전은 OS가 설치되기 전에 콘텐츠 패키지에서 최소 버전의 콘텐츠 패키지를 설치해야 한다. 최신 콘텐츠 패키지 버전을 사용할 수 있으면 PAN-OS 업그레이드가 진행되기 전에 다운로드해 설치한다. 디바이스가 HA 모드에서 실행 중이라면 피어에 동일한 콘텐츠 버전이 설치돼 있는지 확인하고 필요에 따라 업그레이드한다.

5. HA 페어에서 Device ➤ High Availability ➤ Election settings ➤ Preemptive가 활성화된다면 기본 멤버에서 이를 비활성화한다. Preempt는 업그레이드 도중 예기치 않은 자동 페일오버를 발생시킬 수 있어 이것을 막고 싶을 것이다(제대로 작동하려면 반드시 두 멤버 모두에서 Preemption을 활성화해야 하므로 한 멤버만 비활성화해도 메커니즘은 작동하지 않는다).

6. 웹 사이트(https://security.paloaltonetworks.com)에서 보안 권고 사항을 검토해 업그레이드 과정이 끝날 때까지 어떤 유지 관리 버전을 선택해야 하는지 결

정한다. 웹 페이지(https://live.paloaltonetworks.com/t5/Customer-Resources/Support-PAN-OS-Software-Release-Guidance/ta-p/258304)에서 선호[preferred]로 표시된 버전을 기록하자. 이를 선호 유지 관리 릴리스라고 하겠다.

7. 시간을 절약하려면 업그레이드하는 데 필요한 모든 기본 이미지와 선호 유지 관리 버전을 Device ➤ Software 또는 Panorama ➤ Software 페이지에서 디바이스로 다운로드한다. 수동으로 업그레이드할 때는 웹 사이트(https://support.paloaltonetworks.com)에서 Update ➤ Software Updates 메뉴로 이동해 로컬 저장소에 저장한다. 하나 이상의 메이저 버전을 건너뛰려고 하면 소프트웨어 관리자가 이러한 소프트웨어 패키지를 이해하지 못할 수 있으므로 디바이스에 최신 코드 트레인을 직접 다운로드하지 못할 수 있다. 해당 버전을 로컬 저장소에 다운로드하거나 첫 번째 단계가 끝날 때까지 기다린 다음 업데이트 서버에서 다운로드할 수 있다.

CLI에서 다음 명령을 사용해 사용 가능한 소프트웨어 저장소를 리프레시하고 다운로드한 후 최종적으로 PAN-OS 이미지를 설치할 수 있다.

```
> request system software check
> request system software download version x.y.z
> request system software install version x.y.z
```

현재 코드 트레인의 최신 버전을 아직 사용하지 않는다면 다음 메이저 릴리스로 이동하기 전에 먼저 현재 PAN-OS 환경에 최신 버전을 설치하고 재부팅하는 것이 대체로 좋다. 업데이트 이벤트에 대비하려면 다음 단계를 따른다.

1. 현재 설치된 메이저 릴리스나 기능 릴리스에서 선호하는 버전을 다운로드한다.

2. 업그레이드하려는 다음 메이저 릴리스로 기본 이미지를 다운로드한다.

3. 메이저 릴리스의 선호하는 유지 관리 릴리스 버전을 다운로드한다.

4. 유지 관리 시간을 준비한다. 먼저 파노라마(클러스터)를 업그레이드하도록 예약한 다음 다른 유지 관리 시간에 방화벽을 예약한다. 이렇게 하면 단일 목표에 더 많은 시간을 집중할 수 있으며 예기치 않은 일이 발생할 때 한 영역에만 집중하면 되므로 트러블 슈팅이 더 쉬워진다. 업그레이드 자체가 오래 걸리지 않을 것으로 예상될 때에도 업그레이드를 완료하는 데 충분한 시간을 확보하고 연결을 확인하며, 필요하다면 트러블 슈팅과 롤백을 수행한다.

5. 설치가 완료되면 재부팅해야 한다. 재부팅 후 관리 서버가 전체 기능으로 돌아가는 데 몇 분 정도 걸릴 수 있다. 시스템이 단계적으로 다시 온라인 상태가 되기 때문에 로그인 프롬프트가 나타나지만 비밀번호가 잘못된 것처럼 표시된다. 프롬프트에 접근할 수 있으나 비밀번호가 틀린 것처럼 보이는 시간이 있다. 이때는 재부팅 과정에서 모든 서비스를 완전히 설정할 때까지 몇 분 더 걸릴 수 있다. 어쨌든 로그인은 했는데, 평소처럼 프롬프트가 나타나지 않아도 당황하거나 재부팅하지 말고 몇 분 더 기다린다.

6. 업그레이드 후 로그인하면 시스템이 해당 설정을 데이터 플레인에 커밋하고 일부 업그레이드 후반 작업을 수행해야 한다. 이러한 작업은 자동 커밋(AutoCommit) 과정 중에 수행된다. 자동 커밋이 완료되면 FIN OK가 표시되고 시스템이 가동되고 실행된다. 다음 명령을 사용해 진행 상황을 추적할 수 있다.

```
> show jobs all
Enqueued Dequeued ID PositionInQ Type Status Result Completed
-------------------------------------------------------------------
2021/12/31 23:01:33 23:01:33 AutoCom FIN OK 23:02:04
```

일부 디바이스에는 두 번 연속적으로 커밋 작업이 있을 수 있다. 첫 번째는 일반적인 자동 커밋이고 두 번째는 HA 디바이스 간에 ID 매니저 (idmgr) 프로세스를 동기화하는데 사용된다. ID 매니저는 방화벽의 오브젝트, 네트워크 요소, 정책에 대한 ID를 유지한다. 세션 페일오버가 완벽하게 작동하려면 이 ID 값이 두 멤버에 모두 일치해야 한다. 다음 명령으로 ID 매니저가 동기화됐는지 확인할 수 있다.

```
> debug device-server dump idmgr high-availability state
```

또한 다음 명령을 사용해 시스템이 트래픽을 처리할 준비가 됐는지 확인할 수 있다.

```
> show chassis-ready
```

7. CLI에서 다음 명령을 실행하고 업그레이드 후 확인 및 잠재적 재설정이 필요한 비정상적 설정을 기록해둔다.

```
> show session info
```

8. 업그레이드 후 점검할 서비스 체크리스트를 준비한다. 기본 사항은 다음 '업그레이드 후' 절을 참고하고 유저 환경에 맞춰 필요한 보충 검사나 구체적 검사 항목을 추가한다.

이제 모든 준비를 마쳤고 유지 관리 시간이 설정됐으므로 업그레이드를 수행할 차례다.

⠿ 업그레이드 과정

업그레이드 과정을 시작할 때는 앞의 8단계를 신속하게 재확인하고 이해관계자에게 연락해 유지 관리 시간이 곧 시작됨을 알리고 모든 애플리케이션과 프로세스가 원활하게 실행되고 있는지 테스트할 신호를 기다린다. 예외 상황을 제대로 처리 못하는 프로세스를 종료할 시간을 확보하려면 이 과정을 시간 내에 잘 수행해야 한다.

첫 번째 단계는 파노라마를 업그레이드하는 것이다.

단일 파노라마 인스턴스 업그레이드

파노라마 업그레이드는 세션을 처리하지 않기 때문에 네트워크에 미치는 영향 면에서 위험성이 가장 적지만 독립형 파노라마 인스턴스는 업그레이드에 실패하면 방화벽 관리에 몇 가지 문제가 발생할 수 있으므로 적절한 예방 조치가 필요하다. 최신 설정이 안전한 위치에 저장돼 있는지 확실히 확인한 후 다음 단계를 이행한다.

1. 설정 변경 사항이 커밋되지 않았다면 이를 검토하고 저장한 다음 running-config.xml 백업을 수집한다. 그렇지 않으면 변경 내용을 삭제한다.

2. Panorama ➤ Software로 이동해 현재 설치된 메이저 릴리스의 선호 유지 관리 버전을 설치하거나 CLI에서 다음 명령을 실행한다.

```
> request system software install version x.y.z
```

다음 명령을 사용해 CLI에서 설치 과정을 추적한다.

```
> show jobs all
```

3. 업그레이드가 완료되면 재부팅할지 묻는 대화상자가 나타난다. YES를 클릭해 재부팅한다. 이 대화상자가 나타나지 않으면 Panorama ➤ Setup ➤ Operations 메뉴로 이동해 Reboot Device를 클릭하거나 CLI에서 다음 명령을 실행한다.

```
> request restart system
```

Y를 눌러 승인한다.

4. 재부팅 후 다음 메이저 릴리스 기본 이미지와 유지 관리 릴리스가 모두 파노라마에 다운로드됐는지 확인한다. 그렇지 않다면 기본 이미지부터 다운로드한다.

5. 선호하는 유지 관리 릴리스 패키지를 설치한다.

설치가 완료되면 **재부팅** 대화상자에서 OK를 클릭하거나 수동으로 재부팅을 시작한다.

다른 메이저 버전으로 업그레이드해야 한다면 **4~6**단계를 반복한다. 기본 이미지부터 다운로드하거나 수동으로 업로드한다.

6. 유지 관리 릴리스를 설치한다.

7. 파노라마를 재부팅한다.

파노라마 HA 클러스터를 사용한다면 절차가 조금 달라진다.

HA 클러스터 파노라마 업그레이드

아직 레거시 모드로 설정돼 있고 로그 저장소용 NFS 볼륨이 설정된 파노라마 클러스터는 기본 파노라마 인스턴스만 로그를 수신하므로 기본 멤버를 업그레이드할 때 로그 수신이 중단될 수 있다. 방화벽은 로그를 보관하고 있다가 파노라마가 다시 온라인 상태가 되면 전달한다.

파노라마 환경이 여전히 레거시 모드라면 로그 수신 책임을 로그 수집기로 오프로드하는 파노라마 또는 관리 전용^{Management-Only} 모드로 전환하는 것을 고려하자. 다음 명령으로 파노라마 인스턴스의 현재 모드를 확인할 수 있다.

```
> show system info | match system-mode
```

클러스터를 업그레이드하려면 다음 단계를 따른다.

1. 아직 커밋되지 않은 설정이 있는지 확인한다. 설정이 있다면 running-config.xml의 새 복사본을 저장하고 수집한다. 없다면 삭제한다.

2. 먼저 보조-패시브^{Secondary-Passive} 디바이스에서 업그레이드 과정을 시작한다. 현재 코드 트레인에서 선호하는 유지 관리 버전을 설치한다.

3. 설치 작업이 완료되면 보조 디바이스를 재부팅한다.

4. 파노라마가 작동 중인지 확인한다.

5. Panorma ➤ High Availability ➤ Operational Commands로 이동해 Suspend Local Device를 클릭해 클러스터에서 기본-액티브^{Primary- Active}를 일시 중지한다. 또는 CLI에서 다음 명령을 실행한다.

```
> request high-availability state suspend
```

6. 이제 피어가 보조-액티브^{Secondary-Active}로 설정돼 정상적으로 작동하는지 확인한다.

7. Primary-Suspended 디바이스에 현재 코드 트레인의 선호 유지 관리 릴리스를 설치한다.

8. 설치 과정이 완료되면 디바이스를 재부팅한다.

9. 재부팅이 완료되고 디바이스가 실행되면 Panorama ➤ High Availability ➤ Operational Commands로 이동해 Mark Local Panorama Functional을 클릭하거나 다음 CLI 명령을 적용해 디바이스의 suspend를 해제한다.

```
> request high-availability state functional
```

이제 두 멤버가 모두 선호 유지 관리 버전으로 업그레이드됐고 클러스터가 예상대로 페일오버를 수행할 것으로 확신하므로 메이저 업그레이드를 수행할 준비가 됐다. 두 멤버 모두에 다음 메이저 버전의 기본 이미지와 선호 유지 관리 릴리스가 있는지 확인한다. 필요하면 다운로드하거나 수동으로 업로드한다.

1. 보조 멤버에 다음 메이저 버전의 선호 유지 관리 릴리스를 설치한다.

2. 보조 디바이스를 재부팅하고 완전한 기능이 복구될 때까지 기다린다.

3. 기본-액티브$^{Primary-Active}$ 멤버를 suspend한다.

4. 보조-액티브$^{Secondary-Active}$가 예상대로 작동하는지 확인한다.

5. 선호하는 다음 메이저 버전 유지 관리 릴리스를 설치한다.

6. Primary-Suspended를 재부팅한다.

7. 기본 디바이스의 suspend를 해제한다.

8. 이전에 Preemptive를 활성화했다면 기본 디바이스에서 다시 활성화한다.

9. 기본 디바이스에서 파노라마에 저장하고 DashBoard ➤ High Availability Widget을 이용해 수동으로 sync to remote를 실행한다. 또는 다음 CLI 명령을 사용한다.

```
> request high-availability sync-to-remote running-config
```

다음 작업은 로그 수집기를 파노라마와 동일한 버전으로 업그레이드하는 것이다.

파노라마로 로그 수집기(또는 방화벽) 업그레이드

수집기 그룹 내 로그 수집기는 모두 동시에 업그레이드해야 한다. 성공적으로 페어링하려면 모든 로그 수집기는 동일한 운영체제에 있어야 하기 때문이다. 업그레이드 과정 중에는 수집기 그룹이 다시 온라인 상태가 될 때까지 로그는 수집기 그룹으로 전달되지 않으며 방화벽에서 로그를 저장한다. 수집기 그룹이 다시 온라인 상태가 되면 백로그가 수집기 그룹으로 업로드된다. 여러 디바이스를 동시에 업그레이드해야 하므로 파노라마에서 업그레이드를 수행하는 것이 가장 좋다. 로그 수집기를 업그레이드하기 전에 파노라마를 동일 버전이나 최신 버전으로 업그레이드하고 다음 단계를 수행한다.

1. Panorama ➤ Device Deployment ➤ Dynamic Updates에서 최신 콘텐츠 업데이트가 수집기 그룹의 모든 멤버에 설치됐는지 확인한다.
Check Now를 클릭한 다음 필요하면 최신 업데이트를 다운로드해 설치한다.

2. Panorama ➤ Device Deployment ➤ Software에서 Check Now를 클릭하고 현재 설치된 메이저 버전의 선호 유지 관리 릴리스를 다운로드한다.

3. 다운로드가 완료되면 Install을 클릭하고 수집기 그룹에 모든 멤버를 선택한다. Reboot device after install 체크박스를 선택하고 OK를 클릭한다.

4. 다음 메이저 버전에 필요한 기본 이미지와 선호 유지 관리 릴리스를 다운로드한다.

5. Panorama ➤ Managed Collectors를 모니터링해 로그 수집기가 파노라마에 연결을 재설정하는지 확인한다.

6. Panorama ➤ Device Deployment ➤ Software에서 새 기본 이미지 옆에 Install을 클릭하되 Upload only to device(do not install)를 선택한다.

7. 그런 다음 선호 유지 관리 릴리스 옆에 있는 Install을 클릭하고 Reboot device after install을 선택한다.

8. 원하는 메이저 및 유지 관리 릴리스에 도달할 때까지 4~7단계를 반복한다.

로그 수집기를 새 메이저 버전으로 업그레이드할 때 일반 업그레이드보다 완료하는 데 시간이 더 오래 걸리는 로그 데이터베이스에 변경이 생길 수 있다. 이 과정을 모니터링하려면 로그 수집기의 CLI에 로그인해 진행 상황을 확인할 수 있다.

```
> debug logdb show-es-upgrade-time
```

로그 마이그레이션이 완료된 후 다음 명령을 실행해 클러스터 상태를 확인할 수 있다.

```
> show log-collector-es-cluster health
```

업그레이드가 완료된 후 사후 관리할 시간이 충분해야 한다.

다음 단계는 방화벽 업그레이드다.

단일 방화벽 업그레이드

독립형 방화벽을 업그레이드하면 방화벽이 재부팅되는 동안 모든 연결이 끊어지므로 네트워크가 중단된다. 업그레이드 과정에서 재부팅 단계를 시작하기 전에 모든 이해관계자에게 알리고 중요한 프로세스를 중단했는지 확인한다.

1. 커밋되지 않은 변경 사항이 있는지 확인한다. 새 running-config.xml 파일을 저장하고 수집하며, 그렇지 않으면 폐기한다.

2. Device ➤ Software에서 현재 설치된 메이저 버전에 맞는 최신 유지 관리 릴리스를 설치한다.

```
> request system software install version x.y.z
```

3. 다음 명령을 사용해 CLI에서 설치 과정을 추적한다.

```
> show jobs all
```

4. 업그레이드가 완료되면 재부팅을 요청하는 대화상자가 나타난다. Yes를 클릭해 재부팅한다. 이 대화상자가 나타나지 않으면 Device ➤ Setup ➤ Operations에서 Reboot Device를 클릭한다. 또는 CLI에서 다음 명령을 실행한다.

```
> request restart system
```

승인하려면 Y를 누른다.

5. 재부팅 후 방화벽은 자동 커밋을 수행해야 한다. 자동 커밋은 새롭게 업그레이드된 설정을 데이터 플레인으로 푸시하는 작업이다. 재부팅 직

후 데이터 플레인은 비어 있으며 부팅 후 첫 번째 설정을 수신할 때까지 트래픽을 처리하지 않는다. 일반적인 커밋은 변경되지 않는 설정을 건너뛸 수 있는 반면 모든 데이터 플레인 과정은 설정을 가져와야 하기 때문에 완료까지 일반적인 커밋 작업보다 시간이 오래 걸릴 수 있다. CLI에서 다음 명령을 입력해 자동 커밋을 실행할 수 있다.

```
> show jobs all
Enqueued Dequeued ID Type Status Result Completed
---------------------------------------------------------
23:22:18 23:22:18 1 AutoCom ACT PEND 5%
```

6. 다음 메이저 이미지 및 선호 유지 관리 릴리스 패키지가 Device ➤ Software에 있는지 확인한다. 필요하면 기본 이미지부터 시작해 소프트웨어 패키지를 다운로드하거나 수동으로 업로드한다.

```
> request system software info
```

7. 선호하는 유지 관리 버전을 설치한다.

8. 대화상자에서 재부팅 의사를 묻는 대화상자가 나타나면 Yes를 클릭하고, 그렇지 않으면 방화벽을 수동으로 재부팅한다.

9. 자동 커밋이 완료될 때까지 기다린 후 방화벽 기능을 테스트한다.

방화벽 HA 클러스터를 업그레이드할 때 다음 단계를 수행하면 업그레이드가 원활하다.

방화벽 클러스터 업그레이드

클러스터를 업그레이드할 때 피어 간의 전환이 원활하므로 손실되는 세션은 거의 또는 전혀 없어야 한다. 다른 멤버가 일시 중단되기 전에 방화벽이 세션 상태를 동기화할 수 있는 충분한 시간을 갖도록 처리 속도를 조절하는 것이 중요하다. 두 멤버 업그레이드 사이에 두 멤버 모두에서 다음 명령을 수행하면 세션 수가 거의 동일해진다.

```
> show session info
```

업그레이드를 시작하려면 다음 단계를 수행한다.

1. 커밋되지 않은 변경 사항이 있는지 확인한다. 피어에서 커밋 및 동기화를 실행하고 두 멤버 모두에서 새 running-config.xml 파일을 수집한다. 그렇지 않다면 해당 파일을 삭제한다.

2. 보조 디바이스의 Device ➤ Software에서 현재 설치된 메이저 버전에 적합한 최신 유지 관리 릴리스를 설치하거나 다음 CLI를 실행한다.

```
> request system software install version x.y.z
```

3. 다음 명령을 사용해 CLI에서 설치 과정을 추적한다.

```
> show jobs all
```

4. 업그레이드가 완료되면 재부팅 의사를 묻는 대화상자가 나타난다. Yes를 클릭해 재부팅한다. 이 대화상자가 나타나지 않으면 Device ➤ Setup ➤ Operations로 이동해 Reboot Device를 클릭하거나 CLI에서 다음을 실행한다.

```
> request restart system
```

Y를 눌러 승인한다.

5. 재부팅 후 방화벽은 자동 커밋 프로세스를 수행해야 한다. 자동 커밋 프로세스는 새로 업그레이드된 설정을 데이터 플레인으로 푸시하는 작업이다. 일반 커밋 작업보다 완료하는 데 오래 걸릴 수 있다. CLI에서 다음 명령을 실행해 진행 상황을 추적한다.

```
> show jobs all
Enqueued Dequeued ID Type Status Result Completed
-----------------------------------------------------
23:22:18 23:22:18 1 AutoCom ACT PEND 5%
```

6. 보조 디바이스가 패시브 상태가 될 때까지 기다린다(이때 구버전 PAN-OS는 nonFunct 상태지만 기능은 동일하다). 세션 테이블이 동기화되고 있는지 확인한다.

```
> show session all
```

7. 기본 디바이스에서 Device ➤ High Availability ➤ operational Commands로 이동해 Suspend local device를 클릭하거나 CLI에서 다음을 실행한다.

```
> request high-availability state suspend
```

8. 기본 디바이스에 현재 코드 트레인의 선호하는 유지 관리 릴리스를 설치한다.

9. 업그레이드가 완료되면 방화벽을 재부팅한다.

10. 자동 커밋 과정이 완료되고 방화벽이 패시브 상태가 될 때까지 기다린다.

11. 기본 디바이스를 액티브 상태로 되돌리려면 보조 디바이스에서 suspend를 실행한 다음 suspend를 해제한다.

```
> request high-availability state suspend
> request high-availability state functional
```

12. 두 디바이스의 Device ➤ Software에 다음 메이저 기본 이미지와 선호하는 유지 관리 릴리스가 모두 있는지 확인한다. 필요하면 기본 이미지부터 시작해 소프트웨어 패키지를 다운로드하거나 수동으로 업로드한다.

```
> request system software info
```

13. 보조 디바이스에 다음 메이저 릴리스의 선호하는 유지 관리 버전을 설치한다.

```
> request system software install version x.y.z
```

14. 설치 대화상자에서 방화벽 재부팅 의사를 물으면 Yes를 클릭한다. 아니라면 수동으로 재부팅한다.

```
> request restart system
```

Y를 눌러 재부팅을 승인한다.
자동 커밋 과정이 완료되고 보조 디바이스가 패시브 상태가 될 때까지 기다린다(구버전 PAN-OS가 NonFunct 상태가 될 수 있음).

15. 세션 테이블이 동기화되고 있는지 확인한다.

```
> show session all
```

16. 기본 디바이스에서 Device ➤ High Availability ➤ Operational Commands에
서 Suspend local Device를 클릭하거나 CLI에서 다음을 실행한다.

```
> request high-availability state suspend
```

17. Device ➤ Software로 다음 메이저 버전에서 선호하는 유지 관리 릴리스
를 설치하거나 CLI에서 다음 명령을 실행한다.

```
> request system software install version x.y.z
```

18. 설치 대화상자에서 재부팅하라는 메시지가 나타나면 Yes를 클릭하거나
Device ➤ Setup ➤ Operations에서 수동으로 재부팅한다. 또는 CLI에서
다음을 실행한다.

```
> request restart system
```

Y를 눌러 방화벽을 재부팅한다.
자동 커밋 프로세스가 완료될 때까지 기다린다.

19. Dashboard ➤ High Availability 위젯에서 설정이 동기화됐는지 확인한다.
동기화되지 않았다면 위젯을 사용하거나 CLI에서 설정을 보조 디바이스
와 동기화한다.

```
> request high-availability sync-to-remote running-config
```

20. 기본 디바이스가 패시브 상태인지 확인한다. 여전히 suspend 상태라면 suspend를 해제한다.

```
> request high-availability state functional
```

21. 기본 디바이스를 액티브 상태로 되돌리려면 보조 디바이스를 suspend 했다가 해제한다.

```
> request high-availability state suspend
> request high-availability state functional
```

22. Pre-emptive를 이전에 활성화했다면 기본 디바이스에서 다시 활성화하고 변경 사항을 저장한다.

NOTE

> 하나의 클러스터 멤버를 피어보다 2개 이상의 메이저 버전으로 업그레이드한다면 예를 들어 기본 멤버의 버전은 9.1.13이고 보조 멤버를 10.1.4로 업그레이드할 때 보조 멤버는 NonFunct 상태가 돼 복구할 수 없다. 적절한 버전으로 기본을 업그레이드하거나 기본 멤버를 사용할 수 없게 될 때까지 단순히 기본 멤버를 suspend하는 것만으로는 보조 멤버가 활성화되지 않는다.

업그레이드가 완료돼도 작업이 아직 끝난 것이 아니다. 사후 관리를 위해 올바른 연락처와 절차를 준비하고 모든 것이 계속 작동하는지 확인해야 한다.

업그레이드 후

사후 관리 단계에서는 체크리스트를 검토해 모든 애플리케이션이 정상적으로 실행되고 있는지, 기타 중요한 인프라 또는 비즈니스 프로세스가 완벽하게 작동하고 방화벽에 의해 차단되지 않는지 확인해야 한다. 이 목록을 템플릿으로 사용해 필요에 따라 자체 점검 사항을 추가한다.

- 이해관계자에게 연락해 테스트를 실행하고 모든 것이 예상대로 작동하는지 확인한다. 트래픽 로그에서 테스트를 모니터링해 허용된 세션이 모두 허용되고 차단된 세션이 여전히 차단되고 있는지 확인한다.
- 비정상적인 세션 설정이 업그레이드에 포함됐는지 확인하고 필요하면 재설정한다.
- 파노라마 또는 파노라마 업그레이드로 관리되는 방화벽은 파노라마에서 설정 푸시가 예상대로 작동하는지 확인한다.
- VPN 및 GlobalProtect 연결을 확인한다.
- 동적 라우팅 프로토콜이 예상대로 경로를 선택하는지 확인한다.
- 예기치 않은 오류 메시지가 있는지 시스템 로그를 확인한다.

이제 파노라마, 로그 수집기, 방화벽을 업그레이드할 수 있으며 업그레이드가 완료되면 사후 관리를 완벽하게 준비하고 수행할 수 있는 적절한 절차를 마련해야 한다. 다음 절에서는 업그레이드가 실패하고 이전 상황으로 빨리 돌아가야 할 때 어떻게 해야 하는지 살펴본다.

롤백 절차

업그레이드로 인해 예기치 않은 문제가 발생하고 트러블 슈팅으로도 그 이유를 명확히 알 수 없다면 마지막 방법은 이전 배포로 롤백하는 방법이 있다.

이러한 상황에 처했다면 다음을 수행해야 한다.

- 모든 증상을 기록한다.
- 어떤 트러블 슈팅 단계를 실행했는지 기록해둔다.
- 무엇이 잘못됐는지 찾을 수 없다면 팔로알토 네트웍스 서포트 팀에 문의해야 할 수 있으므로 Device ➤ Support에서 Techsupport 파일을 만든다.
- 관련 파일, CLI 출력, 트러블 슈팅 파일, 패킷 캡처 등을 한곳에 저장한다.

트러블 슈팅 작업을 문서화했다면 가장 쉽게 롤백할 수 있는 방법은 sysroot 부팅 파티션을 전환하는 것이다. 방화벽에는 완전히 설치된 PAN-OS를 포함하는 2개의 시스템 볼륨이 있으며 그중 하나의 파티션만 활성 상태다. 비활성 파티션에는 이전에 설치된 버전이나 방금 설치했지만 아직 재부팅하지 않은 경우 그다음 버전이 포함된다.

CLI에서 상태를 쿼리해 현재 **RUNNING-ACTIVE** 버전과 비활성 파티션에 설치된 버전을 확인할 수 있으며 다음과 같이 해당 버전으로 되돌릴 수 있다.

```
> debug swm status
Partition       zState            Version
-----------------------------------------------------------
sysroot0        REVERTABLE        10.1.3
sysroot1        RUNNING-ACTIVE    10.1.5
maint           EMPTY             None
```

업그레이드 후 롤백하려면 다음 명령을 실행해 이전 파티션을 활성화하면 된다.

```
> debug swm revert
Reverting from 10.1.5 (sysroot1) to 10.1.3 (sysroot0)
```

그런 다음 시스템을 재부팅한다.

```
> request restart system
```

이렇게 하면 이전 버전 PAN-OS로 돌아간다.

이 절차가 실패하면 시작한 유지 관리 버전을 설치할 때까지 설치 과정을 반대로 실행한다.

1. 필요하면 이전 메이저 버전의 기본 이미지를 다운로드한 다음 선호하는 유지 관리 릴리스 또는 시작할 때 사용한 유지 관리 릴리스를 다운로드 한다.

2. 유지 관리 릴리스를 직접 설치한다. 시스템에서 다운로드할 특정 설정 파일을 선택할지 묻는 메시지가 표시된다. 백업 파일을 선택하고 백업 파일이 없다면 running-config.xml을 선택하면 된다.

3. 디바이스를 재부팅한다.

4. 더 낮은 메이저 버전으로 이동해야 한다면 기본 및 유지 관리 릴리스를 다운로드한다.

5. 유지 관리 릴리스를 설치하고 원하는 백업 설정 파일을 선택한 후 재부팅한다.

6. 디바이스를 원하는 릴리스로 재부팅한 후 디바이스에 로드된 백업 설정 파일이 없으면 Device ➤ Setup ➤ Operations를 클릭하고 Import named configuration snapshot을 클릭해 백업 설정을 로드한다.

7. 그런 다음 Load named configuration snapshot을 클릭하고 백업 설정 파일을 선택한 다음 Commit을 클릭한다.

원한다면 이전 버전으로 다운그레이드할 수도 있다.

다운그레이드 절차

최신 버전으로 업그레이드했지만 이전 버전을 유지하고 싶어서 다운그레이드해야 할 때가 있을 수 있다. 이전 유지 관리 버전일 수도 있는 이전 버전으로 되돌리지 않고 다음 단계에 따라 이전 메이저 릴리스이면서 해당 빌드의 최신 유지 관리 릴리스로 다운그레이드할 수 있다.

1. 클러스터를 다운그레이드할 때 기본 이미지와 선호 유지 관리 릴리스 버전이 두 멤버 모두에 다운로드됐는지 확인한다. 이미지가 제거됐다면 기본 이미지를 먼저 다운로드한 다음 유지 관리 버전을 다운로드한다.

2. 클러스터를 다운그레이드할 때 먼저 기본 디바이스를 suspend하고 업그레이드한다.

   하위 메이저 버전으로 다운그레이드를 시작하면 시스템에서 이전 업그레이드 직전에 저장한 설정 파일을 로드할지 여부를 묻는다. 이렇게 하면 다운그레이드하려는 버전에서 사용하던 설정 파일로 되돌아갈 수 있다.

   업그레이드 후 많은 변경 사항이 적용되지 않았다면 현재 설정을 하위 메이저 버전으로 변환하는 프로세스에 의존하기보다는 파일을 로드하는 것이 좋다.

3. 재부팅 후에도 기본 디바이스가 여전히 suspend된 상태라면 functional로 설정한다. 이렇게 하면 Preempt 사용 여부와 관계없이 기본 디바이스가 활성화돼 세션 처리를 시작한다. 클러스터에서는 PAN-OS 메이저 릴리스가 가장 낮은 멤버가 다른 피어보다 우선순위를 갖는다. 업그레이드 과정 중에는 이렇게 하면 한 피어가 업그레이드된 후 제어되지 않은 페일오버를 방지할 수 있지만 다운그레이드에서는 다소 어려울 수 있다.

```
> request high-availability state functional
```

4. 보조 디바이스를 다운그레이드하면서 설정 파일과 관련해 동일한 선택을 하게 한다. 이전 버전을 로드하거나 다운그레이드 변환에 의존한다.

5. 보조 디바이스에서 다운그레이드가 완료되면 해당 디바이스를 functional 상태로 설정한다.

6. 기본 디바이스에서 보조 디바이스로 설정을 동기화한다.

```
> request high-availability sync-to-remote running-config
```

다음 단계를 수행하면 이전 버전으로 안전하게 돌아갈 수 있다.

다음 절에서는 구형 하드웨어를 업그레이드할 때 특별 사례를 살펴본다.

구형 하드웨어 업그레이드 시 특수 사례

일부 구형 하드웨어는 하드 드라이브 공간이 충분하지 않아 메이저 버전에서 다음 버전으로 바로 업그레이드하기 힘들 수 있다. 이 문제는 기본 이미지를 먼저 다운로드한 다음 유지 관리 릴리스를 다운로드해 설치할 때 base image is missing이라는 오류 메시지가 뜨면 확실해진다. 이는 시스템에서 현재 사용 중이 아닌 이미지(이 경우는 기본 이미지)를 삭제해 유지 관리 이미지를 로드하려고 하기 때문에 발생한다. 이러한 특수 상황에는 다음 단계에 따라 업그레이드한다.

1. 필수적이지 않은 소프트웨어 이미지를 삭제한다.

2. 다음 메이저 버전의 기본 이미지를 다운로드하고 설치한 후 재부팅한다.

3. 재부팅 후 유지 관리 버전을 다운로드하고 설치 및 재부팅한다.

일부 구형 하드웨어는 새로운 PAN-OS 버전을 지원하지 않을 수도 있고, 일부 폼 팩터에서 알려진 이슈known issues로 릴리스 노트에 기술된 특정 문제에 직면할 수도 있다. 새로운 메이저 릴리스로 이동하기 전에 항상 릴리스 노트를 간략하게 검토하자.

⠿ 요약

8장에서는 파노라마 관리 시스템, 로그 수집기, 방화벽을 업그레이드하는 방법을 살펴봤다. 또한 비즈니스에 영향을 미치지 않거나 최소화하는 방식으로 클러스터를 업그레이드할 수 있으며 업그레이드가 원활하게 진행되도록 수행 단계를 미리 계획할 수 있다. 또한 작업 실패 시 롤백하거나 필요하면 점진적으로 다운그레이드를 할 수 있다. 그리고 구형 또는 소형 디바이스를 업그레이드할 때 어떤 예방 조치를 취해야 하는지도 알게 됐다.

9장에서는 로그 수집기를 설정하고 이를 중복 설정하는 방법과 커스텀 리포트를 만드는 방법을 설명한다.

PCNSE 시험을 준비한다면 메이저 릴리스, 기능 릴리스, 유지 관리 릴리스 간의 차이점과 업그레이드 수행 방법을 기억해야 한다. 기본 이미지가 있어야만 유지 관리 릴리스를 설치할 수 있다.

09

로그와 리포트

9장에서는 로그 수집기나 syslog 서버로 로그를 전달하거나 이메일로 보내는 방법을 알아본다. 특정 대상으로 전송할 로그를 선택하는 방법과 어떤 이벤트 트리거 로그를 전송해야 하는지 살펴본다. 로그 수집기를 구성하는 방법과 중복성을 보장하고 로그 용량을 늘리고자 로그 수집기 그룹을 만드는 방법을 살펴본다. 또한 기본 제공 리포트와 커스텀 리포트를 만드는 방법도 알아본다.

9장에서 다루는 내용은 다음과 같다.

- 로그 저장과 전달
- 로그 수집기와 로그 수집기 그룹 설정
- CDL 로깅 서비스 활용
- 외부 syslog에 로깅
- 로그 포워딩 프로파일 설정
- 사전 정의된 리포트와 커스텀 리포트 작성
- 애플리케이션 커맨드 센터^{ACC, Application Command Center} 사용
- 로그 필터링

9장을 끝내면 가장 중요한 로그를 안전한 위치에 필요한 기간 동안 저장할 수 있다. 네트워크를 통과해 전송되는 애플리케이션 및 기타 데이터 유형에 관한 빠른 통계를 수집할 수 있다.

⁑ 기술적 요구 사항

9장에서는 syslog를 사용해 로그를 전달하고 이메일을 사용해 알람을 보낸다. syslog 서버와 이메일 릴레이에 접근할 수 없다면 여기서 다룬 주제를 테스트할 수 있게 이를 설정한다. Kiwi syslog 서버나 윈도우 IIS의 SMTP 서버와 같은 몇 가지 무료 소프트웨어 패키지를 사용해 시작할 수 있다.

⁑ 로그 저장소

독립형 구성에서 방화벽은 하이엔드 디바이스에 몇 테라바이트, 로우엔드 디바이스에 몇 기가바이트의 로그 저장 공간이 있다(PA-410 방화벽은 로컬 로그 저장소가 없다). 이 저장소는 트래픽, 위협, URL 필터링, WildFire 등 여러 로그 데이터베이스로 나눠 사용해야 한다. 이로 인해 실제로 사용 가능한 로그 저장 공간에 대한 인식이 왜곡될 수 있으며 많은 양의 트래픽까지 결합하면 시스템에 이틀 정도 분량의 로그를 저장하기에 충분한 공간만 확보될 수 있다.

현재 로그 용량과 개별 데이터베이스에 할당된 용량의 백분율을 검토하려면 Device ➤ Setup ➤ Management ➤ Logging and Reporting Settings 탭에서 확인한다. 각 로그 데이터베이스 옆의 백분율을 변경해 각 로그 데이터베이스에 예약된 공간의 크기를 변경할 수 있다. 시스템에 한동안 로그를 수집한 후에 할당된 공간을 변경하면 저장된 로그의 일부 또는 전체가 삭제될 수 있다. 할당량을 설정하는 동안 다음 그림과 같이 화면 왼쪽 하단에 있는 총 할당량을 계속 지켜보자.

Logging and Reporting Settings ⑦

Log Storage | Log Export and Reporting | Pre-Defined Reports | Log Collector Status

Log Storage Quota

	Quota(%)	Quota(GB/MB)	Max Days					
Traffic	27	990.90 MB	[1 - 2000]	Traffic Summary	3.5	128.45 MB	[1 - 2000]	
Threat	11	403.70 MB	[1 - 2000]	Threat Summary	2	73.40 MB	[1 - 2000]	
Config	4	146.80 MB	[1 - 2000]	GTP and Tunnel Summary	1.5	55.05 MB	[1 - 2000]	
System	4	146.80 MB	[1 - 2000]	URL Summary	2	73.40 MB	[1 - 2000]	
Alarm	3	110.10 MB	[1 - 2000]	Decryption Summary	DESUM_I	0.00 MB	[1 - 2000]	
App Stats	4	146.80 MB	[1 - 2000]	Hourly Traffic Summary	1.5	55.05 MB	[1 - 2000]	
HIP Match	3	110.10 MB	[1 - 2000]	Hourly Threat Summary	1.5	55.05 MB	[1 - 2000]	
GlobalProtect	1.5	55.05 MB	[1 - 2000]	Hourly GTP and Tunnel Summary	1	36.70 MB	[1 - 2000]	
App Pcaps	1.5	55.05 MB	[1 - 2000]	Hourly URL Summary	1.5	55.05 MB	[1 - 2000]	
Extended Threat Pcaps	1.5	55.05 MB	[1 - 2000]	Hourly Decryption Summary	0		[1 - 2000]	
Debug Filter Pcaps	1.5	55.05 MB	[1 - 2000]	Daily Traffic Summary	1.5	55.05 MB	[1 - 2000]	
IP-Tag	1.5	55.05 MB	[1 - 2000]	Daily Threat Summary	1.5	55.05 MB	[1 - 2000]	
User-ID	1.5	55.05 MB	[1 - 2000]	Daily GTP and Tunnel Summary	1	36.70 MB	[1 - 2000]	
HIP Reports	1.5	55.05 MB	[1 - 2000]	Daily URL Summary	1.5	55.05 MB	[1 - 2000]	
Data Filtering Captures	1.5	55.05 MB	[1 - 2000]	Daily Decryption Summary	0		[1 - 2000]	
GTP and Tunnel	2	73.40 MB	[1 - 2000]	Weekly Traffic Summary	1.5	55.05 MB	[1 - 2000]	
Authentication	1.5	55.05 MB	[1 - 2000]	Weekly Threat Summary	1.5	55.05 MB	[1 - 2000]	
Decryption	1	36.70 MB	[1 - 2000]	Weekly GTP and Tunnel Summary	1	36.70 MB	[1 - 2000]	
				Weekly URL Summary	1.5	55.05 MB	[1 - 2000]	
				Weekly Decryption Summary	0		[1 - 2000]	

Total Allocated: 98% (3.51 GB)
Unallocated: 2% (73.40 MB)
Max: 3.58 GB
Core Files: 0 MB

Restore Defaults

Warning: Deletion of logs based on time period may take a long time and during this time the max sustainable log rate will be degraded

OK   Cancel

그림 9.1: 로그 저장 비율 백분율

경험상 평균 로그 속도가 초당 10개이고 보존 기간이 30일이라면 약 60GB의 저장 공간이 필요하다. 미드레인지 방화벽의 평균 로그 속도는 초당 약 400개 로그로 추정되며, 30일 동안 저장하려면 약 2.5테라바이트의 저장 공간이 필요하다.

웹 페이지(https://apps.paloaltonetworks.com/cortex-sizing-calculator)에서 계산기를 사용할 수 있다.

로컬 하드 드라이브에서 로그는 데이터베이스 할당량에 따라 선입선출 방식으로 삭제된다. 트래픽 데이터베이스가 가득차면 가장 오래된 로그가 삭제되며 다른 데이터베이스는 그대로 유지된다.

다음 명령을 사용해 할당량, 사용량, 보존 예상 시간을 검토할 수 있다.

```
> show system logdb-quota
```

결과는 다음에 표시된 것과 유사하다.

```
admin@PANgurusGate> show system logdb-quota Quotas:
system: 4.00%, 0.143 GB Expiration-period: 0 days
config: 4.00%, 0.143 GB Expiration-period: 0 days
alarm: 3.00%, 0.108 GB Expiration-period: 0 days
appstat: 4.00%, 0.143 GB Expiration-period: 0 days
hip-reports: 1.50%, 0.054 GB Expiration-period: 0 days
traffic: 27.00%, 0.968 GB Expiration-period: 0 days
threat: 11.00%, 0.394 GB Expiration-period: 0 days
...
Disk usage:
traffic: Logs and Indexes: 184M Current Retention: 44 days
threat: Logs and Indexes: 49M Current Retention: 44 days
system: Logs and Indexes: 148M Current Retention: 29 days
config: Logs and Indexes: 25M Current Retention: 46 days
alarm: Logs and Indexes: 32K Current Retention: 0 days
trsum: Logs and Indexes: 47M Current Retention: 44 days
...
```

이제 시스템에서 사용 가능한 저장소의 용량을 검토하고 사용 가능한 할당량을 더 잘 분배할 수 있는 방법을 결정할 수 있다.

다음 절에서는 로그 수집기와 로그 수집기 그룹을 설정하는 방법을 알아본다.

⠿ 로그 수집기와 로그 수집 그룹 설정

로그를 장기간 저장할 수 있게 하려면 긴 로그 저장을 요구하는 특정 표준을 준수해야 할 수 있으므로(SOX, HIPAA와 같은 규정과 ISO 27001과 같은 표준은 몇 년 분량의 로그 저장을 요구함) 로그를 전용 로그 관리 시스템(Elastic Stack, LogRhythm, Splunk와 같은 도구)으로 내보낼 수 있다.

파노라마 모드에서 두 번째 파노라마를 설정 및 라이선스를 부여하고 고가용성 클러스터를 생성해 추가 로그 수집기를 생성할 수 있다. 또는 추가 파노라마 어플라이언스를 추가하고 로거 모드로 설정해 생성할 수도 있다. VM^Virtual Machine 과 물리적 'M' 어플라이언스를 모두 사용해 앞서 언급한 작업을 수행할 수 있지만 클러스터 옵션을 사용하려면 두 디바이스가 모두 동일한 유형이어야 한다(둘 다 물리적 또는 둘 다 VM).

로거 모드로 설정하려는 디바이스의 CLI에서 다음 명령을 실행해 설정할 수 있다.

```
> request system system-mode logger
```

파노라마의 Panorama ➤ Managed Collectors 탭에서 여러 로그 수집기를 추가한 다음 Panorama ➤ Collect Groups에서 하나 이상의 그룹에 추가할 수 있다.

가용성을 개선하려면 로그 수집기 그룹에서 Enable log redundancy across collectors를 선택할 수 있다. 이렇게 하면 모든 로그 항목의 두 번째 사본이 생성돼 다른 로그 수집기에 저장된다. 따라서 로그 수집기에 연결할 수 없는 상황에도 로그를 항상 사용할 수 있다. 하지만 이 때문에 추가 디스크 공간이 소비되므로 보관 기간 동안 가용성 개선이 필요한지 신중하게 고려해야 한다.

다음 그림에서 볼 수 있듯이 조직의 요구 사항에 가장 적합하게 로그 수집기를 배포할 수 있는 여러 가지 방법이 있다.

- 관리되는 디바이스를 그룹으로 분할하고 선호하는 로그 수집기를 설정하는 방법

최상위 수집기가 선호되며 기본 수집기가 실패하거나 연결할 수 없다면 그다음 수집기가 사용된다.

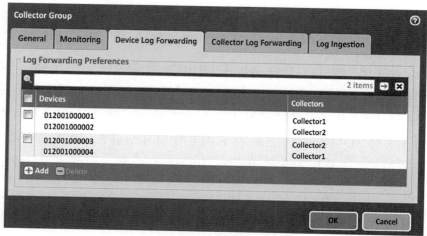

그림 9.2: 다양한 수집기 그룹

- 관리되는 디바이스 및 수집기 모두를 하나의 풀에 추가하고 모든 디바이스가 동일한 수집기로 로그를 보내게 하는 방법

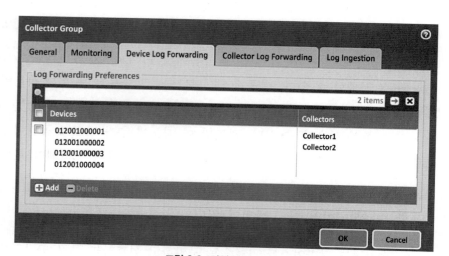

그림 9.3: 단일 수집기 그룹

- 관리되는 디바이스에서 사용할 수 있는 수집기를 제한하는 방법. 이 방법은 디바이스와 수집기가 지리적으로 분산된 환경에서 유용할 수 있다.

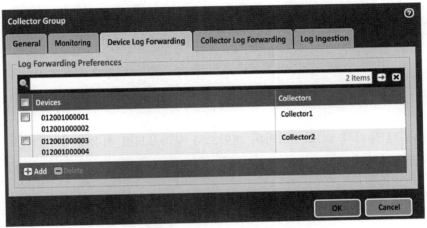

그림 9.4: 디바이스에 대한 로그 수집기의 제한된 가용성

NOTE

> 선호하는 로그 수집기 디바이스로 로그가 전달되더라도 수집기 그룹은 하나의 논리 단위로 간주되기 때문에 로그 수집기 그룹은 수집기 그룹의 모든 멤버에게 로그를 균등하게 분배한다.

지리적 위치 사이 대역폭이 너무 제한돼 로그 수집기 그룹 피어 간에 로그를 효율적으로 분배할 수 없다면 여러 그룹을 만드는 것을 고려해보자.

파노라마는 관리되는 디바이스가 로그를 기록할 정확한 대상을 인식할 수 있게 이러한 설정을 디바이스에 푸시한다. 방화벽에서 다음 명령을 실행해 기본 설정 목록을 확인할 수 있다.

```
> show log-collector preference-list
```

이 명령을 실행한 결과는 다음과 유사하다.

```
reaper@PANgurus> show log-collector preference-list
Log Collector Preference List
Forward to all: No
Serial Number: 000700001 IP Address: 192.168.27.10 IPV6 Address: unknown
```

로그가 제대로 전달되고 있는지 확인할 수도 있다.

```
> request log-collector-forwarding status
```

배포된 물리적 로그 수집기의 대안으로 클라우드를 사용할 수 있다. 다음 절에서 살펴본다.

코텍스 데이터 레이크 데이터 로깅 서비스

현재 코텍스 데이터 레이크^{CDL}라고 하는 로깅 서비스를 사용하면 로그가 더 이상 파노라마나 수집기 그룹으로 전송되지 않고 보안 연결을 이용해 클라우드로 전송된다. 이 기능은 라이선스가 필요한 기능이므로 클라우드에 기록해야 하는 모든 방화벽에 라이선스가 있어야 한다. 라이선싱이 완료되고 데이터 레이크가 웹 페이지(https://apps.paloaltonetworks.com/marketplace/cortex_data_lake)에서 제대로 설정되면 로컬 또는 파노라마 템플릿을 이용해 각 방화벽을 구성할 수 있다.

Device ➤ Setup ➤ Management ➤ Logging Service에서 Enable Logging Service를 선택할 수 있다. PA-5200과 PA-7000은 CDL(및 로그 수집기)에 최대 20개까지 동시 연결할 수 있다. 이는 Device ➤ Setup ➤ Logging and Reporting Settings에서 High Speed Log Forwarding을 활성화하면 된다. 한 가지 중요한 주의 사항은 이를 활성화하면 모든 로컬 로그 저장소가 비활성화되므로 파노라마 또는 CDL 탐색기에서만 로그를 볼 수 있다는 것이다.

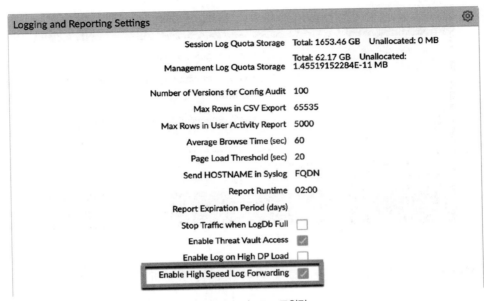

Logging and Reporting Settings		
Session Log Quota Storage	Total: 1653.46 GB Unallocated: 0 MB	
Management Log Quota Storage	Total: 62.17 GB Unallocated: 1.45519152284E-11 MB	
Number of Versions for Config Audit	100	
Max Rows in CSV Export	65535	
Max Rows in User Activity Report	5000	
Average Browse Time (sec)	60	
Page Load Threshold (sec)	20	
Send HOSTNAME in Syslog	FQDN	
Report Runtime	02:00	
Report Expiration Period (days)		
Stop Traffic when LogDb Full	☐	
Enable Threat Vault Access	☑	
Enable Log on High DP Load	☐	
Enable High Speed Log Forwarding	☑	

그림 9.5: 고속 로그 포워딩

Enable Enhanced Application Logging을 사용하면 애플리케이션에 대해 수집된 정보가 증가해 CDL로 전송된다. 이러한 로그는 코텍스 애플리케이션만 이 로그를 사용할 수 있으며 유저는 볼 수 없다. 다음 그림에서 볼 수 있듯이 Enable Duplicate Logging을 사용해 로그는 파노라마 또는 로그 수집기에 쓰고 사본은 코텍스 데이터 레이크로 전송할 수도 있다.

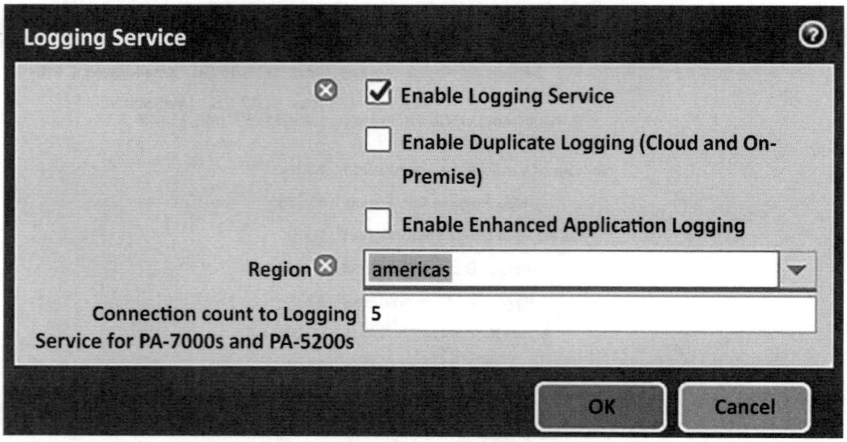

그림 9.6: 로깅 서비스

PAN-OS 9.0.2부터는 파노라마로 관리되지 않는 방화벽도 로깅 서비스에 연결할 수 있다. 다음 그림에서 확인할 수 있듯이 Onboard without Panorama에는 Connect 옵션이 있는데, 이를 선택하면 코텍스 데이터 레이크 포털에서 먼저 설정한 PSK[Pre-Shared Key]를 사용해 로깅 서비스에 연결할 수 있다.

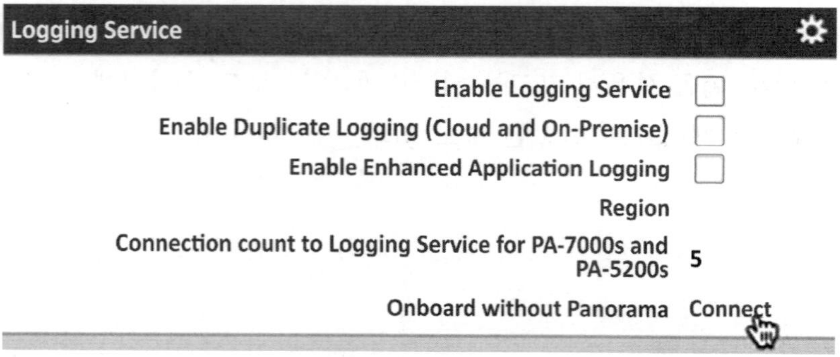

그림 9.7: 파노라마 없는 온보딩

다음 명령을 실행해 방화벽이 로깅 서비스에 연결돼 있는지 확인할 수 있다.

```
> request logging-service-forwarding status
```

이제 로컬 저장소에 비해 CDL에서 얻을 수 있는 이점을 잘 이해했을 것이다. 다음 절에서는 로그를 내보내기 위한 로그 전송 대체 옵션을 살펴본다.

⫶ 외부 로깅

팔로알토 네트웍스 제품에 네이티브 로깅뿐 아니라 로그를 syslog 서버로 전달하거나, 이메일로 전송하거나, SNMP 트랩을 보내거나, HTTP 서버로 전달할 수도 있다.

로그를 전달하려면 전달을 셋업할 때 나중에 사용할 수 있는 서버 프로파일을 먼저 만들어야 한다.

SNMP는 Device ➤ Server Profiles ➤ SNMP Trap에서 새 프로파일을 만들 수 있다. 여기에서 V2c 또는 V3 SNMP 호환성을 선택하고 SNMP 서버의 연결 세부 정보를 제공할 수 있다. 꼭 필요하지 않다면 V2c는 더 이상 보안 옵션이 아니므로 사용하지 않는다.

다음 그림과 같이 ENGINEID를 비워두면 방화벽이 해당 시리얼 번호를 삽입한다.

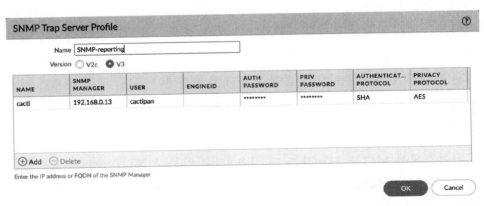

그림 9.8: SNMP v3 서버 프로파일

syslog는 Device ▶ Server Profiles ▶ Syslog에서 프로파일을 설정할 수 있다. UDP, TCP, SSL을 사용하는 포워딩 옵션이 있다. 이 로그는 매우 민감한 것으로 간주해야 하며 일반적으로 로그를 평문 문자로 전달하는 것은 좋은 생각이 아니므로, 가능하면 SSL을 선택한다. 평문 문자를 가로채면 데이터 유출로 이어질 수 있다. Custom Log Format 탭에서 각 로그 유형별로 외부로 전송되는 syslog 메시지 형식을 변경할 수 있다. 이는 syslog 서버 설정이 다른 로그 형식을 허용하게 조정된 상황에서 유용할 수 있다.

이메일은 Device ▶ Server Profiles ▶ Email 탭에서 프로파일을 만들 수 있다. 여기에서 이메일 릴레이 주소, 보내는 사람 및 받는 사람 이메일 주소, 사용자 지정 별칭을 제공해야 한다. 로그 형식을 커스텀할 수 있는 옵션도 있다. 이메일 옵션은 이벤트가 많이 발생하는 로그 포워딩 프로파일에 첨부하면 이메일이 폭주할 수 있기 때문에 적절한 필터와 함께 드물게 사용해야 한다. 필터 추가에 대한 자세한 내용은 '로그 포워딩 설정' 절을 참고한다.

HTTP 기반은 Device ▶ Server Profiles ▶ HTTP에서 프로파일을 만들 수 있다. 이러한 프로파일은 특정 이벤트가 탐지되면 Salesforce와 같은 티켓팅 시스템과 상호작용해 IT 부서에 자동으로 티켓을 여는 데 사용할 수 있다. 새 프로파일을 만들고 이름을 추가하기만 하면 된다. 기본 설정은 TLS 1.2를 사용하는 포트 443을 통한 HTTPS다. 필요하다면 인증서 프로파일을 추가할 수 있다. HTTP 메서드는 POST이지만 DELETE, GET, PUT으로 변경할 수 있다. 마지막으로 유저 이름과 비밀번호가 필요하다. 이 포워딩 메커니즘 역시 일반적인 이벤트에 대한 지원 티켓이 넘쳐나지 않도록 적절한 필터를 설정해야 한다. 어떤 이유로 시스템이 암호화되지 않은 HTTP를 사용할 때에도 이 설정을 할 수 있지만 권장하지 않는다.

디바이스에서 로그를 전달하는 데 사용할 수 있는 옵션과 설정 방법을 살펴봤다. 다음 절에서는 로그 포워딩 설정 방법과 포워딩할 로그를 선택하는 방법을 살펴본다.

ꡩ 로그 포워딩 설정

방화벽은 모든 로그를 파노라마 또는 로깅 서비스에 자동으로 전달하지는 않는다. 로그를 전송하기 전에 로그 포워딩을 구성하고 특정 로그 또는 로그 유형에 할당해야 한다. 두 가지 주요 유형의 로그를 전달할 수 있다.

- 시스템 이벤트 로그
- 트래픽 흐름 관련 로그

디바이스 데몬 관련 로그는 로컬에만 저장된다.

NOTE

로컬에 저장되는 로그만 전달할 수 있다. 로그를 기록하지 않게 설정된 룰, 정책, 프로파일도 전달할 로그를 만들 수 없다. 전달된 로그는 저장소에서 로그를 보관할 수 있는 한 로컬에서도 계속 사용할 수 있으며 전달된 후에도 제거되지 않는다.

방화벽에서 다음 명령을 사용해 로그 포워딩이 사용 가능한지와 작동 여부를 확인할 수 있다.

```
> request log-collector-forwarding status
> request logging-service-forwarding status
```

먼저 시스템 로그를 살펴보자.

시스템 로그

Device ▶ Log Settings 탭에서 시스템, 설정, 유저 ID, HIP 매치, GlobalProtect 등에 대한 포워딩 프로파일을 설정할 수 있다. 중앙에서 사용할 수 있게 전달해야 하는 로그에 대해 새 프로파일을 추가하기만 하면 된다.

예를 들어 시스템 로그에 대한 로그 포워딩 프로파일을 만들 때 Panorama/ Logging Service 옆의 확인란을 선택해 파노라마 또는 클라우드로 로그를 전달 하거나 다른 로그 포워딩 기본 설정을 지정할 수 있다. 다수의 포워딩 프로파일 을 만들 수도 있다. 각 프로파일의 상단에는 심각도 필터가 미리 채워진 필터 필드와 필터 빌더가 있다. 특정 이벤트만이 포워딩 작업을 트리거하도록 AND 또는 OR 연산자를 조합해 자신만의 필터를 만들 수 있다.

예를 들어 다음 그림에 표시된 것처럼 보안 팀에 이메일을 보낼 수 있으며, 방화벽에 로그인을 시도하는 관리자의 인증 실패 이벤트가 감지되면 syslog 이벤트가 전송되고 심각도가 중간 이상인 모든 로그(geq 연산자)는 파노라마 또는 로깅 서비스로 전달된다.

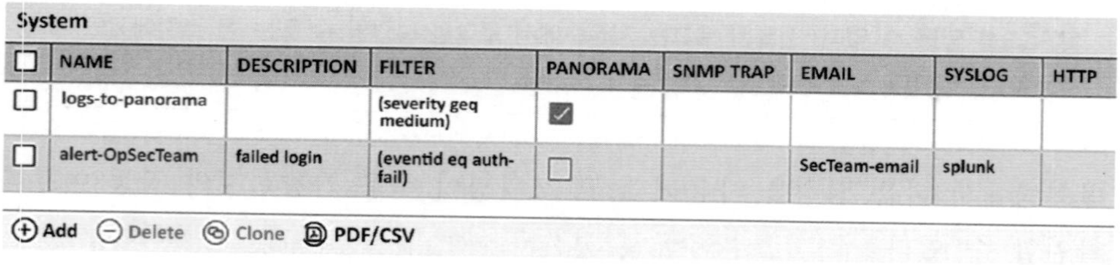

System

	NAME	DESCRIPTION	FILTER	PANORAMA	SNMP TRAP	EMAIL	SYSLOG	HTTP
☐	logs-to-panorama		(severity geq medium)	☑				
☐	alert-OpSecTeam	failed login	(eventid eq auth-fail)	☐		SecTeam-email	splunk	

⊕ Add ⊖ Delete ⊚ Clone Ⓟ PDF/CSV

그림 9.9: 인증 실패 및 파노라마 로그에 대한 로그 포워딩 필터

필터를 만들 때 다음 그림과 같이 내장된 **필터 빌더**Filter Builder 기능을 사용할 수 있다. 사용 가능한 속성이 모두 있고 대부분의 경우 값도 미리 채워져 있다. 속성, 연산자, 값을 선택한 다음 Add를 클릭하면 필터가 만들어진다.

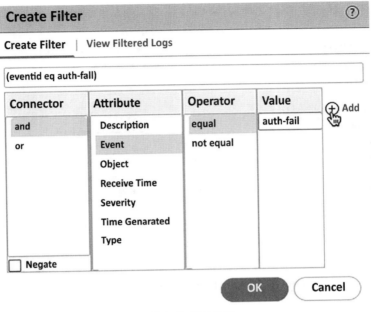

그림 9.10: 필터 빌더

다음으로 시스템을 통과하는 패킷과 관련된 모든 로그를 살펴보자.

세션 로그

방화벽에서 처리하는 세션과 관련된 로그는 Objects ➤ Log Forwarding에서 로그 포워딩 프로파일을 만들어야 한다.

NOTE

로그 포워딩 프로파일을 만들고 이름을 default로 지정하면 새로운 보안 룰이 생성될 때마다 자동으로 추가돼 파노라마나 로깅 서비스로 로그 전달이 누락되지 않게 된다.

전달하려는 각 로그 유형(traffic, threat, url, wildfire, auth, data, tunnel)에 대해 지침이 포함된 룰을 만들 수 있다. 특정 이벤트가 발생하면 특정 작업을 수행하는 더 구체적인 룰을 추가할 수도 있다. 다음 그림에서는 심각도가 높거나 위험한 무차별 대입 공격이 탐지될 때만 syslog 및 이메일 메시지를 전송하는 예를 볼 수 있다.

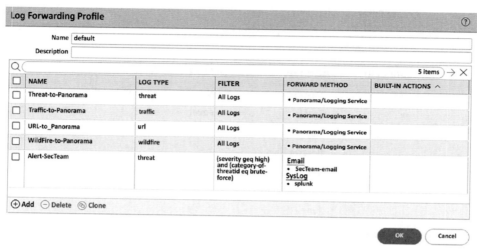

그림 9.11: 로그 포워딩 프로파일

생성한 필터로 어떤 종류의 로그가 캡처되는지 확인하려면 View Filtered Logs에서 해당 로그를 검토할 수 있다. 다음 그림에서 볼 수 있듯이 필터가 로그 뷰로 전환돼 전달되는 로그 유형을 검토할 수 있다.

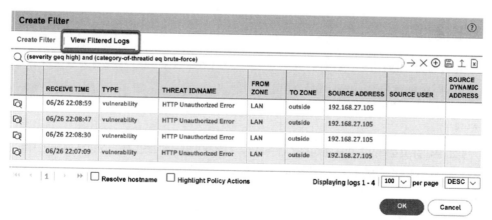

그림 9.12: 필터링된 로그 프리뷰 탭

좀 더 구체적인 로그 포워딩 룰을 구축하려면 로그 포워딩 프로파일에 룰을 더 추가하거나 더 많은 로그 포워딩 프로파일을 만들 수 있다.

예를 들어 모든 위협적인 이벤트를 사고 대응 팀에 전달해야 하지만 서버마다 대응 팀이 다를 수 있다. 위험한 이벤트를 필터링해 각각을 서로 다른 이메일 프로파일로 전달하는 룰이 있는 2개의 로그 포워딩 프로파일을 만들 수 있다. 이들 두 프로파일을 만든 다음 2개의 다른 룰에 연결한다.

NOTE

> 로그 포워딩 프로파일은 여러 개 만들 수 있지만 한 번에 하나의 프로파일만 보안 룰에 연결할 수 있다.

실제 예를 들어 이를 살펴보자.

Objects ➤ Log Forwarding에 2개의 다른 로그 포워딩 프로파일을 만든다. 다음 그림에서 볼 수 있듯이 둘 다 파노라마/로깅 서비스로 모든 로그를 전달하지만 심각도가 높은 위협 로그에는 다른 이메일 동작 설정이 필터링된 룰도 포함하고 있다.

☐	AlertMailTeam	alert mail team on critical events	traffic	All Logs	✓			
			threat	All Logs	✓			
			url	All Logs				
			threat	(severity geq high)			MailTeam	splunk
☐	AlertWebTeam	alert mail team on critical events	traffic	All Logs	✓			
			threat	All Logs	✓			
			url	All Logs				
			threat	(severity geq high)			WebTeam	splunk

그림 9.13: 필터가 있는 로그 포워딩 프로파일

Policies ➤ Security에서 웹 서버 팜과 메일 서버 팜으로 인바운드 연결을 허용하는 두 가지 새로운 룰을 만들고 다음 그림과 같이 로그 포워딩 프로파일을 첨부한다.

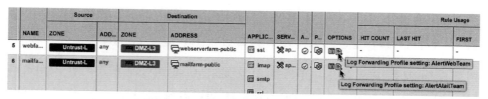

그림 9.14: 보안 룰에 첨부된 로그 포워딩 프로파일

모든 로그를 파노라마로 전달하는 것이 이상적인 방법이지만 DNS와 같은 일부 애플리케이션은 너무 많은 로그를 생성할 수 있기 때문에, 해당 세션의 경우 심지어 로컬 방화벽조차 전혀 기록하지 않는 것이 더 나을 수 있다. 이렇게 하면 해당 세션에 대한 트래픽 로그는 기록되지 않지만 보안 프로파일로 트리거된 모든 위협 행동은 여전히 위협 로그에 기록된다.

이때는 Log at Session End와 Log at Session Start 옵션을 비활성화하되 다음 그림과 같이 위협 로그가 파노라마로 전달되도록 로그 포워딩 프로파일을 설정한다.

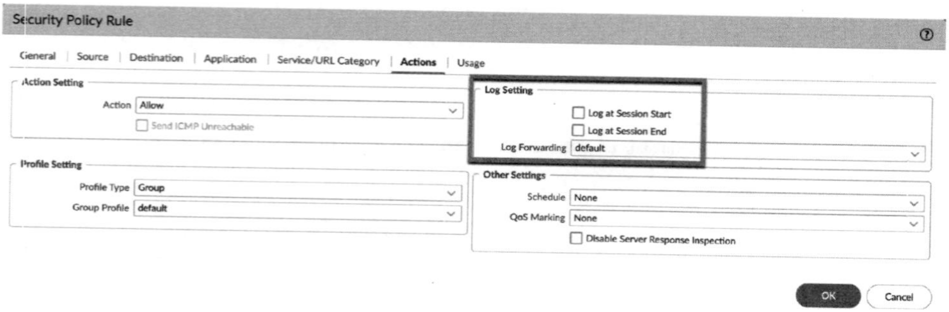

그림 9.15: 번잡한 보안 룰에 대한 로그 설정

Log at Session End는 세션이 일단 완료되면 모든 세션의 세부 정보를 포함해 단일 로그 파일에 로그를 기록한다. Log at Session Start는 각 세션이 시작될 때와 세션 애플리케이션이 변경될 때마다 로그 항목을 만든다. 즉, 이는 단일 세션에 여러 개의 로그가 생성될 수 있다는 의미로 결국 로그 볼륨에 영향을 준다. 세션이 거치는 단계를 식별하는 트러블 슈팅 도구로 유용할 수 있다.

이 절에서는 로그 수집을 설정하는 방법과 방화벽에서 원격 서버로 로그를 전달하는 방법을 살펴봤다. 다음 절에서는 리포팅과 커스텀 리포트를 만드는 방법을 살펴본다.

⫶ 리포팅

방화벽에서 리포트를 생성해 가장 인기 있는 애플리케이션이나 특정 기간 동안 탐지된 위협의 수에 대한 개요를 한 눈에 파악할 수 있다.

방화벽에는 밤새 실행되며 가장 일반적인 통찰력을 제공하는 사전 정의된 리포트 세트가 있다.

사전 정의된 리포트

사전 정의된 리포트Pre-Defined Reports는 애플리케이션 유형, 위협, 트래픽, URL 필터링 활동에 관한 매우 다양한 정보를 제공한다. 오전 2시에 실행되게 설정됐지만 이 시간이 불편하다면 Device ▸ Setup ▸ Management ▸ Logging과 Reporting Settings ▸ Log Export and Reporting 탭에서 시작 시간을 변경하고 Report Runtime을 변경할 수 있다. 다음 그림에서 볼 수 있듯이 Pre-Defined Reports 탭에서 일부 리포트 선택을 해제하고 변경 사항을 커밋해 비활성화할 수도 있다.

그림 9.16: 사전 정의된 리포트 활성화 또는 비활성화

리포트는 Monitor ➤ Reports에서 찾을 수 있다. 오른쪽에서 보고 싶은 리포트 카테고리를 선택한 다음 리포트 중 하나를 선택할 수 있다. 다음 그림에서 볼 수 있듯이 리포트 유형을 선택한 후 하단의 캘린더를 사용해 검토할 날짜를 선택하면 왼쪽에 해당 리포트가 로드된다.

이 리포트에 표시되는 항목을 클릭하면 애플리케이션 커맨드 센터로 이동하며 드릴다운으로 좀 더 자세한 정보를 확인할 수 있다.

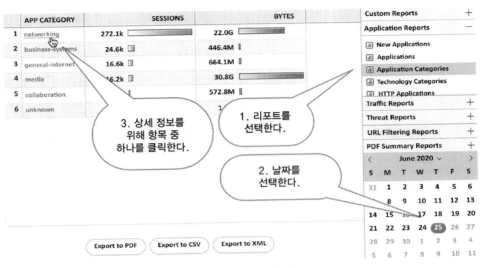

그림 9.17: 사전 정의된 리포트

원하는 바와 가장 관련성이 높은 데이터를 포함한 자체 리포트를 직접 작성할 수도 있다.

커스텀 리포트

Monitor ➤ Manage Custom Reports 탭에서 커스텀 리포트를 작성할 수 있다. 리포트를 생성하는 데 사용할 수 있는 두 가지 주요 정보 출처는 요약 데이터베이스와 상세 로그 데이터베이스다.

- 요약 데이터베이스는 데이터 플레인이 수집 및 저장하는 애플리케이션, 트래픽, 위협, 터널에 관해 사전 요약된 통계로 구성된다. 이러한 데이터베이스에서 생성된 리포트는 생성 속도가 더 빠르지만 로그에 있는 모든 열을 포함하지 않을 수 있다.
- 상세 로그 데이터베이스는 리포트를 생성하고자 구문 분석과 데이터가 추출된 실제 로그 파일이다. 이러한 리포트는 생성하는 데 시간이 더 오래 걸리고 생성하는 동안 증가된 관리 플레인 CPU 사용량을 볼 수

있지만 요약 데이터베이스보다 더 많은 정보를 포함할 수 있다.

사전 정의된 리포트는 템플릿으로 로드할 수 있으므로 원본 리포트가 마음에 들지만 좀 더 세분화하고 싶을 경우, 예를 들어 열을 추가하고 싶다면 리포트 유형을 미세하게 조정할 수 있다.

커스텀 리포트를 주기적으로 실행하려면 반드시 Scheduled를 활성화해야 한다.

예제 리포트를 만들어보자.

1. 새 리포트를 추가하고 Load Template을 선택해 **Top-Destination**을 로드한다.

2. 템플릿은 자동으로 Traffic Summary 데이터베이스를 로드하고 Destination Address, Destination User, Bytes, Sessions 열을 로드하며 Sort By를 Sessions로 설정한다.

3. Scheduled를 설정한다.

4. Time Frame을 Last Calendar Week로 설정한다.

5. Run Now를 클릭해 리포트가 어떤 모양인지 확인할 수 있다. 리포트가 세션 수를 기반으로 가장 인기 있는 대상 IP들을 간단히 보여준다는 것을 알 수 있다.

6. 이제 사용 가능한 열에서 Application 열을 선택하고 작은 + 기호를 클릭해 추가한다.

7. Run Now를 다시 클릭하고 두 리포트를 비교한다. 새 리포트는 가장 인기 있는 대상들을 여전히 세션 수에 따라 정렬하지만 이제는 애플리케이션을 기준으로 분할한다.

8. 이제 10 Groups에 대해 Application별로 Group By를 설정한다.

이제 커스텀 리포트가 다음 그림과 같이 표시된다.

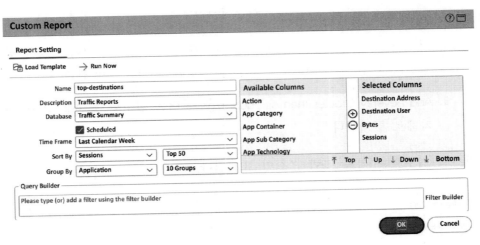

그림 9.18: 템플릿을 이용한 커스텀 리포트

9. Run Now를 다시 클릭하고 리포트를 비교하면 이제 대상이 애플리케이션별 그룹으로 정렬되고 각 애플리케이션의 최상위 대상이 세션 수로 정렬된 것을 알 수 있다.

10. OK를 클릭한다.

필터를 추가하면 좀 더 세분화된 리포트를 얻을 수도 있다.

1. 새 리포트를 추가하고 이름을 Threats per Week라고 한다.

2. Threat Summary 데이터베이스를 선택한다.

3. Scheduled를 설정한다.

4. 기간을 Last Calendar Week로 변경한다.

5. 열에서 Count, Action, Severity, Threat/Content Name, Application, Source Address, Source User를 선택한다.

6. Count 및 Top 10 기준으로 정렬한다.

7. Application 및 10 Groups로 그룹화한다.

8. 이 리포트가 정보성 등급의 심각도를 가진 위협으로 넘쳐나는 것을 방지하려면 오른쪽 하단에 있는 Filter Builder 옵션을 클릭한다.

9. And Severity Greater than or Equal high 필터를 설정한 뒤 Add, Apply를 차례로 클릭한다.

커스텀 리포트는 다음 그림과 같이 표시된다.

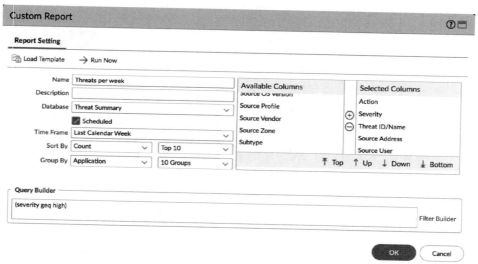

그림 9.19: 추가 필터를 적용한 커스텀 리포트

10. Run Now를 클릭해 리포트를 미리 본다. 리포트에는 심각도가 high 또는 critical인 취약점만 표시된다.

11. OK를 클릭한다.

리포트를 이메일로 보내려면 리포트 그룹이나 PDF 요약을 만들어야 한다.

Monitor ➤ PDF Reports ➤ Manage PDF Summary에서 새 PDF 요약 리포트를 생성

할 수 있다. 새 PDF 요약에는 선택된 모든 위협 리포트와 애플리케이션 리포트^{Application Reports}의 일부가 포함된다. 사전 정의된 리포트와 커스텀 리포트뿐만 아니라 PDF 요약 리포트에서만 사용 가능한 트렌드 리포트^{Trend Reports}를 비활성화하거나 추가할 수 있다. 이제 새 PDF 요약을 만들어보자.

1. 사전 정의된 모든 리포트를 제거

2. 모든 트렌드 리포트 추가

3. 리포트명을 Trends로 설정

4. OK를 클릭

PDF 요약은 다음 그림과 같다.

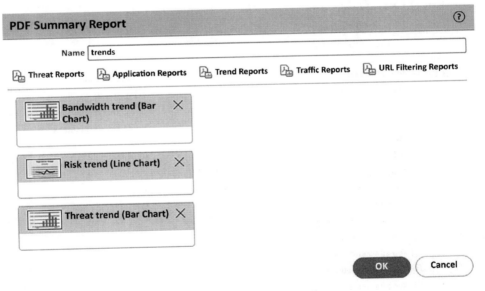

그림 9.20: PDF 요약 리포트 생성

리포트 그룹에서는 사전 정의된 리포트와 커스텀 리포트를 그룹화할 수 있으며 요약 PDF도 추가할 수 있다.

1. 새 리포트 그룹을 추가하고 Weekly Report라고 이름을 지정한다.

2. Title Page를 선택하고 Title을 Weekly Report로 설정한다.

3. PDF 요약 리포트를 추가한다.

4. 2개의 커스텀 리포트를 추가한다(CSV 아래에 있는 리포트가 아니라 Custom Report 아래에 나열된 리포트를 반드시 선택해야 함).

5. 매주 받고 싶은 리포트를 추가한다.

   Report Group 페이지는 다음 그림과 비슷하게 표시된다. 원하는 대로 리포트를 추가한다.

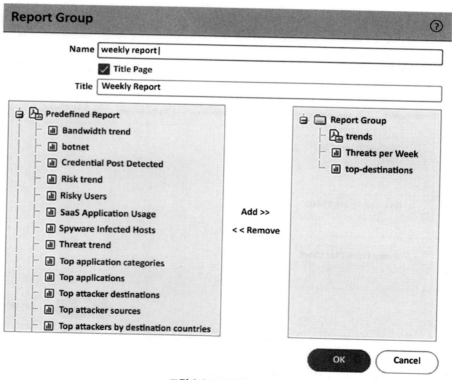

그림 9.21: 리포트 그룹

6. OK를 클릭한다.

마지막 단계는 Monitor ➤ PDF Reports ➤ Email Scheduler에서 이메일 스케줄러를 만드는 것이다.

1. Name을 **Weekly Report**로 설정한다.

2. 리포트 그룹에서 **Weekly Report**를 선택한다.

3. 이전에 만든 이메일 프로파일 중 하나를 선택하거나 리포트용 새 프로파일을 만든다.

4. Recurrence는 **Every Monday**로 설정한다.
   Email Scheduler 페이지는 다음 그림과 유사하다.

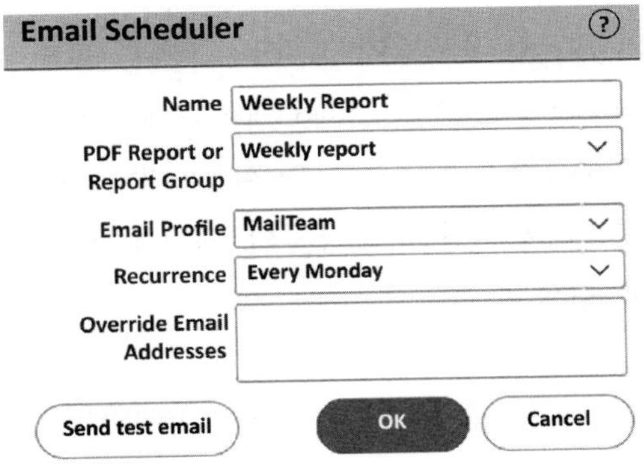

그림 9.22: 리포트용 이메일 스케줄

5. OK를 클릭한다.

6. 변경 사항을 커밋한다.

이제 시스템에서 커스텀 리포트와 요약 PDF를 만들기 위한 통계 수집을 시작한다. 결과물은 매주 월요일에 이메일로 발송된다. 커스텀 리포트가 전체 리포트를 만드는 데 월요일부터 일요일까지 일주일이 걸리므로 이 리포트가 처음으로 이메일로 전송되고 완료되는 데는 일주일 이상 걸릴 수 있다(따라서 오늘이 금요일이면 커스텀 리포트의 통계가 포함된 첫 번째 리포트는 10일 후에 도착하게 된다). 이는 Last Calendar Week 또는

Last Calendar Month와 같은 모든 반복에 적용되며, 리포트는 한 주 또는 한 달이 지나야만 실행할 수 있다.

유저 또는 SaaS 애플리케이션에 관한 정보를 제공하기 위한 두 가지 즉석 리포트도 있다.

- User Activity Report는 유저나 그룹 활동에 관련된 리포트를 만든다. 유저 이름이나 그룹명과 리포트를 생성할 기간만 입력하면 된다(그리고 개인 정보 보호 문제가 될 수 있는 자세한 검색 정보를 볼 것인지 여부를 선택한다).

- SaaS Application Usage를 사용하면 지난 며칠 동안 소스 유저 및 존 또는 오직 소스 존의 SaaS 애플리케이션 사용량 리포트를 실행할 수 있다.

SaaS Application Usage 리포트에는 다음 그림과 같이 sanctioned(승인)된 애플리케이션과 unsanctioned(승인되지 않은) SaaS 애플리케이션이 언급된다. 애플리케이션을 Sanctioned로 표시하려면 Objects ➤ Applications에서 표시하려는 애플리케이션을 찾는다. 애플리케이션 대화상자의 태그에서 Edit를 누르고 Sanctioned를 선택한 후 OK를 클릭한다.

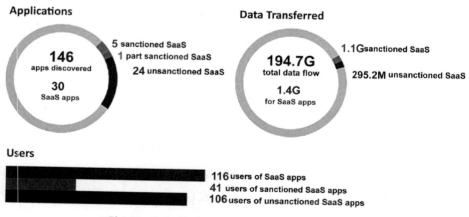

그림 9.23: 승인 및 승인되지 않은 애플리케이션의 SaaS 리포트

이제 직접 리포트를 작성하고 예약할 수 있다. 주소, 애플리케이션, 위협, 기타

세부 정보를 클릭해 리포트를 드릴다운 또는 확대할 수 있으며, 그러면 애플리케이션 커맨드 센터[ACC, Application Command Center]로 리다이렉션되는 것을 눈치 챘을 것이다.

⠿ 애플리케이션 커맨드 센터

매일 실행되는 리포트와 달리 ACC는 자세한 정보를 드릴다운할 수 있는 간단한 그래프를 사용해 네트워크에서 무슨 일이 일어나고 있는지 빠르게 살펴볼 수 있는 '실시간' 상관관계 분석 도구다. 다음과 같은 네 가지 기본 탭이 있다.

- **Network Activity**: 특정 타임 프레임에 표시된 모든 애플리케이션, 해당 애플리케이션 바이트 수, 세션 수, 위협 수, 유저 수에 대한 요약 정보를 제공한다. 아래로 스크롤하면 더 자세한 소스 및 대상 그래프와 가장 많이 적용된 룰을 볼 수 있다.
- **Threat Activity**: 모든 유형의 위협과 해당 위협이 발견된 횟수에 대한 분석을 제공한다.
- **Blocked Activity**: 위협, 콘텐츠, URL 동작 때문에 차단된 애플리케이션이 표시된다.
- **Tunnel Activity**: GRE, GPRS, 비암호화 IPSec에 대한 터널 검사를 리포트 하는 데 사용된다.

탭을 추가하고 원하는 모든 위젯을 하나의 창에 포함한 페이지를 만들 수도 있는데, 좀 더 구체적인 내용을 계속 확인하고 싶을 때 유용할 수 있다. 다음 그림과 같이 항목을 조사할 때 왼쪽 필터 생성기에서 글로벌 필터를 만들거나 필터링할 수 있는 항목 위로 마우스를 갖다 대면 나타나는 작은 화살표를 클릭할 수 있다.

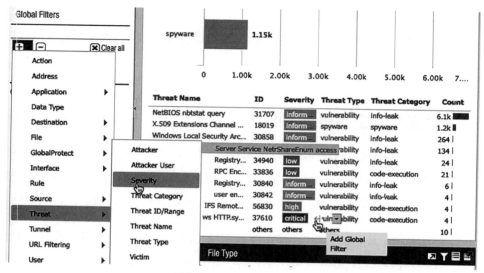

그림 9.24: ACC에서 필터 추가하기

조사하려는 정보를 드릴다운하고 관련 로그에 접근하려면 Jump to Logs 퀵 링크를 사용한다. 그러면 다음 그림에서 볼 수 있듯이 적절한 필터가 이미 입력된 로그 뷰어로 이동할 수 있다.

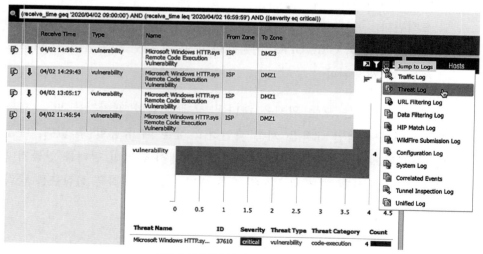

그림 9.25: ACC의 Jump to Logs 링크

또 다른 예로 다음 그림에서 볼 수 있듯이 아웃바운드 방향으로 네트워크 트래픽이 오늘 최고치를 기록했다.

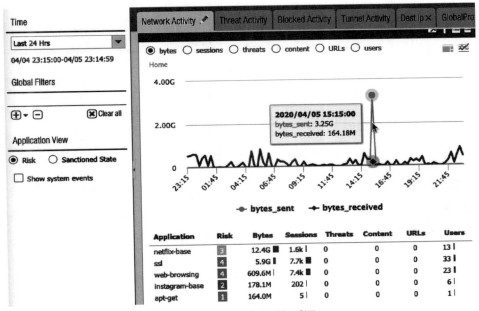

그림 9.26: ACC의 네트워크 활동

소스 및 대상 IP 주소 위젯으로 스크롤을 내려 보면 DMZ에 있는 VM 서버인 192.168.27.5로 트래픽이 많이 유입되는 것을 확인할 수 있다.

따라서 다음 그림에서 볼 수 있듯이 IP 오른쪽에 있는 화살표를 클릭해 필터로 추가할 수 있다.

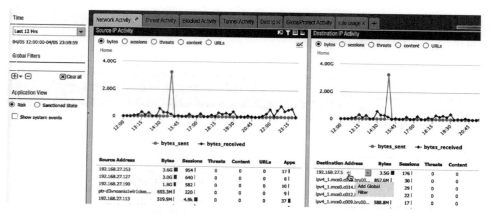

그림 9.27: ACC에서 소스 및 대상 IP 리뷰하기

다음 그림에서 볼 수 있듯이 필터를 적용한 후 해당 볼륨의 트래픽을 전송하는 데 사용된 애플리케이션은 ssl이고 발신자는 필자의 노트북인 192.168.27.253 임을 알 수 있다.

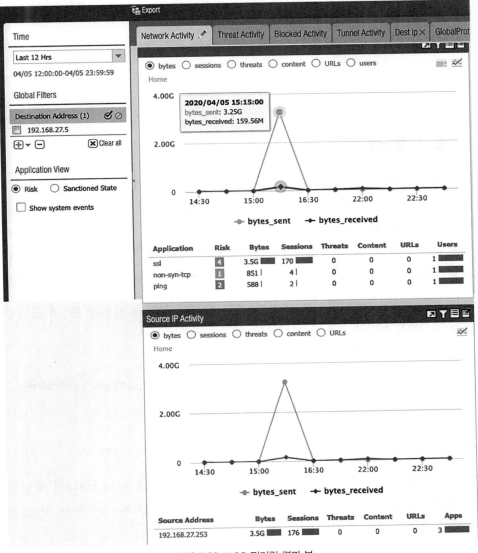

그림 9.28: ACC 필터링 결과 뷰

이제 ACC를 사용해 네트워크에서 일어나는 일을 한눈에 볼 수 있다. 커스텀 탭을 만들어 위젯을 추가하는 것을 추천한다. 필자가 가장 좋아하는 위젯 조합은 Rule Usage, Rules Allowing Apps On Non Standard Ports, Security Policies Blocking

Activity로, 이 조합으로 보안 정책을 추적하고 필요한 부분은 미세 수정한다. 마지막 절에서는 로그를 필터링하는 방법과 로그에서 추가 정보 및 동작을 취하는 방법을 살펴본다.

⁘ 로그 필터링

Monitor ➤ Logs 탭에서 로그에 접근할 때 처음에는 정보의 양이 너무 많아서 탐색하기 어려울 수 있다. 로그 필터를 마스터하는 방법을 익히면 필요한 정보에 빠르게 접근할 수 있다. 로그 필터는 논리 연산자를 사용해 여러 명령문을 결합해 구축된다. 로그 뷰에서 대부분의 필드는 클릭할 수 있으며 자동으로 필터를 생성한다. 필터를 편집하고 조건을 더 추가해 필요한 정보를 얻을 수 있다.

예를 들어 5분 동안의 로그를 보려면 로그 뷰에서 임의의 날짜를 두 번 클릭한 다음 두 항목을 모두 다음에서 보는 바와 같이 편집한다.

```
( receive_time geq '2020/04/05 14:45:00' ) and ( receive_time leq '2020/04/05 14:50:00' )
```

receive_time은 로그가 수신된 시점을 나타내는 파라미터다.

geq는 Greater or Equal의 줄임말을 의미하고 leq는 Less than or Equal의 줄임말을 의미한다. 따라서 이 필터는 로그 뷰를 2020/04/05 14:45 이후부터 같은 날짜의 14:50 이전에 수신된 모든 로그로 제한한다.

NOTE

> Receive_time은 logreceiver 프로세스가 로그를 수신('기록')한 시간이다. 이 항목은 일반적으로 세션이 끝날 때 기록되므로 세션이 훨씬 더 일찍 시작됐을 수 있다. 세션이 시작할 때 특정 세션의 로그 수집이 시작되는 시간인 generate_time이라는 추가 열을 활성화할 수 있다.

포트 443이나 허용된 세션 추가와 같이 원하는 정보를 클릭한 후 편집해 필터를 추가할 수 있다.

```
and ( port.dst eq 443 ) and ( action eq allow )
```

소스, 대상 또는 IP나 서브넷을 추가해야 한다면 다음 변형 중 하나를 추가할 수 있다.

```
and ( addr.src in 192.168.27.253 )
and ( addr.dst in 192.168.27.253 )
and ( addr in 192.168.27.253 )
and ( addr.src in 192.168.27.0/24 )
and ( addr.src notin 192.168.27.253 )
```

주소는 소스 또는 대상을 나타내는 .src 또는 .dst를 사용하거나 둘 다를 나타내려면 addr의 확장자를 공백으로 둔다. 주소는 임의의 크기의 서브넷을 설정하거나 연산자에 not을 추가해 명령문을 부정할 수도 있다.

eq 연산자는 neq를 사용해 부정 명령문을 만들 수 있고 네거티브 커넥터로는 AND NOT을 사용할 수 있다. 이들을 유연하게 활용한 다음 두 명령문은 모두 동일한 결괏값을 갖는다.

```
( port.dst eq 443 ) and not (app eq ssl)
( port.dst eq 443 ) and ( app neq ssl )
```

다음과 같이 소괄호를 추가해 AND 또는 OR 문장 안의 문장들을 결합할 수도 있다.

```
( port.dst eq 443 ) and (( app eq facebook-base ) or ( app eq facebook-video ))
```

앞에서 언급한 필터는 세션에서 포트 443을 사용해야 하며 해당 필터의 애플리케이션은 facebook-base 또는 facebook-video 중 하나면 된다.

대부분의 필터는 eq, neq, leq, geq, in, notin 연산자를 사용하지만 다음과 같은 두 가지 예외가 있다.

- 일부 필터는 (x neq '') 또는 (y eq '')와 같이 작은따옴표를 2개 사용해 있음/없음 문장을 표현할 수 있다.
  예를 들어 user.src neq ''는 유저가 존재해야 함을 의미하므로 유저 이름이 포함되지 않은 로그는 필터링된다.
- Flags 속성은 로그 항목에 PCAP, NAT, SSL 프록시와 같은 특수 조건에 대한 플래그 세트가 설정됐는지 여부를 나타낼 때 사용한다. 이 플래그는 세션 또는 위협에 대한 패킷 캡처가 저장됐고 세션이 NAT 또는 SSL로 복호화됐음을 나타내고자 로그 항목에 추가된다.

다음 그림에서 볼 수 있듯이 필터 표시줄 오른쪽에 있는 녹색 + 기호를 클릭해 필터 빌더를 사용할 수도 있다.

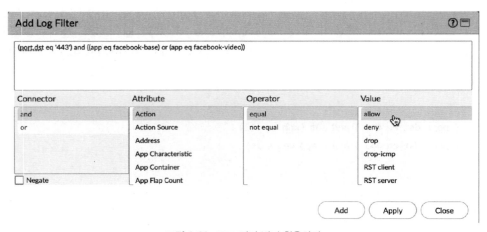

그림 9.29: 로그 필터 빌더 활용하기

필터를 추가하려면 다음을 수행해야 한다.

1. Connector 선택

2. 필터링할 Attribute를 선택

3. 적절한 Operator 설정

4. Value를 선택하거나 입력

5. Add 클릭

6. Apply 클릭

7. Close를 클릭하거나 다른 필터 조건을 추가

적절한 필터를 모두 설정하고 원하는 로그를 찾았으면 로그 항목의 왼쪽에 있는 작은 돋보기 아이콘을 클릭해 로그의 세션 세부 정보를 드릴다운할 수 있다. 다음 그림에서 세션에 대한 추가 정보가 있는 것을 볼 수 있다.

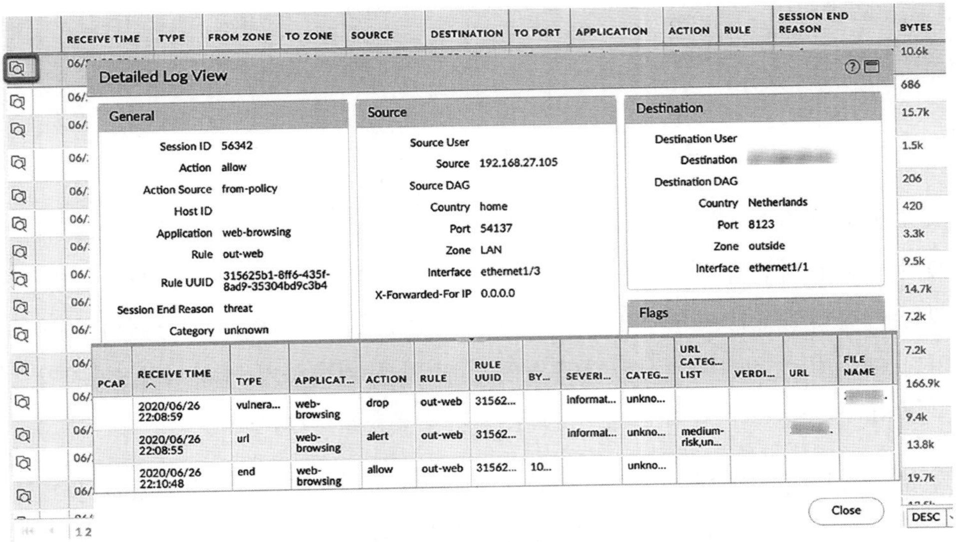

그림 9.30: 상세 로그 뷰

상세 뷰 맨 아래에는 연관된 로그 파일이 있다. 이를 클릭하면 다음 그림에서 볼 수 있듯이 해당 로그의 세부 정보가 표시된다. 이를 통해 관련 로그를 검토해 세션에서 어떤 일이 일어나고 있는지 자세히 알아볼 수 있다.

대부분은 트래픽 로그, URL 로그, 위협 로그가 나열되므로 한 개의 창에서 각 로그의 모든 세부 정보를 검토할 수 있다.

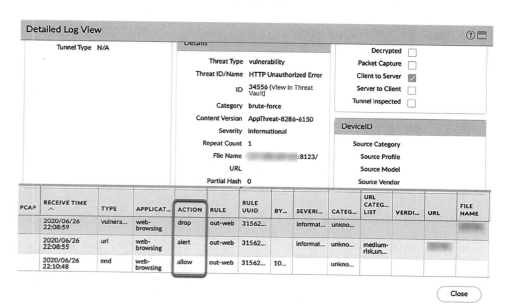

그림 9.31: 상세 로그 뷰의 관련 로그 파일 상세 정보

로그마다 동작이 다르다는 것을 눈치 챘을 것이다. 트래픽 로그는 네트워크 레이어에서 세션에 발생한 일(이때 TCP 세션은 자연스럽게 종료됨)을 기록하는 반면 위협 로그는 애플리케이션 레이어에서 발생한 일, 말하자면 파일이 폐기됐거나 유저가 차단 페이지로 리다이렉션됐거나 등등의 조치를 기록하기 때문이다. 마지막으로 URL 로그는 웹 사이트가 허용되고 기록됐음을 나타낸다.

특정 상황에서 위협이 예상될 수 있는데, 이는 서비스 구현이 잘못됐거나 프로토콜이 고의로 변경된 경우일 수 있다. 이런 상황에서 예외를 추가하려면 위협 로그에서 위협 이름에 마우스를 갖다 대고 화살표를 클릭한 다음 Exception 대화상자를 클릭한다.

다음 그림에서 볼 수 있듯이 예외를 추가할 보안 프로파일과 예외를 설정할 IP(소스 또는 대상)를 선택할 수 있다.

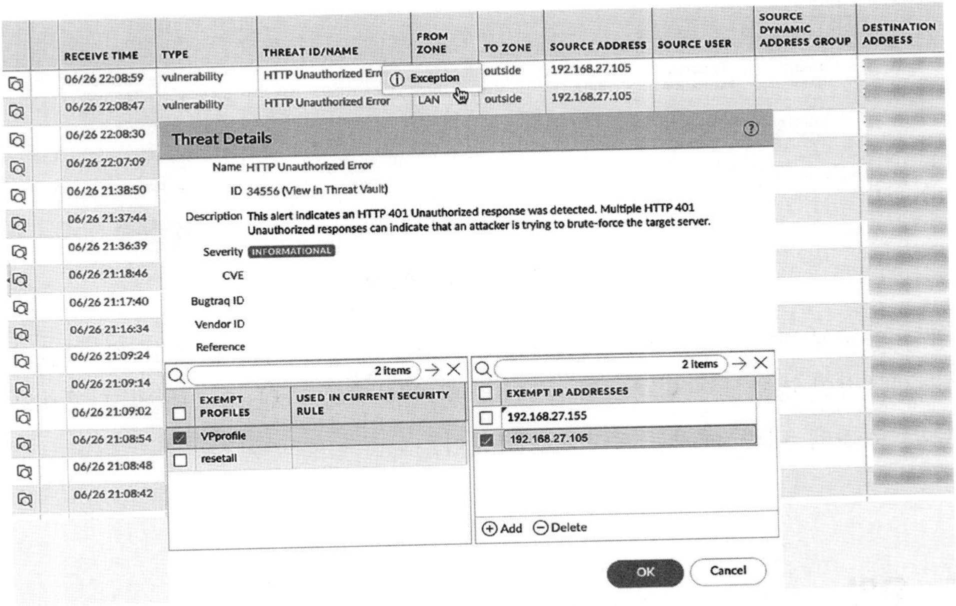

그림 9.32: 위협에 대한 예외 추가하기

마지막 단계에서는 Objects ➤ Security Profiles의 보안 프로파일로 이동해 취약점과 관련된 예외 동작을 다른 것으로 변경할 수 있다(필요에 따라 예외를 사용해 제외된 IP 주소를 허용하거나 차단하게 동작을 변경할 수 있음). 다음 그림에서 예외의 동작을 변경하는 방법을 볼 수 있다. 기본적으로 예외는 이러한 이벤트의 로깅도 중지하는 allow 동작으로 설정돼 있다. 필요에 따라 예외를 Alert로 설정해 로그가 계속 생성되게 할 수 있다.

다음 그림에서 이 위협의 기본 동작은 default(allow)이지만 이전 로그에서는 거부됐음을 알 수 있다.

이 세션에서 적용된 보안 룰과 연결된 보안 프로파일이 기본 동작을 무시하고 다른 동작을 적용하게 설정된 것을 의미한다.

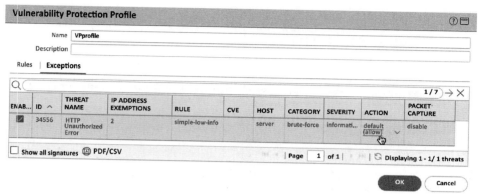

그림 9.33: 예외 동작 변경하기

방금 살펴본 정보를 토대로 이제 필요에 맞는 로그를 빠르게 찾고 각 세션의 더 세부적인 정보를 드릴다운할 수 있을 뿐만 아니라 관련 로그를 찾고 필요하다면 위협에 대한 예외를 추가할 수 있다.

⁑ 요약

9장에서는 로깅이 작동하는 방식과 로그를 캡처하도록 인프라를 확장하고 설정하는 방법을 모두 살펴봤다. 또한 팔로알토 네트웍스 로깅 어플라이언스나 클라우드 인스턴스로 로그를 전송하는 몇 가지 방법도 살펴봤다. syslog 서버로 포워딩을 설정하고 특정 이벤트에 대한 이메일을 보내는 방법을 살펴봤다. 마지막으로 ACC에서 필요한 정보를 빠르게 찾을 수 있도록 세부 정보로 드릴다운하는 데 필터를 활용하는 방법과 내장 리포트를 관리하고 커스텀 리포트를 생성하는 방법을 살펴봤다.

PCNSE를 준비한다면 로그를 외부 디바이스(파노라마, CDL, syslog 등)로 전달하는 다양한 방법과 유형의 로그(트래픽, 위협, 시스템 로그 등)를 식별할 수 있는 방법을 기억해두자.

10장에서는 Site-to-Site VPN 및 GlobalProtect VPN 터널을 설정하는 방법과 커스텀 애플리케이션 및 위협을 생성하는 방법을 알아본다.

10

가상 사설 네트워크

10장에서는 Site-to-Site VPN과 다른 공급업체에 연결할 때 발생할 수 있는 문제를 다룬다. GlobalProtect 유저 VPN을 구성하고 원격으로 연결하는 호스트가 네트워크에 진입할 수 있는 상태인지 또는 격리해야 하는지 확인하는 방법을 살펴본다.

10장에서 다루는 내용은 다음과 같다.

- Site-to-Site VPN
- GlobalProtect 클라이언트와 위성^{satellite} VPN

10장이 끝나면 원격 위치와 원격 유저를 데이터 센터 혹은 중앙 사무실에 안전한 방식으로 연결할 수 있다.

⁞᠉ 기술적 요구 사항

10장에서는 원격 연결과 인바운드 연결 보호를 다룬다. 다른 디바이스들과

VPN 연결을 시뮬레이션하거나 클라이언트에서 들어오는 연결을 생성할 수 있는 랩 환경이 있다면 설명하는 내용을 시각화하는 데 큰 도움이 될 것이다.

⠿ VPN 설정

디바이스를 안전하게 연결하는 방법에는 여러 가지가 있다.

팔로알토 네트웍스 방화벽은 현재 다음과 같은 프로토콜을 지원한다.

- GRE[Generic Routing Encapsulation]는 상당히 오래된 프로토콜로 보안 수준이 높지는 않지만 레거시 디바이스를 방화벽에 연결해 캡슐화된 패킷에 기본적인 보안을 제공해야 할 때 유용할 수 있다.
- IPSec[Internet Protocol Security]은 원격 사이트 간의 실질적인 터널링 프로토콜이며 매우 강력한 암호화에 사용할 수 있다.
- SSL[Secure Socket Layer]은 실제로는 TLS[Transport Layer Security]로, 네트워크 친화적인 프로토콜로 엔드포인트를 연결하는 데 사용된다.

GRE 터널을 설정하려면 Networks ➤ GRE Tunnels에서 연결을 구성할 수 있다. 구성해야 하는 사항은 다음과 같다.

- 이름(어떤 설명이든 가능)
- 소스 인터페이스
- 소스 IP는 소스 인터페이스와 연결된 IP다.
- 대상 IP는 원격 피어의 IP다.
- **터널 인터페이스:** 원격 네트워크의 라우팅 대상으로 터널 인터페이스가 필요하다.
- TTL(기본값 64)
- 킵얼라이브[Keep Alive] 설정

원격 단말에서 동일한 구성을 설정해 계속 진행한다. 가상 라우터에서 앞의 터널 인터페이스에 원격 서브넷에 대한 경로를 추가하고 터널 인터페이스 존으로 들어오고 나가는 트래픽을 허용하는 보안 룰을 추가한다.

다음 절에서는 IPSec 연결을 설정하고 구현하는 다양한 방법을 알아본다.

IPSec Site-to-Site VPN 구성

두 피어 간에 VPN 터널을 연결하려면 먼저 양측에서 터널 협상에 적용할 암호화 방식에 동의해야 한다. 원격 단말을 제어할 수 없는 때 피어에게 연락해 어떤 구성을 사용할지 합의해야 한다.

협상의 1단계[phase 1]에서는 두 피어가 IKE[Internet Key Exchange] 절차로 서로를 인증한다.

IKE 인증이 수립되면 2단계[phase 2] IPSec VPN 터널을 설정하는 데 필요한 모든 파라미터가 포함된 IPSec SA[Security Association]가 양쪽에 생성된다.

1단계 암호화 프로파일은 Network ▶ Network Profiles ▶ IKE Crypto에서 만들 수 있다. 다음 그림에서 볼 수 있듯이 다음과 같은 설정으로 이미 세 가지 기본 프로파일이 존재한다.

	NAME	ENCRYPTION	AUTHENTICATION	DH GROUP	KEY LIFETIME
☐	default	aes-128-cbc, 3des	sha1	group2	8 hours
☐	Suite-B-GCM-128	aes-128-cbc	sha256	group19	8 hours
☐	Suite-B-GCM-256	aes-256-cbc	sha384	group20	8 hours

그림 10.1: IKE 암호화 프로파일

기본 프로파일은 가장 일반적인 암호화 체계를 나타내며 원격 피어에 어떤 암호화 프로파일이 구성됐는지 모르거나 원격 단말에 암호화 기능이 제한된 레거시 어플라이언스에만 사용해야 한다.

Suite-B 프로파일(이미 CNSA 제품군으로 대체됨)은 NSA에서 권장하는 암호화 설정이다.

Suite—B 프로파일에는 괜찮은 옵션이 포함돼 있으며 대부분의 상황에서 권장되지만 1단계에 가장 적합한 암호화 옵션은 유저의 판단에 따라 원격 피어와 상의한다.

암호화 알고리듬에 따른 작업 부하를 최적화하려면 소형 원격 디바이스는 Suite—B—GCM—128을, 대형 피어는 Suite—B—GCM—256을 사용하는 것을 추천한다.

새 1단계 프로파일을 추가하려면 다음 과정의 옵션을 검토한다.

1. Add를 클릭하고 쉽게 식별 가능한 프로파일명을 지정한다.

2. DH Group을 설정한다.
   - **DH Group 1:** 768비트 그룹
   - **DH Group 2:** 1024비트 그룹
   - **DH Group 5:** 1536비트 그룹
   - **DH Group 14:** 2048비트 그룹
   - **DH Group 19:** 256비트 타원 곡선 그룹
   - **DH Group 20:** 384비트 타원 곡선 그룹

3. Authentication을 설정한다.
   - md5
   - sha1
   - sha256
   - sha384
   - sha512

4. Encryption을 설정한다.

- des
- 3des
- aes-128-cbc
- aes-192-cbc
- aes-256-cbc

5. Key Lifetime을 시간 단위로 설정한다(업계 기본값은 8시간이다).

6. IKEv2 Authentication Multiple을 사용하면 게이트웨이가 강제로 새 인증을 시작하기 전에 허용되는 IKEv2 re-key 수를 설정할 수 있다. 이렇게 하면 스누핑 공격을 예방할 수 있다.

7. OK를 클릭한다.

최신 알고리듬을 지원하지 않는 레거시 디바이스에 연결할 필요가 없다면 md5, sha1, des, 3des를 사용하지 않는다. 이러한 모든 옵션은 최신 크래킹 기법 및 복호화 도구로 쉽게 무력화되기 때문이다.

2단계 암호화 프로파일은 Network ➤ Network Profiles ➤ IPSec Crypto에서 찾을 수 있다. 보다시피 필요에 따라 사용할 수 있는 세 가지 사전 구성 프로파일이 있다.

	NAME	ESP/AH	ENCRYPTION	AUTHENTICATION	DH GROUP	LIFETIME	LIFESIZE
☐	default	ESP	aes-128-cbc, 3des	sha1	group2	1 hours	
☐	Suite-B-GCM-128	ESP	aes-128-gcm	none	group19	1 hours	
☐	Suite-B-GCM-256	ESP	aes-256-gcm	none	group20	1 hours	

그림 10.2: IPSec 암호화 프로파일

ESP^Encapsulating Security Payload 프로토콜은 페이로드를 완전히 암호화하는 반면 AH^Authentication Header는 헤더를 추가하고 페이로드의 무결성을 보장할 뿐 자체적으로 페이로드를 암호화하거나 난독화하지 않는다.

새로운 1단계 ESP 프로파일을 추가하려면 두 피어에서 사용할 수 있는 가장 강력한 옵션을 선택한다. 가능하다면 소규모 원격 디바이스에는 Suite-B-GCM-128을 사용하고 대형 피어에는 Suite-B-GCM-256을 사용하거나 다음 단계에 따라 새 프로파일을 만든다.

1. Add를 클릭하고 쉽게 식별 가능한 프로파일명을 지정한다.

2. IPSec 프로토콜을 ESP 또는 AH'로 설정한다.

3. Encryption을 설정한다.
    - des
    - 3des
    - aes-128-cbc
    - aes-192-cbc
    - aes-256-cbc
    - aes-128-ccm
    - aes-128-gcm
    - aes-256-gcm
    - Null

4. Authentication을 설정한다.
    - MD5
    - sha1
    - sha256
    - sha384
    - sha512
    - none

5. DH Group을 설정한다.

- DH Group 1: 768비트 그룹
- DH Group 2: 1024비트 그룹
- DH Group 5: 1536비트 그룹
- DH Group 14: 2048비트 그룹
- DH Group 19: 256비트 타원 곡선 그룹
- DH Group 20: 384비트 타원 곡선 그룹
- No pfs(완전 순방향 비밀성)

6. Lifetime을 시간 단위로 설정한다(업계 기본값은 1시간).

7. 선택적으로 일정량의 데이터가 전송되면 re-key를 트리거하는 Lifesize 를 활성화한다.

8. OK를 클릭한다.

더 강력한 알고리듬을 지원하지 않는 레거시 시스템과 연결할 필요가 없다면 des, 3des, md5, sha1을 사용하지 않는다.

다음으로 설정해야 할 것은 IKE 게이트웨이다. Network ➤ Network Profiles ➤ IKE Gateways에서 찾을 수 있다. IKE 게이트웨이는 1단계에서 필요한 설정을 나타낸다. IKE 1단계는 2단계에서 보안 터널을 만들기 전에 피어가 서로의 신뢰 성을 확인하는 인증 단계다. IKE 게이트웨이를 만들려면 다음 과정을 진행한다.

1. Add를 클릭하고 연결할 피어를 설명하는 이름을 설정한다.

2. Version은 IKEv2 only 모드로 설정하거나 원격 단말 측이 IKEv2를 지원하 는지 여부가 확실하지 않다면 IKEv2 preferred 모드로 설정한다.

   원격 단말 측이 IKEv1만 지원하면 IKEv2 협상 시도를 건너뛰는 IKEv1 only 모드로 기본값을 그대로 둔다.

3. IPv4 또는 IPv6 nodes 사이에 터널을 설정할지 선택한다.

4. 원격 단말 측에 연결을 유지할 물리적 인터페이스를 선택한다(루프백 인터페이스를 선택할 수도 있음).

5. Local IP Address를 설정한다.

6. 피어에 고정 IP, 확인 가능한 FQDN이 있는지, 동적 IP 호스트인지 여부를 선택한다.

7. IP 또는 FQDN을 추가해 Peer Address를 설정한다(동적 피어라면 이 필드가 사라짐).

8. Authentication을 위해 Pre-Shared Key를 선택한다(인증을 위한 certificate 설정 과정은 다음을 참고).

9. Pre-Shared Key(PSK)를 입력하고 확인한다.

10. 선택적으로 로컬 및 피어 ID를 사용하게 피어와 동의할 수 있다. 사용하지 않는다면 두 피어는 협상 중에 물리적 IP 주소로 서로의 신원을 확인한다. 한쪽 또는 양쪽 모두 NAT 디바이스 뒤에 있다면 NAT 때문에 소스 IP와 협상 IP가 일치하지 않으므로 물리적 IP가 아닌 커스텀 식별 ID를 사용하는 것을 권고한다.

    사용 가능한 옵션은 FQDN, IP address(이 옵션은 업스트림 NAT IP를 일치하는 데 사용할 수 있음), Key ID, User FQDN(이메일 주소) 등이다.

    IKE 게이트웨이는 다음 그림과 비슷하게 보일 것이다.

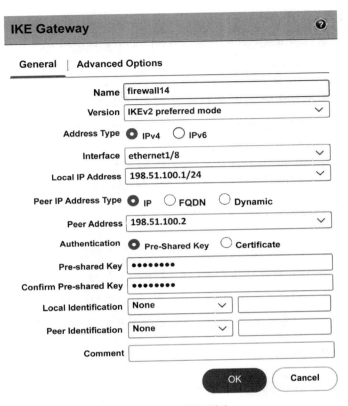

그림 10.3: IKE 게이트웨이

11. Advanced Options로 이동한다.

Authentication 방법으로 Certificate를 선택하면 마지막 몇 단계는 약간 다르다.

1. Local Certificate를 선택한다. 아직 업로드하거나 생성되지 않았다면 드롭다운에서 업로드할 수 있다.

2. 선택적으로 HTTP Certificate Exchange를 설정해 해시 및 URL 교환 방법을 사용하면 피어에게 인증서를 가져올 위치를 알릴 수 있다.

3. Local and Peer Identification을 위해 DN, FQDN, IP, User FQDN을 선택하고 로컬과 원격 피어가 일치하는 값을 설정한다.

4. Peer ID Check에서 Peer Identification이 피어 인증서와 정확히 일치해야 한다면 Exact로 설정하고 ID가 하위 도메인이거나 인증서가 와일드카드 인증서이면 Wildcard를 선택한다.

5. 선택적으로 식별에 사용된 데이터가 인증서의 데이터와 일치하지 않으면 Permit peer identification and certificate payload identification mismatch를 선택한다.

6. 로컬 인증서를 지원하는 인증서 프로파일을 추가하거나 생성한다.

7. Advanced Options로 이동한다.

Local 및 Peer 식별은 IP 주소 대신 커스텀 식별로 사용하거나 피어 중 하나가 NAT 디바이스 뒤에 있다면 NAT 디바이스 뒤에 있는 피어 중 하나와 물리적 IP 주소를 일치시키는 데 사용할 수 있다. 인증서를 사용한다면 두 값 모두 인증서 CN과 일치하는지 확인하는데, 불일치하면 문제가 발생할 수 있다.

Advanced Options 탭에서 다음 과정을 따른다.

1. 로컬 디바이스가 인바운드 연결만 수신하고 원격 피어에 연결을 시도하지 않는다면 Enable Passive Mode를 설정한다. 이렇게 하면 원격 피어가 정기적으로 오프라인 상태가 되거나 변경되기 쉬운 동적 IP를 사용하는 환경에서 대역폭을 보존하거나 연결 시도 실패를 방지할 수 있다.

2. 양쪽 피어 중 어느 하나가 자신이 아닌 NAT 디바이스 뒤에 있다면 Enable NAT Traversal을 설정한다.

3. IKE Crypto Profile을 설정한다.

4. IKEv2 탭에서 다음을 설정한다.
   - Liveness Check는 지정된 시간 동안 IKEv2 패킷이 수신되지 않을 때(유휴 상태일 때) 빈 정보 패킷을 전송하며 킵얼라이브Keepalive로 동작한다. 10개의 활성 패킷을 전송하고 응답이 없다면 터널이 끊어진 것이므로 터널

을 다시 시작해야 한다.

- 선택적으로 Strict Cookie Validation을 설정해 **IKE_SA_INIT**에서 개시자 initiator가 쿠키를 사용하게 강제할 수 있다.

5. IKEv1에서 이 탭을 사용할 수 있다면 다음을 설정한다.
  - 양쪽 모두 고정 IP를 사용한다면 main 모드를 선택하고 적어도 한쪽에 동적 IP가 있다면 aggressive 모드를 선택한다.
  - 단편화가 예상되면 Enable Fragmentation을 상자에 체크표시를 한다.
  - Dead Peer Detection에 대한 파라미터를 검토한다.

6. OK를 클릭한다.

7. 이제 Advanced Options 설정이 다음 그림과 유사하게 보일 것이다.

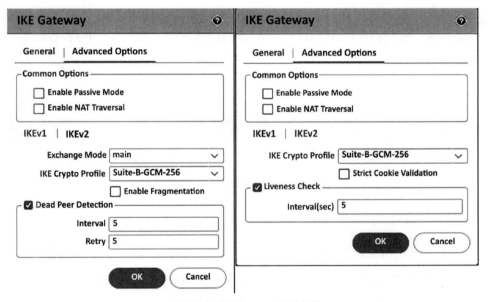

그림 10.4: IKE Gateway 고급 설정

실제 터널을 설정하기 전에 Network ➤ Interfaces ➤ Tunnel에서 사용할 수 있는 터널 인터페이스가 있는지 확인한다. 사용 가능한 터널이 없다면 새 터널을

만들고 VPN과 같은 고유한 존으로 설정한 다음 가상 라우터에 추가해야 한다.
터널 모니터링을 설정해야 하거나 원격 단말 측에 numbered tunnel interfaces가
필요하다면 IP 주소를 추가할 수 있지만 두 팔로알토 네트웍스 디바이스 사이에
터널을 설정한다면 이 작업이 필요 없다. 터널 모니터링을 사용하려면 다음과
같이 핑을 허용하는 관리 프로파일도 활성화한다.

INTERFACE	MANAGEMENT PROFILE	IP ADDRESS	VIRTUAL ROUTER	SECURITY ZONE	FEATURES
tunnel		none	default	vpn	
tunnel.3	ping	172.31.0.1/30	default	vpn	

그림 10.5: 터널 인터페이스

다음 다이어그램에서 나와 있는 것과 같이 1단계는 두 피어의 물리적(또는 루프백)
인터페이스 사이에 설정되며 IPSec 2단계를 전달하는 역할을 한다. IPSec은 양
쪽 끝의 터널 인터페이스 사이에 설정된다. 터널 인터페이스는 가상 인터페이
스이므로 네트워크가 연결된 물리적 인터페이스가 있는 것처럼 다뤄야 하며
자체 존으로 구성해야 한다.

그림 10.6: 방화벽 관점에서 본 VPN 터널

보안 정책에서 다음 사항을 주의한다.

- 클라이언트의 연결은 트러스트[trust] 존과 VPN 존 사이에 설정된다.
- IPSec 터널에는 언트러스트[Untrust] 존에서 언트러스트 존으로(외부 인터페이스에서 인터
넷으로) 설정되는 보안 룰이 필요하다.

IPSec 터널을 만들려면 Network ▶ IPSec Tunnels로 이동해 다음 단계를 수행
한다.

1. Add를 클릭하고 설명이 포함된 이름을 입력한다.

2. 적절한 터널 인터페이스를 설정한다.

3. Type에서는 방화벽이 SPI를 자동으로 생성하게 하거나, 수동으로 설정하거나, GlobalProtect 위성용 터널을 설정할 수 있다.

4. Auto Key를 선택하면 다음을 설정한다.

   - Address Type으로 IPv4 또는 IPv6을 설정한다.
   - 적절한 IKE 게이트웨이를 선택한다.
   - IPSec 암호화 프로파일을 선택한다.
   - Show Advanced Options를 선택한다.
   - Enable Replay Protection을 선택한다.
   - Copy ToS Header를 활성화해 내부 IP 헤더에서 외부 IP 헤더로 ToS 헤더를 전송할 수 있다. Add GRE Encapsulation을 선택하면 IPSec 헤더 뒤에 GRE 헤더가 추가돼 IPSec 터널 내부로 GRE 터널을 전송할 수 있다.
   - Tunnel Monitor를 활성화하고 원격 터널 인터페이스 IP를 Destination IP로 설정한다. 터널이 실패하면 동작을 설정하는 모니터링 프로파일을 추가한다. wait-recover는 터널 인터페이스를 계속 유지하고 터널이 복원될 때까지 패킷을 계속 라우팅한다. fail-over를 사용하면 인터페이스가 중단되고 라우팅이 대체 경로를 통해 패킷을 처리하게 된다. 두 번째 터널을 설정할 때 fail-over를 사용하고 그렇지 않으면 wait-recover를 사용한다.

   터널 설정은 다음 그림과 같이 표시된다.

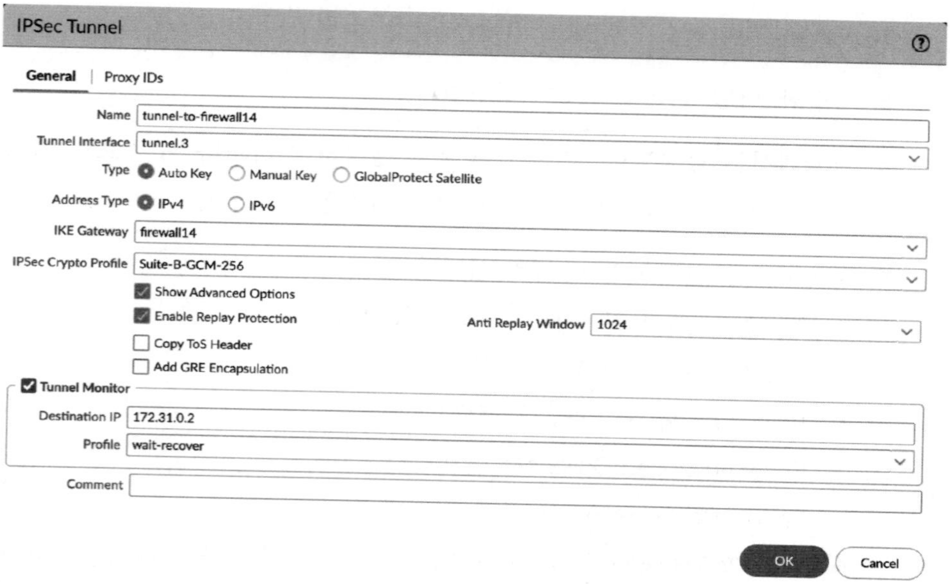

그림 10.7: IPSec 터널 설정

- Proxy IDs 탭에서 로컬-원격 IP 서브넷 페어를 추가해 해당 서브넷 간의 통신만 허용하게 터널을 제한할 수 있다. 이는 생성된 보안 연결에 영향을 미치며 원격 피어가 정책 기반 디바이스일 때 필요하다. 기본 설정(Proxy IDs 없음)은 0.0.0.0/0 - 0.0.0.0/0으로 단일 보안 연결 페어를 생성한다.

5. Manual Key에서 단일 IPSec 터널의 모든 1단계 및 2단계 파라미터를 설정할 수 있다. 이 방법은 경로 기반 피어에서는 잘 작동하지만 정책 기반 피어에서는 다수의 수동 IPSec 터널을 만들어야 하므로 성가실 수 있다.

6. GlobalProtect Satellite에서 다음과 같이 설정한다

- Portal Address를 설정한다.
- 외부 인터페이스를 선택한다.
- 로컬 IPv4 또는 IPv6 주소를 설정한다.

- Advanced Options 탭을 연다.
- 전체 라우팅 테이블을 GlobalProtect 게이트웨이에 공유하려면 Publish all static and connected routes to Gateway를 선택하거나 게이트웨이에 게시하게 서브넷을 수동으로 설정한다.
- 방화벽에 외부 디바이스 인증서가 있다면 External Certificate Authority 를 선택하고 인증서 및 해당 인증서 프로파일을 설정해 게이트웨이를 인증한다.

7. OK를 클릭한다.

정책 기반 방화벽은 정책에 정의된 대로 서브넷 페어(subnet-A-local은 subnet-X-remote 에 접근함)를 기반으로 IPSec 터널을 생성하는 반면 경로 기반 방화벽은 단순히 터 널을 생성한 다음 패킷을 터널로 라우팅한다는 점은 주목할 필요가 있다. 팔로 알토 네트웍스 방화벽은 경로 기반이므로 기본적으로 모든 통신에 단일 터널을 사용한다. 프록시 ID는 단일 구성을 여러 개의 IPSec 터널로 강제 분할한다.

TIP

단일 터널을 사용하면 구성이 간단해지지만 데이터 플레인에서 세션이 처리되는 방식과 단일 CPU 가 단일 터널을 처리하는 방식으로 인해 성능이 저하될 수 있다. 프록시 ID를 사용해 여러 개의 터널을 생성하면 더 많은 코어에 부하를 분산시킬 수 있다.

마지막 단계는 원격 서브넷으로 향하는 패킷을 터널로 전달하는 경로를 추가하 는 것이다. Network ▶ Virtual Routers에서 터널 인터페이스가 있는 가상 라우터 를 연다. Static Routes에서 새 경로를 추가한다.

1. 설명이 포함된 이름을 지정한다.

2. Destination 서브넷을 설정한다.

3. Interface에서 터널 인터페이스를 선택한다.

4. Next Hop은 None으로 설정해 패킷을 단순히 터널이나 일부 시스템에서

필요할 수 있는 원격 터널 IP로 라우팅할 수 있다.

5. 필요하다면 Admin Distance 및 Metric 항목을 변경한다.

6. OK를 클릭한다.

7. 변경 사항을 커밋한다.

8. 경로는 다음 그림과 유사해야 한다.

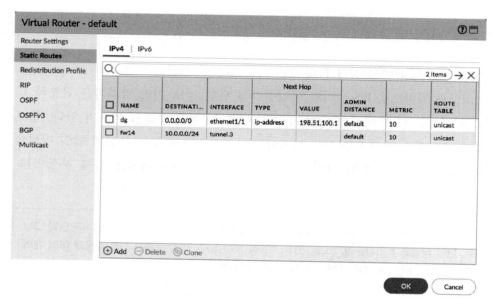

그림 10.8: 터널로 향하는 정적 경로

다음 명령을 사용해 각각 1단계와 2단계의 연결성을 테스트하고 수동으로 연결을 시작할 수 있다.

```
> test vpn ike-sa gateway <IKEgateway>
> test vpn ipsec-sa tunnel <tunnel name>
```

IPSec SA를 테스트하기 전에 먼저 IKE SA를 성공해야 한다. (subtype eq vpn) 필터를 사용하는 동안 시스템 로그를 조회해 연결 시도를 추적할 수 있다. 프록시 ID가 구성되면 각 서브넷 페어를 나타내는 여러 터널이 존재할 것이다. 사용 가능한 터널 목록을 보려면 〈Tab〉 키를 사용한다.

CLI 명령을 사용해 실제 프로세스 로그를 추적해 터널이 어떻게 협상되고 있는지 확인하고 터널이 나타나지 않으면 오류나 관심 정보를 설정할 수 있다.

```
> tail follow yes mp-log ikemgr.log
> tail follow yes mp-log cryptod.log
```

다음은 원격 피어와 합의해야 하는 항목의 체크리스트다.

- 암호화 인증인 1단계에서는 디피-헬만Diffie-Hellman 그룹과 키 수명이 사용된다.
- 2단계에서는 ESP 또는 AH를 설정할지 여부, ESP를 선택하면 어떤 암호화 알고리듬을 사용할지, AH를 선택하면 어떤 인증을 사용할지, 어떤 디피-헬만 그룹을 사용할지, 수명은 얼마인지 등을 상의한다.
- 원격 피어가 IKEv2를 지원하는가?
- 원격 피어 IP 또는 FQDN은 무엇인가, 혹은 호스트가 동적 IP에 있는가?
- 1단계 인증을 설정하는 데 PSK나 인증서를 사용할 것인가?
- 두 호스트 중 하나가 NAT 디바이스 뒤에 있는가?
- 원격 단말에서 재생 공격 보호를 지원하는가?

이제 Site-to-Site VPN을 설정하는 방법을 확실히 이해했으므로 클라이언트 VPN용 GlobalProtect 구성으로 넘어간다.

GlobalProtect 구성

Site-to-Site VPN은 두 시스템을 연결하는 매우 강력하고 안전한 방법이다. 그러나 노트북이나 모바일 기기와 같은 엔드포인트에는 이 방법이 적합하지 않으며 구성하기도 훨씬 더 어렵다. 다양한 여러 OS와 더 간편한 옵션을 적용하려면 직원, 계약자, 게스트에게 연결성을 제공하는 GlobalProtect가 유용하다.

GlobalProtect는 IPSec도 지원하는 SSL VPN 클라이언트다. 이는 VPN 연결이 HTTPS를 사용해 터널링할 수 있다는 것을 의미한다. 따라서 클라이언트는 기존 IPSec이 방화벽이나 다른 필터링 디바이스로 차단될 수 있는 대부분의 위치에서 연결할 수 있을 가능성이 높다. IPSec을 활성화하고 선호하는 연결 방법으로 설정할 수 있으며 IPSec이 차단되면 SSL로 폴백할 수 있다.

대부분의 GlobalProtect 기능에는 추가 라이선스가 필요하지 않지만 다음 역할을 수행하는 몇 가지 기능이 있다.

- HIP^{Host Information Profile} 검사 수행
- 모바일 엔드포인트(안드로이드, iOS, 크롬 OS, 윈도우 UWP 등)와 리눅스에서 GlobalProtect 지원
- 외부 게이트웨이에 IPv6 지원
- 대상 도메인, 클라이언트 프로세스, 스트리밍 애플리케이션을 기반으로 스플릿 터널
- 클라이언트리스^{clientless} VPN 제공

GlobalProtect를 설정할 때 설정해야 하는 두 가지 주요 구성 요소가 있다.

- 포털^{Portal}은 연결된 모든 클라이언트에게 구성 업데이트를 제공하고, 윈도우 및 맥용 클라이언트 패키지 설치 파일을 다운로드할 수 있는 페이지를 제공하며 클라이언트리스 VPN 접속을 제공한다.
- 게이트웨이는 에이전트가 보안 연결을 설정하고자 연결하는 곳이다.

일반적인 배포에는 하나의 포털과 필요한 만큼의 게이트웨이가 있다. 게이트웨이는 전략적 위치에 분산 배치할 수 있으므로 유저는 항상 회사의 '백본backbone'에 최적으로 연결된다. 게이트웨이는 온프레미스 또는 클라우드(예, 애저, AWS, GCP 등)의 물리적 또는 가상 어플라이언스에 배포되거나 프리즈마 액세스Prisma Access의 일부로 배포될 수 있다. 내부 게이트웨이는 내부 유저가 네트워크의 민감한 리소스에 접근할 수 있도록 유저 ID 및 HIP 적용 지점으로 작동하게 설정할 수도 있다. 에이전트 설정을 배포하고 사용 가능한 게이트웨이를 제공하려면 단일 포털이 필요하다.

포털 설정

새 포털 오브젝트를 만들려면 Network ➤ GlobalProtect ➤ Portals로 이동해 다음 단계를 진행한다.

1. Add를 클릭한다.

2. General 탭에서 포털의 이름을 설정한다.

3. 포털이 수신할 인터페이스를 선택한다.
   - 여분의 IP가 있다면 외부/언트러스트 존에 루프백 인터페이스를 만드는 것을 권고한다.
   - Untrust 인터페이스를 사용해 포털을 인터넷에서 사용할 수 있게 한다.
   - Internal 인터페이스를 사용해 내부 또는 연결된 호스트에만 포털 서비스를 제공한다(후자는 유저가 원격으로 연결돼 있을 때 설정 업데이트를 받기 전에 먼저 로그인해야 하므로 중요한 정보를 쉽게 변경할 수 없다). 루프백 인터페이스에 포털을 설정하면 포털 IP를 타깃으로 하는 익스플로잇이 포함된 모든 패킷은 실제로 인터페이스에 도달하기 전에 모든 위협 방어 절차를 거치게 된다. 이 방법은 모범 사례로 고려돼야 한다.

4. IPv4, IPv6 또는 IPv4 and IPv6을 선택한다.

5. Appearance 드롭다운에서 기본 페이지를 사용하거나, 커스텀 페이지를 업로드하거나, 랜딩 페이지를 완전히 비활성화하게 선택할 수 있다(비활성화하면 에이전트는 설정을 가져올 수 있지만 브라우저를 사용해 연결하면 페이지가 표시되지 않음).

6. Log settings에서 Log Unsuccessful SSL Handshake를 활성화 상태로 유지한다.

Authentication 탭으로 이동한다.

1. 포털에 사용할 인증서에 부합하는 SSL/TLS 서비스 프로파일을 제공해야 한다. 인증서가 포털에 사용되는 FQDN(예, portal.example.com)과 일치하는지 확인하고 Device ➤ Certificate Management ➤ Certificates에서 가져온 것인지 확인한 다음 새 서비스 프로파일을 만든다. 최소 버전을 TLSv1.2로 설정한다.

2. 새 클라이언트 인증을 만든다.
   - 설명이 포함된 이름을 설정한다.
   - 이 인증 방법을 적용할 클라이언트 OS를 선택할 수 있다. 모든 유저가 대상이면 Any를 설정하고 OS에 따라 다른 프로파일로 로그인해야 한다면 특정 OS를 설정한다(예, 윈도우 시스템은 LDAP 인증, 리눅스 클라이언트는 RADIUS 인증).
   - 유저를 인증하는 데 사용할 인증 프로파일을 선택한다. 드롭다운으로 새 항목을 만들 수 있다.
   - 기본적으로 유저는 유저 이름과 비밀번호를 입력해야 한다. 유저 이름과 비밀번호가 사용 가능하다면(다음 단계 참고) 클라이언트 인증서를 제공한다. 유저가 유저 이름/비밀번호 또는 클라이언트 인증서로 로그인할 수 있게 Allow Authentication with User Credentials OR Client Certificate를 Yes로 설정할 수 있다. Allow Authentication with User Credentials OR Client Certificate를 No로 설정하면 다음 단계로 인증서가 설정될 경우 유저가 접근하려면 클라이언트 인증서와 유저 이름/비밀번호가 모두 필요하다.

- OK를 클릭한다.

3. 연결할 때 클라이언트가 클라이언트 인증서를 사용하게 하려면 인증서 프로파일을 만든다.
   - 프로파일명을 설정한다.
   - Username 필드를 Subject(common name) 또는 Subject Alt(Email 또는 Principal Name 선택)로 설정한다. 개인화된 인증서가 아닌 컴퓨터 인증서를 사용할 때는 값을 None으로 둔다.
   - Domain에서 NetBIOS Domain을 설정한다.
   - 유저 인증서에 서명할 CA 인증서를 추가하고 적절한 OCSP(Online Certificate Status Protocol) URL을 추가한다.
   - OK를 클릭한다.

Portal Data Collection 탭에서 GlobalProtect가 윈도우 레지스트리 키 또는 맥 Plist 항목을 수집하게 할 수 있다. 이 값을 사용해 클라이언트에 보낼 설정을 선택할 수 있다. 컬렉션은 다음과 같이 구성할 수 있다.

1. GlobalProtect 에이전트가 사용하는 컴퓨터 인증서와 일치시키는 데 사용할 인증서 프로파일을 설정한다.

2. 등록해야 하는 레지스트리/Plist 키를 추가한다.

3. Agent 탭에서는 에이전트가 연결을 구축할 수 있게 에이전트에 전송되는 설정을 제어할 수 있다.
   - Trusted Root CA 상자에서 포털 및 게이트웨이 인증서가 자체 서명됐다면 클라이언트가 인증서를 신뢰하게 CA 및 중간 인증서를 추가할 수 있다. Local Root Certificate Store에 Install을 확인해 클라이언트의 신뢰할 수 있는 루트 인증서에 SSL Decryption 인증서를 설치할 수도 있다.
   - Agent User Override Key는 일반 유저가 자신의 시스템에서 상시 접속된(always-on) GlobalProtect 에이전트를 비활성화할 수 있게 티켓 발행 과

정에서 사용하는 마스터키다. 변경하지 않으면 시스템 기본키를 사용한다. 보안상의 이유로 이 키를 변경할 수 있다(티켓에 서명하는 데 사용되는 키로 관리자는 이 키를 알 필요가 없음).

다양한 유저 유형이나 클라이언트 기기에 따라 다른 에이전트 구성을 여럿 만들 수 있다. 에이전트 구성은 유저가 연결할 때 위에서 아래로 처리되므로 좀 더 구체적인 프로파일이 맨 위에 배치됐는지 확인한다. 다음과 같이 새 프로파일을 만들어보자.

1. Add를 클릭해 새 프로파일을 만든다.

2. Authentication 탭에서 설명이 포함된 이름을 설정한다.
   - 클라이언트 인증서는 인증서와 개인키를 클라이언트에 푸시하는 데 사용할 수 있다. 이 인증서는 게이트웨이 인증에 사용할 수 있다.
   - 유저 자격증명은 기본적으로 GlobalProtect 에이전트에 저장된다. 유저 이름만 저장하거나 유저가 생체 인증을 사용한다면 자격증명을 저장할 수 있게 설정한다.
   - 유저가 포털에 처음 로그인한 후 포털에서 (고유) 쿠키를 생성해 클라이언트로 전송하게 Generate cookie for authentication override를 선택한다.
   - 유저 자격증명이 아닌 쿠키 인증에 사용한다면 Accept cookie for authentication override를 선택한다. 쿠키에 유효 기간을 설정한다(최대 365일). 쿠키가 만료되면 유저는 포털에 로그인할 때 자격증명을 제공해야 하며 새 쿠키를 받게 된다.
   - 쿠키를 사용한다면 쿠키를 암호화하는 데 사용할 인증서를 설정한다.
   - MFA가 필수인 구성 요소(Portal, internal-gateway, external gateways manual, Autodiscover)를 선택할 수 있다. 이렇게 하면 특정 구성 요소에서 MFA를 강제 적용하는 동시에 다른 구성 요소에는 자격증명을 저장할 수 있다.

478

3. Config Selection Criteria 탭에서 이 구성을 적용할 유저/유저 그룹 또는 엔드포인트 디바이스 유형을 설정할 수 있다.

- User/User Group 탭에서 유저 또는 LDAP 그룹과 클라이언트 OS를 선택할 수 있다.
- Device Checks 탭에서 디바이스 시리얼 번호가 있는 시스템 계정이 존재하는지 또는 시스템 인증서가 설치됐는지 확인하는 작업을 설정할 수 있다.
- Custom Checks 탭에서는 Portal Data Collection 탭에서 설정한 레지스트리 키나 Plist 항목을 찾을 수 있다.

이 섹션을 비워 두면 인증할 수 있는 모든 유저에게 구성이 적용된다. 구성 요소(예, 유저 그룹)가 설정됐으나 유저가 해당 그룹의 멤버가 아니면 일치하는 항목을 찾을 때까지 다음 에이전트 설정을 확인한다.

4. Internal 탭에서 IPv4 및 IPv6용 Internal Host Detection과 HIP 확인용 Internal Gateways를 설정할 수 있다.

- 내부 호스트가 네트워크 내부에서 외부 게이트웨이로 VPN 터널을 설정하지 못하게 내부 리소스의 IPv4 및 FQDN 호스트명을 설정한다(내부 서버, 호스트, 또는 방화벽에 구성된 내부 게이트웨이가 될 수 있음). 클라이언트는 FQDN과 반드시 일치해야 하는 IP 주소의 역방향 조회를 수행한다. 이를 위해서는 내부 DNS 서버의 in-addr-arpa 레코드에 항목이 있어야 한다.
- 네트워크에서 IPv6을 사용한다면 IPv6 및 IPv6 enabled FQDN을 설정한다.
- IP 또는 FQDN으로 내부 게이트웨이를 추가한다(이 값은 내부 게이트웨이에서 사용되는 인증서와 일치해야 한다). 소스 주소를 추가해 특정 내부 게이트웨이에 연결할 서브넷을 제어할 수 있다.

5. External 탭에서 사용 가능한 모든 외부 게이트웨이와 타사 VPN 클라이언트에 대한 IP 주소 또는 FQDN명을 추가할 수 있다. 이 클라이언트를

추가하면 GlobalProtect 에이전트는 다른 VPN 클라이언트로 인한 라우팅 충돌을 방지하고자 라우팅을 무시하도록 지시받는다.

게이트웨이가 여러 개일 때 GlobalProtect 에이전트는 TLS 핸드셰이크를 사용해 모든 게이트웨이를 폴링해서 최적의 연결 속도를 제공하는 게이트웨이를 찾는다. cut-off time은 게이트웨이의 응답 허용 시간이다.

- 게이트웨이를 추가하고 설명이 포함된 이름을 지정한다. 이 이름은 유저에게 표시되므로 유저가 어디에 연결됐는지 이해하는 데 도움이 된다.

- 연결할 FQDN 또는 IP를 추가한다. 이 값은 Gateway 오브젝트에 사용할 인증서와 일치해야 한다.

- 소스 지역을 추가한다. Any 또는 임의의 국가, 서브넷, 글로벌 지역이 될 수 있다.

- 우선순위를 설정한다. 가장 낮은 것부터 가장 높은 것까지 또는 유저가 수동으로 선택 가능하다. 우선순위는 응답률 폴링 결과에 비해 낮은 값을 가진다. highest, high, medium 우선순위로 폴링하며 가장 빠른 TLS 응답을 제공하는 게이트웨이에 연결된다. 사용할 수 있는 우선순위가 없다면 에이전트는 우선순위가 낮은 게이트웨이로 이동한다. Manual Only 우선순위는 TLS 연결성 테스트에서 게이트웨이를 제외하며 유저가 게이트웨이에 연결하기로 선택한 때만 사용된다.

- 유저가 게이트웨이를 선호하는 연결로 선택할 수 있게 허용하려면 Manual 확인란을 선택한다. 유저가 이 게이트웨이를 선호하는 설정으로 선택하면 GlobalProtect는 게이트웨이를 사용할 수 없는 상황이 아니면 항상 이 게이트웨이에 연결한다.

- OK를 클릭한다.

App 탭에서 GlobalProtect 에이전트의 동작 방식을 설정할 수 있다. 오른쪽에서 다음을 수행할 수 있다.

- 유저가 연결할 때마다 팝업되는 환영 페이지가 팝업되게 활성화한다.

- 일반적으로 유저가 GlobalProtect를 비활성화할 수 없지만 예외적인 상황으로 인해 일부 유저가 에이전트를 비활성화해야 한다면 여기서 비밀번호를 설정해 유저 또는 IT 직원과 공유할 수 있다.
- 유저가 GlobalProtect를 제거할 수 있게 비밀번호를 설정할 수도 있다.
- GlobalProtect를 이용해 연결하는 모바일 디바이스를 등록하게 MDM Mobile Device Manager을 설정할 수 있다.

App 탭 왼쪽에서는 에이전트의 동작 방식을 설정할 수 있다. 기본값에서 변경해야 하거나 관심을 가질 만한 옵션을 살펴보자.

1. Connect Mode는 기본적으로 user-logon(always on)으로 설정되며 유저가 컴퓨터에 로그온하는 즉시 GP 에이전트가 VPN 연결을 설정한다. 이 모드는 변경할 수 있다.
   - **On-demand:** 유저가 연결 시기를 결정할 수 있다.
   - **Pre-logon(always on):** 유저가 데스크톱 환경에 로그온하기 전에 머신 인증서를 사용해 연결을 설정한다. 이렇게 하면 로그온 스크립트가 쉬워져서, 예를 들면 IT 직원이 로그아웃된 기기에 연결하는 것이 가능해진다.
   - **Pre-logon then On-demand:** 노트북이 부팅됐지만 로그온하지 않은 상태에서 VPN 연결을 설정하고 유저가 데스크톱에 로그인한 후 언제 연결할지 선택할 수 있게 한다.

2. Allow User to Disable GlobalProtect 옵션을 Allow로 설정한다. 이것을 Allow with Comment, Allow with Passcode, Allow with Ticket(또는 모두 Disallow)으로 변경한다. Allow with Ticket을 사용하려면 유저가 Network ➤ GlobalProtect ➤ Portals에서 티켓 생성을 실행할 수 있는 관리자에게 연락해 요청에 대한 응답을 받아야 한다.

3. Allow User to Uninstall GlobalProtect App 옵션을 허용하면 윈도우 유저가

GlobalProtect를 제거하지 못하게 하거나 비밀번호를 입력해야만 제거할 수 있다.

4. Allow User to Upgrade GlobalProtect App은 포털에서 업그레이드가 사용 가능하게 되면 기본적으로 유저에게 메시지를 표시한다. 이 작업은 다음 그림에 나와 있는 것처럼 Device ➤ GlobalProtect Client에서 새 에이전트를 다운로드하고 활성화하면 수행된다. Disallow, Allow Manually, Allow Transparently, Internal로 설정할 수 있다. Allow Transparently와 Internal 모두 에이전트를 자동으로 업데이트하지만 Internal은 유저가 회사 네트워크에 있을 때만 업그레이드를 수행한다.

VERSION	SIZE	RELEASE DATE	AVAILABLE	CURRENTLY INSTALLED	ACTION		
5.2.10	99 MB	2021/12/16 14:20:18	✓		Activate	Release Notes	☒
5.2.9	99 MB	2021/11/30 09:57:03			Download	Release Notes	
5.2.8	96 MB	2021/08/04 13:10:27	✓	✓	Reactivate	Release Notes	
5.2.7	94 MB	2021/06/10 14:41:40			Download	Release Notes	

그림 10.9: 새로운 GlobalProtect 패키지 활성화

5. 유저가 로그아웃을 할 수 없게 하려면 Allow users to Sign Out from GlobalProtect 옵션을 No로 설정해 GlobalProtect를 비활성화한다.

6. Single Sign-on 기능은 윈도우 또는 맥OS에서 기본적으로 활성화된 상태이므로 연결 시 유저 로그인 정보를 재사용한다.

7. Enforce GlobalProtect Connection for Network Access 옵션은 내부 또는 외부 게이트웨이에 GlobalProtect가 연결되지 않는다면 모든 네트워크 접근을 비활성화한다(게이트웨이 IP 또는 FQDN 예외를 설정할 필요 없음).

- 이 옵션을 설정할 때 Captive Portal Exception Timeout도 설정해 유저가 호텔이나 공항에 있을 때 네트워크 접속이 차단되기 전 캡티브 포털에 인증할 수 있게 한다.

- Traffic Blocking Notification Message를 편집해 GlobalProtect가 연결되지 않아 트래픽이 차단될 때 유저에게 알릴 수 있게 한다.

- Enforce GlobalProtect for Network Access 옵션을 우회하게 특정 IP 주소 또는 FQDN 호스트를 설정할 수 있다.

8. 유저가 간소화된 사용자 경험을 원하면 Enable Advanced View를 No로 설정할 수 있다.

9. 유저가 다른 조직에 포털 정보를 입력하는 데 사용할 수 있으므로 포털 주소를 변경하는 옵션을 허용하지 않으려면 Allow user to change Portal Address 옵션을 No로 설정할 수 있다. 단점은 포털 주소를 클라이언트에 (예, GPO를 통해) 푸시해야 한다는 것이다.

```
HKEY_LOCAL Global Policy Objects (GPO _MACHINE\SOFTWARE\PaloAlto
Networks\GlobalProtect\PanSetup with the Portal key.
/Library/Preferences/com.paloaltonetworks.GlobalProtect.pansetup.
plist with the Portal key
```

10. Allow User to Continue with Invalid Portal Server Certificate 옵션은 기본적으로 No로 설정된다. 일치하는 CN을 포함한 공용 인증서를 사용할 수 없을 때 실험용 포털을 수용하려면 Yes로 설정할 수 있다.

11. User Switch Tunnel Rename Timeout 옵션은 IT 담당자가 윈도우 RDP[remote desktop]을 사용해 클라이언트 컴퓨터에 연결해야 할 때 유용할 수 있다. 기본적으로 터널명이 즉시 변경되므로 그룹 구성원의 자격을 기준으로 다른 보안 룰이 즉시 적용된다. 경우에 따라서는 새 유저가 로그온한 후에도 터널명이 변경되지 않고 원래 접속이 잠시 동안 활성 상태로 유지되는 것이 유용할 수 있다.

12. Pre-Logon Tunnel Rename Timeout에는 세 가지 설정이 있다.
- -1은 활성 상태의 사전 로그온 터널을 유지하고 유저의 유저 ID 연결에 적용한다.
- 0은 사전 로그온 연결을 종료하고 유저 로그인 정보를 사용해 새 연결

을 다시 설정하려고 시도한다.

- 1-600은 데스크톱에 대한 유저 로그온이 처리되는 동안 사전 로그온 터널이 활성 상태를 유지할 수 있는 시간(초)을 나타낸다. 유저가 허용된 시간 내에 로그온하면 터널명이 변경되고 그렇지 않으면 터널이 종료된다.

13. Preserver Tunnel on User Logoff에서 타임아웃을 설정해 지정된 시간 동안 터널을 연결 상태로 유지할 수 있다.

14. Connect with SSL Only는 게이트웨이에서 IPSec을 사용하게 설정돼 있더라도 에이전트 구성 프로파일에 SSL을 사용하게 강제한다(No로 유지).

15. 추가 인증 정책을 사용해 추가 MFA 인증이 필요한 취약한 내부 리소스를 보호하려면 MFA 게이트웨이에서 Inbound Authentication Prompts 옵션을 Yes로 설정할 수 있다. 이때 GlobalProtect 에이전트가 MFA 랜딩 페이지를 표시하고 경고 메시지를 팝업해 유저가 추가 MFA 창이 나타나는 이유를 알 수 있게 한다.

HIP Data Collection 탭에서 HIP 데이터 수집 여부를 선택할 수 있다. GlobalProtect 라이선스를 구매한다면 윈도우 또는 맥OS의 각 GlobalProtect 에이전트는 실행 중인 프로세스, 패치 수준 등에 대한 HIP 리포트를 연결 당시 및 이후 주기적으로 게이트웨이로 보낸다. 여러 카테고리 및 공급업체 제품을 수집 대상에서 제외하거나 특정 레지스트리 항목이 있거나 실행 중인 프로세스가 있는지 윈도우 및 맥OS 호스트에 커스텀 검사를 추가할 수 있다.

인증서 프로파일을 설정해 GlobalProtect 에이전트가 보낸 컴퓨터 인증서를 확인한다. HIP 체크를 검토한 후 OK를 클릭해 에이전트 구성을 완료한다.

클라이언트리스 VPN을 추가하면 유저는 VPN 소프트웨어를 설치할 필요 없이 내부 애플리케이션에 연결된 클릭 가능한 링크가 있는 포털 페이지를 이용할 수 있다.

클라이언트리스 VPN

포틸 구성의 Clientless VPN 탭에서 유저가 전체 터널을 설정할 필요 없이 웹 페이지에 연결하고 내부 애플리케이션에 접근할 수 있는 포틸 인터페이스를 만들 수 있다. Portal 페이지에 애플리케이션 인터페이스로 연결되는 타일을 채우는 방식으로 작동한다.

1. General 메뉴에서 Clientless VPN을 활성화한다.
   - 포틸의 FQDN 또는 IP를 설정한다.
   - 보안 존을 설정한다. 이 존은 방화벽에서 애플리케이션으로 나가는 프록시 연결의 소스 존이 된다.
   - DNS Proxy 오브젝트를 선택한다. 아직 없다면 새로 만든다. Clientless VPN과 함께 작동하도록 인터페이스에 연결할 필요는 없다.
   - 기본값(각각 3시간, 30분)이 적합하지 않다면 Login Lifetime, Inactivity Timeout 을 변경한다.
   - Max Users에서 최대 동시 유저 수를 선택한다. 기본값은 10명이다.
   - 설정은 다음 그림과 유사해야 한다.

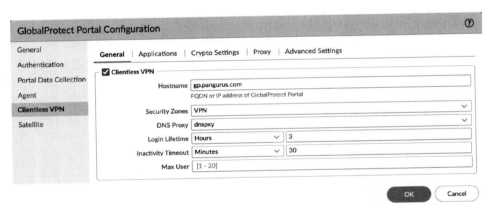

그림 10.10: 클라이언트리스 VPN

2. Applications 탭에서 유저가 사용할 수 있는 클라이언트리스 애플리케이션을 선택할 수 있다. Network ➤ GlobalProtect ➤ Clientless Apps 탭에서 개별적으로 생성한 다음 Network ➤ GlobalProtect ➤ Clientless App Groups 에서 Clientless Apps 그룹을 만들거나 다음 단계에 따라 직접 앱을 만들 수 있다.

- Add를 클릭해 새 애플리케이션-유저 매핑을 추가한다.
- Display application URL address bar 옵션을 사용하면 유저가 URL을 입력할 수 있으며, 클라이언트리스 VPN이 이를 대신 프록시할 수 있다. 유저가 클라이언트리스 VPN으로 인터넷을 탐색하게 허용되지 않는 한 이 옵션을 비활성화한다.
- 특정 유저 또는 그룹만 애플리케이션을 볼 수 있어야 한다면 Add를 클릭하고 애플리케이션을 볼 유저 또는 그룹을 선택한다.
- Applications에서 Add를 클릭하고 애플리케이션을 선택하거나 새 클라이언트리스 앱을 만든다.
  a. 새로운 클라이언트리스 앱을 만들 때 유저가 애플리케이션을 식별할 수 있게 이름을 설정한다.
  b. 애플리케이션에 적절한 URL을 설정한다.
  c. 추가 세부 정보가 포함된 설명을 추가한다.
  d. 선택 사항으로 Clientless App 타일을 대표하는 아이콘을 업로드한다.
  e. OK를 클릭한다.
- 필요에 따라 추가 애플리케이션을 만들거나 추가한다.

Applications 탭은 다음 그림과 유사하게 표시된다.

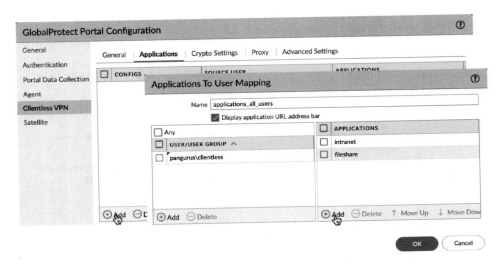

그림 10.11: 클라이언트리스 애플리케이션

3. Crypto Settings 탭에서는 방화벽에서 애플리케이션으로 아웃바운드 연결 보안을 제어할 수 있다.

- 최소 버전을 TLSv1.2로 설정한다.
- SHA1은 더 이상 보안 알고리듬으로 간주되지 않으므로 비활성화한다. 원격 피어와 통신할 수 있는 대안이 없을 때만 사용해야 한다.
- 일부 내부 인증서에 문제가 있는 것으로 알려진 경우를 제외하고 모든 Server Certificate Verification을 활성화한다.

Crypto Settings 탭은 다음 그림과 비슷하게 보일 것이다. 네트워크 외부 애플리케이션도 허용하려면 유저가 '잘못된' 인증서를 사용하는 사이트에 접속하지 못하게 Server Certificate Verification 아래 모든 차단 옵션을 활성화하는 것이 좋다.

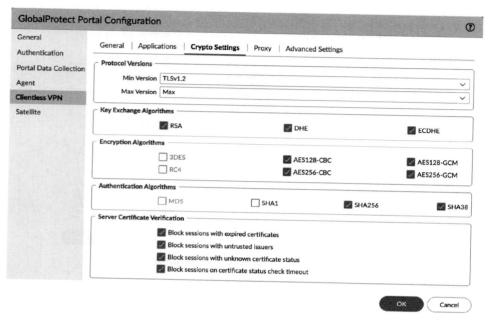

그림 10.12: 클라이언트리스 Crypto 설정

4. Proxy 탭에서 아웃바운드 연결이 프록시 서버를 통과해야 한다면 추가 프록시 서버를 구성할 수 있다. 특정 도메인용 프록시 룰을 설정할 수 있으며 룰은 위에서 아래 순으로 처리할 수 있으므로 가장 구체적인 룰을 맨 위에 배치해야 한다.

- Add를 클릭하고 설명이 포함된 이름을 설정한다.
- 프록시가 필요하거나 필요하지 않은 도메인을 한 줄에 하나씩 추가한다.
- Use Proxy 확인란을 선택하거나 선택을 취소한다.
- 프록시 IP, FQDN, 포트, 자격증명 세부 정보를 입력한다.
- OK를 클릭하고 필요에 따라 추가 프록시 서버 설정을 추가한다.

다음은 인트라넷 페이지의 프록시 설정 예다.

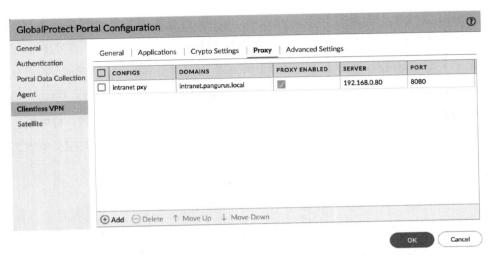

그림 10.13: 클라이언트리스 프록시

5. Advanced Settings에서 포털로 접속해서는 안 되는 하위 페이지 또는 참조 링크가 있는 모든 애플리케이션을 예외로 추가할 수 있다. 리스트에 URL을 추가하면 클라이언트리스 VPN 유저가 해당 링크에 접속할 수 없다. 그러나 URL 경로는 지원되지 않는다.

다음 그림에서 일부 클라이언트리스 애플리케이션과 Application URL이 활성화된 상태에서 GlobalProtect 포털이 어떻게 보이는지 확인할 수 있다. GlobalProtect Agent는 여기에서 다운로드할 수도 있다.

그림 10.14: 클라이언트리스 VPN이 활성화된 GlobalProtect 포털

Satellite 탭에서 간소화된 VPN을 사용해 조직에 연결할 방화벽 어플라이언스를 구성할 수 있다. 예를 들어 여러 개의 소형 방화벽을 사용해 팝업 위치를 설정하거나 컨벤션에서 부스를 운영할 때 빠르게 설정하고 VPN 터널 통과 후 바로 해체해 원격 팀이 실제 방화벽을 통해 접근해 GlobalProtect 에이전트보다 보안을 강화하려고 할 때 이상적인 솔루션이다. 규모가 크거나 정적인 사이트는 기존 VPN 연결의 이점을 가장 많이 누릴 수 있다. 위성 그룹을 만드는 방법은 다음과 같다.

1. Add를 클릭해 새 위성 그룹을 추가한다.
   - General 탭에서 설명이 포함된 이름을 설정하고 Config Refresh Interval 을 검토한다. 위성이 사용 가능한 새 연결 구성이 있는지 확인하는 빈도를 설정한다.
   - Devices 탭에서 시리얼 번호별로 디바이스를 추가하고 각 디바이스마다 설명이 포함된 이름을 설정한다.
   - Enrollment User/User Group 탭에서 디바이스를 수동으로 등록할 수 있는 유저 또는 유저 그룹을 추가할 수 있다. 필드에 새 디바이스가 설정돼 있지만 시리얼 번호가 자동 등록되게 전달되지 않았다면 관리자에게 수동으로 등록하라는 메시지가 표시되며, 이때 해당 유저 이름 또는 그룹 구성원 자격이 여기에서 설정한 것과 일치해야 한다.
   - Gateways 탭에서 위성이 연결할 게이트웨이와 라우팅 우선순위를 구성한다. 가장 빠르거나 가장 우선순위가 높은 게이트웨이에 연결하는 GlobalProtect 에이전트와 달리 위성은 유저가 구성하는 모든 게이트웨이에 연결하고 라우팅 순위를 사용해 트래픽을 전달한다.
   - OK를 클릭한다.

2. OK를 클릭해 포털 설정을 완료한다.

이제 포털이 구성됐으므로 내부 및 외부 게이트웨이 추가를 시작할 수 있다.

게이트웨이 설정

게이트웨이는 에이전트가 연결되는 곳이다. 각 방화벽에는 여러 개의 게이트웨이가 있지만 하나의 IP 주소를 공유할 수는 없으므로 여러 개의 게이트웨이가 필요하다면 각각 고유한 IP가 필요하다. 포털과 게이트웨이는 동일한 IP를 공유할 수 있다.

NOTE

> 게이트웨이는 HTTPS가 활성화된 관리 프로파일과 공존할 수 없다(외부 또는 신뢰할 수 없는 인터페이스에서 서비스를 호스팅하는 관리 프로파일은 절대로 설정하지 말아야 한다). 이런 경우 루프백 인터페이스에서 관리 프로파일을 활성화하고 포트 주소 변환을 사용해야 한다(예, 포트 4443은 루프백 인터페이스의 443으로 변환).

새 게이트웨이를 만들려면 Network ▶ GlobalProtect ▶ Gateways로 이동해 다음 단계를 따른다.

1. Add를 클릭하고 설명이 포함된 이름을 입력한다.

2. 적절한 인터페이스를 선택하고 IPv4, IPv6, 또는 IPv4 and IPv6을 선택하고 IP를 설정한다. 포털 부분과 마찬가지로 게이트웨이를 루프백 인터페이스에 설정하는 것이 좋다.

3. Authentication 탭에서 다음을 설정한다.
   - 동일한 FQDN을 재사용하거나 인증서를 IP로 설정한다면 포털과 동일한 SSL/TLS 서비스 프로파일을 사용한다. 다른 FQDN을 사용하려면 적절한 인증서를 가져오거나 생성하고 새 SSL/TLS 서비스 프로파일을 만든다.
   - 클라이언트 인증서를 사용하려면 Certificate Profile을 설정한다.
   - 새 클라이언트 인증 프로파일을 만들고 설명적인 이름을 설정한 다음 적절한 인증 프로파일을 선택한다. 포털과 동일한 프로파일을 사용하거나 보안 강화 목적으로 MFA를 활용하는 새 프로파일을 만들 수 있

다. 자격증명과 클라이언트 인증서가 필요한지, 자격증명 또는 클라이언트 인증서가 필요한지 검토하자.

Agent 탭에서 유저 환경을 변경할 수 있는 몇 가지 사항을 고려할 수 있다.

1. Tunnel Settings 탭에서 다음을 설정한다.
   - 외부 게이트웨이의 경우 Tunnel mode를 반드시 활성화해야 한다. 내부 게이트웨이에서 게이트웨이를 HIP, 인증, 신원 식별용으로만 사용할 계획이라면 Tunnel mode를 비활성화할 수 있다. Tunnel mode를 활성화하면 에이전트는 네트워크 내부에서도 터널을 설정해 보안을 강화한다.
   - Tunnel Interface를 선택한다. 이 인터페이스는 Network ➤ Interfaces ➤ Tunnel에서 만들 수 있으며 IP 주소는 필요하지 않지만 적절한 가상 라우터와 로컬 네트워크가 아닌 다른 보안 존에 설정해야 한다. 존 설정에서 Enable User-ID 옆 확인란을 선택한다.
   - 플랫폼에서 지원하는 최대 접속을 허용하려면 Max Users를 비워 둔다.
   - Enable IPSec을 선택하지 않으면 SSL/TLS가 강제로 사용된다. IPSec이 선택됐지만 에이전트 위치에서 사용할 수 없다면 폴백 프로토콜은 SSL/TLS다.
   - 드롭다운에서 GCM 암호(기본값은 aes-128-cbc를 사용)를 사용하는 새 GlobalProtect IPSec Crypto 프로파일을 만든다.
   - Enable X-Auth support 옵션을 사용하면 X-Auth를 지원하는 타사 VPN 클라이언트가 게이트웨이에 연결할 수 있다. 예를 들어 OpenVPN을 연결하려면 이 옵션을 활성화하고 Group Name과 Group Password를 설정하자. Skip Auth on IKE Rekey 선택을 취소해 IPSec 키가 만료될 때 유저가 재인증하게 강제할 수 있다.

2. Client Settings 탭에서 게이트웨이가 유저의 하위 집합, 호스트 OS, 지역과 상호작용하는 방식을 제어할 수 있다. 스플릿 터널이 필요하지 않다

면 이 단계를 건너뛰자.

- Add를 클릭하고 설명이 포함된 이름을 설정한다.
- 의도한 대상 유저에게 적용해야 할 소스 유저, 호스트 OS, 지역, 소스 주소를 선택한다. 그렇지 않고 모든 유저가 이 프로파일에 속해야 한 다면 항목을 Any로 남겨둔다.
- Authentication Override 탭에서 override 쿠키 생성 여부, 허용 여부, 쿠키 의 유효 기간을 선택한 다음 쿠키용 암호화/복호화 인증서를 선택한 다. 포털 및 게이트웨이 인증서와 연결된 신뢰할 수 있는 루트 인증서 로 서명된 것이어야 한다.
- IP Pool 탭에서 위에서 아래로 할당된 일반 IP 풀을 설정하거나 인증 서 버가 Framed-IPAddress 속성을 지원하는 경우 Retrieve Framed-IP- Address attribute from authentication server를 활성화해 클라이언트가 로그인할 때 고정 IP 주소가 할당되게 할 수 있다. Authentication Server IP Pool은 유저가 로그오프한 후에도 지워지지 않는 고정 할당이므로 모든 유저를 지원할 수 있을 만큼 충분히 커야 한다.
- Split Tunnels 탭에서 세션이 사용할 경로를 설정할 수 있다. 이것을 비 워 두면 모든 세션이 터널을 이용해 전송된다. No direct access to local network를 체크해 유저의 홈 네트워크(또는 호텔, 공항, 커피숍 등) 직접 접속을 비활성화할 수 있다.
  a. Include 필드에 서브넷을 추가하면 GlobalProtect 에이전트가 VPN 터널을 통해 해당 서브넷으로 향하는 세션을 독점적으로 라우팅 한다.
  b. Exclude 필드에 추가된 서브넷은 터널을 통해 전송되지 않으며 클 라이언트의 로컬 라우팅 테이블을 사용한다.
  c. 도메인 Include 및 Exclude와 관련 포트를 사용해 터널을 이용해 전 송되거나 전송되지 않는 FQDN을 제어할 수 있다. 이 기능을 사용 하려면 라이선스가 필요하다.

d. Include and exclude Client Application Process Name을 사용하면 터널을 이용해 모든 트래픽을 전송하거나 터널 사용이 허용되지 않고 로컬 링크를 통해 인터넷으로 '브레이크 아웃'하는 프로세스(예, C:\Users\user\AppData\Local\myapp\myapp.exe)를 제어할 수 있다. 이 기능을 사용하려면 GlobalProtect 라이선스도 필요하다.

Network Services 탭에서 클라이언트에 할당된 DNS 서버 및 DNS 접미사를 추가할 수 있다.

3. Client IP Pool 탭에는 현재 프로파일과 일치하는 게이트웨이에 연결하는 모든 유저의 글로벌 IP 풀이 있다. IPv4와 IPv6 모두 여러 개의 풀을 추가할 수 있다. 최상위 풀에서 먼저 IP 주소가 할당되며 IP 주소가 소진되면 다음 풀이 사용되는 식으로 계속 진행된다. IP 풀은 터널 인터페이스가 속한 가상 라우터에 자동으로 추가된다.

4. Network Services 탭에서는 연결이 설정될 때 에이전트가 수신하는 DNS, WINS 서버, 조직과 관련된 DNS 접미사를 제어할 수 있다. 동적 또는 DHCP 클라이언트 인터페이스가 있으면 이 인터페이스를 상속 가능한 소스로 설정해 DNS 및 WINS 정보를 GlobalProtect 에이전트로 전달할 수 있다.

5. Connection Settings 탭에서 다음을 설정한다.

- Login Lifetime은 유저가 연결을 지속할 수 있는 최대 시간이다.
- 설정된 시간 동안 HIP 리포트가 수신되지 않으면 Inactivity Logout 설정으로 유저의 연결을 끊는다. HIP 확인이 활성화되지 않는다면 이 타이머는 무시된다.
- Disconnect On Idle은 설정된 시간 동안 VPN 터널을 이용해 패킷이 수신되지 않으면 연결을 중단한다.

Disable Automatic Restoration of SSL VPN 옵션은 어떤 이유로든 연결이

중단된 후 자동 재연결을 방지하므로 유저가 다시 수동으로 연결해야만 한다. 이 옵션을 선택하면 always-on 모드가 작동하지 않는다. Restrict Authentication Cookies 기능은 쿠키가 원래 소스 IP 또는 쿠키가 생성된 서브넷에서만 작동하게 제한하는 방식으로 인증 오버라이드에 제한을 설정할 수 있다(유저가 다른 IP 또는 서브넷으로 이동하면 쿠키가 더 이상 인증 재지정에 작동하지 않으므로 유저는 재인증해야 함).

6. Video Traffic 탭에서 비디오 애플리케이션이 터널 대신 로컬 인터넷으로 빠져나가게 브레이크 아웃을 강제해 대역폭 사용을 절약할 수 있다. 허용되지 않는 비디오 스트리밍 서비스는 이 설정에서 제외되지 않아야 하며 대신 보안 정책에 따라 방화벽에서 차단된다. 이 기능을 사용하려면 라이선스가 필요하다.

7. HIP Notifications 탭에서 HIP 오브젝트 또는 HIP 프로파일과 해당 User Notification 설정을 포함하는 프로파일을 생성할 수 있다.
   - Add를 클릭하고 HIP 프로파일이나 매치할 HIP 프로파일을 선택한다(다음 항목 참고).
   - 일치 항목을 유저에게 보고해야 한다면 Enable Match Message를 설정하고 시스템 트레이 풍선 또는 팝업 메시지를 설정한 다음 유저에게 표시할 텍스트를 입력한다.
   - 필수 검사가 탐지되지 않아not-match 이 이벤트를 유저에게 보고해야 한다면 Enable Not Match Message를 설정하고 시스템 트레이 풍선 또는 팝업 메시지를 설정해 유저에게 표시해야 하는 텍스트를 입력한다.

8. Satellite 탭에서 위성 방화벽에 터널 설정을 구성할 수 있다. Tunnel Settings 탭에서 Enable Tunnel Configuration을 설정하고 터널 인터페이스를 설정한다. 이 인터페이스가 지점이 될 것이므로 일반 게이트웨이가 사용하는 것과는 다른 보안 존과 IP가 할당된 다른 터널 인터페이스를 사용해야 한다. 터널 모니터링 설정은 원격 게이트웨이가 연결

성을 모니터링하고 모니터링에 실패하면 다른 게이트웨이로 페일오버 하는 데 사용할 IP 주소다. 이를 터널 IP로 설정한다.

Network settings 탭에서는 DNS 설정 및 DNS 접미사를 설정하거나 상속 소스를 설정할 수 있다. IP 풀은 원격 터널 인터페이스에 IP를 할당하는 데 사용한다. Access route를 사용하면 원격 피어가 터널로 경로를 설정해서 메인 사이트의 네트워크에 연결할 수 있다. 모든 것을 터널로 보내려면 이 항목을 비워두자.

Route Filter 탭에서 Accept published routes를 활성화해 위성에서 광고하는 경로를 가상 라우터에 설치할 수 있다. 로컬 서브넷과 겹치지 않게 이 방법으로 허용될 서브넷을 Permitted Subnets 필드에 추가할 수 있다.

9. OK를 클릭한다.

이제 유저가 연결을 시작할 수 있는 완전한 기능의 게이트웨이가 생겼다. HIP 체크를 수행하려면 설정하는 방법은 다음과 같다.

HIP 오브젝트와 프로파일

HIP 검사는 에이전트의 호스트 OS가 조직에서 정한 표준에 부합하는지 여부를 확인한다. 호스트에서 이러한 검사를 수행하려면 라이선스가 필요하다는 점을 기억하자.

시작하기 전에 Device ➤ Dynamic Updates에서 GlobalProtect 데이터 파일이 주기적으로 다운로드되는지 확인한다. 이렇게 하면 방화벽은 공급업체 패치 수준 및 소프트웨어 버전에 최신 정보가 유지될 수 있다.

Objects ➤ GlobalProtect ➤ HIP Objects에서 HIP 오브젝트를 만들 수 있다.

관리되는 윈도우, 맥OS 노트북, 회사 소유 모바일 디바이스, BYOD 디바이스가 있을 수 있으므로 일반적으로 HIP 오브젝트는 관리 용이성을 위해 한 가지 유형의 디바이스만 다룬다. 이들 모두는 서로 다른 특성을 갖는다. 다음 단계에 따라 기본 HIP 오브젝트를 구축한다.

1. Add를 클릭하고 설명이 포함된 이름을 설정한다.

2. General 탭에서 OS 버전, GlobalProtect 클라이언트 버전, 도메인 및 모바일 디바이스에 연결된 와이파이 네트워크 또는 통신사 등과 같은 모든 관련 호스트 정보를 입력한다.

3. Mobile Device 탭에서 모바일 디바이스에 대해 이 프로파일을 활성화하고 디바이스의 유형, 모델, 전화번호, IMEI 번호에 파라미터를 설정할 수 있다. HIP으로 비밀번호 사용 여부, 모바일 디바이스 탈옥 여부, 디스크 암호화 사용 여부, 특정 애플리케이션의 설치 여부를 확인할 수 있다.

4. Patch Management 탭에서 심각도 수준 및 여러 공급업체별로 누락된 패치에 대한 검색을 설정할 수 있다. 이러한 패치 시그니처는 동적 업데이트 패키지에 포함된다.

5. Firewall 탭에서 방화벽 소프트웨어가 설치돼 있고 활성화됐다면 검색을 활성화할 수 있다.

6. Anti-Malware 탭에서 설치된 안티바이러스 또는 안티멀웨어 소프트웨어에 대한 검색을 활성화하고 실시간 스캔이 활성화됐는지 여부를 알 수 있다. 또한 최소 바이러스 정의 및 제품 버전을 확인하고, 마지막 스캔이 수행된 시기를 알 수 있다.

7. Disk Backup 탭에서 백업 소프트웨어에 대한 검색을 활성화하고 마지막으로 백업을 실행한 시간을 확인할 수 있다.

8. Disk Encryption 탭에서 암호화 소프트웨어 검색을 활성화하고 특정 위치가 암호화됐는지 여부를 확인할 수 있다.

9. Data Loss Prevention 탭에서 데이터 손실 소프트웨어 검색을 활성화하고 사용 여부를 확인할 수 있다.

10. Certificate 탭에서 GlobalProtect에서 사용하는 인증서에 특정 속성이 있는지 확인할 수 있다.

11. Custom Checks 탭에서 실행 중인 프로세스, 레지스트리, Plist 키에 대한 검사를 추가할 수 있다.

HIP Profiles에서 AND, OR, NOT 조건을 이용해 HIP 오브젝트를 결합할 수 있으므로 여러 디바이스에 적용되는 일련의 조건 집합을 구축할 수 있다. 이러한 조건을 GlobalProtect 또는 보안 정책에 추가하면 해당 검사를 충족하거나 실패한 유저에게 보안 제어를 적용할 수 있다.

예를 들어 HIP 프로파일은 다음과 같이 설정할 수 있다.

```
("corp-laptop" or "corp-mobile") and not "byod"
```

HIP 설정 작업을 수행해 모든 회사 디바이스를 포함할 수 있지만 개인 디바이스는 포함하지 않을 수 있다.

HIP 프로파일을 활용하는 보안 룰을 만들려면 다음과 같이 수행한다.

1. 새 보안 룰을 만들고 설명이 포함된 이름을 설정한다.

2. Source 탭에서 GlobalProtect 보안 존을 설정하고 유저 IP 풀 오브젝트를 만들고 설정한다.

3. User 탭에서 이 룰을 적용할 유저 그룹 및 HIP 프로파일을 설정한다. 프로파일의 HIP 오브젝트와 일치하는 디바이스만 이 룰과 일치한다.

이 룰에서 클라이언트의 HIP 정보가 필요하지 않으면 HIP 드롭다운을 no-hip으로 설정할 수 있다. 이렇게 하면 타사 VPN 클라이언트가 리소스에 접근할 수 있으며, any 옵션을 선택하면 모든 디바이스가 허용된다. 이제 다음과 같이 룰을 만든다.

1. Destination 탭에서 DMZ 서버 또는 기타 내부 리소스와 같은 적절한 대상을 설정한다.

2. Application 탭에서 적절한 애플리케이션을 추가한다.

3. Service/URL Category 탭에서 서비스 또는 대상 URL 카테고리를 설정한다.

4. Actions 탭에서 동작, 위협 프로파일, 로깅 설정을 한다.

5. OK를 클릭한다.

또한 Quarantine에 HIP 매치를 설정할 수 있다. 여기에는 관리자가 Device ➤ Device Quarantine에서 디바이스를 추가하거나 트래픽 또는 위협 로그에서 수동으로 선택해 격리 목록에 직접 추가한 모든 디바이스가 포함된다. 또는 다음 그림에서 보이는 바와 같이 격리 동작이 설정된 로그 포워딩 프로파일과 보안 룰을 일치시켜 자동으로 격리 목록에 추가된 디바이스를 포함한다.

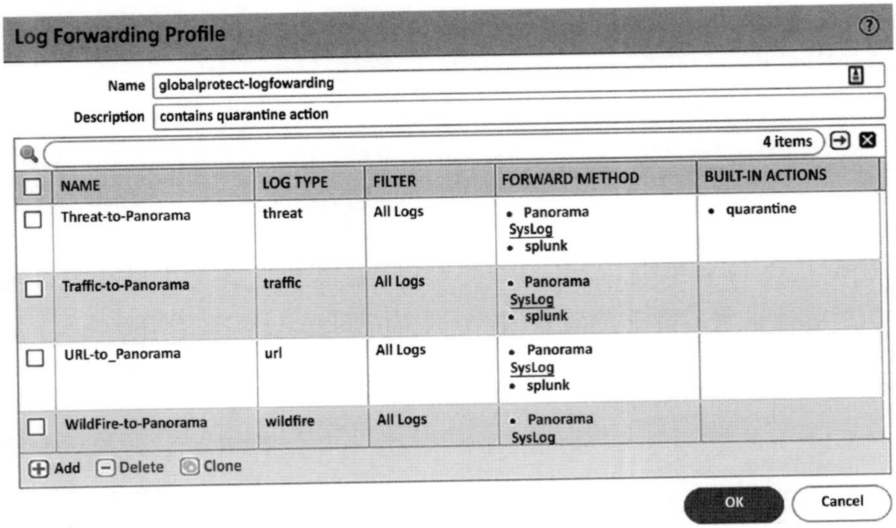

Log Forwarding Profile ⑦

Name globalprotect-logfowarding

Description contains quarantine action

4 items

	NAME	LOG TYPE	FILTER	FORWARD METHOD	BUILT-IN ACTIONS
☐	Threat-to-Panorama	threat	All Logs	• Panorama SysLog • splunk	• quarantine
☐	Traffic-to-Panorama	traffic	All Logs	• Panorama SysLog • splunk	
☐	URL-to_Panorama	url	All Logs	• Panorama SysLog • splunk	
☐	WildFire-to-Panorama	wildfire	All Logs	• Panorama SysLog	

⊕ Add ⊖ Delete ⎘ Clone

OK   Cancel

그림 10.15: 자동 격리

HIP 사용 클라이언트에 대한 룰 기반은 다음 그림과 같다. 각 룰은 동일한 존, 유저, IP 풀에 대한 것이지만 각 룰마다 HIP 일치 항목이 다르므로 서로 다른 소스 디바이스에 적용된다.

| | NAME | TYPE | Source | | | | Destination | | APPLICATION | SERVICE | ACTION | OPTIONS |
			ZONE	ADDRESS	USER	DEVICE	ZONE	ADDRESS				
1	VPN_HIP	universal	SSLVPN	AuthSRV_Pool	HQ_Users	corp-laptop	Trust	VDI_SRV_Pool	ms-rdp ping ssh	application-default	Allow	
2	Policy_for_Paloa...	universal	SSLVPN	Dev_MGT_Pools	USA_Users	corp-mobile	Trust	updates.paloalton...	facebook mssql-db	application-default	Allow	
3	AuthSRVs_to_D...	universal	SSLVPN	AuthSRV_Pool	HQ_Users	BYOD	Databases	DL_Pool	dl_apps	service-https	Deny	
4	Remote_Auth	universal	DMZ	authorized_pool	any	any	Untrust	172.1.0.20/32	kerberos	service-https	Allow	
5	default_deny	universal	any	any	any	any	any	any	any	any	Deny	
6	intrazone-default	intrazone	any	any	any	any	(intrazone)	any	any	any	Allow	none
7	interzone-default	interzone	any	any	any	any	any	any	any	any	Deny	none

그림 10.16: HIP 사용 보안 룰

에이전트는 기본적으로 매시간 HIP 업데이트를 보낸다. 이 간격을 변경하려면 다음 명령을 사용해 CLI에서만 변경할 수 있다.

```
> debug global-protect portal interval <60-86400>
> configure
# commit
# exit
> debug global-protect portal show
```

이 절에서는 GlobalProtect 구성 요소를 설정하는 방법과 유저가 다양한 디바이스로 어디서나 유연하게 작업할 수 있게 지원하는 방법을 살펴봤다.

⠿ 요약

10장에서는 GlobalProtect를 사용해 Site-to-Site VPN 터널과 클라이언트 VPN을 설정하는 방법을 살펴봤다. 이제 연결성을 제공할 뿐만 아니라 클라이언트 기기의 규정 준수 여부를 검사하고 유저 경험을 제어하는 방법을 알 수 있다.

11장에서는 위협 방어용 커스텀 애플리케이션 및 커스텀 시그니처를 만드는 방법과 DoS 보호 프로파일과 정책을 사용해 존을 보호하고 개별 서비스를 보호하는 방법을 알아본다.

PCNSE를 준비한다면 클라이언트리스 VPN은 프록시 연결이며 애플리케이션을 반드시 만들어야 한다는 점을 기억하자. GlobalProtect 포털과 게이트웨이의 차이점을 이해하고 추가 라이선스가 필요한 기능(모바일 클라이언트, 애플리케이션 및 도메인용 스플릿 터널, HIP 검사, 클라이언트리스 VPN, IPv6 및 스플릿 DNS)을 알아야 한다.

11

고급 보호 기법

11장에서는 커스텀 애플리케이션 및 커스텀 위협과 같은 고급 구성 기능을 학습하고 이를 정책에 적용하며, 존 보호와 서비스 거부[DoS, Denial of Service] 보호를 활용해 공격자로부터 네트워크와 개별 리소스를 방어하는 방법을 살펴본다.

11장에서 다루는 내용은 다음과 같다.

- 커스텀 애플리케이션과 애플리케이션 오버라이드
- 커스텀 위협 시그니처
- 존 보호와 DoS 보호

내부적으로 생성된 프로토콜 또는 일반 App-ID와 일치하거나 일치하지 않는 애플리케이션 식별용 커스텀 애플리케이션을 만드는 방법을 살펴본다. 또한 특정 페이로드를 차단할 수 있는 자체 위협 시그니처를 만드는 방법도 살펴본다. 마지막으로 모든 종류의 패킷 기반 공격에서 방화벽과 백엔드 시스템을 보호하는 방법을 살펴본다.

기술적 요구 사항

11장에서는 원격 연결과 인바운드 연결을 보호하는 방법을 다룬다. 커스텀 애플리케이션과 들어오는 스캔 또는 플러드[flood]를 시뮬레이션할 수 있는 랩 환경이 있다면 설명하는 내용을 시각화하는 데 큰 도움이 될 것이다.

커스텀 애플리케이션과 위협

간혹 애플리케이션을 알 수 없을 때가 있다. 이는 외부에서 많이 사용되지 않은 새 애플리케이션이거나 개발자가 내부에서 만들어 세션 식별용 시그니처를 기대하기 어려운 애플리케이션일 수 있다.

이때는 커스텀 시그니처를 사용하고 이전에 알려지지 않은 애플리케이션을 명확하게 식별하는 App-ID를 트리거할 수 있는 커스텀 애플리케이션을 만들 수 있다.

커스텀 애플리케이션의 필요성은 일반적으로 트래픽 로그에서 이상 징후를 발견하는 것에서 시작된다. 다음 그림에서 필자는 태양광 발전 컨버터를 발견했는데, 이 컨버터의 홈 서버와 IoT 디바이스가 unknown-tcp 연결로 통신한다는 것을 알게 됐다.

		RECEIVE TIME	TYPE	FROM ZONE	TO ZONE	SOURCE	DESTINATION	TO PORT	APPLICATI...	ACTION
🔍	⬇	06/14 17:09:28	end	LAN	outside	192.168.27.4	78.	22222	unknown-tcp	allow
🔍	⬇	06/14 14:43:08	end	LAN	outside	192.168.27.4	79.	22222	unknown-tcp	allow
🔍	⬇	06/14 13:25:23	end	LAN	outside	192.168.27.4	46.	22222	unknown-tcp	allow

그림 11.1: 트래픽 로그의 unknown-tcp 애플리케이션

이 문제를 해결하는 두 가지 방법이 있다.

- 이러한 모든 세션을 특정 애플리케이션으로 강제로 설정하는 애플리케이션 오버라이드를 구현한다.
- 시그니처를 사용해 커스텀 애플리케이션을 만들어 이러한 세션을 확실하게 식별하고 세션에 보안 스캔을 수행한다.

가장 쉬운 솔루션을 먼저 살펴보자.

애플리케이션 오버라이드

앱 오버라이드 구현은 '간단하고 빠른' 방식으로, 애플리케이션 식별 과정을 커스텀 애플리케이션으로 강제 대체한다. 장점은 몇 가지 간단한 파라미터만 설정하면 끝난다는 것이다. 단점은 세분화할 수 없고 오류가 있을 수 있으며, 가장 중요한 것은 커스텀 애플리케이션을 설정하면 보안 프로파일이 더 이상 세션에 적용되지 않는다는 것이다(패킷에서 더 이상 위협 및 멀웨어를 검사하지 않음).

NOTE

> 사전 정의된 애플리케이션을 설정하면 데이터 흐름이 애플리케이션에서 일반적으로 예상되는 것과 달라서 일반 App-ID가 실패하는 경우 손상된 App-ID 처리 과정을 '수정'하는 데 도움이 될 수 있다. 이 방법은 애플리케이션 흐름이 오버라이드에서 설정한 애플리케이션과 정확히 일치하는 경우에만 작동하며, 이는 드물게 일부 핵심 패킷의 순서가 어긋난 상태다. 이 방법을 만능 해결책으로 추천하진 않지만 필요할 때 쓸 수 있게 알아두자.

다음 예제에서는 커스텀 데이터 흐름을 사용하는 태양광 컨버터를 예로 들어 커스텀 애플리케이션을 만드는 방법을 살펴본다. 커스텀 애플리케이션을 만들면서 따라갈 IoT 디바이스가 네트워크 내에 있는 IoT 디바이스를 확인하고 여기에 맞춰 커스텀 애플리케이션을 만들어보면 도움이 될 수 있다.

첫 번째 단계는 세션을 식별하는 데 사용할 커스텀 앱을 만드는 것이다. Objects ➤ Applications 탭에서 새 애플리케이션을 다음과 같이 만들어보자.

1. Add를 클릭하고 새 애플리케이션의 설명이 포함된 이름을 설정한다. 여기서는 애플리케이션 이름을 **Solar**라고 한다.

2. Configuration 탭에서 Properties와 Characteristics를 설정한다. 태양광 컨버터는 다음과 같이 설정한다.
   - **Category:** business-system
   - **Subcategory:** management
   - **Technology:** client-server

이 앱은 집에 전화해 태양광 발전량을 보고하는 친숙한 앱이므로 특성은 빈칸으로 남겨둔다.

Advanced 탭에서 Port 라디오 버튼을 선택해 TCP 및 UDP 포트를 사용하도록 선택하거나 IP Protocol, ICMP Type, ICMPv6 Type, None 중에 선택할 수 있다.

포트 설정에서 포트 번호(예, tcp/88), 포트 범위(예, udp/50-100), 또는 동적으로 할당된 포트라면 dynamic(예, tcp/dynamic)을 추가할 수 있다. 다음과 같이 설정한다.

- 포트를 **TCP/22221-22222**로 설정한다.
- 모든 Timeouts 설정을 비워둬 TCP에 시스템 기본 타임아웃을 사용한다 (TCP에 시스템 기본 타임아웃을 사용하려는 것을 표시하고자 모든 Timeouts 설정을 비워둔다).
- File Types, Viruses, Data Patterns를 스캔하는 옵션이 있지만 오버라이드가 없을 때만 작동하므로 지금은 이 옵션도 비워둔다.

당장은 Signatures 탭이 필요하지 않으므로 OK를 클릭한다.

이제 애플리케이션이 다음 그림과 같이 보인다.

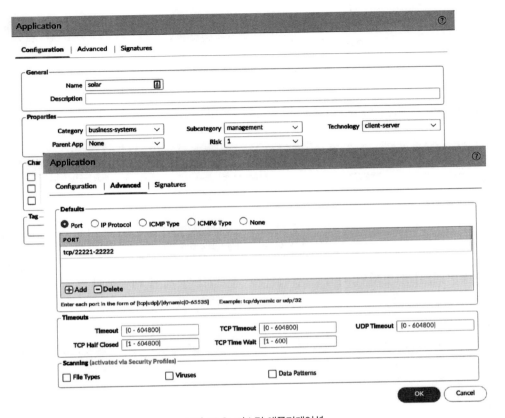

그림 11.2: 커스텀 애플리케이션

오버라이드를 생성하려면 Policies ➤ Application Override로 이동해 새 오버라이드 정책을 만든다.

1. Add를 클릭하고 설명이 포함된 이름을 설정한다.

2. Source 탭에서 태양광 컨버터의 소스 존을 LAN으로 설정하고 소스 IP를 192.168.27.4로 설정한다.

3. Destination 탭에서 대상 존을 outside로 설정하고 필자 컨버터의 클라우드 인터페이스와 연결된 IP 주소를 설정할 수 있다.

4. Protocol/Application 탭에서 대상 포트를 **tcp 22221-22222**로 설정하고 앞서 생성한 **solar** 커스텀 애플리케이션을 설정한다.

5. OK와 Commit을 클릭한다.

오버라이드 룰은 다음 그림과 같이 표시된다.

	NAME	TAGS	Source		Destination		PROTOC...	PORT	APPLICATI...
			ZONE	ADDRESS	ZONE	ADDRESS			
1	solar override	none	LAN	192.168.27.4	outside		tcp	22221-22222	solar

그림 11.3: 애플리케이션 오버라이드 룰

변경 사항이 커밋되면 다음 그림에서 볼 수 있듯이 세션 테이블과 트래픽 로그에 세션이 다른 애플리케이션으로 나타나기 시작할 것이다.

		RECEIVE TIME	TYPE	FROM ZONE	TO ZONE	SOURCE	DESTINATION	TO PORT	APPLICATION	ACTION
		06/17 00:57:18	end	LAN	outside	192.168.27.2...	80	22222	solar	allow
		06/16 19:49:46	end	LAN	outside	192.168.27.2...	80	22222	solar	allow
		06/16 16:29:25	end	LAN	outside	192.168.27.2...	18	22222	solar	allow

그림 11.4: 커스텀 애플리케이션으로 식별된 세션

이는 간단한 애플리케이션, 특히 엔드포인트를 제어하고 호스트 기반 보안을 활용해 TCP 흐름의 부족한 스캔 기능을 보완할 수 있는 내부 애플리케이션에 적합한 솔루션이다. 하지만 시그니처 기반 식별을 사용하고 App-ID 및 Content-ID가 흐름을 완전히 스캔하는 것이 더 낫다.

다음 절로 넘어가기 전에 애플리케이션 오버라이드 정책을 비활성화하는 것을 잊지 말자.

시그니처 기반 커스텀 애플리케이션

하나 이상의 시그니처를 기반으로 애플리케이션을 식별하면 커스텀 세션을 식별할 때 정확도가 더 높아진다. 트래픽 식별을 위해 설정한 시그니처와 일치하지 않는 세션은 여전히 unknown으로 식별되며, 가능한 모든 시그니처를 고려한다면 차단하거나 경보를 발생시켜야 한다.

커스텀 시그니처를 만들기 전에 식별하려는 애플리케이션 조사를 먼저 수행해야 한다. 패킷 캡처로 최상의 정보를 얻을 수 있다.

기본 패킷 캡처를 설정하려면 Monitor ➤ Packet Capture로 이동해 Manage Filters를 클릭한다.

Packet Capture Filters에서 수신 인터페이스, 소스 IP나 포트, 대상 IP, 포트 및 프로토콜 번호를 기준으로 캡처하려는 대상을 시스템에 알려주는 줄을 최대 4개까지 추가할 수 있다. 또한 비IP 프로토콜을 포함하거나 제외하거나 전용으로 캡처하게 선택할 수 있으며, 이는 DHCP를 캡처할 때 유용하다. 예를 들면 필자는 다음과 같이 캡처를 수행한다.

1. Add를 클릭하고 필터 ID를 1로 설정한다.

2. Source를 선택하고 태양광 컨버터의 IP를 192.168.27.113으로 설정한다.

3. 대상 포트를 22221로 설정한다.

4. Add를 클릭하고 필터 ID를 2로 설정한다.

5. Source를 선택하고 태양광 컨버터의 IP를 192.168.27.113으로 설정한다.

6. 대상 포트를 22222로 설정한다.

7. OK를 클릭한다.

8. 필터링 토글을 ON으로 설정해 필터링을 활성화한다.

그리고 다음과 같이 캡처 단계를 설정한다.

1. Add를 클릭한다.

2. 캡처 단계를 설정한다.

- Receive는 들어오는 인터페이스에서 패킷을 캡처
- Transmit은 나가는 인터페이스에서 패킷을 캡처
- Drop은 폐기되는 패킷을 캡처
- Firewall은 패킷이 처리되는 중에 패킷을 캡처

이 예제에서는 firewall 단계를 사용하고 파일을 solar.pcap으로 한다.

3. OK를 클릭한다.

4. Packet Capture 토글을 ON으로 전환해 캡처를 활성화한다.

패킷이 캡처된 후 파일은 Captured Files에 표시되며, 파일을 클릭해 다운로드할 수 있다. 충분한 시간을 기다리고 가능하면 세션을 다시 시작하자. 충분한 데이터가 수집되면 파일을 클릭하고 와이어샤크^{Wireshark}로 열어 시그니처를 찾기 시작한다.

필자의 경우 다음 그림에 네 번째 패킷의 Data 필드에서 볼 수 있듯이 태양광 컨버터가 항상 동일한 핑거프린트를 사용해 로그인하는 것을 발견했다.

그림 11.5: 와이어샤크 패킷 캡처

510

이제 이전에 만든 커스텀 애플리케이션에 시그니처를 추가할 수 있다. Objects
➤ Applications 탭에서 커스텀 애플리케이션(solar)을 연다. Signatures 탭에서 Add
를 클릭한다.

1. 설명이 포함된 시그니처 이름을 설정한다.

2. Scope를 설정한다. Transaction은 단일 패킷의 시그니처를 일치시키는
   데 사용되며 Session은 여러 패킷의 시그니처 일치에 사용된다.

3. 핑거프린트는 네 번째 패킷에서 발생하며 시그니처 엔진이 핑거프린트
   를 식별한 후에는 계속 분석할 필요가 없으므로 스코프를 Transaction으
   로 설정한다.

4. Ordered Condition Match를 사용하려면 여러 조건을 위에서 아래로 순서
   대로 일치시켜야 한다. 이 옵션을 선택하지 않으면 어떤 순서로든 일치
   시킬 수 있다. 시그니처가 하나만 있으므로 이 옵션은 선택하지 않은
   상태로 유지한다.

5. OR 조건을 추가한다.
   - Operator를 Pattern Match로 설정한다.
   - 이 세션(unknown-tcp)을 요청한 디코더가 없기 때문에 이 시그니처의 콘텍
     스트는 unknown-req-tcp-payload다. 세션에서 선택하는 디코더에 따
     라 다양한 콘텍스트를 사용할 수 있다. 예를 들어 커스텀 앱이 웹 브라
     우징의 하위 애플리케이션이면 콘텍스트는 http-req-host-header가
     될 수 있다.
   - 패턴을 설정한다. ASCII를 일치시키려면 필드에 ASCII 텍스트를 추가
     하기만 하면 되고 16진수 값을 일치시키려면 시그니처 엔진이 16진수
     값임을 알 수 있게 반드시 2개의 \x 토큰 사이에 16진수를 포함시켜야
     한다.
   - 여기서는 \x123456792200dd\x를 사용해 핑거프린트를 일치시키며,

이는 커스텀 시그니처의 최소 7바이트 규정을 충족한다.

- 일부 콘텍스트에는 문자열이 일치할 수 있는 위치를 필터링하는 한정자qualifier가 있다(예, http-req-host-header에 GET 값을 가진 http-method 한정자를 추가할 수 있다).

6. OK를 두 번 클릭한다.

이제 커스텀 애플리케이션이 다음 그림과 같이 표시된다.

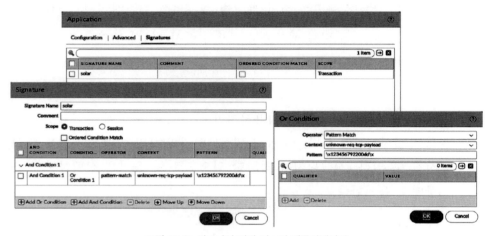

그림 11.6: 시그니처 기반 커스텀 애플리케이션

이 설정을 커밋하면 세션이 커스텀 애플리케이션으로 선택되는 것을 볼 수 있다.

시그니처 생성 시 몇 가지 유의 사항이 있다.

- 시그니처 패턴은 고정 값이 있는 최소 7바이트 문자열을 반드시 포함해야 한다.
- 16진수 문자열을 \x로 둘러싼다.
- ASCII에서는 대문자와 소문자에 유의하자. 대문자만 사용되는 경우와 소문자만 사용되는 경우(예, GOOGLE.COM과 google.com)에는 두 문자에 대한 시그니처를 모두 포함해야 할 수 있다.

- 7바이트 문자열 외에 정규 표현식^{RegExes}을 추가하면 좀 더 복잡한 패턴과 일치시킬 수 있다.

다음 문자들은 정규 표현식 문자열에서 와일드카드로 사용할 수 있다.

.	1.3	단일 문자를 일치시킨다(예, 123, 133).
?	dots?	마지막 문자는 있든 없든 일치시킨다(예, dot, dots).
*	dots*	마지막 문자가 있든 없든 마지막 문자가 여러 번 반복되는 문자열과 일치한다(예, dot, dots, dotssss).
+	dots+	앞 문자의 단일 또는 다중 반복을 일치시킨다(예, dot, dots, dotssss).
|	((exe)|(msi))	OR 함수는 가능한 여러 문자열을 일치시킨다(예, dot.exe, dot.msi).
[ ]	x[abc]	앞의 문자열과 대괄호 사이의 모든 문자를 일치시킨다(예, xa, xb, xc).
-	x[a-z]	범위 내의 모든 문자와 일치시킨다(예, xa, xm).
^	x[^AB]	나열된 문자를 제외한 모든 문자와 일치시킨다(예, xC, x5).
{ }	x{1,3}	길이가 1~3바이트인 경우 x 뒤에 오는 모든 문자를 일치시킨다(예, x1, x123).
\	x\.y	특수 문자와 정확히 일치하는 이스케이프 문자다(예, www\.pangurus\.com)
&amp		문자열에서 &를 일치시키는 데 사용한다.

그림 11.7: 정규 표현식 와일드카드 문자

모든 콘텍스트 및 한정자의 목록은 팔로알토 네트웍스의 지식 베이스^{KB, Knowledge Base} 문서(https://knowledgebase.paloaltonetworks.com/KCSArticleDetail?id=kA10g000000CIOFCA0)에서 찾을 수 있다. 이 문서는 다소 오래됐지만 여전히 좋은 참고 자료가 될 수 있다.

이제 패킷을 분석해 식별 가능한 패턴을 찾아 커스텀 애플리케이션의 시그니처에 적용할 수 있다. 이런 지식을 커스텀 위협에도 적용할 수 있다.

커스텀 위협

특정 데이터 패턴에 단순한 App-ID 기반 보안 룰로 허용하거나 차단하기보다 더 복잡한 접근 방식을 취해야 한다면 세션에서 해당 패턴을 감지했을 때 클라이언트나 서버 또는 둘 다를 차단하거나 리셋하거나 공격자의 IP를 차단할 할 수 있는 커스텀 위협을 만들 수도 있다.

커스텀 취약점 혹은 커스텀 스파이웨어를 만들 수 있다. 두 프로파일 모두 옵션은 같지만 보안 프로파일과 리포트 카테고리가 다르다.

커스텀 취약점을 구축할 예정이나 커스텀 스파이웨어를 만드는 프로세스는 동일하다. Objects ➤ Custom Objects ➤ Vulnerability에서 다음 단계에 따라 커스텀 취약점을 만든다.

1. Add를 클릭한다.

2. Configuration 탭에서 위협 ID와 설명적인 이름을 설정해야 한다. 모든 위협은 ID로 식별되며 **41000**에서 **45000** 사이의 번호는 커스텀 위협용으로 예약돼 있다(커스텀 스파이웨어는 15000-18000).
   ID를 **41000**으로 설정하고 이름을 **BlockBrowser**라고 지정한다.

3. Severity를 설정한다. 심각도에 기본값 외에 특정 동작이 있는 취약점 프로파일이라면 프로파일에 예외를 생성하지 않는 한 해당 동작이 적용된다. High로 설정한다.

4. Direction에서는 패킷이 클라이언트에서 서버 또는 서버에서 클라이언트로 특정 방향으로 이동할 때만 이 취약점이 일치하는지, 아니면 양방향 모두에서 탐지될 수 있는지 여부를 설정할 수 있다. client2server로 설정한다.

5. 기본 동작을 정의하고 Reset Client를 설정한다.

6. Affected system은 스파이웨어에서 찾아볼 수 없는 취약점에 대한 유일

한 고유 설정으로, 특정 시그니처와 관련된 유저를 나타낸다. 나가는 브라우징 세션을 캡처할 예정이므로 이것을 client로 설정한다.

7. 완전성을 위해 추가하고 싶은 CVE, 제조사 ID, 버그트랙 정보가 있다면 이것을 추가할 수 있는 필드가 있다.

Configuration 탭은 다음 그림과 같이 보여야 한다.

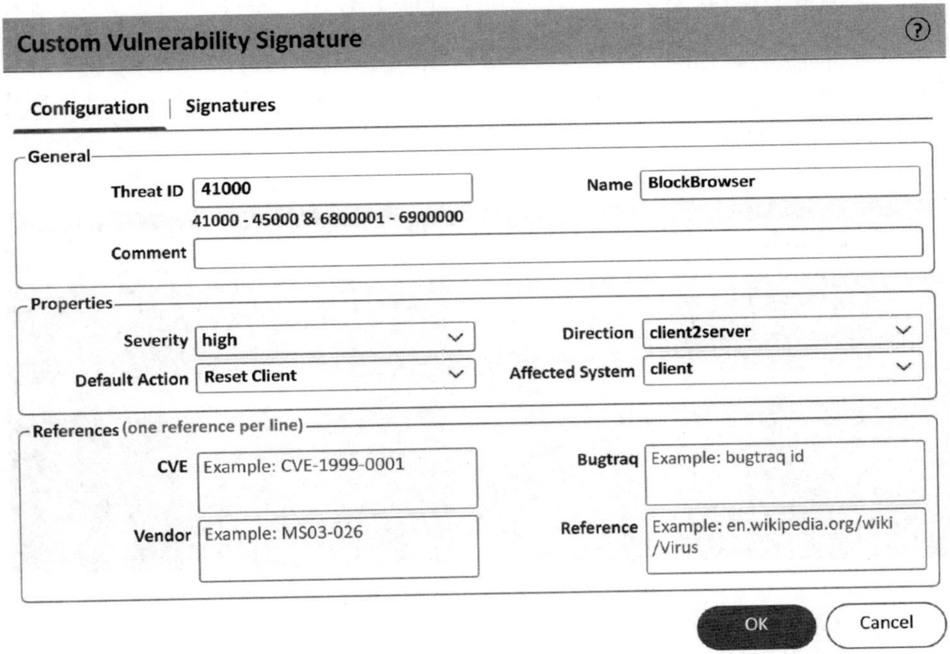

그림 11.8: 커스텀 취약점 시그니처

Signatures 탭에서 이전에 커스텀 애플리케이션에서 했던 것처럼 패턴을 추가할 수 있지만 시그니처 유형은 두 가지가 있다.

- Standard는 커스텀 애플리케이션과 동일 유형의 패턴 매치다.
- Combination은 지정된 시간 동안의 히트 수를 정의할 수 있는 타이밍 속성과 집계 기준(소스, 대상 또는 소스에서 대상으로의 히트 수가 카운트됨)을 추가한다. 이를

통해 특정 기간 동안 한 번 또는 두 번 일치하면 정상일 수 있지만 다섯 번이면 의심스러운 무차별 대입 조건을 식별하는 데 도움이 될 수 있다. Combination은 사전 정의된 취약점 ID에만 적용할 수 있다.

페이로드를 식별하는 방법은 이미 다뤘으니 유저가 파이어폭스를 사용하지 못하게 차단할 수 있는 standard 시그니처를 만들어보자.

다음 그림에서 볼 수 있듯이 일반 브라우저에서 웹 브라우징 세션을 패킷 캡처하면 웹 페이지를 검색하는 데 사용되는 소프트웨어인 User-Agent를 보여준다. User-Agent 정보를 시그니처에 사용해 특정 브라우저가 웹 페이지에 접속하지 못하게 할 수 있다.

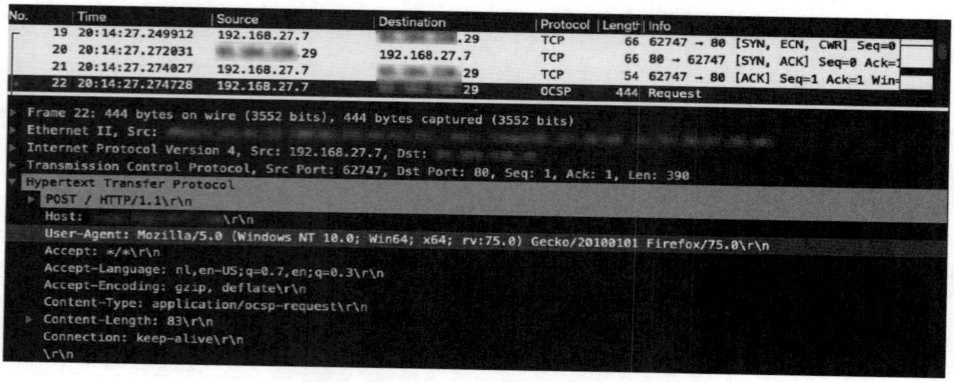

그림 11.9: 파이어폭스의 웹 세션 패킷 캡처

패킷 캡처에서 배운 세부 정보를 커스텀 위협에 추가한다.

1. BlockBrowser 커스텀 위협의 Signatures 탭에서 Add를 클릭하고 이름을 Firefox로 설정한다.

2. Scope를 Transaction으로 설정한다.

3. OR 조건을 추가한다.

   - Operator를 Pattern Match로 설정한다.

- Context를 `http-req-headers`로 설정한다.
- Pattern을 `Firefox/`로 설정한다.
- Qualifier를 추가하고 값이 POST인 `http-method`로 설정한다.

4. OK를 클릭한다.

여러 유저 에이전트를 추가하려면 각각 다른 브라우저 유형과 일치하는 OR 조건을 더 추가할 수 있다.

- OR 조건을 추가한다.
  - Operator를 `Pattern Match`로 설정한다.
  - Context를 `http-req-headers`로 설정한다.
  - Pattern을 `Chrome/`로 설정한다.
  - 한정자를 추가하고 이것을 값이 POST인 `http-method`로 설정한다.
- OK를 두 번 클릭한다.

Signatures 탭의 설정 결과는 다음과 같아야 한다.

그림 11.10: 커스텀 취약점 시그니처

새로운 취약점이 커밋되면 누군가 파이어폭스 브라우저를 사용할 때 위협 로그에 해당 취약점이 표시된다.

NOTE

> 암호화된 페이로드 또는 헤더에서 패턴을 일치시키려면 SSL 복호화를 활성화해야 한다.

커스텀 취약점 자체에서 설정한 동작과 다를 수 있으므로 작업에 세심한 주의가 필요하다. 심각도가 높은 위협은 일반적으로 모든 기본 동작을 대체하는 동작을 설정하기 때문이다. 커스텀 위협 동작이 보안 프로파일 설정과 다르다면 예외를 추가한다.

예외를 추가하려면 동작을 변경해야 하는 프로파일을 연다.

1. Exception 탭에서 검색 필드에 위협 ID를 입력한다.

2. 하단의 Show All Signatures를 선택한다.

3. Enable을 선택해서 시그니처의 오버라이드를 활성화한다.

4. Action이 default로 설정됐는지 확인한다.

결과는 다음 그림과 비슷하다.

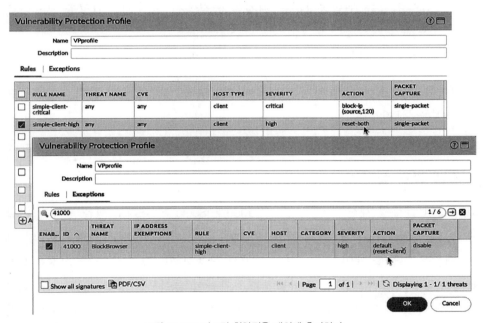

그림 11.11: 커스텀 취약점을 예외에 추가하기

이제 패킷 캡처에서 찾은 정보를 사용해 필요에 따라 커스텀 애플리케이션이나 커스텀 위협을 만들 수 있다. 다음 절에서는 플러드 및 기타 낮은 수준의 공격에서 네트워크를 보호하는 방법을 살펴본다.

존 보호와 DoS 보호

Layer7 위협은 일반적으로 데이터를 도용하거나, 정교한 피싱으로 유저를 협박하거나, 복잡하고 값비싼 제로데이$^{Zero\ day}$ 취약점으로 호스트를 감염시키는 것이 중심이지만 네트워크 레이어를 DoS 및 낮은 레벨의 패킷 공격에서 보호하는 것도 마찬가지로 중요하다. 시스템과 네트워크 보호는 세 가지 방법으로 이뤄진다.

- 악의적으로 조작된 패킷이나 조작해 빠져나가려는 시도를 방어하는 시스템 전체 설정
- 네트워크를 무력화하려는 패킷의 공격에서 전체 네트워크를 보호하는 존 보호
- 리소스를 과부하로부터 좀 더 세분화해 보호하는 DoS 보호

안타깝게도 시스템 전체 설정은 한곳에 깔끔하게 정리돼 있지 않다. 가장 중요한 것부터 살펴본다.

시스템 보호 설정

대부분의 글로벌 세션 관련 설정은 Device ▶ Setup ▶ Session 탭을 통해 접근할 수 있다. Session settings에서 점보 프레임, IPv6, 가속 에이징^{aging}과 같은 몇 가지 괜찮은 기능을 제어할 수 있다. 여기서 활성화해야 하는 중요한 설정은 패킷 버퍼 보호$^{Packet\ Buffer\ Protection}$다. 방화벽에는 트래픽이 들어오는 동안 처리할 수 있는 버퍼가 있으며, CPU 사용량이 많거나 세션에 특별한 주의가 필요하면 이러한 버퍼에 의존해야 할 수 있다. 이러한 버퍼를 악용하려는 공격 방법이 존재하며, 이것이 버퍼를 넘치게 하면 DoS 상태를 유발할 수 있다. 패킷 버퍼 보호는 이러한 세션을 추적해 남용이 합법적인 세션을 위협할 때 해당 세션을 폐기한다.

- Monitor Only를 활성화해 악용하는 세션에 차단 조치를 적극적으로 구현하기 전 패킷 버퍼 보호 활성화의 잠재적인 영향을 확인할 수 있게 한다.

- Activate는 버퍼 사용량 수준으로, 보호 기능이 버퍼에 많은 부담을 주는 세션을 모니터링하기 시작하고 필요하면 세션을 폐기한다.
- Block Hold Time은 세션이 즉시 차단되지 않고 악의적인 행동을 할 수 있게 허용되는 시간이다. 이는 합법적인 애플리케이션이 일시적으로 비정상적인 행동을 하는 경우에 대비해 약간의 버퍼를 허용한다.
- Block Duration은 해당 행위가 블록 홀드[block hold] 시간보다 오래 지속될 때 차단된 IP가 차단되는 시간이다.

패킷 버퍼 보호는 각 보안 존에서 개별적으로 활성화한다.

CLI에서 패킷 버퍼 보호가 적용됐는지 확인할 수 있다.

```
> show session packet-buffer-protection
```

어떤 존이 활성화됐는지 확인할 수도 있다.

```
> show session packet-buffer-protection zones
```

TCP Settings에서 모든 보호 기능은 기본적으로 활성화 상태이지만 문제를 해결하고자 일부 보호 기능을 일시적으로 비활성화해야 할 수도 있다. 가장 일반적으로 Asymmetric Path는 TCP 윈도우를 벗어나 도착하거나 비동기[out-of-sync] ACK를 포함하는 TCP 패킷을 가리키는 것으로, 트러블 슈팅에 유용하다. 이 보호 기능에 의해 드롭된 패킷은 다음과 같이 표시된다.

```
> show counter global filter category tcp | match out_of
tcp_out_of_sync      0 0 warn tcp  pktproc   can't continue tcp reassembly
because it is out of sync
tcp_drop_out_of_wnd 0 0 warn tcp  resource  out-of-window packets dropped
```

TCP 설정은 CLI에서 다음 명령을 실행해 확인할 수 있다.

```
> show running tcp state
```

다음 그림에서 기본값을 확인할 수 있으며, 대부분의 경우 이 값으로 충분하다.

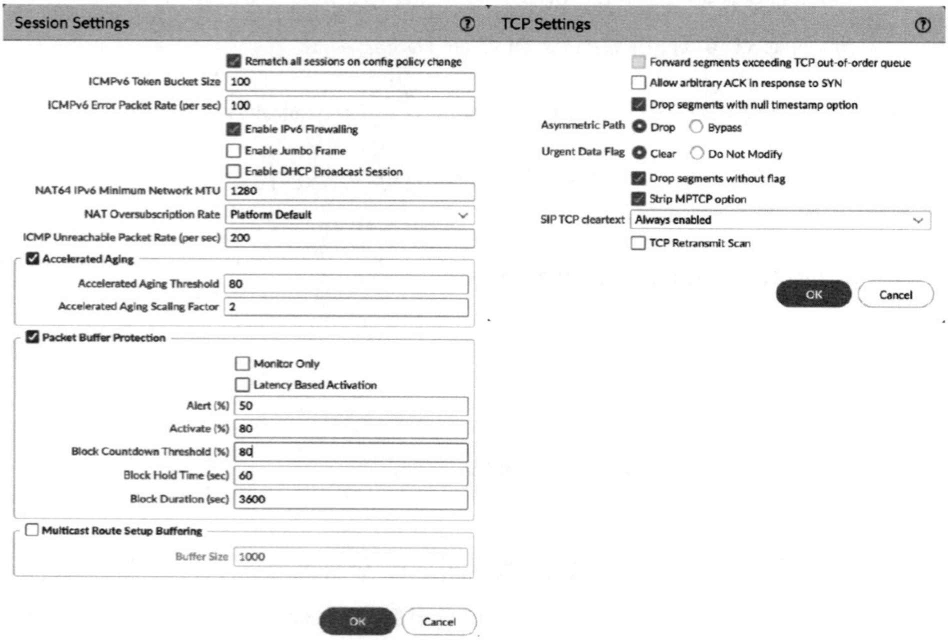

그림 11.12: 세션과 TCP 설정

Session Setup 설정은 CLI에서만 확인하고 변경할 수 있다.

```
> show session info
    -----------------------------------------------------------------
    Session setup
      TCP - reject non-SYN first packet:            True
      Hardware session offloading:                  True
```

```
Hardware UDP session offloading:                True
IPv6 firewalling:                               True
Strict TCP/IP checksum:                         True
Strict TCP RST sequence:                        True
Reject TCP small initial window:                False
Reject TCP SYN with different seq/options:      True
ICMP Unreachable Packet Rate:                   200 pps
------------------------------------------------------------------
```

TCP – reject non–SYN은 세션을 시작하는 데 필요한 SYN 패킷을 먼저 수신하지 않고는 ACK 패킷이 통과하지 못하게 한다.

이 설정을 변경하는 운영 명령과 설정 명령이 있다.

```
> set session tcp-reject-non-syn yes|no
# set deviceconfig setting session tcp-reject-non-syn yes|no
```

Strict TCP/IP checksum을 사용하려면 체크섬 헤더가 정확하고 변경되지 않아야 한다. 그렇지 않은 손상된 체크섬은 폐기된다.

이 설정은 오직 운영 명령으로만 제어할 수 있다.

```
> set session strict-checksum yes|no
```

Strict TCP RST sequence는 세션의 흐름과 일치하는 시퀀스 번호가 있을 때에만 RST 패킷을 허용한다. 시퀀스 번호가 일치하지 않는 RST 패킷은 폐기된다(DoS를 유발하고자 리셋 패킷을 주입하는 데 사용될 수 있음). 이 보호 기능은 운영 명령으로만 제어할 수 있다.

```
> set session tcp-strict-rst yes|no
```

Reject TCP small initial window는 기본적으로 비활성화 상태지만 TCP 헤더의 윈도우 크기 값이 유저가 설정한 값보다 작은 SYN 패킷에 대해서는 폐기하는 옵션을 설정할 수 있다.

```
> set session tcp-reject-small-initial-window-enable yes|no
> set session tcp-reject-small-initial-window-threshold <0-1024>
```

Reject TCP SYN with different seq/options는 시퀀스 번호나 옵션이 다른 중복 SYN 패킷을 차단한다.

```
> set session tcp-reject-diff-syn yes|no
```

이제까지 시스템 설정을 살펴봤다. 존 보호로 넘어가보자.

존 보호 설정

존 보호는 이름이 말해주듯 바로 존을 보호하는 기능을 수행한다. 즉, 각 존을 개별적으로 활성화해야 하며 존마다 서로 다른 설정이 적용될 수 있다.

예상되는 트래픽 양과 효율적으로 작동하게 특정 플러드 방지 기능을 설정할 수 있는 인프라의 한계가 어디에 있는지 잘 파악하는 것이 중요하다. 존 보호를 활성화하기 전에 감사를 수행할 수 있다. Network ➤ Network Profiles ➤ Zone Protection에서 다음 단계에 따라 새로운 존 보호 프로파일을 만들 수 있다.

1. Add를 클릭하고 설명이 포함된 이름을 설정한다.

2. Flood Protection 탭에서 UDP, ICMP, ICMPv6, Other IP 보호를 활성화할 수

있다. 프로토콜당 세 가지 설정이 있다.

- **Alarm Rate**: 로그 항목이 생성돼 임곗값에 도달했음을 관리자에게 알린다. 이는 다음 단계의 마지막 부분에 나오는 그림에서 볼 수 있듯이 위협 로그에서 중요한 로그 항목이 된다.
- **Activate**: RED$^{Random\ Early\ Drop}$가 패킷을 무작위로 폐기하기 시작하는 속도다. 이는 지정된 존의 네트워크에서 일반적인 속도보다 빠른 속도로 시작하는 것이 이상적이다.
- **Maximum**: 시스템이 허용하는 초당 연결$^{connection/sec}$의 상한이다. 이 한도를 초과하는 모든 연결은 폐기된다. 최댓값은 RED가 패킷을 폐기하는 진행 속도를 계산하는 데도 사용되며, 초당 연결이 한계에 가까워질수록 더 많은 패킷이 폐기된다.

3. SYN에는 Action이라는 추가 설정이 하나 더 있으며, 이 설정을 통해 RED 대신 SYN 쿠키로 전환할 수 있다. SYN 쿠키가 활성화되면 방화벽은 SYN을 큐 항목에 추가하지 않고 대신 SYN 패킷을 폐기하지만 클라이언트가 시퀀스 번호에 적절한 ACK로 응답할 수 있는 경우 원래 SYN을 재구성할 수 있는 특정 시퀀스 번호가 포함된 SYN/ACK으로 응답한다. 이렇게 하면 SYN 큐에 추가되지 않으므로 큐가 플러딩되는 것을 방지할 수 있다. SYN 쿠키를 사용할 때 Activate를 0으로 설정해도 괜찮다. 최댓값에 도달하면 초과된 SYN 패킷은 그대로 모두 드롭된다.

	Receive Time	Type	Name	Direction	From Zone	To Zone	Source address	Destination address	To Port	Application	Action	Severity
▨	04/29 00:12:21	flood	UDP Flood	client-to-server	LAN	LAN	0.0.0.0	0.0.0.0	0	not-applicable	allow	critical
▨	04/29 00:12:18	flood	ICMP Flood	client-to-server	LAN	LAN	0.0.0.0	0.0.0.0	0	not-applicable	allow	critical
▨	04/29 00:07:47	flood	TCP Flood	client-to-server	LAN	LAN	0.0.0.0	0.0.0.0	0	not-applicable	syncookie-sent	critical

그림 11.13: 플러드 경보 로그

Flood Protection 탭은 다음 그림과 같이 보여야 한다. 적극적인 보호 기능을 적용하기 전에 네트워크의 기준선을 확실히 해야 한다.

사용할 수 있는 도구나 서비스가 없다면 Alarm Rate를 상당히 낮게 설정해보고 위협 로그를 모니터링하자. 알람 수신을 중단할 때까지 Alarm Rate를 점진적으로 높여서 최고치에 도달해야 한다. 이 시점에서 RED의 Activate 속도를 설정하고 최댓값이 어디가 최대치일지 합리적으로 추정할 수 있다.

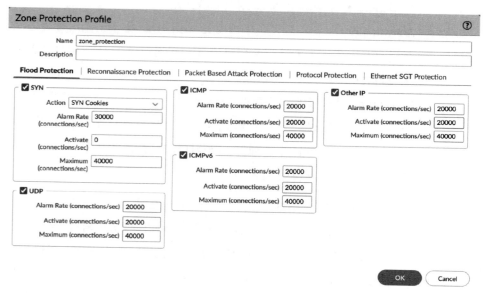

그림 11.14: 플러드 보호

Reconnaissance Protection 탭에서는, 실행 중인 서비스를 찾고자 호스트를 대상으로 하는 검색 스캔 또는 환경을 매핑하고자 전체 네트워크를 대상으로 하는 검색 스캔에 보호를 설정할 수 있다. 다음 그림에서 차단할 수 있는 세 가지 유형의 스캔을 확인할 수 있다.

- TCP Port Scan은 단일 소스에서 단일 대상으로 향하는 다양한 포트에서 TCP 연결을 탐지한다.
- UDP Port Scan은 단일 소스에서 단일 대상으로 향하는 다양한 포트에서 UDP 연결을 탐지한다.
- Host Sweep은 단일 소스가 다수의 대상에 많은 연결을 생성하는지 여부를 탐지한다.

PRTG 또는 엔맵^{Nmap} 서버와 같이 알려진 서버가 합법적인 이유로 스캔을 수행할 수 있어야 하는 상황에서는 소스 주소 제외를 설정할 수 있다.

모든 스캔에서 임곗값과 간격은 동작이 소스에 적용되기 전에 일정 시간 동안 탐지된 이벤트 수를 말한다. 동작에는 스캔 보호를 비활성화하는 allow, 탐지된 스캔을 단순히 기록하는 alert, 임곗값에 도달한 후 스캔 유형과 일치하는 새 패킷을 드롭하는 block, IP를 차단 목록에 추가하는 block-IP가 포함된다. Track By가 source 혹은 source-and-destination으로 설정됐는지에 따라 패킷이 탐지된 스캔과 직접 연결됐는지 여부에 관계없이 소스에서 전송되는 패킷이나 소스에서 대상으로 전송되는 모든 패킷을 차단한다.

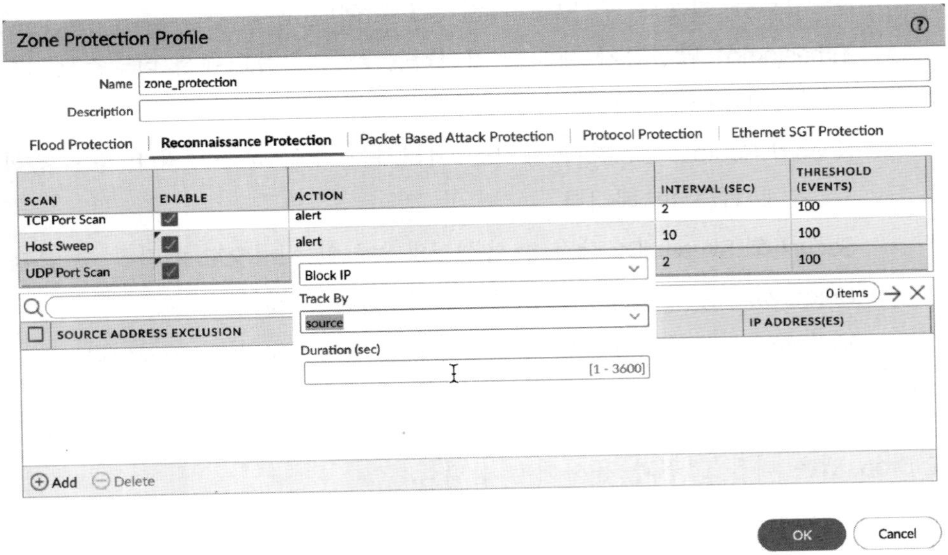

그림 11.15: 정찰 보호

교묘한 공격자가 스푸핑된 스캔을 사용해 합법적인 IP 주소를 강제로 차단할 수 있으므로 모든 정찰 보호^{Reconnaissance protection}를 위한 보호용 조치로 Alert을 사용하는 것을 고려한다.

Packet Based Attack Protection 탭에는 몇 가지 중요한 보호 메커니즘이 있는 여러

하위 탭이 있다. 다음 그림에서 볼 수 있듯이 IP Drop 탭에는 다음과 같은 옵션이
있다.

- **Spoofed IP address**: 라우팅 테이블을 조회해 소스 IP와 연결된 경로가
  있는 인터페이스에서 들어오는 패킷만 허용한다.
- **Strict IP Address Check**: IP가 서브넷의 브로드캐스트 IP가 아닌지, 소스
  IP가 소스 인터페이스를 통해 라우팅 가능한지 확인한다.
- **Fragmented Traffic**: 단편화된 패킷을 드롭할 수 있다(일부 링크는 MTU^Maximum
  Transmission Unit 제한 때문에 단편화가 필요할 수 있으므로 주의해서 처리하자).
- **Strict Source Routing 및 Loose Source Routing**: 발신자가 패킷이 가야
  할 경로를 설정할 수 있는 데이터그램 헤더 옵션이다.
- **Timestamp**: 발신자가 패킷을 처리하는 모든 컴퓨터에서 타임스탬프를
  요청하지 못하게 한다.
- **Record Route**: 발신자가 패킷을 처리하는 모든 호스트의 IP를 수집할
  수 있게 하는 IP 헤더다.
- **Security와 Stream ID**: 각각 IP 옵션 2와 8이 있는 패킷도 차단할 수 있다.
- **Unknown**: 클래스 또는 번호를 알 수 없는 패킷이다.
- **Malformed**: 길이, 클래스, 숫자의 조합이 일치하지 않는 패킷이다(RFC 791,
  1108, 1393, 2113 기준).

IP Drop 탭은 다음 그림과 유사해야 한다.

그림 11.16: IP 드롭 패킷 기반 공격 방어

TCP Drop 탭에서 접근 권한을 얻거나 시스템을 이용하는 데 남용될 수 있는 TCP 기반의 변형이나 비정상적인 불규칙성에서 보호할 수 있다.

- **Mismatched overlapping TCP segment**: 잘못된 시퀀스 번호를 사용해 패킷 흐름에 주입됐을 수 있는 패킷을 차단한다.
- **Split Handshake**: 3개 이상의 패킷으로 단편화되거나 분할된 TCP 핸드셰이크를 방지한다.
- **TCP SYN with Data 및 TCP SYNACK with Data**: 데이터가 포함된 SYN 및 SYNACK 패킷은 핸드셰이크를 설정하는 데만 사용해야 하고 데이터를 전송하는 데는 사용되지 않아야 하기 때문에 차단한다.
- **Reject Non-SYN TCP 및 Asymmetric Path**: 일반적으로 글로벌로 설정되지만 글로벌 설정을 변경해 다른 존에 영향을 주지 않으면서 이러한 TCP 이상 현상 중 하나가 필요한 일부 존을 수용하고자 존별로 다르게 설정할 수 있다.
- **TCP Timestamp**: 타임스탬프 DoS 공격을 방어하려면 TCP 타임스탬프 옵션을 헤더에서 제거해야 한다.

- **TCP Fast Open:** 이 옵션을 제거할 수 있다. 옵션을 비활성화(기본값)하면 TCP SYN with Data와 TCP SYNACK with Data가 차단으로 설정됐어도 TCP Fast Open의 목적을 위해 SYN 또는 SYNACK 데이터가 허용된다.
- **Multipath TCP:** 글로벌 설정으로 남겨두거나 일부 존에서 다중 경로를 지원해야 할 수 있으므로 글로벌 설정으로 두거나 존별로 제어해 글로벌 설정에 예외를 허용할 수도 있다.

TCP Drop 탭은 다음 그림과 유사하다.

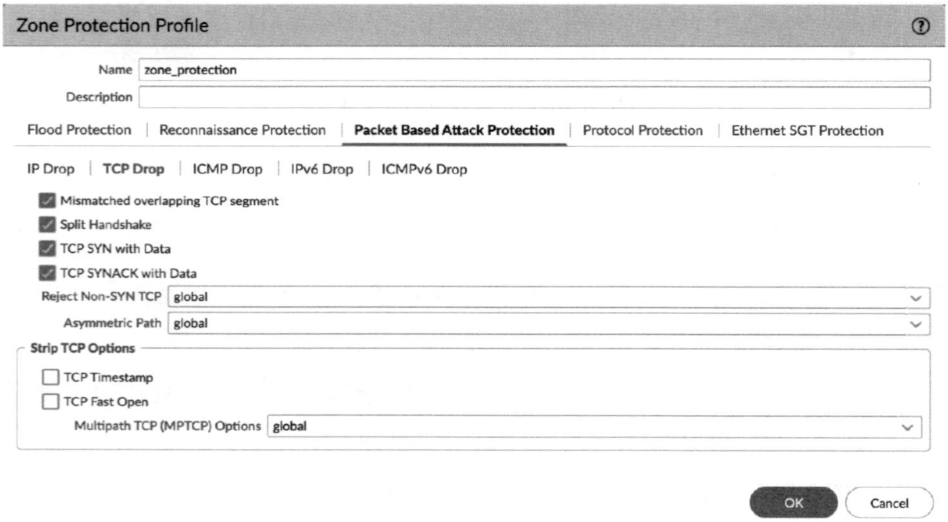

그림 11.17: TCP 드롭 패킷 기반 공격 보호

다음 그림에서 볼 수 있듯이 모든 ICMP 및 ICMPv6 옵션은 기본적으로 비활성화 돼 있다. ICMP는 일반적으로 트러블 슈팅에 사용되기 때문에 대부분의 옵션이 지원 측면에서 바람직할 수 있다. ICMP 설정은 패킷을 폐기로만 설정할 수 있 으며, ICMPv6에서 선택된 모든 옵션은 해당 옵션을 허용하는 명시적 보안 룰을 추가해 무시할 수 있다.

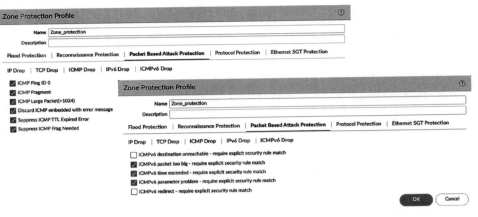

그림 11.18: ICMP 드롭 기본 설정

다음 그림에서 볼 수 있듯이 기본적으로 3, 253, 254 유형을 제외한 모든 라우팅
헤더는 IPv6 Drop에서 드롭된다.

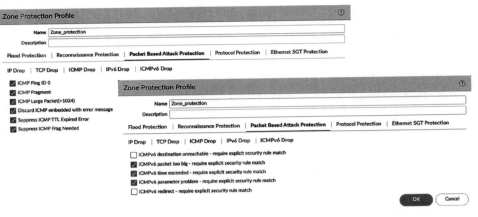

그림 11.19: IPv6 드롭 옵션

Protocol Protection 탭에서 IPv4, IPv6, ARP, VLAN 태그가 지정된 프레임 외에 다른
프로토콜을 16진수 이더타입 값으로 추가할 수 있다. 프로토콜 목록과 16진수
이더타입을 http://standards-oui.ieee.org/ethertype/eth.txt에서 찾을 수 있다.

다음 그림에서 볼 수 있듯이 이 섹션은 매우 간단하다. 여러 가지 프로토콜을 추가할 수 있지만 이를 포함 목록으로 설정할지 제외 목록으로 설정할지 선택 해야 한다.

- Exclude List는 나열된 모든 프로토콜을 드롭한다. 다음 그림에서 볼 수 있듯이 이더타입 0x890d는 차단되고 다른 모든 프로토콜은 허용된다.
- Include List는 IPv4, IPv6, ARP, VLAN 태그가 붙은 프레임 외에는 나열된 프로토콜만 허용한다. 다른 모든 프로토콜은 드롭된다.

다음 그림에서는 802.11 관리 프로토콜을 차단하고자 프로토콜 제외 예를 설정했다.

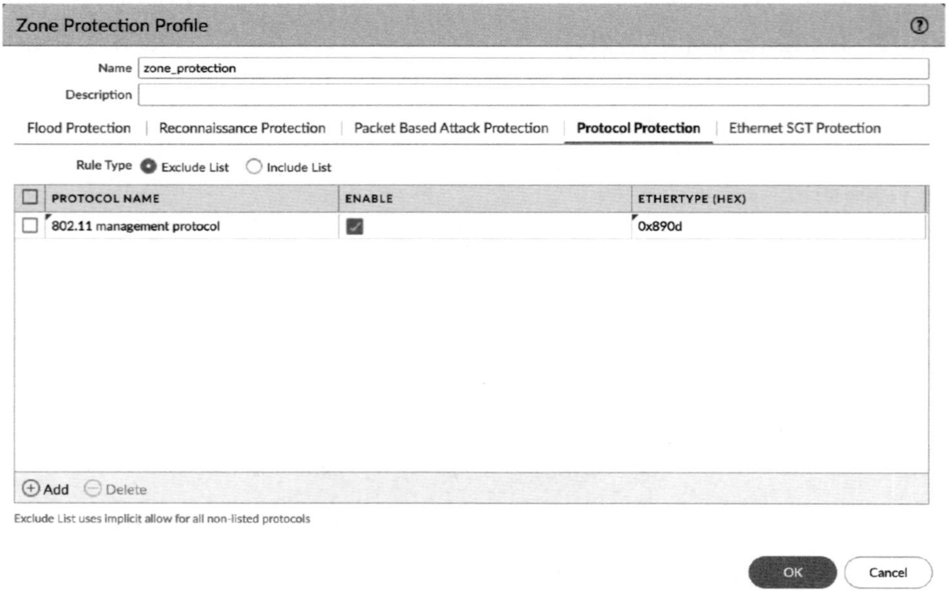

그림 11.20: 프로토콜 보호

Ethernet SGT Protection에서 시스코 TrustSec 보안 그룹 태그[SGT, Security Group Tags]를 추가할 수 있다. 수신 패킷에 목록의 태그 중 하나와 일치하는 SGT가 포함된 802.1Q 헤더가 있으면 패킷이 드롭된다.

존 보호를 활성화하려면 Network ➤ Zones로 이동한 후 드롭다운 메뉴에서 적절한 존을 선택해 모든 존에 존 보호 프로파일을 추가한다. 패킷 버퍼 보호도 활성화해야 한다.

이제 존에 대한 보호를 설정했으므로 DoS 프로파일을 설정하고 DoS 보호 정책을 만들어 특정 리소스에 대한 보호를 추가할 수 있다.

DoS 보호 설정

DoS 보호 프로파일은 존 보호와 비슷하지만 리소스 제한을 더 적게 적용한다. 서버의 리소스가 제한돼 있으므로 존 보호 프로파일이 허용하는 것보다 훨씬 적은 양의 트래픽을 사용한 집중 공격으로 서버가 쉽게 플러드될 수 있다. 새 프로파일은 Objects ➤ Security Profiles ➤ DoS Protection에서 만들 수 있다.

다음 그림에서 볼 수 있듯이 DoS 프로파일은 존 보호보다 더 간단하다. 다음과 같은 두 가지 유형이 있다.

- Aggregate 프로파일은 룰 및 프로파일과 일치하는 총 연결 수를 계산한다.
- Classified 프로파일은 소스, 대상, 소스와 대상을 기준으로 개별 세션을 계산한다.

탭은 2개만 있다.

- Flood Protection에는 존 보호 프로파일의 Flood Protection 탭과 동일한 설정이 모두 포함돼 있지만 여기서는 더 작은 주제별 탭으로 나뉘었다. 유일한 차이점은 DoS 보호 정책에 사용되는 Block Duration이 추가됐다는 점이다.
- Resource Protection을 활성화해 리소스에 대한 최대 동시 세션 수를 제한할 수 있다.

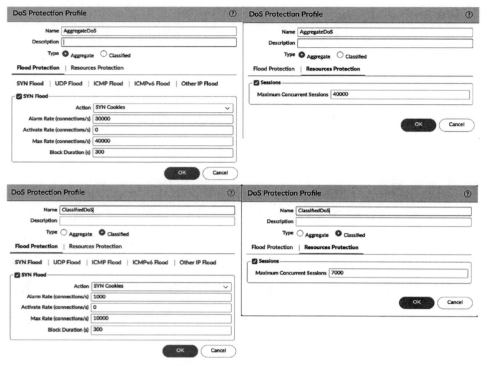

그림 11.21: 집계 및 분류 DoS 보호 프로파일

리소스에 이러한 프로파일을 적용하려면 Policies ➤ DoS Protection에서 새 룰을 만들자.

1. Add를 클릭하고 설명이 포함된 이름을 설정한다.

2. Source 탭에서 Type을 Zone 또는 Interface로 설정하고 적절한 존이나 인터페이스를 선택한다. 필요하다면 소스 IP/서브넷을 추가한다.

3. Destination 탭에서 유형을 Zone 또는 Interface로 설정하고 대상 존이나 인터페이스를 추가한다. 보호하려는 리소스의 대상 IP 주소를 설정한다. 연결이 인터넷에서 들어와서 대상 NAT를 통과한다면 퍼블릭 IP 주소를 사용한다.

4. Option/Protection 탭에서 보호해야 하는 서비스 포트를 추가한다.

그런 다음 아래 동작 중 하나를 선택한다.

- Deny는 룰과 일치하는 모든 세션을 차단한다.
- Allow는 룰과 일치하는 모든 세션을 허용하며 보호하지 않는다.
- Protect는 룰과 일치하는 모든 세션에 DoS 프로파일을 적용한다.
- Deny 및 Allow는 좀 더 일반적인 Protect 룰에 우선해 예외를 생성하는 데 사용할 수 있다.

다음 설정으로 룰을 완성한다.

- 룰이 특정 순간에만 활성화돼야 한다면 스케줄을 설정한다.
- 알람 설정이 전송되는 이메일 또는 SIEM으로 전송되는 시스템 로그로 변환돼야 한다면 적절한 Log Forwarding 프로파일을 설정한다. `default` 로그 포워딩 프로파일을 만들면 자동으로 추가된다.
- 적절한 Aggregate 프로파일을 선택한다.
- 좀 더 세분화된 보호가 필요하다면 Classified에 체크하고 분류된 프로파일을 선택한다.

그런 다음 Address 분류를 source-ip-only, destination-ip-only, src-dest-ip-both 중에서 설정한다.

NOTE

> 주소 분류는 세션을 추적하는 데 리소스를 사용한다. 과도한 리소스 사용을 방지하고자 인터넷 연결 보호 룰에서 source-ip-only와 destination-ip-only를 사용할 때 주의하거나 그 사용을 보류해야 한다.

DoS 보호 룰은 다음과 비슷해야 한다.

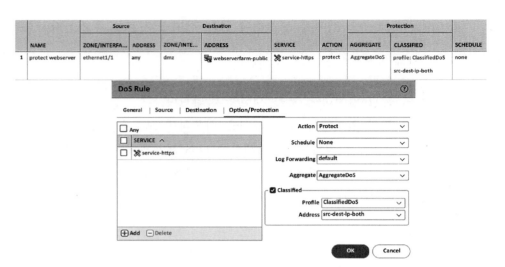

		Source		Destination				Protection		
	NAME	ZONE/INTERFA...	ADDRESS	ZONE/INTE...	ADDRESS	SERVICE	ACTION	AGGREGATE	CLASSIFIED	SCHEDULE
1	protect webserver	ethernet1/1	any	dmz	webserverfarm-public	service-https	protect	AggregateDoS	profile: ClassifiedDoS src-dest-ip-both	none

그림 11.22: DoS 보호 룰

이제 이러한 정보를 이용해 네트워크와 개별 서버를 플러드로부터 보호할 수
있다. 방화벽이 할 수 있는 일은 한정돼 있다는 점을 기억하자. ISP 업링크가
물리적으로 플러딩되면 대체 경로를 통해서만 외부에서 리소스를 사용할 수
있다. 방화벽의 역할은 다른 모든 존이 계속 작동할 수 있는 동안 공격을 하나
의 존으로 제한하는 것이다.

요약

11장에서는 유저 환경에 고유한 패킷을 식별하고 적극적인 조치를 취할 수
있게 커스텀 애플리케이션과 커스텀 위협을 만드는 방법을 살펴봤다. 그리고
모든 종류의 패킷 기반 공격을 방어할 수 있는 존 및 DoS 보호를 설정하는
방법을 살펴봤다.

12장에서는 몇 가지 기본적인 트러블 슈팅 방법을 실습해본다. 그리고 세션
세부 정보 및 세션에서 일어나는 일을 해석하는 방법을 알아본다.

PCNSE를 준비한다면 송신 인터페이스에서 QoS 룰이 적용되는 방식과 다른 인터페이스의 다른 프로파일에 클래스가 적용되는 방식을 기억하자. 또한 앱 오버라이드 사용 의미와 커스텀 애플리케이션이나 커스텀 위협의 이점을 기억하자.

12

일반 세션 이슈 트러블 슈팅

12장에서는 세션 출력을 읽는 방법과 기본적인 세션을 트러블 슈팅하는 방법을 살펴본다. 웹 인터페이스에서 이용할 수 있는 유용한 도구를 사용해 문제를 찾아 정책을 테스트하는 방법을 살펴본다. 세션이 예상대로 작동하지 않는 이유를 알아내거나 새로운 룰이 특정 세션에 어떻게 반응할지 예측하는 데 필요한 모든 정보를 수집하는 단계를 살펴본다. 또한 방화벽과 매우 강력한 시스템 수준의 상호작용을 허용하는 유지 관리 모드^{Maintenance Mode} 또는 유지 관리 복구 도구^{MRT, Maintenance Recovery Tool}라는 강력한 유저 도구도 살펴본다.

12장에서 다루는 내용은 다음과 같다.

- 웹 인터페이스에서 사용 가능한 유용한 도구 사용
- 세션의 세부 정보 해석
- 트러블 슈팅 도구 사용
- 유지 관리 모드를 사용해 시스템 트러블 슈팅 및 복구

12장이 끝나면 기본적인 트러블 슈팅을 수행할 수 있다. 특정 상황에 필요한 로그를 신속하게 확인하고 패킷을 수집해 무엇이 잘못됐는지 검토하고 방화벽의 세션을 해석할 수 있다.

:::- 기술적 요구 사항

몇 가지 트러블 슈팅을 수행할 예정이므로 여기에 설명된 단계를 재현해 볼 수 있는 랩을 마련한다면 앞으로 다룰 내용을 이해하는 데 큰 도움이 된다.

:::- 가용 도구 사용

이슈를 트러블 슈팅할 때 웹 인터페이스의 사용법을 아는 것이 좋은 출발점이다. 중요한 정보가 저장된 공간이 많기 때문에 어디에서 찾아야 하는지 알면 문제를 신속하게 확인하고 해결할 수 있으므로 작동하지 않는 이유 파악에 쓰는 시간을 절약할 수 있다.

9장에서 살펴본 것처럼 Monitor 탭은 어디를 살펴봐야 하는지 아는 것으로 큰 차이를 만들 수 있는 곳이다. 로그는 방화벽 또는 보안 프로파일을 통과하거나 이들로 인해 차단된 세션부터 방화벽 자체에서 발생하는 일까지 거의 모든 이벤트를 유지 관리한다. 때문에 대부분의 경우 로그 파일은 예기치 않은 일이 발생했을 때 가장 먼저 살펴볼 수 있는 곳이다.

로그 파일

Monitor ➤ Logs에서 찾을 수 있는 특정 정보를 수집하는 다양한 로그 데이터베이스가 있다. 조사 중인 문제와 관련된 정보를 빨리 찾으려면 어디를 찾아야 하는지 아는 것이 중요하다.

- Traffic은 세션과 관련된 모든 로그를 보유한다. 여기에는 소스 및 대상 IP, 포트, 존 및 유저, 애플리케이션, 바이트, 송수신 패킷, 보안 정책 및 세션 종료가 적용된 작업의 이유가 포함된다. 캡티브 포털 인증을 위해 세션이 복호화됐는지 또는 가로채였는지 여부를 나타내는 열을 활성화할 수도 있다. 각 세션 시작 또는 세션 종료 로그 동작은 각 세션의 시작 또는 종료 시 로그가 작동하면 일치하는 보안 룰 로그 설정에 따라 항목이 생성된다.

- Threat 또한 로그 소스 및 대상 IP, 포트, 존 및 유저, 애플리케이션을 기록하지만 이러한 로그는 취약점이나 멀웨어의 결과로 생성된다. 로그에는 위협명과 탐지된 방향(클라이언트에서 서버 또는 서버에서 클라이언트)을 포함한다. 나열된 작업은 콘텐츠 엔진이 위협을 탐지한 후 수행한 작업이므로 트래픽 로그와 상관관계가 없을 수 있다. 트래픽 로그는 연결이 허용된 보안 룰을 충족해 세션이 허용됐음을 의미하지만 위협 대응은 RST 패킷을 보내거나 단순히 경고 로그를 생성하는 것이었을지도 모른다. RST 패킷이 전송되는 경우 트래픽 종료 사유에는 위협이 표시된다.
보안 프로파일에서 패킷 캡처가 활성화되면 패킷 캡처를 트리거한 모든 위협에 로그 항목과 연결된 작은 녹색 화살표가 표시되며, 이 화살표를 클릭하면 패킷 캡처를 다운로드할 수 있다.

- URL Filtering은 로그 항목을 생성하지 않는 **allow**를 제외한 모든 URL 필터링 프로파일 작업의 로그를 보관한다. 이러한 로그에는 기본 소스 및 대상 정보, 접속한 URL 및 URL 카테고리가 포함된다. URL 필터링에서 수행한 작업은 트래픽 로그에 전혀 반영되지 않는다. TCP 세션은 간단하게 허용됐지만 콘텐츠 엔진이 **block** 또는 **continue** 페이지를 반환했을 수 있기 때문이다.

- WildFire Submission에는 가로채서 WildFire에 전송된 모든 파일의 로그 항목이 포함된다. 이러한 로그는 모든 기본 소스, 대상 정보, 판정 결과

를 포함한다. 모든 파일을 추적하려면 System ➤ Setup ➤ WildFire에서 그레이웨어^{Grayware} 및 양성 판정^{benign verdicts}을 활성화해야 한다. 그렇지 않으면 이 두 가지 판정 결과가 보고되지 않는다. 판정이 내려져야 로그가 작성되므로 파일을 업로드한 후 WildFire 로그가 표시되기까지 시간이 좀 걸릴 수 있다. Detailed log View 아이콘을 클릭하고 WildFire Analysis Report를 클릭하면 WildFire 포털에 있는 전체 리포트에 접근할 수 있다.

- Data Filtering에는 데이터 필터링 프로파일에서 키워드가 감지돼 트리거된 모든 이벤트의 로그가 포함된다. 로그에는 기본 소스 및 대상 정보, 파일 이름이나 접근한 URL이 포함된다.

- HIP Match는 GlobalProtect로 로그인하는 유저와 일치하는 모든 HIP 프로파일의 로그를 유지한다.

- GlobalProtect는 로그인하거나 구성을 검색하는 모든 유저와 이들이 연결한 포털 또는 게이트웨이 기록을 유지한다. 다음 필터를 적용하면 트러블 슈팅에 도움이 되는 깔끔한 기능을 확인할 수 있다. 연결된 모든 클라이언트에 대한 터널 전후 지연 시간을 제공하는 'eventid eq gateway-tunnel-latency' 필터를 적용하면 문제를 해결할 수 있다. Description 열이 활성화돼 있는지 확인한다. 또 다른 유용한 필터는 'tunnel_type eq SSLVPN'으로 누가 IPSec 대신 SSL을 사용하는지 확인할 수 있다.

- IP-Tag는 특정 IP 주소에 태그가 할당될 때마다 로그를 보관한다.

- User-ID는 모든 유저 IP 매핑과 해당 정보의 출처를 추적한다.

- Decryption은 복호화 정책에 해당하는 세션에 관한 자세한 정보가 포함돼 있다. 인증서 이슈, 지원되지 않는 암호 스위트^{Cipher suite} 또는 기타 문제로 인해 복호화된 세션이 연결에 실패할 때 트러블 슈팅에 도움이 되는 로그 항목이 여기에 기록된다.

- Tunnel Inspection은 검사된 각 터널, 시작 및 종료 시간, 터널에 사용된 애플리케이션, 세션 및 터널 ID, 세션에 일치하는 보안 및 터널 검사 룰을 기록한다.

- Configuration에는 모든 설정 변경 사항과 변경을 수행한 관리자 정보, 시간 및 날짜, 관리자가 연결한 소스 주소가 포함된다.
- System에는 다운로드 및 설치된 모든 동적 업데이트, 설정 또는 해지된 IPSec 터널, 커밋 작업, 관리자 인증, 커밋 결과를 보고하는 데몬, syslog 이벤트, 위성 연결 이벤트, 고가용성 이벤트, 하드웨어 알람, DoS 알람, LACP 및 LLDP 이벤트 등 시스템 수준에서 발생하는 이벤트와 관련된 모든 로그가 포함돼 있다.
- Alarms는 경고와 관련된 특정 로그가 포함된다. 기본 알람에는 팬 속도/팬 트레이, 온도 이슈, 전원 공급 장치 이슈를 포함한다. Device ➤ Log Settings에서 추가적인 알람을 설정할 수 있다. 알람을 활성화하면 로그 정리 작업이 약 95% 용량에서 이뤄지므로 로그 할당량을 더 높게 설정한다.
- Authentication은 Policies ➤ Authentication에서 캡티브 포털 룰에 따라 인증 로그가 포함된다.
- Unified에서는 Traffic, Threat URL Filtering, WildFire, Data Filtering 로그를 모두 같은 화면에 표시한다. 적절한 필터링이 적용되면 이 로그 보기는 훌륭한 단일 창 개요를 제공한다.

모든 로그에는 각 로그 항목의 가장 왼쪽에 작은 돋보기가 있으며, 이 돋보기로 상세한 로그 뷰를 열 수 있다. 이 상세 뷰를 열면 다음 그림에서 볼 수 있듯이 정보의 보물 창고가 열린다.

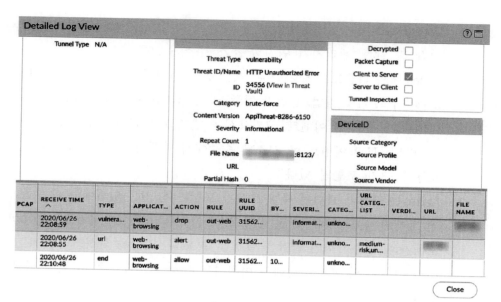

그림 12.1: 상세 로그 뷰

Detailed Log View 하단에는 클릭할 수 있는 관련 로그 항목이 있어 Traffic(시작 또는 종료), Vulnerability, URL, 기타 관련 로그 유형을 검토할 수 있다.

관련된 패킷 캡처도 여기에 나열된다. 예를 들어 packet captures를 활성화한 보안 프로파일과 일치하는 취약점이 탐지되면 패킷 캡처가 Vulnerability 로그 옆에 나타난다.

로그는 풍부한 정보를 제공하지만 일부 트러블 슈팅 세션의 경우 더 많은 정보를 수집해야 하고 실제 패킷을 자세히 살펴봐야 무슨 일이 일어나고 있는지 알 수 있다. 다음 절에서 패킷을 캡처하는 방법을 알아본다.

패킷 캡처

진정한 재미는 Monitor ➤ Packet Capture에서 시작된다. 이 탭에서 데이터 플레인을 가로지르거나 튕겨나간 세션의 패킷 캡처를 설정할 수 있기 때문이다.

패킷 캡처는 클라이언트에서 서버로 또는 그 반대로 흐르는 실제 패킷을 가로 채서 편리한 pcap 파일에 기록하며, 이 파일을 와이어샤크와 같은 도구에 로드 해 패킷 수준에서 일어나는 모든 일을 조사할 수 있다.

구성할 수 있는 영역은 여러 가지가 있다.

사분면의 왼쪽 상단에서 Manage Filters를 클릭해 최대 4개의 필터 룰을 추가해 필터를 구성할 수 있다. 각 필터 룰에는 패킷 캡처 범위를 좁히는 데 이용할 수 있는 여러 필드가 있다.

- **ID:** 필수 입력 사항이며, 1, 2, 3 또는 4여야 하고 중복되는 ID가 없어야 한다. 한 번에 4개의 필터만 설정할 수 있다.
- **Ingress Interface:** 특정 인터페이스에서 일치하는 패킷이 수신되는지 여부만 캡처하게 설정할 수 있다.
- **Source:** 캡처할 패킷의 소스 IP다.
- **Destination:** 패킷의 대상 IP다.
- **Src 포트:** 캡처해야 하는 패킷의 소스 포트다.
- **Dst 포트:** 필터링할 대상 포트다.
- **Proto:** IP 프로토콜이다. 일반적인 프로토콜은 ICMP는 1, TCP는 6, UDP 는 17이다. IANA[Internet Assigned Numbers Authority] 웹 사이트에는 유용한 목록이 있다(https://www.iana.org/assignments/protocol-numbers/protocol-numbers.xhtml).
- **Non-IP:** IP 프로토콜 패킷만 캡처하도록 **Exclude**로 설정하거나, IP 프로토콜과 Non-IP 프로토콜을 모두 캡처하도록 **Include**로 설정하거나, Non-IP 프로토콜만 필터링하게 **Only**로 설정할 수 있다. 예를 들어 Non-IP 프로토콜에는 NetBEUI, AppleTalk, IPX 등이 있다.
- **IPv6:** 필터와 일치하는 IPv6 패킷을 포함하려면 반드시 이 옵션을 선택 해야 한다.

Pre-Parse Match는 패킷이 필터링 단계에 오기 전에 패킷을 캡처하는 고급 트러블 슈팅 토글이다. 일부 패킷은 이 기능으로 미리 삭제돼 필터링 단계에 도달하지 못할 수 있다. 이는 패킷에 대한 라우팅 조회에 실패했기 때문일 수 있다. Pre-Parse Match를 활성화하면 기본적으로 설정된 필터를 우회해 방화벽으로 들어오는 모든 패킷을 캡처하므로 주의해서 진행해야 한다.

필터를 활성화하려면 다음 그림과 같이 Filtering의 토글을 ON으로 전환해야 한다.

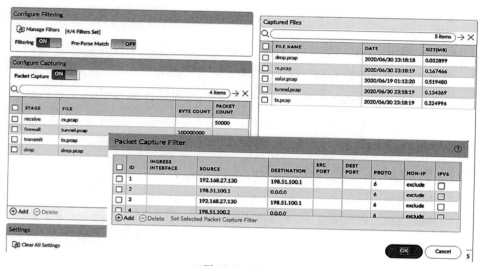

그림 12.2: 패킷 캡처

필터는 세션을 인식하므로 한 방향 트래픽에 필터를 설정하면 리턴 패킷도 캡처된다. 그러나 패킷이 세션과 일치하지 않는 경우(예, 시퀀스 번호가 완전히 잘못됐거나 포트가 변경된 경우)를 대비해 리턴 트래픽 필터도 포함하는 것이 좋다. 리턴 패킷 필터를 설정할 때 대상 IP는 아웃바운드 패킷의 NAT 소스가 될 수 있고 원래 대상 포트는 소스 포트가 된다는 것을 기억하자.

입력하지 않은 필드는 해당 필터링 값의 와일드카드로 간주된다.

Configure Capturing에서는 패킷을 캡처하는 4단계를 지정할 수 있다.

- Receive는 데이터 플레인 프로세서에 수신된 패킷을 캡처한다.
- Transmit는 데이터 플레인 프로세서를 나갈 때 패킷을 캡처한다.
- Firewall은 방화벽 프로세스에서 세션과 일치하는 패킷을 캡처한다.
- Drop은 정책 동작이나 오류 때문에 폐기되는 패킷을 캡처한다.

각 단계는 개별적으로 설정할 수 있으며 모든 단계를 설정할 필요 없다. 각 단계에서 자체 파일에 쓸 수 있게 고유한 파일명 세트를 설정해야 한다. 각 단계는 캡처할 수 있는 바이트 수 또는 패킷 수로 제한할 수 있으며, 제한에 도달하면 각 단계별로 캡처가 중지된다.

단일 패킷 캡처 파일의 최대 크기는 200MB다. 이 크기에 도달하면 파일명이 .1 확장자로 변경되고 새 파일이 시작된다. 새 파일이 200MB에 도달하면 이전 .1 파일이 삭제되고 새 파일명이 .1 확장자로 변경되며 캡처를 계속할 수 있는 새 파일이 생성돼 캡처를 계속할 수 있다.

캡처 단계를 설정한 후에는 Capturing 토글을 ON으로 설정해 캡처를 활성화할 수 있다.

그런 다음 오른쪽 상단의 **새로 고침** 버튼을 누르면 일치하는 패킷이 수신되면서 파일이 나타나 크기가 증가하기 시작한다.

패킷을 캡처할 때는 몇 가지 중요한 사항을 고려해야 한다. 필터로 마크된 세션만 캡처되며 오프로드된 세션은 캡처될 수 없다.

세션은 필터로 마크됨: 시스템은 패킷이 처리 중에 지정된 캡처 단계에 도달하면 프로세서가 캡처할 세션을 마크하는 필터로 어떤 패킷을 캡처하고 파일에 기록할지 파악한다. 이러한 마크는 필터가 활성화된 후 세션이 생성될 때 세션에 추가되므로 패킷 캡처가 시작되면 필터가 활성화되기 전에 존재했던 세션은 캡처에 포함되지 않는다.

다음 명령을 사용해 기존 세션을 마크된 세션에 수동으로 추가할 수 있다.

```
reaper@pa-220> debug dataplane packet-diag set filter-marked-session id
<session ID>
```

마크된 모든 세션은 다음 명령을 사용해 검토할 수 있다.

```
reaper@pa-220> debug dataplane packet-diag show filter-marked-session
```

캡처를 완료했지만 다른 필터 세트로 캡처를 또 시작해야 할 때 이전에 표시된
세션이 여전히 마크된 상태이므로 실수로 캡처될 수 있다. 새 필터를 설정하고
캡처 단계를 구성하기 전에 다음 명령을 사용해 기존 세션에서 마킹을 제거할
수 있다.

```
reaper@pa-220> debug dataplane packet-diag clear filter-marked-session id
<session ID>
reaper@pa-220> debug dataplane packet-diag clear filter-marked-session all
```

오프로드된 세션은 캡처할 수 없음: 하드웨어 오프로딩을 지원하는 플랫폼(pa-3000,
pa-3200, pa-5000, pa-5200, PA-7000)에서는 처리가 완료되면 패킷이 fast path로 이동해
데이터 플레인 처리를 생략하고 패킷을 네트워킹 칩에 직접 전송한다. 이렇게
하면 캡처가 물리적 인터페이스가 아닌 데이터 플레인 프로세서에서 발생하기
때문에 추가 캡처를 막을 수 있다. 오프로드 중인 세션을 캡처해야 한다면 오프
로드를 비활성화할 수 있으며, 이로 인해 데이터 플레인 CPU에 추가 부하가
발생할 수 있으므로 부하가 높을 때는 오프로드를 비활성화하면 안 된다. 다음
명령을 사용해 오프로딩이 활성화돼 있는지 확인할 수 있다(기본값은 True).

```
reaper@pa-3220> show session info | match offload
            Hardware session offloading:                 True
```

```
          Hardware UDP session offloading:              True
```

오프로드를 비활성화하려면 다음 명령을 실행한다.

```
reaper@pa-3220> set session offload no
```

관리 인터페이스에서 캡처를 시작하려면 tcpdump 명령을 사용하고 필요에 따라 파라미터를 추가한다. 캡처를 종료하려면 Ctrl+C를 누른다.

snaplen 0으로 설정하면 전체 패킷이 캡처된다. 이 옵션을 설정하지 않으면 구 버전 PAN-OS에서 프레임당 캡처 크기가 96바이트로 제한될 수 있다.

추가할 수 있는 필터는 리눅스 시스템에서 tcpdump가 사용하는 필터와 유사하다. 예를 들면 "src 192.168.27.2" 또는 "net 192.168.27.0/24 and not port 22" 등이 있다.

```
reaper@pa-220> tcpdump snaplen 0 filter "host 192.168.27.130 and not port 22"
Press Ctrl-C to stop capturing
tcpdump: listening on eth0, link-type EN10MB (Ethernet), capture
size 65535 bytes
30 packets captured
30 packets received by filter
0 packets dropped by kernel
```

CLI에서 캡처된 결과를 읽으려면 다음 명령을 사용한다.

```
reaper@pa-220> view-pcap mgmt-pcap mgmt.pcap
```

패킷 캡처의 결과가 표시되는 방식에 영향을 주는 몇 가지 옵션을 추가할 수 있다. 기본적으로 대상 포트 및 IP 주소는 알기 쉬운 이름으로 확인되지만 트러블 슈팅에 바람직하지 않을 수 있으므로 이러한 옵션을 비활성화할 수 있다.

- **no-dns-lookup yes**: 소스 및 대상 IP에 대한 DNS 조회를 비활성화한다.
- **no-port-lookup**: 대상 포트를 알기 쉬운 이름이 아닌 숫자로 표시한다.
- **verbose++ yes**: 출력에 더욱 세부적인 정보를 추가한다.

따라서 전체 명령은 다음과 같다.

```
reaper@pa-220> view-pcap no-dns-lookup yes no-port-lookup yes verbose++ yes
mgmt-pcap mgmt.pcap
```

파일을 내보내려면 TFTP 또는 SCP를 사용해 로컬 호스트로 보낸다.

```
reaper@pa-220> tftp export mgmt-pcap from mgmt.pcap to 192.168.27.7
```

로그 파일과 패킷 캡처를 사용해 이미 알고 있는 정보를 검토하는 것 외에도 봇넷^{botnet} 리포트는 네트워크에서 의심스러운 호스트를 찾는 데 도움이 될 수 있는 행동 정보를 수집한다.

봇넷 리포트

Monitor ➤ Botnet에는 세션을 추적하는 로그 통합 도구가 있다. 이 도구는 자체적으로 발생하면 전혀 의심스럽지 않지만 다른 이벤트와 결합해 볼 때 추가적인 주의가 필요할 수 있는 일이 진행되고 있음을 나타낼 수 있다. 다음 그림에

서 볼 수 있듯이 달력 아래의 Configuration 링크를 클릭해 트리거 구성을 편집할
수 있다. 탐지는 지정된 시간 내에 특정 이벤트가 반복되는 것을 기준으로 한
다. 봇넷 리포트에 무언가 보고되기 전에 몇 번의 이벤트가 발생해야 하는지
조정할 수 있다

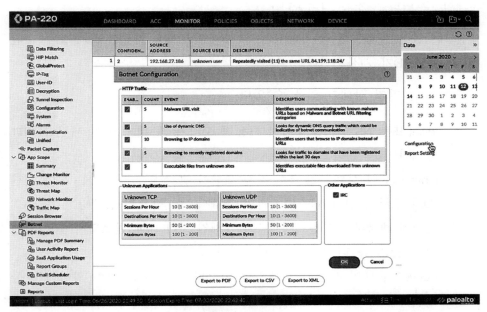

그림 12.3: 봇넷 리포트

로그를 필터링하고 트래픽을 캡처하는 방법을 잘 이해했으니 이제 세션이 어떻
게 구성되는지 살펴본다.

∷ 세션 세부 정보 해석

로그 세부 정보를 통해 세션에 대해 많은 것을 알 수 있지만 모든 것을 알 수는
없다. 세션이 처리되는 동안에는 특정 시점에 세션이 어떻게 처리되고 있는지
에 대해서만 해석하는 몇 가지 파라미터가 있다.

보안 룰에서 Log at Session Start를 활성화하면 TCP 핸드셰이크가 완료될 때가 아니라 첫 번째 데이터 패킷이 수신될 때만 로그가 표시된다는 점을 주의해야 한다. 즉, 이는 데이터가 아직 수신되지 않아 로그 항목이 생성되지 않은 상태에서 핸드셰이크가 성공적으로 완료됐기 때문에 세션 테이블에 세션이 이미 존재할 수 있다는 것을 의미한다.

세션 테이블은 한정된 수의 세션 ID로 구성되므로 사용 가능한 ID가 모두 순환된 후 세션 ID가 재사용된다.

세션은 일곱 가지 상태가 있을 수 있다.

- **Initial 또는 INIT**: 새 흐름에서 사용될 준비가 돼 대기 중인 세션이 **INIT** 상태다.
- **Opening**: 이 상태는 흐름이 전체 세션이 될 것으로 평가되는 동안 세션 ID가 흐름에 할당되는 일시적인 상태다. 이 단계는 반개방half-open TCP 연결에 해당하므로 핸드셰이크가 정해진 시간 내에 완료되지 않으면 세션을 닫는 좀 더 적극적인 타이머가 있다.
- **Active**: 흐름이 시작되고 패킷을 주고받는 등 모든 일이 일어나는 상태다.
- **Closing**: 일시적인 상태다. 흐름이 수명 시간이나 유휴 시간제한에 도달한 경우 세션이 곧 만료되게 설정됐지만 에이징 프로세스 또는 세션 조회 테이블에서 제거되지 않았음을 의미한다.
  이 단계에서는 새 패킷이 더 이상 이 세션과 일치하지 않고 새 세션을 만들고자 큐에 추가되거나 활성 세션과 더 이상 일치하지 않는 ACK 패킷(non-SYN TCP)이므로 폐기된다.
- **Discard**: 여기서 흐름은 드롭/차단 룰에 도달하거나 차단하게 설정된 위협에 도달한다. 세션과 일치하는 모든 패킷은 폐기 단계가 지속되는 동안 폐기된다.
- **Closed**: 일시적인 상태다. 세션이 에이징 프로세스에서는 제거됐지만

세션 조회 테이블에서는 제거되지 않았다. 이 세션과 일치하는 새 패킷이 없으므로 새 세션에 큐잉되거나 삭제된다.

- **Free:** 일시적인 상태다. 세션이 닫히고 세션 조회 테이블에서 제거됐지만 여전히 새 흐름에 사용할 수 있게 해야 한다.

Free 상태가 완료되면 세션은 INIT 상태로 돌아간다.

일시적인 상태는 보통 매우 짧아서 발견하기 어려울 수 있다. INIT, ACTIVE, DISCARD는 안정된 상태이며 볼 수 있는 대부분의 세션을 대표한다.

세션 생성, 수명 시간, 세션 종료와 관련된 모든 타이머는 다음 명령으로 확인할 수 있다.

```
reaper@pa-220> show session info
------snip------
Session timeout
TCP default timeout:                              3600 secs
TCP session timeout before SYN-ACK received:         5 secs
TCP session timeout before 3-way handshaking:       10 secs
TCP half-closed session timeout:                   120 secs
TCP session timeout in TIME_WAIT:                   15 secs
TCP session delayed ack timeout:                   250 millisecs
TCP session timeout for unverified RST:             30 secs
UDP default timeout:                                30 secs
ICMP default timeout:                                6 secs
SCTP default timeout:                             3600 secs
SCTP timeout before INIT-ACK received:               5 secs
SCTP timeout before COOKIE received:                60 secs
SCTP timeout before SHUTDOWN received:              30 secs
other IP default timeout:                           30 secs
Captive Portal session timeout:                     30 secs
Session timeout in discard state:                   30 secs
TCP: 90 secs, UDP: 60 secs, SCTP: 60 secs, other IP protocols: 60 secs
```

이러한 모든 타이머는 Configuration 모드 또는 Device ➤ Setup ➤ Session ➤ Session Timeouts에서 유저 환경에 맞게 변경할 수 있다.

```
reaper@pa-220# set deviceconfig setting session timeout-
+ timeout-captive-portal         set captive-portal session timeout value in
seconds
+ timeout-default                set session default timeout value in
seconds
+ timeout-discard-default        set timeout of non-tcp/udp session in
discard state
+ timeout-discard-tcp            set timeout of tcp session in discard state
+ timeout-discard-udp            set timeout of udp session in discard state
+ timeout-scan                   application trickling timeout value in
+ timeout-icmp                   set icmp timeout value in seconds
+ timeout-scan                   application trickling timeout value in
seconds
+ timeout-tcp                    set tcp timeout value in seconds
+ timeout-tcp-half-closed        set session tcp half close timeout (after
receiving first FIN/RST) value in seconds
+ timeout-tcp-time-wait          set session tcp time wait timeout (after
receiving second FIN/RST) value in seconds
+ timeout-tcp-unverified-rst     set session tcp timeout value after
receiving a RST with unverified sequence number in seconds
+ timeout-tcphandshake           set tcp handshake session timeout (before
3-way handshaking is completed) value in seconds
+ timeout-tcpinit                set tcp initial session timeout (before
SYN-ACK is received) value in seconds
+ timeout-udp                    set udp timeout value in seconds
```

또한 다섯 가지 세션 유형이 있다.

- **FLOW:** 이것은 모두 일반 세션이다.
- **FORW**(forward)**:** 캡티브 포털을 이용해 브라우징 세션을 가로채고 로그인 페이지로 리다이렉션하거나 PBF가 흐름에 적용될 때 사용된다.

- **PRED**(predict): 구축된 세션 외부에서 리턴 세션을 설정해야 하는 ALG 프로토콜(SIP, FTP 등)은 **Predict** 세션을 설정해 인바운드 연결을 예측한다. 리턴 세션이 수신되면 **Predict** 세션은 **FLOW** 세션으로 변환된다. **Predict** 세션은 아웃바운드 세션에서 감지된 제어 정보에 기반을 둔다
- **Tunnel**: VPN 연결은 **Tunnel** 세션에서 설정된다.
- **VNI**: Policies ➤ Tunnel Inspection에서 VXLAN TCI^{Tunnel Content Inspection}를 활성화하면 VXLAN 터널은 **vni-type** 세션이 된다.

세션은 Monitor ➤ Session Browser에서 표시할 수 있으며, 그림 12.4에서 볼 수 있듯이 브라우저 화면에는 로그에 없는 세션에 관한 많은 정보가 표시된다. 세션의 상태를 이해하는 데 도움이 되는 몇 가지 흥미로운 필드가 있다.

- Timeout은 세션이 존재하게 허용된 시간이다.
- Time to Live는 타임아웃에 남은 시간이다.

각 세션에는 타임아웃이 할당되며, 이것으로 현재 진행 상황을 파악할 수 있다. 설정된 TCP 세션은 3600초의 타임아웃을 받을 수 있는 반면 UDP 세션은 30초만 받을 수 있다. **Discard** 상태 세션도 짧은 시간만 할당받는다.

인터넷으로 나가는 세션을 트러블 슈팅할 때 잘못 구성된 NAT가 근본 원인인 경우가 종종 있다.

- NAT 소스 및 대상은 **True** 또는 **False**로 표시된다.
- NAT 룰의 이름은 세션에서 사용된다.
- Flow 1은 Client-to-Server(c2s) 흐름이며 원본 소스 IP(10.0.0.8)와 서버로 향하는 포트를 보여준다.
- Flow 2는 Server-to-Client(s2c) 흐름으로, 클라이언트가 변환된 NAT IP(192.168.27.251)에 대한 서버의 IP와 반환 흐름의 대상 포트(44666)로서 NAT 소스 포트를 보여준다.

이 모든 사항을 검토하면 NAT 이슈를 조기에 발견하는 데 도움이 될 수 있다.

다음 그림에서 볼 수 있듯이 Clear 열 아래의 X 표시를 클릭해 세션을 강제로 종료할 수 있다. 이렇게 하면 세션이 즉시 **INIT** 상태로 설정된다. 방화벽에 아직도 계속 도착하는 모든 패킷은 일치시킬 세션이 없으므로 non-SYN TCP로 폐기되거나 새 세션이 생성될지 평가된다.

	START TIME	FROM ZONE	STATE	TO ZONE	SOURCE	DESTINATION	TO PORT	PR	APPLICA	RULE	CLEAR
⊞	06/30 23:17:58	LAN	ACTIVE	outside	192.168.27.216		443	6	ssl	out-web	☒
⊞	06/30 23:26:03	LAN	ACTIVE	outside	192.168.27.7		53	17	dns	dns nolog	☒
⊞	06/30 23:26:13	trust-L3	ACTIVE	trust-L3	192.168.27.2		53	17	dns	dns nolog mgmt	☒
⊞	06/30 23:18:29	LAN	ACTIVE	LAN	192.168.27.244		357...	17	upnp	inside-L2	☒
⊞	06/30 23:18:12	LAN	ACTIVE	outside			443	6	ssl	out-web	☒
⊞	06/30 10:29:12	LAN	ACTIVE	outside	192.168.27.114		9998	6	ring	out	☒

그림 12.4: 세션 브라우저

다음 명령을 사용해 CLI에서 세션을 지울 수 있다.

단일 세션을 지우려면 ID를 사용한다.

```
reaper@pa-220> clear session id <ID>
```

모든 세션을 지우려면 다음 명령을 사용한다.

```
reaper@pa-220> clear session all
```

이전 명령에 필터를 추가해 필터와 일치하는 모든 세션을 삭제할 수도 있다.

```
reaper@pa-220> clear session all filter match source 192.168.0.1
```

CLI에서 다음 명령으로 볼 수 있는 것과 동일한 정보를 수집할 수 있다. CLI를 사용하면 필터 옵션을 좀 더 유연하게 사용할 수 있으므로 일반적으로 세션을 검토하는 데 이 방법이 선호된다.

```
reaper@PA-220> show session id 256
Session         256
        c2s flow:
                source:         10.0.0.8 [trust]
                dst:            204.79.197.222
                proto:          6
                sport:          49710           dport:          443
                state:          DISCARD         type:           FLOW
                src user:       unknown
                dst user:       unknown
        s2c flow:
                source:         204.79.197.222 [untrust]
                dst:            192.168.27.251
                proto:          6
                sport:          443             dport:          44666
                state:          DISCARD         type:           FLOW
                src user:       unknown
                dst user:       unknown
        start time                      : Tue May 19 23:20:13 2020
        timeout                         : 90 sec
        time to live                    : 79 sec
        total byte count(c2s)           : 316
        total byte count(s2c)           : 66
        layer7 packet count(c2s)        : 3
        layer7 packet count(s2c)        : 1
        vsys                            : vsys1
        application                     : ssl
        rule                            : block push
        service timeout override(index) : False
        session to be logged at end     : True
        session in session ager         : True
        session updated by HA peer      : False
        address/port translation        : source
```

```
nat-rule                          : outbound hide(vsys1)
layer7 processing                 : enabled
URL filtering enabled             : True
URL category                      :
session via syn-cookies           : False
session terminated on host        : False
session traverses tunnel          : False
session terminate tunnel          : False
captive portal session            : False
ingress interface                 : ethernet1/2
egress interface                  : ethernet1/1
session QoS rule                  : N/A (class 4)
tracker stage firewall            : appid policy lookup deny
end-reason                        : policy-deny
```

CLI는 세션이 종료된 이유를 나타내는 Tracker Stage Firewall도 보여준다. 이전 세션의 경우 보안 정책에 의해 차단된 애플리케이션이 감지돼 세션이 DISCARD 상태로 전환됐다. 다른 트래커 단계는 다음과 같다.

- Aged out: 세션이 타임아웃에 도달했다.
- TCP FIN: 세션을 종료하고자 FIN 패킷을 수신했다.
- TCP RST—client 또는 —server: 클라이언트나 서버가 RST 패킷을 보냈다.
- Appid policy lookup deny: 정책 조회가 애플리케이션을 차단하거나 드롭하게 설정한다.
- Mitigation tdb: 세션을 종료하는 위협이 탐지됐다.
- Resource limit: 흐름에서 발생할 수 있는 많은 오류의 집합이다(흐름에서 순서가 벗어난 초과 패킷 등).
- Host service: 이 소스에서 허용되지 않거나 인터페이스에서 활성화되지 않은 서비스에 대해 방화벽 방향으로 설정된 세션이다.
- L7 proc: Layer7 처리가 진행 중이다. DISCARD 세션의 경우 식별용 추가

APP-ID 작업이 필요한 하위 애플리케이션일 수 있다(Appid policy lookup deny 와 반대).

- **ctd decoder bypass**: 세션이 콘텐츠 검사 끝에 도달해 하드웨어로 오프 로드됐다.
- **Session rematch**: 이전에는 이 세션이 허용됐지만 이제 이 세션을 차단 하는 새로운 보안이 푸시됐다.

기타 세션 속성에는 다음이 포함될 수 있다. 세션과 관련이 없는 일부 속성은 표시되지 않는다.

- **Layer7 processing**: 애플리케이션 오버라이드가 실행 중이거나 세션의 프로토콜에 디코더가 없다면 Layer 7 processing은 **False**가 된다.
- **Session via SYN-cookies**: 세션을 설정할 때 SYN-cookie가 사용됐는지 여부를 나타낸다(이 쿠키는 존 보호 프로파일에서 제어됨).
- **To Host Session**: 세션이 방화벽에서 실행 중인 서비스(예, DNS 프록시 또는 관리 프로파일)에 연결할 때 **true**다.
- **Session traverses tunnel**: IPSec, SSL, GRE 터널로 이동하는 세션이다.
- **Session terminates tunnel**: 방화벽에서 터널을 종료하는 세션이다.
- **Session QoS rule**: 세션에 QoS 룰이 사용되는지 여부와 세션에 할당된 클래스를 나타낸다.
- **Captive Portal**: 클라이언트 세션을 가로채서 캡티브 포털 페이지로 리다 이렉션하는 세션이 생성되면 이 값은 **true**로 설정된다. s2c 흐름은 원래 대상이 캡티브 포털 리다이렉션으로 대체됐는지 여부를 나타내며, c2s 흐름은 캡티브 포털을 대상으로 한다.

캡티브 포털 유형의 세션은 다음 출력과 유사하다.

```
reaper@PA-220> show session id 865
```

```
Session                 865
      c2s flow:
            source:        10.0.0.8 [trust]
            dst:           10.0.0.1
            proto:         6
            sport:         50311        dport:        6081
            state:         INIT         type:         FLOW
            src user:      unknown
            dst user:      unknown
      s2c flow:
            source:        127.131.1.1 [captive-portal]
            dst:           10.0.0.8
            proto:         6
            sport:         6181         dport:        50311
            state:         INIT         type:         FLOW
            src user:      unknown
            dst user:      unknown
```

모든 활성 세션 목록을 가져오려면 다음 명령을 사용할 수 있다.

```
reaper@pa-220> show session all
```

위 명령의 출력 범위를 좁히고자 적용할 수 있는 필터는 여러 가지가 있다. 쉬운 방법은 tab 키를 이용해 사용 가능한 옵션을 확인하는 것이다.

```
reaper@pa-220> show session all filter <tab>
+ application          Application name
+ count                count number of sessions only
+ ctd-ver              ctd version
+ decrypt-forwarded    session is decrypt forwarded
+ decrypt-mirror       session is mirrored
+ destination          destination IP address
```

```
+ destination-port      Destination port
+ destination-user      Destination user
...
```

다음 그림에서 볼 수 있듯이 검색 범위를 좁히고자 추가할 수 있는 몇 가지 필터가 있다. 출력 결과는 각 세션이 두 행으로 나열되며, 맨 위의 행은 c2s 흐름이고 맨 아래 행은 s2c 흐름이다. 플래그는 세션이 소스 NAT(NS)를 적용하는지, 대상 NAT(ND)를 적용하는지, 아니면 둘 다(NB)를 적용하는지 여부를 나타낸다.

```
reaper@PA-VM> show session all filter protocol 6 nat source from trust type flow state active
------------------------------------------------------------------------------------------------
ID            Application     State    Type  Flag  Src[Sport]/Zone/Proto (translated IP[Port])
Vsys                                                Dst[Dport]/Zone (translated IP[Port])
------------------------------------------------------------------------------------------------
261           ss1             ACTIVE   FLOW  NS    10.0.0.8[49915]/trust/6  (192.168.27.251[35448])
vsys1                                                    .122.2[443]/untrust  (         .122.2[443])
353           web-browsing    ACTIVE   FLOW  NS    10.0.0.8[50011]/trust/6  (192.168.27.251[43839])
vsys1                                                    .4.52[80]/untrust  (         .4.52[80])
356           web-browsing    ACTIVE   FLOW  NS    10.0.0.8[500101]/trust/6  (192.168.27.251[54552])
vsys1                                                    .4.52[80]/untrust  (         .4.52[80])
253           ss1             ACTIVE   FLOW  NS    10.0.0.8[49918]/trust/6  (192.168.27.251[64354])
vsys1                                                    .37.44[443]/untrust  (         .37.44[443])
267           ss1             ACTIVE   FLOW  NS    10.0.0.8[49919]/trust/6  (192.168.27.251[3751])
vsys1                                                    .38.49[443]/untrust  (         .38.49[443])
231           ss1             ACTIVE   FLOW  NS    10.0.0.8[49917]/trust/6  (192.168.27.251[16008])
vsys1                                                    .121.44[443]/untrust  (         .121.44[443])
```

그림 12.5: 필터가 적용된 show session all 명령의 출력 결과

기본적으로 CLI의 시스템 뷰는 VSYS1이다. 대부분의 명령에서는 문제가 되지 않지만 VSYS2에서 세션을 나열하려면 먼저 시스템 관점을 VSYS2로 변경해 명령이 올바른 VSYS와 관련되게 먼저 시스템 관점을 VSYS2로 변경해야 한다. 다음 명령을 사용해 VSYS 관점으로 전환한다.

```
reaper@pa-3220> set system setting target-vsys ?
none none
vsys1 prod
vsys2 beta
```

이제 세션을 찾아 예상되는 동작과 연관시킬 수 있을 것이다. 세션이 허용 또는

차단되는지, NAT, QoS 또는 PBF가 예상대로 적용되고 있는지 확인할 수 있다. 다음 절에서는 세션이 실행되기 전에 어떻게 작동하는지 확인할 수 있는 트러블 슈팅 도구를 살펴본다.

⁑ 트러블 슈팅 도구 사용

웹 인터페이스는 방화벽을 구성하는 매우 편리한 방법이지만 발생할 수 있는 이슈를 해결하는 데 사용할 수 있는 여러 도구도 있다. Device ➤ Troubleshooting에서 찾을 수 있는 트러블 슈팅 도구를 사용하면 여러 테스트를 실행해 주어진 상황에서 시스템이 수행할 것으로 예상되는 동작을 확인할 수 있다.

다음 그림과 같이 사용 가능한 일부 테스트를 통해 시스템이 클라우드 서비스에 연결할 수 있는지 확인할 수 있다.

Test Result를 클릭하면 오른쪽에 Result Detail 창이 표시된다.

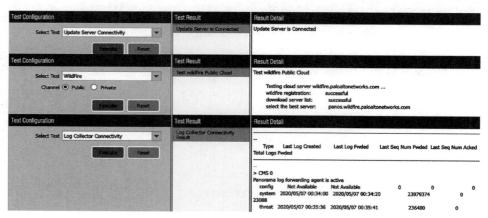

그림 12.6: 클라우드 연결성 테스트

트러블 슈팅 도구로 여러 정책을 테스트해 정책이 예상대로 동작하는지 확인할 수 있다. 다음과 같이 정책을 테스트할 수 있다.

- 보안 정책 매치
- QoS 정책 매치
- 인증 정책 매치
- 복호화/SSL 정책 매치
- NAT 정책 매치
- PBF 정책 매치
- DoS 정책 매치

다음 그림은 보안 정책 매치 테스트를 보여준다. 소스 IP, 대상 IP, 대상 포트, 프로토콜, 애플리케이션 또는 URL 카테고리와 같은 파라미터에 입력할 수 있다. 시스템이 전체 보안 룰 기반과 파라미터 집합을 비교해 어떤 룰이 일치하는지 확인한다.

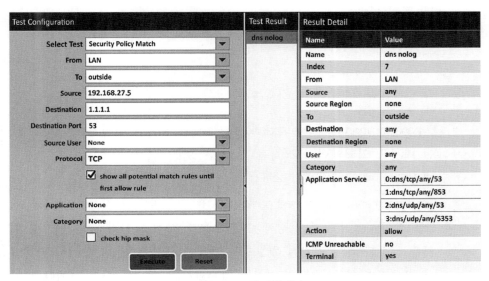

그림 12.7: 보안 정책 매치

Security Policy Match의 URL Category 파라미터는 대상에 카테고리가 설정된 룰만 반영한다. 이는 URL 필터링 프로파일과 일치하지 않는다.

트러블 슈팅 도구는 연결성 테스트에도 사용할 수 있다. 핑 테스트로 호스트에 ICMP 에코 요청을 보낼 수 있다. 다음과 같은 몇 가지 전형적인 파라미터를 정의할 수 있다.

- **count**: 보낼 핑 요청 개수
- **Interval**: 요청 사이의 시간(초)
- **Source**: 패킷을 전송할 데이터 플레인 인터페이스
- **Host**: 핑 테스트할 대상
- **Size**: 핑 패킷의 페이로드 크기를 변경할 수 있다. 크기가 큰 패킷이 경로를 따라 반환되는 데 더 오래 걸리는지 또는 드롭되는지 테스트하는 데 유용할 수 있다.
- **Tos**: 업스트림 디바이스에 적용되는지 확인하고자 ToS IP 옵션을 설정할 수 있다.
- **TTL**: 패킷이 폐기되기 전에 통과할 수 있는 최대 홉 개수다. 기본값은 58이다.

설정할 수 있는 몇 가지 특수 기능도 있다.

- Bypass routing table, use specific interface는 라우팅 조회를 수행하는 대신 패킷을 인터페이스로 직접 넣을 수 있게 해준다. 이는 중복 경로를 테스트할 때 유용하다.
- Don't fragment echo request packets(IPv4)를 사용하면 핑 패킷의 IP 헤더에 don't fragment 비트를 설정할 수 있으므로 점점 크기가 증가하는 핑 패킷을 전송해 MTU 경로를 찾으려는 경우에 유용하다. 너무 커서 단편화가 허용되지 않는 패킷은 버려야 하므로 패킷이 폐기되는 크기에 도달하면 경로가 허용하는 최대 MTU를 찾은 것이다.
- Pattern을 사용하면 페이로드에 특정 패턴을 추가해 업스트림 디바이스에서 패킷을 식별하는 데 도움이 될 수 있다.

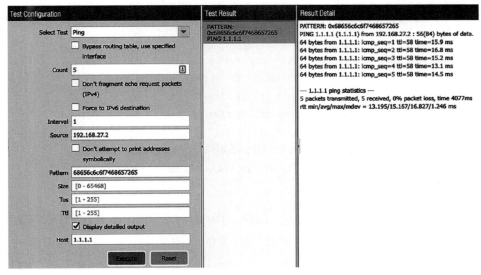

그림 12.8: 핑 도구

이 모든 옵션은 CLI에서도 사용할 수 있다.

```
reaper@pa-220> ping
+ bypass-routing     Bypass routing table, use specified interface
+ count              Number of requests to send (1..2000000000 packets)
+ do-not-fragment    Don't fragment echo request packets (IPv4)
+ inet6              Force to IPv6 destination
+ interval           Delay between requests (seconds)
+ no-resolve         Don't attempt to print addresses symbolically
+ pattern            Hexadecimal fill pattern
+ size               Size of request packets (0..65468 bytes)
+ source             Source address of echo request
+ tos                IP type-of-service value (0..255)
+ ttl                IP time-to-live value (IPv6 hop-limit value) (0..255
hops)
+ verbose            Display detailed output
* host               Hostname or IP address of remote host
```

출력은 다음과 비슷하게 보일 것이다.

```
reaper@pa-220> ping count 2 interval 1 source 192.168.27.2 host 1.1.1.1
PING 1.1.1.1 (1.1.1.1) from 192.168.27.2 : 56(84) bytes of data.
64 bytes from 1.1.1.1: icmp_seq=1 ttl=58 time=10.9 ms
64 bytes from 1.1.1.1: icmp_seq=2 ttl=58 time=15.1 ms
--- 1.1.1.1 ping statistics ---
2 packets transmitted, 2 received, 0% packet loss, time 1017ms
rtt min/avg/max/mdev = 10.972/13.073/15.174/2.101 ms
```

핑ping이 있는 곳에는 traceroute가 있다. Traceroute 테스트를 사용하면 UDP traceroute 패킷을 전송해 원격 호스트로 향하는 경로를 따라 홉을 식별할 수 있다. 이 테스트는 라우팅 이슈를 찾는 데 매우 실용적인 도구로, 패킷은 1부터 시작해 점점 증가하는 TTL 값으로 전송되며 경로를 따라 각 홉은 다음 홉으로 패킷을 전송하기 전에 TTL 카운터를 1씩 줄여야 한다. 카운터가 0에 도달하면 홉은 패킷을 폐기하고 ICMP 옵션 11(time exceeded) 패킷을 발신자에게 되돌려 보내야 한다. 이론적으로 발신자는 최종 목적지까지 경로를 따라 모든 호스트로부터 알림을 수신해 패킷을 최종 대상으로 전달하는 데 참여한 라우팅을 드러낸다.

다음 옵션을 설정해 필요에 맞게 traceroute를 조정할 수 있다.

- IPv4 및 IPv6 모두 테스트할 수 있다.
- First Ttl을 사용하면 시작 TTL을 1보다 높게 설정할 수 있다. 처음 몇 홉이 테스트 또는 결과 출력에 포함되지 않게 할 때 유용하다.
- Max Ttl은 중단하기 전 최대 홉 수다.
- Port를 사용하면 UDP 패킷에 사용되는 정적 대상 포트를 설정할 수 있다. 기본적으로 테스트 시작 시 무작위로 높은 포트가 선택되며, 패킷을 전송할 때마다 순차적으로 포트가 증가한다.
- Tos를 사용하면 Tos IP 옵션을 설정할 수 있다.

- Wait는 방화벽이 응답 메시지가 도착할 때까지 대기해야 하는 시간(초)이다.

- Pause는 방화벽이 프로브 사이에 대기해야 하는 시간(ms)이다.

- Gateway는 최대 8개의 loose source routing 게이트웨이를 설정할 수 있다.

- Don't attempt to print addresses symbolically는 DNS에 대한 IP 역방향 조회를 방지한다.

- Bypass routing tables and send directly to a host는 패킷을 와이어에 직접 전송한다.

- Source는 소스로 사용할 데이터 플레인 인터페이스다. 기본적으로 관리 인터페이스가 사용된다.

- Host는 traceroute가 도달해야 할 대상이다.

다음 그림에서 볼 수 있듯이 테스트를 더욱 철저하게 수행할 수 있는 옵션이 많다.

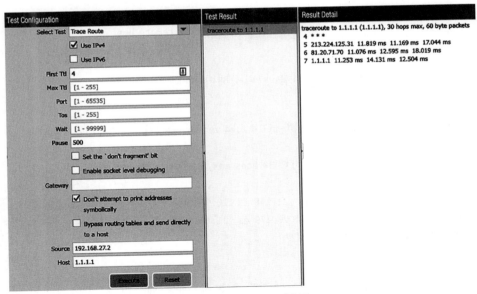

그림 12.9: traceroute 테스트

traceroute는 똑같은 옵션으로 CLI에서 실행할 수도 있다.

```
reaper@pa-220> traceroute
+ bypass-routing      Bypass routing tables and send directly to
a host
+ debug-socket        Enable socket level debugging
+ do-not-fragment     Set the 'don't fragment' bit
+ first-ttl           time-to-live used in the first outgoing probe packet
+ gateway             Specify a loose source route gateway (8 maximum)
+ ipv4                Use IPv4
+ ipv6                Use IPv6
+ max-ttl             Set the max time-to-live (max number of hops)
+ no-resolve          Don't attempt to print addresses symbolically
+ pause               Set the time (in milliseconds) to pause between probes
+ port                Set the base port number used in probes (default
udp/33434 tcp/80 icmp/1)
+ source              Use specified source address in outgoing probe packets
+ tos                 IP type-of-service value (0..255)
+ wait                Set number of seconds to wait for a response
* host                Hostname or IP address of remote host
```

traceroute 테스트의 출력은 다음과 비슷해야 한다.

```
reaper@pa-220> traceroute first-ttl 4 ipv4 yes source 192.168.27.2 no- resolve
yes host 1.1.1.1
traceroute to 1.1.1.1 (1.1.1.1), 30 hops max, 60 byte packets
4 * * *
5  213.224.125.31   20.784 ms  21.148 ms  20.968 ms
6  81.20.71.70      20.383 ms  20.179 ms  21.393 ms
7  1.1.1.1          19.391 ms  *          *
```

이제 방화벽이 서비스에 제대로 연결돼 있는지, 예상 세션이 적절한 정책에 모두 부합하는지 확인할 수 있다.

유지 관리 모드를 사용해 시스템 문제 해결과 복구

유저 관리 모드^{Maintenance Mode}라고도 하는 MRT는 별도의 부팅 가능한 파티션에 상주하며 시스템이 예기치 않은 장애가 발생한 경우 호출할 수 있다. 예를 들어 시스템이 자동 커밋 프로세스를 완료할 수 없다면 재부팅해 실패의 원인을 해결하려고 시도한다. 세 번 재부팅 후에도 자동 커밋이 계속 실패하면 시스템이 유지 관리 모드로 부팅된다.

시스템이 실패한 경우 **maint** 유저 이름과 시리얼 번호를 비밀번호로 사용해 디바이스에 SSH로 연결할 수 있다. 콘솔로 연결하면 유저 이름과 비밀번호가 필요하지 않다.

다음 명령을 실행해 CLI에서 시스템을 유지 관리 모드로 강제 부팅할 수 있다. Enter 키를 누르면 시스템에서 재부팅할지 여부를 묻는다.

```
> debug system maintenance-mode
```

유지 관리 모드를 수동으로 시작할 수도 있다. 부팅 프로세스 중에 아무 키나 눌러서 부팅 시퀀스를 중단할지 묻는 짧은 창이 나타난다. 중단을 원한다면 5초 내에 키를 누른다.

maint를 타이핑하면 유지 관리 파티션을 선택할 수 있는 부트 로더로 이동한다.

```
Enter 'maint' for boot menu.
Booting PANOS (maint) after 5 seconds...

  Booting 'PANOS (maint)'

root (hd0,2)
 Filesystem type is ext2fs, partition type 0x83
kernel /boot/vmlinuz ro root=/dev/sda3 console=ttyS0,9600n8 init=/sbin/init_mai
nt acpi_enforce_resources=lax quiet
   [Linux-bzImage, setup=0x3c00, size=0x393bd0]

Maintenance Mode filesystem size: 1.4G
```

그림 12.10: 유지 관리 모드 부트 로더

지원받기에 대한 자세한 내용이 있는 시작 페이지로 이동한다. Enter 키를 누르면 다음과 같이 메인 메뉴로 이동한다.

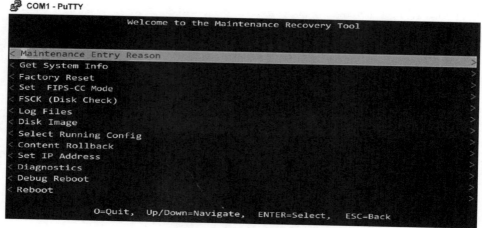

그림 12.11: 유지 관리 모드

비밀번호가 필요한 고급 기능은 **MA1NT**를 비밀번호로 사용해 접속할 수 있다.

시스템에서 유지 관리 모드를 호출한다면 Maintenance Entry Reason에 몇 가지 추가 정보가 있어야 한다

Get System Info에서는 시리얼 번호, 설치된 OS, 콘텐츠 업데이트 등 모든 시스템 정보에 대한 개요를 보여준다.

Factory reset을 하면 시스템을 공장 설정으로 깨끗하게 되돌릴 수 있다. 설정 파일이 제거되고 기본 설정으로 리셋되며 모든 로그와 리포트가 시스템에서 지워진다. 다음 그림에서 볼 수 있듯이 리셋 중에 시스템을 어떤 PAN-OS 버전으로 설정할지 선택할 수 있다.

로그를 그냥 삭제하는 대신 안전하게 제거해야 하는 경우 시스템을 스크럽^{scrub}하는 옵션을 선택할 수 있다.

NNSA(모든 위치를 무작위 패턴으로 두 번 덮어쓰고 알려진 패턴으로 한 번 덮어쓰기)와 DOD(주소 지정이 가능한 모든

위치를 문자와 그 보완 문자 그리고 무작위 문자로 덮어쓰기) 스크럽 중에서 고를 수 있다.

고급 메뉴 옵션에서 PAN-OS 구버전을 선택해 설치할 수 있다.

```
                          Factory Reset
WARNING: Performing a factory reset will remove all logs and configuration.

Using Image:
   (x) panos-9.0.0

WARNING: Scrubbing will iteratively write patterns on pancfg, panlogs, and any
extra disks to make retrieving the data more difficult.
NOTE: This could take up to 48 hours if selected. Scrubbing is not recommended
unless explicitly required.
   [ ] Scrub

If scrubbing, select scrub type:
   (X) nnsa                         ( ) dod
< Factory Reset                                                               >
< Advanced
         Q=Quit,  Up/Down=Navigate,  ENTER=Select,  ESC=Back
```

그림 12.12: 공장 초기화

FIPS-CC mode를 설정하면 시스템이 FIPS 규정을 준수하게 변환되며, 다음과 같은 동작이 수행된다.

- 모든 취약한 암호화 알고리듬을 비활성화한다.
- 콘솔 포트를 CLI로 비활성화하고 출력 포트로만 작동하게 한다.
- 최소 비밀번호 길이를 6으로 설정한다.
- 취약한 관리 프로토콜(예, http, ftp, telnet)이 비활성화돼 더 이상 사용할 수 없다.
- HA1의 암호화는 필수다.

FSCK를 사용해 모든 파티션에서 이슈를 스캔하고 불량 섹터를 복구할 수 있다. 다음 파티션을 스캔할 수 있다.

- panlogs
- panrepo

- sysroot0
- sysroot1
- pancfg

불량 섹터를 수정하려는 모든 질문에 자동으로 Y를 고르게 선택할 수 있으며, 해당 파티션에서 디스크 검사에 실패하면 panlogs 파티션을 포맷할 수 있다.

Log Files를 사용하면 프로세스가 중요한 오류를 기록하고 로그를 외부 위치에 복사할 수 있었는지 검토해야 하는 경우 모든 시스템 로그에 접근할 수 있다. 복사를 시작하기 전에 상단 메뉴에서 Set IP address를 선택해야 한다.

Disk Image를 사용하면 실행 중인 구성을 변경하지 않고 현재 설치된 PAN-OS 버전을 다시 설치하거나 이전에 설치된 버전으로 되돌릴 수 있다. 고급 옵션에서 다음을 수행할 수 있다.

- 설치 기록 및 현재 부팅 가능한 파티션 상태 검토
- 이전에 설치된 PAN-OS 버전으로 되돌리기
- 현재 설치된 이미지의 무결성 확인
- 디스크에서 오래된 이미지 제거
- 부트 로더에서 부팅으로 설정할 파티션 수동 선택
- 부트 로더를 변경하지 않고 수동으로 PAN-OS 버전으로 부팅하기

Select Running Config는 이전에 저장한 설정 파일을 선택해 해당 파일을 실행 구성으로 설정할 수 있으며, 관리자 비밀번호를 분실했을 때 공장 초기화를 수행하거나 저장된 설정을 로드하는 것 외에는 비밀번호 복구 절차가 없기 때문에 매우 유용하다.

TIP

기본 admin/admin 계정이 포함된 구성 파일을 저장하면 안 된다. 유지 관리 모드로 부팅할 수 있는 누구라도 백도어를 통해 접근할 수 있기 때문이다.

Content rollback을 사용하면 콘텐츠 업데이트 설치 중에 무언가 크게 잘못되고 있다면 콘텐츠 패키지 이전 버전으로 되돌릴 수 있다.

Set IP address는 디바이스에 관리 IP가 로드되지 않거나 DHCP IP를 얻을 수 없는 경우 수동으로 IP를 설정할 수 있다.

Diagnostics에서 디스크 성능 검사를 실행한다.

Debug reboot눈 시스템을 재부팅하지만 모든 부팅 대화상자를 상세 정보 모드로 출력하므로 시스템 부팅에 실패할 경우 도움이 된다.

이러한 지식이 있으면 상당히 심각한 몇 가지 장애로부터 복구하거나 적어도 사후 분석을 수행해 최초에 상황을 일으킨 원인을 파악할 수 있는 충분한 정보를 수집할 수 있다.

⁝⁝⁝ 요약

12장에서 다양한 유형의 로그 파일을 찾을 수 있는 위치와 모아진 정보를 활용해 봇넷을 식별하는 방법을 살펴봤다. 이제 필터를 사용해 패킷 캡처를 수행해서 필요한 것만 캡처할 수 있다. 방화벽에서 세션을 해석하고 NAT 방향, 종료 이유, 타임아웃 설정과 같은 주요 속성을 식별할 수 있다. 트러블 슈팅 도구를 사용해 방화벽이 모든 클라우드 서비스에 연결돼 있는지, 예상되는 흐름이 의도한 정책에 도달하는지 확인할 수 있다. 또한 공장 초기화 또는 유지 관리 모드에서 다른 설정 파일 로드와 같은 주요 작업을 수행할 수 있다.

13장에서는 패킷 캡처 필터를 사용해 글로벌 카운터를 분석하고 방화벽을 통과하면서 다른 프로세스의 영향을 받는 실제 흐름을 살펴봄으로써 12장에서 다룬 내용을 한 단계 더 발전시켜본다.

PCNSE를 준비한다면 트러블 슈팅은 매우 중요한 부분이다. 각 로그 파일에서 어떤 정보를 찾을 수 있는지 기억하고, 특히 어떤 로그 데이터베이스를 사용할 수 있는지 암기하자. 세션 상태와 세션 출력에 포함된 정보를 주의 깊게 검토하자.

13

트러블 슈팅 심층 분석

13장에서는 세션이 형성되는 방법과 흐름이 방화벽을 통과하는 방법을 살펴본다. 글로벌 카운터를 해석하는 방법을 살펴보고 한걸음 더 나아가 패킷이 방화벽에 들어오고 나가면서 거치는 모든 단계를 살펴본다. 세션이 어떻게 설정되고 각 단계에서 패킷이 어떻게 처리되는지 살펴본다.

13장에서 다루는 내용은 다음과 같다.

- 글로벌 카운터Global counters 이해
- 세션 흐름 분석
- 프로세스 디버깅
- CLI 트러블 슈팅 명령 치트 시트

13장을 끝내면 패킷과 세션이 방화벽을 통과하는 동안 거치는 모든 단계를 분석하고 무엇이 잘못됐을 수 있는지 파악할 수 있다.

⁂ 기술적 요구 사항

13장에서는 앞으로 리뷰할 명령과 출력에 이해도를 높이고자 앞으로 수행할 단계를 에뮬레이션할 수 있는 랩 환경을 갖출 것을 강력히 권장한다. 유용한 명령과 모든 글로벌 카운터 목록이 포함된 치트 시트는 웹 페이지(https://github.com/PacktPublishing/Mastering-Palo-Alto-Networks-2e)에서 확인할 수 있다.

⁂ 글로벌 카운터의 이해

연결 문제를 트러블 슈팅할 때 로그 파일과 패킷 캡처는 풍부한 정보를 제공하지만 세션에 무슨 일이 일어나고 있는지 파악하기에는 충분하지 않은 경우가 있다. 모든 세션은 방화벽을 통과하던 드롭되던 상관없이 세션과 접촉한 모든 프로세스에 의해 추적된다. 이 추적 작업은 세션 내의 각 패킷이 거치는 각 단계 또는 프로세스가 수행하는 작업에 따라 증가하는 카운터를 이용해 수행된다. 이 카운터는 뭔가 예상대로 작동하지 않는 경우에 많은 정보를 제공할 수 있다.

글로벌 카운터는 다음 명령을 실행해 확인할 수 있다.

```
reaper@PA-VM> show counter global
```

이렇게 하면 모든 글로벌 카운터가 문맥 없이 출력되므로 별로 유용하지 않다. 델타 필터를 추가해 이전 명령 실행과 마지막 명령 실행 사이 기간의 글로벌 카운터만 보이게 할 수 있다.

```
reaper@PA-VM> show counter global filter delta yes
```

출력은 다음 그림과 유사할 것이다.

```
reaper@PA-VM> show counter global filter delta yes

Global counters:
Elapsed time since last sampling: 2.476 seconds

name                        value    rate severity category aspect    description
pkt_recv                        9       3 info     packet   pktproc   packets received
pkt_stp_rcv                     3       1 info     packet   pktproc   STP BPDU packets received
flow_fwd_13_bcast_drop          1       0 drop     flow     forward   Packets dropped: unhandled IP broadcast
flow_fwd_13_mcast_drop          1       0 drop     flow     forward   Packets dropped: no route for IP multicast
flow_arp_pkt_rcv                4       1 info     flow     arp       ARP packets received
flow_arp_rcv_gratuitous         2       0 info     flow     arp       Gratuitous ARP packets received

Total counters shown: 6

reaper@PA-VM> _
```

그림 13.1: show counter global delta 결과

델타 필터 방법은 단순히 모든 카운터를 출력하는 것보다 훨씬 읽기 쉽지만 카운터는 여전히 시스템 전체에 걸쳐 있다. 좀 더 구체적인 필터를 추가하는 방법은 잠시 뒤에 살펴보겠지만 먼저 카운터 자체에 대해 좀 더 알아볼 필요가 있다.

먼저 글로벌 카운터의 속성을 살펴보자.

- **name:** 각 카운터에는 일반적으로 어떤 프로세스가 무엇을 봤는지 전달하려는 이름이 있다. 예를 들어 flow는 패킷 처리에 사용되며 _fwd는 어딘가로 전달해야 하는 패킷을 나타내는 데 사용된다. _arp는 라우팅 할 필요가 없는 ARP 패킷에 사용되며 _13은 Layer3 라우팅 인터페이스에서 수신됐음을 나타낸다.

- **value:** 델타의 전체 기간 동안 해당 카운터에서 발생한 총 히트 수다.

- **rate:** 시스템에서 보여주는 지정된 기간 동안 초당 히트 수의 대략적인 진행률이다. value 필드에 숫자가 표시되지만 비율이 0이면 적어도 잠시 동안 카운터에 히트 수가 없었다는 뜻이다. 이는 히트 클러스터가 델타의 시작 부분에 있지만 끝 근처에는 없음을 나타내는 것일 수도 있다.

- **severity:** 심각도에는 다음과 같은 네 가지 레벨이 있다.
  - info는 모든 카운터의 기본 심각도다.

- **drop**은 의도적으로 버려진 것을 나타낸다. 이는 보안 정책, 위협 프로파일 , 패킷의 출처 또는 목적지와 관련된 불규칙성 때문일 수 있다.
- **error**는 잘못돼 폐기된 패킷을 나타낸다.
- **warn**은 시스템 레벨에서 문제가 발생하거나 수신된 패킷이 정상적이지 않은 경우(예, 단편화된 패킷의 재조립 실패 또는 스플릿 핸드셰이크)에 사용된다.

- **category**: 이 카운터가 어떤 프로세스와 관련이 있는지를 나타낸다. 몇 가지 흥미로운 항목은 다음과 같다.
  - **aho**는 위협 및 데이터 필터링 알고리듬 엔진이다.
  - **appid**는 APP-ID 처리와 관련된 카운터다.
  - **cad**는 클라우드 앱 식별용이다.
  - **ctd**는 콘텐츠 검사 이벤트용이다.
  - **dfa**는 APP-ID 알고리듬 엔진이다. 카운터는 엔진으로 들어가는 패킷을 나타낸다.
  - **dlp**는 데이터 손실 방지 이벤트용이다.
  - **fpga**(field-programmable gate array)는 하드웨어 오프로드 칩이다. 이것은 PA-3000 이상의 하드웨어 모델에만 포함된다.
  - **flow**는 패킷 처리를 위한 것이다.
  - **nat**는 네트워크 주소 변환 동작이다.
  - **packet**은 패킷 버퍼링 이벤트용이다.
  - **proxy**는 SSL 복호화 또는 DNS 프록시와 같은 프록시 이벤트용이다.
  - **session**은 세션 관리용이다.
  - **uid**는 유저 ID 이벤트용이다.
  - **zip**은 파일을 압축 해제하는 중에 트리거된다.
  - **tcp**는 TCP 패킷 이벤트용이다.
  - **mprelay**는 세션이 관리 플레인 라우팅 프로세스와 상호작용해야 할 때 트리거된다.

- **aspect:** 카운터가 증가했을 때 패킷이 어떤 단계에 있었는지에 대한 세부 정보를 제공한다. 예를 들면 다음과 같다.
  - arp는 ARP 패킷 처리
  - dos는 존 보호 프로파일과 일치하는 패킷
  - forward는 패킷 전달
  - ipfrag는 단편화
  - -offload는 하드웨어로 오프로드되는 패킷
  - parse는 패킷 파싱
  - pktproc는 패킷 처리
  - qos는 QoS 적용
  - session은 세션 설정 및 해제

- **description:** 카운터를 좀 더 명확하게 식별하는 데 도움이 된다.

다음 그림과 같이 이 모든 속성을 사용해 글로벌 카운터를 필터링하면 좀 더 의미 있는 출력을 얻을 수 있다.

그림 13.2: 심각도 필터가 있는 글로벌 카운터

심각도 drop을 필터의 속성으로 추가하면 패킷이 폐기됐음을 나타내는 카운터만 반환된다. 이는 패킷이 폐기됐는지 여부와 그 이유를 찾는 데 매우 유용할 수 있다.

그러나 여전히 시스템 전체 글로벌 카운터만 반영한다. 더 자세히 알고 싶은 세션으로만 범위를 좁히려면 패킷 캡처에 사용된 것과 동일한 필터를 활용할 수 있다. 필자는 퍼블릭 DNS 서버인 **194.7.1.4**로 핑하는 실습 디바이스를 설정했다. 이 핑을 사용해 글로벌 카운터를 필터링해 관심 있는 하나의 흐름에 대한 정보만 반환하는 방법을 보여주겠다.

글로벌 카운터를 필터링하려면 먼저 패킷 캡처를 설정할 때 사용하는 것과 동일한 packet-diag 필터를 설정해야 한다.

먼저 이전에 구성된 필터를 모두 지운다.

```
reaper@PA-VM> debug dataplane packet-diag clear all
```

이전 필터로 마크된 모든 세션의 표시를 해제한다.

```
reaper@PA-VM> debug dataplane packet-diag clear filter-marked-session all
```

packet-diag 필터는 세션과 세션에 속한 모든 패킷을 마킹하는 방식으로 작동한다는 점에 유의하자. 이 마킹은 여러 프로세스에서 사용돼 패킷을 계속 유지하고 패킷 캡처, 글로벌 카운터 필터링, 흐름 분석을 가능하게 한다. 필터에 의해 미리 표시된 모든 세션은 세션이 활성화돼 있는 동안 이 '태그'를 유지한다. 여러 필터 세션이 서로 이어지는 경우 이전에 구성된 필터에 의해 여전히 태그가 지정돼 있기 때문에 이전 세션이 디버그 세션에 표시될 수 있다.

다음으로 모든 필터를 추가하고 켠다. 다음 예제에서는 호스트 내부 IP에서 DNS 서버로 가는 아웃바운드 패킷용 필터 하나와 DNS 서버가 소스이고 NAT 주소가 대상인 반환 필터 하나가 있다. 이 필터들은 세션을 인식한다. 이는 어떻게든 원래 세션을 빠져나가는 어떤 패킷도 잡는 좋은 사례다. 그러한 예의 하나로 세션이 이미 닫힌 상태에서 뒤늦게 도착하는 패킷을 들 수 있다. 필터는 다음 IP 주소를 사용한다. 10.0.0.10은 랩 서버의 내부 IP, 198.51.100.2는 방화벽에서 나가는 세션의 NAT 소스로 사용하는 퍼블릭 IP, 194.7.1.4는 대상 퍼블릭 IP다. 세션의 가능한 각 방향 및 단계에 대한 필터를 추가하면 다음과 같다.

```
reaper@PA-VM> debug dataplane packet-diag set filter match source
10.0.0.10 destination 194.7.1.4
reaper@PA-VM> debug dataplane packet-diag set filter match source
194.7.1.4 destination 198.51.100.2
reaper@PA-VM> debug dataplane packet-diag set filter on
reaper@PA-VM> debug dataplane packet-diag show setting
```

CLI 세션은 다음 그림과 같이 표시된다.

```
reaper@PA-VM> debug dataplane packet-diag clear all

Packet diagnosis setting set to default.
reaper@PA-VM> debug dataplane packet-diag clear filter-marked-session all

Unmark All sessions in packet debug
reaper@PA-VM> debug dataplane packet-diag set filter match source 10.0.0.10 destination 194.7.1.4

reaper@PA-VM>
reaper@PA-VM> debug dataplane packet-diag set filter match source 194.7.1.4 destination 198.51.100.2

reaper@PA-VM> debug dataplane packet-diag set filter on

debug packet filter: on
reaper@PA-VM> debug dataplane packet-diag show setting

-----------------------------------------------------------------
Packet diagnosis setting:
-----------------------------------------------------------------
Packet filter
  Enabled:                    yes
  Match pre-parsed packet:    no
  Index 1: 10.0.0.10/32[0]->194.7.1.4/32[0], proto 0
           ingress-interface any, egress-interface any, exclude non-IP
  Index 2: 194.7.1.4/32(0)->198.51.100.2/32[0], proto 0
           ingress-interface any, egress-interface any, exclude non-IP
-----------------------------------------------------------------
Logging
  Enabled:                    no
  Log-throttle:               no
  Sync-log-by-ticks:          yes
  Features:
  Counters:
-----------------------------------------------------------------
Packet capture
  Enabled:                    no
  Snaplen:                    0
  Username:
```

그림 13.3: 필터 설정

이제 글로벌 카운터 필터에 packet-filter yes를 추가해 필터와 관련된 글로벌
카운터만 살펴볼 수 있다.

```
reaper@PA-VM> show counter global filter delta yes packet-filter yes
```

글로벌 카운터의 출력은 다음과 유사해야 한다.

```
reaper@PA-VM> show counter global filter delta yes packet-filter yes

Global counters:
Elapsed time since last sampling: 1.684 seconds

name                                value     rate severity  category  aspect     description
--------------------------------------------------------------------------------
pkt_sent                                4        2 info      packet    pktproc    Packets transmitted
session_allocated                       2        1 info      session   resource   sessions allocated
session_installed                       2        1 info      session   resource   sessions installed
flow_ip_cksm_sw_validation              4        2 info      flow      pktproc    Packets for which IP checksum validation was done in software
appid_ident_by_icmp                     2        1 info      appid     pktproc    Application identified by icmp type
nat_dynamic_port_xlat                   2        1 info      nat       resource   The total number of dynamic_ip_port NAT translate called
dfa_sw                                  4        2 info      dfa       pktproc    The total number of dfa match using software
ctd_pscan_sw                            2        1 info      ctd       pktproc    The total usage of software for pscan
ctd_process                             2        1 info      ctd       pktproc    session processed by ctd
ctd_pkt_slowpath                        4        2 info      ctd       pktproc    Packets processed by slowpath
--------------------------------------------------------------------------------
Total counters shown: 10
```

그림 13.4: 핑에 대한 글로벌 카운터

위의 그림은 랩 디바이스에서 퍼블릭 서버로 시작된 아웃바운드 핑과 관련된 모든 카운터를 보여준다. 이 세션에서 추출한 글로벌 카운터는 다음과 같다.

- `pkt_sent`는 델타 시간 프레임에 4개의 패킷이 전송됐음을 알려준다.
- `session_allocated`는 핑 요청을 처리하고자 유효한 세션이 설정됐음을 의미한다(opening 시작 상태).
- `session_installed`는 세션이 수락돼 활성 상태로 설정됐음을 의미한다.
- `flow_ip_chksm_sw_validation`은 소프트웨어에서 IP 체크섬이 검증된 패킷이다.
- `appid_ident_by_icmp`는 App-ID가 ICMP 에코 요청 시그니처를 통해 해당 패킷을 핑으로 바로 식별할 수 있었음을 의미한다.
- `dfa_sw`는 소프트웨어에서 App-ID로 식별된 패킷이다.
- `ctd_process`는 Content-ID로 처리된 세션 수다.
- `ctd_pkt_slowpath`는 `slowpath`를 통과한 패킷의 수다.
  - Slowpath는 세션이 생성되기 전에 패킷을 확인하고 NAT 및 보안 룰과 일치시켜야 하는 세션의 첫 번째 단계다. 세션이 설정되면 패킷은 `fastpath`에서 처리된다.
  - Fastpath는 세션 테이블에 세션이 설정된 단계이므로 방화벽은 패킷을 기존 세션과 일치시키고 해당 세션에 적절한 포워딩을 수행하기만 하면 된다.

- nat_dynamic_port_xlt는 동적 소스 포트를 변환에 사용하게 설정된 NAT 룰에 의해 패킷이 변환됐음을 나타낸다. 이러한 유형의 패킷은 동일한 소스 및 대상 포트를 유지해야 하기 때문에 이러한 유형을 가진 NAT의 동적 특성으로 인해 핑은 제외된다. 다음 그림에서 볼 수 있듯이 이는 세션을 살펴보면 확인할 수 있다.

```
reaper@PA-VM> show session all filter application ping

ID                Application    State    Type Flag   Src[Sport]/Zone/Proto (translated IP[Port])
Vsys                                                  Dst[Dport]/Zone (translated IP[Port])
6997              ping           ACTIVE   FLOW  NS     10.0.0.10[1109]/trust/1   (198.51.100.2[1109])
vsys1                                                  194.7.1.4[1138]/untrust    (194.7.1.4[1138])
6993              ping           ACTIVE   FLOW  NS     10.0.0.10[1109]/trust/1   (198.51.100.2[1109])
vsys1                                                  194.7.1.4[1138]/untrust    (194.7.1.4[1134])
6992              ping           ACTIVE   FLOW  NS     10.0.0.10[1109]/trust/1   (198.51.100.2[1109])
vsys1                                                  194.7.1.4[1138]/untrust    (194.7.1.4[1133])
```

그림 13.5: show session 출력

이후의 글로벌 카운터 출력에서 모든 카운터는 세션이 예상대로 진행 중이라고 보여야 한다.

불량 카운터 이해

세션에서 패킷에 일어나고 있는 일을 단순히 모든 것이 예상대로 진행되는 중이라고 표시하는 카운터가 많다. 또한 문제를 일으킬 수 있는 뭔가 진행되고 있음을 빠르게 파악하는 데 도움이 되는 일부 카운터도 있다. 그중 많은 카운터가 드롭된 패킷에 심각도 필터를 추가할 때 나타난다.

```
reaper@PA-VM> show counter global filter delta yes packet-filter yes severity
drop
```

문제를 나타내는 몇 가지 일반적인 카운터가 있다.

- flow_tcp_non_syn은 패킷 튜플과 일치하는 TCP 핸드셰이크가 설정되지

않았지만 ACK 패킷이 수신되면 트리거된다. 이는 일반적으로 클라이언트와 서버 통신이 하나의 경로로만 방화벽을 통과하는 비대칭 흐름을 나타낸다. 외부 라우팅 및 흐름 경로를 검토해 비대칭의 원인이 무엇인지 파악한다.

- flow_fw_zonechange는 반환 패킷이 다른 존에서 감지되거나 세션이 시작된 후 라우팅 변경이 발생해 대상 존이 이제 다른 인터페이스에 있는 비대칭 흐름을 나타내는 또 다른 표시다.
  라우팅 테이블과 PBF 룰을 검토해 패킷이 다른 존과 어떻게 일치할 수 있는지 확인한다.
- flow_policy_deny는 세션이 보안 룰 기반의 차단 정책에 도달한 상황이다. 트래픽 로그에 차단 또는 드롭 항목이 없으면 세션이 기본 차단 룰에 도달한 것일 가능성이 높다.
- flow_fwd_l3_norarp는 방화벽이 대상 IP의 ARP 주소를 가져올 수 없기 때문에 패킷을 최종 대상으로 전달할 수 없음을 나타낸다. 다음 명령을 사용해 ARP 테이블을 검토할 수 있다.

```
reaper@pa-220> show arp interface <interface e.g. ethernet1/1>
reaper@pa-220> show arp all
```

무언가 세션을 차단하거나 중단시킨 일이 발생했는지 여부를 나타내는 카운터도 많다. 모든 카운터의 전체 목록은 깃허브(https://github.com/PacktPublishing/Mastering-Palo-Alto-Networks-2e)에서 확인할 수 있다.

일반적인 구성 이슈의 예는 다음 그림에서 확인할 수 있다. 이는 글로벌 카운터를 사용해 내부 호스트가 DMZ의 서버에 연결할 수 없는 이유(NAT의 LAND 조건으로 인해 패킷이 폐기됨)를 트러블 슈팅할 때 매우 분명해진다.

```
reaper@PA-VM> show counter global filter delta yes packet-filter yes

Global counters:
Elapsed time since last sampling: 2.740 seconds

name                        value    rate severity category aspect    description
-------------------------------------------------------------------------------------------------------
session_allocated             1        0 info     session  resource  Sessions allocated
session_freed                 1        0 info     session  resource  Sessions freed
flow_policy_nat_land          1        0 drop     flow     session   Session setup: source NAT IP allocation result in LAND attack
nat_dynamic_port_xlat         1        0 info     nat      resource  The total number of dynamic_ip_port NAT translate called
nat_dynamic_port_release      2        0 info     nat      resource  The total number of dynamic_ip_port NAT release called
-------------------------------------------------------------------------------------------------------
Total counters shown: 5
```

그림 13.6: LAND 공격으로 인해 드롭된 패킷

이 글로벌 카운터 출력은 패킷이 드롭되고 `flow_policy_nat_land` 카운터를 체크하는 중임을 나타낸다. LAND 공격은 소스 및 대상 IP가 동일할 때 발생하며, 이로 인해 이러한 패킷을 수신하는 시스템에 루프가 발생해 스스로 응답하게 될 수 있다. 이런 상황은 NAT의 잘못된 구성 때문에 Hide NAT 룰에 따라 아웃바운드 패킷이 변환돼 세션의 소스 IP가 방화벽의 외부 인터페이스 IP로 변경되기 때문에 발생한다.

이 이슈는 다음 예와 같이 일반적인 Hide NAT 룰 위에 U-Turn NAT 룰을 생성해 해결할 수 있다.

	NAME	TAGS	Original Packet							Translated Packet	
			SOURCE ZONE	DESTINATION ZONE	DESTINATION INTERFACE	SOURCE ADDRESS	DESTINATION ADDRESS	SER...	SOURCE TRANSLATION	DESTINATION TRANSLATION	
1	U-Turn	none	Trust-L3	Untrust-L3	ethernet1/1	any	198.51.100.2	any	dynamic-ip-and-port ethernet1/3 10.0.0.1/24	destination-translation address: 10.0.0.5 dns-rewrite: reverse	
2	inbound SSH server	none	Untrust-L	Untrust-L3	ethernet1/1	any	109.51.100.2	any	none	destination-translation address: 10.0.0.5	
3	dynamic ip-port interface	none	Trust-L3	Untrust-L3	ethernet1/1	dhcpsp...	any	any	dynamic-ip-and-port ethernet1/1 198.51.100.2/24	none	

그림 13.7: LAND 조건을 방지하는 U-Turn NAT 룰

모든 룰은 위에서 아래로 평가되므로 룰을 잘못된 순서로 설정하면 예기치 않은 결과가 발생할 수 있다는 점을 명심하자. 원래 패킷의 소스와 대상 존을 항상 염두에 두고 광범위한 동적 IP 및 포트 룰의 영향을 고려해야 한다.

이 절에서는 모든 종류의 글로벌 카운터를 해석하는 방법과 적절한 카운터를 수집할 수 있도록 필터를 적용하는 방법을 알아봤다.

글로벌 카운터가 패킷 처리에 오류가 있음을 나타내는 경우 흐름을 깊이 파고 들어 시스템에서 세션이 어떻게 처리되고 있는지 살펴봐야 할 수도 있다. 다음 절에서 세션 흐름을 분석하는 방법을 알아본다.

:!!: 세션 흐름 분석

모두 그런 적이 있겠지만 로그를 검토하고 패킷 캡처를 수집하고 글로벌 카운터를 살펴봤지만 여전히 세션에서 정확히 무슨 일이 일어나고 있는지 알 수 없을 때가 있다. 최후의 방법은 방화벽을 통과하는 세션을 한 번에 한 패킷씩 살펴보고 모든 단계와 프로세스에서 각 패킷에 무슨 일이 일어나고 있는지 확인하는 것이다.

흐름 검사는 데이터 플레인 프로세서가 패킷이 통과하는 각 단계 또는 프로세스, 흐름의 모든 그리고 각각의 패킷, 필터와 일치하는 모든 세션의 로그를 작성해야 하므로 매우 노동 집약적인 작업이다. 따라서 혼란을 방지하고 데이터 플레인이 불필요하게 리소스를 빼앗기지 않도록 매우 엄격한 필터를 설정하는 것이 가장 중요하다.

정보를 수집하는 동안 다음 명령을 사용해 데이터 플레인을 주시하고 과부하로 더 많은 이슈가 발생하지 않게 한다.

```
reaper@PA-VM> show running resource-monitor second
```

데이터 플레인 코어가 지속적으로 100%에 도달하지 않게 주의하고 온칩^{on-chip} 버퍼인 패킷 디스크립터^{discriptor}가 85% 미만으로 유지되게 해야 한다.

세션 흐름 검사를 시작하기 전에 캡처할 프로세스를 결정해야 한다. 사용할 수 있는 몇 가지 옵션이 있다.

```
reaper@PA-VM> debug dataplane packet-diag set log feature
> all          all
> appid        appid
> base         base
> cfg          cfg
> ctd          ctd
> flow         flow
> http2        http2
> misc         misc
> module       module
> pow          pow
> proxy        proxy
> ssl          ssl
> tcp          tcp
> tdb          tdb
> tunnel       tunnel
> url_trie     url_trie
> zip          zip
```

보시다시피 많은 옵션을 사용할 수 있다. 어떤 이슈라도 트러블 슈팅하는 데 필요한 모든 옵션을 찾아보려면 다음 목록을 사용한다. 설정한 필터를 기준으로 얼마나 많은 옵션을 활성화할지 주의하자. 방화벽에 과부하가 발생하지 않게 처음에는 작게 시작하거나 개별 로그를 캡처하는 것이 좋다.

- **all**은 완전히 모든 것을 캡처한다. 이 옵션은 랩 환경에서만 사용해야 한다(프로덕션 환경에서는 이 기능을 켜지 않게 하자).
- **appid**는 App-ID 프로세스에 캡처 기능을 추가한다.
- **base**는 HA 작업에 더 심층적인 로깅을 허용한다.
- **cfg**는 구성 변경 사항을 기록하는 데 도움이 된다.
- **ctd**는 DNS, URL, 자격증명을 포함한 여러 콘텐츠 엔진 프로세스를 기록할 수 있다.

- **flow**는 수신에서 송신까지의 패킷 처리를 포함한다.
- **http2**는 해당 세션이 처리되는 방식을 기록할 수 있다.
- **misc**에는 클라이언트리스 VPN 포털과 같은 추가 서비스를 포함한다.
- **module**은 aho, dfa, URL과 같은 코어 엔진을 추적하는 데 사용된다.
- **pow**는 코어에 대한 작업 스케줄링이다. 코어 간에 패킷이 분산되는 방식에 문제가 있는 것으로 드러날 경우 유용할 수 있다.
- **proxy**는 프록시 프로세스다(아웃바운드 SSL 복호화 및 DNS 프록시).
- **ssl**은 인바운드 SSL 복호화 작업이다.
- **tcp**는 리어셈블리와 같은 추가 TCP 작업이다.
- **tdb**는 위협 스캔을 위한 것이다.
- **tunnel**을 이용해 터널 운영(예, flow 및 ager)을 더 자세히 살펴볼 수 있다.
- **url_trie**는 URL 매칭 메커니즘이다.
- **zip**은 압축된 .zip 파일 내부를 스캔하려는 압축 해제 프로세스다.

다음 그림에서 볼 수 있듯이 각 기능(이 경우 flow)에는 고유한 하위 기능 집합이 있다. 이러한 하위 기능은 하위 프로세스부터 전체 로그 레벨까지 다양하다. 많은 경우 **basic**을 사용하는 것이 좋다.

```
admin@PANgurus> debug dataplane packet-diag set log feature flow
  ager          ager
  all           all
  arp           arp
  basic         basic
  cluster       cluster
  fbo           fbo
  ha            ha
  log           log
  nd            nd
  np            np
  pred          pred
  receive       receive
  sdwan         sdwan
  sdwan_probe   sdwan_probe
  track         track
```

그림 13.8: 흐름 기능 및 하위 기능

연결 이슈를 찾기 위한 좋은 출발점은 **flow basic**이다. **flow basic**의 출력이 특정 프로세스에서 패킷에 문제가 발생 중이라고 표시하면 더 많은 기능을 추가한다.

필터 및 패킷 캡처 진단과 마찬가지로 로그에는 On/Off 토글이 있다.

```
reaper@PA-VM> debug dataplane packet-diag set log on
reaper@PA-VM> debug dataplane packet-diag set log off
```

on 명령이 실행되면 시스템은 필터와 일치하는 패킷이 통과하는 모든 단계에서 로깅을 시작하므로 데이터 플레인 CPU 코어를 주시해야 한다.

세션 로깅을 성공적으로 실행하려면 '준비', '실행', '정리' 절에 설명된 단계를 따른다.

준비

데이터 수집 작업의 실행 단계를 준비하려면 다음 명령을 순서대로 입력해 필터를 준비하고 각 단계가 설정됐는지 확인한다.

1. debug dataplane packet-diag clear all

2. debug dataplane packet-diag clear filter-marked-session all

3. debug dataplane packet-diag set filter match <filter settings>

4. 필터를 최대 4개까지 추가할 수 있다.

5. debug dataplane packet-diag set filter on

6. debug dataplane packet-diag set feature flow basic

7. **옵션***: set session offload no

8. 활성 세션이 있다면 로깅을 시작할 준비가 될 때까지 해당 세션을 지우고 새 세션 생성을 보류하는 것이 가장 좋다.

* PA-5000, PA-5200, PA-5400, PA-7000 플랫폼은 하드웨어 오프로딩을 지원한다. 이는 세션이 모든 검사를 통과하고 더 이상 '느린' 데이터 플레인 CPU 코어를 통과할 필요가 없는 상태로 전환돼 데이터 플레인을 우회해 대신 더 빠른 네트워크 칩에서 처리될 수 있을 때 발생한다. 즉, 이는 세션이 오프로드되면 모든 데이터가 데이터 플레인에서 캡처되므로 세션에 대한 캡처 또는 로그를 더 이상 수집할 수 없다는 것을 의미한다. 이 때문에 가능하면 트러블 슈팅 중에 오프로딩을 꺼야 하지만 이는 글로벌 설정이므로 데이터 플레인 코어 사용량에 영향을 미칠 수 있다는 점을 명심하자.

실행

서로 다른 창에서 서로 다른 명령을 실행해 출력이 혼동되지 않게 여러 개의 SSH 세션을 열어 두는 것이 도움이 될 수 있다.

1. 글로벌 카운터 델타 필터를 지우려면 다음 명령을 실행한다.

```
show counter global filter delta yes packet-filter yes
```

2. 로깅을 활성화하기 전에 데이터 플레인이 정상 상태인지 확인하려면 다음 명령을 실행한다.

```
show running resource-monitor
```

다음 단계를 계속하기 전에 데이터 플레인 부하가 위험할 정도로 높지 않은지 확인한다.

3. 다음 명령을 실행해 로그 수집을 시작한다.

```
debug dataplane packet-diag set log on
```

4. 트러블 슈팅하려는 세션을 시작한다.

5. 별도의 SSH 창에서 주기적으로 다음 명령을 실행한다.

```
> show session all filter <추적 중인 세션에 적합한 필터>
> show counter global filter delta yes packet-filter yes
> show running resource-monitor
```

6. 세션이 종료됐거나 자세히 알아보려는 문제가 발생하면 몇 초 동안 기다렸다가 '늦은' 패킷을 캡처한 다음 로그를 끈다.

```
debug dataplane packet-diag set log off
```

7. 오프로딩을 다시 활성화한다.

```
set session offload yes
```

세션은 처리를 위해 특정 코어에 할당되고 각 코어는 자체 파일에 기록되기 때문에 흐름 로그는 여러 개의 pan_task_*.log 파일에 분산될 수 있으며, 대형 플랫폼은 **dp-log**에, 소형 및 가상 플랫폼은 **mp-log**에 분산될 수 있다. 이 파일들은 **aggregate-logs** 명령을 사용해 mp-log 디렉터리에 있는 하나의 **pan_packet_diag** 로그 파일로 결합할 수 있다.

aggregation 명령을 실행한 후 로그가 병합될 때까지 잠시 기다린다.

```
reaper@PA-VM> debug dataplane packet-diag aggregate-logs
reaper@PA-VM> less mp-log pan_packet_diag.log
```

적절한 데이터를 모두 수집한 후에는 불필요한 데이터가 방화벽에 남지 않게
'정리'하는 것을 잊지 말아야 한다.

정리

다른 모든 관리 플레인 로그 파일과 함께 pan_packet_diag.log 파일을 내보내
즐겨 사용하는 텍스트 편집기에서 분석할 수 있다.

```
reaper@PA-VM> scp export log-file management-plane to user@host:/path/
```

또는 SCP 서버를 사용할 수 없다면 대안으로 **tftp**를 사용한다(tftp는 평문 프로토콜이므로
보안 네트워크에서만 사용해야 함을 유념하자).

```
reaper@PA-VM> tftp export log-file management-plane to host:/path/
```

작업이 끝나면 파일 내용이 민감한 콘텐츠일 수 있으므로 시스템에서 파일을
삭제해야 한다.

```
reaper@PA-VM> debug dataplane packet-diag clear log log
```

이상으로 데이터 수집을 마친다. 더 많은 데이터가 필요하다면 준비 단계부터
다시 시작한다.

실제 사례

이를 실제로 적용해보자. 다음 그림에서 랩 레이아웃을 볼 수 있다. IP 주소가 10.0.0.10인 프라이빗 네트워크에 10.0.0.1의 기본 게이트웨이로 방화벽에 연결된 클라이언트가 있다. 아웃바운드 연결은 방화벽의 외부 IP 주소인 198.51.100.2 뒤에서 소스 변환된다.

세션 1은 IP 주소 198.51.100.2로 SSH 연결을 설정하려고 시도한다.

세션 2는 업스트림 라우터인 198.51.100.1과 SSH 연결을 설정한다.

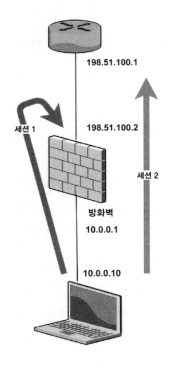

그림 13.9: 시나리오의 예

이전 필터를 모두 지우고 모든 마크를 지워 표시된 세션이 남지 않게 확인해 구성을 준비한다. 그런 다음 필터를 설정하고 세션 오프로딩을 비활성화하고 로깅 기능을 준비한다.

```
reaper@PA-VM> debug dataplane packet-diag clear all
Packet diagnosis setting set to default.
reaper@PA-VM> debug dataplane packet-diag clear filter-marked-session all
Unmark All sessions in packet debug
reaper@PA-VM> debug dataplane packet-diag set filter match source
10.0.0.10 destination 198.51.100.2
reaper@PA-VM> debug dataplane packet-diag set filter match source
10.0.0.10 destination 198.51.100.1
reaper@PA-VM> debug dataplane packet-diag set filter match source
198.51.100.1 destination 198.51.100.2
reaper@PA-VM> debug dataplane packet-diag set filter match destination
198.51.100.2
reaper@PA-VM> debug dataplane packet-diag set filter on
debug packet filter: on
reaper@PA-VM> show session all filter source 10.0.0.10
No Active Sessions
reaper@PA-VM> set session offload no
reaper@PA-VM> debug dataplane packet-diag set log feature flow basic
```

세션을 시작할 준비가 되면 데이터 플레인 리소스를 계속 주시할 수 있게 추가
SSH 창을 연다. 데이터 플레인에 과부하가 걸리면 테스트 결과에 영향을 미치
고 다른 네트워크 트래픽이나 시스템의 안정성에도 영향을 미칠 수 있다.

나중에 타임라인을 재구성할 수 있게 트러블 슈팅 중에 모든 SSH 세션을 기록
하는 것이 모범 사례다. 트러블 슈팅에 시간이 오래 걸리면 SSH 출력에 가끔
시각적 시간 신호를 추가하는 것이 도움이 된다. 다음 명령을 사용해 이 작업을
수행할 수 있다.

```
reaper@PA-VM> show clock
Thu Mar  4 23:10:35 CEST 2022
```

수집 작업을 시작할 준비가 모두 완료되면 로그 옵션을 활성화하고 글로벌 카운터 델타를 지운다.

```
reaper@PA-VM> debug dataplane packet-diag set log on
Packet log is enabled
reaper@PA-VM> show counter global filter delta yes packet-filter yes
Global counters:
Elapsed time since last sampling: 159.191 seconds
name                              value   rate severity  category
aspect     description
--------------------------------------------------------------------
pkt_recv                            2       0   info      packet
pktproc    Packets received
pkt_sent                           14       0   info      packet
pktproc    Packets transmitted
pkt_stp_rcv                         2       0   info      packet
pktproc    STP BPDU packets received
flow_arp_pkt_rcv                    2       0   info      packet
arp        ARP packets received
flow_arp_rcv_gratuitous             2       0   info      packet
arp        Gratuitous ARP packets received
flow_ip_cksm_sw_validation          9       0   info      packet
pktproc    Packets for which IP checksum validation was done in software
log_pkt_diag_us                    82       0   info      log
system     Time (us) spent on writing packet-diag logs
--------------------------------------------------------------------
Total counters shown: 7
--------------------------------------------------------------------

reaper@PA-VM> show counter global filter delta yes packet-filter yes
Global counters: Elapsed time since last sampling: 5.588 seconds
--------------------------------------------------------------------
Total counters shown: 0
--------------------------------------------------------------------
```

이제 글로벌 카운터 델타가 지워지고 로깅이 활성화됐으므로 **10.0.0.10**의 클라이언트에서 방화벽의 외부 인터페이스 IP인 **198.51.100.2**로 SSH 세션을 실행해 첫 번째 세션을 시작할 수 있다. 그런 다음 세션의 생성과 글로벌 카운터의 출력 결과를 확인할 수 있다.

```
reaper@PA-VM> show counter global filter delta yes packet-filter yes
Global counters:
Elapsed time since last sampling: 24.931 seconds
--------------------------------------------------------------------

Total counters shown: 0
--------------------------------------------------------------------
reaper@PA-VM> show session all filter source 10.0.0.10
No Active Sessions
reaper@PA-VM> show counter global filter delta yes packet-filter yes
Global counters:
Elapsed time since last sampling: 13.132 seconds
name                           value    rate severity category
aspect     description
--------------------------------------------------------------------
session_allocated               4        0   info     session
resource  Sessions allocated
session_freed                   4        0   info     session
resource  Sessions freed
flow_policy_nat_land            4        0   drop     flow
session    Session setup: source NAT IP allocation result in LAND attack
nat_dynamic_port_xlat           4        0   info     nat
resource  The total number of dynamic_ip_port NAT translate called
nat_dynamic_port_release        8        0   info     nat
resource  The total number of dynamic_ip_port NAT release called
log_pkt_diag_us                 262      19  info     log
system     Time (us) spent on writing packet-diag logs
--------------------------------------------------------------------

Total counters shown: 6
--------------------------------------------------------------------
```

```
reaper@PA-VM> show session all filter source 10.0.0.10
No Active Sessions
```

세션이 생성되지 않았으며 글로벌 카운터는 패킷이 드롭됐음을 표시한다.

이제 **10.0.0.10**의 클라이언트에서 **198.51.100.1**의 업스트림 라우터로 SSH 세션을 실행해 두 번째 세션을 시작할 수 있다.

이번에는 세션이 생성되고 CLI에서 세션 상세 정보를 볼 수 있다.

```
reaper@PA-VM> show session all filter source 10.0.0.10
---------------------------------------------------------------------
ID          Application   State  Type  Flag   Src[Sport]/Zone/Proto
(translated IP[Port])
Vsys                                          Dst[Dport]/Zone (translated
IP[Port])
---------------------------------------------------------------------
270         ssh           ACTIVE FLOW   NS     10.0.0.10[49402]/trust/6
(198.51.100.2[12607])
vsys1                                         198.51.100.1[22]/untrust
(198.51.100.1[22])
reaper@PA-VM> show session id 270
Session           270
      c2s flow:
            source:        10.0.0.10 [trust]
            dst:           198.51.100.1
            proto:         6
            sport:         49402            dport:   22
            state:         ACTIVE           type:    FLOW
            dst user:      unknown
            dst user:      unknown
      s2c flow:
            source:        198.51.100.1 [untrust]
            dst:           198.51.100.2
```

```
          proto:        6
          sport:        22              dport:     12607
          state:        ACTIVE          type:      FLOW
          src user:     unknown
          dst user:     unknown
    start time                          : Thu Jun  4 00:46:11 2022
    timeout                             : 3600 sec
    time to live                        : 3589 sec
    total byte count(c2s)               : 3961
    total byte count(s2c)               : 6143
    layer7 packet count(c2s)            : 22
    layer7 packet count(s2c)            : 27
    vsys                                : vsys1
    application                         : ssh
    rule                                : outbound
    service timeout override(index)     : False
    session to be logged at end         : True
    session in session ager             : True
    session updated by HA peer          : False
    address/port translation            : source
    nat-rule                            : outbound hide(vsys1)
    layer7 processing                   : completed
    URL filtering enabled               : True
    URL category                        : any
    session via syn-cookies             : False
    session terminated on host          : False
    session traverses tunnel            : False
    session terminate tunnel            : False
    captive portal session              : False
    ingress interface                   : ethernet1/2
    egress interface                    : ethernet1/1
    session QoS rule                    : N/A (class 4).
    tracker stage l7proc                : ctd decoder done
    end-reason                          : unknown
```

세션이 활성화돼 있고 아웃바운드 연결이 방화벽 외부 IP인 **198.51.100.1** 뒤에서 소스 NAT되고 있음을 알 수 있다. 패킷은 양방향으로 이동하고 있다.

이제 글로벌 카운터를 살펴보면 모든 것이 예상대로 작동하는지 확인할 수 있다.

```
reaper@PA-VM> show counter global filter delta yes packet-filter yes
Global counters:
Elapsed time since last sampling: 55.235 seconds
name                        value    rate severity    category
aspect    description
--------------------------------------------------------------
pkt_recv                      5       0    info        packet
pktproc   Packets received
pkt_sent                     20       0    info        packet
pktproc   Packets transmitted
session_allocated             1       0    info        session
resource  Sessions allocated
session_freed                 1       0    info        session
resource  Sessions freed
flow_policy_nat_land          1       0    drop        flow
session   Session setup: source NAT IP allocation result in LAND attack
flow_ip_cksm_sw_validation   27       0    info        flow
pktproc   Packets for which IP checksum validation was done in software
nat_dynamic_port_xlat         1       0    info        nat
resource  The total number of dynamic_ip_port NAT translate called
nat_dynamic_port_release      2       0    info        nat
resource  The total number of dynamic_ip_port NAT release called
dfa_sw                        4       0    info        dfa
pktproc   The total number of dfa match using software
ctd_sml_exit_detector_i       1       0    info        ctd
pktproc   The number of sessions with sml exit in detector i
ctd_run_detector_i            1       0    info        ctd
pktproc   run detector_i
```

```
ctd_sml_vm_run_impl_opcodeexit        1       0      info        ctd
pktproc    SML VM opcode exit
ctd_fwd_err_tcp_state                 1       0      info        ctd
pktproc    Forward to varrcvr error: TCP in establishment when session went
away
ctd_pscan_sw                          4       0      info        ctd
pktproc    The total usage of software for pscan
ctd_pkt_slowpath                      4       0      info        ctd
pktproc    Packets processed by slowpath
log_pkt_diag_us                      303      5      info        log
system     Time (us) spent on writing packet-diag logs
--------------------------------------------------------------------------
Total counters shown: 16
--------------------------------------------------------------------------
```

클라이언트에서 SSH 세션이 종료되면 방화벽에 세션이 여전히 존재하는지 확
인할 수 있다. 세션이 종료되면 마지막 글로벌 카운터의 출력을 수집해 모든
세부 정보를 확보했는지 확인한 다음 로깅 기능을 끄고 세션 오프로딩을 재활
성화할 수 있다.

```
reaper@PA-VM> show session all filter source 10.0.0.10
--------------------------------------------------------------------------
ID        Application   State  Type  Flag   Src[Sport]/Zone/Proto
(translated IP[Port])
Vsys                                         Dst[Dport]/Zone (translated
IP[Port])
--------------------------------------------------------------------------
270       ssh           ACTIVE FLOW   NS     10.0.0.10[49402]/trust/6
(198.51.100.2[12607])
vsys1                                        198.51.100.1[22]/untrust
(198.51.100.1[22])
reaper@PA-VM> show session all filter source 10.0.0.10
```

```
No Active Sessions
reaper@PA-VM> show counter global filter delta yes packet-filter yes
Global counters:
Elapsed time since last sampling: 54.857 seconds
name                                 value  rate severity  category
aspect      description
-------------------------------------------------------------------
pkt_recv                                3     0   info     packet
pktproc   Packets received
pkt_sent                               14     0   info     packet
pktproc   Packets transmitted
flow_ip_cksm_sw_validation              9     0   info     packet
pktproc   Packets for which IP checksum validation was done in software
log_pkt_diag_us                       100     1   info     log
system    Time (us) spent on writing packet-diag logs
-------------------------------------------------------------------
Total counters shown: 4
-------------------------------------------------------------------
reaper@PA-VM> debug dataplane packet-diag set log off
Packet log is disabled
reaper@PA-VM> set session offload yes
```

마지막 단계는 모든 pan_task_*.log 파일들을 단일 파일로 합치는 것이다.

```
reaper@PA-VM> debug dataplane packet-diag aggregate-logs
pan_packet_diag.log is aggregated
```

방화벽이 집계된 파일을 컴파일하는 데 시간이 걸리므로 잠시 기다려야 한다. 이 작업을 수행하는 데 필요한 시간은 개별 로그 파일의 크기에 따라 다르다.

less 명령을 사용해 방화벽에서 합친 파일을 검토할 수 있다.

```
reaper@PA-VM> less mp-log pan_packet_diag.log
```

또는 로그 파일을 내보내 Notepad++ 또는 다른 텍스트 편집기에서 읽을 수 있게 할 수 있다.

```
reaper@PA-VM> scp export log-file management-plane to
reaper@192.168.27.16:/home/reaper/
```

결과 tar.gz 파일에서 pan_packet_diag.log는 /var/log/pan 디렉터리에 위치한다.

다음 그림에서 볼 수 있듯이 세션 1은 단 2개의 로그 항목으로 끝난다. 첫 번째 단락은 SYN 패킷이 처음 수신되고 모든 속성이 전파되는 수신 단계^{ingress stage}를 보여준다. 이 첫 번째 세그먼트를 사용해 초기 SYN 패킷이 올바른 인터페이스로 들어오는지, '정상'으로 보이는지 검토할 수 있다. 수신 단계에서는 패킷이 기존 세션과 일치하는지 여부도 확인한다. 이 예는 새로운 세션이므로 패킷은 새 세션을 만들기 위해 큐에 추가된다.

```
== 2020-06-04 00:45:37.522 +0200 ==
Packet received at ingress stage, tag 0, type ORDERED
Packet info: len 74 port 17 interface 17 vsys 1
  wqe index 33521 packet 0x0xc0013b0900, HA: 0, IC: 0
Packet decoded dump:
L2:    00:0c:29:d7:40:22->00:0c:29:7e:38:e5, type 0x0800
IP:    10.0.0.10->198.51.100.2, protocol 6
       version 4, ihl 5, tos 0x00, len 60,
       id 41859, frag_off 0x4000, ttl 64, checksum 63842(0x62f9)
TCP:   sport 43100, dport 22, seq 3116136369, ack 0,
       reserved 0, offset 10, window 64240, checksum 24589,
       flags 0x02 ( SYN), urgent data 0, 14 data len 0
TCP option:
00000000: 02 04 05 b4 04 02 08 0a  69 3f 75 a2 00 00 00 00       ........ i?u.....
00000010: 01 03 03 07                                            ....
Flow lookup, key word0 0x600020016a85c word1 0  word2 0xa00000affff0000 word3 0x0 word4 0x26433c6ffff0000
* Dos Profile NULL (NO) Index (0/0) *
Session setup: vsys 1
No active flow found, enqueue to create session

== 2020-06-04 00:45:37.522 +0200 ==
Packet received at slowpath stage, tag 3223295891, type ATOMIC
Packet info: len 74 port 17 interface 17 vsys 1
  wqe index 33521 packet 0x0xc0013b0900, HA: 0, IC: 0
Packet decoded dump:
L2:    00:0c:29:d7:40:22->00:0c:29:7e:38:e5, type 0x0800
IP:    10.0.0.10->198.51.100.2, protocol 6
       version 4, ihl 5, tos 0x00, len 60,
       id 41859, frag_off 0x4000, ttl 64, checksum 63842(0x62f9)
TCP:   sport 43100, dport 22, seq 3116136369, ack 0,
       reserved 0, offset 10, window 64240, checksum 24589,
       flags 0x02 ( SYN), urgent data 0, 14 data len 0
TCP option:
00000000: 02 04 05 b4 04 02 08 0a  69 3f 75 a2 00 00 00 00       ........ i?u.....
00000010: 01 03 03 07                                            ....
Session setup: vsys 1
Session setup: ingress interface ethernet1/2 egress interface ethernet1/1 (zone 1)
NAT policy lookup, matched rule index 1
Policy lookup, matched rule index 0,
Allocated new session 265.
set exclude_video in session 265 0xe03cb10780 0 from work 0xe014f40f80 0
Rule: index=1 name=outbound hide, cfg_pool_idx=1 cfg_fallback_pool_idx=0
NAT Rule: name=outbound hide, cfg_pool_idx=1; Session: index=265, nat_pool_idx=1
Packet dropped, vsys 1 NAT rule index 2 result in LAND attack, same SA/DA 198.51.100.2
```

그림 13.10: flow basic에서 폐기된 SYN 패킷

인터페이스 17은 ethernet1/2 인터페이스의 ID이며 다음 명령을 실행해 이를 확인할 수 있다.

```
reaper@PA-VM> show interface all
```

2단계는 slowpath 단계다. 패킷이 포워딩 테이블과 일치되면 송신 인터페이스가 결정된다. 따라서 NAT 조회가 수행될 수 있다. 송신 존은 존 1로 결정된다. 다음 명령을 실행해 모든 존 ID를 결정할 수 있다.

```
reaper@PA-VM> debug device-server dump idmgr type zone all
```

이 SYN 패킷이 세션으로 전환될 때 세션 ID 265가 할당된다. 정확히 일치하는 NAT 룰을 찾은 다음 NAT 로직이 검증된다. 이 NAT 동작이 LAND 공격을 유발하는 것으로 밝혀지고 패킷은 즉시 폐기된다. 세션이 형성되기도 전에 종료됐기 때문에 show session 명령에서 세션을 볼 수 없었던 이유다.

두 번째 세션에서는 다른 내용을 보여준다. 수신 단계에서 비슷한 패킷이 인터페이스 17에 도착하는 것을 볼 수 있다. 포워딩 조회가 수행되고 송신 인터페이스와 존이 결정된 후 NAT 조회가 이어진다. NAT 룰이 일치하고 이번에는 충돌이 없으므로 NAT 작업이 준비된다. 세션 ID 941이 흐름에 할당되고 설치될 큐에 추가된다.

```
== 2020-06-05 00:16:22.030 +0200 ==
Packet received at ingress stage, tag 0, type ORDERED
Packet info: len 74 port 17 interface 17 vsys 1
  wqe index 23554 packet 0x0xc0013fdf40, HA: 0, IC: 0
Packet decoded dump:
L2:    00:0c:29:d7:40:22->00:0c:29:7e:38:e5, type 0x0800
IP:    10.0.0.10->198.51.100.1, protocol 6
       version 4, ihl 5, tos 0x00, len 60,
       id 29076, frag_off 0x4000, ttl 64, checksum 59796(0x94e9)
TCP:   sport 49404, dport 22, seq 4257280317, ack 0,
       reserved 0, offset 10, window 64240, checksum 17082,
       flags 0x02 ( SYN), urgent data 0, 14 data len 0
TCP option:
00000000: 02 04 05 b4 04 02 08 0a  3d 06 e8 fe 00 00 00 00    ........ =.......
00000010: 01 03 03 07                                         ....
Flow lookup, key word0 0x600020016c0fc word1 0  word2 0xa00000affff0000 word3 0x0 word4 0x16433c6ffff0000
* Dos Profile NULL (NO) Index (0/0) *
Session setup: vsys 1
No active flow found, enqueue to create session


== 2020-06-05 00:16:22.030 +0200 ==
Packet received at slowpath stage, tag 1688519813, type ATOMIC
Packet info: len 74 port 17 interface 17 vsys 1
  wqe index 23554 packet 0x0xc0013fdf40, HA: 0, IC: 0
Packet decoded dump:
L2:    00:0c:29:d7:40:22->00:0c:29:7e:38:e5, type 0x0800
IP:    10.0.0.10->198.51.100.1, protocol 6
       version 4, ihl 5, tos 0x00, len 60,
       id 29076, frag_off 0x4000, ttl 64, checksum 59796(0x94e9)
TCP:   sport 49404, dport 22, seq 4257280317, ack 0,
       reserved 0, offset 10, window 64240, checksum 17082,
       flags 0x02 ( SYN), urgent data 0, 14 data len 0
TCP option:
00000000: 02 04 05 b4 04 02 08 0a  3d 06 e8 fe 00 00 00 00    ........ =.......
00000010: 01 03 03 07                                         ....
Session setup: vsys 1
PBF lookup (vsys 1) with application none
Session setup: ingress interface ethernet1/2 egress interface ethernet1/1 (zone 1)
NAT policy lookup, matched rule index 1
Policy lookup, matched rule index 0,
TCI_INSPECT: Do TCI lookup policy - appid 0
Allocated new session 941.
set exclude_video in session 941 0xe03cb3ab80 0 from work 0xe014cd2080 0
Rule: index=1 name=outbound hide, cfg_pool_idx=1 cfg_fallback_pool_idx=0
NAT Rule: name=outbound hide, cfg_pool_idx=1; Session: index=941, nat_pool_idx=1
Packet matched vsys 1 NAT rule 'outbound hide' (index 2),
source translation 10.0.0.10/49404 => 198.51.100.2/63571
Created session, enqueue to install. work 0xe014cd2080 exclude_video 0,session 941 0xe03cb3ab80 exclude_video 0
```

그림 13.11: flow basic에서 수락된 세션

다음 그림에서 SYN 패킷이 fastpath라는 최종 단계에 들어가는 것을 볼 수 있는데, 이는 세션이 생성됐음을 의미하며, 패킷이 송신될 수 있고 방화벽이 응답 패킷을 수신할 준비가 됐음을 의미한다. 송신 단계^egress stage에서 DSCP 태그가 설정된 경우 추가되고 NAT가 적용된다.

또한 layer3 라우팅 결정에 관한 추가 정보와 마지막으로 ID 16의 ethernet1/1 인터페이스에서 전송되는 패킷을 확인한다.

```
== 2020-06-05 00:16:22.030 +0200 ==
Packet received at fastpath stage, tag 941, type ATOMIC
Packet info: len 74 port 17 interface 17 vsys 1
  wqe index 23554 packet 0x0xc0013fdf40, HA: 0, IC: 0
Packet decoded dump:
L2:     00:0c:29:d7:40:22->00:0c:29:7e:38:e5, type 0x0800
IP:     10.0.0.10->198.51.100.1, protocol 6
        version 4, ihl 5, tos 0x00, len 60,
        id 29076, frag_off 0x4000, ttl 64, checksum 59796(0x94e9)
TCP:    sport 49404, dport 22, seq 4257280317, ack 0,
        reserved 0, offset 10, window 64240, checksum 17082,
        flags 0x02 ( SYN), urgent data 0, 14 data len 0
TCP option:
00000000: 02 04 05 b4 04 02 08 0a  3d 06 e8 fe 00 00 00 00      ........ =.......
00000010: 01 03 03 07                                            ....
Flow fastpath, session 941 c2s (set work 0xe014cd2080 exclude_video 0 from sp 0xe03cb3ab80 exclude_video 0)
IP checksum valid
* Dos Profile NULL (NO) Index (0/0) *
* Dos Profile NULL (NO) Index (0/0) *
2020-06-05 00:16:22.030 +0200  pan_flow_process_fastpath(src/pan_flow_proc.c:3928): SESSION-DSCP: set session DSCP: 0x00
NAT session, run address/port translation
Syn Cookie: pan_reass(Init statete): c2s:0 c2s:nxtseq 4257280318 c2s:startseq 4257280318 c2s:win 0 c2s:st 3 c2s:newsyn 0
0 plen 0
CP-DENY TCP non data packet getting through
Forwarding lookup, ingress interface 17
L3 mode, virtual-router 1
Route lookup in virtual-router 1, IP 198.51.100.1
Route found, interface ethernet1/1, zone 1
Resolve ARP for IP 198.51.100.1 on interface ethernet1/1
ARP entry found on interface 16
Transmit packet size 60 on port 16
```

그림 13.12: fastpath로 이동하는 SYN 패킷

다음 두 로그 항목은 업스트림 서버에서 돌아오는 SYN-ACK를 나타낸다.

먼저 수신 단계는 원래의 아웃바운드 SYN 패킷과 유사하지만 흐름 1883이 발견됐다는 점을 제외하면 SYN 패킷이 수락돼 세션이 생성될 때 세션 테이블에 만들어진 항목이다. SYN-ACK는 즉시 fastpath로 전달된다.

두 번째 로그는 fastpath에 도착한 패킷으로, 역방향 포워딩 조회가 수행된다. Reverse NAT가 적용되고 Post-NAT 대상이 발견되면 ARP 테이블이 검증된다. 그런 다음 패킷이 클라이언트로 다시 송신된다.

```
== 2020-06-05 00:16:22.032 +0200 ==
Packet received at ingress stage, tag 0, type ORDERED
Packet info: len 74 port 16 interface 16 vsys 1
  wqe index 23554 packet 0x0xc002c89380, HA: 0, IC: 0
Packet decoded dump:
L2:     00:0c:29:7a:5e:82->00:0c:29:7e:38:db, type 0x0800
IP:     198.51.100.1->198.51.100.2, protocol 6
        version 4, ihl 5, tos 0x00, len 60,
        id 0, frag_off 0x4000, ttl 64, checksum 20966(0xe651)
TCP:    sport 22, dport 63571, seq 671986244, ack 4257280318,
        reserved 0, offset 10, window 28960, checksum 36020,
        flags 0x12 ( SYN ACK), urgent data 0, 14 data len 0
TCP option:
00000000: 02 04 05 b4 04 02 08 0a  07 57 06 99 3d 06 e8 fe    ......... .W..=...
00000010: 01 03 03 07                                          ....
Flow lookup, key word0 0x60001f8530016 word1 0  word2 0x16433c6ffff0000 word3 0x0 word4 0x26433c6ffff0000
Flow 1883 found, state 2, HA 0
Active flow, enqueue to fastpath process, type 0

* Dos Profile NULL (NO) Index (0/0) *

== 2020-06-05 00:16:22.032 +0200 ==
Packet received at fastpath stage, tag 941, type ATOMIC
Packet info: len 74 port 16 interface 16 vsys 1
  wqe index 23554 packet 0x0xc002c89380, HA: 0, IC: 0
Packet decoded dump:
L2:     00:0c:29:7a:5e:82->00:0c:29:7e:38:db, type 0x0800
IP:     198.51.100.1->198.51.100.2, protocol 6
        version 4, ihl 5, tos 0x00, len 60,
        id 0, frag_off 0x4000, ttl 64, checksum 20966(0xe651)
TCP:    sport 22, dport 63571, seq 671986244, ack 4257280318,
        reserved 0, offset 10, window 28960, checksum 36020,
        flags 0x12 ( SYN ACK), urgent data 0, 14 data len 0
TCP option:
00000000: 02 04 05 b4 04 02 08 0a  07 57 06 99 3d 06 e8 fe    ......... .W..=...
00000010: 01 03 03 07                                          ....
Flow fastpath, session 941 s2c (set work 0xe014cd2080 exclude_video 0 from sp 0xe03cb3ab80 exclude_video 0)
IP checksum valid
* Dos Profile NULL (NO) Index (0/0) *
NAT session, run address/port translation
Syn Cookie: pan_reass(Init statete): c2s:1 c2s:nxtseq 4257280318 c2s:startseq 4257280318 c2s:win 28960 c2s:
s2c:newsyn 0 ack 4257280318 nosyn 0 plen 0
CP-DENY TCP non data packet getting through
Forwarding lookup, ingress interface 16
L3 mode, virtual-router 1
Route lookup in virtual-router 1, IP 10.0.0.10
Route found, interface ethernet1/2, zone 2
Resolve ARP for IP 10.0.0.10 on interface ethernet1/2
ARP entry found on interface 17
Transmit packet size 60 on port 17
```

그림 13.13: 돌아가는 SYN-ACK

수신 패킷의 유형이 ORDERED인 반면 slowpath/fastpath 패킷의 유형은 ATOMIC
인 것을 알아차렸을 것이다. ORDERED 유형은 세션이 데이터 플레인 코어에 무작
위로 할당됨을 나타내며, 이는 새로 수신되는 패킷에 일반적인 유형이고
ATOMIC은 세션이 단일 코어에 할당됨을 뜻하며, 이는 기존 세션에 일반적이다.

다음 2개의 로그 항목은 핸드셰이크를 완료한 최종 ACK 패킷을 나타낸다.

```
== 2020-06-05 00:16:22.032 +0200 ==
Packet received at ingress stage, tag 0, type ORDERED
Packet info: len 66 port 17 interface 17 vsys 1
  wqe index 23554 packet 0x0xc0013fe900, HA: 0, IC: 0
Packet decoded dump:
L2:     00:0c:29:d7:40:22->00:0c:29:7e:38:e5, type 0x0800
IP:     10.0.0.10->198.51.100.1, protocol 6
        version 4, ihl 5, tos 0x00, len 52,
        id 29077, frag_off 0x4000, ttl 64, checksum 61588(0x94f0)
TCP:    sport 49404, dport 22, seq 4257280318, ack 671986245,
        reserved 0, offset 8, window 502, checksum 33324,
        flags 0x10 ( ACK), urgent data 0, l4 data len 0
TCP option:
00000000: 01 01 08 0a 3d 06 e9 00  07 57 06 99              ....=... .W..
Flow lookup, key word0 0x600020016c0fc word1 0  word2 0xa00000affff0000 word3 0x0 word4 0x16433c6ffff0000
Flow 1882 found, state 2, HA 0
Active flow, enqueue to fastpath process, type 0

* Dos Profile NULL (NO) Index (0/0) *

== 2020-06-05 00:16:22.032 +0200 ==
Packet received at fastpath stage, tag 941, type ATOMIC
Packet info: len 66 port 17 interface 17 vsys 1
  wqe index 23554 packet 0x0xc0013fe900, HA: 0, IC: 0
Packet decoded dump:
L2:     00:0c:29:d7:40:22->00:0c:29:7e:38:e5, type 0x0800
IP:     10.0.0.10->198.51.100.1, protocol 6
        version 4, ihl 5, tos 0x00, len 52,
        id 29077, frag_off 0x4000, ttl 64, checksum 61588(0x94f0)
TCP:    sport 49404, dport 22, seq 4257280318, ack 671986245,
        reserved 0, offset 8, window 502, checksum 33324,
        flags 0x10 ( ACK), urgent data 0, l4 data len 0
TCP option:
00000000: 01 01 08 0a 3d 06 e9 00  07 57 06 99              ....=... .W..
Flow fastpath, session 941 c2s (set work 0xe014cd2080 exclude_video 0 from sp 0xe03cb3ab80 exclude_video 0)
IP checksum valid
NAT session, run address/port translation
CP-DENY TCP non data packet getting through
Forwarding lookup, ingress interface 17
L3 mode, virtual-router 1
Route lookup in virtual-router 1, IP 198.51.100.1
Route found, interface ethernet1/1, zone 1
Resolve ARP for IP 198.51.100.1 on interface ethernet1/1
ARP entry found on interface 16
Transmit packet size 52 on port 16
```

그림 13.14: 완료된 핸드셰이크

이 시점부터는 세션이 형성돼 양쪽 모두 페이로드 교환을 시작할 수 있다. 이는 다음 4개의 로그 항목에서 볼 수 있다.

PSH ACK 패킷은 수신 단계에서 수신된다.

```
== 2020-06-05 00:16:22.032 +0200 ==
Packet received at ingress stage, tag 0, type ORDERED
Packet info: len 107 port 17 interface 17 vsys 1
  wqe index 23554 packet 0x0xc0013ff2c0, HA: 0, IC: 0
Packet decoded dump:
L2:    00:0c:29:d7:40:22->00:0c:29:7e:38:e5, type 0x0800
IP:    10.0.0.10->198.51.100.1, protocol 6
       version 4, ihl 5, tos 0x00, len 93,
       id 29078, frag_off 0x4000, ttl 64, checksum 50836(0x94c6)
TCP:   sport 49404, dport 22, seq 4257280318, ack 671986245,
       reserved 0, offset 8, window 502, checksum 63771,
       flags 0x18 ( ACK PSH), urgent data 0, 14 data len 41
TCP option:
00000000: 01 01 08 0a 3d 06 e9 01  07 57 06 99          ....=... .W..
Flow lookup, key word0 0x600020016c0fc word1 0  word2 0xa00000affff0000 word3 0x0 word4 0x16433c6ffff0000
Flow 1882 found, state 2, HA 0
Active flow, enqueue to fastpath process, type 0

* Dos Profile NULL (NO) Index (0/0) *
```

그림 13.15: 수신 단계의 클라이언트 PSH ACK

패킷은 fastpath로 처리되고 전송된다.

```
== 2020-06-05 00:16:22.032 +0200 ==
Packet received at fastpath stage, tag 941, type ATOMIC
Packet info: len 107 port 17 interface 17 vsys 1
  wqe index 23554 packet 0x0xc0013ff2c0, HA: 0, IC: 0
Packet decoded dump:
L2:    00:0c:29:d7:40:22->00:0c:29:7e:38:e5, type 0x0800
IP:    10.0.0.10->198.51.100.1, protocol 6
       version 4, ihl 5, tos 0x00, len 93,
       id 29078, frag_off 0x4000, ttl 64, checksum 50836(0x94c6)
TCP:   sport 49404, dport 22, seq 4257280318, ack 671986245,
       reserved 0, offset 8, window 502, checksum 63771,
       flags 0x18 ( ACK PSH), urgent data 0, 14 data len 41
TCP option:
00000000: 01 01 08 0a 3d 06 e9 01  07 57 06 99          ....=... .W..
Flow fastpath, session 941 c2s (set work 0xe014cd2080 exclude_video 0 from sp 0xe03cb3ab80 exclude_video 0)
IP checksum valid
NAT session, run address/port translation
session 941 packet sequeunce old 0 new 1
Forwarding lookup, ingress interface 17
L3 mode, virtual-router 1
Route lookup in virtual-router 1, IP 198.51.100.1
Route found, interface ethernet1/1, zone 1
Resolve ARP for IP 198.51.100.1 on interface ethernet1/1
ARP entry found on interface 16
Transmit packet size 93 on port 16
```

그림 13.16: 송신 단계의 클라이언트 PSH ACK

서버 ACK는 수신 단계에서 수신된다.

```
== 2020-06-05 00:16:22.034 +0200 ==
Packet received at ingress stage, tag 0, type ORDERED
Packet info: len 66 port 16 interface 16 vsys 1
  wqe index 23554 packet 0x0xc002c83bc0, HA: 0, IC: 0
Packet decoded dump:
L2:   00:0c:29:7a:5e:82->00:0c:29:7e:38:db, type 0x0800
IP:   198.51.100.1->198.51.100.2, protocol 6
      version 4, ihl 5, tos 0x00, len 52,
      id 46303, frag_off 0x4000, ttl 64, checksum 31281(0x317a)
TCP:  sport 22, dport 63571, seq 671986245, ack 4257280359,
      reserved 8, offset 8, window 227, checksum 11152,
      flags 0x10 ( ACK), urgent data 0, 14 data len 0
TCP option:
00000000: 01 01 08 0a 07 57 06 9b  3d 06 e9 01               .....W.. =...
Flow lookup, key word0 0x60001f8530016 word1 0   word2 0x16433c6ffff0000 word3 0x0 word4 0x26433c6ffff0000
Flow 1883 found, state 2, HA 0
Active flow, enqueue to fastpath process, type 0

* Dos Profile NULL (NO) Index (0/0) *
```

그림 13.17: 수신 단계의 서버 ACK

서버 ACK 패킷은 fastpath를 통해 처리돼 전송된다.

```
== 2020-06-05 00:16:22.034 +0200 ==
Packet received at fastpath stage, tag 941, type ATOMIC
Packet info: len 66 port 16 interface 16 vsys 1
  wqe index 23554 packet 0x0xc002c83bc0, HA: 0, IC: 0
Packet decoded dump:
L2:   00:0c:29:7a:5e:82->00:0c:29:7e:38:db, type 0x0800
IP:   198.51.100.1->198.51.100.2, protocol 6
      version 4, ihl 5, tos 0x00, len 52,
      id 46303, frag_off 0x4000, ttl 64, checksum 31281(0x317a)
TCP:  sport 22, dport 63571, seq 671986245, ack 4257280359,
      reserved 0, offset 8, window 227, checksum 11152,
      flags 0x10 ( ACK), urgent data 0, 14 data len 0
TCP option:
00000000: 01 01 08 0a 07 57 06 9b  3d 06 e9 01               .....W.. =...
Flow fastpath, session 941 s2c (set work 0xe014cd2080 exclude_video 0 from sp 0xe03cb3ab80 exclude_video
IP checksum valid
NAT session, run address/port translation
CP-DENY TCP non data packet getting through
Forwarding lookup, ingress interface 16
L3 mode, virtual-router 1
Route lookup in virtual-router 1, IP 10.0.0.10
Route found, interface ethernet1/2, zone 2
Resolve ARP for IP 10.0.0.10 on interface ethernet1/2
ARP entry found on interface 17
Transmit packet size 52 on port 17
```

그림 13.18: 송신 단계의 서버 ACK

전체 pan_packet_diag.log 로그, 트러블 슈팅 세션의 기록 및 유용한 명령 목록을 깃허브(https://github.com/PacktPublishing/Mastering-Palo-Alto-Networks-2e)에서 찾아볼 수 있다.

이 절에서는 데이터 플레인 패킷 처리 프로세스에서 로그를 수집하고 읽는 방법을 살펴봤다. 다음 절에서는 다른 프로세스를 디버깅하는 방법을 살펴본다.

⠿ 디버깅 프로세스

모든 운영체제와 마찬가지로 방화벽과 파노라마 시스템 모두에 특정 작업을 수행하는 여러 프로세스가 있다. 각 프로세스에는 로그 파일과 구성 가능한 로깅 레벨(디버그 레벨이라고도 함)이 있다. 기본적으로 대부분의 프로세스는 디버그 레벨이 낮게 설정돼 있어 가장 중요한 로그 항목만 로그 파일에 기록되므로 공간을 절약하고 보존하기에 더 낫다. 디버그 레벨을 높일 수 있지만 이로 인해 보존 기간이 짧아지고 경우에 따라 리소스 사용이 증가할 수 있다. 다음 명령을 실행해 각 프로세스의 현재 디버그 레벨을 확인할 수 있다.

```
reaper@pa-220> debug <process name> show
```

다음 명령을 실행해 디버그 레벨을 변경할 수 있다.

```
reaper@pa-220> debug <process name> on <debug level>
```

디버그 속성을 off시켜 완전히 끌 수도 있지만 로깅을 끄는 것은 권장하지 않는다. 대신 가장 낮은 레벨의 디버깅을 선택하자. 대부분의 프로세스에 다음과 같은 디버그 레벨을 설정할 수 있다.

- dump는 모든 것을 로그에 기록한다.
- debug는 오류, 경고, 정보, 디버그 로그를 기록한다.
- info는 오류, 경고, 정보 로그를 기록한다. 일부 데몬은 info 대신 normal을 사용한다.
- warn은 경고와 오류 로그를 기록한다.
- error는 오류 메시지만 로그에 기록한다.

프로세스의 디버그 레벨을 변경할 때는 디버깅을 마친 후 원래 설정으로 되돌려야 한다는 점을 잊지 말자.

플랫폼에 따라 일부 프로세스는 관리 플레인에서 실행되는 반면 다른 프로세스는 데이터 플레인에서 실행된다. 여러 개의 데이터 플레인이 있는 플랫폼은 각 데이터 플레인에 모든 데이터 플레인 프로세스의 복사본이 있다. PA-800 및 PA-220과 같은 소형 섀시와 PA-VM과 같은 가상 시스템에는 단일 플레인만 있으므로 모든 프로세스는 관리 플레인에 있다. 파노라마에는 데이터 플레인이 없고 데이터 플레인 프로세스도 없다. 대형 플랫폼에는 routed 및 mprelay와 같은 일부 프로세스를 담당하는 추가 컨트롤 플레인이 있다. 프로세스의 위치에 따라 해당 로그가 저장되는 위치도 결정된다. 로그를 읽으려면 grep, less 또는 tail 명령 다음으로 로그 디렉터리 및 로그 파일을 사용하면 된다.

관리 플레인의 로그 디렉터리는 mp-log, 데이터 플레인 로그 디렉터리는 dp-log(데이터 플레인이 여러 개인 시스템은 dp0-log, dp1-log 등), 추가 컨트롤 플레인이 있는 시스템에는 cp-log가 사용된다.

예를 들어 인증 프로세스는 관리 플레인에서 실행되므로 mp-log에서 접근할 수 있다.

```
reaper@pa-220> less mp-log authd.log
```

패턴은 grep 명령과 함께 사용해 로그 파일을 검색하고 관련 로그 항목을 모두 반환할 수 있다. count 옵션은 단순히 해당 패턴의 문자열이 포함된 줄 수를 표시한다.

```
reaper@pa-220> grep count yes mp-log authd.log pattern reaper
```

tail 명령을 사용해 '실시간' 로그 뷰를 활성화할 수 있다. tail 명령은 로그 파일의 마지막 10줄을 반환하고 **follow yes** 파라미터를 사용하면 로그가 실시간으로 표시되기 시작한다.

```
reaper@pa-220> tail follow yes mp-log ms.log
```

다음은 가장 중요한 관리 플레인 프로세스/데몬 목록이다.

- **appweb3-sslvpn**은 GlobalProtect의 SSL 웹 프로세스다.
- **authd**는 디바이스에 로그온하는 유저의 인증을 처리한다.
- **cryptod**는 시스템의 암호와 개인키 암호화 및 복호화를 처리한다.
- **devsrvr**은 데이터 플레인과 통신을 담당하고 구성을 데이터 플레인으로 푸시한다. 또한 데이터 플레인에서 URL 필터링 쿼리를 처리한다.
- **ha-agent**는 HA 상태를 확인하고 구성을 HA 피어와 동기화한다.
- **ikemgr**은 ISAKMP 데몬이다.
- **keymgr**은 IPSec 키 저장소다.
- **logrcvr**은 데이터 플레인에서 전달된 로그를 수신하고 기록한다.
- **masterd**는 다른 프로세스가 실행 중인지 확인하는 마스터 프로세스다. 이 명령은 **masterd**를 폴링한다.

```
reaper@pa-220> show system software status
```

- **management-server**는 리포트, 설정 관리, 프로세스에 커밋 배포를 처리하는 관리 서버다. 해당 로그는 ms.log라고 한다.
- **rasmgr**은 GlobalProtect의 백엔드 프로세스다.
- **routed**는 라우팅 데몬으로 라우팅, 포워딩 테이블, FQDN 매핑을 유지 관리한다. 또한 동적 라우팅 피어와의 통신을 유지하고 라우팅 변경 사항으로 데이터 플레인 네트워크 칩을 업데이트한다.

- satd는 연결된 위성 디바이스와 관련된 GlobalProtect 프로세스다.
- sslmgr은 OCSP 및 CRL 작업을 수행하고 저장소를 유지 관리한다.
- sysd는 프로세스 간의 통신을 관리한다.
- useridd는 유저 ID 에이전트와 통신을 유지 관리한다.
- varrcvr은 데이터 플레인에서 위협에 대한 PCAP 파일과 WildFire 로그를 수신하는 데 사용된다. 또한 파노라마 및 syslog로 로그 포워딩도 처리한다.

데이터 플레인 프로세스는 다음과 같다.

- brdagent는 인터페이스와 네트워킹 칩을 구성하고 모니터링한다.
- pan_comm은 디바이스 서버와 관련된 데이터 플레인 파트너 프로세스다. 커밋 작업을 수신한다.
- mprelay는 라우팅 업데이트를 수신하고 터널을 모니터링을 수행하고자 routed(route 데몬)와 통신한다. 포워딩 테이블을 유지 관리하고 터널을 up/down 처리한다.
- pan_dha는 HA 링크/경로 모니터링을 수행한다.
- pan_task_*는 패킷 포워딩 데몬이다. 각 패킷을 처리하는 CPU 코어는 pan_task 프로세스를 실행한다. pan_task는 사전 스핀업된 프로세스로 시스템이 최소 부하일 때에도 CPU를 100% 사용하는 것으로 표시한다.
- Sysdagent는 데이터 플레인을 모니터링하고 관리 플레인의 sysd와 통신한다.

이제 글로벌 카운터를 사용해 세션을 트러블 슈팅할 수 있으며 디버그 레벨을 높이고 특정 데몬의 로그 파일에 접근하는 방법을 살펴봤다. 마지막 절에서는 트러블 슈팅에 도움이 되는 몇 가지 가장 유용한 CLI 명령 몇 가지를 살펴본다.

CLI 트러블 슈팅 명령 치트 시트

로그를 읽음으로써 얻을 수 있는 정보가 많지만 필요한 정보를 직접 제공해 정보 검색을 단순화하는 명령이 많다. 다음 표에서 시스템을 관리하는 데 도움이 되는 몇 가지 유용한 명령을 그룹화해봤다. 달리 명시되지 않는 한 모든 명령은 운영 모드에서 사용된다.

첫 번째 명령 세트는 일반적으로 유용한 명령이다.

표 13.1: 일반적으로 유용한 명령

명령	기능
find command keyword <keyword>	찾고 있는 키워드를 알고 있다면 어떤 명령도 찾을 수 있다.
| match <value>	명령의 출력을 필터링해 값과 포지티브 일치하는 줄만 반환한다.
| except <value>	명령의 출력을 필터링해 값과 포지티브 일치하는 행을 제외한 모든 줄을 반환한다.
tcpdump snaplen 0 filter "not port 22"	포트 22의 세션을 제외한 관리 인터페이스의 모든 세션을 캡처한다.
view-pcap debug-pcap|filter-pcap|mgmt-pcap no-dns-lookup	데몬에서 packet-diag 또는 tcpdump를 통해 캡처한 패킷 캡처를 표시한다.
show admins	현재 로그인한 관리자를 표시한다.
delete admin-sessions username <user>	관리자 세션을 종료한다.
set system setting target-vsys <vsys>	운영 명령을 특정 vsys 관점으로 변경한다.
show authentication allowlist	모든 인증 프로파일의 허용 목록을 표시한다.
show system environmentals	시스템 코어 온도 및 전력 레벨을 표시한다.
scp|tftp export <thing> to user@destination:/path/	로그 파일, 패킷 캡처 또는 코어 파일을 포함해 시스템에서 많은 것을 내보낼 수 있다.

다음 명령 세트로 시스템의 기본 정보를 알 수 있다.

표 13.2: 시스템 정보 명령

기본 시스템 정보	기능
show system info	시리얼, IP, 설치된 콘텐츠, 소프트웨어 버전과 같은 기본 디바이스 정보를 반환한다.
show system software status	모든 프로세스가 제대로 실행되고 있는지 여부를 표시한다.
show system logdb-quota	LogDB 사용량을 반환한다.
show system disk-space	디스크 볼륨 정보를 반환한다.
show jobs all/id	모든 커밋, 다운로드, 설치, FQDN 작업의 상태와 특정 ID에 대한 추가 세부 정보를 반환한다.
show system files	프로세스 충돌로 인해 코어 덤프 파일이 생성됐는지 여부를 표시한다.
request license fetch/info	현재 활성화된 라이선스를 검색해 표시한다.
show netstat all yes	프로세스별로 관리 플레인에서 수신 및 설정된 연결을 표시한다.
show chassis-ready	데이터 플레인이 세션을 처리할 준비가 됐는지 여부를 표시한다.
show panorama-status	파노라마와의 연결을 검증한다.

다음 명령을 사용하면 HA 모드를 확인 및 제어하고 클러스터가 최적으로 작동하는지 확인할 수 있다.

표 13.3: HA 명령

HA	기능
show high-availability state	로컬 피어 HA 상태의 간략한 요약 정보를 표시한다.
show high-availability all	모든 HA 런타임 요약
show high-availability state-synchronization	주고받은 동기화 메시지 통계를 표시한다.
request high-availability sessions-reestablish force	링크가 손실됐으면 HA1 링크를 다시 설정하고, HA1 백업이 구성되지 않았다면 "force"를 사용한다.
show high-availability session-reestablish-status	HA1 및 HA1 백업 링크가 마지막으로 재설정된 시점을 표시한다.
request high-availability sync-to-remote running-config	자동 동기화에 실패했거나 상태가 동기화되지 않는다면 실행 중인 구성을 피어에 수동으로 동기화한다.
request high-availability state functional|suspend	로컬 디바이스를 활성화 또는 suspend한다.
request high-availability state peer functional|suspend	피어 디바이스를 활성화 또는 suspend한다.
show high-availability transitions	디바이스가 HA 상태 간에 전환된 횟수를 나타낸다.
show high-availability flap statistics	pre-emptions '플랩'에 대한 세부 정보(디바이스 pre-emptions 활성화, 오류 다시 발생, 디바이스 non-funct, 복구, pre-emptions 활성화, 다시 오류 발생 등)를 확인한다.
show high-availability control-link statistics	HA1 메시지에 대한 세부 정보다.

다음 명령은 시스템 성능 관련 정보를 자세히 알려준다.

표 13.4: 성능 관련 명령

성능 정보	기능
show system resources	리눅스의 top과 유사한 관리 플레인 리소스 사용량을 표시한다.
show running resource-monitor	데이터 플레인 CPU 코어 사용률 및 버퍼 사용량을 표시한다.
debug dataplane pool statistics	소프트웨어 버퍼 풀 사용량을 표시한다.
show session info	활성 세션 수, 초당 패킷 수, 처리량, 기타 세션 관련 파라미터를 표시한다.
debug log-receiver statistics	초당 로그 볼륨 및 로그 작성이나 전달 중 발생한 모든 오류 정보를 표시한다.
show system statistics application|session	인기 애플리케이션이나 시스템 처리량에 대한 실시간 통계를 표시한다.
show report jobs	현재 리포트가 생성되고 있는지 여부를 나타낸다(관리 플레인 CPU 사용량에 영향을 줄 수 있음).

DNS 프록시는 시스템 내에서 몇 가지 중요한 기능을 담당한다. 이러한 명령은 DNS 레졸루션이 예상대로 작동하는지 확인하는 데 도움이 된다.

표 13.5: DNS 프록시 명령

DNS 동작	기능
show system setting ssl-decrypt dns-cache	SSL 복호화 DNS 캐시를 표시한다.
show dns-proxy cache all	DNS 프록시 캐시를 표시한다.
show system setting ssl-decrypt memory	SSL 복호화 메모리 사용량을 표시한다.
show dns-proxy fqdn all	레졸루션된 IP 주소와 함께 모든 FQDN 오브젝트를 표시한다
request system fqdn refresh	모든 FQDN 오브젝트를 새로 고친다.
debug dataplane internal vif link	내부 하드웨어 인터페이스에 있는 통계를 반환한다.

다음 명령은 세션이 예기치 않은 구성이나 기타 문제가 있는지 확인하는 데 도움이 된다.

표 13.6: 패킷 흐름 명령

패킷 흐름	기능
show counter global filter delta yes	글로벌 카운터를 표시한다.
show session all filter <filters>	필터와 일치하는 Active, discard, predict 세션(또는 '모든' 세션)을 표시한다.
set session offload yes|no	하드웨어 세션 오프로딩을 활성화 또는 비활성화한다.
set session tcp-reject-non-syn yes|no	적절한 핸드셰이크 없이 들어오는 TCP ACK 패킷 드롭을 비활성화한다.
# set deviceconfig setting tcp asymmetric-path bypass|drop	윈도우를 벗어나거나 out of sync 상태로 도착하는 패킷 드롭을 비활성화한다.

다음 명령 세트를 사용하면 라우팅, 라우팅 프로토콜, MAC 및 ARP 정보를 확인할 수 있다.

표 13.7: Layer2 및 layer3 정보

Layer2 및 Layer3	기능
show routing route	라우팅 테이블(RIB, Routing Information Base)을 출력한다.
show routing fib	포워딩 테이블(FIB, Forwarding Information Base)을 표시한다.
show arp all	ARP 테이블(layer3)의 콘텐츠를 표시한다.
show mac all	MAC 테이블(layer2)의 콘텐츠를 표시한다.
show routing protocol ospf|bgp|rip summary	OSPF, BGP 또는 RIP 상태의 요약을 반환한다.
show routing resource	경로 수가 시스템 제한에 도달하지 않았는지 확인한다.
debug routing pcap ospf|bgp|rip on|off	라우팅 프로토콜에 대해 라우팅 엔진에서 패킷 캡처를 활성화/비활성화한다. 트러블 슈팅에만 사용한다.

NAT, QoS, 존/DoS 보호는 메모리 풀에 따라 달라진다. 다음 명령은 시스템 사용이 과도하지 않은지 확인하는 데 도움이 된다.

표 13.8: 룰에서 사용하는 메모리 풀

정책	기능
show running nat-policy	모든 Active NAT 룰을 표시한다.
show running nat-rule-ippool rule <rulename>	메모리 사용량, 오버 서브스크립션 비율, 룰별 할당을 표시한다.
show running global-ippool	글로벌 동적 소스 NAT의 런타임 통계를 표시한다.
show running ippool	전체 소스 NAT 통계를 표시한다.
show session all filter qos-class [1-8]	특정 QoS 클래스와 일치하는 모든 세션을 표시한다.
show qos interface <interface> counter	인터페이스에 구성된 QoS의 일반 카운터를 표시한다.
show qos interface <interface> throughput <Qid as seen in counters>	인터페이스에서 Qid의 실제 처리량을 반환한다.
show zone-protection zone <zone>	존의 존 보호 통계를 표시한다.
show dos-protection rule <rulename> statistics	DoS 보호 룰 통계를 표시한다
show dos-protection zone <zone> blocked source	DoS 보호로 인해 현재 차단 중인 IP 주소를 표시한다.

URL 필터링은 데이터 플레인 캐시를 사용해 가장 인기 있고 가장 최근에 방문한 URL을 저장한다. 관리 플레인은 가장 많이 사용된 URL의 더 큰 캐시를 보유한다. 처음에는 클라우드 시드 파일을 사용해 지역별로 가장 많이 사용된 URL로 관리 플레인 캐시를 채우다가 시간이 지남에 따라 캐시는 조직 내에서 가장 일반적으로 사용되는 URL을 유지하기 시작한다. 데이터 플레인 캐시에 이전에 없

던 URL에 접속하면 관리 플레인 캐시에서 조회된다. 관리 플레인에 해당 URL 항목이 없으면 클라우드에서 조회된다. 다음 명령은 이러한 캐시를 관리하고 유지하는 데 도움이 된다.

표 13.9: URL 필터링 명령

URL 필터링	기능
test url-info-cloud <url>	클라우드 조회로 URL의 카테고리를 표시한다.
test url-info-host <url>	관리 플레인 캐시에 있는 URL 카테고리를 표시한다.
show running url	데이터 플레인 캐시에 있는 URL 카테고리를 표시한다.
request url-filtering update url <url>	클라우드 조회로 URL의 관리 플레인 캐시 항목을 새로 고친다.
show running url-cache all	URL 캐시를 mp-log dp_url_DB.log로 출력한다.
show running url-cache statistics	URL 캐시의 메모리 사용량을 표시한다.
show url-cloud status	URL 조회 클라우드 연결의 연결성 정보를 반환한다.
clear url-cache all|url <url>	캐시에서 단일 URL을 지우거나 데이터 플레인에서 전체 캐시를 지운다.
delete url-database all|url	캐시에서 단일 URL을 지우거나 관리 플레인에서 전체 캐시를 지운다.

파노라마에는 방화벽에서 로그 포워딩을 트러블 슈팅하는 데 도움이 되는 몇 가지 고유 명령이 있다.

파노라마	기능
show logging-status device <serial>	파노라마에 로깅하는 디바이스의 로그 포워딩 정보를 반환한다.
debug log-collector log-collection-stats show incoming-logs shows incoming log statistics including the current log rate	현재 로그 속도를 포함한 수신 로그 통계를 표시한다.
show system raid detail	M 어플라이언스의 RAID 어레이 정보를 표시한다.
show system disk details	VM 어플라이언스의 디스크 상태 정보를 표시한다.
replace old <serial> new <serial>	RMA 후 관리 디바이스의 시리얼을 새 시리얼로 교체한다. 이렇게 하면 새 시리얼에 설정을 할당할 필요 없이 이전에 하나의 디바이스에 연결됐던 모든 설정을 새 디바이스에 로드한다(이전 시리얼은 제거됨).
request log-fwd-ctrl action latest|start-from-lastack device <serial>	디바이스에서 마지막 로그 또는 마지막 확인 로그부터 로그 포워딩을 시작한다.
request log-fwd-ctrl start|stop latest device <serial>	버퍼링을 사용해 디바이스에서 파노라마로 로그 포워딩을 시작하거나 중지한다.
request log-fwd-ctrl action live device <serial>	버퍼링 없이 로그 포워딩을 시작한다(이로 인해 인바운드 로그가 대량으로 발생할 수 있음).

다음은 IPSec 1단계 및 2단계 이슈를 트러블 슈팅을 할 때 유용한 몇 가지 명령이다.

표 13.11: IPSec 트러블 슈팅 명령

IPSec	기능
show running tunnel flow info Shows basic statistics about all VPN tunnels.	모든 VPN 터널 기본 통계를 표시한다.
test vpn ike-sa gateway <gateway>	지정된 게이트웨이와 IKE 협상을 시작한다.
test vpn ipsec-sa tunnel <tunnel>	지정된 터널에 대한 IPSec 협상을 시작한다.
clear vpn ike-sa gateway <gateway>	지정된 게이트웨이의 IKE SA를 지운다.
clear vpn ipsec-sa tunnel <tunnel>	지정된 터널의 IPSec SA를 지운다.
show vpn ike-sa gateway <gateway>	지정된 게이트웨이의 IKE SA를 표시한다.
show vpn ipsec-sa tunnel <tunnel>	지정된 터널의 IPSec SA를 표시한다.
show global-protect-gateway current-satellite	현재 GlobalProtect에 연결된 위성을 표시한다.
show global-protect-gateway current-user	현재 GlobalProtect에 연결된 유저를 표시한다.

유저 식별에는 유저 IP 매핑에서 그룹 매핑에 이르기까지 다양한 측면이 있다. 다음 명령은 모든 정보가 제대로 수집되고 있는지 확인하는 데 도움이 된다.

표 13.12: 유저 ID 트러블 슈팅 명령

유저 ID	기능
show user ip-user-mapping all|ip	데이터 플레인에서 매핑된 모든 유저 또는 특정 IP에 매핑된 유저를 표시한다.
show user ip-user-mapping-mp all|ip	관리 플레인에서 매핑된 모든 유저 또는 특정 IP에 매핑된 유저를 표시한다.
debug user-id refresh group-mapping all	그룹 매핑 멤버십을 새로 고친다.
show user group list	그룹 매핑에 사용된 모든 그룹을 표시한다.
show user group name <group>	그룹의 모든 멤버를 표시한다.

(이어짐)

유저 ID	기능
show user group-mapping state all	모든 그룹 매핑 프로파일의 상태를 표시한다.
show user group-mapping statistics	그룹 매핑의 마지막/다음 갱신을 표시한다.
show user user-id-agent statistics | state all	에이전트 상태 및 통계를 표시한다.
show user ts-agent statistics |state all	터미널 서버 에이전트 상태 및 통계를 표시한다.
show user server-monitor statistics|state all	에이전트리스 유저 ID 에이전트 상태를 표시한다.
show user ip-port-user-mapping all	터미널 서버 에이전트 또는 특정 서버 IP의 유저 포트 매핑을 표시한다.

WildFire가 예상대로 작동하는지 확인하는 몇 가지 유용한 명령이 있다.

표 13.13: WildFire

WildFire	기능
show wildfire status	WildFire 클라우드에 대한 연결 상태를 표시한다.
show wildfire statistics	파일 전송 통계 정보를 표시한다.
test wildfire registration	WildFire 클라우드 연결을 테스트한다.

다음은 방화벽에서 DHCP를 제어하는 몇 가지 유용한 명령이다.

표 13.14: DHCP 명령

DHCP	기능
show dhcp server lease all	모든 DHCP 임대를 표시한다.

(이어짐)

DHCP	기능
clear dhcp lease interface <interface> ip|mac|expiredonly <value>	IP, MAC 주소 또는 만료된 모든 주소에 대한 임대를 해지한다.
debug dhcpd pcap on|off	데몬에서 DHCP 트랜잭션의 패킷 캡처를 활성화한다.
show dhcp client state <interface>	인터페이스, 즉 DHCP 클라이언트의 DHCP 정보를 표시한다.
request dhcp client release|renew <interface>	DHCP 클라이언트 인터페이스의 임대를 해제하거나 갱신한다.

다음 명령은 쓰임이 매우 다양하며 시스템에서 거의 모든 세부 정보를 추출할 수 있다. 시스템의 제한 사항, 메모리 주소, 온도, 팬 속도, 모든 구성 요소, 인터페이스 상태, 심지어 설치된 광 트랜시버의 종류까지 파악하는 데 도움이 된다.

표 13.15: 디바이스 상태

디바이스 상태 슈퍼 명령	기능
show system state	이 명령은 전체 디바이스의 상태를 반환한다.
show system state filter env.*	시스템 코어 온도 및 전력 레벨을 표시한다.
show system state | match fan	시스템 상태에서 'fan'이 포함된 줄을 검색해 팬 속도를 찾는다.
show system state | match cfg.general.max	시스템이 지원하는 설정 가능한 오브젝트의 최댓값을 반환한다.
show system state filter-pretty sys.s1.*	슬롯 1의 모든 인터페이스 관련 정보를 표시한다.

위의 모든 명령은 깃허브(https://github.com/PacktPublishing/Mastering-Palo-Alto-Networks-2E/blob/main/chapter%2013%20-%20CLI%20cheat%20sheet)에서도 접근할 수 있다.

이 절에서 다룬 CLI 명령은 대부분의 문제를 해결하고 디버깅하는 데 도움이 될 것이다. 치트 시트를 가까이 두고 의심스러울 때는 필자를 여러 번 구해준 명령인 find command keyword에 의지하는 것을 잊지 말자.

요약

13장에서는 글로벌 카운터를 사용해 세션에 무슨 일이 일어나고 있는지 알아보고 출력을 해석하는 방법을 살펴봤다. 이제 세션에 영향을 미치는 각 프로세스의 심화된 로그를 수집할 수 있으며 명확한 시나리오에 맞게 로깅을 추가할 수 있다. 또한 트러블 슈팅 세션을 효율적으로 구성할 수 있으므로 이전보다 훨씬 빠르게 문제의 근본 원인에 도달할 수 있다. 여기에 제공된 CLI 명령 치트 시트는 추가 정보 수집에 유용할 것이다.

14장에서는 클라우드 환경에서 방화벽을 배포하는 방법과 리소스를 보호하고자 방화벽을 설정할 때 고려해야 할 몇 가지 중요한 사항을 살펴본다.

PCNSE를 준비한다면 각 플레인에는 자체 프로세스가 있으며 로그는 플레인의 로그 디렉터리에서 찾을 수 있다는 점을 기억해야 한다.

14

클라우드 기반 방화벽 배포

14장에서는 클라우드 환경에서 방화벽을 배포하는 것이 온프레미스에서 방화벽을 배포하는 것과 어떻게 다른지 살펴본다. 클라우드 방화벽으로 작업할 때 염두에 둬야 할 몇 가지 주요 차이점과 주의해야 할 사항을 알아본다.

사용 편의성과 가용성 측면을 고려해 주로 애저에 초점을 맞출 것이다. AWS mazon Web Services 및 GCP Google Cloud Platform 와 같은 다른 클라우드 공급업체도 비슷한 절차를 따르지만 세부 사항은 다를 수 있다.

14장에서 다루는 내용은 다음과 같다.

- 클라우드 방화벽 라이선스
- 애저에 방화벽 배포
- 로드밸런서를 활용한 클러스터 형성

14장을 끝내면 클라우드 환경에서 방화벽을 설정해 가상 자산을 보호할 수 있다.

⁑ 기술적 요구 사항

14장에서는 클라우드 환경에서 방화벽을 배포하는 몇 가지 방법을 설명한다. 선호하는 제공업체의 클라우드 구독을 사용하는 것이 좋지만 대부분의 제공업체는 자사의 클라우드 환경을 테스트할 수 있게 제한된 시간 동안 무료 평가판 또는 크레딧을 제공한다.

14장에서 주로 애저에 초점을 맞출 것이므로 마이크로소프트 애저에 구독을 설정하거나 웹 사이트(https://portal.azure.com)에서 평가판 계정을 만드는 것을 추천한다. 이렇게 하면 14장에서 다루는 모든 주제를 따라갈 수 있다.

⁑ 클라우드 방화벽 라이선스

데이터 센터에 배포된 방화벽은 일반적으로 부팅된 후 수년 동안 실행되지만 클라우드 환경에서 방화벽은 매우 일시적인 용도로만 사용될 수 있다. 추가 웹 서버와 같은 리소스는 추가 용량을 처리하고자 하루 중 특정 시간에만 가동됐다가 부하가 줄어들면 가동이 중지될 수 있다. 클라우드 방화벽도 마찬가지로 더 많은 용량을 제공하고자 가동됐다가 수요가 줄어들면 종료될 수 있다. 일반적인 라이선스는 연간 단위로 청구되며 방화벽에서 소비하는 시간이나 처리 주기는 고려하지 않는다. Pay-as-You-Go(또는 PayGo)라는 특수 라이선스 모델은 1년 동안 고정 요금이 아닌 사용 시간당 요금을 부과하는 방식으로 사용할 수 있다. 정확한 시간당 가격을 결정하는 데는 번들에서 활성화된 구독 기능 및 크기(CPU 코어 수 및 메모리 양)와 같은 몇 가지 추가 요인이 작용한다. 일반적으로 위협 방어 기능만 포함된 소형 번들과 URL 필터링, WildFire, DNS 보안, GlobalProtect가 포함된 대형 번들이 있다.

다음 그림에는 애저 마켓플레이스에서 새 인스턴스를 만들 때 사용할 수 있는 옵션이 나와 있다.

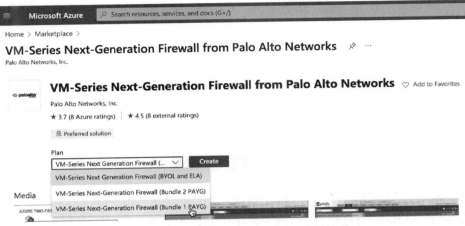

그림 14.1: 마이크로소프트 애저 VM 시리즈 라이선스 옵션

AWS에서 Marketplace를 검색하면 애저와 매우 유사한 환경을 확인할 수 있다. 다음 그림에서 볼 수 있듯이 자체 라이선스를 사용하거나 사용 가능한 두 가지 번들 중 하나를 시작할 수 있는 옵션이 있다.

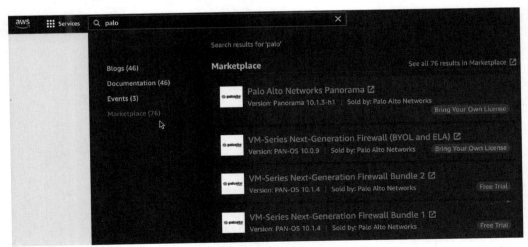

그림 14.2: AWS VM 시리즈 라이선스 옵션

정식 라이선스를 구매한 경우 BYOL^{Bring Your Own License} 계획을 사용해 인스턴스를 생성하고, 설정이 완료되면 CPUID 및 UUID 정보를 사용해 다른 VM과 마찬가지로 방화벽을 등록할 수 있다. 다음 절에서 애저의 PayGo 번들 및 설치 프로세스를 살펴본다.

⁝⁝▶ 마켓플레이스에서 애저에 방화벽 배포

로컬로 배포된 VM 방화벽과 매우 다르게 서포트 포털에서 적절한 설치 패키지를 찾을 필요는 없지만 대신 마켓플레이스를 이용해야 한다.

홈 화면에서 검색 창에 'marketplace'를 입력하고 검색 결과에 Marketplace가 나타나면 클릭한다.

마켓플레이스에 들어가면 palo alto vm을 검색하고 다음 그림과 같이 사용 가능한 옵션에서 VM-Series Next-Generation Firewall from Palo Alto를 선택한다.

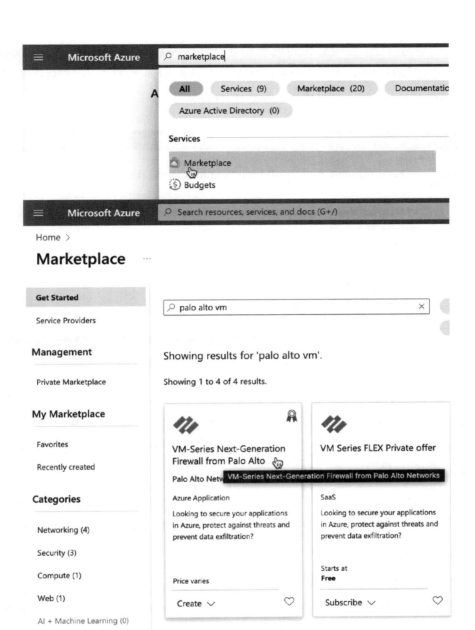

그림 14.3: VM 시리즈 NGFW 선택

다음 그림에서 볼 수 있듯이 라이선스 옵션이 표시된다. 다음 예에서는 Bundle 1 PayGo를 선택한다. 번들 선택에 관계없이 다음 단계는 모두 동일하다. 적절한 라이선스 계획을 선택하고 Create를 클릭한다.

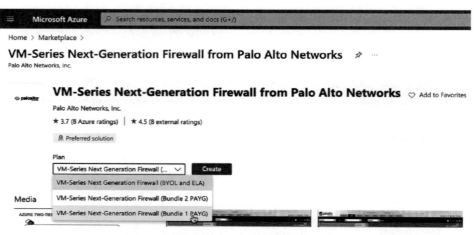

그림 14.4: 마이크로소프트 애저 VM 시리즈 라이선스 옵션

적절한 계획을 선택하고 Create를 클릭하면 구독을 선택해야 하는 다음 페이지로 이동한다. 여기서 VM 실행 비용이 청구되며 일부 조직에서는 비용 센터 간 구분 또는 랩 비용에서 제품 개발 프로덕션을 구분하고자 여러 개의 구독을 가질 수도 있다.

또한 리소스 그룹을 선택하거나 생성해야 한다. 리소스 그룹은 호스트 및 네트워크 세그먼트를 포함할 수 있는 서로 다른 리소스의 논리적 그룹이다. 리소스 그룹당 방화벽은 하나만 배포할 수 있다.

새로 배포하는 것이므로 새 리소스 그룹을 만들고 있지만 이미 일부 서버가 실행 중인 경우 기존 리소스 그룹에 방화벽을 추가할 수 있다. 기존 리소스 그룹을 선택하면 지역 옵션이 사라지지만 새 리소스 그룹을 새로 만들면 리소스 그룹을 만들 지역을 선택해야 한다. 이 선택에 따라 가상 리소스가 생성될 컴퓨팅 위치가 결정되며 지연 시간에 영향을 미칠 수 있다. 다음으로 NGFW에 구성할 첫 번째 관리자의 유저 이름과 비밀번호를 만든다.

화면은 다음 그림과 유사해야 한다.

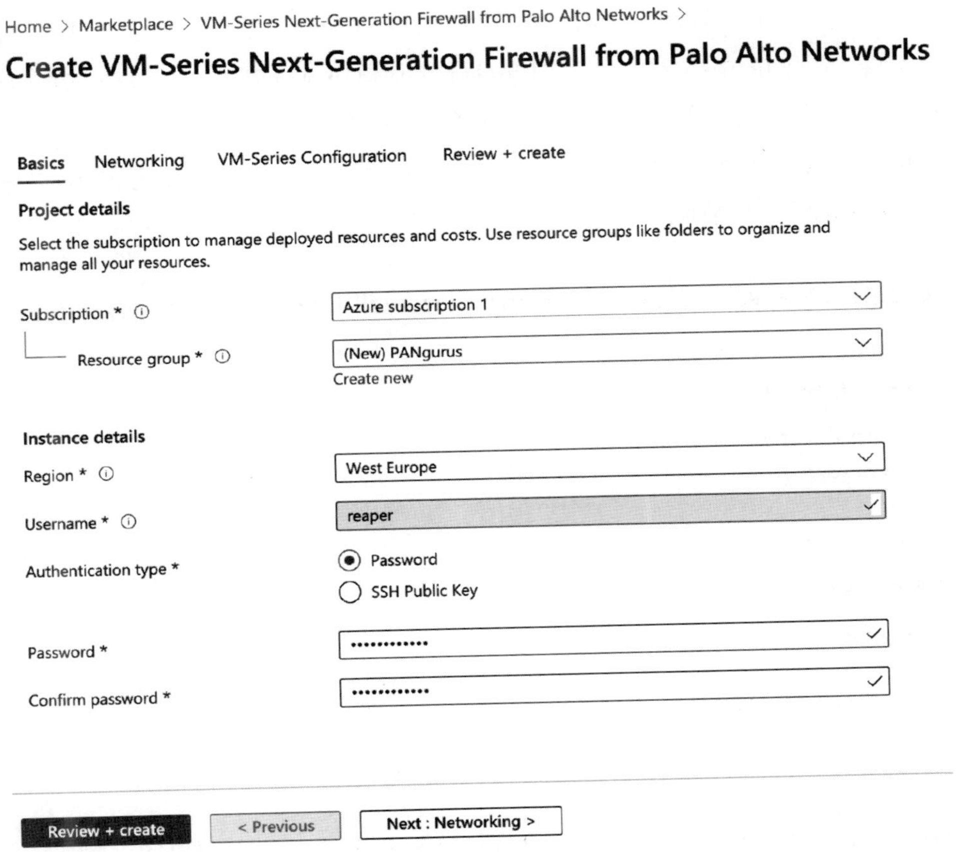

Home > Marketplace > VM-Series Next-Generation Firewall from Palo Alto Networks >

Create VM-Series Next-Generation Firewall from Palo Alto Networks

Basics   Networking   VM-Series Configuration   Review + create

Project details

Select the subscription to manage deployed resources and costs. Use resource groups like folders to organize and manage all your resources.

Subscription * ⓘ	Azure subscription 1 ⌄
└── Resource group * ⓘ	(New) PANgurus ⌄
	Create new

Instance details

Region * ⓘ	West Europe ⌄
Username * ⓘ	reaper ✓
Authentication type *	⦿ Password
	◯ SSH Public Key
Password *	•••••••••••• ✓
Confirm password *	•••••••••••• ✓

Review + create   < Previous   Next : Networking >

그림 14.5: 기본 구성 탭

이 시점에서 Review + create를 선택하면 모든 기본 설정을 수락해서 최종 단계로 빠르게 이동한다. 대신 모든 항목이 적절하게 작성되면 Next: Networking >을 선택해 기본 설정이 무엇인지 검토하고 필요시 변경할 수 있다.

다음 단계는 새 리소스 그룹과 연결된 서브넷을 결정하는 것이다(기존 리소스 그룹을 선택하면 해당 리소스 그룹과 연결된 서브넷이 표시되며 각 인터페이스와 맞는 적절한 서브넷을 선택해야 한다).

기본 설정은 3개의 **10.0.x.0/24** 서브넷을 만들어 이를 Management, Untrust, Trust 서브넷에 순서대로 할당하는 것이다. 원하는 경우 이를 변경할 수 있지만 동일한 서브넷에 2개의 인터페이스를 넣을 수는 없다. 기본적으로 리소스 그룹에 내장된 미니 방화벽인 NSG^{Network Security Group}는 **0.0.0.0/0** 인바운드 접속을 허용한다. 고정 IP 또는 서브넷을 사용한다면 인터넷에서 방화벽의 관리 인터페이스에 접속할 수 있는 유저를 제한하므로 지금이 바로 해당 서브넷을 NSG 인바운드 소스 IP에 추가하기에 좋은 타이밍이다. 네트워킹 설정은 다음 그림과 유사하게 표시된다.

Create VM-Series Next-Generation Firewall from Palo Alto Networks

Basics   **Networking**   VM-Series Configuration   Review + create

Configure virtual networks

Virtual network * ⓘ	(new) fwVNET ⌄
	Create new
Management Subnet *	(new) Mgmt (10.0.0.0/24) ⌄
Untrust Subnet *	(new) Untrust (10.0.1.0/24) ⌄
Trust Subnet *	(new) Trust (10.0.2.0/24) ⌄
Network Security Group: inbound source IP * ⓘ	0.0.0.0/0 ⟵ Change this if possible

그림 14.6: 네트워킹 탭

Next: VM-Series Configuration을 선택해 다음 섹션으로 이동한다.

VM-Series Configuration 탭에서 인바운드 NAT를 통해 방화벽의 관리 인터페이스에 할당될 퍼블릭 IP가 제공된다. 리소스 그룹에 할당된 퍼블릭 IP 주소가 있다면 그중 하나를 선택할 수도 있다. 또한 리소스 그룹의 컴퓨팅 위치와 연관된 친숙한 FQDN을 생성해 관리 인터페이스에 접속할 수 있다.

다음으로 방화벽 이름을 선택한다. 방화벽과 관련된 모든 리소스에는 이 이름이 접두사^{prefix}로 붙으므로 나중에 변경할 때를 대비해 쉽게 구별할 수 있는 이름을 선택해야 한다. 방화벽이 처음 배포될 PAN-OS 버전을 선택할 수도 있다. 현재 사용 가능한 옵션은 latest, 10.1.0, 10.0.6 및 9.1.10이다. latest는 마 켓 플레이스에서 사용할 수 있는 가장 최신 버전을 의미하며, 10.1.0으로 표시 돼 있지만 사실상 안정된 것으로 간주되는 최신 버전을 의미한다.

방화벽을 부트스트랩^{bootstrap}하게 선택할 수 있으며, 다음 절에서 부트스트래핑 을 다룰 예정이므로 지금은 no를 선택한다.

마지막으로 VM의 용량, 처리량, 가격에 영향을 미치는 방화벽의 크기를 결정할 수 있다.

VM-Series Configuration 탭은 다음 그림과 유사해야 한다.

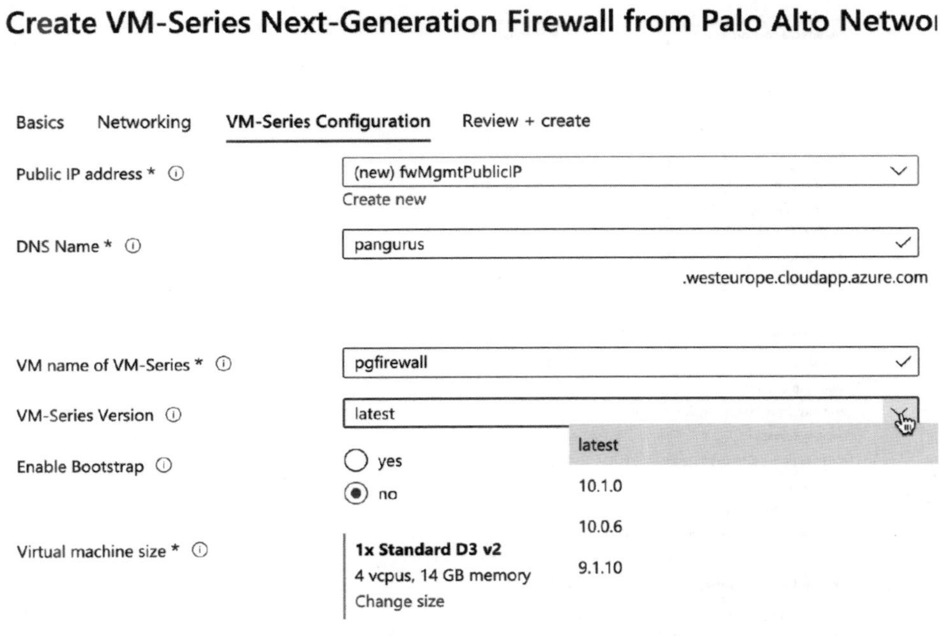

Create VM-Series Next-Generation Firewall from Palo Alto Netwoı

| Basics | Networking | **VM-Series Configuration** | Review + create |

Public IP address * ⓘ

(new) fwMgmtPublicIP ⌄
Create new

DNS Name * ⓘ

pangurus ✓

.westeurope.cloudapp.azure.com

VM name of VM-Series * ⓘ

pgfirewall ✓

VM-Series Version ⓘ

latest 🖱

latest

Enable Bootstrap ⓘ

◯ yes

10.1.0

◉ no

10.0.6

Virtual machine size * ⓘ

1x Standard D3 v2
4 vcpus, 14 GB memory
Change size

9.1.10

그림 14.7: VM 시리즈 구성

Review + create를 클릭하면 구성의 유효성이 검사되고 배포하려는 항목의 개요 가 표시된다. 출력은 다음 그림과 같이 표시된다.

Create VM-Series Next-Generation Firewall from Palo Alto Networks

✅ Validation Passed

Basics   Networking   VM-Series Configuration   **Review + create**

PRODUCT DETAILS

VM-Series Next-Generation Firewall
from Palo Alto Networks
by Palo Alto Networks, Inc.
Terms of use | Privacy policy

TERMS

By clicking "Create", I (a) agree to the legal terms and privacy statement(s) associated with the Marketplace offering(s)
listed above; (b) authorize Microsoft to bill my current payment method for the fees associated with the offering(s),
with the same billing frequency as my Azure subscription; and (c) agree that Microsoft may share my contact, usage
and transactional information with the provider(s) of the offering(s) for support, billing and other transactional
activities. Microsoft does not provide rights for third-party offerings. See the Azure Marketplace Terms for additional
details.

Name	Tom Piens
Preferred e-mail address *	Tom@pangurus.com ✓
Preferred phone number *	▓▓▓▓▓ ✓

Basics

Subscription	Azure subscription 1
Resource group	PANgurus
Region	West Europe
Username	reaper
Password	************

Networking

Virtual network	fwVNET
Management Subnet	Mgmt
Address prefix (Management Subnet)	10.0.0.0/24
Untrust Subnet	Untrust
Address prefix (Untrust Subnet)	10.0.1.0/24
Trust Subnet	Trust
Address prefix (Trust Subnet)	10.0.2.0/24
Network Security Group: inbound sourc...	0.0.0.0/0

VM-Series Configuration

Public IP address	fwMgmtPublicIP
Domain name label	pangurus
VM name of VM-Series	pgfirewall
VM-Series Version	latest
Enable Bootstrap	no
Virtual machine size	Standard_D3_v2

그림 14.8: Review + create 탭

계속 진행할 준비가 되면 Create를 클릭한다. 그러면 방화벽이 배포된다.

생성 중인 구성 요소를 보여주는 진행률 화면으로 이동한다. Deployment is in progress 페이지가 Your deployment is complete로 바뀔 때까지 기다린다. 이 과정은 몇 분 정도 걸리므로 참을성 있게 기다리거나 기다리는 동안 다과를 먹으며 휴식을 취하자. 전체 과정은 다음 그림과 비슷하게 보일 것이다. 완료되면 Go to resource group 버튼을 클릭한다.

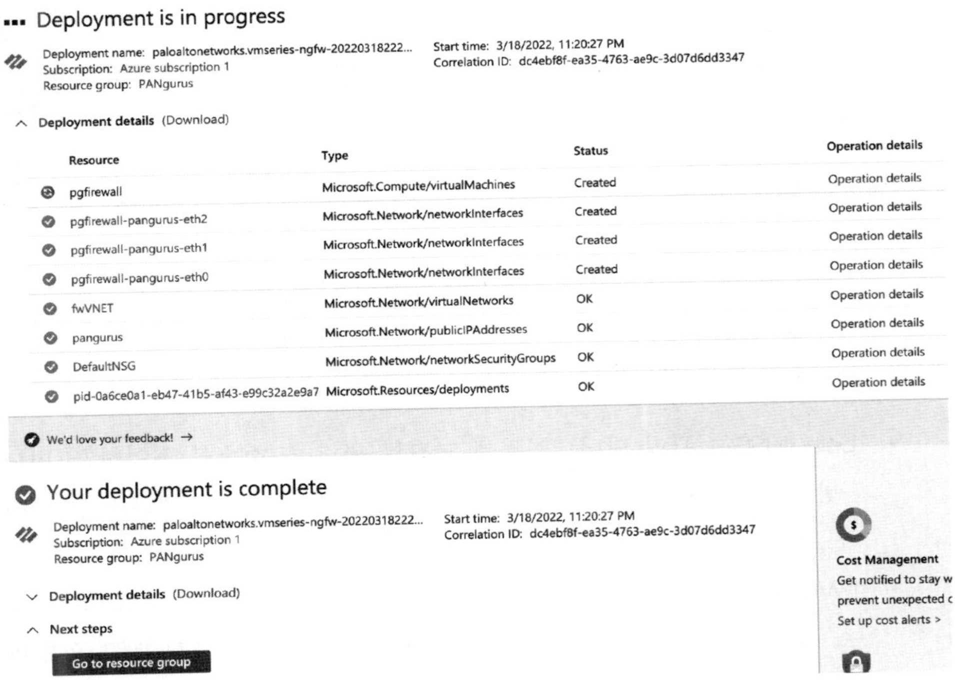

⋯ Deployment is in progress

Deployment name: paloaltonetworks.vmseries-ngfw-20220318222... Start time: 3/18/2022, 11:20:27 PM
Subscription: Azure subscription 1 Correlation ID: dc4ebf8f-ea35-4763-ae9c-3d07d6dd3347
Resource group: PANgurus

∧ Deployment details (Download)

Resource	Type	Status	Operation details
pgfirewall	Microsoft.Compute/virtualMachines	Created	Operation details
pgfirewall-pangurus-eth2	Microsoft.Network/networkInterfaces	Created	Operation details
pgfirewall-pangurus-eth1	Microsoft.Network/networkInterfaces	Created	Operation details
pgfirewall-pangurus-eth0	Microsoft.Network/networkInterfaces	Created	Operation details
fwVNET	Microsoft.Network/virtualNetworks	OK	Operation details
pangurus	Microsoft.Network/publicIPAddresses	OK	Operation details
DefaultNSG	Microsoft.Network/networkSecurityGroups	OK	Operation details
pid-0a6ce0a1-eb47-41b5-af43-e99c32a2e9a7	Microsoft.Resources/deployments	OK	Operation details

✓ We'd love your feedback! →

✓ Your deployment is complete

Deployment name: paloaltonetworks.vmseries-ngfw-20220318222... Start time: 3/18/2022, 11:20:27 PM
Subscription: Azure subscription 1 Correlation ID: dc4ebf8f-ea35-4763-ae9c-3d07d6dd3347
Resource group: PANgurus

∨ Deployment details (Download)

∧ Next steps

[Go to resource group]

Cost Management
Get notified to stay w
prevent unexpected c
Set up cost alerts >

그림 14.9: 배포 과정

리소스 페이지에 들어가면 나열된 여러 리소스를 볼 수 있다. 이 리소스 각각은 개별적으로 편집될 수 있지만 다른 리소스에 종속될 수 있다. 다음 그림은 방화벽만 있는 리소스 그룹을 보여준다. 더 많은 리소스가 더 추가되면 목록이 크게 늘어난다.

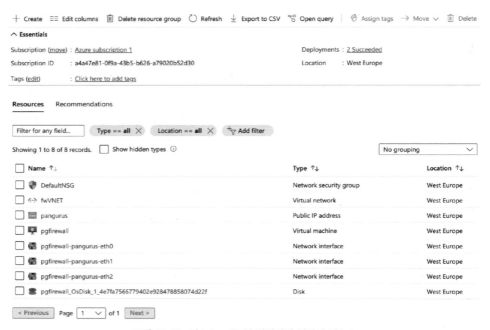

그림 14.10: 리소스 그룹 및 방화벽에 연관된 리소스

이제 다음 리소스가 활성화됐다.

- DefaultNSG는 관리 인터페이스에 연결할 수 있는 소스를 제어하는 '미니
  -방화벽' 구성 요소이며, VNET에서 나갈 수 있는 항목을 제어하는 데에
  도 역시 사용할 수 있다.
- fwVNET은 리소스 그룹이 생성될 때 만들어진 VNET이다. VNET은 리소
  스 그룹 내부의 네트워크를 나타내며 여러 서브넷을 포함할 수 있지만
  명시적 피어링이 설정되지 않으면 다른 VNET과 통신할 수 없다. VNET
  은 서로 다른 VLAN에 서로 인접해 있으면서 올바른 구성이라면 서로
  통신이 가능한 여러 개의 서브넷이 있는 물리적 네트워크 스위치에 비
  유할 수 있다.
- 관리 인터페이스에 할당된 퍼블릭 IP는 리소스로 표시된다.
- 가상머신은 리소스 오브젝트다.

- 방화벽에 연결된 각 인터페이스에는 자체 네트워크 인터페이스 리소스가 있다.
- 저장소는 가격 책정에도 영향을 미치므로 별도의 리소스로 표시된다.

퍼블릭 IP 주소 리소스를 클릭하면 다음과 같이 해당 리소스의 세부 정보를 볼 수 있다.

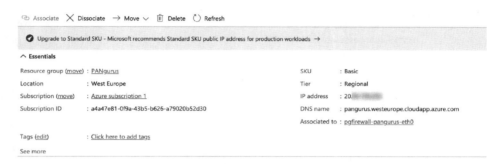

그림 14.11: 퍼블릭 IP 주소 세부 정보

이제 Basics 탭에서 생성한 유저 이름과 비밀번호, FQDN 또는 퍼블릭 IP를 사용해 관리 인터페이스에 로그온할 수 있다. Dashboard 페이지에서 몇 가지 사항을 확인할 수 있다.

- MGT IP 주소는 관리 인터페이스에 할당된 서브넷의 x.x.x.4 주소로 설정된다. 이는 애저가 기본적으로 .1에서 .3까지를 예약하고 .1을 서브넷의 모든 호스트의 디폴트 게이트웨이로 설정하기 때문이다.
- 번들 1 또는 번들 2 PayGo 옵션을 선택하면 시리얼 번호가 이미 존재하지만 BYOL 배포에는 시리얼 번호가 비어 있다.
- VM 라이선스는 VM-Series Configuration 탭에서 선택한 VM의 '크기'에 맞게 자동으로 조정된다. 기본값은 VM-300 크기의 방화벽이지만 가상 시스템 크기가 클수록 VM 라이선스 및 관련 비용이 자동으로 증가한다.
- 배포 단계에서 방화벽의 PAN-OS 버전이 선택한 10.1.0보다 최신 버전이므로 더 최신 버전을 사용할 수 있는지 다시 확인하지 않아도 된다.

방화벽 대시보드는 다음 그림과 유사하게 표시된다.

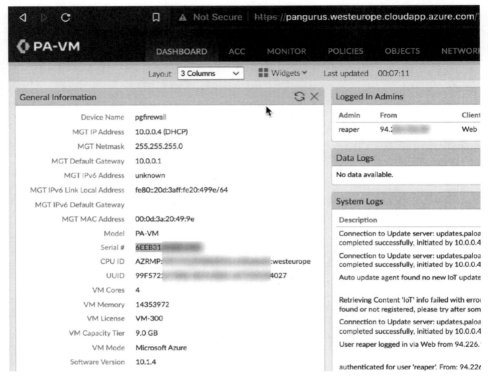

그림 14.12: 방화벽 대시보드 페이지

이제 방화벽이 실행 중이며 BYOL 옵션을 선택한 경우 등록을 시작하거나 PayGo 옵션 중 하나를 선택한 경우 즉시 업데이트를 시작할 수 있다.

이는 방화벽을 새로 설치하는 것이므로 아직 적절한 구성으로 파노라마가 설정 돼 있지 않다면 방화벽을 처음부터 구성해야 한다. 시간을 절약하고자 부트스 트래핑을 사용해 기본 구성으로 방화벽을 로드할 수도 있다. 이렇게 하면 새로 방화벽을 설정할 때 시간을 절약할 수 있을 뿐만 아니라 배포를 확장하거나(부하 가 높을 때 추가 방화벽을 스핀업) 장애에서 복구해야 할 때도 유용할 수 있다.

⫶⫶ 방화벽 부트스트랩

방화벽 부트스트랩은 방화벽이 설치되는 동안 미리 준비된 구성을 새로 배포된 방화벽에 푸시해 즉시 작동할 수 있게 한다.

이렇게 하면 장애 복구나 인프라 부하 증가를 처리하고자 배포를 늘릴 때 귀중한 시간을 절약할 수 있다.

부트스트래핑을 활성화하려면 먼저 방화벽이 배포되는 동안 방화벽에서 접근할 수 있는 저장소를 생성해야 한다. 예를 들어 ESXi 배포의 경우 워크스테이션에 필수 하위 폴더가 포함된 루트 폴더를 생성하고(올바른 폴더 구조는 '부트스트랩 파일 공유 생성' 절 참고), 폴더를 ISO 파일에 넣고 선호하는 ISO 버너 도구를 사용, 방화벽이 배포될 때 디스크 이미지로 로드될 수 있게 접근 가능한 VMFS/NFS 파일 공유에 ISO를 업로드한다.

클라우드 배포에는 부트스트랩 단계에서 사용할 몇 개의 파일을 저장할 수 있도록 저장소 계정이 필요하다.

애저 홈 페이지에서 'storage'를 검색하고 storage accounts 아이콘을 선택한다. 조직 내에 저장소 계정이 이미 있다면 적절한 계정을 선택하고 Creating a bootstrap file share로 이동하고, 그렇지 않은 경우 새 계정을 만든다.

새 저장소 계정 만들기

새 저장소 계정을 만들 때는 적절한 구독 및 리소스 그룹을 선택해야 한다. 방화벽이 생성될 그룹과 동일한 리소스 그룹에 저장소 계정을 추가해야 하므로 올바른 리소스 그룹에 저장소 계정을 추가하는 것이 중요하다. 저장소 계정은 고유한 이름이 필요하며 방화벽이 배포될 위치와 지리적으로 가까운 위치에 배치해야 한다.

부트스트랩은 필요한 경우 로컬 스토리지에서 빠르게 복구할 수 있는 파일 몇 개만 저장하기 때문에 일반적으로 가장 저렴한 중복 옵션을 선택한다. HA 환경에서는 좀 더 강력한 중복 옵션을 제공하는 더 비싼 옵션을 선택한다.

Basics 탭은 다음 그림과 같아야 한다.

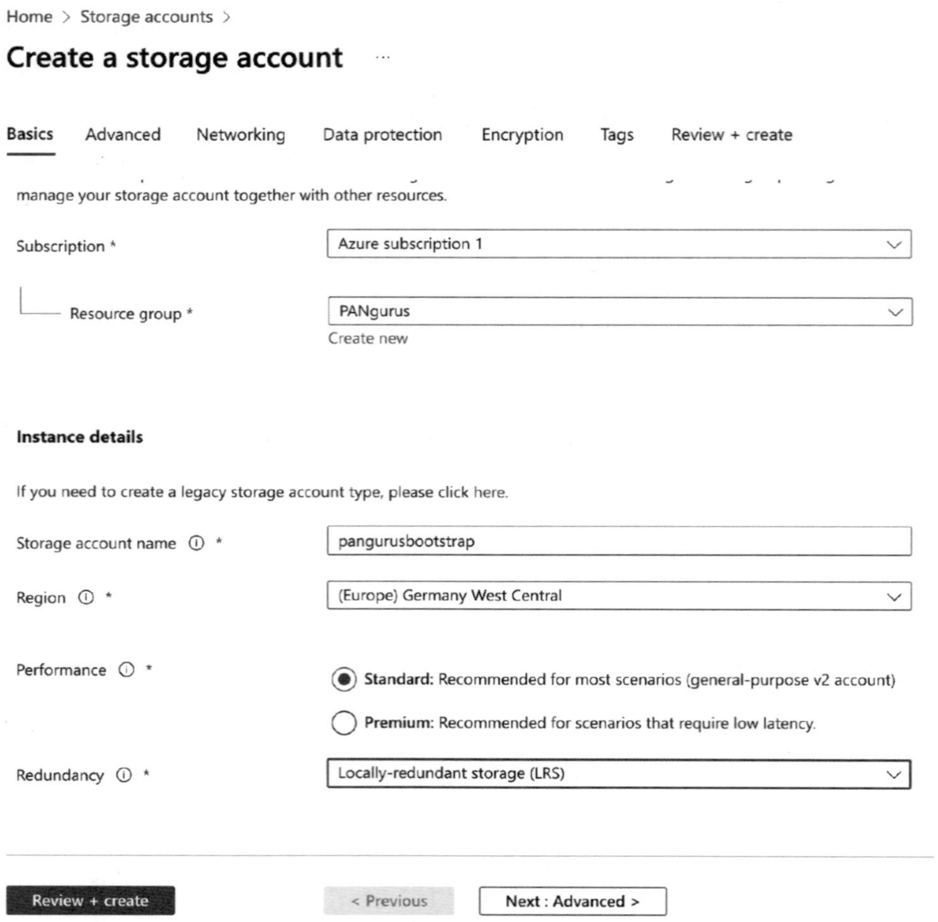

Home > Storage accounts >

Create a storage account ...

Basics   Advanced   Networking   Data protection   Encryption   Tags   Review + create

manage your storage account together with other resources.

Subscription *   [Azure subscription 1   ∨]

⌐— Resource group *   [PANgurus   ∨]
                        Create new

Instance details

If you need to create a legacy storage account type, please click here.

Storage account name ⓘ *   [pangurusbootstrap   ]

Region ⓘ *   [(Europe) Germany West Central   ∨]

Performance ⓘ *   (●) **Standard:** Recommended for most scenarios (general-purpose v2 account)

                           (○) **Premium:** Recommended for scenarios that require low latency.

Redundancy ⓘ *   [Locally-redundant storage (LRS)   ∨]

[Review + create]   [< Previous]   [Next : Advanced >]

그림 14.13: 부트스트랩 저장소 계정 기본 사항

지금은 Review + create를 선택한 다음 Create를 선택해 새 저장소 계정을 만든다. Deployment is in progress 화면으로 이동되므로 프로세스가 완료될 때까지 잠시 기다린다. 프로세스가 끝나면 Go to Resource를 클릭해 저장소 계정에 접속한다.

액세스 키가 없으면 저장소 계정에 접근할 수 없으므로 Access keys 메뉴를 열고 맨 위에 Show keys를 클릭한 다음 새 방화벽 배포의 부트스트랩 단계에서 사용할 액세스 키를 복사한다.

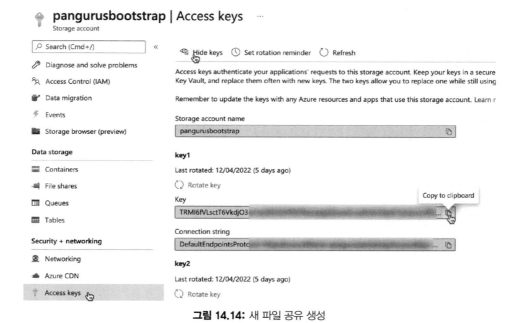

그림 14.14: 새 파일 공유 생성

다음으로 부트스트랩을 성공적으로 수행할 수 있는 디렉터리 및 파일 집합을 포함한 파일 공유를 생성해야 한다.

부트스트랩 파일 공유 생성

저장소 계정의 왼쪽 탐색 메뉴에서 File shares로 이동해 다음 그림과 같이 새 파일 공유를 만든다.

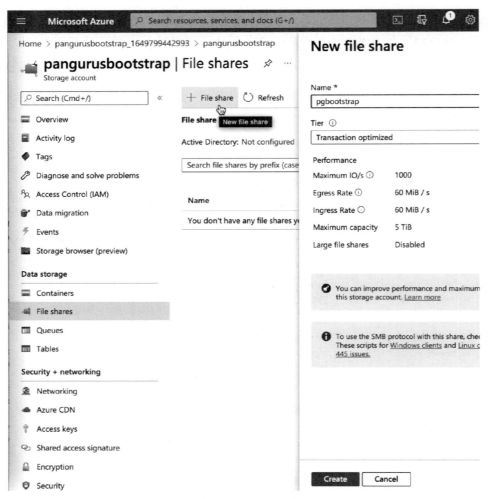

그림 14.15: 새 파일 공유 생성

파일 공유가 생성되면 루트에 컨테이너 폴더를 생성해야 한다.

사용할 수 있는 다른 여러 부트스트랩 버전이 필요하면 각 버전을 나타내는 루트에 폴더를 여러 개 만들 수 있다. 각 부트스트랩 버전 폴더 안에는 다음 그림과 같이 config, content, license, software의 네 가지 하위 폴더를 만들어야 한다.

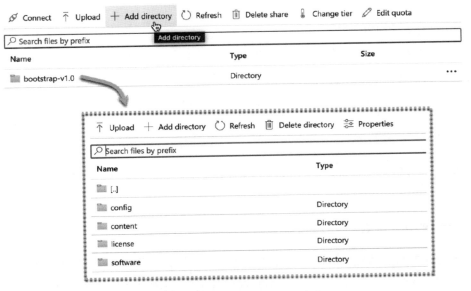

그림 14.16: 부트스트랩 저장소 폴더 구조

부트스트랩이 제대로 작동하려면 4개의 하위 폴더가 모두 있어야 하며 일부 폴더가 비어 있더라도 마찬가지다.

- config 하위 폴더에서 init-cfg.txt 및 bootstrap.xml 파일을 업로드해야 한다. 이 파일에 대한 자세한 내용은 아래에서 확인하자.
- content 폴더에 콘텐츠 패키지를 업로드하면 방화벽이 이 콘텐츠 버전으로 즉시 업데이트될 수 있다.
- 서포트 포털에서 .key 파일로 다운로드한 라이선스 파일은 license 폴더에 업로드할 수 있다. 파일 이름은 필요에 따라 변경할 수 있지만 .key 확장자는 유지해야 한다. 번들 라이선스 파일이 가장 적합하다.
- 부트스트랩 방화벽에 특정 PAN-OS 버전이 필요하면 software 폴더에 추가할 수 있다. 방화벽을 하이퍼바이저에서 제공하는 기본 버전에서 원하는 버전으로 업그레이드하려면 중간의 모든 소프트웨어 패키지를 업로드해야 한다. 예를 들어 base 이미지가 10.0인데 10.2로 업그레이드

하려면 10.1.0 기본 이미지, 10.2 기본 이미지 및 유지 관리 이미지를 업로드해야 한다.

- 부트스트랩 방화벽에서 특정 **vm_series** 플러그인(Device ➤ plugins에서 설치됨) 버전이 필요하면 plugins라는 선택적인 폴더를 만들 수 있다. 2개 이상의 플러그인 파일을 업로드하면 안 된다.

앞에 나열된 5개 폴더 외에 다른 폴더를 추가하면 안 된다.

앞에서 언급했듯이 config 하위 폴더는 2개의 설정 파일을 추가해 준비해야 한다.

init-cfg.txt 파일

init-cfg.txt 파일에는 관리 인터페이스의 기본 구성이 포함돼 있다. 이 파일은 고정 IP 주소, 서브넷, 디폴트 게이트웨이를 설정하거나 인터페이스를 DHCP 클라이언트 모드로 변경한다. 필요에 따라 DNS 구성, 파노라마 IP 주소, 기본 템플릿 또는 디바이스 그룹 구성을 제공한다. 단일 init-cfg.txt 파일을 사용하거나 여러 버전을 생성하고 파일명에 접두사를 설정해 대상의 시리얼 번호 또는 UUID와 일치시켜 어떤 디바이스인지 표시할 수 있다(예, 0008C000001-init-cfg.txt). 새로 생성된 방화벽이 부팅되면 먼저 해당하는 시리얼 번호 또는 UUID가 포함된 파일을 찾은 다음 관리 구성을 위해 init-cfg.txt 파일을 기본으로 구성한다.

init-cfg.txt 파일에는 다음 파라미터 중 일부가 포함돼야 한다. 사용되지 않는 모든 파라미터(예, 관리되지 않는 시스템의 경우 파노라마 서버)는 비워둘 수 있다.

	파라미터	값
*	type=	static 또는 dhcp-client
**	ip-address	mgmt의 관리 인터페이스의 고정 IP를 설정한다. 인터페이스 유형이 dhcp-client로 설정되면 비워둘 수 있다.

(이어짐)

	파라미터	값
**	default-gateway=	mgmt의 관리 인터페이스의 고정 게이트웨이를 설정한다. 인터페이스 유형이 dhcp-client로 설정되면 비워둘 수 있다.
**	netmask=	mgmt의 관리 인터페이스의 고정 넷마스크를 설정한다. 인터페이스 유형이 dhcp-client로 설정되면 비워둘 수 있다.
	ipv6-address=	mgmt의 관리 인터페이스에서 IPv6 게이트웨이 주소를 설정한다.
***	ipv6-default-gateway=	선택적으로 IPv6 게이트웨이를 추가한다.
	hostname=	방화벽 호스트명을 설정한다.
	panorama-server=	Primary 파노라마 IP 또는 FQDN을 설정한다.
	panorama-server-2=	Secondary 파노라마 IP 또는 FQDN을 설정한다.
	tplname=	파노라마에서 방화벽이 할당될 템플릿 스택
	dgname=	파노라마에서 방화벽이 할당될 디바이스 그룹
	cgname=	방화벽이 로그를 전달할 수집기 그룹
	dns-primary=	Primary DNS IP
	dns-secondary=	Secondary DNS IP
	vm-auth-key=	파노라마에서 인증키를 미리 생성해 VM 디바이스를 인증할 수 있다. 이 속성은 하드웨어 방화벽에는 적용되지 않는다.
	op-command-modes=	운영 명령을 사용해 몇 가지 특수 운영 모드를 미리 설정할 수 있다. multi-vsys는 하드웨어 방화벽에서 여러 가상 시스템을 활성화한다. jumbo-frame은 점보 프레임을 지원한다. mgmt.-interface-swap을 사용하면 VM 시스템의 사전 정의된 데이터 플레인 인터페이스와 관리 인터페이스를 전환할 수 있다. AWS, GCP, ESXi, KVM에서만 지원된다(따라서 Azure에서는 지원되지 않음).

(이어짐)

파라미터	값
op-cmd-dpdk-pkt-io=	하드웨어 가속에 해당하는 VM인 DPDK(Data Plane Development Kit)를 지원하는 모든 플랫폼에서 DPDK를 활성화 또는 비활성화할 수 있다.
plugin-op-commands=	VM 플러그인에 대한 운영 명령은 쉼표로 구분된 한 줄로 추가할 수 있다. sriov-access-mode-on ESXi 및 KVM 전용 aws-gwlb-inspect:enable은 로드밸런서와 AWS 통합을 활성화한다. aws-gwlb-associate-vpce:⟨vpce-id⟩@ethernet⟨subinterface⟩는 VPC 엔드포인트를 VM 시리즈 인터페이스와 연결한다. aws-gwlb-overlay-routing:enable은 VM의 오버레이 라우팅을 활성화한다. set-dp-cores:⟨#-cores⟩ DP CPU 수를 조정한다(PAN-OS 10.1 이상(이후 버전)). plugin-op-commands=set-cores:⟨#-cores⟩는 NGFW 크레딧을 사용할 때 vCPU 수를 지정한다. numa-perf-optimize: VM-plugin 2.1.2 이상이 설치된 VM에 대해 NUMA 성능 최적화를 활성화한다.
dhcp-send- hostname=	호스트명을 DHCP 서버로 전송한다.
dhcp-send-client-id=	클라이언트 ID를 DHCP 서버로 전송한다.
dhcp-accept-server-hostname=	DHCP 서버에서 할당한 호스트명을 수락한다.
dhcp-accept-server-domain=	DHCP 서버에서 할당한 도메인을 수락한다.
vm-series-auto-registration-pin-id= vm-series-auto-registration-pin-value=	pin-id 및 value는 VM을 AutoFocus 및 CDL에 자동으로 등록하는 데 사용된다. 두 값 모두 고객 서포트 포털(https://support.paloaltonetworks.com)에서 구성할 수 있다.

* init-cfg.txt 파일에서 필수 파라미터가 누락되면 부트스트랩 프로세스가 중단되고 방화벽은 기본 구성으로 부팅된다. 위 표에서 별표로 표시된 파라미터는 필수다.

** IP 정보는 type= 파라미터가 고정으로 설정될 때만 필요하다.

*** ipv6-default-gateway=는 ipv6-address= 속성이 있을 때만 필요하다.

정적 및 DHCP가 활성화된 관리 인터페이스의 init-cfg.txt 파일에 대한 예는 깃허브(https://github.com/PacktPublishing/Mastering-Palo-Alto-Networks-2e)에서 확인할 수 있다. 속성과 값 사이에는 공백이 없다는 점에 유의하자.

bootstrap.xml 파일

파노라마에서 방화벽을 관리하지 않는다면 배포할 때 방화벽을 구성하고자 전체 설정 파일을 제공할 수도 있다.

이 파일은 처음부터 새로 만들 수 있지만 기존 방화벽에서 설정 파일을 내보내고 부트스트랩 요구 사항에 맞게 사용자 정의하는 것이 더 쉽고 편리하다. 기존 방화벽에서 Device ➤ Setup ➤ operations로 이동해 Save named configuration snapshot을 선택, 현재 구성에서 새 설정 파일을 만든 다음 export named configuration export를 클릭하고 방금 만든 파일을 선택한다.

필요에 따라 파일을 편집하고 이름을 bootstrap.xml로 바꿔 저장소 계정의 config 폴더에 업로드한다.

애저 방화벽 부트스트랩

방화벽을 부트스트랩하려면 간단한 마켓플레이스 배포와 동일한 지점에서 시작한다. 애저 대시보드에서 마켓플레이스에 접근하고 Palo Alto Networks firewall을 검색한 다음 PayGo 또는 BYOL 배포를 시작한다.

Basics 및 Networking 탭에서 관리 IP와 관련된 동일한 정보, 구독 및 리소스 그룹, 지역, VNET 및 인바운드 보안 그룹 제한을 입력한다.

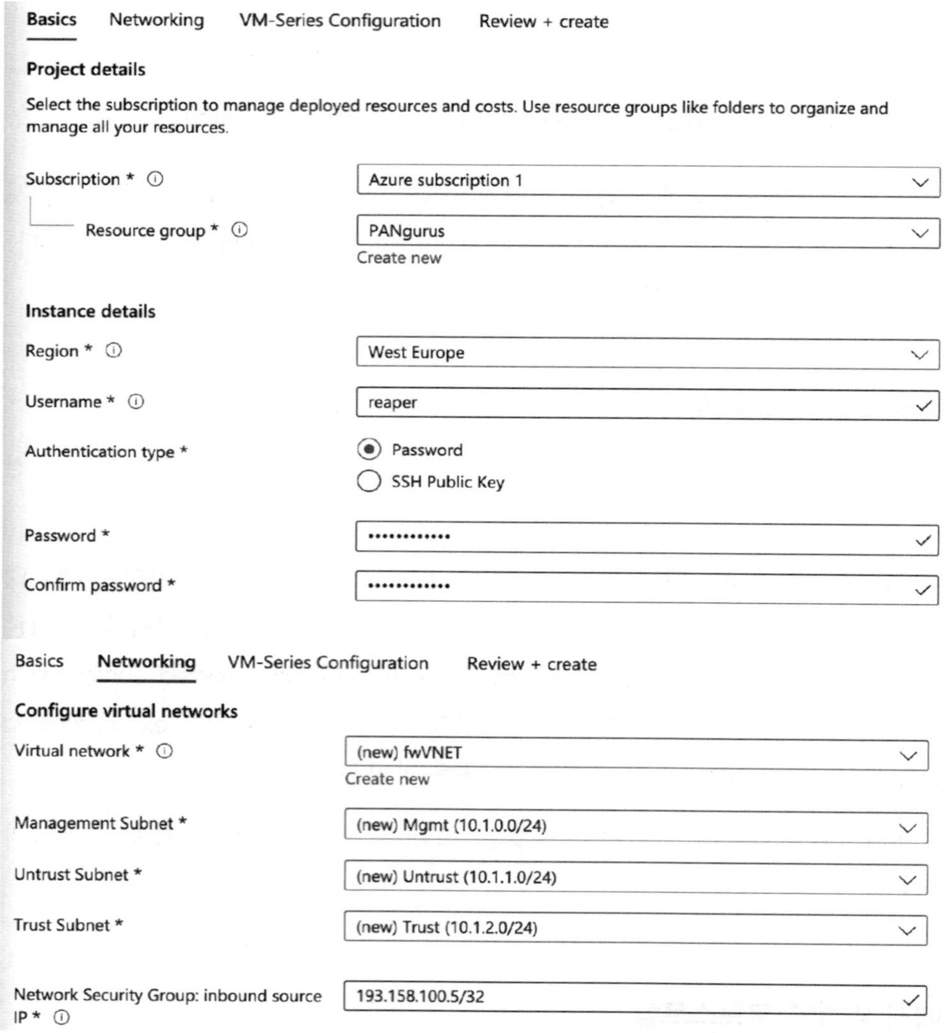

Basics   Networking   VM-Series Configuration   Review + create

Project details

Select the subscription to manage deployed resources and costs. Use resource groups like folders to organize and manage all your resources.

Subscription * ⓘ
> Azure subscription 1

> Resource group * ⓘ
> PANgurus
> Create new

Instance details

Region * ⓘ
> West Europe

Username * ⓘ
> reaper

Authentication type *
> ⦿ Password
> ◯ SSH Public Key

Password *
> ••••••••••••

Confirm password *
> ••••••••••••

Basics   **Networking**   VM-Series Configuration   Review + create

Configure virtual networks

Virtual network * ⓘ
> (new) fwVNET
> Create new

Management Subnet *
> (new) Mgmt (10.1.0.0/24)

Untrust Subnet *
> (new) Untrust (10.1.1.0/24)

Trust Subnet *
> (new) Trust (10.1.2.0/24)

Network Security Group: inbound source IP * ⓘ
> 193.158.100.5/32

그림 14.17: 부트스트랩 방화벽의 기본 및 네트워킹 구성

VM-Series Configuration 탭에서 부트스트랩을 활성화할 수 있다. 앞서 만든 파일 공유의 이름, 이전에 복사한 액세스 키, 저장소 계정 이름을 제공해야 한다. 파일 공유에 부트스트랩 폴더가 둘 이상 있으면 선택적으로 하위 디렉터리 이름을 추가할 수 있다.

방화벽의 관리 인터페이스에 쉽게 접속할 수 있도록 DNS명도 제공해야 한다. 이 DNS명은 이 배포로 자동 생성된 퍼블릭 IP 주소에 매핑된다. 구독에서 사용 가능한 고정 IP 주소 풀이 있다면 드롭다운 메뉴에서 사용 가능한 IP를 선택할 수 있다.

인터넷에서 관리 IP에 연결할 수 없게 하려면 배포 후 퍼블릭 IP 주소를 삭제하면 된다. 부트스트랩에서 설정이 제대로 적용됐는지 확인할 수 있게 지금은 이 주소를 유지하려고 한다.

모든 정보를 입력하고 Review + create를 클릭한 다음 create를 클릭해 배포를 시작한다.

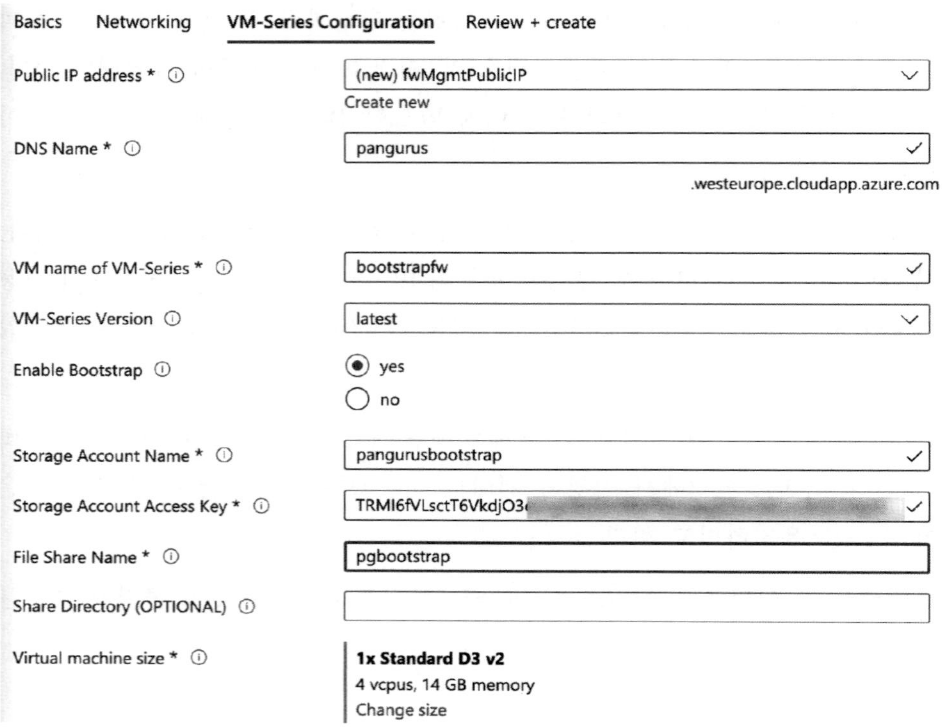

Basics   Networking   **VM-Series Configuration**   Review + create

Public IP address * ⓘ

(new) fwMgmtPublicIP   ⌄

Create new

DNS Name * ⓘ

pangurus   ✓

.westeurope.cloudapp.azure.com

VM name of VM-Series * ⓘ

bootstrapfw   ✓

VM-Series Version ⓘ

latest   ⌄

Enable Bootstrap ⓘ

◉ yes
○ no

Storage Account Name * ⓘ

pangurusbootstrap   ✓

Storage Account Access Key * ⓘ

TRMI6fVLsctT6VkdjO3   ✓

File Share Name * ⓘ

pgbootstrap

Share Directory (OPTIONAL) ⓘ

Virtual machine size * ⓘ

1x Standard D3 v2
4 vcpus, 14 GB memory
Change size

그림 14.18: 부트스트랩 방화벽을 위한 VM-Series 구성

배포가 완료될 때까지 잠시 기다린다. 다음 그림과 같이 완료된 모든 작업이
표시돼야 한다.

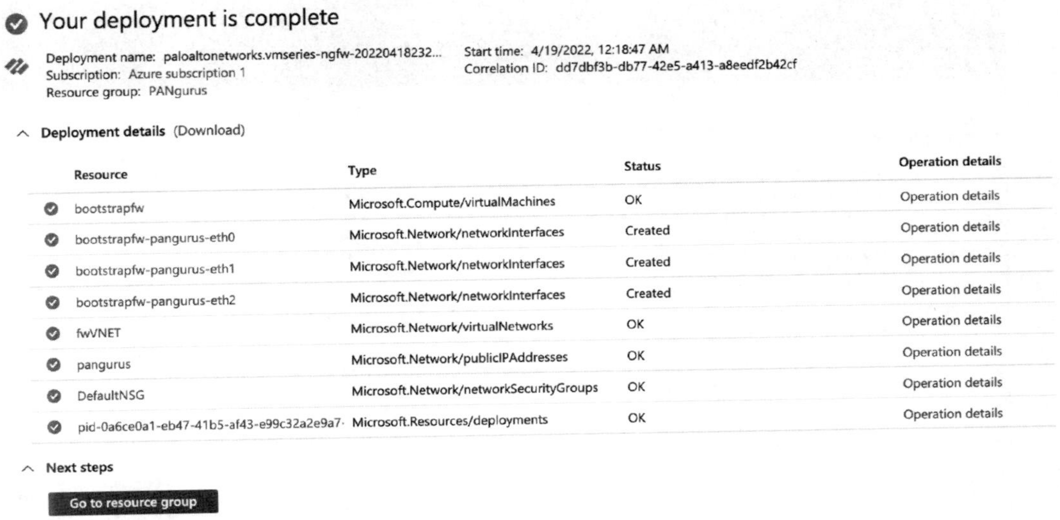

그림 14.19: 부트스트랩 배포 완료

이제 앞에서 제공한 DNS명과 구성에서 입력한 유저 이름과 비밀번호 또는 bootstrap.xml에 포함됐을 수 있는 관리자 계정으로 관리 인터페이스에 접근할 수 있다.

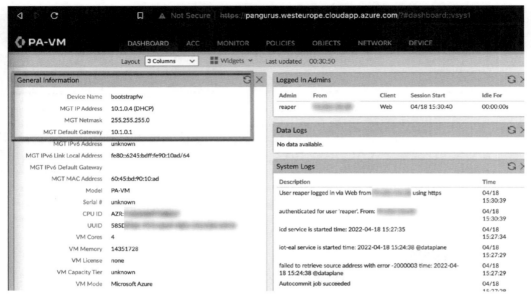

그림 14.20: 부트스트랩 구성 적용 확인

이제 애저에서 방화벽이 실행되더라도 여기서 끝이 아니다. 구성해야 할 나머지 리소스 그룹과 VNET 구성이 아직 남아있다.

⇶ 방화벽 인라인 배치

단순히 방화벽을 설정하는 것만으로는 충분하지 않다. 클라우드 환경은 기존 네트워크와 상당히 다르게 작동한다. 이전에 클라우드 환경에서 방화벽을 많이 배포한 적이 없을 때 가장 중요하게 고려해야 할 사항을 다음에 나열했다. 이 절에서는 이전 절과 일관되게 애저에 초점을 맞출 것이다. 다른 클라우드 공급 업체들도 유사한 프로세스를 갖고 있다.

방화벽이 생성될 때 애저에서 생성되는 추가 오브젝트 중에는 DefaultNSG가 있다. NSG 또는 Network Security Group은 인터넷에서 인바운드 브리지를 만드는 애저 네트워크의 방화벽 구성 요소다. 즉, NSG에 추가되지 않은 VNET의 모든 서브넷은 인터넷에 연결을 수신할 수 없다.

인터페이스나 로드밸런서에 매핑돼 들어오는 연결을 수신하려면 NSG의 멤버가 되는 것 외에 퍼블릭 IP 주소 오브젝트가 꼭 필요하다.

다음 그림에서 볼 수 있듯이 기본 배포에는 NSG에 관리 서브넷과 VM의 eth0(Mgmt)에 할당된 단일 퍼블릭 IP만 있다.

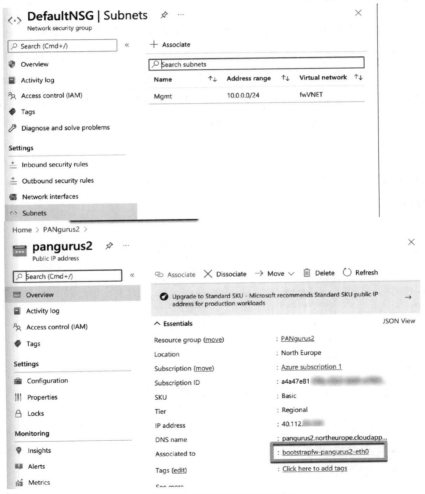

그림 14.21: 기본 NSG 및 퍼블릭 IP

이 구성에서 관리 인터페이스는 인터넷에서 들어오는 연결을 수락할 수 있지만 방화벽의 언트러스트 인터페이스는 인터넷으로 패킷을 보낼 수만 있다. 방화벽이 인바운드 연결도 수신해야 한다면 추가 퍼블릭 IP 주소는 방화벽 **eth1**(Untrust) 인터페이스에 할당하고 언트러스트 서브넷은 NSG에 추가해야 한다.

새 퍼블릭 IP 주소 추가

검색 창에서 'Public IP'를 검색하고 Public IP addresses 서비스를 연다. Create를 클릭해 새 퍼블릭 IP를 추가한다. Standard SKU는 고정 IP인 반면 Basic SKU는 동적 또는 고정일 수 있다. 둘 다 지역의 동적 DNS 레코드 <yourname>.<region>.cloudapp.azure.com으로 설정할 수 있으며, 이는 적절한 하위 도메인의 CNAME 또는 모든 IPsec 터널의 FQDN으로 유용하다. 적절한 리소스 그룹에 추가하고 Create를 클릭한다.

배포가 완료되면 다음 그림과 같이 방화벽의 **eth1**(Untrust) 인터페이스에 할당할 수 있다.

그림 14.22: eth1에 퍼블릭 IP 할당

리소스 유형^{Resource Type}을 사용하면 인터페이스나 로드밸런서에 직접 바인딩할 수 있다. 2개 이상의 방화벽을 배포할 때는 로드밸런서를 사용해 여러 방화벽으로 들어오는 연결을 분산하게 선택할 수 있다.

NSG에 언트러스트 서브넷 추가

DefaultNSG 오브젝트는 관리 인터페이스에 접근을 제한하는 데 사용되므로 새 NSG를 만드는 것이 좋다.

새 NSG를 만들려면 상단의 검색 창에 NSG를 입력하고 Network Security Groups 를 클릭한 후 Create를 클릭한다. 새 NSG를 적절한 리소스 그룹에 할당하고 Create를 클릭한다.

배포가 완료되면 Go To Resource를 클릭해 서브넷에 접근한다. 다음 그림과 같이 Associate를 클릭하고 적절한 VNET을 선택한 다음 Untrust 서브넷을 선택 한다.

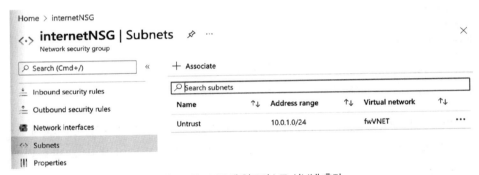

그림 14.23: NSG에 언트러스트 서브넷 추가

다음으로 Inbound security rules에 접근해 모든 것을 허용하는 새 룰을 추가하는 데, 이는 기본적으로 NSG가 인바운드 접근을 제한하기 때문이다. 아웃바운드 보안 룰에는 인터넷에 대한 모든 아웃바운드 트래픽 접근을 허용하는 룰이 이 미 있어야 한다. 새 인바운드 보안 룰은 다음 그림과 비슷해야 한다.

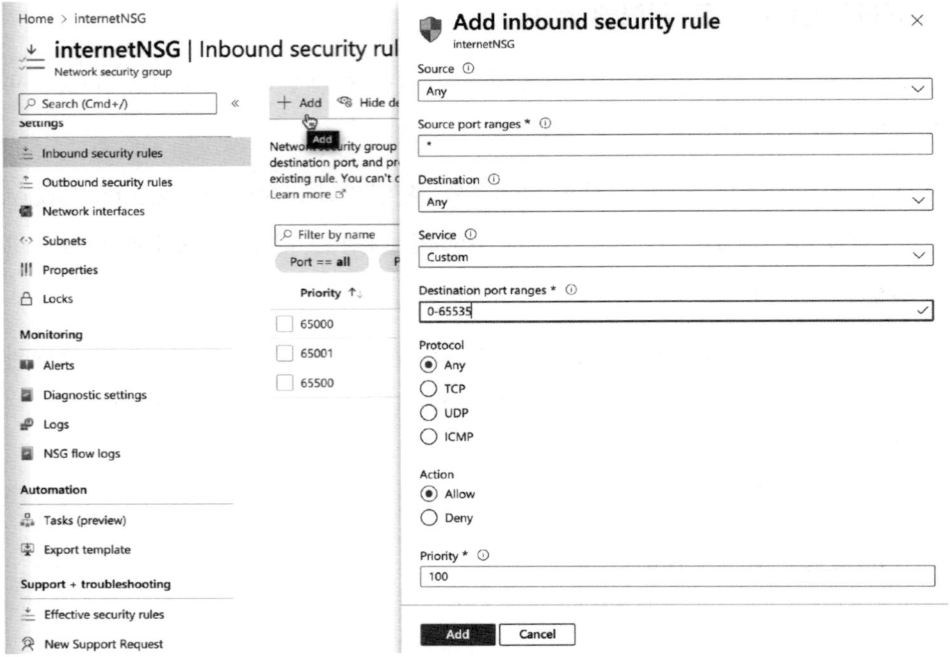

그림 14.24: 언트러스트 서브넷에 대한 인바운드 보안 룰

VNET의 모든 서브넷이 프라이빗 주소(RFC1918)이지만 방화벽은 인터넷과 통신할 수 있으며 퍼블릭 IP 주소에서 들어오는 연결이 프라이빗 IP로 방화벽에 도착한다는 것을 알 수 있다.

서버 서브넷 만들기

예를 들어 서버를 호스팅하고자 추가 서브넷이 필요하다면 리소스 그룹으로 이동해 VNET 오브젝트를 클릭해 쉽게 추가할 수 있다. 그런 다음 서브넷을 선택하고 + Subnet을 클릭해 새 서브넷을 만든다.

이름을 지정하면 애저가 VNET 범위에서 다음으로 사용 가능한 /24 서브넷을 자동으로 채운다. 필요하다면 이 이름을 변경한다. 새 서브넷을 선택해 NSG 또는 라우팅 테이블과 즉시 연결할 수도 있다.

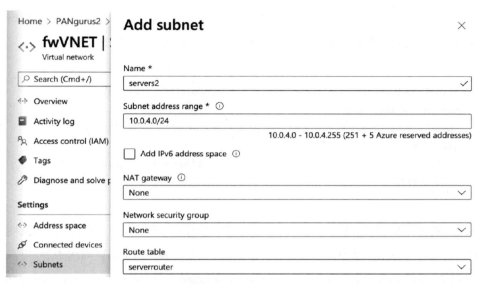

그림 14.25: 새 서브넷 추가

방화벽에서 사용하는 서브넷이 아닌 다른 서브넷에서 서버를 호스트하는 것이 세션 라우팅 방식을 좀 더 효과적으로 제어할 수 있으므로 권장한다.

라우팅 설정

각 서브넷에서 x.x.x.1 – x.x.x.3 주소는 애저용으로 예약돼 있으며 x.x.x.1은 서브넷에서 호스트의 디폴트 라우팅 주소다. 이 디폴트 라우팅으로 서브넷 호스트는 인터넷에 접근할 수 있지만 방화벽을 설정하는 중에는 모든 호스트에 적용되지 않는다.

먼저 방화벽이 예상대로 작동하는지 확인해야 하므로 인터페이스를 올바르게 설정하고 가상 라우터에서 라우팅을 설정해야 한다.

기본적으로 ethernet1/1은 언트러스트 인터페이스이고 ethernet1/2는 트러스트 인터페이스다. 둘 다 애저 VNET의 해당 서브넷과 연결된다.

즉, VNET은 다음과 같은 서브넷으로 구성되며 이 서브넷은 팔로알토 VM 인터페이스와 직접 연결된 3개의 애저 네트워크 인터페이스에 연결된다.

```
fwVNET Mgmt 10.0.0.0/24 ?> vmname-resourcegroup-eth0 -> palo alto VM
management interface
fwVNET Trust 10.0.1.0/24 ?> vmname-resourcegroup-eth1 -> palo also VM
ethernet1/1
fwVNET Untrust 10.0.2.0/24 ?> vmname-resourcegroup-eth2 -> palo alto VM
ethernet1/2
```

모든 팔로알토 인터페이스는 DHCP 클라이언트로 구성해야 하며, 각 서브넷 주소 내에서 x.x.x.4 IP를 수신해야 한다. 데이터 플레인 인터페이스는 다음 그림과 같이 Automatically create default route pointing to default gateway provided by server를 비활성화한다.

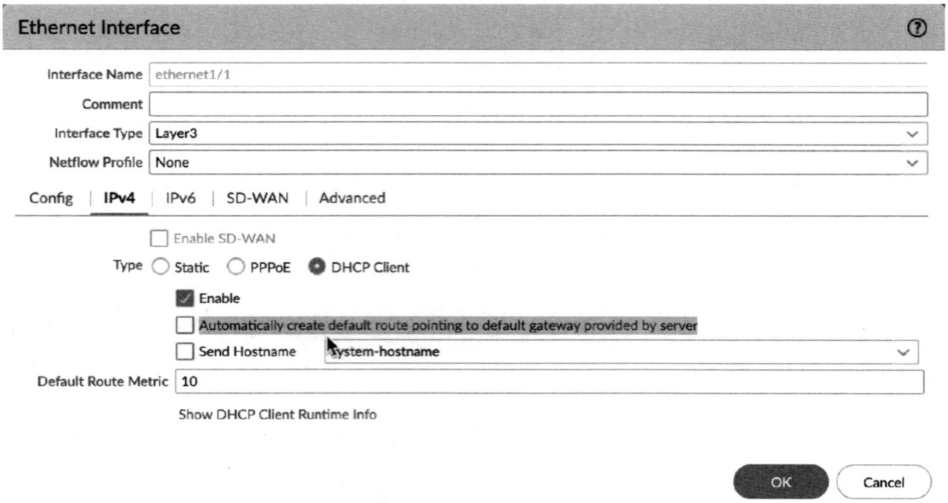

그림 14.26: 데이터 플레인 DHCP 구성

동적 디폴트 라우팅 대신 가상 라우터에 각 서브넷의 해당 x.x.x.1 IP를 가리키는 라우팅을 수동으로 추가한다. 다음 예제에서 0.0.0.0/0 디폴트 라우팅은 인터넷에 연결된 언트러스트 서브넷인 10.0.1.1을 가리키고 서버 서브넷 10.0.3.0/24는 내부 트러스트인 10.0.2.1을 가리킨다.

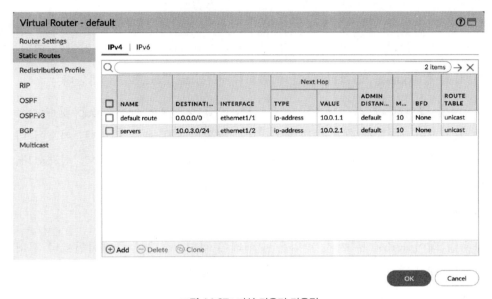

그림 14.27: 가상 라우터 라우팅

이제 방화벽은 트래픽을 통과하게 설정됐지만 서버는 아직도 방화벽과 통신할 수 있게 설정해야 한다.

라우팅을 용이하게 하고 세분화를 허용하려면 모든 서버를 하나 이상의 추가 서브넷에 배치하는 것이 좋다.

내부 호스트가 방화벽을 이용해 라우팅하게 강제

기본적으로 모든 '내부' 서버는 아웃바운드 패킷을 서브넷의 x.x.x.1 IP로 전송해 인터넷에 접근할 수 있게 한다.

이러한 아웃바운드 연결을 인터넷이 아닌 방화벽으로 향하게 강제하려면 애저 라우팅 테이블을 만들어 애저 라우팅의 디폴트 동작을 변경해야 한다. 라우팅 루프를 방지하려면 서버가 방화벽 인터페이스와 다른 서브넷에 있어야 한다.

검색 창에 Route를 입력하고 검색 결과에서 Route Tables를 선택한다.

Create를 클릭해 새 라우팅 테이블을 만들고 올바른 Resource Group 및 Region에 배치한다. 나중에 쉽게 식별할 수 있게 명확한 이름을 입력한다. 이후에 다른 위치에 BGP를 설정하려는 목적이 아니라면 라우팅 전파에 No를 선택한다. Review + Create를 클릭한 다음 Create를 클릭한다.

배포가 완료되면 Go to Resource를 클릭한다.

라우팅 테이블에서 두 가지 작업을 수행해야 한다. 적절한 클라이언트나 서버의 서브넷을 추가하고 라우팅을 설정해야 한다(실제로는 라우팅이 아닌 기존 포워딩에 더 가깝다).

라우팅 테이블 리소스에서 서브넷으로 이동해 Associate를 클릭한다. 적절한 서버 서브넷을 선택하고 여러 개의 서브넷을 추가해야 한다면 이 과정을 반복한다. 방화벽의 트러스트 인터페이스를 통해 아웃바운드 연결을 라우팅해야 하는 서브넷만 추가하고 방화벽 자체의 데이터 플레인 서브넷은 라우팅 루프 문제를 일으킬 수 있으므로 선택하지 않는다.

또한 Mgmt 서브넷을 추가해 아웃바운드 연결(동적 업데이트 등)이 방화벽을 통해 라우팅되도록 해서 아웃바운드 연결을 완전히 제어할 수 있다. Subnets 섹션은 다음 그림과 유사하게 표시된다.

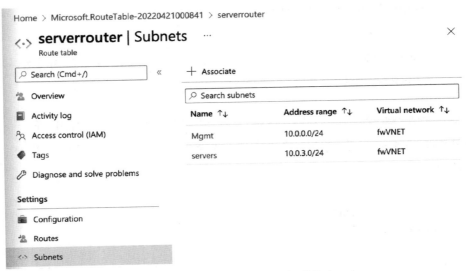

Home > Microsoft.RouteTable-20220421000841 > serverrouter

‹·› serverrouter | Subnets ...

Route table

✕

🔍 Search (Cmd+/)	«
👥 Overview	
📋 Activity log	
🔑 Access control (IAM)	
🏷 Tags	
🔧 Diagnose and solve problems	
Settings	
📦 Configuration	
👥 Routes	
‹·› Subnets	

+ Associate

🔍 Search subnets

Name ↑↓	Address range ↑↓	Virtual network ↑↓
Mgmt	10.0.0.0/24	fwVNET
servers	10.0.3.0/24	fwVNET

그림 14.28: 라우팅 테이블에 서브넷 추가

다음으로 왼쪽 메뉴에서 Routes로 이동해 Add를 클릭한다. Route name과 Address Prefix source를 입력해야 한다.

Address Prefix source를 사용하면 태그나 IP 주소를 소스로 사용할 수 있으며, IP addresses를 선택한다.

다음으로 Source IP address 또는 CIDR block을 제공해야 한다.

개별 호스트 /32 IP, 서브넷 IP 범위를 입력하거나 **0.0.0.0/0**을 설정해 라우팅 테이블에 추가되는 모든 서브넷의 모든 호스트를 포함할 수 있다. 이는 라우팅 테이블에 연결된 서브넷에만 적용되므로 대부분의 경우 **0.0.0.0/0**을 사용하는 것이 가장 쉽다(그리고 나중에 부가 라우팅 규칙을 추가할 필요 없이 서브넷을 더 추가할 수 있다).

Next hop type에는 몇 가지 옵션이 있다.

- Virtual network gateway는 아웃바운드 게이트웨이의 애저 버전이다.
- Virtual Network는 둘 사이에 피어링이 설정된 경우 다른 VNET으로 전달할 수 있다.

- Internet은 아웃바운드 패킷을 인터넷으로 보내는 디폴트 동작을 적용한다.
- Virtual appliance가 팔로알토 방화벽과 같은 VM으로 패킷을 전달한다.
- None은 블랙홀 라우팅을 생성한다.

Virtual appliance 옵션을 선택한 다음 트러스트 인터페이스의 동적 IP 주소를 Next hop address로 설정한다. 예제의 넥스트 홉 주소는 다음에서 볼 수 있듯이 **10.0.2.4** IP다.

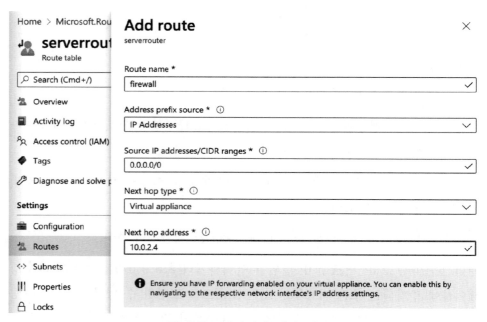

그림 14.29: 라우팅 테이블에 경로 추가

Add를 클릭해 경로를 완료하면 모든 서버가 방화벽 트러스트 인터페이스로 아웃바운드 패킷을 전송하기 시작한다. 이제 보안 룰 구축을 시작할 수 있다.

NAT 룰은 언트러스트 인터페이스의 프라이빗 IP를 통해 적용된다는 점을 알아야 한다. 필자의 경우는 **10.0.1.4**가 된다.

인바운드 연결을 여러 방화벽으로 분산하고자 로드밸런서를 사용할 수도 있다.

로드밸런서 설정

로드밸런서를 사용하면 인바운드 및 아웃바운드 연결을 여러 VM에 분산할 수 있으므로 환경을 좀 더 쉽게 확장하고 하나의 VM이 과부하되는 것을 방지할 수 있다. 새 로드밸런서를 생성하려면 검색 창에 Load balancers를 입력하고 Load balancers 서비스를 클릭한다. Create를 클릭해 배포를 시작한다.

Basic 탭에서 적절한 리소스 그룹을 선택하고 로드밸런서의 Name과 Region을 입력한다.

SKU(Standard and Basic)는 로드밸런서의 용량 측면에서 기능을 결정한다. 테스트용 소규모 환경에는 Basic으로 충분하다. 더 크고 중요한 배포는 충분한 용량을 확보하고자 Standard SKU로 설정해야 한다.

Type에서는 로드밸런서를 인터넷에서 인바운드 연결에 사용할지 아니면 프라이빗 서브넷에서 아웃바운드 연결에 사용할지 여부를 결정한다. 로드밸런서는 동시에 두 가지 용도로 사용할 수 없으므로 두 가지 유형이 모두 필요한 경우 추가 로드밸런서를 만들어야 한다. 다음 그림에서 볼 수 있듯이 이 예제에서는 Public을 선택한다.

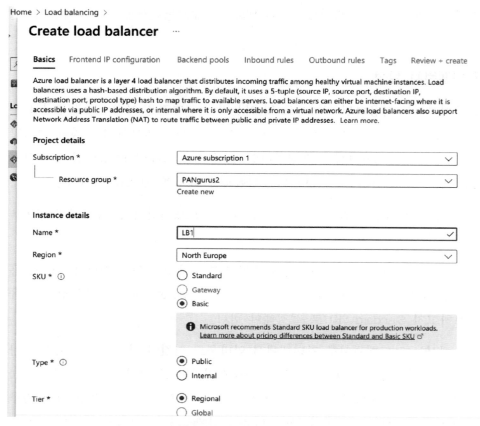

그림 14.30: 로드밸런서 기본 사항

다음 탭에서 로드밸런서에 퍼블릭 IP를 추가할 수 있다. 퍼블릭 IP 오브젝트가
아직 여러 리소스에 연결돼 있지 않을 수 있으므로 현재 퍼블릭 IP를 재사용할
수 있게 언트러스트 **eth1** 인터페이스에서 연결을 해제하거나 로드밸런서용 새
퍼블릭 IP를 생성한다. 다음 그림과 같이 이름을 입력하고 원하는 퍼블릭 IP를
선택한다.

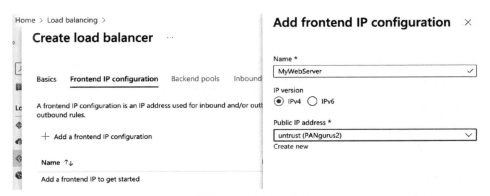

그림 14.31: 퍼블릭 IP 추가

Next 탭에서는 백엔드 풀이 정의된다. 이는 로드밸런서가 들어오는 패킷을 분산할 대상을 말한다. 이름을 설정하고 백엔드 풀을 VNET에 연결해야 한다.

백엔드 풀을 Virtual Machines에 Associate하려면 선택한다.

Add를 클릭하면 사용 가능한 모든 가상머신 및 이와 연결된 모든 IP 주소 목록이 표시된다. 각 방화벽에 적합한(언트러스트) IP 주소를 선택한다.

Add backend pool ···

Name *	firewalls-untrust-interfaces ✓
Virtual network * ⓘ	fwVNET (PANgurus2) ⌄
Associated to ⓘ	Virtual machines ⌄
IP Version	⦿ IPv4
	◯ IPv6

Virtual machines

You can only attach virtual machines in northeurope that have a basic SKU public IP configuration or no public IP configuration.
All virtual machines must be in the same availability set and all IP configurations must be on the same virtual network.

+ Add   ✕ Remove

☐ Virtual machine ↑↓	IP Configuration ↑↓	Availability set ↑↓
☐ bootstrapfw	ipconfig-untrust (10.0.1.4)	-

Add virtual machines to backend pool

ⓘ You can only attach virtual machines that are in the same location and on the same virtual network as the loadbalancer.
Virtual machines must have a basic SKU public IP or no public IP. All virtual machines must be in the same availability set.

🔍 Filter by name...   Location == **northeurope**   Virtual network == **fwVNET**

☐ Virtual machine ↑↓	Resource group ↑↓	IP Configuration ↑↓	Availability set ↑↓	Tags
☐ bootstrapfw	PANGURUS2	ipconfig-mgmt (10.0.0.4)	-	-
☐ bootstrapfw	PANGURUS2	ipconfig-trust (10.0.2.4)	-	-
☐ bootstrapfw	PANGURUS2	ipconfig-untrust (10.0.1.4)	-	-

그림 14.32: 백엔드 풀 IP 주소 추가

Add를 클릭하고 다음 탭인 Inbound rules로 이동한다. Inbound rules 탭에서 로드
밸런싱 룰과 인바운드 NAT 룰을 정의할 수 있다. 새 inbound load balancing rule
을 생성해 친숙한 이름을 입력한다.

로드밸런서와 연결된 퍼블릭 IP 주소 중 하나인 Frontend IP address를 선택하고
이 룰에 포함할 Backend pool 주소를 선택해야 한다.

다음으로 이 룰에서 사용할 protocol을 선택해야 하는데, UDP 또는 TCP만 가능하다.

로드밸런싱 룰당 하나의 대상 Port만 설정할 수 있으므로 여러 대상 포트를 배포하려면 여러 룰을 만들어야 한다.

backend port를 설정한다. 이 포트는 원래 대상 포트와 다른 포트이거나 동일한 포트일 수 있다.

Health probe를 설정해야 한다. 프로브는 참여하는 모든 백엔드 풀 VM이 온라인 상태이며 응답을 하는지 확인하는 모니터용 연결이다. 프로브가 실패하면 VM이 백엔드 풀에서 제거되므로 사용할 수 없는 리소스 때문에 세션이 손실되지는 않는다.

프로브가 아직 생성되지 않았다면 새 프로브를 만든다. 이름을 설정하고 프로브에 사용할 프로토콜(TCP 또는 HTTP)과 프로브가 실행될 포트를 선택한다. 원한다면 간격과 임곗값을 조정한다.

Session persistence는 다음 세 가지 설정으로 사용할 수 있다.

- **None:** 세션 지속성이 사용되지 않으므로 단일 세션이 여러 백엔드 풀 호스트에 걸쳐 로드밸런싱될 수 있다.
- **Client IP:** 각 고유 소스 IP의 세션이 백엔드 풀의 단일 호스트로 전달된다.
- **Client IP and protocol:** 세션에 사용되는 소스 IP 및 프로토콜에 따라 고정성이 결정된다.

유동Floating IP는 필요 없으므로 비활성화한 상태로 유지한다.

포트 443의 SSL을 백엔드 풀로 전달해야 한다면 로드밸런싱 룰은 다음 이미지와 비슷하게 표시돼야 한다.

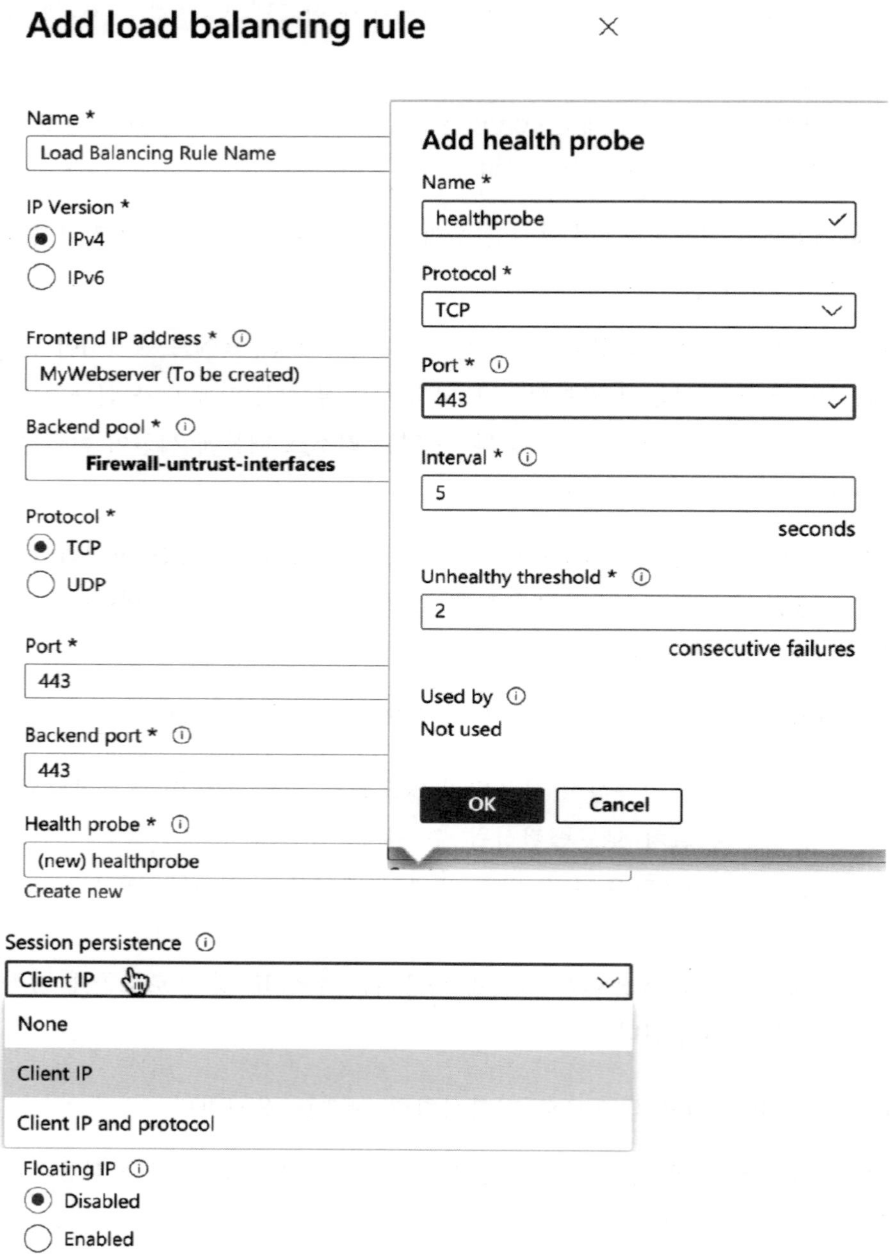

Add load balancing rule

Name *

Load Balancing Rule Name

IP Version *
- (•) IPv4
- (○) IPv6

Frontend IP address * ⓘ

MyWebserver (To be created)

Backend pool * ⓘ

Firewall-untrust-interfaces

Protocol *
- (•) TCP
- (○) UDP

Port *

443

Backend port * ⓘ

443

Health probe * ⓘ

(new) healthprobe

Create new

Session persistence ⓘ

Client IP 🖱

None
Client IP
Client IP and protocol

Floating IP ⓘ
- (•) Disabled
- (○) Enabled

Add health probe

Name *

healthprobe ✓

Protocol *

TCP ⌄

Port * ⓘ

443 ✓

Interval * ⓘ

5

seconds

Unhealthy threshold * ⓘ

2

consecutive failures

Used by ⓘ

Not used

[OK] [Cancel]

그림 14.33: 부하 분산 룰

특정 프런트엔드 포트를 백엔드 풀 대신 특정 VM으로 리다이렉션하는 인바운드 NAT 룰을 추가할 수도 있다. 이렇게 하면 관리 접속과 같은 특정 연결에 퍼블릭 IP를 재사용할 수 있다. 다음 Inbound NAT rule에서 외부 포트 2222는 bootstrapfw 방화벽의 IP **10.0.1.4**에 있는 내부 포트 22로 리다이렉션된다.

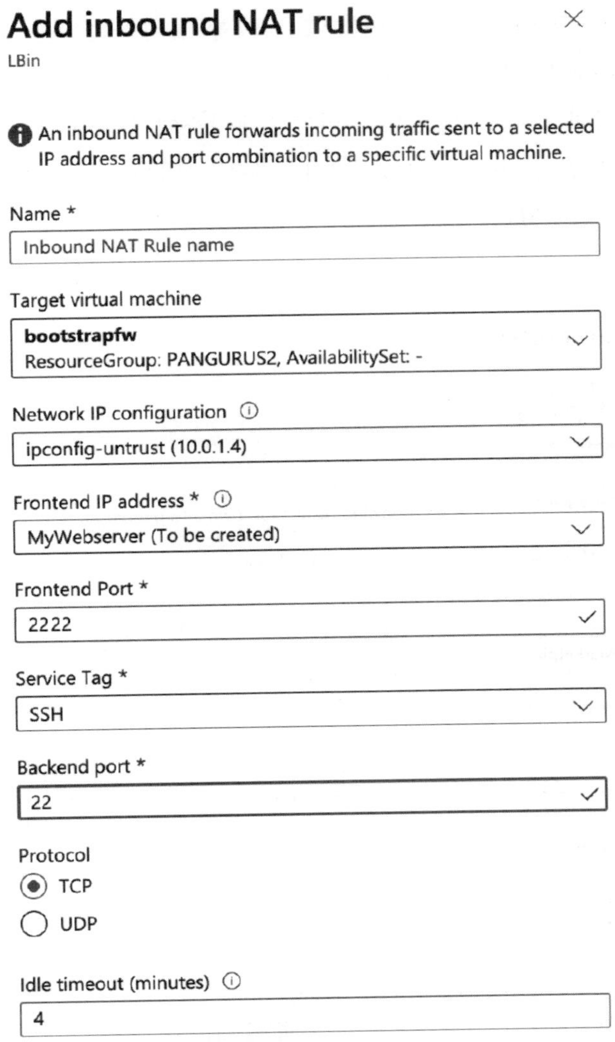

Add inbound NAT rule

LBin

ⓘ An inbound NAT rule forwards incoming traffic sent to a selected IP address and port combination to a specific virtual machine.

Name *

Inbound NAT Rule name

Target virtual machine

bootstrapfw
ResourceGroup: PANGURUS2, AvailabilitySet: -

Network IP configuration ⓘ

ipconfig-untrust (10.0.1.4)

Frontend IP address * ⓘ

MyWebserver (To be created)

Frontend Port *

2222

Service Tag *

SSH

Backend port *

22

Protocol
◉ TCP
◯ UDP

Idle timeout (minutes) ⓘ

4

그림 14.34: 인바운드 NAT 룰

다음 탭은 아웃바운드 룰이다. 퍼블릭 로드밸런서이기 때문에 아웃바운드 룰은 생성될 수 없다. 내부 로드밸런서에서는 인바운드 룰이 비활성화되며 유사한 룰이 아웃바운드 룰에 만들어질 수 있다. Review + create를 클릭한 다음 create 를 클릭해 로드밸런서를 배포한다. 이제 퍼블릭 IP의 인바운드 연결이 백엔드 풀 방화벽에 배포되기 시작한다. 모든 방화벽이 동일한 설정 세트로 구성될 수 있게 중앙 관리 어플라이언스인 파노라마를 설정하는 것을 고려해야 한다. 하드웨어 어플라이언스 중 하나를 배포하거나, 데이터 센터 서버에 VM을 설치하거나, 방화벽과 똑같은 방식으로 마켓플레이스에서 배포할 수 있다. 그러나 사용 가능한 유일한 옵션은 BYOL이다. 다음 그림에서 볼 수 있듯이 PAYGO 옵션은 사용할 수 없다.

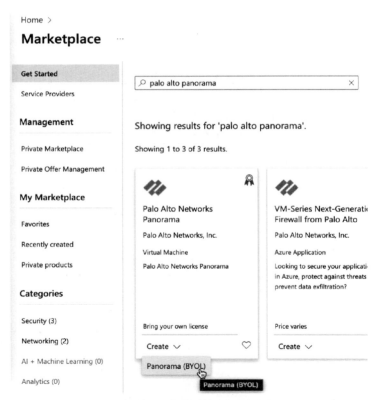

그림 14.35: 마켓플레이스의 파노라마

배포가 완료되면 방화벽과 마찬가지로 새로 생성한 퍼블릭 IP로 관리 인터페이스에 접속할 수 있다. 관리되는 방화벽을 추가하는 자세한 방법은 7장을 참고한다.

⁝⁝⁝ 요약

14장에서는 클라우드 환경에서 방화벽을 설정할 때 가장 중요한 측면을 다뤘다. 다양한 라이선스 모델이 있으며 부트스트랩을 준비해 배포를 표준화하고 간소화하는 방법을 살펴봤다. 또한 라우팅 및 로드밸런싱 계획을 적절하게 세우는 데 도움이 되는 몇 가지 주의 사항도 살펴봤다.

PCNSE를 준비 중이라면 다양한 라이선스 체계에 유의하자.

15장에서는 시스템의 상태를 추적하고 추세를 파악해 문제가 발생하기 전에 조치를 취할 수 있게 도와주는 몇 가지 유용한 도구를 살펴본다.

15

지원 도구

15장에서는 방화벽을 관리하고 조직의 전반적인 상태를 쉽게 파악할 수 있는 몇 가지 도구를 살펴본다. 많은 조직에서는 중요한 사건을 추적하거나 변경 관리 상태를 유지하고자 이미 많은 시스템에서 정보를 수집하고 집계하는 보안 정보와 이벤트 관리[SIEM] 같은 모니터링 도구를 사용하고 있다. 시스템 상태나 네트워크 보안에 대한 관리자의 가시성을 높여주는 몇 가지 편리한 추가 기능을 알아보자. 또한 외부 위협 인텔리전스 피드를 수집하고 적용하는 데 도움이 되는 흥미롭고 편리한(그리고 무료인) 도구도 살펴본다. 마지막으로 애플리케이션 프로그래밍 인터페이스[API]를 살펴본다.

15장에서 다루는 내용은 다음과 같다.

- 팔로알토 네트웍스와 스플렁크[Splunk] 통합
- Pan(w)achrome으로 모니터링
- MineMeld를 이용한 위협 인텔리전스
- API 탐색

15장이 끝나면 이 책을 모두 마친 것이다. 또한 방화벽을 모니터링하는 몇 가지 무료 도구와 기능을 활용할 수 있다.

기술적 요구 사항

15장에서는 방화벽을 외부 모니터링이나 관리 디바이스에 연결하는 여러 가지 방법을 설명한다. 이러한 도구 중 일부를 설치하고자 랩 환경에 접속하면 조직에 가장 유용한 정보를 추출할 수 있는 통찰력을 얻는 데 도움이 된다. 여기서는 도커^Docker 컨테이너를 이용한 도구를 실행해본다.

도커를 설치하는 방법은 공식 페이지(https://docs.docker.com/engine/install/)에서 찾을 수 있다.

팔로알토 네트웍스와 스플렁크 연동

스플렁크는 다양한 소스에서 로그를 수집하고 해당 로그에서 수집한 정보를 다양한 대시보드와 '단일 화면'으로 제공하는 인기 있는 로그 수집기 및 분석기다. 몇 가지 예를 들면 LogRhythm, Elastic, Solarwinds와 같은 유사한 경쟁 제품이 있다. 대부분 비슷한 기능과 다양한 가격 모델을 제공한다. 무료 버전의 스플렁크는 아주 작은 규모의 배포에 적합하지만 대규모 배포에는 이용 가능한 공급업체 제품 중 어느 것이 비용대비 최고의 가치를 제공하는지 비교하고 따져봐야 한다. 구매하기 전에 사용해보라는 것이 가장 좋은 조언일 것이다.

방화벽을 스플렁크에 연결하려면 먼저 방화벽에서 syslog 메시지를 수신하도록 syslog-ng 서버를 설치해야 한다. 다음 단계에 따라 스플렁크 인스턴스를 준비한다.

사용 중인 리눅스 버전에 따라 지침이 다를 수 있다. 여기에는 yum(CentOS, RHEL

계열) 및 **apt-get**(데비안, 우분투)을 포함했다.

1. 스플렁크의 권장 사항에 따라 **rsyslog**를 제거해야 할 수 있다.

```
sudo rpm -e --nodeps rsyslog
sudo apt-get remove rsyslog
```

2. **syslog-ng**를 설치한다.

```
sudo yum-get install syslog-ng
sudo apt-get install syslog-ng
```

3. 설치가 완료되면 **syslog**를 시작한다.

```
sudo systemctl start syslog-ng.service
sudo systemctl enable syslog-ng.service
```

4. 마지막으로 프로세스 ID를 가져와 **syslog-ng**가 실행 중인지 확인한다.

```
sudo pidof syslog-ng
```

스플렁크 포털에 로그인한 후 메인 화면에서 Add Data를 클릭하고 다음 화면에서 **Palo Alto Networks** 또는 그림과 같이 **palo**를 검색하고 출력에서 Configure now 링크를 클릭한다.

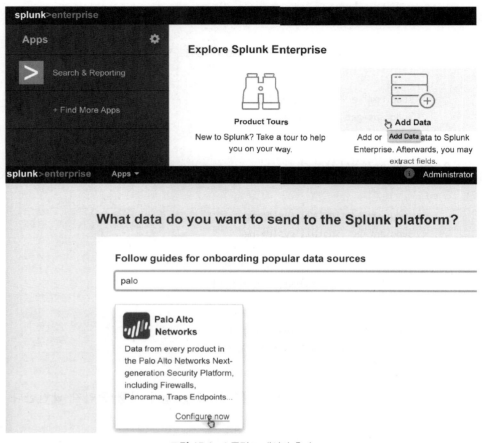

그림 15.1: 스플렁크 데이터 추가

다음 그림에 표시된 것처럼 다음 몇 단계는 과정을 안내하고 스플렁크 서버에서 `syslog-ng`로 대체할 수 있게 `rsyslogd`를 제거하고, 팔로알토 로그 파일을 받을 수 있게 하는 방법의 지침까지 제공한다.

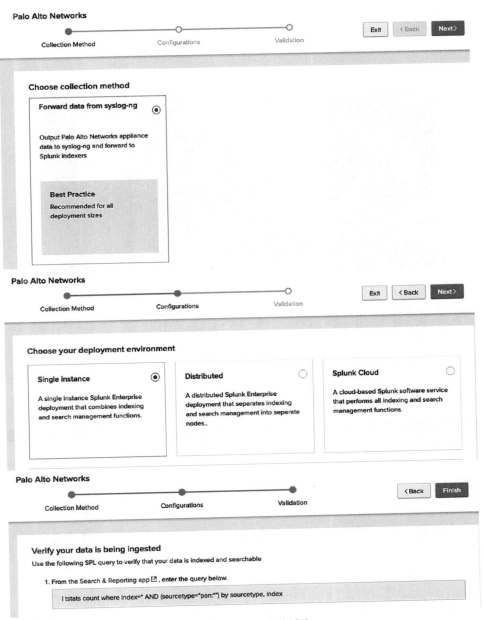

그림 15.2: 데이터 수집 설정

다음 단계는 메인 페이지로 돌아가 + Find More Apps를 클릭해 팔로알토 네트웍스 애플리케이션을 설치하는 것이다. 애플리케이션 라이브러리에서 Palo Alto를 검색하면 2개의 애플리케이션을 보여준다.

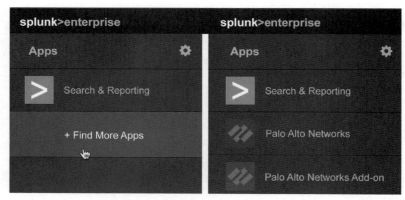

그림 15.3: 팔로알토 애플리케이션 추가

다음 그림에서 볼 수 있듯이 첫 번째 애플리케이션(Palo Alto Networks)은 수집된 로그에 대한 로그 상관관계를 제공하고 요약 정보가 포함된 여러 대시보드를 제공한다. 두 번째 애플리케이션(Palo Alto Networks Add-on)은 MineMeld, Aperture, Autofocus를 상호 연관시키는 데 사용할 수 있다.

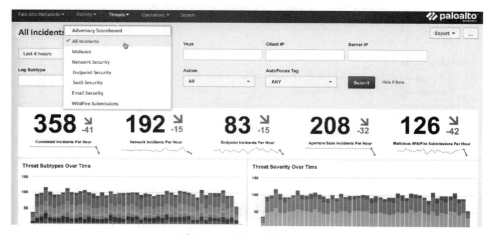

그림 15.4: 스플렁크 위협 대시보드

이 모든 정보를 스플렁크에서 사용할 수 있게 하려면 방화벽이나 파노라마에서 로그 포워딩을 설정해야 한다.

Device ➤ Server Profiles ➤ Syslog 또는 Panorama ➤ Server Profiles ➤ Syslog에서 스플렁크 서버를 가리키는 Syslog 프로파일을 만든다.

1. Add를 클릭하고 프로파일명을 Splunk로 지정한다.

2. Add를 클릭해 새 서버를 만들고 서버 호스트명을 설정한다.

3. 스플렁크 서버의 IP를 설정한다.

4. 프로토콜과 포트를 설정한다. 기본값은 UDP 514 포트다. 다르게 설정될 수 있으므로 특정 구성을 확인하자.

5. 지원되는 형식을 BSD 또는 IETF로 설정한다.

6. syslog 설치에서 사용하는 적절한 기능을 설정한다.

그런 다음 방화벽의 경우 Objects ➤ Log Forwarding에서 default라는 로그 포워딩 프로파일을 만들거나 업데이트하고 다음 그림과 같이 모든 로그 유형에 대해 SysLog에 splunk 프로파일을 추가한다.

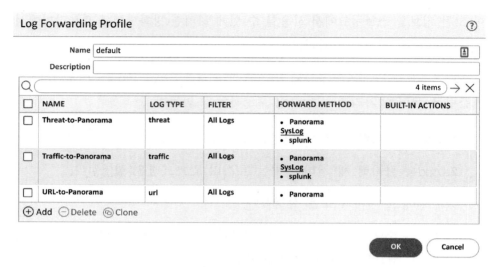

그림 15.5: 기본 로그 포워딩 프로파일

Policy ➤ Security에서 로그 포워딩 프로파일이 보안 룰에 추가됐는지도 확인한다.

그런 다음 방화벽에 다음 그림과 같이 Device ➤ Log Settings에서 System, Configuration, User-ID, HIP Match, GlobalProtect 로그 포워딩 프로파일을 추가한다. Panorama ➤ Log Settings 탭에서 파노라마에 로그 포워딩 설정을 반복한다. 스플렁크는 이러한 이벤트를 상호 연관시키고 이러한 로그에 간소화된 대시보드를 제공할 수 있다.

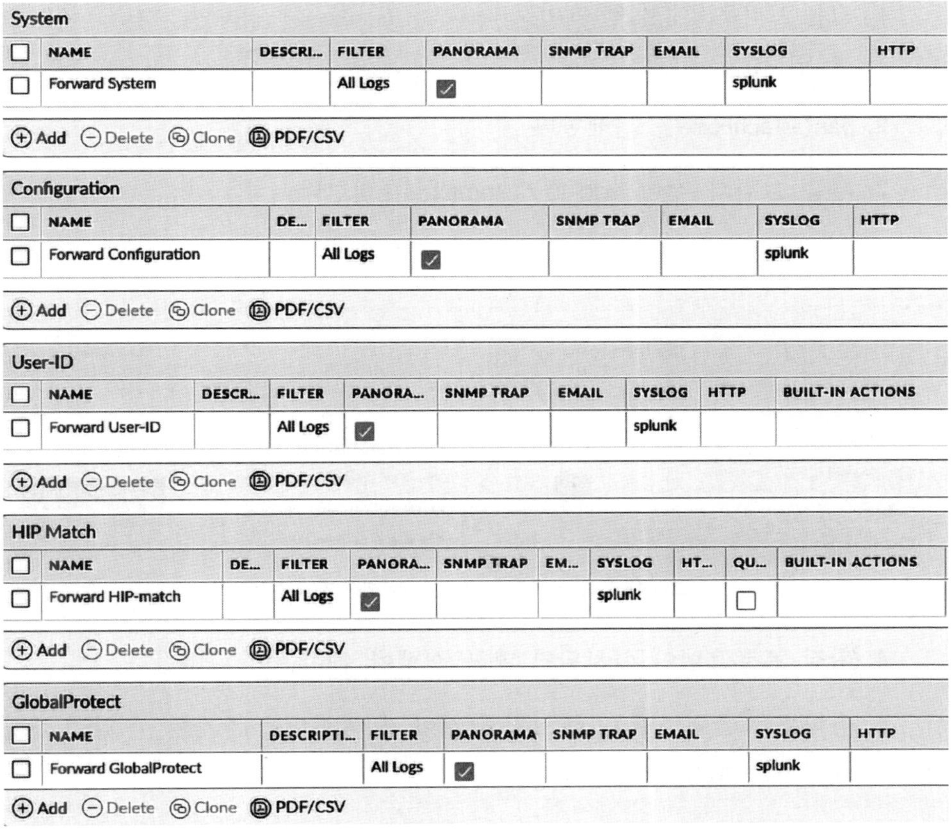

System

NAME	DESCRI...	FILTER	PANORAMA	SNMP TRAP	EMAIL	SYSLOG	HTTP
Forward System		All Logs	☑			splunk	

⊕ Add ⊖ Delete ⊚ Clone 🅳 PDF/CSV

Configuration

NAME	DE...	FILTER	PANORAMA	SNMP TRAP	EMAIL	SYSLOG	HTTP
Forward Configuration		All Logs	☑			splunk	

⊕ Add ⊖ Delete ⊚ Clone 🅳 PDF/CSV

User-ID

NAME	DESCR...	FILTER	PANORA...	SNMP TRAP	EMAIL	SYSLOG	HTTP	BUILT-IN ACTIONS
Forward User-ID		All Logs	☑			splunk		

⊕ Add ⊖ Delete ⊚ Clone 🅳 PDF/CSV

HIP Match

NAME	DE...	FILTER	PANORA...	SNMP TRAP	EM...	SYSLOG	HT...	QU...	BUILT-IN ACTIONS
Forward HIP-match		All Logs	☑			splunk		☐	

⊕ Add ⊖ Delete ⊚ Clone 🅳 PDF/CSV

GlobalProtect

NAME	DESCRIPTI...	FILTER	PANORAMA	SNMP TRAP	EMAIL	SYSLOG	HTTP
Forward GlobalProtect		All Logs	☑			splunk	

⊕ Add ⊖ Delete ⊚ Clone 🅳 PDF/CSV

그림 15.6: 디바이스 로그 설정

서버에 설치된 상관관계 엔진 외에도 다음 절에서 살펴볼 것처럼 가벼운 브라우저 플러그인을 사용해 디바이스의 상태를 모니터링할 수 있다.

⁘ Pan(w)achrome으로 모니터링

일부 모니터링 도구는 매우 간단한 패키징으로 제공되는데, 예를 들어 크롬 브라우저 확장 프로그램인 Pan(w)achrome(Panachrome이라고도 함)이 있다. 크롬 웹 스토어에서 확장 프로그램을 바로 설치할 수 있다.

1. 크롬 브라우저에서 웹 페이지(https://chrome.google.com/webstore/category/extensions)를 연다.

2. pan(w)achrome을 검색한다.

3. 다음 그림과 같이 Add to Chrome을 클릭한다.

그림 15.7: 크롬에 Pan(w)achrome 확장 기능 추가

4. 확장 프로그램이 설치되면 빠른 실행에 아이콘이 나타난다.

5. 아이콘을 클릭하면 다음 그림과 같이 새 방화벽을 추가할 수 있는 랜딩 페이지로 이동한다.

그림 15.8: Pan(w)achrome 관리 디바이스

6. Add 버튼을 클릭하고 해당 URL로 방화벽을 추가한다.

7. API 키를 사용해 인증할지, 유저 이름과 비밀번호로 사용해 인증할지 선택한다.

API 키는 다음 명령을 사용해 각 방화벽에서 쉽게 추출할 수 있다.

```
curl -k -X GET 'https://<firewall>/
api/?type=keygen&user=<username>&password=<password>'
```

또는 브라우저에서 다음 URL을 사용한다.

https://<firewall>/api/?type=keygen&user=<username>&password=
<password>

출력은 다음과 유사하게 표시된다.

```
<response status = 'success'><result>
<key>LUFRPT1OQ3JTZCM2Z4Yk9lOE5EDSGF345YQ==</key> </result>
</response>
```

태그 자체를 포함하지 않고 <key>와 </key> 태그 사이의 텍스트 문자열
을 수집해야 한다.

8. 이제 다음 그림과 같이 API 키를 사용해 새 디바이스를 추가할 수 있다.

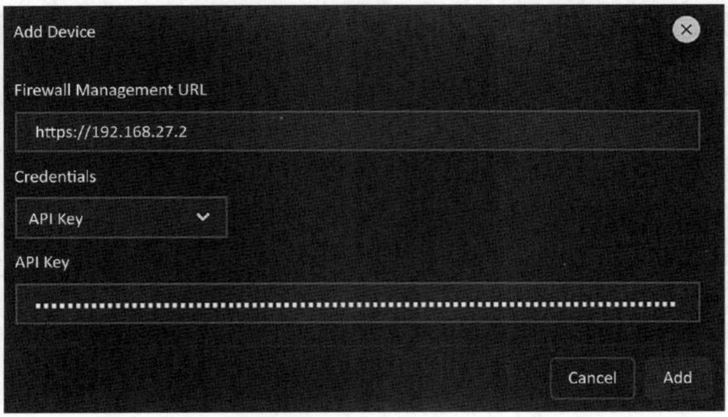

그림 15.9: 새 디바이스 추가

9. 다음 그림에서 볼 수 있듯이 디바이스가 추가되면 몇 가지 기본 정보와 함께 관리 디바이스 목록에 표시된다.

그림 15.10: 관리 디바이스

이제 플러그인이 설치돼 사용할 준비가 됐다. 디바이스명을 클릭해 대시보드로 이동하면 현재 수신, 송신, 활성 세션, 초당 연결의 실시간 뷰가 포함된 개요 페이지가 표시된다.

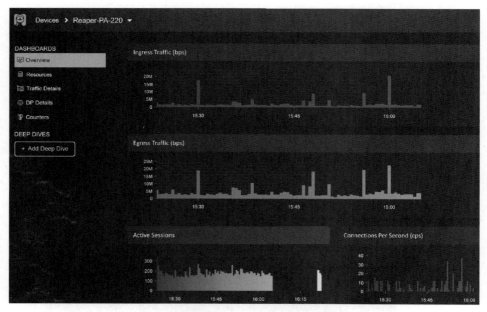

그림 15.11: Panachrome 개요

게이트웨이가 확장 프로그램에 추가되면 브라우저가 열려 있는 동안 통계가 수집되기 시작한다.

이 도구는 로그를 보관하지 않으며 크롬을 닫으면 연결된 게이트웨이를 포함해 모든 데이터가 리셋되므로 일반적인 데이터 수집 도구가 아니다. 향후 버전에는 게이트웨이 보존 기능이 포함될 계획이다(https://www.pangurus.com/forum/panachrome 에서 업데이트를 추적할 수 있음).

다른 대시보드도 시스템에서 중요한 실시간 출력을 제공한다. 이는 다른 어떤 도구들이 따라올 수 없는 Panachrome만의 특징 중 하나다.

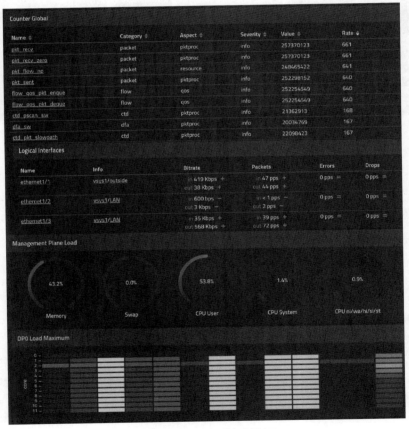

그림 15.12: 기타 기본 대시보드

또 다른 멋진 기능은 더 구체적인 정보를 포함하는 심층 분석 대시보드를 추가할 수 있는 기능이다(향후 더 많은 옵션이 제공될 예정임). GlobalProtect 활동 또는 SSL 복호화에 대한 모니터링을 추가할 수 있을 뿐만 아니라 영역별 대시보드도 추가할 수 있다. 이 기능은 원격 근무가 활발해진 시기에 시스템 상태와 유저 활동을 면밀히 모니터링할 때 매우 유용하게 사용할 수 있다.

그림 15.13: 심층 분석 대시보드

이제 관리 또는 모니터링 포털로 이동할 필요 없이 간단하지만 강력한 브라우저 플러그인을 활용해 방화벽의 전반적인 상태를 계속 관찰할 수 있다. 다음 절에서는 무료로 제공되는 강력한 위협 인텔리전스 데이터를 통합하는 방법을 알아본다.

MineMeld를 통한 위협 인텔리전스

MineMeld는 이전에 팔로알토 네트웍스에서 개발한 도구로, 현재 Demisto를 인수한 후 Cortex XSOAR라는 라이선스 제품으로 대체하면서 '커뮤니티 지원'을 받고 있다.

하지만 MineMeld는 확장 가능한 위협 인텔리전스 프레임워크이기 때문에 여전히 매우 유용한 도구다. 즉, 여러 위협 인텔리전스 피드를 수집하고 정보를 집계해 추가 보호 벡터로 방화벽에 피드할 수 있으며 매우 멋진 기능이다.

설치는 간단하며 도커 컨테이너에서 실행할 수도 있다.

```
sudo docker pull paloaltonetworks/minemeld
sudo docker volume create minemeld-logs
sudo docker volume create minemeld-local
sudo docker run -dit --name minemeld --restart unless-stopped --tmpfs /run
-v minemeld-local:/opt/minemeld/local -v minemeld-
logs:/opt/minemeld/log -p 443:443 -p 80:80 paloaltonetworks/minemeld
```

이제 `https://<hostIP>`를 통해 MineMeld에 접속할 수 있다.

NOTE

> `-p 443:443 -p 80:80` 플래그는 컨테이너 포트에 매핑할 호스트 포트를 도커에 알려준다. 이 경우 호스트의 포트 443과 80이 컨테이너의 동일한 포트에 직접 매핑된다. 호스트에 매핑해야 하는 포트를 변경하려면 첫 번째 숫자를 변경한다. 예를 들어 `-p 8443:443 -p 8080:80`은 호스트 IP의 포트 8443과 8080, 또는 `https://<HostIP>:8443` 호스트명에서 MineMeld 인스턴스를 사용할 수 있게 한다.

기본적으로 MineMeld는 이미 Dshield와 Spamhaus로부터 정보를 가져온다. DShield는 SANS 인터넷 스톰 센터의 프로젝트며 Spamhaus는 국제 비영리 조직이다. 두 조직 모두 인터넷에서 악의적인 활동을 추적하고 이러한 활동에 관여하는 호스트의 실시간 데이터베이스를 유지 관리한다.

MineMeld에 로그인하면 다음 그림과 같이 대시보드가 표시된다.

대시보드에서는 마이너^{Miner}와 출력의 전반적인 상태와 지난 1시간, 24시간, 7일 또는 30일 동안 발생한 지표^{indicators} 업데이트 횟수에 대한 개요를 제공한다.

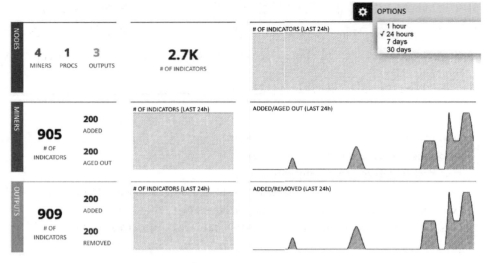

그림 15.14: MineMeld 대시보드

네트워크 내부의 유료 서비스 또는 커스텀 위협 인텔리전스 수집기에서 자체 입력을 만들 수도 있다.

다음 다이어그램에서 모든 구성 요소가 어떻게 연결돼 있는지 확인할 수 있다. miners라고 하는 녹색 입력 노드는 외부 서비스에서 **지표**를 수집한다. 지표는 데이터를 집계하는 **빨간색 프로세**서로 전달되거나 제거된다. 그런 다음 집계된 지표는 노란색 **출력 노드**^{output nodes}로 전달된다. 회색 선의 두께는 특정 마이너가 최근에 전달한 업데이트의 양을 나타낸다.

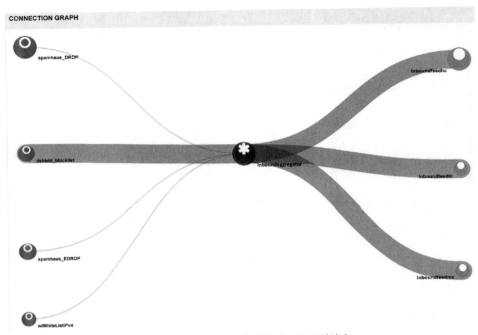

spamhaus_DROP

Inboundfeedhc

dshield_blocklist

Inboundaggregator

Inboundfeedlc

spamhaus_EDROP

Inboundfeedmc

wlWhiteListIPv4

그림 15.15: 출력 노드에 대한 MineMeld 마이너

기본 출력 노드는 입력 노드에서 할당한 신뢰도 점수에 따라 지표를 허용하게 설정됐다.

- inboundfeedhc는 75 이상의 신뢰도 점수만 허용한다.
- inboundfeedmc는 신뢰도 점수가 50을 초과하지만 75 미만인 것을 허용한다.
- inboundfeedlc는 신뢰도 점수가 50 미만인 것을 허용한다.

다음 그림에서 볼 수 있듯이 NODES 메뉴에서 기존의 모든 노드에 접근할 수 있다. 각 항목을 클릭하면 해당 상태와 통계 정보가 표시된다.

• NAME	• TYPE	STATE	INDICATORS	ADD/REM/AO	UPDATES	WITHDRAWS
dshield_blocklist	MINER	STARTED	20	ADDED: 0 REMOVED: 0	RX: 0 PROCESSED: 0 TX: 0	RX: 0 PROCESSED: 0 TX: 0
spamhaus_DROP	MINER	STARTED	790	ADDED: 0 REMOVED: 0	RX: 0 PROCESSED: 0 TX: 0	RX: 0 PROCESSED: 0 TX: 0
spamhaus_EDROP	MINER	STARTED	95	ADDED: 0 REMOVED: 0	RX: 0 PROCESSED: 0 TX: 0	RX: 0 PROCESSED: 0 TX: 0
wlWhiteListIPv4	MINER	STARTED	0	ADDED: 0 REMOVED: 0	RX: 0 PROCESSED: 0 TX: 0	RX: 0 PROCESSED: 0 TX: 0
inboundfeedhc	OUTPUT	STARTED	909	ADDED: 0 REMOVED: 0	RX: 0 PROCESSED: 0 TX: 0	RX: 0 PROCESSED: 0 TX: 0
inboundfeedlc	OUTPUT	STARTED	0	ADDED: 0	RX: 0	RX: 0

그림 15.16: MineMeld 노드

마이너 중 하나를 클릭하면 다음 그림과 같이 마이너의 상태와 마이너에 사용된 프로토타입이 표시된 새 창이 열린다.

dshield_blocklist NODE

STATUS			
CLASS	minemeld.ft.http.HttpFT	OUTPUT	ENABLED
PROTOTYPE	dshield.block	INPUTS	none
STATE	STARTED		
LAST RUN	2020-06-17 00:14:24 +0200 SUCCESS		
# INDICATORS	20		

그림 15.17: 채굴 세부 정보

MineMeld의 프로토타입은 기본적으로 노드를 구성하는 설정이다. 상단에는 프로토타입이 마이너인지, 프로세서인지, 출력인지, 안정적인지 혹은 실험적인지 여부가 표시된다.

해당 노드의 출처와 작성자가 누구인지, 지표가 IPv4, IPv6 또는 URL인지, 노드와 관련된 구성에 대한 몇 가지 기본 정보가 있다.

다음 그림에서 볼 수 있듯이 CONFIG 페이지로 이동해 오른쪽 하단 코너의 browse prototypes를 클릭하거나 `https://<minemeld>/#/prototypes`를 수동으로 탐색해 더 많은 프로토타입을 볼 수 있다.

그림 15.18: 프로토타입 브라우징

마음에 드는 프로토타입을 찾으면 다음 그림에서 볼 수 있듯이 이를 노드로 바꾸거나 해당 노드를 템플릿으로 사용해 새 프로토타입을 만들게 선택할 수 있다.

그림 15.19: 프로토타입을 노드로 바꾸기

템플릿에서 새 노드를 생성하게 선택하면 노드명을 입력하라는 메시지가 표시되고 CONFIG 페이지로 돌아간다. 여기서 프로세서의 INPUTS 열을 클릭하고 다음과 같이 새 마이너를 추가한다.

마지막으로 COMMIT을 클릭해 구성을 활성화하고 새 마이너를 시작한다.

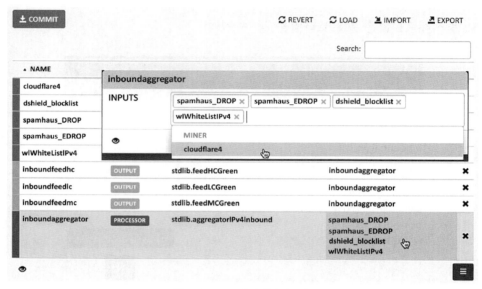

그림 15.20: 프로세서에 마이너 추가

이제 Nodes 페이지로 돌아가서 출력 노드 중 하나를 클릭한다. 그러면 다음 그림에서 볼 수 있는 것처럼 FEED BASE URL 필드가 나타난다.

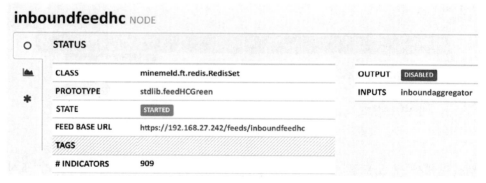

그림 15.21: inboundfeedhc 세부 정보

이제 다음 단계에 따라 방화벽에서 외부 동적 리스트^{EDL, External Dynamic List}를 만든다.

1. 피드 기반 URL(https://〈HostIP〉/feeds/inboundfeedhc)을 복사한다.

2. 방화벽에서 Objects ➤ ExternalDynamicList로 이동한다.

3. 새 EDL을 만들고 이름을 Minemeld feed라고 지정한다.

4. Type을 IP List로 설정한다.

5. Source를 피드 기반 URL로 설정한다.

6. 업데이트 간격(Five Minute, Hourly, Daily, Weekly, 또는 Monthly)을 설정한다.

7. Test Source URL을 클릭해 방화벽이 IP 목록을 가져올 수 있는지 확인할 수 있다.

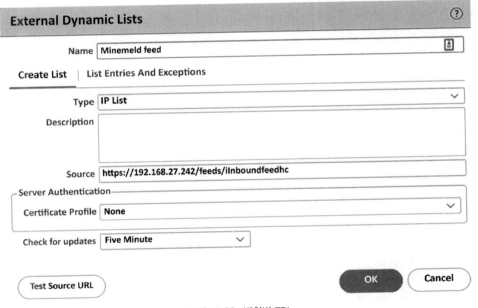

그림 15.22: 방화벽 EDL

방화벽에 변경 사항을 저장하면 방화벽이 IP 목록을 가져오기 시작하고 다음 그림에서 볼 수 있듯이 오브젝트를 다시 열어 목록을 검토하고 수동으로 예외를 지정할 수도 있다.

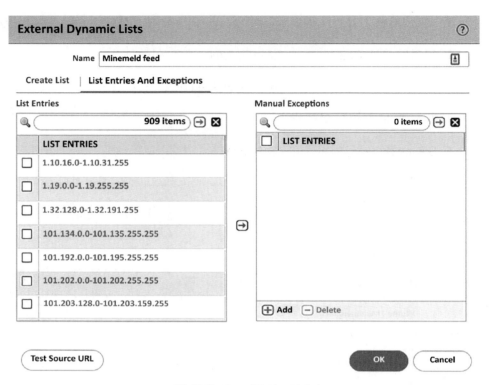

그림 15.23: EDL 예외 검토 및 추가

다음 명령을 사용해 CLI에서 EDL의 상태를 확인할 수도 있다.

```
reaper@PA-220request system external-list stats type ip name "Minemeld feed"
vsys1/Minemeld feed:
        Next update at          : Tue Jun 16 23:57:27 2020
        Source                  : https://192.168.27.242/feeds/inboundfeedhc
        Referenced              : Yes
        Auth-Valid              : Yes
```

이제 MineMeld를 설정하고 외부 업체로부터 위협 인텔리전스 피드를 수집할
수 있다.

마이너를 추가하고 프로세서에 바인딩해 출력 피드에서 정보가 사용되게 할 수 있다. EDL을 생성해 보안 룰에 적용할 수도 있다.

TIP

> 팔로알토 네트웍스는 몇 가지 피드, 특히 애저 및 O365용 피드를 호스팅하며 이를 MineMeld에 쉽게 통합하거나 방화벽에 외부 동적 리스트(EDL)로 추가할 수 있다. 전체 목록은 웹 페이지 (https://docs.paloaltonetworks.com/resources/edl-hosting-service)에서 확인할 수 있다.
>
> 가장 많이 사용하는 목록은 주로 GlobalProtect의 스플릿 터널링에 사용되는 Teams IP 및 URL 목록이다.

- https://saasedl.paloaltonetworks.com/feeds/m365/worldwide/skype/all/ipv4
- https://saasedl.paloaltonetworks.com/feeds/m365/worldwide/skype/all/ipv6
- https://saasedl.paloaltonetworks.com/feeds/m365/worldwide/skype/all/url

다음 절에서는 API를 통해 구성 및 운영 명령에 접근하는 방법을 알아본다.

⠿ API 탐색 방법

API는 방화벽에 접근하고 다양한 명령을 실행하는 보편적으로 호환되는 방법으로, 정보 추출부터 런타임 정보 또는 구성 추가 및 업데이트에 이르기까지 모든 종류의 명령을 실행할 수 있다. 외부 모니터링이 있는 경우 보안 이벤트가 트리거될 때 방화벽에 블랙리스트로 등록된 IP를 자동으로 추가하거나, 액세스 포인트가 API 명령 전송을 지원한다면 유저가 로그온하거나 로그오프할 때 방화벽에서 유저 IP 매핑을 업데이트할 수 있다.

그러나 API를 사용하려면 방화벽에 연결하는 모든 원격 소스를 인증하는 데

API 키가 항상 필요하다. 터미널이나 CLI에서 다음 명령을 사용해 키를 생성할 수 있다.

```
curl -k -X GET 'https://<firewall>/
api/?type=keygen&user=<username>&password=<password>'
```

또는 브라우저에서 다음 URL을 검색할 수 있다.

https://**<firewall>**/api/?type=keygen&user=**<username>**&password=**<password>**

출력은 다음과 유사하다.

```
<response status="success"> <result>
<key>LUFRPT14MW5xOEo1R09KVlBZNnpnemh0VHRBOWl6TGM9bXcwM3FGA fDSF4564EWdGSet
</key> </result></response>
```

모든 터미널에서 **curl**(GET 및 POST 모두)을 사용하거나 URL을 사용해 방화벽의 웹 인터페이스에 접속해 API 명령을 실행할 수 있다.

이제 API 명령 위에 **&key=<key>**를 추가하면 API 연결이 인증된다.

이 키는 관리자 계정을 나타내므로 유저 계정의 비밀번호와 마찬가지로 안전하게 보관해야 한다. 사용하는 계정이 슈퍼유저 계정이라면 API 접근 권한도 상승된다. 다음 그림에서 볼 수 있듯이 API 작업을 위한 고유 계정을 만들고 필수 API 옵션을 제외한 모든 항목에 접근을 제한하는 관리자 역할을 할당하는 것을 권고한다.

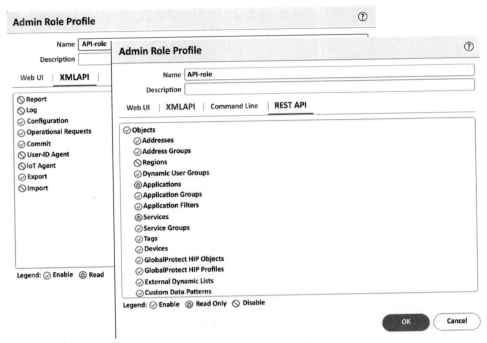

그림 15.24: API 관리자 역할

다음은 API 사용 방법에 대한 몇 가지 일반적인 예다.

API를 활용하면 리포트를 쉽게 추출할 수 있으므로 웹 인터페이스를 사용할 필요가 없다. 브라우저에서 다음과 같은 문자열을 추가해 원하는 정보를 가져오거나 적절한 명령을 실행할 수 있다.

```
https://192.168.27.2/api/?type=report&async=yes&reporttype=predefined&repo
rtname=top-attacker-sources&key=LUFRPT14MW5xOEo1R09KVlBZNnpnemh0VHRBOW16TG
M9bXcwM3FGAfDSF4564EWdGSet
```

앞의 명령에서는 **top-attacker-sources**라는 사전 정의된 리포트를 가져온다. 커스텀 리포트를 검색할 수도 있다.

또한 API에서 다양한 CLI 명령을 실행할 수 있으므로 많은 런타임 통계를 볼 수 있다.

CLI에서 curl을 사용해 실행할 수 있는 다음 URL은 방화벽에 로그온할 필요 없이 브라우저에서 바로 CLI 정보를 출력한다.

다음 API URL로 로그온한 관리자를 확인할 수 있다.

```
https://192.168.27.2/api/?type=op&cmd=<show><admins></admins%></
show>&key=LUFRPT14MW5xOEo1R09KVlBZNnpnemh0VHRBOWl6TGM9bXcwM3FGA
fDSF4564EWdGSet
```

또는 현재 알려진 유저 IP 매핑을 검토할 수 있다.

```
https://192.168.27.2/api/?type=op&cmd=<show><user><
user-ids><all></all></user-ids></user></show>&key=
LUFRPT14MW5xOEo1R09KVlBZNnpnemh0VHRBOWl6TGM9bXcwM3FGAfDSF4564 EWdGSet
```

다음 URL에 접속해 로그온한 GlobalProtect 유저를 확인할 수 있다.

```
https://192.168.27.2/api/?type=op&cmd=<show><global-protect-
gateway><current-user/></global-protect-gateway></show>&key=
LUFRPT14MW5xOEo1R09KVlBZNnpnemh0VHRBOWl6TGM9bXcwM3FGAfDSF4564EWdGSet
```

다음 API URL을 사용해 GloblalProtect 유저 연결을 끊을 수도 있다.

```
https://192.168.27.2/api/?type=op&cmd=<request><global-protect
-gateway><client-logout><gateway>gateway</gateway><user>reaper</
user><reason>force-logout</reason<
/client-logout></global -protect-gateway></
```

```
request>&key=LUFRPT14MW5xOEo1R09KVlBZNnpnemh
0VHRBOWl6TGM9bXcwM3FGAfDSF4564EWdGSet
```

모니터링 관점에서는 API 호출로 현재 데이터 플레인 부하를 빠르게 불러올
수 있다.

```
https://192.168.27.2/api/?type=op&cmd <show><running><resource-
monitor><minute></minute></resource-monitor></running></
show>&key=LUFRPT14MW5xOEo1R09KVlBZNnpnemh0VHRBOWl6TGM9bXcwM3FGA
fDSF4564EWdGSet
```

필요에 따라 전원 공급 장치, 온도, 보드 전력 통계를 수집할 수 있다.

```
https://192.168.27.2/api/?type=op&cmd=<show><system><environmentals></
environmentals></system></
show>&key=LUFRPT14MW5xOEo1R09KVlBZNnpnemh0VHRBOWl6TGM9bXcwM3FGA
fDSF4564EWdGSet
```

스크립트 작업의 관점에서 보면 흥미로운 트릭이 있다. 더 높은 메트릭으로
두 번째 디폴트 라우팅이 있는 경우 API 호출로 실행해 메트릭을 변경함으로써
필요할 때 백업 경로로 대체되게 할 수 있다.

```
https://192.168.27.2/api?type=config&action=set&xpath=/config/
devices/entry[@name='localhost.localdomain']/network/virtual-
router/entry[@name='default']/routing-table/ip/static-route/
entry[@name=Second-Gateway']/metric&element=<metric>5</
metric>&key=LUFRPT14MW5xOEo1R09KVlBZNnpnemh0VHRBOWl6TGM9bXcwM3
FGAfDSF4564EWdGSet
```

원격 모니터링을 설정하거나 구성 항목과 상호작용하는 데 도움이 되는 유용한 명령이 많다. 방화벽(또는 파노라마) API 인터페이스(https://⟨hostname⟩/api)와 REST API 설명서(https://⟨hostname⟩/restapi-doc/)로 이동해 사용 가능한 API 명령을 찾아볼 수 있다.

이 절에서는 `curl`이 설치된 브라우저나 터미널을 사용해 방화벽에서 명령을 실행할 수 있는 API와 몇 가지 간단한 요령을 알아봤다. 이를 통해 일상 업무가 더욱 간편해질 수 있다.

⁝⁝ 요약

15장에서는 기존 Syslog 또는 SIEM 솔루션을 보완할 수 있는 몇 가지 유용한 도구를 살펴봤다. 번거로운 모니터링 포털에 의존하지 않고도 관리 및 모니터링 작업을 빠르고 쉽게 수행하고 자동화할 수 있는 몇 가지 방법을 관리자에게 제공하는 도구를 살펴봤다. 자동화를 설정하는 데 필요한 명령을 쉽게 찾을 수 있게 방화벽과 파노라마의 API 섹션에 접근하는 방법을 살펴봤다. 이제 여러 데이터 흐름을 사용하기 쉬운 보안 룰 오브젝트로 집계할 수 있는 자체 위협 인텔리전스 서버를 설정할 수도 있다.

끝까지 완주한 것을 축하한다. 여기까지 함께 해줘 감사하다는 말을 하고 싶다. 많은 것을 배웠기를 바라며 새로운 기술로 여러 사람에게 깊은 인상을 남길 수 있었기를 바란다. 이 책을 재미있게 읽었기를 진심으로 바라며 앞으로도 이 책을 믿음직한 동반자로 곁에 두기를 바란다.

| 찾아보기 |

마스터링 팔로알토 네트웍스 2/e

차세대 방화벽 완벽 가이드

2판 발행 | 2023년 7월 27일

옮긴이 | (주)뉴엔네트웍스
지은이 | '리퍼' 톰 피엔스

펴낸이 | 권 성 준
편집장 | 황 영 주
편 집 | 김 진 아
　　　　임 지 원
디자인 | 윤 서 빈

에이콘출판주식회사
서울특별시 양천구 국회대로 287 (목동)
전화 02-2653-7600, 팩스 02-2653-0433
www.acornpub.co.kr / editor@acornpub.co.kr

한국어판 ⓒ 에이콘출판주식회사, 2023, Printed in Korea.
ISBN 979-11-6175-767-4
http://www.acornpub.co.kr/book/palo-alto

책값은 뒤표지에 있습니다.